ANTON PETER

BEFREIUNGSTHEOLOGIE UND
TRANSZENDENTALTHEOLOGIE

# FREIBURGER
# THEOLOGISCHE STUDIEN

Unter Mitwirkung
der Professoren der Theologischen Fakultät
herausgegeben von

## Remigius Bäumer, Alfons Deissler, Helmut Riedlinger

Hundertsiebenunddreißigster Band
Befreiungstheologie und Transzendentaltheologie

ANTON PETER

# Befreiungstheologie und Transzendentaltheologie

Enrique Dussel und Karl Rahner
im Vergleich

HERDER
FREIBURG · BASEL · WIEN

CIP-Titelaufnahme der Deutschen Bibliothek

**Peter, Anton:** Befreiungstheologie und Transzendental-
theologie / Anton Peter. – Freiburg im Breisgau; Basel;
Wien: Herder, 1988.
(Freiburger theologische Studien; Bd. 137)
Zugl.: Luzern, Univ., Diss., 1986/87
ISBN 3-451-21238-2

NE: GT

Alle Rechte vorbehalten – Printed in Germany
© Verlag Herder Freiburg im Breisgau 1988
Herstellung: Weihert Druck, Darmstadt 1988
ISBN 3-451-21238-2

# INHALTSVERZEICHNIS

Abkürzungsverzeichnis ................................. IX

Einleitung ............................................ 1

**Erster Teil:**
**Allgemeine methodologisch-hermeneutische Einführung**
**in die befreiungstheologische Denkart** ................. 7

  I. Situierung ........................................ 9

 II. Eine neue theologische Denkart .................... 30

III. Die dreifache Vermittlung der Befreiungstheologie . 41
    A. Sozialanalytische Vermittlung ................... 43
    B. Hermeneutische Vermittlung ...................... 54
    C. Praktische Vermittlung .......................... 71

 IV. Theologie des Volkes ............................. 74

  V. Zusammenfassung: Die konstitutiven Elemente
     der Befreiungstheologie ........................... 81

     Wissenschaftstheoretischer Exkurs: Ist die Theologie
     der Befreiung überhaupt eine Theo-logie? .......... 83
     A. Was ist Theologie? .............................. 85
     B. Hermeneutische und wissenschaftstheoretische
        Voraussetzungen möglicher Theo-logie ........... 90
     C. Der theoretische Ort der Befreiungstheologie
        innerhalb der Theo-logie ....................... 103

**Zweiter Teil:**
**DUSSELS meta-physischer Ansatz beim anderen** .......... 113

  I. Leben und Werk ENRIQUE DUSSELS .................... 116

 II. Destruktion der dialektischen Ontologie
    der Totalität ..................................... 125
    A. Die Dialektik der Identität und Totalität ....... 127
    B. DUSSELS Kritik am Totalitäts- und Subjektdenken   144
       1. Ausfall des Novums ........................... 145
       2. Aufhebung der Eigenwirklichkeit des anderen . 145
       3. Das Totalitäts- und Subjektdenken
          als Ausdruck von Herrschaft ................ 148

III. Die analektische Ueberwindung der Dialektik
    der Totalität ..................................... 156
    A. Die systemtranszendente Exteriorität des anderen 157
       1. Die ursprüngliche Andersheit des anderen .... 157
       2. Der andere als freies Geheimnis ............. 162
       3. Die Exteriorität Lateinamerikas ............. 164

        B. Die Selbstoffenbarung des anderen .............. 165
           1. Die Stimme des anderen als Offenbarungswort . 166
           2. Glauben aus dem Hören des Wortes ............ 167
           3. Analoges Verstehen aus dem Glauben .......... 169
           4. Liebe als Praxis des Glaubens ............... 175
           5. Ethik der Befreiung ......................... 177
           6. Analektisch-historischer Entwurf einer
              "neuen Totalität" ............................ 180
           7. Die Beziehung von-Angesicht-zu-Angesicht
              als originäre Wirklichkeit ................. 182
        C. Meta-physik der vier Praxissituationen ......... 184
           1. Die erotische Situation ..................... 186
           2. Die pädagogische Situation .................. 190
           3. Die politische Situation .................... 195
           4. Die religiöse Situation ..................... 197
        D. Analektik als praktisch-operativer Diskurs ..... 197
           1. Das analektische Lehrer-Schüler-Verhältnis .. 198
           2. Analektik als praktische Methode ............ 204

   IV. Analektische Theologie .............................. 205
        A. Gott und Offenbarung ............................ 205
           1. Der Gott des Systems ........................ 205
           2. Der Gott der Meta-physik .................... 208
              a. Der ganz Andere .......................... 208
              b. Meta-physik der Schöpfung ................ 209
              c. Der Arme als Offenbarung Gottes .......... 213
              d. Sünde als Negation des anderen ........... 218
              e. Offenbarung als Erschliessung eines
                 neuen Verstehenshorizontes ............... 219
        B. Konturen einer christologischen Denkfigur ...... 225
        C. Erlösung und Befreiung .......................... 228
        D. Kirche als Institution prophetischer Befreiung . 233
        E. DUSSEL als Befreiungstheologe .................. 236

    V. Zusammenfassung ..................................... 244

   VI. Historische Wurzeln des Transzendenzdenkens ........ 248
        A. Antike und mittelalterliche Spuren des
           Transzendenzdenkens ............................. 250
        B. Die Unbegreiflichkeit und analoge Sagbarkeit
           Gottes nach THOMAS VON AQUIN .................... 261
        C. KANTS Einschränkung der erkennenden Vernunft
           und der Primat der Ethik ........................ 270
        D. Die Konstituierung des Ich durch das Du und
           das Vernichten des Begriffs vor dem Absoluten
           bei FICHTE ...................................... 276
        E. SCHELLINGS ekstatische Transzendenz des Denkens  295
        F. Der Glaube als Paradox des Verstandes bei
           KIERKEGAARD ..................................... 306
        G. Das neue Denken ROSENZWEIGS ..................... 320
        H. BARTHS Denken aus der Offenbarung ............... 330
        I. HEIDEGGERS Destruktion der abendländischen
           Ontologie ....................................... 346
        J. Andersheit und Transzendenz im Denken von
           LEVINAS ......................................... 360
           1. Kritik der Ontologie der Totalität .......... 361

2. Die Andersheit des anderen .................. 364
　　　　　a. Der andere als meta-physischer Bruch ..... 364
　　　　　b. Das sagende Antlitz des anderen ......... 367
　　　　　c. Ethik und Verantwortung ................ 371
　　　3. Meta-physik und Ontologie .................. 376
　　　4. Zugang zu Gott ............................ 378
　　　5. DUSSEL und LEVINAS ........................ 383
　　K. Bilanz des geschichtlichen Exkurses ............ 386

VII. Kritische Auseinandersetzung ..................... 391
　　　1. DUSSELS Antieuropäismus .................... 395
　　　2. Der Offenbarungsbegriff .................... 398
　　　3. Das erkenntnistheoretische Problem ......... 401

Dritter Teil:
RAHNERS transzendentaler Ansatz beim Ich .............. 410

　　I. Die Methode transzendental-theologischer Reflexion  413

　 II. Der Mensch als Hörer des Wortes ................ 421
　　A. Zum Verhältnis von Philosophie und Theologie ... 421
　　B. Menschsein vor Gott ........................... 425
　　　1. Die Seinsfrage als Ausgangspunkt ............ 425
　　　2. Erkennen als Bei-sich-sein des Seins ........ 429
　　　3. Der Mensch als Wesen der Transzendenz auf
　　　　 Gott hin ................................... 432
　　C. Die freie Ungeschuldetheit der Offenbarung
　　　 Gottes ........................................ 439
　　D. Gegenständliche Vermittlung der Offenbarung .... 443
　　E. Geschichtlichkeit der Offenbarung .............. 445
　　F. Die Problematik im Denken des frühen RAHNER .... 449
　　　1. Immanente Stringenz des Gottesbeweises? ..... 449
　　　2. Die objektivistische Grundtendenz ........... 452

　III. Das übernatürliche Existential und die existentia-
　　　 le Begnadung des Menschen ....................... 457

　 IV. Die existentiale Bestimmtheit des Menschen durch
　　　 die göttliche Offenbarung ....................... 465
　　A. Das modifizierte Verhältnis von Theologie und
　　　 Philosophie ................................... 465
　　B. Der Mensch als das Ereignis der transzendenta-
　　　 len Selbstoffenbarung Gottes .................. 467
　　C. Kategoriale Offenbarungsgeschichte ............. 473
　　D. Zur Differenz der beiden Offenbarungskon-
　　　 zeptionen ..................................... 484

　　V. Der Mensch als das Wesen des Geheimnisses ........ 486

　 VI. Der Mensch als das Wesen der Freiheit ........... 503

VII. Liebe als Grundakt der Freiheit und als Primär-
　　 vermittlung Gottes ................................ 511

VIII. Die christologische Denkfigur .................... 520
　　A. Zur Idee einer transzendentalen Christologie ... 520

    B. Die transzendentale Idee eines absoluten
       Heilbringers ........................................ 524
    C. Die christologische Dimension der Nächstenliebe  530

IX. Kirche als Heilssakrament der Welt ................ 532

X. Zusammenfassung und kritische Würdigung .......... 536

Vierter Teil:
DUSSEL und RAHNER im Vergleich ........................ 552
    1. Die hermeneutische Situation ................... 560
    2. Spiritualität und Theologie .................... 561
    3. Der Denkansatz ................................. 565
    4. Das Geheimnis .................................. 566
    5. Offenbarung und Glaube ......................... 569
    6. Glaube und Liebe ............................... 576
    7. Jesus Christus ................................. 578
    8. Erlösung und Befreiung ......................... 581
    9. Kirche ......................................... 581
  10. Die Rolle des Intellektuellen .................. 582

Quellen- und Literaturverzeichnis ..................... 587

ABKUERZUNGSVERZEICHNIS

Die im folgenden Verzeichnis **nicht** registrierten Abkürzungen stimmen überein mit denjenigen in: Theologische Realenzyklopädie. Abkürzungsverzeichnis, zusammengestellt v. S.SCHWERTNER, Berlin - New York 1976.

Titel von Werken, Aufsätzen und Artikeln werden im Textteil dieser Arbeit beim ersten Mal jeweils mit den vollständigen bibliographischen Angaben, vom zweiten Mal an verkürzt zusammen mit einem Verweis auf die Stelle der ersten Zitation angeführt. Wenn sich das Erstzitat in demselben Teil befindet wie sein Nachfolgezitat, so nennt der Verweis nur die entsprechende Anm.(ohne Seitenzahl), in der das Erstzitat vollständig bibliographiert ist. Befindet sich das Erstzitat in einem anderen Teil als das Nachfolgezitat, so wird im Verweis neben der Anm. auch die entsprechende Seitenzahl des Erstzitats angeführt.

| | |
|---|---|
| AL:DyL | E.DUSSEL, América latina: Dependencia y liberación.Antología de ensayos antropológicos y teológicos desde la proposición de un pensar latinoamericano, Buenos Aires 1973. |
| AQE | E.LEVINAS, Autrement qu'être ou au-delà de l'essence, Le Haye 1974. |
| CdL I | E.DUSSEL, Caminos de liberación latinoamericana, Bd.I: Interpretación histórico-teológica de nuestro continente latinoamericano. Seis conferencias, Buenos Aires 1972. |
| C.G. | THOMAS VON AQUIN, Contra Gentiles, Luxembourg $^2$1881. |
| DCyL | E.DUSSEL, Desintegración de la cristiandad colonial y liberación. Perspectiva latinoamericana, Salamanca 1978. |
| DeVer | THOMAS VON AQUIN, Quaestiones disputatae de veritate (ed. Marietti), Turin $^4$1922. |
| Dialog | E.LEVINAS, Dialog, in: Christlicher Glaube in moderner Gesellschaft, hrsg. v. F.BOECKLE u.a., Bd.I, Freiburg i.Br. 1981, 60-85. |
| EE | E.LEVINAS, De l'existence à l'existant, Paris 1947. |
| EphW | G.W.F.HEGEL, Enzyklopädie der philosophischen Wissenschaften im Grundrisse (1830), in: Werke (ed. Suhrkamp), Bde. VIII-X, Frankfurt a.M. 1986. |
| ETL | E.DUSSEL,Ethics and the Theology of Liberation, New York 1978. |

| | |
|---|---|
| FE I-V | E.DUSSEL, Filosofía ética latinoamericana, Bde. I-III: México 1977; Bde.IV-V: Bogotá 1979f. |
| FL | E.DUSSEL, Filosofía de la liberación, México 1977 (3.,veränd.Aufl.: Buenos Aires 1985). |
| GA I/2, 79-89 | J.G.FICHTE, Ueber die Würde des Menschen, in: J.G.Fichte-Gesamtausgabe der Bayerischen Akademie der Wissenschaften (GA), hrsg. v. R.LAUTH u.H.GLIWITZKY, Bd.I/2, Stuttgart-Bad Cannstatt 1965, 79-89. |
| GA I/2, 91-172 | J.G.FICHTE, Ueber den Begriff der Wissenschaftslehre oder der sogenannten Philosophie, in: GA I/2 (1965) 91-172. |
| GA I/2, 173-451 | J.G.FICHTE, Grundlage der gesammten Wissenschaftslehre, in: GA I/2 (1965) 173-451. |
| GA I/3, 291-460 | J.G.FICHTE, Grundlage des Naturrechts nach Principien der Wissenschaftslehre, in: GA I/3 (1966) 291-460. |
| GA I/4, 209-269 | J.G.FICHTE, Zweite Einleitung in die Wissenschaftslehre, in: GA I/4 (1970) 209-269. |
| GA I/5, 1-317 | J.G.FICHTE, Das System der Sittenlehre nach Principien der Wissenschaftslehre, in: GA I/5 (1977) 1-317. |
| GA I/5, 318-357 | J.G.FICHTE, Ueber den Grund unsers Glaubens an eine göttliche WeltRegierung, in: GA I/5 (1977) 318-357. |
| GA I/6, 145-311 | J.G.FICHTE, Die Bestimmung des Menschen, in: GA I/6 (1981) 145-311. |
| GA II/8 | J.G.FICHTE, Die Wissenschaftslehre. II.Vortrag im Jahre 1804, in: GA II/8 (1985). |
| GiW | K.RAHNER, Geist in Welt. Zur Metaphysik der endlichen Erkenntnis bei Thomas von Aquin, München $^3$1964. |
| GK | K.RAHNER, Grundkurs des Glaubens. Einführung in den Begriff des Christentums, Freiburg i.Br. 1976. |
| GPh | E.LEVINAS, Gott und die Philosophie, in: |

|          | B.CASPER (Hrsg.), Gott nennen. Phänomenologische Zugänge, Freiburg-München 1981, 81-123. |
|----------|---|
| GPhR     | G.W.F.HEGEL, Grundlinien der Philosophie des Rechts oder Naturrecht und Staatswissenschaft im Grundrisse. Mit Hegels eigenhändigen Notizen und den mündlichen Zusätzen, in: Werke (ed. Suhrkamp), Bd. VII, Frankfurt a.M. 1986. |
| GS       | II.Vatikanisches Konzil: Pastoralkonstitution 'Gaudium et spes'. |
| GW 5/6   | S.KIERKEGAARD, Die Wiederholung, in: Gesammelte Werke (GW), 35 Abt., übers. v. E.HIRSCH u.a., 5.u.6.Abt., Düsseldorf 1955, 1-97. |
| GW 10    | S.KIERKEGAARD, Philosophische Brocken, in: GW, 10.Abt. (1960). |
| GW 11/12 | S.KIERKEGAARD, Der Begriff Angst, in: GW, 11. u.12.Abt. (1965)1-169. |
| GW 16/I-II | S.KIERKEGAARD, Abschliessende unwissenschaftliche Nachschrift zu den Philosophischen Brocken, in: GW, 16.Abt., Teil I (1957); Teil II (1958). |
| GW 24/25 | S.KIERKEGAARD, Die Krankheit zum Tode, in: GW, 24.u.25.Abt. (1957). |
| GW 36    | S.KIERKEGAARD, Das Buch über Adler, in: GW, 36.Abt. (1962). |
| H-B      | E.DUSSEL, Herrschaft - Befreiung. Ein veränderter theologischer Diskurs, in: Conc 10 (1974) 396-407. |
| HdW      | K.RAHNER, Hörer des Wortes. Zur Grundlegung einer Religionsphilosophie. Neu bearbeitet von J.B.METZ, München 1963. |
| HW       | M.HEIDEGGER, Holzwege, Frankfurt a.M. $^{2}$1952. |
| ID       | M.HEIDEGGER, Identität und Differenz, Pfullingen $^{7}$1982. |
| IFL      | E.DUSSEL, Introducción a la filosofía de la liberación, Bogotá $^{2}$1983. |
| InTrin   | THOMAS VON AQUIN, Expositio super librum Boethii de trinitate, hrsg. v. B.DECKER, Leiden 1959. |
| KD       | K.BARTH, Die Kirchliche Dogmatik, Bd.I/1: München 1932; Bde.I/2-IV/4: Zollikon-Zürich 1938ff. |

| | |
|---|---|
| KpV | I.KANT, Kritik der praktischen Vernunft, in: Werke in sechs Bänden, hrsg. v. W.WEISCHEDEL, Bd.IV, Darmstadt 1975, 103-302. |
| KrV | I.KANT, Kritik der reinen Vernunft, in: Werke in sechs Bänden, Bd.II, Darmstadt 1983. |
| KS | F.ROSENZWEIG, Kleinere Schriften, Berlin 1937. |
| MFL | E.DUSSEL, Método para una filosofía de la liberación. Superación analéctica de la dialéctica hegeliana, Salamanca 1974. |
| N I-II | M.HEIDEGGER, Nietzsche, 2 Bde., Pfullingen 1961. |
| PhG | G.W.F.HEGEL, Phänomenologie des Geistes, in: Werke (ed.Suhrkamp), Bd. III, Frankfurt a.M. 1986. |
| PL | M.HEIDEGGER, Platons Lehre von der Wahrheit. Mit einem Brief über den "Humanismus", Bern 1947. |
| PLyFL | E.DUSSEL, Praxis latinoamericana y filosofía de la liberación, Bogotá 1983. |
| PhR | G.W.F.HEGEL, Vorlesungen über die Philosophie der Religion, 2 Bde. (mit je 2 Halbbänden), hrsg. v. G.LASSON, PhB 59-63, Hamburg 1974. |
| RLT | Revista Latinoamericana de Teología, San Salvador 1, 1984- |
| Rö | K.BARTH, Der Römerbrief. Zweiter Abdruck der neuen Bearbeitung, München 1923. |
| Spur | E.LEVINAS, Die Spur des Anderen. Untersuchungen zur Phänomenologie und Sozialphilosophie, Freiburg-München 1983. |
| Stern | F.ROSENZWEIG, Der Stern der Erlösung, in: Gesammelte Schriften, Bd.II, Den Haag $^4$1976. |
| S.th. | THOMAS VON AQUIN, Summa theologica. Vollständige, ungekürzte deutsch-lateinische Ausgabe, Salzburg-Heidelberg 1933ff. |
| SW I | F.W.J. VON SCHELLING, Vom Ich als Princip der Philosophie oder über das Unbedingte im menschlichen Wissen, in: Friedrich Wilhelm Joseph von Schellings sämmtliche Werke (SW), hrsg. v. K.F.A. SCHELLING, I.Abt., Bd.I, Stuttgart-Augsburg 1856, 149-244. |
| SW III | F.W.J. VON SCHELLING, System des transcenden- |

|            |                                                                                                                                                                    |
|------------|--------------------------------------------------------------------------------------------------------------------------------------------------------------------|
|            | talen Idealismus, in: SW, I.Abt.,Bd.III(1858) 327-634.                                                                                                             |
| SW V       | J.G.FICHTE, Die Anweisung zum seligen Leben, oder auch die Religionslehre, in:Fichtes Werke, hrsg. v. I.H.FICHTE, Bd.V (1971) 397-580.                             |
| SW VII     | F.W.J. VON SCHELLING, Stuttgarter Privatvorlesungen (Aus dem handschriftlichen Nachlass), in: SW, I.Abt., Bd.VII (1860) 417-484.                                   |
| SW VIII    | J.G.FICHTE, Bericht über den Begriff der Wissenschaftslehre und die bisherigen Schicksale derselben, in: Fichtes Werke, hrsg. v. I.H.FICHTE, Bd. VIII, Berlin 1971, 361-407. |
| SW IX      | F.W.J. VON SCHELLING, Ueber die Natur der Philosophie als Wissenschaft, in:SW,I.Abt., Bd.IX (1861) 209-246.                                                        |
| SW X, 1-200 | F.W.J. VON SCHELLING, Zur Geschichte der neueren Philosophie (Aus dem handschriftlichen Nachlass), in: SW, I.Abt., Bd.X (1861) 1-200.                             |
| SW X,225-286 | F.W.J. VON SCHELLING, Darstellung des philosophischen Empirismus (Aus dem handschriftlichen Nachlass), in: SW, I.Abt., Bd.X (1861) 225-286.                     |
| SW XI      | F.W.J. VON SCHELLING, Einleitung in die Philosophie der Mythologie, in: SW,II.Abt., Bd.I (1856).                                                                   |
| SW XII     | F.W.J. VON SCHELLING, Philosophie der Mythologie, in: SW, II.Abt., Bd.II (1857).                                                                                   |
| SW XIII/XIV | F.W.J. VON SCHELLING, Philosophie der Offenbarung, in: SW, II.Abt., Bde.III-IV (1858).                                                                            |
| SZ         | M.HEIDEGGER, Sein und Zeit, Tübingen $^{13}$1976.                                                                                                                  |
| TB I-V     | S.KIERKEGAARD, Die Tagebücher, 5 Bde., ausgew., neugeordnet u.übers. v. H.GERDES, Düsseldorf 1962ff.                                                                |
| TI         | E.LEVINAS, Totalité et Infini. Essai sur l'exteriorité, Le Haye $^4$1971.                                                                                          |
| VA         | M.HEIDEGGER, Vorträge und Aufsätze, Pfullingen 1954.                                                                                                               |

| | |
|---|---|
| VAe | G.W.F.HEGEL, Vorlesungen über die Aesthetik, in: Werke (ed.Suhrkamp), Bde.XIII-XV, Frankfurt a.M. 1986. |
| VG | G.W.F.HEGEL, Vorlesungen über die Philosophie der Weltgeschichte, Bd.I: Die Vernunft in der Geschichte, hrsg. v. J.HOFFMEISTER, PhB 171 a, Hamburg $^5$1970. |
| VWW | M.HEIDEGGER, Vom Wesen der Wahrheit, Frankfurt a.M. $^6$1976. |
| WdL I/II | G.W.F.HEGEL, Wissenschaft der Logik, in: Werke (ed.Suhrkamp), Bde.V-VI, Frankfurt a.M. 1986. |
| WGD | E.LEVINAS, Wenn Gott ins Denken einfällt. Diskurse über die Betroffenheit von Transzendenz, Freiburg-München 1985. |
| WiM | M.HEIDEGGER, Was ist Metaphysik?, Frankfurt a.M. $^{11}$1975. |
| ZA | E.LEVINAS, Die Zeit und der Andere, Hamburg 1984. |
| I-XVI | K.RAHNER, Schriften zur Theologie, 16 Bde., Einsiedeln-Zürich-Köln 1954ff. |

# Einleitung

Die Sturmböen, die in den Jahren 1984/85 die Theologie der Befreiung in die Schlagzeilen der internationalen Medien emporwirbelten[1], haben sich inzwischen spürbar gelegt. Die kirchenpolitische Grosswetterlage scheint sich über dem befreiungstheologischen Gebiet beruhigt zu haben. Es ist hierzulande um die Theologie der Befreiung wieder eher still geworden. Diese Ruhe nach dem Sturm hat indes auch ihre gute Seite, vorausgesetzt, dass man die Chance nützt und nicht einfach die Sache auf sich beruhen lässt wie jemand, der nachts durch einen irrtümlichen Feueralarm geweckt worden ist und sich nun wieder - auch wenn der Schrecken noch nicht ganz aus den Knochen gefahren ist - dem Schlaf hinzugeben versucht. Denn vom Druck der brennenden Aktualität befreit, besteht jetzt immerhin die Gelegenheit, von der tagespolitischen Oberfläche in die Tiefenstrukturen dieser nun tatsächlich aufregenden Theologie einzudringen, ohne dabei ständig riskieren zu müssen, in solcher Denkarbeit doch nur dringend bestellte Munition für die erbitterte kirchenpolitische Schlacht im Kampf für oder gegen die Theologie der Befreiung zu produzieren. Alles hat seine Zeit, und jetzt scheint es höchste Zeit, dass sich die europäische Theologie einer rationalen Diskussion und vernünftigen Auseinandersetzung mit der Theologie der Befreiung stellt. Die vorliegende Untersuchung möchte einen Beitrag dazu leisten.

---

[1] Am 6. August 1984 erschien nach diversen vorausgegangenen Menetekeln die "Instruktion der Kongregation für die Glaubenslehre über einige Aspekte der 'Theologie der Befreiung'" (hrsg. vom Sekretariat der Deutschen Bischofskonferenz, Bonn ²1984), die weitherum als kuriale Verurteilung der oder doch als deutliche Warnung an die Befreiungstheologie verstanden wurde. Am 7. Sept. 1984 wurde LEONARDO BOFF von der römischen Glaubenskongregation zu einem Kolloquium nach Rom zitiert, um dort über einige missliebige Thesen in seinem Buch 'Kirche: Charisma und Macht' Red und Antwort zu stehen. Am 9. Mai 1985 wurde bekannt, dass über BOFF ein einjähriges Rede- und Schreibverbot verhängt worden sei.

Es gibt ja verschiedene Wege, einer solchen Auseinandersetzung auszuweichen. Man kann sich auf den Standpunkt stellen, der bessere Teil der Befreiungstheologie sei ohnehin eine Kopie europäischen Denkens und der Rest sei der intellektuellen Rede nicht wert. Oder man kann sich als nicht zuständig für eine solche Auseinandersetzung erklären und den Knochen dieser Theologie den jeweils anderen theologischen Fachdisziplinen oder gar den Soziologen hinwerfen. Oder man kann sich von vornherein auf einen "taktischen Provinzialismus"[2] einstellen und sich prinzipiell vor nichtmitteleuropäischen kontextuellen Theologien verschliessen.

Diese Arbeit möchte sich dem theoretischen Gespräch mit der Befreiungstheologie auf systematischer Ebene stellen. Zu den Grundregeln eines fairen Dialoges gehört, dass nicht die Stärken der einen mit den Schwächen der anderen Seite verglichen werden, sondern dass Analoges aufeinander bezogen wird. Um die Untersuchung nicht ausufern zu lassen, habe ich versucht, das Denken eines reputierten mitteleuropäischen Theologen mit dem Denken eines namhaften Befreiungstheologen zu konfrontieren. Für die eine Seite hat sich natürlich KARL RAHNER aufgedrängt. Man braucht nicht so weit zu gehen wie WESS, für den eine Beschäftigung mit RAHNER zugleich und ipso facto auch eine "Diskussion mit der gegenwärtigen Theologie überhaupt"[3] ist, geadelt wird zumindest die mitteleuropäische Theologie der Gegenwart von RAHNER allemal. Schwieriger hat sich die Suche nach dem Gesprächspartner auf der anderen Seite gestaltet. Die Theologie der Befreiung ist ja keine Schultheologie, sondern eine breite theologische Strömung, die von vielen Namen repräsentiert wird. Die Wahl ist schliesslich auf ENRIQUE DUSSEL gefallen, weil er zu

---

[2] J.B. METZ, Jenseits bürgerlicher Religion. Reden über die Zukunft des Christentums, München-Mainz 1980, 98.
[3] P. WESS, Wie von Gott sprechen? Eine Auseinandersetzung mit Karl Rahner, Graz 1970, 28.

jenen Denkern gehört, die in der systematischen Reflexion auf die Grundlagen der Befreiungstheologie schon sehr weit vorgestossen sind. DUSSEL bezeichnet sich selber als **Philosophen** der Befreiung. Dies scheint die Möglichkeit eines Gesprächs mit RAHNER noch zu begünstigen, argumentiert doch auch dieser gerne mit einem philosophischen Instrumentar. Anderseits versetzt es uns in den Begründungszwang nachzuweisen, dass Dussels philosophisches Denken wirklich Theorie **der Befreiungstheologie** und nicht etwas anderes ist. Das aber heisst, dass wir eigentlich bereits ein Verständnis von Befreiungstheologie in diese Auseinandersetzung mitbringen müssen, um diesen Nachweis überhaupt erbringen zu können.

Von daher erklärt sich der Aufbau dieser Arbeit in seinen Grundzügen. Sie beginnt mit einer allgemeinen Darstellung der befreiungstheologischen Denkart. Dass ein solches Unterfangen von vornherein seine Tücken hat, leuchtet angesichts der inneren Vielfalt der Gattung 'Befreiungstheologie' unmittelbar ein. Es gibt ja Interpreten, die diese Theologie nur als plurale tantum gelten lassen. Anderseits stimmen diese in sich gewiss verschiedenartigen Theologien darin überein, dass sie sich selber begründeterweise als zum Genus 'Theologie der Befreiung' zugehörig verstehen. Also muss es definitorische Kriterien geben, die allen diesen Theologien zukommen und die sie von jenen theologischen Entwürfen unterscheiden, die eben per definitionem keine Theologie der Befreiung bilden. Die grundsätzlich allen Befreiungstheologien gemeinsamen Basiselemente herauszuarbeiten, ist das Ziel des ersten Teils. Zugleich thematisiert dieser Teil faktisch den Referenzrahmen für den zweiten Teil. Kann mithin der erste Teil als eine Art Totalaufnahme angesehen werden, so versteht sich der zweite Teil im Vergleich dazu als eine Nahaufnahme. Der Sehbereich wird jetzt auf das Denken DUSSELS eingegrenzt. Ich konzentriere mich dabei hauptsächlich auf eine beschreibende und interpretierende, bisweilen aber doch durch kritische Hinweise unterbrochene Darstellung, in deren Anschluss ausdrücklich auf die Frage reflektiert wird, ob der philosophische Diskurs DUSSELS mit Recht beanspruchen kann, eine Theorie der Befreiungstheologie zu sein. Dieser Teil wird abgeschlossen mit einer historischen Expedition, in der nach Spuren und Analogien der Dusselschen Denkweise in der europäischen Geistesgeschichte Ausschau gehalten wird, sowie mit einer kritischen Auseinandersetzung mit dem philosophischen Denken DUSSELS. In einer dritten Etappe untersuchen wir den Denkansatz RAHNERS, und zwar auch hier zunächst immanent referierend und erst dann kritisierend. In einem letzten Teil werden die Denkfiguren DUSSELS und RAHNERS explizit einem Vergleich unterzogen, wobei sich - das sei jetzt schon vorweggenommen - herausstellen wird, dass keines der beiden Denkmodelle im letzten, kritischen Verstande auf das andere reduziert werden kann, sondern dass beide in einem Verhältnis der polaren Spannung und der wechselseitig kritischen Korrelation stehen.

Auf zwei Einschränkungen soll vorab noch hingewiesen werden, um vor falschen Erwartungen zu warnen: Befreiungstheologie versteht sich ausdrücklich als Theologie im Horizont befreiender Praxis. Die Praxis ist ihr Ausgangspunkt, ihr Movens und ihr Ziel. Diese Studie ist demgegenüber keine praktische Theorie, sondern eine typische Metatheorie. Untersucht werden im folgenden nicht die instrumentalen, sondern die konstitutiven Verhältnisse, nicht die Funktionsbeziehungen, sondern die Erkenntnisbeziehungen[4], nicht die Aussenbezüge, sondern gleichsam das Innenleben, nicht die Praxis, sondern die Theorie der Befreiungstheologie. Es geht hier um einen theoretischen Strukturvergleich zwischen dem Befreiungsdenken DUSSELS und dem transzendentalen Denken RAHNERS. Ich bin mir bewusst, dass ich damit gegen ein gängiges Vorurteil ange-

---

[4] Zu diesen Unterscheidungspaaren vgl. C. BOFF, Theologie und Praxis. Die erkenntnistheoretischen Grundlagen der Theologie der Befreiung, München-Mainz 1983, 74f; 297. - Siehe auch unten S.

he, das darin besteht, die Theologie der Befreiung sei nur von praktischer, aber nicht von theoretischer Relevanz. Diese Arbeit geht davon aus, dass die Befreiungstheologie nicht nur eine ernst zu nehmende Herausforderung an die Praxis, sondern auch an die Theorie der Theologie hierzulande bedeutet. Aber auch das Umgekehrte bleibt natürlich wahr: Die europäische Theologie kann mithelfen, die Befreiungstheologie im Sinne einer spezifischen theologischen Theorie zu sich selbst zu bringen, wenn anders ein gleichberechtigter Dialog zwischen diesen so unterschiedlichen theologischen Geschwistern überhaupt möglich sein soll. Wie fruchtbar sich eine solche gegenseitige Erhellung von europäischem und befreiungstheologischem Denken auswirken kann, kommt paradigmatisch im wissenschaftstheoretischen Exkurs über den theoretischen Status der Befreiungstheologie zum Ausdruck. RAHNER selber hat diese geschwisterliche Wechselbeziehung einmal so umschrieben: "Jedenfalls bedeutet diese Theologie der Befreiung für hier in Europa eine heilsame Verunsicherung, eine nützliche Herausforderung und eine Aufgabe für uns. Wenn bei einem solchen Dialog sich herausstellen könnte, dass die europäischen Theologien auch einen Beitrag dazu leisten könnten, dass diese Theologie der Befreiung sich selbst weiter klärt, entfaltet und sich selbst besser versteht, wäre es um so besser."[5] Einen Beitrag zu einem solchen theoretischen Gespräch zwischen RAHNER (als Repräsentant einer europäischen Theologie) und DUSSEL (als Repräsentant einer lateinamerikanischen Befreiungstheologie) zu leisten - genau das ist die tiefere Absicht dieser Untersuchung.

Die zweite Klarstellung betrifft folgendes: Es geht hier um einen Vergleich von Denkansätzen. Besonders in bezug auf RAHNER will dieser Hinweis beachtet sein. Denn RAHNER

---

[5] K. RAHNER, Vorwort, in: K.RAHNER u.a. (Hrsg.), Befreiende Theologie. Der Beitrag Lateinamerikas zur Theologie der Gegenwart, Stuttgart 1977, 8.

hat in vielfacher Weise zu gesellschafts- und kirchenpolitischen Auseinandersetzungen Stellung bezogen und darin seine persönliche Sympathie zur Befreiungstheologie unmissverständlich zum Ausdruck gebracht. Aber nicht mit solchen subjektiven, möglicherweise zufälligen oder peripheren Aeusserungen RAHNERS soll hier argumentiert werden, sondern aus der innersten Mitte seines Denkansatzes selbst. Es geht also nicht um eine Sammlung expliziter Aussagen Rahners über die Theologie der Befreiung, sondern um einen Vergleich der Basisstrukturen seines Diskurses mit denjenigen der Befreiungstheorie DUSSELS.

Ich möchte nicht verschweigen, dass ich im Laufe dieser Arbeit eine grosse Sympathie sowohl für die Denkart DUSSELS als auch für diejenige RAHNERS empfunden habe. Auch hat sich die Ueberzeugung verstärkt, dass der eine dem jeweils anderen Wichtiges zu sagen hat, das der eine ohne den anderen nicht 'ohnehin immer schon' gesagt hat. Hier begegnen sich zwei ungleiche Denker, die sich aber gerade in ihrer Differenz gegenseitig zu befruchten vermögen.

Die vorliegende Arbeit wurde im Wintersemester 1986/87 abgeschlossen und als Dissertation an der Theologischen Fakultät Luzern eingereicht. Herrn Prof. DIETRICH WIEDERKEHR bin ich in besonderer Weise dankbar für die aufmerksame Begleitung und für die Begutachtung der Arbeit sowie auch dafür, dass er mich während drei Jahren als seinen Assistenten an seinen theologischen Projekten partizipieren liess. Ebenso danke ich Herrn Prof. DOMINIK SCHMIDIG für die Erstellung des Zweitgutachtens. Zu danken habe ich auch meinen Oberen von der Missionsgesellschaft Immensee und meinen Kollegen vom Forschungsteam des Romero-Hauses Luzern für ihre grosszügige Geduld, die sie für mich durch die Jahre meines Studiums aufgebracht haben, und allen Freundinnen und Freunden, die mir auf die eine oder andere Weise Anregung und Kritik gegeben haben.

ERSTER TEIL

# Allgemeine methodologisch-hermeneutische Einführung in die befreiungstheologische Denkart

Bevor wir uns konzentriert dem Diskurs DUSSELS zuwenden, wollen wir das befreiungstheologische Umfeld seines Denkens zur Sprache bringen. DUSSEL soll uns ja in dieser Arbeit nicht einfach isoliert und an sich interessieren, sondern als **Repräsentant der befreiungstheologischen Denkart**. Das aber setzt voraus, dass wir einigermassen ein hinreichendes Bild über die Eigenart eines befreiungstheologischen Denkens überhaupt haben, damit wir uns auch vergewissern können, dass in DUSSELS Diskurs tatsächlich die grundlegenden Optionen der lateinamerikanischen Theologie der Befreiung ausgedrückt und bewahrt sind. Es geht also um eine Situierung DUSSELS im Ganzen der Befreiungstheologie. Wir versuchen mit anderen Worten in diesem ersten Teil so etwas wie eine Totalaufnahme des Denkens in der Befreiungstheologie, um dann im zweiten Teil die Perspektive auf eine Nahaufnahme des Dusselschen Denkens einzuengen.

Wir beginnen diesen Teil mit einer sozialen und historischen Lokalisierung der lateinamerikanischen Befreiungstheologie (I) und arbeiten dann das Neue dieser theologischen Denkart als veränderte Methodologie und Hermeneutik heraus (II). Diese methodologisch-hermeneutische Eigenart wird anschliessend explizit entfaltet und analysiert (III), ehe wir uns dem durch den befreiungstheologischen Wechsel der hermeneutischen Perspektive mitbedingten theologischen Subjektwechsel hinwenden (IV). Ein wissenschaftstheoretischer Exkurs untersucht abschliessend die Wissenschaftlichkeit bzw. Wissenschaftsfähigkeit der befreiungstheologischen Reflexionsart. Die Behandlung dieser Frage drängt sich aufgrund einer verbreiteten akademischen Skepsis auf, der diese Theologie in den Zentren der theologischen Wissenschaft immer wieder begegnet.

I. SITUIERUNG

Am Anfang aller befreiungstheologischen Bemühungen steht die Grundfrage des 'kollektiven Ijob'[1]: Wie kann man den Gott der Liebe und der Gerechtigkeit zur Sprache bringen in einer Situation des unverschuldeten Elends und des ungerechten Leidens? Was bedeutet es, die christliche Erlösungsbotschaft in einer Realität himmelschreienden Unrechts geltend zu machen? In welchem Verhältnis steht der christliche Glaube zur Sehnsucht der Unterdrückten und Ausgebeuteten nach Befreiung?[2] Die Theologie der Befreiung ist aus diesen existentiellen Fragen erwachsen, die sich jenen Christen stellten, die sich über die ungerechte Misere der Verarmten ethisch empörten und sich für ihre Befreiung einsetzten. Sie ist der Versuch, auf diese brennenden Fragen, welche die historische Situation Lateinamerikas und die konkrete befreiende Praxis den sensibilisierten Christen aufwarfen, zu antworten. Sie ist die theoretische Artikulation der Erfahrungen von Chri-

---

[1] Vgl. E. DUSSEL, Das Volk von El Salvador: ein kollektiver Ijob, in: Conc 19 (1983) 716-722.
[2] Vgl. G. GUTIERREZ, El Dios de la vida, in: Christus (México) 556 (1982) 28-57, 47; ders., Teología, democracia y liberación en América latina, in: Cristianos en una sociedad democrática. IV congreso de teología, Madrid 1984, 140-151, 141; ders., Aus der eigenen Quelle trinken. Spiritualität der Befreiung, München-Mainz 1986, 14; ders., Theologie und Sozialwissenschaften. Eine Ortsbestimmung, in: P.ROTTLAENDER (Hrsg.), Theologie der Befreiung und Marxismus, Münster 1986, 45-75, 75; L. BOFF, Aus dem Tal der Tränen ins Gelobte Land. Der Weg der Kirche mit den Unterdrückten, Düsseldorf 1982, 180-182; L. BOFF / C. BOFF, Wie treibt man Theologie der Befreiung?, Düsseldorf 1986, 16; J. S. CROATTO, Liberación y libertad. Pautas hermenéuticas, Lima ²1980, 128; R. VIDALES, Cuestiones en torno al método en la teología de la liberación, in: R. GIBELLINI (Hrsg.), La nueva frontera de la teología en América latina, Salamanca 1977, 41-62, 50f; ders., La teología de la liberación: una opción histórica, in: Cristianismo y Sociedad (México) 84 (1985) 69-80, 70.

sten bei ihrer aktiven Beteiligung am Befreiungsprozess der Unterdrückten Lateinamerikas.

Auf diesem Hintergrund ergibt sich die inzwischen klassische **Definition** der Befreiungstheologie als "kritische Reflexion über die Beteiligung der Christen am historischen Befreiungsprozess aus der Perspektive des christlichen Glaubens"[3]. Die Theologie der Befreiung versteht sich als Reflexion über die drängenden Imperative des historischen Augenblicks im Licht des Glaubens und als Reflexion über die Implikationen der befreienden Praxis für das Verständnis des Glaubens.

Die Theologie der Befreiung ist mithin durch einen "kontextuellen Ausgangspunkt"[4] definiert. Der Ansatz bei der Situation des historisch unterdrückten Lateinamerikas bildet geradezu das zentrale definitorische Kriterium der befreiungstheologischen Reflexionsart.[5] Einerseits beansprucht sie, die gesellschaftliche Realität und Praxis im Licht des Glaubens zu interpretieren und zu inspirieren, anderseits sucht sie von der Erfahrung dieser Situation her das Ganze des Glaubens neu zu denken. Von der gelebten und sozialanalytisch reflektierten lateinamerikanischen Wirklichkeit her erscheint ein neues Verständnis

---

[3] S. SILVA GOTAY, El pensamiento cristiano revolucionario en América latina y el Caribe. Implicaciones de la teología de la liberación para la sociología de la religión, Salamanca ²1983, 24; ähnlich G. GUTIERREZ, Theologie der Befreiung, München-Mainz ²1976, 10-19; ders., Befreiungspraxis, Theologie und Verkündigung, in: Conc 10 (1974) 408-419, 414f; H. ASSMANN, Opresión - Liberación. Desafío a los cristianos, Montevideo 1971, 113; R. OLIVEROS, Liberación y teología. Génesis y crecimiento de una reflexión (1966-1976), Lima ²1980, 240; L. BOFF, Eine kreative Rezeption des II. Vatikanums aus der Sicht der Armen: Die Theologie der Befreiung, in: E. KLINGER / K. WITTSTADT (Hrsg.), Glaube im Prozess. Christsein nach dem II. Vatikanum. Für Karl Rahner, Freiburg i.Br. 1984, 628-654, 640.
[4] H. ASSMANN, Teología desde la praxis de la liberación. Ensayo teológico desde la América dependiente, Salamanca ²1976, 40.
[5] Vgl. ders., Opresión - Liberación, aaO. (Anm. 3) 24.

des Glaubens insgesamt. Die Dialektik von Unterdrückung und Befreiung wird nicht bloss als neues Thema, sondern auch als hermeneutischer Horizont und Interpretationsschlüssel der Theologie überhaupt verhandelt.[6] Die Theologie der Befreiung versteht sich nicht bloss als regionale oder sektorielle Genitivtheologie, sondern auch als "eine neue Art, Theologie zu treiben"[7], nicht bloss als einen neuen Traktat der Theologie, sondern auch als einen neuen modus tractandi. Während sich in Europa innert kürzester Zeit eine Reihe von thematischen Genitivtheologien (sogenannte Theologien der Zeichen der Zeit) ablösten,

---

[6] Vgl. G. GUTIERREZ, Theologie der Befreiung, aaO. (Anm. 3) 2; L. BOFF, Theologie der Befreiung - die hermeneutischen Voraussetzungen, in: K. RAHNER u.a. (Hrsg.), Befreiende Theologie, aaO. (S. 5 Anm. 5) 46; ders., Basic Ecclesial Communities and the Theology of Liberation, in: Voices from the Third World (Metro-Manila) V, Nr. 1 (1982), 3-12, 11; ders., Eine kreative Rezeption des II. Vatikanums aus der Sicht der Armen, aaO. (Anm. 3) 638f; E. BONNIN, Wirklichkeit und Sinn einer Theologie der Spiritualität aus der Sicht Lateinamerikas, in: ders. (Hrsg.), Spiritualität und Befreiung in Lateinamerika, Würzburg 1984, 11-15, 14; E. DUSSEL, Caminos de liberación latinoamericana, Bd. I: Interpretación histórico-teológica de nuestro continente latinoamericano. Seis conferencias, Buenos Aires 1972, 141; I. ELLACURIA, Tesis sobre posibilidad, necesidad y sentido de una teología latinoamericana, in: A. VARGAS-MACHUCA (Hrsg.), Teología y mundo contemporáneo. Homenaje a Karl Rahner, Madrid 1975, 325-350, 332; S. GALILEA, Die Befreiung als Begegnung zwischen Politik und Kontemplation, in: Conc 10 (1974) 388-395, 388; M. MANZANERA, Die Theologie der Befreiung in Lateinamerika und ihre Hermeneutik, in: J. BEUTLER / O. SEMMELROTH (Hrsg.), Theologische Akademie XII, Frankfurt a.M. 1975, 52-78, 78; P. RICHARD, Mort des Chrétientés et naissance de l'Eglise. Analyse historique et interprétation théologique de l'Eglise en Amérique Latine, Paris 1978, 160; J. C. SCANNONE, Ist die Theologie der Befreiung evangeliumsgemäss oder ideologisch?, in: Conc 10 (1974) 228-232, 228; ders., La teología de la liberación. Caracterización, corrientes, etapas, in: Medellín (Medellín, Kolumbien) 34/IX (1983) 259-288, 262; J.L. SEGUNDO, Die Option zwischen Kapitalismus und Sozialismus als theologische Crux, in: Conc 10 (1974) 434-443, 434; J. SOBRINO, Cristología desde América latina. Esbozo a partir del seguimiento del Jesús histórico, México 1976, 39.
[7] G. GUTIERREZ, Theologie der Befreiung, aaO. (Anm.3) 21.

ist in Lateinamerika eine kontextuelle Perspektivtheologie ('Theologie von...her','Theologie im Lichte von...'[8]) mit der 'Befreiung' als perspektivischem Horizontbegriff[9] entstanden. Die konkrete soziale Realität und Praxis bilden den "ersten referentiellen theologischen Ort"[10] des befreiungstheologischen Diskurses. Die Interessen und Erfahrungen, der gesellschaftliche Ort und die Praxis des Subjekts der Theologie sowie die materiellen Bedingungen des theologischen Arbeitens werden mit kritischem Bewusstsein in die theologische Reflexion einbezogen.[11] Der Horizont der Befreiungstheologie ist eine "praxeologische Insertion im soziogeschichtlichen Prozess der Befreiung"[12].

Dieser konkrete historisch-gesellschaftliche Hintergrund ist konstitutiv für das rechte Verständnis der Befrei-

---

[8] Vgl. dazu einige signifikante Titel: H. ASSMANN, Teología desde la praxis de la liberación, aaO. (Anm. 4); J. SOBRINO, Cristología desde América latina, aaO. (Anm. 6); A. CUSSIANOVICH, Desde los pobres de la tierra. Perspectivas de vida religiosa, Salamanca 1977; G. GUTIERREZ, Theologie von der Rückseite der Geschichte her, in: ders., Die historische Macht der Armen, München-Mainz 1984, 125-189; L. BOFF, Teología y fe desde la periferia del mundo, in: ders., La fe en la periferia del mundo. El caminar de la Iglesia con los oprimidos, Santander ²1984, 7-118; ders., Una cristología desde la periferia, in: ders., Jesucristo y la liberación del hombre, Madrid 1981, 11-37; R. VIDALES, Desde la tradición de los pobres, México 1978.
[9] Vgl. E. KLINGER, Theologie im Horizont der Politik. Die Herausforderung Europas durch die lateinamerikanische Theologie, in: F. CASTILLO u.a., Herausforderung: Die Dritte Welt und die Christen Europas, Regensburg 1980, 47-63, 61, Anm. 7.
[10] H. ASSMANN, Teología desde la praxis de la liberación, aaO. (Anm. 4) 102.
[11] Vgl. F. CASTILLO, Theologie der Befreiung: Option für die Armen, in: ders. u.a., Herausforderung, aaO. (Anm. 9) 39.
[12] R. DE ALMEIDA, Pädagogik als Theologie. Paulo Freires Konzept der Konzientisation als Ansatz für eine Glaubensreflexion lateinamerikanischer Christen, in: F. CASTILLO (Hrsg.), Theologie aus der Praxis des Volkes. Neuere Studien zum lateinamerikanischen Christentum und zur Theologie der Befreiung, München-Mainz 1978, 61-124, 103.

ungstheologie. Weil ihre theologischen Entwürfe aus dem Kontext der Leidens- und der Befreiungsgeschichte herauswachsen und auf ihn hin sich artikulieren und zum konkreten Handeln führen, teilt die Theologie der Befreiung die reale Dynamik und Veränderlichkeit der Geschichte selber. Ihr eignet in diesem Sinn immer irgendwie ein "provisorischer Charakter"[13]. Die historische Erfahrung der Befreiung der lateinamerikanischen Völker, ihre geschichtliche Memoria und ihre im täglichen Leben tief verwurzelte Weisheit bilden den hermeneutischen Ort dieser theologischen Denkart.[14] Für das korrekte Verständnis der Befreiungstheologie ist es darum wesentlich, den praktischen Entstehungszusammenhang und Kontext dieser Glaubenshermeneutik und nicht bloss die erst sekundär daraus hervorgehenden Texte und theoretischen Abstraktionen als analytischen Bezugspunkt aufzugreifen.[15] Die Theologie der Befreiung ist bei aller Gelehrsamkeit nicht zuerst geschriebene Theologie, sondern gelebte Glaubenspraxis. Ihr primärer Referenzpunkt ist nicht die universitäre Reflexionskultur, sondern die Glaubenserfahrung von Gemeinden, die für elementare Lebensbedingungen arbeiten und kämpfen. Sie versteht sich im Grunde nur als den theologisch artikulierten Schrei der Armen.[16] Es geht darum, den unerträglichen Schmerz des Unterdrückten in theologischer

---

[13] J. C. SCANNONE, Theologie der Befreiung in Lateinamerika, in: Orien.37 (1973) 2-5, 4; vgl. auch R. VIDALES, Leistungen und Aufgaben der lateinamerikanischen Theologie, in: Conc 10 (1974) 444-449, 444; A. BLATEZKY, Sprache des Glaubens in Lateinamerika. Eine Studie zu Selbstverständnis und Methode der "Theologie der Befreiung", Frankfurt a.M. 1978, 82.
[14] Vgl. J. C. SCANNONE, Teología de la liberación y praxis popular. Aportes críticos para una teología de la liberación, Salamanca 1976, 9f.
[15] Vgl. A. BLATEZKY, aaO. (Anm. 13) 12.
[16] Vgl. L. BOFF, Aus dem Tal der Tränen ins Gelobte Land, aaO. (Anm. 2) 178; C. BOFF, Theologie der Befreiung. Eine Einführung in ihre Grundlagen, in: ZMR 69 (1985) 161-178, 174; V. CODINA, Teología del clamor popular, in: RLT (San Salvador) 1 (1984) 309-328; E. DUSSEL, Desintegración de la cristiandad colonial y liberación. Perspectiva latinoamericana, Salamanca 1978, 138.

Perspektive zur Sprache zu bringen: den Schrei der Gefolterten aus den Gefängnissen der Unterdrücker, den Hunger der durch die Grossgrundbesitzer ausgebeuteten Campesinos, die unheilbaren gesundheitlichen Schäden der auf Abfallhaufen aufwachsenden Kinder, den vorzeitigen Tod vieler Menschen am Rande der Grossstädte. Jede Auseinandersetzung mit der Befreiungstheologie muss damit beginnen, dass sie sich diesem realen Elend stellt. K. LEHMANN macht auf die Gefahr aufmerksam, "dass diese Not mit ihren konkreten existentiellen Aspekten leicht zugunsten akademischer Fragen vergessen werden kann"[17]. Eine wissenschaftliche Auseinandersetzung, die per se eine Entlastung vom unmittelbaren gesellschaftlichen Druck und eine kritische Distanz zum Forschungsgegenstand verlangt, gerät so fast zwangsläufig zu einem verrückten Unternehmen.

Hinzu kommt noch ein zweites: Weil die Theologie der Befreiung zuerst eine befreiende **Praxis** ist, bewegt sich jede Arbeit mit geschriebenen Texten immer schon einen entscheidenden Schritt vom lebendigen Puls dieser ursprünglichen Theologie weg. Selbst eine Arbeit mit Texten von Befreiungstheologen wird so notwendig zu einer Diskussion aus zweiter Hand. Eine angemessene Darstellung und ein wirkliches Verstehen dieser Theologie setzen im Grunde genommen die reale Partizipation des darstellenden und rezipierenden Subjekts an der konkreten Praxis der Befreiung voraus, in der diese Theologie ihren Sitz-im-Leben hat und geschichtlich ständig weiterentwickelt wird. Diesem im Wesen und in der Struktur eines theoretischen Diskurses angelegten Mangel im wissenschaftlich-analytischen Umgang mit der Befreiungstheologie muss jede Reflexion über sie Rechnung tragen. In diesem strukturell angelegten Manko liegt die Grenze und die ganze Relativi-

---

[17] K. LEHMANN, Methodologisch-hermeneutische Probleme der "Theologie der Befreiung", in: K. LEHMANN u.a., Theologie der Befreiung, Einsiedeln 1977, 9-44, 13.

tät einer wissenschaftlich distanzierten theoretischen Uebung.[18]

Trotzdem ist eine wissenschaftliche Auseinandersetzung mit der Befreiungstheologie kein akademischer Luxus. Immer mehr Befreiungstheologen empfinden das Experimentierstadium und den unausgegorenen Status ihrer Theologie nicht mehr als Tugend, sondern als theologische Not. Laut und vernehmlich wird inzwischen eine solide theoretische Grundlegung der Befreiungstheologie als Desiderat erkannt.[19] Die Theologie der Befreiung sieht sich vor der Aufgabe, ihr epistemologisches Profil zu formulieren und ihr theoretisches Statut in einem erkenntnis- und wissenschaftstheoretischen Diskurs zu artikulieren.[20] Sie sieht sich dazu durch ein gewachsenes theoretisches Problembewusstsein, durch die Erfordernisse einer reflektierten Praxis selber und vor allem durch theoretische Kritik von innen und polemische Angriffe von aussen veranlasst.

Bedingt durch ihren historisch-situativen Ansatz ist die Theologie der Befreiung kein geschlossenes, uniformes System der Theologie, keine lehrbuchmässig etablierte und tradierte Schultheologie geworden. Trotzdem wäre es irreführend, allein im plurale tantum von Theologien der Befreiung zu sprechen, denn all die vielfältigen Erschei-

---

[18] Vgl. M. HOFMANN, Identifikation mit dem Anderen. Theologische Themen und ihr hermeneutischer Ort bei lateinamerikanischen Theologen der Befreiung, Stockholm-Göttingen 1978, 11f.
[19] Vgl. C. BOFF, Theologie der Befreiung, aaO. (Anm. 16) 177; R. VIDALES, Cuestiones en torno al método en la teología de la liberación, aaO. (Anm. 2) 56; J. S. CROATTO, Liberación y libertad, aaO. (Anm. 2) 5; I. ELLACURIA, Tesis, aaO. (Anm. 6) 331; ders., Hacia una fundamentación filosófica del método teológico latinoamericano, in: Encuentro latinoamericano de teología: Liberación y cautiverio. Debates en torno al método de la teología en América latina, México 1976, 609-635, 609-612; E. DUSSEL, Etica comunitaria, Madrid 1986, 235f; 245ff.
[20] Vgl. dazu bes. die bemerkenswerte und für die weitere Diskussion wichtige, wenn auch nicht unumstrittene Studie von C. BOFF, Theologie und Praxis, aaO. (S.4, Anm.4).

nungsbilder der Befreiungstheologie sind Teile einer spezifischen theologischen Strömung, deren Einheit wir noch herauszuarbeiten haben werden. In übersichtsmässigen Darstellungen und Einteilungen werden im allgemeinen drei theoretische Richtungen unterschieden[21]:

1. Die ekklesial-evangelisatorische Richtung: Sie geht von der biblischen Freiheitsbotschaft aus und entfaltet hermeneutisch den ganzheitlichen Sinn der evangelischen Befreiung. Im Unterschied zum praxeologischen Ansatz der Befreiungstheologie im eigentlichen Sinn wird hier weniger von der historischen Realität und Praxis als vielmehr vom Evangelium her auf diese Realität und Praxis hin argumentiert. Die sozialen, politischen und kulturellen Dimensionen der Befreiung werden nicht bestritten, aber sie werden erst in einem zweiten Akt in die Wahrnehmung des Evangelisationsauftrags integriert. Weiter kommt hinzu, dass hier die sozialanalytische Vermittlung[22] weitgehend ausfällt.[23]

---

[21] Vgl. J. C. SCANNONE, Das Theorie-Praxis-Verhältnis in der Theologie der Befreiung, in: K. RAHNER u.a. (Hrsg.), Befreiende Theologie, aaO. (S. 5 Anm. 5) 77-96, 91-96; S. GALILEA, Teología de la liberación. Ensayo de síntesis, Bogotá 1976, 27f; H. ZWIEFELHOFER, Zum Begriff der Dependenz, in: K. RAHNER u.a. (Hrsg.), Befreiende Theologie, aaO. (S. 5 Anm. 5) 34-45, 45; ders., Gelebter Glaube in Lateinamerika. Wurzeln und Entwicklungen der Theologie der Befreiung, in: HerKorr 36 (1982) 389-393, 392; E. SCHILLEBEECKX, Befreiungstheologien zwischen Medellín und Puebla, in: Orien.43 (1979) 6-10.17-21, 17; H. SCHOEPFER, Lateinamerikanische Befreiungstheologie, Stuttgart 1979, 102-115.
[22] Siehe dazu weiter unten S. 41ff.
[23] Diese ekklesial-evangelisatorische Richtung hat sich vor allem in episkopalen Dokumenten der lateinamerikanischen Kirche niedergeschlagen (vgl. z.B. den Bericht des lateinamerikanischen Bischofsrates CELAM für die römische Bischofssynode 1974, deutsch: Evangelisierung in Lateinamerika, Adveniat-Dokumente Nr. 15, Essen 1975). Als namhaftester Repräsentant dieser Strömung kann wohl der ehemalige Präsident des CELAM, der argentinische Kardinal EDUARDO PIRONIO gelten (vgl. z.B. E. PIRONIO, Der neue Mensch. Theologische Besinnung auf das Wesen der Befreiung, in: P. HUENERMANN / G.-D. FISCHER [Hrsg.], Gott im

2. Die sozialanalytisch vermittelte Richtung: Ihre Gesellschaftsanalyse stützt sich auf die sogenannte 'Dependenztheorie'[24], die ihrerseits auf Kategorien der marxistischen Gesellschaftstheorie zurückgreift. Sie betrachtet die Theologie als kritische Funktion gesellschaftlicher Befreiungspraxis und privilegiert eine politische Hermeneutik des Glaubens.[25]

---

Aufbruch. Die Provokation der lateinamerikanischen Theologie, Freiburg i.Br. 1974, 41-69). Diese Richtung wird auch deutlich favorisiert von den beiden Instruktionen der römischen Glaubenskongregation zur Theologie der Befreiung (vgl. Instruktion der Kongregation für die Glaubenslehre über einige Aspekte der "Theologie der Befreiung", aaO. [S.1, Anm.1], bes. Kap. III-IV; Instruktion der Kongregation für die Glaubenslehre über die christliche Freiheit und die Befreiung, hrsg. vom Sekretariat der Deutschen Bischofskonferenz, Bonn ²1986, bes. Kap. II-IV).
[24] Vgl. dazu weiter unten S. 48ff.
[25] In seinem Aufsatz 'La teología de la liberación', aaO. (Anm. 6), 271-279, differenziert SCANNONE diese Richtung in praktischer Hinsicht noch einmal weiter aus in einen revolutionär-avantgardistischen Typ, der tendenziell elitär und säkularistisch ist, und in einen historisch-praktischen Typ, der sich als theologische Begleitung der historischen Praxis der in den Basisgemeinden engagierten Christen und der Basisorganisationen des Volkes insgesamt versteht.
Innerhalb des letzteren, also des historisch-praktischen Zweiges, sorgte eine Zeitlang speziell die sogenannte 'Theologie der Gefangenschaft' (vgl. bes. L. BOFF, Teología del cautiverio y de la liberación, Madrid 1978) für erhöhte Aufmerksamkeit und Aufregung. Diese verstand sich anfänglich als "eine neue Phase" (ebd. 52) der Befreiungstheologie. Diesem Verständnis zufolge waren die Anfänge der Befreiungstheologie am Ende der 60er Jahre gekennzeichnet durch eine euphorische Grundstimmung, die mit der realen Möglichkeit einer baldigen Befreiung der Unterdrückten gerechnet habe. Demgegenüber sei die Theologie der Gefangenschaft eine "Theologie ohne Euphorien" (ebd. 54). Die kontinentale Etablierung repressiver Militärdiktaturen und die hemmungslose Durchsetzung der totalitären Ideologie der 'Nationalen Sicherheit' im Laufe der 70er Jahre hätten anstelle der anfänglichen Befreiungseuphorie dem Bewusstsein einer Situation unabsehbarer Gefangenschaft Platz gemacht. Die Kategorie 'Gefangenschaft' sollte dabei den historischen Ausgangspunkt und den hermeneutischen Horizont der theologischen Reflexion als Situation systematischer Unterdrückung benennen und die ungebrochene innere Widerstandskraft des gläubigen Volkes trotz stabil institutionalisierter Repression ar-

3. Die durch die Volkskultur vermittelte Richtung: Sie ist weniger sozialanalytisch als vielmehr kulturanalytisch[26] vermittelt. Ihr Ausgangspunkt ist die lateinamerikanische Volkskultur und Volksreligiosität. Diese ist durch den herrschenden Kulturimperialismus entfremdet. Sie bedarf daher der Befreiung, damit das arme Volk seine eigene lateinamerikanische Identität zurückgewinnt.

Von diesen drei Hauptrichtungen hat der sozialanalytisch vermittelte Typus historisch-genetisch und in bezug auf die wirkungsgeschichtliche Bedeutung den Primat inne[27],

---

tikulieren. In diesem Sinn hat sich die Theologie der Gefangenschaft nie als Alternative zur Theologie der Befreiung verstanden (vgl. ebd. 52; ders., Theologie der Befreiung - die hermeneutischen Voraussetzungen, aaO. [Anm. 6] 56; ders., Aus dem Tal der Tränen ins Gelobte Land, aaO. [Anm. 2] 195f; ders., La salvación en las liberaciones. El sentido teológico de las liberaciones socio-históricas, in: L. BOFF / C. BOFF, Libertad y liberación, Salamanca 1982, 11-98, 47; ders., Eine kreative Rezeption des II. Vatikanums aus der Sicht der Armen, aaO. [Anm. 3] 647). Trotzdem hat die Theologie der Gefangenschaft aufgrund ihrer Einschätzung der Anfänge der Befreiungstheologie als Phase der Euphorie Widerspruch erfahren. Das Bewusstsein der Exilssituation des lateinamerikanischen Volkes stelle keine spezifische Differenz zu den befreiungstheologischen Ursprüngen dar. Die Doppelstruktur von Leiden und Hoffnung, von Exil und Exodus sei für den befreiungstheologischen Diskurs schon immer konstitutiv gewesen. Vor allem aber sei die Behauptung einer historischen Zäsur zwischen einer angeblich euphorischen Geschichtsstimmung Ende der 60er Jahre und einem nüchternen Geschichtsbewusstsein in den 70er Jahren auch kirchenpolitisch gefährlich, weil sie jenen amtskirchlichen Gegnern der Befreiungstheologie in die Hände arbeite, die das prophetische Dokument von Medellín als Produkt einer momentanen geschichtlichen Euphorie abtun und damit relativieren möchten (vgl. G. GUTIERREZ, Die historische Macht der Armen, aaO. [Anm. 8] 50f; 82; 168; 178f; J. S. CROATTO, Liberación y libertad, aaO. [Anm. 2] 2f; P. RICHARD, Mort des Chrétientés, aaO. [Anm. 6] 168). Heute kann man feststellen, dass die Theologie der Gefangenschaft als Zäsur innerhalb der Befreiungstheologie keine Rolle mehr spielt und dass sich die momentane Aufregung wieder gelegt hat.

[26] J. C. SCANNONE (Sozialanalyse und Theologie der Befreiung, in: ZMR 69 [1985] 259-280, 270; 279, Anm. 10) verwendet explizit den Ausdruck "kulturelle Analyse".

[27] Dies wird sogar von J. C. SCANNONE (La teología de la

wobei diese Unterscheidung insofern bereits künstlich und abstrakt wirkt, als sich im Normalfall selten ein Befreiungstheologe eindeutig der einen oder der anderen Richtung zuordnen lässt.

Die historischen Anfänge der Befreiungstheologie weisen in die 60er Jahre zurück. Für europäische Ohren mag es vielleicht überraschend tönen, dass sie sich in ihrer ersten Phase weitgehend unabhängig von der Bewegung der Basisgemeinden, deren Ursprünge in den 50er Jahren zu datieren sind, entwickelt hat. Diese Bewegung ist zunächst in Brasilien als Folge einer von der kirchlichen Hierarchie des Nordostens organisierten breiten Volksmissionskampagne entstanden.[28] Diese Evangelisierungskampagne ge-

---

liberación, aaO. [Anm. 6], 276) anerkannt, obwohl er selber der kulturanalytischen Richtung zuzuordnen ist. Wenn wir im folgenden von der Befreiungstheologie (im Singular) sprechen, so meinen wir daher in der Regel den sozialanalytisch vermittelten Typus, zumal sich ja auch die kulturanalytische Variante nicht einfach als Alternative, sondern eher als Ergänzung zur sozialanalytischen Vermittlung versteht (vgl. J. C. SCANNONE, La teología de la liberación, aaO. [Anm. 6] 278; ders., Volksreligiosität, Volksweisheit und Philosophie in Lateinamerika, in: ThQ 164 [1984] 203-214, 204-206; Volksreligion, Volksweisheit und Volkstheologie in Lateinamerika, in: K. RAHNER u.a. (Hrsg.), Volksreligion - Religion des Volkes, Stuttgart 1979, 26-39, 27f; ders., Teología de la liberación y praxis popular, aaO. [Anm. 14] 69, Anm. 6). Trotzdem ist SCANNONE (vgl. El método de la teología de la liberación, in: Theologica Xaveriana [Bogotá] 34 [1984], Nr. 73, 369-399, 385) darin recht zu geben, dass eigentlich der allgemeinere Begriff der 'analytischen' Vermittlung, der sowohl die sozial- als auch die kulturanalytische Vermittlung einschliessen würde, vorzuziehen wäre.
[28] Vgl. zum folgenden J. MARINS, Kirchliche Basisgemeinden in Lateinamerika, in: Conc 11 (1975) 232-237, 233-235; L. BOFF, Die Neuentdeckung der Kirche. Basisgemeinden in Lateinamerika, Mainz 1980, 10-14; E. DUSSEL / J. MEIER, Die kirchlichen Basisgemeinden in Brasilien, in: E. KLINGER / R. ZERFASS (Hrsg.), Die Basisgemeinden - ein Schritt auf dem Weg zur Kirche des Konzils, Würzburg 1984, 11-31, 16f; H.-J. PRIEN, Die Geschichte des Christentums in Lateinamerika, Göttingen 1978, 572f; 891; ders., Länderspezifische Fallstudien: Brasilien, in: ders. (Hrsg.), Lateinamerika: Gesellschaft - Kirche -

schah damals deutlich auf einem "klerikal-defensiven Hintergrund"[29]. Durch die Landflucht in die rapid wachsenden Städte verloren viele katholische Gläubige den Kontakt mit ihrer Kirche. In dieses pastorale Vakuum nisteten sich vorzugsweise protestantische Pfingstbewegungen und Sekten, aber auch marxistisch orientierte Gruppen ein. Ausserdem drängte es die nordamerikanischen evangelischen Missionsgesellschaften seit 1949 verstärkt nach Lateinamerika, nachdem sie aus China vertrieben worden waren. Die wirksame Abwehr der protestantischen und der kommunistischen Gefahr nötigte die brasilianische Hierarchie zu intensivierten missionarischen und sozialen Aktivitäten.

Diesen pastoralen Erfordernissen stand aber der chronische Priestermangel und die dadurch verursachte Krise der Versorgungskirche entgegen. Im Bistum Barra do Piray (Rio de Janeiro) wurden seit 1956 Volkskatecheten aus priesterlosen Gegenden als Gemeindeleiter ausgebildet, damit sie das Volk zum gemeinsamen Gebet, zur Schriftlesung und zur gottesdienstlichen Feier versammelten. Ausserdem hatten sie den Auftrag, den sozialen Lebensstandard der Bevölkerung durch Alphabetisierungs-, Näh- und Handwerkskurse zu fördern. Um diese Volkskatecheten herum bildeten sich lokale Gemeinschaften. Für die katechetischen und sozialen Schulungskurse wurden Versammlungsräume errichtet, in denen man sich traf, um gemeinsam die drängendsten Probleme zu lösen. Auf diese Weise entstanden in Barra do Piray 475 solche priesterlosen Gemeindezentren.

---

Theologie, Bd. I: Aufbruch und Auseinandersetzung, Göttingen 1981, 149-219, 152-185; ders., Katholische Kirche und Entwicklungspolitik in Lateinamerika. Von der I. bis zur III. Allgemeinen Konferenz des Lateinamerikanischen Episkopats: Rio de Janeiro 1955 bis Puebla 1979, in: NZM 36 (1980) 173-185, 174f; K. J. RIVINIUS, Unterdrückung und Befreiung am Beispiel der Kirchengeschichte Lateinamerikas, in: K. RAHNER u.a. (Hrsg.), Befreiende Theologie, aaO. (S. 5 Anm. 5) 9-24, 23.
[29] H.J. PRIEN, Die Geschichte des Christentums in Lateinamerika, aaO. (Anm. 28) 891.

Fast gleichzeitig unternahm das Bistum Natal (Rio Grande del Norte) grosse Anstrengungen, die Unterernährung, endemische Krankheiten und das Analphabetentum zu bekämpfen. Durch die diözesanen Radioschulen entstand der 'Movimiento de Educaçao de Base', eine breite pädagogische Alphabetisierungs- und Bildungsbewegung. 1963 gab es allein im Bistum Natal 1'410 solche Radioschulen und Bildungszentren. Von Natal aus breitete sich diese Bewegung bald über den gesamten Nordosten Brasiliens aus. Die Radioschulen führten zur Bildung lokaler Kerngruppen, die mit den verantwortlichen Teams der Sendestationen in regelmässigem Kontakt standen. In derselben Zeit durchzog während mehreren Jahren eine vom Episkopat approbierte Equipe von fünfzehn Personen das Land und erteilte insgesamt 1'800 Kurse zur kirchlichen Erneuerung. Aus dieser umfassenden Erneuerungsbewegung entstand der erste Plan für die nationale Gesamtpastoral (pastoral de conjunto) für die Jahre 1965 bis 1970. Dieser Pastoralplan, der auch im Dokument von Medellín Eingang gefunden hat[30], hatte ausdrücklich die Ausdifferenzierung der Pfarreistrukturen in eine Vielzahl von Basisgemeinden zum Programm. Als es zur Ausarbeitung dieses Gesamtplanes kam, bildeten die Basisgemeinden bereits eine fest verankerte ekklesiologische Grösse.

Weitgehend unabhängig von dieser kirchlichen Basisbewegung ist in der zweiten Hälfte der 60er Jahre die Theologie der Befreiung entstanden. Es mag heute erstaunen, dass sie ihren Geburtsort gerade nicht in den Basisgemeinden des armen Volkes, sondern in einer akademischen christlichen Elite gehabt hat. Erst in der zweiten Phase gelang es ihr, sich mit der kirchlichen Volksbewegung zu

---

[30] Vgl. Dokumente von Medellín. Sämtliche Beschlüsse der II. Generalversammlung des Lateinamerikanischen Episkopates (24.8. - 6.9.1968): Die Kirche in der gegenwärtigen Umwandlung Lateinamerikas im Lichte des Konzils (=Adveniat Dokumente/Projekte 1-3), Essen 1970.

verbinden und sich selber als kritische Interpretation und Begleitung der basisgemeindlichen Glaubenspraxis zu etablieren. Ihr Sitz-im-Leben befand sich ursprünglich im Gedankengut der kritischen Studentenbewegung in der zweiten Hälfte der 60er Jahre.[31] Sie war also zunächst eine theologische Praxis elitärer christlicher Gruppen: kritischer Studenten in den katholischen Studentenorganisationen (MIEC-JECI[32]) und inoffizieller Priestergruppen wie ONIS[33] in Peru, 'Priester für die Dritte Welt' in Argentinien, 'Golconda' in Kolumbien und der ökumenischen Bewegung ISAL[34]. Alle diese Gruppen entstammten der Tradition des Sozialkatholizismus.[35] Die Katholische Aktion

---

[31] Vgl. zum folgenden J. COMBLIN, Kurze Geschichte der Theologie der Befreiung, in: H.-J. PRIEN (Hrsg.), Lateinamerika: Gesellschaft - Kirche - Theologie, Bd. II: Der Streit um die Theologie der Befreiung, Göttingen 1981, 13-38, 18-26; H. BORRAT, Theologie der Befreiung - eine befreiende Theologie? Unbequeme Anfragen zwischen "Medellín" und der Zukunft, in: P. HUENERMANN / G.-D. FISCHER (Hrsg.), Gott im Aufbruch, aaO. (Anm. 23) 181-203, 184; ders., Die Pastoral der brasilianischen Kirche, in: Pro Mundi Vita, Bulletin 90/Juli (1982) 1-28, 8; L. BOFF / C. BOFF, Wie treibt man Theologie der Befreiung?, aaO. (Anm. 2) 81-94; R. MUNOZ, Génesis y niveles de la teología de la liberación, in: Mensaje (Santiago de Chile) 326 (1984) 15-18, 17; A. ALONSO, Iglesia y praxis de liberación. Pedagogía del recuerdo y la esperanza, Salamanca 1974, 69; J. L. SEGUNDO, Condicionamientos actuales de la reflexión teológica en Latinoamérica, in: Encuentro latinoamericano de teología, aaO. (Anm. 19) 91-101, 97; ders., Les deux théologies de la libération en Amérique latine, in: Etudes (Paris) 361 (1984) 149-161, 150-154; P. TRIGO, Teología de la liberación y cultura, in: RLT (San Salvador) 2 (1985) 83-93, 86.
[32] Movimiento Internacional de Estudiantes Católicos - Juventud Estudiantil Católica Internacional.
[33] Oficina Nacional de Investigación Social.
[34] Iglesia y Sociedad en América Latina.
[35] Vgl. S. SILVA, Glaube und Politik: Herausforderung Lateinamerikas. Von der christlich inspirierten Partei zur Theologie der Befreiung, Bern-Frankfurt a.M. 1973; G. GUTIERREZ, Für eine Theologie der Befreiung, in: H. LUENING (Hrsg.), Mit Maschinengewehr und Kreuz oder Wie kann das Christentum überleben?, Reinbeck bei Hamburg 1971, 11-15, 12; O. NOGGLER, Das erste Entwicklungsjahrzehnt. Vom II. Vatikanischen Konzil bis Medellín, in: H.-J. PRIEN (Hrsg.), Lateinamerika: Gesellschaft - Kirche -

war eine von Pius XI. ins Leben gerufene apostolische Laienbewegung, deren Aufgabe die Ausbreitung des Evangeliums und die Schaffung einer christlichen Gesellschaft sein sollte.[36] Sie war als Verband der katholischen Elite konzipiert und direkt der Hierarchie unterstellt. Sie sollte die kirchlichen Prinzipien dort zur Geltung bringen, wo der Arm der Hierarchie nicht mehr hinreichte. Ihr gesellschaftliches Engagement war den Grundsätzen der katholischen Soziallehre verpflichtet. Ihr Ziel war der Aufbau einer neuen Christenheit bzw. einer christlichen Gesellschaft, in der Staatsvolk und Gottesvolk gleichsam eine soziologische Einheit bildeten.[37] Das Apostolatsgebiet ihrer Mitglieder waren Familie, Nachbarschaft, Pfarrei, Arbeitsplatz und auch Politik. Durch Gebet und vorbildliche Lebensführung sollte die Welt geheiligt werden. Seit 1950 wurde die Katholische Aktion in Lateinamerika nach dem französichen Vorbild der Elitenbildung in spezifische Jugendorganisationen differenziert (Arbeiter-, Bauern-, Schüler-, Universitätsjugend usw.). Ende der 50er Jahre erwachte in diesen Jugendorganisationen allmählich ein gesellschaftskritisches Bewusstsein. Vielen wurde der Mangel an gesellschaftsrelevanten Themen und an sozialkritischer Praxis bewusst. Seit 1960 begannen sich

---

Theologie I, aaO. (Anm. 28) 19-70, 22; L. BOFF, Aus dem Tal der Tränen ins Gelobte Land, aaO. (Anm. 2) 52f; ders., Kirche: Charisma und Macht. Studien zu einer streitbaren Ekklesiologie, Düsseldorf 1985, 25.
[36] Vgl. zum folgenden O. NOGGLER, Länderspezifische Fallstudien: Chile, in: H.-J. PRIEN (Hrsg.), Lateinamerika: Gesellschaft - Kirche - Theologie I, aaO. (Anm. 28) 220-272, 227-229; R. CARAMURU, Katholische Aktion im Untergrund. Vom Apostolat zum politischen Kampf (Brasilien), in: H. LUENING (Hrsg.), Mit Maschinengewehr und Kreuz, aaO. (Anm. 35) 108-114; S. SILVA, Glaube und Politik, aaO. (Anm. 35); G. HARTMANN, Christliche Basisgruppen und ihre befreiende Praxis. Erfahrungen im Nordosten Brasiliens, München-Mainz 1980, 51-64; R. SHAULL, Befreiung durch Veränderung. Herausforderungen an Kirche, Theologie und Gesellschaft, München- Mainz 1970, 45-48.
[37] Vgl. J. MARITAIN, Christlicher Humanismus. Politische und geistige Fragen einer neuen Christenheit, Heidelberg 1950.

vor allem Mitglieder der katholischen Universitätsjugend zunehmend für die Kapitalismuskritik und für eine marxistische Analyse der gesellschaftlichen Realität Lateinamerikas zu interessieren. In diesen Jahren entstand ja auf dem lateinamerikanischen Kontinent die sozialwissenschaftliche Theorie der strukturellen Abhängigkeit. Die sozialanalytische Kategorie der Dependenz erlebte innert kürzester Zeit eine solche Verbreitung, dass sie in der zweiten Hälfte der 60er Jahre das epochale Stichwort darstellte.[38] Sie wurde zum obligaten Bestandteil von Publikationstiteln, Kongressprogrammen und politischen Manifesten. In fast allen Hauptstädten Lateinamerikas und selbst in wichtigen Provinzstädten bildeten sich an den Universitäten Arbeitsgruppen zum Thema 'dependencia'.[39] Es ist daher nicht erstaunlich, dass diese sogenannte Dependenztheorie an den Universitäten auch von kritischen Christen eifrig diskutiert und rezipiert wurde. Speziell bei jenen Studenten der katholischen Universitätsjugend, die im Rahmen der Katholischen Aktion bereits an ländlichen Alphabetisierungs- und Bildungsprogrammen beteiligt waren, stiess die neu diskutierte Problematik von Abhängigkeit und Befreiung auf waches Interesse. Aufgrund ihrer Herkunft von der katholischen Soziallehre und ihrer existentiellen Begegnung mit den Nöten der Landbevölkerung sowie der Konfrontation beider mit dem neuen Dependenzansatz stellten sich ihrem christlichen Selbstverständnis neue Fragen: Wie kann jemand, der in der revolutionären Befreiungspraxis engagiert ist, zugleich authentischer Christ sein? Wie kann die Leidenschaft für Gott in Einklang gebracht werden mit der Leidenschaft für die Unterdrückten und für ihre strukturelle Befreiung? Welche theologische Bedeutung hat die gesellschaftliche Praxis?[40] Diese und ähnliche Fragen haben die Theologie der

---

[38] Vgl. T. T. EVERS / P. VON WOGAU, "dependencia": lateinamerikanische Beiträge zur Theorie der Unterentwicklung, in: Das Argument 15 (1973) 404-452, 404.
[39] Vgl. ebd. 414.
[40] Vgl. L. BOFF, La salvación en las liberaciones, aaO.

Befreiung hervorgebracht, verstanden als "der Versuch, auf theologische Probleme zu antworten, die sich revolutionäre Christen stellen, ausgehend von den Widersprüchen, in denen sie leben und die aus der Tatsache ihres doppelten christlichen und revolutionären Engagements resultieren"[41].

Dieselben Fragen bewegten auch die inoffiziellen kritischen Priestergruppen, die nach dem Konzil in verschiedenen lateinamerikanischen Ländern entstanden und "die zum Teil vom konziliaren Erneuerungswunsch erfüllt waren[42], zum Teil von der gesellschaftlichen Unruhe angesichts des Verfalls des Populismus, zum Teil von der weltweiten studentischen Unruhe der Jahre 1967-68"[43]. Aus ihren Reihen rekrutierten sich die eigentlichen Initiatoren einer systematischen **Theologie** der Befreiung. Der Kreis der 'Gründerväter' kann sogar ziemlich präzis markiert werden.[44] Seit 1965 traf sich in periodischen Abständen eine kleine Gruppe kritischer katholischer Theologen, die untereinander durch persönliche Freundschaft verbunden waren. Zu diesem gleichsam privaten Theologenkreis gehörten G. GUTIERREZ, J. L. SEGUNDO, S. GALILEA, L. GERA und zwei oder drei andere. An ihren Treffen diskutierten sie ihre theologischen Gedanken auf dem Hintergrund der neu entstandenen Dependenztheorie. Weitgehend parallel dazu entwickelte sich seit 1962 in Montevideo durch die protestantische Gruppe ISAL unter der Führung des aus den USA

---

(Anm. 25) 30-33.
[41] G. GIRARDI, Philosophische Voraussetzungen einer Theologie der Befreiung, in: H. BETTSCHEIDER (Hrsg.), Theologie der Befreiung, St. Augustin bei Bonn 1974, 12-38, 16.
[42] GUTIERREZ, der selber als theologischer Berater seines Bischofs am Konzil beteiligt war, anerkennt ausdrücklich, das II. Vatikanische Konzil habe für die Entstehung der Befreiungstheologie "die entscheidenden Anstösse gegeben" (Die Armen evangelisieren. Gustavo Gutiérrez im Gespräch mit Josef Sayer, in: P. EICHER [Hrsg.], Theologie der Befreiung im Gespräch, München 1985, 25-50, 26).
[43] J. COMBLIN, Kurze Geschichte der Theologie der Befreiung, aaO. (Anm. 31) 18.
[44] Vgl. ebd. 20-25.

stammenden R. SHAULL, der seit den 40er Jahren in Lateinamerika lebte, eine theologische Richtung, die ebenfalls von der Dependenztheorie und der Soziologie der Befreiung inspiriert war. SHAULL war mit der Neuen Linken in den USA verbunden und versuchte, in der revolutionären Situation Lateinamerikas einen christlichen Sinn zu entdecken. Er wurde so zu einem der profiliertesten Vertreter der Theologie der Revolution.

Zwar war der Begriff 'Befreiung' seit den ersten Arbeiten der Dependenztheorie in vieler Leute Munde, aber der Ausdruck 'Theologie der Befreiung' wurde erstmals wenige Wochen vor der Vollversammlung der lateinamerikanischen Bischöfe in Medellín (24. 8. bis 6. 9. 1968) von G. GUTIERREZ öffentlich verwendet, als er im Juni 1968 beim Nationalkongress der ONIS[45] in Chimbote einen Vortrag zum Thema "Auf dem Weg zu einer Theologie der Befreiung" (Hacia una teología de la liberación) hielt.[46]

GUTIERREZ und GERA waren auch massgeblich an der Ausarbeitung des Dokuments von Medellín beteiligt.[47] In Medellín hat die noch junge Theologie der Befreiung das kirchliche Bürgerrecht, d.h. offiziell anerkannten Status erhalten.[48] Die Konferenz von Medellín stand unter dem Generalthema 'Die Kirche in der gegenwärtigen Umwandlung Lateinamerikas im Lichte des Konzils'. Ihr Ziel war also

---

[45] Vgl. oben Anm. 33.
[46] Vgl. H. BORRAT, Theologie der Befreiung - eine befreiende Theologie?, aaO. (Anm. 31) 185; H.-J. PRIEN, Katholische Kirche und Entwicklungspolitik in Lateinamerika, aaO. (Anm. 28) 177.
[47] Vgl. E. DUSSEL, La iglesia latinoamericana de Medellín a Puebla (1968-1979), in: Panorama de la teología latinoamericana, Bd. V: Puebla, hrsg. vom Equipo Seladoc, Salamanca 1981, 13-61, 19.
[48] Vgl. H. ASSMANN, Opresión - Liberación, aaO. (Anm. 3) 36; ders., Teología desde la praxis de la liberación, aaO. (Anm. 4) 30; R. VIDALES, Leistungen und Aufgaben der lateinamerikanischen Theologie, aaO. (Anm. 13) 444; P. RICHARD, Mort des Chrétientés et naissance de l'Eglise, aaO. (Anm. 4) 157.

eine "lateinamerikanische Konkretisierung des Konzils"[49]. Wie die Konzilsväter in Rom, so suchten die lateinamerikanischen Bischöfe in Medellín "nach den Zeichen der Zeit zu forschen und sie im Licht des Evangeliums zu deuten" (GS 4). Von der Pastoralkonstitution 'Gaudium et spes', die methodisch von einer Analyse der aktuellen historischen Realität ausging, diese in einem zweiten Schritt theologisch reflektierte und von daher nach praktischen Optionen suchte, hat Medellín das neue methodologische Paradigma übernommen, das für die gesamte Theologie der Befreiung massgebend wurde. Medellín hat sich so als die lateinamerikanische Lesart von 'Gaudium et spes' verstanden. Die lateinamerikanischen Zeichen der Zeit wurden dabei als Armut, Unterdrückung, Gewalt sowie Gerechtigkeit, Befreiung, Frieden identifiziert. "Medellín markiert eine Wende in der Kirche: Es definiert einen neuen gesellschaftlichen Ort, von dem aus die Kirche ihre Präsenz in der Welt zu konzipieren hat."[50] In Medellín hat sie ihren sozialen Standort gewechselt. Die Armen und ihre Sehnsucht nach Befreiung begannen einen neuen Referenzrahmen für die theologische Reflexion und für das kirchliche Handeln zu bilden.

Medellín gilt als die offizielle Geburtsstunde der Befreiungstheologie. Es verhalf ihr zu einem weltweiten "Demonstrationseffekt"[51]. Seit Medellín ist diese Theolo-

---

[49] J. SOBRINO, El Vaticano II visto desde América latina, in: Diakonía (Managua) 36 (1985) 314-326, 325; - Vgl. auch ders., La iglesia de los pobres, concreción latinoamericana del Vaticano II, in: RLT (San Salvador) 2 (1985) 115-146; G. GUTIERREZ, Das Zweite Vatikanische Konzil und die Kirche Lateinamerikas, hrsg. von Adveniat, Essen 1986, 21-37; ders., Por el camino de la pobreza, in: Servir (México) 20 (1984) Nr. 106, 245-297, 268-276; L. BOFF, Eine kreative Rezeption des II. Vatikanums aus der Sicht der Armen, aaO (Anm. 3); R. FORNET-BETANCOURT, Annäherung an Lateinamerika. Die Theologie der Befreiung und die gesellschaftliche Entwicklung Lateinamerikas, Frankfurt a.M. 1984, 10.
[50] L. BOFF, Aus dem Tal der Tränen ins Gelobte Land, aaO. (Anm. 2) 48.

gie unaufhaltsam zum Durchbruch gekommen. Auf die erste Generation von Befreiungstheologen, bei der es sich um den kleinen Theologenkreis, der sich seit 1965 regelmässig getroffen hatte, sowie um die ISAL-Gruppe handelte, folgte bald eine zweite Generation, deren Arbeiten durch eine zunehmend präzisere methodische und vor allem thematische Differenzierung charakterisiert sind. So entstanden befreiungstheologische Methodologien[52], Christologien[53], Ekklesiologien[54], Bibeltheologien[55], kirchengeschichtliche Werke[56], Philosophien[57] und Arbeiten zur

---

[51] E. DUSSEL, De Medellín a Puebla. Una década de sangre y esperanza (1968-1979), México 1979, 54.
[52] Vgl. z.B. Encuentro latinoamericano de teología, aaO. (Anm. 19); C. BOFF, Theologie und Praxis, aaO. (S. 4 Anm. 4).
[53] Vgl. z.B. L. BOFF, Jesus Christus, der Befreier, Freiburg i.Br. 1986; J. SOBRINO, Cristología desde América latina, aaO. (Anm. 6); ders., Jesús en América latina. Su significado para la fe y la cristología, Santander 1982; H. ECHEGARAY, La práctica de Jesús, Lima 1980; J. L. SEGUNDO, El hombre de hoy ante Jesús de Nazaret, Bd. II/1: Historia y actualidad. Sinópticos y Pablo, Bd. II/2: Historia y actualidad. Las cristologías en la espiritualidad, Madrid 1982.
[54] Vgl. z.B. L. BOFF, Die Neuentdeckung der Kirche, aaO. (Anm. 28); ders., Kirche: Charisma und Macht, aaO. (Anm. 35); J. SOBRINO, Resurrección de la verdadera Iglesia. Los pobres, lugar teológico de la eclesiología, Santander $^2$1984; I. ELLACURIA, Conversión de la Iglesia al Reino de Dios. Para anunciarlo y realizarlo en la historia, Santander 1984; R. MUNOZ, La iglesia en el pueblo. Hacia una eclesiología latinoamericana, Lima 1983; A. QUIROZ MAGANA, Eclesiología en la teología de la liberación, Salamanca 1983; Una iglesia que nace del pueblo, hrsg. vom SEDOC, Salamanca 1979.
[55] Vgl. z.B. C. MESTERS, Die Botschaft des leidenden Volkes, Neukirchen-Vluyn 1982; ders., Das Wort Gottes in der Geschichte der Menschheit, Neukirchen-Vluyn 1984; J. S. CROATTO, Liberación y libertad, aaO. (Anm. 2)
[56] Vgl. dazu besonders das elf Bände umfassende CEHILA-Projekt 'Historia General de la Iglesia en América latina', Salamanca 1983ff; E. HOORNAERT, Kirchengeschichte Brasiliens aus der Sicht der Unterdrückten: 1550-1800, Mettingen 1982.
[57] Vgl. z.B. E. DUSSEL, Filosofía ética latinoamericana, Bde. I-III: México 1977, Bde. IV-V: Bogotá 1979f; ders., Filosofía de la liberación, México 1977; ders., Introducción a la filosofía de la liberación, Bogotá $^2$1983; J. C. SCANNONE, Die Dialektik von Herr und Knecht. Ontologi-

Spiritualität[58].

Verschiedentlich sind auch schon theologiehistorische Periodisierungen der Befreiungstheologie versucht worden.[59] Im allgemeinen wird die folgende dreifache Aufgliederung vorgenommen:

1. Phase der Vorbereitung (Zweites Vatikanisches Konzil bis Medellín)

---

sche Reflexionen zur Praxis der Befreiung, in: P. HUENERMANN / G.-D. FISCHER (Hrsg.), Gott im Aufbruch, aaO. (Anm. 23); ders., Trascendencia, praxis liberadora y lenguaje. Hacia una filosofía de la religión postmoderna y latinoamericanamente situada, in: Panorama de la teología latinoamericana, hrsg. vom Equipo Seladoc, Bd. II, Salamanca 1975, 83-115; ders., Ein neuer Ansatz in der Philosophie Lateinamerikas, in: PhJ 89 (1982) 99-115; ders., Volksreligiosität, Volksweisheit und Philosophie in Lateinamerika, aaO. (Anm. 27); ders., Weisheit des Volkes und spekulatives Denken, in: ThPh 60 (1985) 161-187.
[58] Vgl. z.B. S. GALILEA, Christ werden zur Befreiung. Persönliche Bekehrung und soziale Veränderung, Salzburg 1983; ders., Das religiöse Erwachen und die Befreiungsbewegungen in Lateinamerika, in: Conc 9 (1973) 667-671; ders., Kontemplation und Engagement. Das prophetisch-mystische Element in der politisch-gesellschaftlichen Aktion, in: P. HUENERMANN / G.-D. FISCHER (Hrsg.), Gott im Aufbruch, aaO. (Anm. 23) 168-180; ders., La fe como principio crítico de promoción de la religiosidad popular,in: Fe cristiana y cambio social en América latina. Encuentro de El Escorial 1972, hrsg. vom Instituto Fe y Secularidad, Salamanca 1973, 151-158; ders., Espiritualidad de la liberación, Santiago de Chile 1974; ders., Die Diskussion über die Volksreligiosität in der lateinamerikanischen Befreiungstheologie, in: Conc 16 (1980) 418-422; G. GUTIERREZ, Aus der eigenen Quelle trinken, aaO. (Anm. 2); E. BONNIN (Hrsg.), Spiritualität und Befreiung, aaO. (Anm. 6).
[59] Vgl. E. DUSSEL, Desintegración de la cristiandad colonial y liberación, aaO. (Anm. 16) 126-135; ders., Hipótesis para una historia de la teología en América latina (1492-1980), in: P. RICHARD (Hrsg.), Historia de la teología en América latina. VIII Encuentro Latinoamericano de CEHILA (Lima 1980), San José o.J., 401-452, 423-435; P.RICHARD, Mort des Chrétientés et naissance de l'Eglise, aaO. (Anm. 6) 155-170; J. COMBLIN, Kurze Geschichte der Theologie der Befreiung, aaO. (Anm. 31) 17-32; L. BOFF, Theologie hört aufs Volk. Ein Reisetagebuch, Düsseldorf 1982, 99; L. BOFF / C. BOFF, Wie treibt man Theologie der Befreiung?, aaO. (Anm. 2) 86-90.

2. **Phase der ersten Formulierung (1968-1972):** Diese Periode deckt sich mit der Zeit der ersten Generation der Befreiungstheologie.

3. **Phase der methodischen und thematischen Differenzierung (seit 1972):** Sie beginnt mit der sogenannten zweiten Generation. Kirchenpolitisch fällt sie mit der einsetzenden innerkirchlichen Verfolgung zusammen.[60]

## II. EINE NEUE THEOLOGISCHE DENKART

Die zentrale Herausforderung der neuzeitlichen europäischen Theologie, wovonher sich die theologische Rationalität infrage gestellt sah und woraufhin sie sich in immer neuen theoretischen und hermeneutischen Anstrengungen zu artikulieren versuchte, ist in aller Regel das aufgeklärte und autonome Subjekt der Neuzeit gewesen. Was es theologisch zu begründen und zu legitimieren galt, war die wissenschaftliche Rationalität des Glaubens angesichts der Provokation des Atheismus und des modernen gesellschaftlichen Säkularisierungsprozesses. Dass es sich bei diesem heimlichen Gesprächspartner der neuzeitlichen Theologie zugleich um das selbstbewusste Subjekt der Auf-

---

[60] An der CELAM-Versammlung von Ende 1972 in Sucre wurde die Leitung des CELAM neu bestellt. Zum neuen Generalsekretär wurde ALFONSO LOPEZ TRUJILLO gewählt. Dieser hat die seitherige pastorale Linie des CELAM nachhaltig bestimmt. Unter seiner Betreibung wurden die Theologen der Befreiung nach und nach von allen CELAM-Instituten und -Gremien entfernt. Die Wahl der neuen CELAM-Leitung von Sucre im Jahre 1972 ist als der "Streich von Sucre" (J. COMBLIN, Kurze Geschichte der Theologie der Befreiung, aaO. [Anm. 31] 19; vgl. auch E. DUSSEL, La iglesia latinoamericana de Medellín a Puebla, aaO. [Anm. 47] 32-34) in die Geschichte eingegangen.

klärung und also des historischen Bürgertums handelte, war zumeist als Faktum nicht bewusst und wurde jedenfalls kaum problematisiert.[61] In diametralem Gegensatz dazu sieht sich die Theologie der Befreiung nicht durch ein aufgeklärtes, atheistisches oder agnostisches Subjekt, sondern durch die Existenz hungernder Elendsgestalten und unterdrückter Sklaven herausgefordert. Zu denken gibt ihr nicht so sehr der Graben zwischen Gläubigen und Ungläubigen, sondern zwischen Unterdrückern und Unterdrückten, nicht so sehr die Krise des Glaubens, sondern die Krise des Menschseins. Nicht so sehr der Nichtglaubende ist der hermeneutische Adressat, sondern der Nichtmensch, der Arme und Unterdrückte, der systematisch um sein Menschsein gebracht wird. Stellt der Ungläubige die religiöse Welt infrage, so der Nichtmensch die soziale, ökonomische und politische Welt. Der eigentliche Dissens in der Situation der europäischen Theologie besteht weitgehend in der religiösen Frage, wogegen die konkreten Lebensbedingungen und die gesellschaftliche Situation normalerweise das Gemeinsame bilden. In der hermeneutischen Situation der Be-

---

[61] Der dröhnende Aufstand der dialektischen Theologie gegen die liberale Theologie im ersten Drittel dieses Jahrhunderts kann und muss zwar auch durch diese Folie betrachtet werden, ihre Wirkungsgeschichte hat aber zunächst kaum zu der entsprechenden expliziten gesellschaftlichen und politischen Hermeneutik dieser theologischen Revolution geführt. Demgegenüber hat F. W. MARQUARDT (Theologie und Sozialismus. Das Beispiel Karl Barths, München [3]1985) die These vom politischen Einfluss der sozialistischen Lebenspraxis auf die theologische Denkform BARTHS aufgestellt, wobei er diese These nicht nur an direkt politischen Aussagen und Randphänomenen erprobt, sondern aus der Mitte der Barthschen Christologie und Gotteslehre heraus zu entwickeln versucht. Die Lebensproblematik, an die BARTH sein theologisches Denken gebunden habe, sei nicht nur die des Predigers auf der Kanzel, sondern auch seine eigene politische Praxis und sozialistische Grundkonstellation gewesen. BARTH habe nachweislich Begriffe und Denkfiguren in seinen theologischen Diskurs übernommen, die ihm aus dem politischen Kontext (des Sozialismus) vertraut gewesen seien. Damit gelingt es MARQUARDT immerhin, den Vorwurf des völligen Wirklichkeitsverlustes der Theologie BARTHS zu widerlegen.

freiungstheologie dagegen besteht umgekehrt in der religiösen Frage im allgemeinen ein Konsens - Unterdrücker und Unterdrückte bekennen sich zu demselben christlichen Glauben -, während die konkreten gesellschaftlichen Lebensbedingungen und der soziale Standort das Trennende ausmachen. Der Unterschied zur traditionellen europäischen Theologie ist also weniger theologischer, sondern primär sozialer Art. Die Theologie der Befreiung entsteht an der realen Bruchstelle der sozialen Spaltung.[62] Sie setzt daher eine wirkliche soziale Dislokation, einen konkreten gesellschaftlichen Ortswechsel des Subjekts der Theologie und dessen reale Inkarnation in die Welt der Armen voraus.[63] Die konkrete gesellschaftliche Praxis der

---

[62] Vgl. zum Ganzen G. GUTIERREZ, Theologie der Befreiung, aaO. (Anm. 3) 234f; ders., Die historische Macht der Armen, aaO. (Anm. 8) 62-64; 159f; ders., Befreiungspraxis, Theologie und Verkündigung, aaO. (Anm. 3) 414; R. OLIVEROS, Liberación y teología, aaO. (Anm. 3) 97; 108; 123; 130; E. DUSSEL, Caminos de liberación I, aaO. (Anm.6) 137ff; ders., Desintegración de la cristiandad colonial y liberación, aaO. (Anm. 16) 113; ders., Etica comunitaria, aaO. (Anm. 19) 236f; L. BOFF, Aus dem Tal der Tränen ins Gelobte Land, aaO. (Anm. 2) 174; 181; ders., Erfahrung von Gnade. Entwurf einer Gnadenlehre, Düsseldorf 1978, 101-104; J. L. SEGUNDO, Teología de la liberación. Respuesta al Cardenal Ratzinger, Madrid 1985, 113f; R. DE ALMEIDA, Art. Armut. Aus der Sicht der Theologie der Befreiung, in: Neues Handbuch theologischer Grundbegriffe, hrsg. von P. EICHER, Bd. I, München 1984, 37-61; M. SIEVERNICH, "Theologie der Befreiung" im interkulturellen Gespräch. Ein historischer und systematischer Blick auf das Grundanliegen, in: ThPh 61 (1986) 336-358, 351.
[63] Vgl. G. GUTIERREZ, Theologie der Befreiung, aaO. (Anm. 3) 19; ders., Die Grenzen der modernen Theologie. Ein Text von Bonhoeffer, in: Conc 15 (1979) 291-297, 295; H. ASSMANN, Teología desde la praxis de la liberación, aaO. (Anm. 4) 131; F. CASTILLO, Befreiende Praxis und theologische Reflexion, in: ders. (Hrsg.) Theologie aus der Praxis des Volkes, aaO. (Anm. 12) 20; R. VIDALES, Cuestiones en torno al método en la teología de la liberación, aaO. (Anm. 2) 60; ders., Acotaciones a la problemática sobre el método en la teología de la liberación, in: Encuentro latinoamericano de teología, aaO. (Anm. 19) 255-260, 255; L. BOFF, Aus dem Tal der Tränen ins Gelobte Land, aaO. (Anm. 2) 121; ders., Teología del cautiverio y de la liberación, aaO. (Anm. 25) 36; J. C. SCANNONE, Theologie der Befreiung in Lateinamerika, aaO. (Anm. 13)

Befreiung der Armen ist nicht nur das Objekt und die referentielle Achse, sondern auch der Standort der Befreiungstheologie.

Dieses existentielle und radikale Eintauchen in die Welt des Armen führt zu einer spezifischen Spiritualität. Diese spirituelle Praxis ist Ursprung, Quelle und Bedingung der Möglichkeit von Theologie der Befreiung schlechthin. Diese ist ganz und gar eine spirituelle Theologie.[64] Die Inkarnation in die Welt des Armen wird zum Paradigma und Kristallisationspunkt einer spezifischen Weise der Gotteserfahrung, weil Gott sich selbst mit dem Antlitz des Armen identifiziert (Mt 25,31-46). Die Armen bilden den privilegierten theologischen Ort, weil sie den bevorzugten Ort der Begegnung mit Gott darstellen.[65] Sie sind die

---

3; A. CUSSIANOVICH, Desde los pobres de la tierra, aaO. (Anm. 8) 91; 116; S. SILVA GOTAY, El pensamiento cristiano revolucionario, aaO. (Anm. 3) 73; J. SOBRINO, La esperanza de los pobres en América latina, in: Páginas (Lima) 8 (1983) Nr. 53, 1-10, 8; ders., Jesús en América latina, aaO. (Anm. 53) 245.
[64] Vgl. E. BONNIN (Hrsg.), Spiritualität und Befreiung, aaO. (Anm. 6); S. GALILEA, Espiritualidad de la liberación, aaO. (Anm. 58); J. SOBRINO, Espiritualidad y teología, in: RLT (San Salvador) 1 (1984) 195-224; J. ESPEJA, Liberación y espiritualidad en América latina, in: Ciencia Tomista (Salamanca) 61 (1984) Nr. 363, 87-122.
[65] Aus der unübersehbaren Fülle der Literatur zu diesem Topos vgl. G. GUTIERREZ, La irrupción de los pobres en América latina y las comunidades cristianas de base, in: Pastoral popular (Santiago de Chile) 39 (1983) Nr. 1-2, 6-14; ders., Evangelio y praxis de liberación, in: Fe cristiana y cambio social en América latina, aaO. (Anm. 58) 231-245, 239f; ders., Aus der eigenen Quelle trinken, aaO. (Anm. 2) 9; 37; ders., Befreiungspraxis , Theologie und Verkündigung, aaO. (Anm. 3) 413; ders., Verdad y teología, in: Servir (México) 20 (1984) Nr. 107, 495-511, 503-506; ders., Theologie und Sozialwissenschaften, aaO. (Anm. 2) 47-50; S. GALILEA, Die Befreiung als Begegnung zwischen Politik und Kontemplation, aaO. (Anm. 6) 388; ders., Kontemplation und Engagement, aaO. (Anm. 58) 174; L. BOFF, Von der Spiritualität der Befreiung zur Praxis der Befreiung, in: E. BONNIN (Hrsg.), Spiritualität und Befreiung, aaO. (Anm. 6) 58-72, 59-66; ders., Aus dem Tal der Tränen ins Gelobte Land, aaO. (Anm. 2) 149; C. BOFF, Theologie der Befreiung , aaO. (Anm. 16) 174; L. BOFF /

"historische Vermittlung der Begegnung mit dem Herrn"[66], das geschichtlich greifbare Realsymbol Gottes, die "sakramentale Anwesenheit des Herrn"[67]. Die Theologie der Befreiung entspringt geradezu einer "Mystik des Armen"[68]. Die mystische Liebe zu Gott und die politische Liebe zum Armen stehen in einem unlösbaren Bedingungsverhältnis. Die mystische Gotteserfahrung ist die Seele gesellschaftlicher Befreiungspraxis, und die politische Nächstenliebe ist der Ort radikaler Gotteserfahrung, insofern der Arme die primäre "Epiphanie des Herrn"[69] ist. GALILEA[70]

---

C. BOFF, Wie treibt man Theologie der Befreiung?, aaO. (Anm. 2) 12f; 19; R. VIDALES, Cuestiones en torno al método de la liberación, aaO. (Anm. 2) 51f; J. SOBRINO, Cristología desde América latina, aaO. (Anm. 6) 300; ders., Resurrección de la verdadera Iglesia, aaO. (Anm. 54) 72f; ders., Que Cristo se descubre en América latina: Hacia una nueva espiritualidad, in: Diakonía (Managua) 29 (1984) 47-63; ders., Espiritualidad y liberación, in: Diakonía 30 (1984), 133-157; ders., Espiritualidad y teología, aaO. (Anm. 64); ders., Dios de vida, urgencia de solidaridad, in: Diakonía 35 (1985) 232-252, 239; I. ELLACURIA, Tesis, aaO. (Anm. 6) 349; ders., Conversión de la Iglesia al Reino de Dios, aaO. (Anm. 54) 153-178; P. RICHARD, Spiritualität für Zeiten der Revolution. Eine Theologie der Spiritualität nach dem heiligen Paulus, in: E. BONNIN (Hrsg.), Spiritualität und Befreiung, aaO. (Anm. 6) 98; J. HERNANDEZ PICO, Das Gebet im lateinamerikanischen Befreiungsprozess, in: E. BONNIN (Hrsg.), Spiritualität und Befreiung, aaO. (Anm. 6) 129-151, 130; J. I. GONZALEZ FAUS, Los pobres como lugar teológico, in: RLT (San Salvador) 1 (1984) 275-308.
[66] A. CUSSIANOVICH, Desde los pobres, aaO. (Anm. 8) 162.
[67] L. BOFF, Von der Spiritualität der Befreiung, aaO. (Anm. 65) 66; ähnlich ders., Kirche: Charisma und Macht, aaO. (Anm. 35) 210; ders., Vorweggenommene Fragmente des endzeitlichen Heils. Leonardo Boff im Gespräch mit Horst Goldstein, in: P. EICHER (Hrsg.), Theologie der Befreiung im Gespräch, aaO. (Anm. 42) 81-106, 92; R. DE ALMEIDA, Art. Armut, aaO. (Anm. 62) 58; R. VIDALES, Cuestiones en torno al método, aaO. (Anm. 2) 51f. - Schon 1956 sprach H. U. VON BALTHASAR (Die Gottesfrage des heutigen Menschen, Wien-München 1956, 205) vom "Sakrament des Bruders". Y. CONGAR (Für eine dienende und arme Kirche, Mainz 1965, 109) bezeichnete am Konzil die Armen als "eine Art Sakrament der Gottbegegnung", worin sie "in gewisser Weise identisch mit Jesus Christus" seien.
[68] L. BOFF, La salvación en las liberaciones, aaO. (Anm. 25) 13.
[69] L. BOFF, Kirche: Charisma und Macht, aaO.(Anm. 35)210.

spricht treffend von einer Einheit von Kontemplation und Engagement, ja von der Mystik im Engagement. Die gesellschaftliche Praxis der Befreiung des Armen wird so zum privilegierten Ort eines neuen Gottverstehens.[71]

Diese konkret gelebte Synthese von mystischer Spiritualität und gesellschaftlicher Befreiungspraxis, von Gottes- und Nächstenliebe bildet den eigentlichen Schlüssel für das Verständnis der Befreiungstheologie. Vor ihrem theoretischen Diskurs ist die Theologie der Befreiung eine spezifische Weise der spirituellen Gotteserfahrung in der existentiellen Begegnung mit dem Armen und im konkreten Engagement für seine Befreiung.[72] Die neue, befreiungstheologische Denkart setzt eine neue, befreiungspraktische Seinsweise voraus.[73] Sie ist eine in praktischen Motivationszusammenhängen entworfene Theologie, deren Substanz zuerst gelebt worden ist, bevor man sie auf den theologischen Begriff zu bringen versuchte. Sie ist in diesem Sinn wesentlich Praxeologie, theologische Artikulation einer spezifischen Glaubenspraxis. Ihr erster Akt ist eine mystisch-politische Praxis. "Theologie kommt

---

[70] Kontemplation und Engagement, aaO. (Anm. 58) 174; 177.
[71] Vgl. J. SOBRINO, Resurrección de la verdadera Iglesia, aaO. (Anm. 54) 175; G. GUTIERREZ, Die historische Macht der Armen, aaO. (Anm. 8) 171; ders., La irrupción de los pobres, aaO. (Anm. 65) 10; ders., Aus der eigenen Quelle trinken, aaO. (Anm. 2) 9; S. GALILEA, Die Befreiung als Begegnung zwischen Politik und Kontemplation, aaO. (Anm. 6) 388; E. BONNIN, Wirklichkeit und Sinn einer Theologie der Spiritualität, aaO. (Anm. 6) 13; P. RICHARD, Spiritualität für Zeiten der Revolution, aaO. (Anm. 65) 111.
[72] Vgl. R. MUNOZ, Génesis y niveles de la teología de la liberación, aaO. (Anm. 31) 17f; G. MUGICA, El método teológico: una cuestión de espiritualidad, in: Vida y reflexión. Aportes de la teología de la liberación al pensamiento teológico actual, Lima 1983, 21-43, 22; L. BOFF, Theologie der Befreiung - die hermeneutischen Voraussetzungen, aaO. (Anm. 6) 47f; ders., Von der Spiritualität der Befreiung zur Praxis der Befreiung, aaO. (Anm. 65) 58; G. HARTMANN, Christliche Basisgruppen und ihre befreiende Praxis, aaO. (Anm. 36) 56; R. DE ALMEIDA, Art. Armut, aaO. (Anm. 62) 57.
[73] Vgl. L. BOFF, Teología del cautiverio, aaO.(Anm. 25)35.

erst danach und ist ein zweiter Akt."[74] Die befreiende Praxis ist theologischer Ort und als solcher geradezu Bedingung der Möglichkeit befreiungstheologischer Erkenntnis. Sie hat selber eine "epistemologische Dichte"[75], insofern sie "das fundamentale hermeneutische Prinzip für das Gottesverständnis"[76] konstituiert. Insofern besteht eine "Suprematie des Handelns über die Erkenntnis"[77]. Und weil dieses vorgeordnete Handeln immer eine **spirituelle** Praxis ist, kann GUTIERREZ[78] abkürzend

---

[74] G. GUTIERREZ, Theologie der Befreiung, aaO.(Anm. 3)17; vgl.ders., Die historische Macht der Armen, aaO. (Anm. 8) 75; ders., El Dios de la vida, aaO. (Anm. 2) 30; ders., Presencia liberadora de la fe cristiana en América latina, in: Cristianos en una sociedad democrática, aaO. (Anm. 2) 152-159, 155-157; E. DUSSEL, Desintegración de la cristiandad colonial, aaO. (Anm. 16) 136f; ders., Unterscheidung - Frage der Orthodoxie oder der Orthopraxis?, in: Conc 14 (1978) 591-598, 593f; J. MIGUEZ BONINO, Theologie im Kontext der Befreiung, Göttingen 1977, 60; J. HERNANDEZ PICO, Método teológico latinoamericano y normatividad del Jesús histórico para la praxis política mediana por el análisis de la reliadad, in: Encuentro latinoamericano de teología: Liberación y cautiverio, aaO. (Anm. 19) 595-607, 598-601; R. DE ALMEIDA, Art. Armut, aaO. (Anm. 62) 57; R. OLIVEROS, Liberación y teología, aaO. (Anm. 3) 170; 188; M. GOEPFERT, Theologie im Aufstand? Ueberlegungen für ein Gespräch mit der Theologie der Befreiung, in: K. RAHNER u.a. (Hrsg.), Befreiende Theologie, aaO. (S. 5 Anm. 5) 144-158, 154.
[75] H. ASSMANN, Opresión - Liberación, aaO. (Anm. 3) 125; vgl. auch J. SOBRINO, Jesús en América latina, aaO. (Anm. 53) 152; ders., Resurrección de la verdadera Iglesia, aaO. (Anm. 54) 334; G. GUTIERREZ, Theologie der Befreiung, aaO. (Anm. 3) 49; ders., Verdad y teología, aaO. (Anm. 65) 496-501, ders., Theologische Arbeit und kirchliche Erfahrung, in: Conc 20 (1984) 490-493, 493; E. DUSSEL, Caminos de liberación I, aaO. (Anm. 6) 152; ders., Ethics and the Theology of Liberation, New York 1978, 165; ders., Befreiungsethik. Grundlegende Hypothesen, in: Conc 20 (1984) 133-141, 136; J. J. HERRERA ACEVES, La historia, lugar teológico dentro de la experiencia eclesial, in: Encuentro latinoamericano de teología: Liberación y cautiverio, aaO. (Anm. 19) 341-352, 341-345; I. ELLACURIA, Hacia una fundamentación filosófica, aaO. (Anm. 19) 625-633.
[76] J. SOBRINO, Cristología desde América latina, aaO. (Anm. 6) 64.
[77] Ebd. 316.
[78] Die historische Macht der Armen, aaO. (Anm. 8) 75.

sagen: "Unsere Methodologie ist unsere Spiritualität." Die aus dem Engagement für die Befreiung des Armen gewonnene spirituelle Erfahrung bildet gleichsam die Matrize einer neuen theologischen Reflexion und einer neuen Intelligierung des Glaubens.[79] Die Theologie der Befreiung ist "ein von der befreienden Praxis aus entworfenes Denken des Glaubens" (una inteligencia de la fe hecha desde la praxis liberadora)[80]. Sie will die historische Befreiungspraxis kritisch authentifizieren, deren theologische Bedeutung kritisch reflektieren und die theologischen Erkenntnisinhalte kritisch in neue Praxis operationalisieren.[81]

Die durch die Theologie der Befreiung in Anspruch genommene Revolution der theologischen Denkart bezieht sich mithin sowohl auf die neue hermeneutische Perspektive als auch auf eine neue theologische Methodologie.[82] **Hermeneutisch** ermöglichte die neue Weise, den Glauben inmitten der Armen zu leben, eine neue Weise, den Glauben zu verstehen.[83] Die reale Identifikation mit den Armen und Un-

---

[79] Vgl. G. GUTIERREZ, Evangelio y praxis de liberación, aaO. (Anm. 65) 239f; ders., Befreiungspraxis, Theologie und Verkündigung, aaO. (Anm. 3) 411; ders., Die Armen evangelisieren, aaO. (Anm. 42) 39f; R. VIDALES, Acotaciones a la problemática sobre el método, aaO. (Anm. 63) 255; A. ALONSO, Iglesia y praxis de liberación, aaO. (Anm. 31) 63.
[80] G. GUTIERREZ, Evangelio y praxis de liberación, aaO. (Anm. 65) 232.
[81] Vgl. E. SCHILLEBEECKX, Befreiungstheologien zwischen Medellín und Puebla, aaO. (Anm. 21) 8.
[82] Vgl. G. GUTIERREZ, Theologie der Befreiung, aaO. (Anm. 3) 21; ders., Praxis de liberación y fe cristiana, in: R. GIBELLINI (Hrsg.), La nueva frontera de la teología en América latina, aaO. (Anm. 2) 13-40, 26; ders., Die historische Macht der Armen, aaO. (Anm. 8) 168-170; H. ASSMANN, Opresión - Liberación, aaO. (Anm. 3) 42; ders., Teología desde la praxis de la liberación, aaO. (Anm. 4) 34; L. BOFF, Theologie der Befreiung - die hermeneutischen Voraussetzungen, aaO. (Anm. 6) 46; J. L. SEGUNDO, Liberación de la teología, Buenos Aires 1975, 12-14; S. SILVA GOTAY, El pensamiento cristiano revolucionario, aaO. (Anm. 3) 137; C. GEFFRE, Der Schock einer prophetischen Theologie, in: Conc 10 (1974) 381-387, 384.

terdrückten liess die gesamte Glaubensüberlieferung "in einem ganz neuen Licht sehen"[84]. Die Theologie der Befreiung liest die historische Realität und die christliche Glaubenstradition neu mit den Augen der Armen, aus dem Blickwinkel der Unterdrückten und der Besiegten der Geschichte.[85] Die Armen bilden die beherrschende hermeneutische Perspektive, den zentralen theologischen Ort[86], und ihre Befreiung dient als "Interpretationsschlüssel

---

[83] Vgl. G. GUTIERREZ, Die historische Macht der Armen, aaO. (Anm. 8) 154-156; ders., Befreiungspraxis, Theologie und Verkündigung, aaO. (Anm. 3) 408; ders., Praxis de liberación y fe cristiana, aaO. (Anm. 82) 35; ders., Aus der eigenen Quelle trinken, aaO. (Anm. 2) 44-47; R. OLIVEROS, Liberación y teología, aaO. (Anm. 3) 17; 48; 51; 172; 371; A. BLATEZKY, Sprache des Glaubens in Lateinamerika, aaO. (Anm. 13) 13; 79; J. C. SCANNONE, Theologie der Befreiung in Lateinamerika, aaO. (Anm. 13) 2.
[84] L. BOFF, Theologie der Befreiung - die hermeneutischen Voraussetzungen, aaO. (Anm. 6) 48.
[85] Vgl. G. GUTIERREZ, Die historische Macht der Armen, aaO. (Anm. 8) 47f; ders., La irrupción de los pobres, aaO. (Anm. 65) 14; ders., Evangelio y praxis, aaO. (Anm. 65) 245; R. OLIVEROS, Algunos rasgos de la espiritualidad de las CEBs, in: Servir (México) 19 (1983) Nr. 104, 501-533, 510f; 515; L. BOFF, Aus dem Tal der Tränen, aaO. (Anm. 2) 103; ders., Die Anliegen der Befreiungstheologie, in: Theologische Berichte, hrsg. von J. PFAMMATTER und F. FURGER, Bd. VIII: Wege theologischen Denkens, Zürich 1979, 71-103, 72; 92; ders. / V. ELIZONDO, Theologie aus der Sicht der Armen, in: Conc 22 (1986) 325-327; E. DUSSEL, Herrschaft - Befreiung. Ein veränderter theologischer Diskurs, in: Conc 10 (1974) 396-407, 402; ders., Caminos de liberación I, aaO. (Anm. 6) 139; ders., Ethics and the Theology of Liberation, aaO. (Anm. 75) 166; ders., Sentido teológico de lo acontecido desde 1962 en América latina, in: Nuevo Mundo (Caracas) 2 (1971) 187-204, 193; ders., Introducción general a la historia de la iglesia en América latina (= Historia General de la Iglesia en América Latina I/1), Salamanca 1983, 24f; J. SOBRINO, Jesús en América latina, aaO. (Anm. 53) 27.
[86] Vgl. G. GUTIERREZ, Theologische Arbeit und kirchliche Erfahrung, aaO. (Anm. 75) 493; R. OLIVEROS, Liberación y teología, aaO. (Anm. 3) 109; E. DUSSEL, Theologien der "Peripherie" und des "Zentrums": Begegnung oder Konfrontation?, in: Conc 20 (1984) 77-85, 81; J. SOBRINO, Erfahrung Gottes in der Kirche der Armen, in: E. BONNIN (Hrsg.), Spiritualität und Befreiung, aaO. (Anm. 6) 152-176, 161; L. BOFF, Rettung in Jesus Christus und Befreiungsprozess, in: Conc 10 (1974) 419-426, 419; ders., Die

für die ganze Theologie"[87]. Sie stellen den Ort dar, "von dem aus und zu dem hin über den Glauben nachgedacht wird"[88]. Eben damit hängt präzis zusammen, dass die Kategorie der Befreiung im befreiungstheologischen Diskurs nicht bloss als neues Thema, sondern auch als ein neuer Horizont und als eine neue hermeneutische Perspektive von Theologie überhaupt fungiert (s. oben S. 11).

Die spezifische **Methode** der Befreiungstheologie resultiert daraus, dass die theologische Reflexion konsequent als der **zweite** Akt **nach** der vorausgesetzten Befreiungspraxis verstanden wird. Die Praxis als erster Akt wird im Licht des Glaubens wie auch umgekehrt der Glaube im Licht der konkret gelebten Praxis reflektiert. Als methodologisches Schema hat sich dabei die bereits in der Tradition des Sozialkatholizismus erprobte dreigliedrige Maxime angeboten: Sehen - Urteilen - Handeln.[89] Es geht also darum, die lateinamerikanische Realität der Armut analytisch und strukturell zu erkennen, diese so erkannte Situation theologisch zu reflektieren und daraus konkrete Optionen für eine angemessene und konsistente Praxis zu treffen.[90] Diese neue theologische Methodologie konstitu-

---

Anliegen der Befreiungstheologie, aaO. (Anm. 85) 78; R. VIDALES, Cuestiones en torno al método, aaO. (Anm. 2) 56; J. C. SCANNONE, La teología de la liberación, aaO. (Anm. 6) 262; ders., Teología de la liberación y praxis popular, aaO. (Anm. 14) 78; C. GEFFRE, Der Schock einer prophetischen Theologie, aaO. (Anm. 82) 383.
[87] M MANZANERA, Die Theologie der Befreiung, aaO. (Anm. 6) 65; vgl. auch I. ELLACURIA, Tesis, aaO. (Anm. 6) 332.
[88] E. BONNIN, Wirklichkeit und Sinn, aaO. (Anm. 6) 14.
[89] Dieser methodische Dreischritt hatte sich im Schoss der von JOSEF CARDIJN (vgl. z.B. Laien im Apostolat, Kevelaer 1964, 160-163) inspirierten Christlichen Arbeiterjugend herausgebildet. Er wurde in der päpstlichen Enzyklika 'Mater et Magistra' (1961, Nr. 236) ausdrücklich als methodische Maxime der Soziallehre anerkannt, und er bestimmte auch den methodischen Aufbau der Pastoralkonstitution 'Gaudium et spes' des II. Vatikanischen Konzils.
[90] Vgl. G. GUTIERREZ, Die historische Macht der Armen, aaO. (Anm. 8) 168-170; L. BOFF, Aus dem Tal der Tränen, aaO. (Anm. 2) 69; 188-192; ders., Eine kreative Rezep-

iert die neue, spezifisch befreiungstheologische Reflexionsstruktur, die manchmal etwas emphatisch als methodologische Revolution und als epistemologischer Bruch mit den herkömmlichen theologischen Erkenntnistypen charakterisiert worden ist.[91]

Zusammenfassend können wir nun also die Eigenart der Befreiungstheologie in das folgende Strukturschema übersetzen:

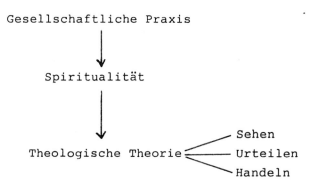

Dieses Schema veranschaulicht vor allem ein Doppeltes: einerseits die Praxis sowohl als Ausgangs- wie auch als

---

tion, aaO. (Anm. 3) 645; R. VIDALES, Cuestiones en torno al método, aaO. (Anm. 2) 49-61; J. C. SCANNONE, El método de la teología de la liberación, aaO. (Anm. 27) 383-392; G. HARTMANN, Christliche Basisgruppen, aaO. (Anm. 36) 52; K. FUESSEL, Art. Theologie der Befreiung, in: Neues Handbuch theologischer Grundbegriffe, aaO. (Anm. 62), Bd. IV, München 1985, 200-211, 202.
[91] Vgl. G. GUTIERREZ, Evangelio y praxis, aaO. (Anm. 65) 242; L. BOFF, Theologie der Befreiung - die hermeneutischen Voraussetzungen, aaO. (Anm. 6) 46; E. DUSSEL, Theologien der "Peripherie", aaO. (Anm. 86) 81; 83; J. S. CROATTO, Befreiung und Freiheit. Biblische Hermeneutik für die "Theologie der Befreiung", in: H.-J. PRIEN (Hrsg.), Lateinamerika: Gesellschaft - Kirche - Theologie II, aaO. (Anm. 31) 39-59, 47; R. OLIVEROS, Liberación y teología aaO. (Anm. 3) 107; J. C. SCANNONE, Teología de la liberación y praxis popular, aaO. (Anm. 14) 118, Anm. 19; 246f; A. BLATEZKY, Sprache des Glaubens, aaO. (Anm. 13) 87; M. MANZANERA, Die Theologie der Befreiung, aaO. (Anm. 6) 56; S. SILVA GOTAY, El pensamiento cristiano revolucionario, aaO. (Anm. 3) 321.

Zielpunkt (gesellschaftliche Praxis, Handeln) und andererseits die Spiritualität als die Praxis und Theorie verbindende Mitte der Befreiungstheologie.


## III. DIE DREIFACHE VERMITTLUNG DER BEFREIUNGSTHEOLOGIE

Der methodische Dreischritt von Sehen - Urteilen - Handeln äussert sich methodologisch in der dreifachen Vermittlung der Befreiungstheologie: dem Sehen entspricht die sozialanalytische[92], dem Urteilen die hermeneutische und dem Handeln die praktische Vermittlung.[93] Das methodologisch diffizilste Moment bildet dabei zweifellos die sozialanalytische Vermittlung, die zugleich das spezifische definitorische Proprium, gewissermassen die differentia specifica der befreiungstheologischen Diskursart ausmacht.[94] Sie ergibt sich von selbst aufgrund des methodischen Ausgangspunktes bei der historisch-gesellschaftlichen Realität Lateinamerikas einerseits und aus

---

[92] Ich wiederhole hier nochmals die Bemerkung von S. 19, Anm. 27, wonach ich mich in der folgenden Analyse auf die **sozialanalytische** Vermittlung beschränken und - im analytischen Teil - die **kulturanalytische** Vermittlung ausser acht lassen werde. Diese Einschränkung ist insofern legitim, als einerseits der sozialanalytisch vermittelte Typus der Befreiungstheologie ursprünglicher ist und als sich andererseits die Position der kulturanalytischen Vermittlung vom **methodischen** Gesichtspunkt aus nicht grundsätzlich anders darstellen würde. Insofern wäre - wie oben ebenfalls schon vermerkt - der allgemeinere Ausdruck 'analytische Vermittlung' in diesem Zusammenhang zutreffender.
[93] Vgl. C. BOFF, Theologie und Praxis, aaO. (S. 4 Anm. 4); L. BOFF, La salvación en las liberaciones, aaO. (Anm. 25) 16-27; 72-84; L. BOFF / C. BOFF, Wie treibt man Theologie der Befreiung?, aaO. (Anm. 2) 34-55.
[94] Vgl. H. ASSMANN, Opresión - Liberación, aaO. (Anm. 3) 24f.

der wissenschaftlich-theoretischen Qualität des befreiungstheologischen Diskurses anderseits. Denn der christliche Glaube gibt zwar etwas zu denken und zu handeln, aber er gibt von sich aus nicht die entsprechenden analytischen Instrumente dazu.[95] Er enthält in sich weder eine wissenschaftliche Analyse der gesellschaftlichen Realität und der Ursachen der Armut noch eine operationale Strategie zur Verwirklichung einer strukturell gerechten Gesellschaft. Aus diesem Grund ist die befreiungstheologisch zu reflektierende soziale Praxis von sich aus auf ein geeignetes sozialanalytisches Instrumentar angewiesen.[96] Ohne diese analytische Vermittlung verfiele diese Theologie entweder einem naiven Empirismus, der die gesellschaftliche Realität nicht nach ihrer eigenen soziologischen Grammatik, sondern lediglich in einer intuitionistischen Haltung nach der Art des gesunden Menschenverstandes unkritisch und dilettantisch wahrnimmt, oder - was faktisch auf dasselbe herauskäme - einem naiven Theologismus, der die soziale Wirklichkeit mit rein theologischen Kategorien zu verstehen sich bemüht und dabei ebenfalls auf die Intuitionen des gesunden Menschenverstandes zurückgreifen muss.[97] Aber auch für die praktische Vermittlung ist die Theologie der Befreiung auf die sozialanalytische Vermittlung angewiesen. Denn die Art und die Richtung der Praxis bedarf einer theoretischen Orientierung. Eine blosse blinde Praxis an sich mag zwar gutem

---

[95] Vgl. J. I. GONZALEZ FAUS, Aprendamos de la historia, in: Christus 577 (August 1984) 39-52, 45.
[96] Vgl. S. SILVA GOTAY, El pensamiento cristiano revolucionario, aaO. (Anm. 3) 201; ders., Las condiciones históricas y teóricas que hicieron posible la incorporación del materialismo histórico en el pensamiento cristiano en América latina, in: Cristianismo y Sociedad (México) 84 (1985) 25-48, 36; J. C. SCANNONE, Sozialanalyse, aaO. (Anm. 26) 263f; G. GUTIERREZ, Theologie und Sozialwissenschaften, aaO. (Anm. 2)50-59; E. DUSSEL, Etica comunitaria, aaO. (Anm. 19) 246f; ders., Caminos de liberación I, aaO. (Anm.6) 137ff.
[97] Vgl. C. BOFF, Theologie und Praxis, aaO. (S. 4 Anm. 4) 60-71; H. ASSMANN, Opresión - Liberación, aaO. (Anm. 3) 61-68.

Willen entspringen, aber sie garantiert noch nicht, dass sie eine wirklich **befreiende** Praxis ist. Eine traditionelle marktwirtschaftliche Entwicklungs- und Integrationspraxis mochte zweifellos auch gutgemeint gewesen sein, und trotzdem erwies sich ihre Wirkung bei Licht besehen als unbewusste und möglicherweise ungewollte Stabilisierung bestehender Herrschafts- und Ausbeutungsverhältnisse. Wenn die Praxis der Befreiung der Armen "sich nicht erstens auf eine Analyse stützt, die untersucht, wer diese Armen sind und wie ihre wahre gesellschaftliche Situation ist, wenn sie **zweitens** nicht in eine konkrete Strategie einer wirklichen Befreiung mündet, dann endet sie entweder in einer rein symbolischen Operation, die den Armen auf hehre und mystische und daher mystifizierende Weise definiert (...) oder in Almosentum und Bevormundung oder schliesslich in der Sackgasse einer revolutionären Romantik"[98]. Das Verstehen und die kritische Erkenntnis der sozialen Situation erfordert unabdingbar eine sozialanalytische Vermittlung, wobei die sozialwissenschaftlichen Hypothesen selbstverständlich wie alle wissenschaftlichen Behauptungen empirisch bewährbar bzw. intersubjektiv überprüfbar sein müssen.[99]

### A. Sozialanalytische Vermittlung

Im Laufe der 60er Jahre entstand in Lateinamerika ein neuer Erklärungsansatz für die Analyse der Situation verbreiteter Armut und hartnäckiger Unterentwicklung. Es

---

[98] C. BOFF, Der ekklesiologische Status der kirchlichen Basisgemeinde, in: ZMR 68 (1984) 116-129, 127; vgl. auch L. BOFF, Aus dem Tal der Tränen, aaO. (Anm. 2) 197.
[99] Vgl. G. GUTIERREZ, Theologie und Sozialwissenschaften, aaO. (Anm. 2) 50f; ders., Die historische Macht der Armen, aaO. (Anm. 8) 157; ders., Praxis de liberación y fe cristiana, aaO. (Anm. 82) 21; 30; I. ELLACURIA, Tesis, aaO. (Anm. 6) 337f; L. BOFF, La salvación en las liberaciones, aaO. (Anm. 25) 17f; J. J. HERRERA ACEVES, La historia, aaO. (Anm. 75) 348f; E.SCHILLEBEECKX, Befreiungstheologien, aaO. (Anm. 21) 20.

handelt sich bei diesem Erklärungsmodell um die sogenannte Dependenztheorie.[100] Diese grenzte sich in einer kritischen Einstellung gegen zwei Fronten ab: einerseits von den traditionellen Entwicklungstheorien und anderseits vom parteidogmatisch erstarrten, doktrinären Marxismus, die sich beide gleichermassen unfähig zeigten, die lateinamerikanische Situation realitätskonform zu analysieren.[101]

Die traditionellen Entwicklungstheorien verstanden Unterentwicklung und Entwicklung als verschiedene Phasen entlang einem Kontinuum, das sich von dem einen Extrem der Traditionalität zum anderen Extrem der Modernität erstrecke.[102] Diese sogenannte Stufentheorie wurde insbesondere vom amerikanischen Wirtschaftshistoriker WALT W. ROSTOW[103] minutiös ausgearbeitet. Beim Uebergang von Unterentwicklung zur Entwicklung unterschied er fünf aufeinanderfolgende Stadien, die jede Volkswirtschaft auf dem Wege ihrer historischen Entwicklung quasi gesetzmässig zu durchlaufen habe: 1. Das Stadium der traditionellen Gesellschaft; 2. Die Uebergangsgesellschaft; 3. Der wirtschaftliche Aufstieg (take-off); 4. Die Entwicklung zur Reife; 5. Das Zeitalter des Massenkonsums. ROSTOW war der Meinung, die heutigen Entwicklungsländer müssten im Grunde genommen nur ein paar eiserne 'Faustregeln' der

---

[100] Als Standardwerk der Dependenztheorie gilt die Studie von F. H. CARDOSO / E. FALETTO, Dependencia y desarrollo en América latina, México 1969. Weitere wichtige Namen aus der lateinamerikanischen Dependenzschule sind etwa C. FURTADO, TH. DOS SANTOS, A. REYNA, A. G. FRANK, P. GONZALEZ CASANOVA, O. SUNKEL, P. PAZ, F. HINKELAMMERT, H. JAGUARIBE, A. GARCIA, D. CAMACHO.
[101] Vgl. T. T. EVERS / P. VON WOGAU, aaO. (Anm. 38) 411; J. COMBLIN, Movimientos e ideologías en América latina, in: Fe cristiana y cambio social en América latina, aaO. (Anm. 58) 117f.
[102] Vgl. T. T. EVERS / P. VON WOGAU, aaO. (Anm. 38) 410; W. EIGEL, Entwicklung und Menschenrechte. Entwicklungszusammenarbeit im Horizont der Menschenrechte, Freiburg i. Ue. 1984, 94-97.
[103] Stadien wirtschaftlichen Wachstums. Eine Alternative zur marxistischen Entwicklungstheorie, Göttingen 1960.

Entwicklung beachten, um ihrerseits durch eine forcierte Aufholstrategie das fortgeschrittene Stadium der Industriegesellschaften zu erreichen. Dazu sei es notwendig, einen minimalen Prozentsatz des eigenen Bruttosozialprodukts produktiv zu investieren. Notfalls sollten auch fremde Ersparnisse mobilisiert werden. Ausserdem seien im politischen, sozialen und institutionellen Bereich wachstumsfreundliche Rahmenbedingungen zu schaffen.

Die traditionelle Entwicklungstheorie interpretierte Unterentwicklung also lediglich als eine Anzahl von Entwicklungshindernissen, die es zu identifizieren und zu beseitigen gelte. Als grösstes Hindernis und damit als eigentliche Ursache der Unterentwicklung wurde der Kapitalmangel gesehen.[104] Da die unterentwickelten Länder aber nicht in der Lage seien, das nötige Kapital aus eigener Kraft zu beschaffen, müsse ihnen mit einem gigantischen Kapitaltransfer aus den Industrieländern geholfen werden. Als Entwicklungsziel wurde wirtschaftliches Wachstum auf der Grundlage einer importsubstituierenden und exportdiversifizierenden nationalen Industrialisierung, als globale Entwicklungsstrategie eine maximale Integration ins internationale Wirtschaftssystem vorgeschlagen. Von solch einer neuen internationalen Arbeitsteilung, welche die komparativen Kostenvorteile im freien Spiel von Angebot und Nachfrage voll zum Tragen bringen sollte, versprach man sich allseitige ökonomische Vorteile. Im weiteren Verlauf des industriellen Wachstumsprozesses vertraute man auf den sogenannten Durchsickerungseffekt (trickle down effect). Man erwartete, dass vom industriellen Sektor entscheidende Wachstumsimpulse auf die übrigen Wirtschaftssektoren ausgehen würden, so dass jener einen weitreichenden Entwicklungsprozess bis in die traditionellen Sektoren und in die Randgebiete in Gang setzen würde. Wachstumsgewinne würden so allmählich auch

---

[104] Vgl. T. T. EVERS / P. VON WOGAU, aaO. (Anm. 38) 409; W. EIGEL, aaO. (Anm. 102) 94-101.

den ärmeren Bevölkerungsgruppen automatisch als Entwicklungsnutzen zugute kommen und den individuellen Wohlstand fördern. Nach einer befristeten Durststrecke würde sich eine gleichmässigere Verteilung der Güter und des Wohlstandes von selbst einstellen.[105]

Vorbild dieses marktwirtschaftlichen Integrationsmodells waren die Erfahrungen des Marshallplans: Die USA hatten im Rahmen des Wiederaufbaus geradezu astronomische Summen an finanzieller und technischer Hilfe in die vom Zweiten Weltkrieg verwüsteten europäischen Länder hineingepumpt und so Europa innert weniger Jahre zu einer neuen Wirtschaftsmacht aufgerichtet.

Doch erlitt dieselbe Strategie in den unterentwickelten Ländern ein Fiasko. Anstelle des angenommenen Durchsickerungseffektes fand eine Konzentration auf die ohnehin schon wohlhabenden Schichten statt. Die forcierte Industrialisierung hatte lediglich lokal begrenzte Wachstumsenklaven und Wohlstandsinseln in einem sonst stagnierenden Umland hervorgebracht. Diese aufgepfropften Enklaven waren ausserdem den Anfälligkeiten konjunktureller Wechselfälle auf dem Weltmarkt ausgesetzt. Die ausländischen Grossunternehmen siedelten sich vornehmlich im Einzugsgebiet der grossen Städte an und förderten so die Auseinanderentwicklung von modernen Zentren und verarmtem Hinterland. Die Konzentration wirtschaftlicher Macht in den multinationalen Konzernen führte zur Bildung eines transnationalen Komplexes, in dessen Schaltzentren zunehmend eine international beherrschende Klasse heranwuchs. Die internationalen Kapitalverflechtungen mit der Möglichkeit des Gewinntransfers führten dazu, dass die interne Kapitalakkumulation gering blieb, was wiederum zusätzlichen Kapitalimport aus dem Ausland erzwang und einen schwindelerregenden Schuldenberg zur Folge hatte. Gegenüber den

---

[105] Vgl. W. EIGEL, aaO. (Anm. 102) 101-107.

kapitalintensiven Produktionswerkstätten mit hochentwikkelter Technologie sank die Bedeutung der arbeitsintensiven traditionellen Produktion, was Arbeitslosigkeit, Landflucht und wachsende Marginalisierung bewirkte. Dadurch wurden zuvor oftmals noch intakte Sozialstrukturen zerstört und dualistische Strukturen gefördert. Die sozialen Spannungen nahmen zu und entluden sich in gewalttätigen Unruhen, was wiederum zur Errichtung repressiver Militärdiktaturen führte.[106]

So wurde in der Mitte der 60er Jahre klar, dass wirtschaftliches Wachstum allein das Los der Armen nicht zu verbessern vermag. "Der Peripherie-Kapitalismus hat sich als unfähig erwiesen, elementare Entwicklungsprobleme zu lösen. Nicht die Unfähigkeit zur Akkumulation ist ihm anzukreiden, sondern eine Akkumulation zum Schaden der Mehrzahl der Menschen."[107] Auf diese Weise erwuchs aus erfahrungs- und leiderprobter Skepsis immer mehr die Ueberzeugung, dass einseitige ökonomistische Entwicklungsmodelle mehr zur Stabilisierung der herrschenden Ungleichheiten und zur Verschärfung der sozialen Auseinanderentwicklung als zur Ueberwindung der Armut dienen.[108]

---

[106] Vgl. T. T. EVERS / P. VON WOGAU, aaO. (Anm. 38) 410; 430; W. EIGEL, aaO. (Anm. 102) 152.
[107] D. SENGHAAS, Weltwirtschaftsordnung und Entwicklungspolitik. Plädoyer für Dissoziation, Frankfurt a.M. ²1978, 17. - Der berühmte und immer wieder als Beweis des Gegenteils zitierte Marshallplan hatte für Europa nur funktioniert, weil diese Investitionen in den europäischen Ländern günstige strukturelle, institutionelle und verhaltensmässige Bedingungen vorgefunden hatten (z.B. funktionstüchtige Güter- und Geldmärkte, hochentwickelte Transport- und Kommunikationssysteme, qualifizierte Arbeitskräfte, Erfolgsmotivation, effizientes Verwaltungssystem), um das einfliessende Kapital unmittelbar in ein höheres Produktionsniveau umzusetzen (vgl. W. EIGEL, aaO. [Anm. 102] 97). Diese strukturellen und institutionellen Voraussetzungen waren aber in den unterentwickelten Ländern gerade nicht gegeben.
[108] Vgl. G.-D. FISCHER, Abhängigkeit und Protest. Der gesellschaftliche Kontext der neueren lateinamerikanischen Theologie, in: P. HUENERMANN / G.-D. FISCHER

Aus der Einsicht in die Notwendigkeit, über ökonomische Aspekte hinaus auch strukturelle, institutionelle, soziale, kulturelle und andere Faktoren für eine umfassende Theorie der Entwicklung zu berücksichtigen, ist die sogenannte Dependenztheorie entstanden.[109] Diese hat ein historisch-strukturelles Erklärungsmodell aus der Sicht der unterentwickelten Länder vorgeschlagen, das sich prioritär an den Interessen und Bedürfnissen der verarmten Bevölkerungsmehrheiten orientiert. Allerdings stellt sie keine einheitliche und geschlossene Theorie, sondern eher einen "Satz von Erklärungshypothesen auf hoher Abstraktionsebene"[110] dar. Sie bildet also eher einen gemeinsamen Ansatz als eine konsistente Theorie. Man könnte auch von einer Dependenzschule sprechen, die versucht, Elemente für eine erst noch zu leistende Theorie beizubringen.[111]

Für die 'Dependencistas' können die tieferen Ursachen der Unterentwicklung nicht bloss in den betroffenen Ländern selbst gesucht werden, sie müssen vielmehr hauptsächlich in den Industrienationen bzw. in dem beide Gruppen von Ländern verklammernden kapitalistischen Weltsystem geortet werden. Unterentwicklung ist eine Funktion des internationalen kapitalistischen Systems. Sie muss als das

---

(Hrsg.), Gott im Aufbruch, aaO. (Anm. 23) 25-38, 26; H. ZWIEFELHOFER, Zum Begriff der Dependenz, aaO. (Anm. 21) 35f; W. EIGEL, aaO. (Anm. 102) 115.
[109] Vgl. F. H. CARDOSO, Abhängigkeit und Entwicklung in Lateinamerika, in: D. SENGHAAS (Hrsg.), Peripherer Kapitalismus. Analysen über Abhängigkeit und Unterentwicklung, Frankfurt a.M. ²1977, 201-220, 201; G. ARROYO, Pensamiento latinoamericano sobre subdesarrollo y dependencia externa, in: Fe cristiana y cambio social, aaO. (Anm. 58) 312f. - Die 'Dependenztheorie' wurde erstmals im Kreis der UNO-Wirtschaftskommission für Lateinamerika (CEPAL: Comisión Económica para América Latina) mit Sitz in Santiago de Chile formuliert (vgl. K. NUERNBERGER, Dependenztheorien in der Entwicklungsdebatte als Thema der theologischen Ethik, in: ZEvE 29 [1985] 438-465, 439f).
[110] T. T. EVERS / P. VON WOGAU, aaO. (Anm. 38) 415.
[111] Vgl. W. EIGEL, aaO. (Anm. 102) 162.

strukturelle Ergebnis eines globalen Prozesses in historisch-politischer Perspektive, und zwar im Verhältnis zur Entwicklung und Expansion der kapitalistischen Zentren, verstanden werden. Der Begriff 'Abhängigkeit' fungiert als zentrale Analysekategorie. Sie ist ein durch die historische Entwicklung des weltkapitalistischen Systems bedingtes konstitutives Strukturmerkmal der peripheren Gesellschaften.[112] Die Sozialstrukturen der unterentwickelten Länder sind nicht das Resultat eines autonomen historischen Prozesses, sondern wesentlich geprägt durch die Dominanz ausländischer Hegemonialmächte. Die internen Prozesse sind konditioniert durch exogene Kräfte. Als Folge der strukturellen Abhängigkeit von aussen sind die peripheren Gesellschaften nach innen charakterisiert durch strukturelle Heterogenität, die sich in zunehmender Auseinanderentwicklung (Desintegration) und Marginalisation äussert.[113] Innerhalb der peripheren Gesellschaften gelingt es einer zahlenmässig kleinen Oberschicht, ihren Wohlstand zu stabilisieren, während die armen Bevölkerungsmehrheiten vom Wohlstand ausgeschlossen bleiben. Zwischen den oligarchischen Eliten in den Peripherieländern und den Metropolen in den Zentrumsländern besteht Interessenharmonie, zwischen den Eliten und den verarmten Mehrheiten in den Peripherieländern herrscht Interessengegensatz. O. SUNKEL[114] hat diesen Sachverhalt auf die griffige Formel gebracht: Transnationale kapitalistische Integration zwischen den Zentren und nationale Desintegration zwischen Zentrum und Peripherie. Die nationale Oligarchie in den Peripherieländern vertritt als Brückenkopf und als Juniorpartner der hegemonialen Zentren deren Interessen gegen die Aspirationen und Bedürfnisse der

---

[112] Vgl. T. T. EVERS / P. VON WOGAU, aaO. (Anm. 38) 423.
[113] Vgl. W. EIGEL, aaO. (Anm. 102) 165f.
[114] Transnationale kapitalistische Integration und nationale Desintegration: Der Fall Lateinamerika, in: D. SENGHAAS (Hrsg.), Imperialismus und strukturelle Gewalt. Analysen über abhängige Reproduktion, Frankfurt a.M. 1972, 258-315.

eigenen Landsleute von der breiten nationalen Unterschicht. Die Entwicklungsgegensätze bestehen also nicht nur zwischen entwickelten und unterentwickelten Nationen, sondern auch innerhalb einer Nation zwischen einzelnen Regionen, zwischen Stadt und Land, zwischen City und Slum, zwischen Grossgrundbesitzer und Landarbeiter usw.

Entwicklung und Unterentwicklung sind mithin nicht zeitlich verschobene Phasen, sondern historisch gleichzeitige, funktional aufeinander bezogene und strukturell verzahnte Momente desselben geschichtlichen Prozesses der Entfaltung des Weltkapitalismus. Sie sind "partielle und interdependente, historisch gleichzeitige Strukturen im selben globalen System"[115]. Unterentwicklung ist eine spezifische Form der kapitalistischen Entwicklung: nämlich die Entwicklung des Kapitalismus in der Peripherie.

Unterentwicklung als Abhängigkeit ist bereits im Kolonialzeitalter grundgelegt worden. Damals wurden die lateinamerikanischen Länder als Extraktions- und Exportwirtschaften organisiert. Sie wurden gezwungen, nicht für den eigenen Konsum, sondern für die Bedürfnisse der fremden Kolonialmächte zu produzieren. Die Beherrschung der Kolonien schuf die Basis für die heutige strukturelle Abhängigkeit. Die koloniale Abhängigkeit wurde seit dem 19. Jahrhundert durch eine finanziell-industrielle und schliesslich durch eine technologisch-industrielle Abhängigkeit abgelöst.[116] Zum dominierenden Subjekt der metropolitan konditionierten Entwicklungsdynamik und der kapitalistischen Beherrschung sind heute die transnationalen Konzerne geworden, deren Kennzeichen die zentrale Planung der wirtschaftlichen Aktivitäten und die Kontrolle über die Verbreitung neuer Techniken im metropolitanen Mutterhaus sind. Eine eigenständige nationale Wirtschaftspoli-

---

[115] W. EIGEL, aaO. (Anm. 102) 168.
[116] Vgl. H. ZWIEFELHOFER, Zum Begriff der Dependenz, aaO. (Anm. 21) 40-43; W. EIGEL, aaO. (Anm. 102) 193.

tik und Entwicklung ist so in den Peripherieländern weitgehend obsolet geworden.[117] Auf diese Weise wurde Abhängigkeit als das historisch-strukturelle Ergebnis der zudiktierten Rollen und Funktionen der internationalen Macht- und Arbeitsteilung zementiert.

Als strategische Alternative ergibt sich von selbst die Ueberwindung der strukturellen Abhängigkeit von aussen und eine Neugestaltung der internen Strukturen. Denn wird Unterentwicklung als strukturelle Abhängigkeit verstanden, so ist es nur konsequent, Entwicklung als Befreiung von dieser Abhängigkeit zu fassen. Abhängigkeit und Befreiung sind korrelative Begriffe; sie bilden ein semantisches Binom.[118] Die Ueberwindung der Unterentwicklung kann nur gelingen, wenn die sie verursachende Abhängigkeit von aussen aufgehoben wird. Dies bedingt eine Abkoppelung (Dissoziation) vom kapitalistischen Weltmarkt.[119] Der Lösungsvorschlag des Dependenzmodells steht also in diametralem Gegensatz zur globalen Strategie des marktwirtschaftlichen Integrationsmodells. Anstelle einer maximalen Integration in den Weltmarkt optieren die 'Dependencistas' gerade umgekehrt für eine weitestmögliche Dissoziation aus dem Welthandel und für eine autozentrierte Entwicklung, die sich nach den elementaren Bedürfnissen der unterprivilegierten Bevölkerungsmehrheiten richtet.

Der Dependenzansatz ist in seinen wesentlichen Grundge-

---

[117] Vgl. T. T. EVERS / P. VON WOGAU, aaO. (Anm. 38) 429; D. SENGHAAS, Elemente einer Theorie des peripheren Kapitalismus, in: ders. (Hrsg.), Peripherer Kapitalismus, aaO. (Anm. 109) 15.
[118] Vgl. T. T. EVERS / P. VON WOGAU, aaO. (Anm. 38) 434; H. ASSMANN, Opresión - Liberación, aaO. (Anm. 3) 39-42; 50-54; ders., Teología desde la praxis, aaO. (Anm. 4) 39-42; ders., Kritik der "Theologie der Befreiung", in: IDZ 7 (1974) 144-153, 150; G. GUTIERREZ, Theologie der Befreiung, aaO. (Anm. 3) 74; L. BOFF, Teología del cautiverio, aaO. (Anm. 25) 20-22; S. SILVA GOTAY, El pensamiento cristiano revolucionario, aaO. (Anm. 3) 219-223.
[119] Vgl. D. SENGHAAS, Abkoppelung als entwicklungspolitische Devise, in: Conc 16 (1980) 707-711.

danken keine Neuschöpfung, sondern eine Anknüpfung an die klassischen Imperialismusanalysen zu Beginn des 20. Jahrhunderts.[120] Zugleich führt er aber in einem entscheidenden Punkt darüber hinaus. Für LENIN und ROSA LUXEMBURG waren die unterentwickelten Länder der auswärtige Markt, der nur gerade insoweit interessierte, als er die Produktionsverhältnisse und den Kapitalakkumulationsprozess in den Industrieländern beeinflusste. Die konkreten Auswirkungen der Kapital- und Warenströme auf die internen Strukturen der Entwicklungsländer wurden stets vernachlässigt, die grundsätzliche Andersartigkeit der wirtschaftlichen Entwicklung in den Peripherien noch nicht erfasst. Demgegenüber untersucht das Dependenzmodell gerade die internen Auswirkungen des metropolitanen Kapitalismus auf die unterentwickelten Länder. An die Stelle der metropolitanen Sicht tritt die Blickrichtung von unten aus der Optik der beherrschten Länder. In diesem Sinn versteht sich der Dependenzansatz nicht bloss als Erweiterung, sondern geradezu als Neuformulierung der klassischen Imperialismustheorie.[121] Schliesslich unterscheidet sich das Dependenzmodell auch in seiner zentralen Strategieempfehlung von den herkömmlichen Imperialismustheorien, für die es keine Dissoziation aus dem Weltmarkt gibt.[122]

Das Hauptverdienst des Dependenzansatzes besteht in der Kritik traditioneller metropolizentrischer Entwicklungstheorien, deren ideologischer Gehalt blossgelegt worden ist. Sein Vorzug liegt am umfassenden, historisch-strukturellen Verständnis von Entwicklung, das über die technisch-ökonomische Dimension hinaus auch die historischen, sozialen, politischen, institutionellen und kulturellen Aspekte einbezieht. Er überwindet die ökonomistische Eng-

---

[120] Vgl. T. T. EVERS / P. VON WOGAU, aaO. (Anm. 38) 408.
[121] Vgl. ebd. 412f; 416; S. SILVA GOTAY, Las condiciones históricas, aaO. (Anm. 96) 40
[122] Vgl. W. EIGEL, aaO. (Anm. 102) 179.

führung der Entwicklungsanalyse.[123] Seine wesentlichen Mängel sind das hohe, mitunter fast metaphysisch anmutende Abstraktionsniveau, damit verbunden eine theoretische Unschärfe (speziell in bezug auf die zentrale Analysekategorie 'Abhängigkeit'), die noch ausstehende empirische Ueberprüfung mancher Hypothesen durch entsprechende Einzeluntersuchungen und Fallstudien, gelegentlich logische Inkonsistenz (insofern das Dependenzmodell als Theorie noch kein kohärentes Ganzes bildet) und vor allem das Defizit an operationalisierbaren Lösungsstrategien.[124] Seine Grenze liegt darin, dass sein Charakter mehr kritisch als konstruktiv, mehr global und pauschal als spezifisch ist.[125] Hinsichtlich einer operationalen und praktikablen alternativen Entwicklungsstrategie bleiben seine Schlussfolgerungen doch eher vage. "Der Dependenz-Ansatz ist zweifellos recht hilfreich zur Klärung der geschichtlichen Ursprünge der Unterentwicklung, aber nicht gleicherweise hilfreich zum Verständnis derjenigen Prozesse, die davon wegführen könnten. Das macht, dass das Dependenz-Modell in erster Linie als Ursachen-Modell seine bleibende Bedeutung hat, als Politik- oder Strategie-Modell jedoch zu wenig konkrete Vorstellungen zu vermitteln vermag."[126] Immerhin ist aber zu sagen, dass sich das Dependenzmodell strategisch bereits erheblich in Richtung eines eigenen Self-Reliance-Modells konkretisiert und weiterentwickelt hat.[127].

Eine weitere latente Schwäche des Dependenzansatzes besteht darin, dass er ob der überragenden Bedeutung der exogenen Bedingungen die endogenen, naturbedingten und hausgemachten Ursachen der Armut und Unterentwicklung tendenziell vernachlässigt. So droht denn auch der Depen-

---

[123] Vgl. W. EIGEL, aaO. (Anm. 102) 176; 179.
[124] Vgl. T.T.EVERS / P. VON WOGAU, aaO. (Anm. 38) 439-448.
[125] Vgl. G. ARROYO, Pensamiento latinoamericano, aaO. (Anm. 109) 320f.
[126] W. EIGEL, aaO. (Anm. 102) 178.
[127] Vgl. ebd. 180; 190-217.

denzansatz selber noch einmal einem gewissen Hang zum monokausalen Reduktionismus der Erklärung von Unterentwicklungsprozessen zu verfallen.

Obgleich all diese Mängel nicht verniedlicht werden sollen, ist die Unfertigkeit der Dependenztheorie dennoch kein Beweis für ihre Unrichtigkeit - einem modischen Trend in der gegenwärtigen entwicklungstheoretischen Diskussion, diese Theorierichtung als überholt zu betrachten (nachdem sie noch vor wenigen Jahren als Königsweg der Entwicklungstheorie gefeiert worden ist), zum Trotz.[128] Manche seitherigen Untersuchungen und Forschungsansätze zeigen im Gegenteil auf, dass sich die wissenschaftliche Erklärungskraft dieses Modells durchaus bewährt hat[129] und dass dieser Ansatz ein entwicklungstheoretisches Problembewusstsein geschaffen hat, hinter das nicht mehr zurückgegangen werden darf[130].

### B. Hermeneutische Vermittlung

Die globale historisch-strukturelle und dynamische Erklärung der lateinamerikanischen Realität als Situation der Abhängigkeit ist in der Befreiungstheologie zum Gegen-

---

[128] Vgl. A. BOECKH, Dependencia und kapitalistisches Weltsystem, oder: Die Grenzen globaler Entwicklungstheorien, in: Dritte Welt-Forschung. Entwicklungstheorie und Entwicklungspolitik (= Politische Vierteljahresschrift XXVI/1985, Sonderheft 16), hrsg. von F. NUSCHELER, Opladen 1985, 56-74, 56-69. - Nach BOECKH zeigt sich die Grenze der Dependenzanalyse am augenfälligsten darin, dass sie den erfolgreichen Durchbruch einiger Schwellenländer mit einer integrativen Entwicklungsstrategie und damit die komplexen Verschränkungen der exogenen und endogenen Entwicklungsdynamik nicht adäquat zu erklären vermag. Nach dem reinen Dependenzansatz dürfte es das Entstehen solcher Schwellenländer gar nicht geben können. Dass sie trotzdem vorkommen, sei eine Widerlegung einer allzu pauschalen strukturellen Verknüpfung von Abhängigkeit und Unterentwicklung.
[129] Vgl. T. T. EVERS / P. VON WOGAU, aaO. (Anm. 38) 446.
[130] Vgl. A. BOECKH, aaO. (Anm. 128) 56-69.

stand und zum Horizont der theologischen Reflexion geworden. Diese zweifache Funktion der sozialwissenschaftlich analysierten gesellschaftlichen Realität als Gegenstand und als Horizont des theologischen Denkens konstituiert deutlich eine hermeneutische Doppelstruktur, die dem befreiungstheologischen Denken eigentümlich ist. Dient die lateinamerikanische Realität und Praxis als Gegenstand, dann haben wir es mit der klassischen Definition der Befreiungstheologie als kritische Reflexion über die historische Realität und Praxis im Licht des Glaubens zu tun. Es handelt sich hier um eine **theologische Hermeneutik der lateinamerikanischen Realität und Praxis**. Ebenso ursprünglich und im Grunde genommen noch spezifischer ist die andere Definition der Befreiungstheologie, welche die historische Realität und Praxis als hermeneutischen Horizont betrachtet. Theologie der Befreiung wird dann verstanden als kritisches Neulesen (relectura) der christlichen Glaubensüberlieferung im Licht der lateinamerikanischen Realität und Praxis. Hier handelt es sich um eine **lateinamerikanische Hermeneutik der Theologie**. Wo die gesellschaftliche Realität und Praxis als Gegenstand der theologischen Reflexion genommen wird, haben wir es streng genommen mit einer klassischen Genitivtheologie zu tun, die sich in ihrer formalen Diskursart nicht von anderen sektoriellen Theologien unterscheidet. Wo die soziale Realität und Praxis die Funktion eines hermeneutischen **Horizontes** einnimmt, unterscheidet sich die Theologie der Befreiung in ihren formal-hermeneutischen Diskursstrukturen nicht mehr von der europäischen politischen Theologie. Der Unterschied liegt hier lediglich darin, dass die Theologie der Befreiung die politische hermeneutische Perspektive erstens ausdrücklich und präzis als die Optik des verarmten und unterdrückten Lateinamerikas bestimmt und sie zweitens gesellschaftsanalytisch vermittelt, d.h. sozialwissenschaftlich analysiert (wogegen sie bei der politischen Theologie zumindest anfänglich entsprechend den mehr sozialphilosophischen Intuitionen der Kritischen Theorie vermittelt war). Die Befreiungstheologie ist sich dieser doppelten hermeneutischen Struktur durchaus bewusst.[131] Sie sieht gerade darin den Reichtum und die spezifische Eigenart ihrer theologischen Reflexionsart. Es gehe ihr gerade darum, sowohl die historische Realität und Praxis vom Glauben her kritisch zu durchleuchten, als auch umgekehrt den christlichen Glauben im Licht der lateinamerikanischen Realität und der befreienden Praxis neu zu denken. Einerseits wirke der christliche Glaube kritisierend und stimulierend auf die gesellschaftliche Praxis ein, andererseits wirke diese Praxis ebenso kritisch und innovativ auf das Verständnis des Glaubens zurück. Zwischen beiden Bewegungen herrsche eine wechselseitig kritische Korrelation. Der Glaube übe eine hermeneutische Funktion für die theologische Interpretation des historischen Befreiungsprozesses und der lateinamerikanische Befreiungsprozess eine hermeneutische Funktion für die Interpretation des Glaubens und seiner zentralen Inhalte aus. Es gehe sowohl um eine theologische Interpretation der befreienden Praxis auf ihre theologalen Dimensionen hin als auch um ein Neulesen der Glaubensüberlieferung auf ihre befreienden Dimensionen hin.[132] Die Theologie der Befreiung beschrei-

---

[131] Am deutlichsten wohl J. C. SCANNONE, El método de la teología de la liberación, aaO. (Anm. 27) 370f; 379-382. - Die doppelte Funktion der gesellschaftlichen Realität und Praxis als Gegenstand und als Horizont des theologischen Denkens bildet präzis die Grundlage für die vieldiskutierte Streitfrage, ob die Theologie der Befreiung nun eher als 'Theologie der Befreiung' (teología de la liberación) oder aber als 'Theologie im Licht der Befreiung' (teología desde la liberación) zu bezeichnen sei. Im ersten Fall hat die Befreiung Gegenstands-, im zweiten Fall Horizontfunktion.

[132] Vgl. L. BOFF, Die Anliegen der Befreiungstheologie, aaO. (Anm. 85) 90; ders., Aus dem Tal der Tränen, aaO. (Anm. 2) 183; 190f; 210; ders., Erfahrung von Gnade, aaO. (Anm. 62) 123; ders., Teología del cautiverio, aaO. (Anm. 25) 76; ders., La fe en la periferia, aaO. (Anm. 8) 9-16; ders., La salvación en las liberaciones, aaO. (Anm. 25) 23f; G. GUTIERREZ, Concepción de la historia, in: Servir (México) 20 (1984) Nr. 107, 473-495, 491-495; ders., Verdad y teología, aaO. (Anm. 65) 501-503; J. SOBRINO, Cri-

te eben einen "Weg auf zwei Gleisen"[133]. Im Grunde genommen ist diese hermeneutische Doppelrichtung nur ein Reflex der hermeneutischen Praxis in den christlichen Basisgemeinden. Dort werden die Bibeltexte wie selbstverständlich im Licht der alltäglichen Realität und Praxis (als des hermeneutischen Horizonts) gelesen, und umgekehrt wird die Realität und Praxis des Alltags von den biblischen Texten her interpretiert und orientiert (hier dient also die Alltagsrealität und -praxis als Gegenstand).

---

stología desde América latina, aaO. (Anm. 6) 21f; S. SILVA, Glaube und Politik, aaO. (Anm. 35) 152; A. CUSSIANOVICH, Desde los pobres, aaO. (Anm. 8) 163; J. C. SCANNONE, La teología de la liberación, aaO. (Anm. 6) 268f; ders., El método, aaO. (Anm. 27) 370f; 379-382; ders., Sozialanalyse, aaO. (Anm. 26) 260; R. GARCIA-MATEO, Die Methode der Theologie der Befreiung. Zur Ueberwindung des Erfahrungsdefizits in der Theologie, in: StZ 111 (1986) 386-396, 394; L. G. DEL VALLE, Hacia una prospectiva teológica a partir de acontecimientos, in: R. GIBELLINI (Hrsg.), La nueva frontera, aaO. (Anm. 2) 82-103, 102; J. J. HERRERA ACEVES, La historia, aaO. (Anm. 75) 347f; A. ALONSO, Iglesia y praxis, aaO. (Anm. 31) 37; vgl. zu dieser wechselseitig kritischen Beziehung auch D. WIEDERKEHR, Glaube an Erlösung. Konzepte der Soteriologie vom Neuen Testament bis heute, Freiburg i.Br. 1976, 97f; 138; ders.,Theologisches Denken im Spannungsfeld von Ursprung, Ueberlieferung und Gegenwart. Versuch einer Ortsbestimmung systematischer Theologie, in: Theologische Berichte, hrsg. von J. PFAMMATTER und F. FURGER, Bd. VIII: Wege theologischen Denkens, Zürich 1979, 13-33, 15; 23f.
[133] L. BOFF, Lutero entre la reforma y la liberación, in: RLT (San Salvador) 1 (1984) 85-101, 89. - Diese zwei Gleise werden auch bei J. B. METZ sichtbar, wenn er die politische Theologie einerseits als politische Hermeneutik der theologischen Eschatologie (vgl. Zur Theologie der Welt, München-Mainz 1968, 99-107; ders., Kirchliche Autorität im Anspruch der Freiheitsgeschichte, in: J. B. METZ / J. MOLTMANN / W. OELMUELLER, Kirche im Prozess der Aufklärung. Aspekte einer neuen "politischen Theologie", München-Mainz 1970, 53-90, 55f; ders., "Politische Theologie" in der Diskussion, in: H. PEUKERT (Hrsg.), Diskussion zur "politischen Theologie", Mainz-München 1969, 267-301, 268-279; ders., Art. Politische Theologie, in: SM III [1969], 1232-1240, 1234; 1239; ders., Glaube in Geschichte und Gesellschaft. Studien zu einer praktischen Fundamentaltheologie, Mainz 1977, 51-55) und anderseits als "theologische Hermeneutik politischer Ethik" ("Politische Theologie" in der Diskussion, 282) definiert.

Natürlich werden unter den diversen Befreiungstheologen diese beiden hermeneutischen Wege je verschieden akzentuiert. Während etwa G. GIRARDI[134] fast ausschliesslich nur den Aspekt der politischen Relecture des Glaubens und also den **Horizont**charakter der befreienden Praxis betont, legt C. BOFF in seinem erkenntnistheoretischen Hauptwerk[135] das Gewicht exklusiv auf den Aspekt der theologischen Lektüre der sozialwissenschaftlich analysierten Situation und also auf den **Gegenstands**charakter der befreienden Praxis, so dass er konsequenterweise auch nicht mehr von 'politischer Theologie', sondern von einer 'Theologie des Politischen' spricht. Die meisten Befreiungstheologen bewegen sich aber zwischen beiden Polen hin und her, wobei das entsprechende Problembewusstsein nicht immer sehr differenziert ist.[136]

---

[134] Vgl. Philosophische Voraussetzungen, aaO. (Anm. 41).
[135] Vgl. Theologie und Praxis, aaO. (S. 4 Anm. 4).
[136] Bei GUTIERREZ etwa treten beide Funktionen der historischen Realität und Praxis oft unvermittelt nebeneinander auf, ohne dass darüber methodologisch reflexe Rechenschaft abgelegt wird. Daraus erklären sich bei ihm die unterschiedlichen Definitionen der Befreiungstheologie (vgl. z.B. Theologie der Befreiung, aaO. [Anm. 3] 10-19; 287), oder sie werden sogar ineinander verschachtelt und vermischt. Was dabei herauskommt, ist dann eine Definition von Befreiungstheologie als "eine Reflexion innerhalb der historischen Praxis und über diese Praxis in Konfrontation mit dem im Glauben gelebten und angenommenen Wort des Herrn" oder kurz als "eine Reflexion im und über den Glauben als befreiende Praxis" (Evangelio y praxis, aaO. [Anm. 65] 244; ähnlich auch H. ASSMANN, Opresión - Liberación, aaO. [Anm. 3] 182). - Auch wenn man das Unternehmen 'Theologie' mit Recht definiert als den Versuch, wechselseitig kritische Korrelationen zwischen einer Interpretation der christlichen Tradition und einer Interpretation der heutigen Erfahrung herzustellen (vgl. E. SCHILLEBEECKX, Erfahrung aus Glauben, Freiburg i.Br. 1984, 41-136; ders., Christus und die Christen. Die Geschichte einer neuen Lebenspraxis, Freiburg i.Br. 1977, 64-71; H. KUENG, Paradigmenwechsel in der Theologie. Versuch einer Grundlagenerklärung, in: H. KUENG / D. TRACY [Hrsg.], Theologie - wohin? Auf dem Weg zu einem neuen Paradigma, Zürich-Gütersloh 1984, 37-75; D. TRACY, Hermeneutische Ueberlegungen im neuen Paradigma, in: ebd. 76-102, 77), und wenn man auch zugesteht, dass dabei der eine Pol jeweils unvermeidlich immer auch im Licht des

Im folgenden sollen diese beiden hermeneutischen Gleise kurz und analytisch getrennt erörtert werden:

1. Politische Hermeneutik der Glaubensüberlieferung: Das Bewusstwerden der lateinamerikanischen Realität als Situation struktureller Dependenz und die leidenschaftliche Option für die Befreiung aus dieser Armut und Unterdrückung verursachenden Abhängigkeit haben den engagierten lateinamerikanischen Christen einen völlig neuen Schlüssel für das Verständnis des Glaubens in die Hand gegeben. Sie führten zu einer radikalen "hermeneutischen Konversion"[137]. Dem christlichen Selbstverständnis begannen sich neuartige Fragen zu stellen: Was heisst Erlösung im lateinamerikanischen Kontext, wo die Sehnsucht nach Befreiung der armen Mehrheiten von einer privilegierten Minderheit systematisch unterdrückt wird? Wie ist Erfahrung von Gnade in einer Situation täglicher Entbehrungen möglich? Welchen Sinn hat es, in einer Welt des Hungers und des vorzeitigen Todes von Gott zu reden? Inwiefern ist der Glaube fähig, zur historischen Befreiung der Armen beizutragen?[138] In allen diesen Fragen geht es um eine lateinamerikanische Relecture der christlichen Botschaft, um eine Neuentzifferung des Evangeliums im Lichte der lateinamerikanischen Situation und der gesellschaftlichen Befreiungspraxis, um eine Neuinterpretation des Glaubens aus der Perspektive der Unterdrückten, um ein Neulesen des Ganzen des Christentums mit den Augen der Armen.[139]

---

anderen interpretiert wird, so dürfen diese beiden Bewegungen dennoch nicht einfach miteinander vermischt, sie müssen vielmehr analytisch unterschieden werden.
[137] L. BOFF, Jesucristo y la liberación, aaO. (Anm. 8) 15.
[138] Vgl. J.C. SCANNONE, Trascendencia, aaO.(Anm. 57) 103; L. BOFF, Erfahrung von Gnade, aaO. (Anm. 62) 48f; A. CUSSIANOVICH, Desde los pobres, aaO. (Anm. 8) 110.
[139] Vgl. G. GUTIERREZ, Befreiungspraxis, aaO. (Anm. 3) 414f; ders., Evangelio y praxis, aaO. (Anm. 65) 242; ders., Praxis de liberación, aaO. (Anm. 82) 29; 35; ders., Die historische Macht der Armen, aaO. (Anm. 8) 10;

Genau in dieser Hinsicht war die hermeneutische Frage schon im sozialanalytischen Kapitel präsent. Schon dort haben wir festgestellt (oben S. 52), dass sich das dependenztheoretische Modell vom metropolizentrischen Integrationsmodell im wesentlichen durch seinen veränderten Blickwinkel, durch seine Sicht von unten, durch die Interpretation der lateinamerikanischen Realität aus der Perspektive der Unterentwickelten und Verarmten unterscheidet. Das Dependenzmodell hat sich gezeigt als der Versuch einer umfassenden historisch-strukturellen Entwicklungstheorie aus der Optik der unterentwickelten Gesellschaften selber, der sich prioritär an den Interessen und Bedürfnissen der marginalisierten Bevölkerungsmehrheiten orientiert. In der Tat liegt in dieser Gemeinsamkeit der hermeneutischen Perspektive der sachliche Grund dafür, dass die Theologie der Befreiung im Rahmen ihrer sozialanalytischen Vermittlung vorzugsweise auf das de-

---

27; 44; 58f; 64; 160; 175; ders., Die Armen in der Kirche, in: Conc 13 (1977) 246-249, 249; L. BOFF, Rettung in Jesus Christus, aaO. (Anm. 86) 419; ders., Jesus Christus, der Befreier, aaO. (Anm. 53) 230; ders., Aus dem Tal der Tränen, aaO. (Anm. 2) 194; ders., Theologie hört aufs Volk, aaO. (Anm. 59) 114; ders., Kirche: Charisma und Macht, aaO. (Anm. 35) 208; ders., Eine kreative Rezeption, aaO. (Anm. 3) 638f; ders., Lutero, aaO. (Anm. 133) 86f; L. BOFF / C. BOFF, Wie treibt man Theologie der Befreiung?, aaO. (Anm. 2) 44f; E. DUSSEL, Herrschaft - Befreiung, aaO. (Anm. 85) 404; ders., Caminos de liberación I, aaO. (Anm. 6) 139; J. S. CROATTO, Liberación y libertad, aaO. (Anm. 2) 6; 22; 125; 128f; A. CUSSIANOVICH, Nos ha liberado, Salamanca $^2$1976, 192; ders., Desde los pobres, aaO. (Anm. 8) 33; 91; R. OLIVEROS, Liberación y teología, aaO. (Anm. 3) 16; 220; 312; M. MANZANERA, Die Theologie der Befreiung, aaO. (Anm. 6) 52f; J. MIGUEZ BONINO, Praxis histórica e identidad cristiana, in: R. GIBELLINI (Hrsg.), La nueva frontera, aaO. (Anm. 2) 240-260, 242; R. MUNOZ, El Dios de Jesucristo en nuestra historia, in: Mensaje (Santiago de Chile) 327 (1984) 93-98, 97; J. C. SCANNONE, Teología de la liberación y praxis popular, aaO. (Anm. 14) 24; ders., Trascendencia, aaO. (Anm. 57) 101; R. VIDALES, Cuestiones en torno al método, aaO. (Anm. 2) 44; 55; 61; S. SILVA GOTAY, El pensamiento cristiano revolucionario, aaO. (Anm. 3) 139f; I. ELLACURIA, Tesis, aaO. (Anm. 6) 333; 349; J. H. CONE, A Black Theology of Liberation, Philadelphia-New York 1970, 17f.

pendenztheoretische Erklärungsmodell zurückgreift.[140] Aber nicht nur die hermeneutische Perspektive der Armen teilt das Dependenzmodell mit der Befreiungstheologie, sondern auch den Sachverhalt, dass es sich bei ihr um einen eigenständigen, alternativen und neuartigen Theorieansatz handelt, der in Lateinamerika geboren wurde. Was die Theologie der Befreiung innerhalb der traditionellen Theologie, das beansprucht die Dependenztheorie innerhalb der traditionellen Entwicklungswissenschaft zu sein: eine Revolution der Denkart.

Dass sich die Theologie der Befreiung ihrerseits für eine hermeneutische Perspektive aus der Sicht der Armen entscheidet, ist keine willkürliche Option, sondern entspricht der hermeneutischen Perspektive des biblisch überlieferten Glaubens selbst.[141] Der Arme wird nicht von aussen an die Bibel herangetragen; er tritt vielmehr aus ihr selbst hervor.[142] Die Perspektive des Armen ist die Perspektive Gottes selbst, weil dieser sich vorzugsweise mit ihm identifiziert. Dies zeigt sich bei der Befreiung Israels aus der Knechtschaft Aegyptens durch YHWH, dem

---

[140] Vgl. C.BOFF, Theologie und Praxis, aaO. (S. 4 Anm. 4) 114-118; L BOFF, Erfahrung von Gnade, aaO. (Anm. 62) 117; S. SILVA, Glaube und Politik, aaO. (Anm. 35) 188-192; J. HERNANDEZ PICO, Método teológico, aaO. (Anm. 75) 606f; S. SILVA GOTAY, Las condiciones históricas, aaO. (Anm. 96) 32f; M. HOFMANN, Identifikation mit dem Anderen, aaO. (Anm. 18) 140f.
[141] Vgl. C.BOFF, Theologie und Praxis, aaO. (S. 4 Anm. 4) 117f; L. BOFF, Jesucristo y la liberación, aaO. (Anm. 8) 21f; R. VIDALES, Evangelización y liberación popular, in: Encuentro latinoamericano de teología: Liberación y cautiverio, aaO. (Anm. 19) 209-233, 210f; J. C. SCANNONE, Sozialanalyse, aaO. (Anm. 26) 268f.
[142] Vgl. M. Hofmann, Identifikation mit dem Anderen, aaO. (Anm. 18) 145; H. ECHEGARAY, La práctica de Jesús, aaO. (Anm. 53); J. S. CROATTO, Liberación y libertad, aaO. (Anm. 2); C. MESTERS, Das Wort Gottes, aaO. (Anm. 55); ders., Die Botschaft des leidenden Volkes, aaO.(Anm. 55); N. LOHFINK, "Option für die Armen". Das Leitwort der Befreiungstheologie im Lichte der Bibel, in: StZ 110 (1985) 449-464; J. ALFARO, Gott schützt und befreit die Armen, in: Conc 22 (1986) 343-348.

zentralen, ja einzigen Thema des alttestamentlichen Glaubensbekenntnisses (Dtn 26,5-10)[143] genauso wie in der neutestamentlichen Christusbotschaft (paradigmatisch zum Ausdruck gebracht Mt 25,31-46).

2. **Theologische Hermeneutik der gesellschaftlichen Realität und Praxis:** Auch auf diesem hermeneutischen Gleis setzt die Theologie der Befreiung die sozialwissenschaftlich analysierte lateinamerikanische Situation und Befreiungspraxis voraus, diesmal aber nicht als Horizont, sondern als Gegenstand der theologischen Reflexion. Die soziale Problematik dient hier als Katalysator für die Themen, die theologisch im Licht des Glaubens zu reflektieren sind. Die zu sozialwissenschaftlicher Erkenntnis erhobenen Daten werden vom Glauben her beurteilt und auf ihre theologische Bedeutung hin untersucht. Haben wir also vorher die kritische Durchleuchtung der Theologie durch die gesellschaftliche Realität und Praxis anvisiert, so geht es jetzt um die andere Richtung der wechselseitig kritischen Korrelation von Theologie und Praxis, nämlich um die kritische Erhellung der Praxis durch das Licht des Glaubens. Ging es vorher um ein neues Verständnis des kirchlich überlieferten Glaubens, zu dem die befreiende Praxis innovativ nötigte, so kommt nun in der dialektischen Umkehrbewegung das zur Geltung, was der "kritische und befreiende Ueberschuss"[144] der Glaubensüberlieferung genannt werden kann.

Aus der Perspektive des Glaubens stellen sich nunmehr Fragen wie diese: Wie verhält sich der Glaube zur gesellschaftlichen Realität und Praxis? Inwiefern bestätigt oder stimuliert er sie, inwiefern kritisiert er sie? Wie

---

[143] Vgl. N. LOHFINK, "Option für die Armen", aaO. (Anm. 142) 455ff
[144] D. WIEDERKEHR, Die ganze Erlösung. Dimensionen des Heils, in: ThQ 162 (1982) 329-341, 333; vgl. ders., Perspektiven der Eschatologie, Zürich 1974, 101-105; 287-295.

sind die lateinamerikanische Situation der strukturellen Abhängigkeit und die Praxis der Befreiung theologisch zu beurteilen? Welchen Heils- oder Unheilswert hat die historische Praxis? In welchem Verhältnis steht der historische Befreiungsprozess zur christlichen Erlösung? Was hier erfragt ist, sind nicht die politisch-praktischen Implikationen des Glaubens, sondern die theologischen Implikationen der politischen Realität und Praxis.[145] Die politökonomischen Probleme bzw. die sozialanalytischen Daten werden in theologische Probleme übersetzt. Sie werden nach einem Ausdruck von C. BOFF[146] "theologisiert", d.h. im Licht des Glaubens kritisch reflektiert und beurteilt. Auf diese Weise wird z.B. die Situation der historisch-strukturellen Abhängigkeit in theologischer Perspektive als Situation der Sünde, als soziale, strukturelle oder institutionalisierte Sünde bezeichnet.[147] Oder eine zur Selbsttotalisierung neigende innerweltliche Praxis wird unter den eschatologischen Vorbehalt gestellt.

---

[145] Vgl. H. ASSMANN, Opresión - Liberación, aaO. (Anm. 3) 103; J.MIGUEZ BONINO, Theologie im Kontext, aaO.(Anm. 75) 30; E. DUSSEL, América latina: Dependencia y liberación. Antología de ensayos antropológicos y teológicos desde la proposición de un pensar latinoamericano, Buenos Aires 1973, 218; ders., Desintegración de la cristiandad, aaO. (Anm. 16) 72; L. BOFF, Erfahrung von Gnade, aaO. (Anm. 62) 102; ders., Theologie hört aufs Volk, aaO. (Anm. 59) 114; I. ELLACURIA, Conversión de la Iglesia, aaO. (Anm. 54) 179.
[146] Theologie und Praxis, aaO. (S.4, Anm.4) 157.
[147] Vgl. L. BOFF, Erfahrung von Gnade, aaO.(Anm. 62) 103; 129; 225; ders., Puebla aus der Sicht des unterdrückten Lateinamerika, in: ZMR 64 (1980) 161-191, 165; S. SILVA, Glaube und Politik, aaO. (Anm. 35) 164; G. GUTIERREZ, Theologie der Befreiung, aaO. (Anm. 3) 169; ders., Die historische Macht der Armen, aaO. (Anm. 8) 64; E. DUSSEL, Herrschaft - Befreiung, aaO. (Anm. 85) 399f; ders., Puebla: Beziehungen zwischen christlicher Ethik und Wirtschaft, in: Conc 16 (1980) 740-748, 741; I. ELLACURIA, Die Funktion der Wirtschaftstheorien in der theologisch-theoretischen Diskussion über die Beziehung zwischen Christentum und Sozialismus, in: Conc 13 (1977) 339-343, 341.

Von besonders herausragender Bedeutung ist in diesem Zusammenhang die Bestimmung des Verhältnisses von historischer Befreiungspraxis und eschatologischer Erlösung. Diese Frage ist zum zentralen Gegenstand heftiger Polemiken von Gegnern und Befürwortern der Befreiungstheologie geworden. Sie bildet die fundamentale theologisch-theoretische Herausforderung und "die grosse Inspiration"[148] der Befreiungstheologie. Sie erfordert hier eine besondere Aufmerksamkeit.

Die Theologie der Befreiung insistiert auf der fundamentalen Einheit von historischer Befreiungspraxis und eschatologischem Erlösungsgeschick, von Weltgeschichte und Heilsgeschichte. Beide sind "unvermischt und ungetrennt"[149] einander zugeordnet. Sowohl der Monismus, der die Transzendenz des Erlösungsgeschehens auf die Immanenz historischer Emanzipation reduziert, als auch der heilsgeschichtliche Dualismus, der die beiden Dimensionen völlig voneinander trennt, verfehlen das korrekte Verhältnis von Befreiung und Erlösung.

Die ursprüngliche Einheit von Welt- und Heilsgeschichte wird hauptsächlich durch eine theologische Betrachtung der Welt und des Menschen aus der Perspektive der Sinnbestimmung der Schöpfung überhaupt begründet. Der Sinn des Menschseins und damit auch der Geschichte liegt theologisch einzig und allein in der Berufung des Menschen zum Heil. Darum bildet die Erlösung die eigentliche Mitte des Menschseins als solchen und so auch der menschlichen Geschichte. Der Mensch wurde auf seine Erlösung, auf die Bundesgenossenschaft mit Gott hin geschaffen und von daher auf Christus hin finalisiert. Deshalb gibt es in concreto

---

[148] C. BOFF, Theologie der Befreiung, aaO. (Anm. 16) 171; vgl. auch L. BOFF, Aus dem Tal der Tränen, aaO. (Anm. 2) 41; S. SILVA GOTAY, El pensamiento cristiano revolucionario, aaO. (Anm. 3) 318.
[149] J. C. SCANNONE, Teología de la liberación y praxis popular, aaO. (Anm. 14) 37.

"nur eine Geschichte mit Christus als ihrem Ziel"[150]. Die Weltgeschichte selber als solche und ganze ist auf die eschatologische Erlösung hingeordnet. Das Ziel der gesamten Schöpfungsgeschichte ist - mit einem Wort TEILHARDS - die "Christifikation des Universums"[151]. Die Geschichte bezieht ihre Dynamik geradezu aus dem Sichausstrecken nach der christologisch vermittelten eschatologischen Zukunft Gottes.

Hinsichtlich der Vollendung der Schöpfung in der absoluten Zukunft des Reiches Gottes nimmt die Theologie der Befreiung eine Position ein, die man als diejenige einer "inklusiven Eschatologie"[152] beschreiben kann. Damit ist eine Konzeption von eschatologischer Zukunft und Vollendung gemeint, welche die innerweltliche Befreiungspraxis und Zukunftsgestaltung nicht als eschatologisch irrelevant ausschliesst, sondern positiv integriert und 'aufhebt'. Die eschatologische Befreiung in der Zukunft des Reiches Gottes nimmt in den historischen Befreiungen auf zwar noch ambivalente Weise und erst im Modus der Antizipation umrisshafte, fragmentarische, vorläufige und darum überholbare Gestalt an.[153] Sie verleiblicht und objektiviert sich in immer zweideutig bleibenden historischen Vermittlungen.[154] Diese geschichtlich greifbaren, provisorischen Vermittlungen endgültigen und irreversiblen Heils bleiben aufgrund ihrer Vorläufigkeit immer offen für das eschatologische Plus.

---

[150] G.GUTIERREZ, Theologie der Befreiung, aaO.(Anm.3) 140.
[151] R. OLIVEROS, Liberación y teología, aaO. (Anm. 3) 243.
[152] D. WIEDERKEHR, Glaube an Erlösung, aaO. (Anm.132) 112.
[153] Vgl. G. GUTIERREZ, Theologie der Befreiung, aaO. (Anm. 3) 161-172; A. CUSSIANOVICH, Nos ha liberado, aaO. (Anm. 139) 209-211; L. BOFF, Vorweggenommene Fragmente, aaO. (Anm. 67) 82f.
[154] Vgl. H.ASSMANN, Teología desde la praxis, aaO.(Anm.4) 141; G. GUTIERREZ, Evangelio y praxis, aaO.(Anm. 65) 245; L. BOFF, Theologie der Befreiung - die hermeneutischen Voraussetzungen, aaO. (Anm. 6) 54; ders., Die Anliegen der Befreiungstheologie, aaO. (Anm. 85) 85.

Die meisten Befreiungstheologen versuchen diese Relation von historischer und eschatologischer Befreiung mit dem Bild der sakramentalen Analogie verständlich zu machen. Die historische Befreiungspraxis entspricht dann dem sacramentum tantum, die eschatologische Befreiung der res sacramenti. Zwischen beiden besteht die sakramentale Spannung im Sinne einer "ontologischen Differenz und Einheit"[155]. Die innerweltliche Befreiung ist nicht selber schon das eschatologische Heil, wohl aber dessen **Realsymbol**, insofern in ihr absolutes Heil als Versprechen irreversibler Endgültigkeit und Vollendung aufleuchtet. Sie weist eine sakramental-antizipatorische Transparenz für die eschatologische Befreiung auf[156], die ihrerseits von sich selbst her eine "inkarnatorische, d.h. symbolisch-sakramentale Struktur"[157] hat.

Als weiteres Bild für die sakramentale Struktur des Verhältnisses von historischer und eschatologischer Befreiung erwähnt L. BOFF[158] die Beziehung von Seele und Leib: Wie der Leib Realsymbol der Seele sei, so sei die historische Befreiung Realsymbol der eschatologischen Befreiung. J. MIGUEZ BONINO[159] verwendet als Analogie die Beziehung des irdischen Leibes (soma psychikon) zum himmlischen Leib (soma pneumatikon) aus 1 Kor 15,42-50: Zwischen beiden bestehe ein Verhältnis von Identität und

---

[155] K. RAHNER, Bemerkungen zum Begriff der Offenbarung, in: ders. / J. RATZINGER, Offenbarung und Ueberlieferung, QD 25, Freiburg i.Br. 1965, 11-24, 17.
[156] Vgl. L. BOFF, Kleine Sakramentenlehre, Düsseldorf $^5$1982, 55; ders., Erfahrung von Gnade, aaO. (Anm. 62) 223-226; ders., La salvación en las liberaciones, aaO. (Anm. 25) 84-98; ders., Vorweggenommene Fragmente, aaO. (Anm. 67) 83f; J. C. SCANNONE, Das Theorie-Praxis-Verhältnis, aaO. (Anm. 21) 164, Anm. 14; A. CUSSIANOVICH, Desde los pobres, aaO. (Anm. 8) 169; R. VIDALES, Acotaciones, aaO. (Anm. 63) 259; A. ALONSO, Iglesia y praxis, aaO. (Anm. 31) 62.
[157] J. C. SCANNONE, Teología de la liberación y praxis popular, aaO. (Anm. 14) 87.
[158] Vgl. La salvación en las liberaciones, aaO. (Anm. 25) 95f.
[159] Vgl. Praxis histórica, aaO. (Anm. 139) 253.

Verschiedenheit, von Kontinuität und Diskontinuität, und zwar so, dass das Irdische selbst nach dem Bild des Himmlischen umgestaltet und vervollkommnet werde. Aehnlich sei das eschatologische Reich Gottes nicht die absolute Negation der Geschichte und ihrer Identität, sondern nur die Negation ihrer Verderblichkeit, Sündhaftigkeit und Ambivalenz. Analog werde das, was die historische Befreiungspraxis anziele, durch die Erlösung gereinigt, vollendet und in den Status irreversibler Endgültigkeit und Eindeutigkeit erhoben. Daher gilt auch umgekehrt, dass in den historischen Befreiungen die eschatologische Erlösung schon jetzt die Realität fermentiert, dass deren Vollendung aber der absoluten Zukunft des Reiches Gottes vorbehalten bleibt.[160]

Aber auch rein existentialhermeneutisch ist die Erfahrung innerweltlicher Befreiung unerlässlich für das blosse Verstehen von so etwas wie eschatologischer Befreiung. Es gibt keine Erfahrung des befreienden Gottes ausserhalb der Erfahrung menschlicher Befreiung.[161] Die innerweltlich erfahrbare Befreiung ist jenes Verstehensmedium, durch das die Wirklichkeit der Erlösung für den Menschen semantisch überhaupt erst Bedeutung erhalten kann. Die reale Erfahrung historischer Befreiung erscheint somit geradezu als Bedingung der Möglichkeit des **Verstehens** (nicht der Wirklichkeit!) dessen, was mit eschatologischer Befreiung oder Heil überhaupt gemeint sein kann.[162]

Die sakramental-symbolische Funktion der historischen Befreiung bezieht sich also sowohl auf die Real- als auch auf die Verstehensebene. In der historischen Befreiungspraxis ist immer schon mehr mitgesetzt als blosse Imma-

---

[160] Vgl. L. BOFF, La salvación en las liberaciones, aaO. (Anm. 25) 85.
[161] Vgl. A. CUSSIANOVICH, Nos ha liberado, aaO.(Anm. 139) 192.
[162] Vgl. L. BOFF, Aus dem Tal der Tränen, aaO.(Anm. 2) 38.

nenz; sie steht von sich selbst her in einem Verweisungszusammenhang mit der gnadenhaft sich uns zuschickenden eschatologischen Befreiung. Damit ist aber umgekehrt immer auch schon die bleibende Transzendenz und Nichtidentität der endgültigen Erlösung gegenüber allen vorläufigen, historischen Befreiungen mitbejaht. Die quasi-sakramentale Relation bleibt aufgrund ihrer eigentümlichen Struktur eine Beziehung der Einheit von Identität und Differenz.[163]

In der denkerischen Bewältigung und Vertiefung der angemessenen Zuordnung von Befreiung und Erlösung bzw. von Welt- und Heilsgeschichte liegt der vielleicht wichtigste Beitrag KARL RAHNERS zur Theologie der Befreiung. Manche Befreiungstheologen sind in der Antwort auf diese zentrale Frage von ihm inspiriert. Die Uebereinstimmung mit ihm beginnt schon beim schöpfungstheologischen Ansatz der Anthropologie. Auch nach RAHNER besteht der einzige Sinn des faktischen Menschseins in der Destination des Menschen zur Gemeinschaft mit Gott (s.u.S.459). Aus dieser schöpfungstheologischen Sinnbestimmung des Menschen ergibt sich für ihn die charakteristische Zuordnung von Natur und Gnade, die durch das 'übernatürliche Existential' vermittelt wird. Die Befreiungstheologen weiten nun den fundamentaltheologischen Grundsatz RAHNERS, wonach jeder Mensch kraft seiner existentialen Begnadetheit von seinem innersten Wesen her auf das ewige Heil hingeordnet ist, so dass es in concreto gar keine natura pura gibt, auf den gesellschaftlichen Horizont hin aus, wonach die Menschheit als kollektives Ganzes innerlich zum rettenden Heil berufen ist, wobei auch hier die Menschheit in con-

---

[163] Vgl. J. C. SCANNONE, Teología de la liberación y praxis popular, aaO. (Anm. 14) 86; G. GUTIERREZ, Theologie der Befreiung, aaO. (Anm. 3) 170f; H. ASSMANN, Teología desde la praxis, aaO. (Anm. 4) 57; 154-156; J. MIGUEZ BONINO, Theologie im Kontext, aaO. (Anm. 75) 124; L. BOFF, Rettung in Jesus Christus, aaO. (Anm. 86) 421; S. SILVA, Glaube und Politik, aaO. (Anm. 35) 164; 171.

creto nie als eine rein natürliche Grösse, die Welt nie als eine rein weltliche Welt erscheint. Die Welt selbst als solche und ganze ist in ihrem innersten Kern und Wesen auf die endgültige Befreiung durch Gott und auf die eschatologische Gemeinschaft mit ihm, kurz: auf das Reich Gottes hin finalisiert.[164] Sowenig es faktisch eine natura pura gibt, ebensowenig gibt es faktisch einen mundus purus oder eine politica pura. Die politische Befreiungspraxis ist darum in concreto nie rein menschlich und natürlich, weil sie immer schon in der "Christosphäre"[165], im "Milieu der Gnade"[166] steht. Sie ist immer schon gleichsam ontologisch qualifiziert und getragen durch die gnadenhafte Heilspraxis Gottes. Sie ist konkrete, historisch greifbare Verleiblichung, kategoriale Vermittlung von Heil und Erlösung. Denn die erlösende Gnade, die der Menschheit als Existential ihres konkreten Daseins vorgegeben ist und durch die jeder sittlich gute Akt des Menschen immer schon a priori überformt ist, hat von sich selbst her eine innere Dynamik auf ihre geschichtliche Objektivation hin. Die Geschichte kann geradezu definiert werden als der Prozess der kategorialen Vermittlung der existentialontologischen Selbstgabe Gottes. Die Heilsgeschichte ist darum mit der menschlichen Freiheitsgeschichte koextensiv. In diesem Sinn kann historische Befreiungspraxis, insofern sie sittlich gute Praxis ist, als konkrete kategoriale Vermittlung der sie tragenden und ermöglichenden göttlichen Heilspraxis verstanden werden, eben weil sie ja schon immer unter dem Apriori der Gnade steht. Dasselbe ist gemeint, wenn statt 'kategoriale Vermittlung' 'realsymbolische' oder 'sakramentale' oder 'antizipatorische Vermittlung' gesagt wird (s.o.).

---

[164] Vgl. G. GUTIERREZ, Theologie der Befreiung, aaO. (Anm. 3) 66-72; 137; J. L. SEGUNDO, Liberación de la teología, aaO.(Anm. 82)7f; L.BOFF, Erfahrung von Gnade, aaO. (Anm. 62) 225; J. C. SCANNONE, Theologie der Befreiung, aaO. (Anm. 13) 4.
[165] C. BOFF, Mit den Füssen am Boden. Theologie aus dem Leben des Volkes, Düsseldorf 1986, 82.
[166] L. BOFF, Erfahrung von Gnade, aaO. (Anm. 62) 134.

Aus der gegenseitigen inneren Zuordnung von historischer und eschatologischer Befreiung ergibt sich schliesslich die bereits klassisch gewordene Begriffsbestimmung des Terms 'Befreiung'.[167] Demnach werden drei untrennbare Bedeutungsstufen des einen Befreiungsbegriffs unterschieden, wobei sich diese Differenzierung weniger auf das Materialobjekt als vielmehr auf die formale Perspektive bezieht[168]:

1. Politische Bedeutung: Befreiung als Ueberwindung historisch-struktureller Abhängigkeit.

2. Anthropologische Bedeutung: Wechsel vom Objektstatus zum Subjektstatus des Menschen; Werden eines qualitativ neuen Menschen.[169]

3. Soteriologisch-eschatologische Bedeutung: Befreiung als Erlösung und als Vollendung der Schöpfung.

Die ersten beiden Bedeutungsstufen gehören zum Bereich der historischen Befreiung, die dritte Stufe zum Bereich der eschatologischen Befreiung bzw. der Erlösung.

---

[167] Vgl. G. GUTIERREZ, Theologie der Befreiung, aaO. (Anm. 3) 41f; L. BOFF, Aus dem Tal der Tränen, aaO. (Anm. 2) 63f; F. CASTILLO, Theologie der Befreiung, aaO. (Anm. 11) 43; S. SILVA, Glaube und Politik, aaO. (Anm. 35) 162; J. C. SCANNONE, Sozialanalyse, aaO. (Anm. 26) 261.
[168] Vgl. C. BOFF, La sociedad y el reinado. Diálogo entre un militante, un párroco y un teólogo, in: L. BOFF / C. BOFF, Libertad y liberación, aaO. (Anm. 25) 99-169, 105.
[169] Ueber diese Bedeutungsstufe haben sich die Befreiungstheologen bisher ziemlich unklar geäussert (vgl. bes. G. GUTIERREZ, Theologie der Befreiung, aaO. [Anm. 3] 42), doch kann aus dem Kontext geschlossen werden, dass hier eindeutig die pädagogische Befreiung im Sinne PAULO FREIRES gemeint sein muss. Ziel dieser Konszientisations-Pädagogik ist die dialogische Subjektwerdung, "das Erscheinen des neuen Menschen, der weder der Unterdrücker noch der Unterdrückte ist" (P. FREIRE, Pädagogik der Unterdrückten. Bildung als Praxis der Freiheit, Reinbeck bei Hamburg 1973, 43). R. DE ALMEIDA (Pädagogik als Theologie, aaO. [Anm. 12] 89) hat überzeugend aufgezeigt, dass FREIRES pädagogische Konzeption dabei selber schon vom theologischen Axiom der ontologischen Bestimmung des Menschen zum Subjektsein vor Gott ausgegangen ist.

## C. Praktische Vermittlung

Die zentrale Funktion der historischen Befreiungspraxis innerhalb der Befreiungstheologie ist bereits zur Genüge deutlich geworden. Die Theologie der Befreiung versteht sich durch und durch als praxisorientierte und praxisvermittelnde theologische Reflexion. "Auf das Handeln konzentriert sich das ganze Interesse der Theologie. Theologie zielt immer auf Praxis ab, und in der Praxis erweist sich ihre Leistungsfähigkeit."[170] In ihr bewährt sich ihre inspirierende und erhellende Kraft. Befreiungstheologie ist eine kritische Funktion der befreienden Praxis.

Diese Einbettung der theologischen Theorie in den Horizont gesellschaftlicher Praxis ist wissenschaftstheoretisch solange unbedenklich, als sie mit kritischer und reflexer Wachsamkeit und unter Respektierung der eigenen theologischen Grammatik erfolgt. Andernfalls aber droht die Gefahr einer ideologischen Funktionalisierung und Pragmatisierung des theologischen Diskurses, so dass die Theologie zu einem blossen Ueberbau über schon vorher und anderweitig entschiedene Hypothesen oder Optionen verkommen würde. Mit Recht hat daher C. BOFF bei aller wechselseitigen Bezogenheit und Bedingtheit auf der prinzipiellen Verschiedenheit der Theorie- und Praxisebene insistiert und die theorieimmanente Autonomie des theologischen Diskurses gegenüber dem unmittelbaren gesellschaft-

---

[170] L. BOFF, Der Theologe - nicht nur Lehrer, sondern Kämpfer. Der Beitrag der Befreiungstheologie für die Weltkirche, in: Orien. 48 (1984) 134-135, 135; ähnlich ders., Aus dem Tal der Tränen, aaO. (Anm. 2) 188; ders., Kirche: Charisma und Macht, aaO. (Anm. 35) 233; H. ASSMANN, Teología desde la praxis, aaO. (Anm. 4) 81f; G. GUTIERREZ, Die historische Macht der Armen, aaO. (Anm. 8) 76; ders., Für eine Theologie der Befreiung, aaO. (Anm. 35) 15; M. MANZANERA, Die Theologie der Befreiung, aaO. (Anm. 6) 67; F. CASTILLO, Befreiende Praxis, aaO. (Anm. 63) 14; 20; R. DE ALMEIDA, Pädagogik als Theologie, aaO. (Anm. 12) 107; I. ELLACURIA, Tesis, aaO. (Anm. 6) 330.

lichen Druck betont.[171] Wie jede Theorie, so ist auch die Theologie zwar immer auch abhängig in bezug auf den sozialen Ort, die Wahl der zu reflektierenden Themen und die gesellschaftliche Interessenkonstellation, aber ihre innere theoretische Qualität hängt allein von der logischen Kohärenz und der Bewährung (Verifikation) ihrer Erklärungskraft ab. Die Abhängigkeit von der Praxis definiert eine Funktionsbeziehung, die theorieimmanente Produktion eine Erkenntnisbeziehung.[172] Die Funktionsrelation umfasst die äusseren Bezüge, die Erkenntnisrelation die innere theoretische Struktur eines Diskurses. Ziel der Funktionsbeziehung ist ethische Wahrhaftigkeit und Gerechtigkeit, Ziel der Erkenntnisbeziehung ist Wahrheit.[173] Beide Beziehungsarten sind zwar in concreto immer zugleich gegeben, sie müssen aber analytisch streng unterschieden werden. Theorie und Praxis sind "zwei irreduzible Ordnungen"[174]. Es ist zwar richtig, dass der Praxis eine Priorität vor der Theorie als solcher und ganzer zukommt, aber "die Priorität der Praxis ist eine praktische Priorität, keine theoretische"[175], d.h. die Praxis hat den Primat über die Theorie als ganze, nicht aber innerhalb der Theorie. So wäre es theoretisch unzulässig, innerhalb eines theoretischen Begründungszusammenhangs eine bestimmte soziale Praxis als Beweis anzuführen.[176]

---

[171] Vgl. C. BOFF, Theologie und Praxis, aaO. (S. 4., Anm. 4) 51-56; 256-345; ferner auch J. L. SEGUNDO, Condicionamientos actuales, aaO. (Anm. 31) 97; F. QUIJANO, El método trascendental en teología, in: Encuentro latinoamericano de teología: Liberación y cautiverio, aaO. (Anm. 19) 375-408, 396-398.
[172] Vgl. C. Boff, Theologie und Praxis, aaO. (S. 4, Anm. 4) 297.
[173] Vgl. ebd. 52-55.
[174] Ebd. 305.
[175] Ebd. 247.
[176] Um das Gesagte mit einem einfachen Beispiel zu verdeutlichen: Die theologische Behauptung 'Gott existiert' kann durch keine noch so engagierte menschliche Praxis verifiziert (oder falsifiziert) werden.

In diesem Sinn ist es zumindest ein theoretischer Kurzschluss, wenn die menschliche Praxis als Kriterium der theologisch behaupteten Wahrheit bestimmt wird, wie dies viele Befreiungstheologen mitunter tun.[177] In der theoretischen Perspektive ist die Praxis kein direktes Wahrheitskriterium, sondern höchstens ein indirektes Glaubwürdigkeitskriterium der Theologie.[178]

Hingegen ist die historische Praxis ein herausragendes **Relevanzkriterium** der Theologie. Hier kommt die befreiungstheologische Emphase der Praxis zu ihrem uneingeschränkten Recht. Ob die theologisch in Anspruch genommene Wahrheit gegenwarts- und gesellschaftsbestimmende Bedeutung hat, hängt ganz von der praktischen Vermittlung derjenigen ab, die von dieser behaupteten Wahrheit überzeugt sind. Um der theoretischen Korrektheit willen ist es aber unabdingbar, Wahrheit und Relevanz zu unterscheiden, auch wenn beide noch einmal in einer positiven Beziehung zueinander stehen (insofern nämlich Wahrheit selber praktische Relevanz beansprucht). Das solidarische Lebenszeugnis und selbstlose Engagement so vieler lateinamerikanischer Theologen, die uns spontan beeindrucken müssen und die der Befreiungstheologie weiterum einen unmittelbar überzeugenden Charakter verleihen, machen die Theologie nicht 'wahrer', sondern relevanter. Inwiefern das Praxispathos trotzdem eine besondere wissenschaftstheoretische Grundlagenfunktion hat, kann in diesem Kapi-

---

[177] Vgl.G.GUTIERREZ, Theologie der Befreiung,aaO.(Anm. 3) 15; 287; ders., Praxis de liberación, aaO. (Anm. 82) 31; ders., Evangelio y praxis, aaO. (Anm. 65) 242; ders., Die historische Macht der Armen, aaO. (Anm. 8) 170; H. ASSMANN, Teología desde la praxis, aaO.(Anm. 4) 63; L. BOFF, Der Theologe - nicht nur Lehrer, aaO. (Anm. 170) 135; J. SOBRINO, Cristología desde América latina, aaO. (Anm. 6) 205f; F. CASTILLO, Theologie der Befreiung, aaO.(Anm. 11) 44; R. VIDALES, Acotaciones, aaO. (Anm. 63) 255-259.
[178] Vgl. C. BOFF, Theologie und Praxis, aaO.(S. 4, Anm.4) 322; I. ELLACURIA, Tesis, aaO. (Anm. 6) 347f; D. BERDESINSKI, Die Praxis - Kriterium für die Wahrheit des Glaubens? Untersuchungen zu einem Aspekt politischer Theologie, München 1973, 115-121.

tel nicht mehr ausgeführt werden und bedarf eines eigenen Exkurses (s.u.S.83ff).

Wir haben nun bis hierher die methodologischen und hermeneutischen Grundlagen und damit das Spezifische von Befreiungstheologie überhaupt relativ ausführlich erörtert. Was abschliessend noch zu tun bleibt, ist eine ausdrückliche Reflexion auf das eigentümliche Subjekt dieser spezifischen theologischen Denkart. Denn wenn es irgendwo in der theologischen Situation heute zutrifft, dass die Aera der subjektlosen Systeme endgültig vorbei ist[179], dann sicher in der Theologie der Befreiung.

## IV. THEOLOGIE DES VOLKES

Die Theologie der Befreiung fordert nicht nur einen radikalen sozialen Positionswechsel, sondern auch einen theologischen Subjektwechsel. Subjekt dieser Theologie ist nicht mehr primär eine intellektuelle Aristokratie, sondern das unterdrückte Volk selber, das dafür kämpft, seine Geschichte selbst zu bestimmen und "Subjekt seines eigenen Wortes und seines eigenen historisch-kulturellen Projektes zu sein"[180]. Die Theologie der Befreiung hat

---

[179] Vgl. J. B. METZ, Thesen zum theologischen Ort der Befreiungstheologie, in: ders. (Hrsg.), Die Theologie der Befreiung: Hoffnung oder Gefahr für die Kirche?, Düsseldorf 1986, 147-157, 149; ders., Un nuevo modo de hacer teología: tres breves tesis, in: Vida y reflexión, aaO. (Anm. 72) 45-56.
[180] J. C. SCANNONE, Teología de la liberación y praxis popular, aaO. (Anm. 14) 78; vgl. auch ders., Trascendencia, aaO. (Anm. 57) 112; G. GUTIERREZ, Die historische Macht der Armen, aaO. (Anm. 8) 154; 170; L. BOFF, Aus dem Tal der Tränen, aaO. (Anm. 2) 175; C. BOFF, Theologie der

sich daher zu einer veritablen 'Theologie des Volkes' entwickelt, wobei der Begriff 'Volk' hier als genitivus subjectivus zu verstehen ist. Das Bewusstsein dieser überragenden theologischen Subjektrolle des Volkes war bei der theoretischen Formulierung der Befreiungstheologie nicht von Anfang an schon voll entwickelt. Ihre geschichtliche Herausbildung geschah zwar nicht ohne den äusseren Einfluss der epochalen populistischen Massenbewegungen in Lateinamerika, sie lag aber auch in der inneren Konsequenz des neuen befreiungstheologischen Ansatzes selbst. Dass die Armen die Achse der theologischen Hermeneutik und den eigentlichen Dreh- und Angelpunkt des theologischen Produktionsprozesses bilden, ist in der Reflexionsstruktur der Befreiungstheologie selbst angelegt. Von der hemeneutischen Perspektive der Armen zum Subjektsein der Armen, von einer Theologie von den Armen her zu einer Theologie der Armen und mit den Armen liegt ein entwicklungslogischer Schritt.[181]

So hören denn die Armen Lateinamerikas auf, blosse Objekte der Geschichte und ausschliessliche Konsumenten einer von oben oder von aussen verordneten Spiritualität und Glaubenslehre zu sein. Sie reklamieren für sich das

---

Befreiung, aaO. (Anm. 16) 175; E. DUSSEL, Filosofía ética II, aaO. (Anm. 57) 163; ders., América latina: Dependencia y liberación, aaO. (Anm. 145) 115; R. FORNET-BETANCOURT, "Hören auf das Volk" - Theologische Methode oder ideologisches Programm?, in: StZ 111 (1986) 169-184; J. SOBRINO, Erfahrung Gottes, aaO. (Anm. 86) 160-162; I. ELLACURIA, Conversión de la Iglesia, aaO. (Anm. 54) 207f. - Es versteht sich von selbst, dass die Subjekthaftigkeit des Volkes in der volkskulturellen Richtung der Befreiungstheologie stärker akzentuiert wird als im sozialanalytisch vermittelten Typus. Trotzdem ist sie zu einem charakteristischen Grundzug der Befreiungstheologie überhaupt geworden, wenngleich es nicht an kritischen Stimmen fehlt, die vor der populistischen Gefahr warnen (vgl.etwa H. ASSMANN, Teología desde la praxis, aaO.[Anm. 4] 97-99; J. L. SEGUNDO, Liberación de la teología, aaO. [Anm. 82] 207-236; 264f; J. MIGUEZ BONINO, Die Volksfrömmigkeit in Lateinamerika, in: Conc 10 [1974] 455-460, 459f).
[181] Vgl. G. GUTIERREZ, Theologie der Befreiung, aaO. (Anm. 3) 287.

Recht, das Wort Gottes im Horizont ihrer eigenen Leidens- und Hoffnungserfahrungen zu denken und davon befreit zu werden, dass die Herren über die Güter dieser Erde auch noch die Herren über das Wort des einen Herrn sind. Das Recht auf theologisches Subjektsein ist in diesem Sinn ein Bestandteil des Rechts auf Befreiung.[182] Die Armen nehmen für sich das Recht in Anspruch, subjekthaft und schöpferisch ihre eigene Weise des Christseins zu realisieren und eine eigene, basistheologische Reflexionskultur zu entwickeln.[183] Die unterdrückten Klassen, Rassen und Kulturen beginnen sich so als "das geschichtliche Subjekt eines neuen Glaubensverständnisses"[184] zu konstituieren. Theologische Kompetenz wird jedem Christ zugesprochen, der innerhalb seiner Gemeinde den Anspruch des Evangeliums für die eigene Situation kommunikativ zur Sprache zu bringen vermag. Die Theologie der Befreiung nährt sich aus dem offenen Gespräch der Gemeinde selbst, die das Evangelium auf die eigene Situation bezieht und so ihre gesellschaftliche Praxis im Licht des Glaubens gemeinsam reflektiert. In ihr vollzieht sich also eine reale Entprivatisierung des theologischen Erkenntnisprozesses. Die Theologie gerät zur "kollektiven Praxis"[185]. Ihr Subjekt ist nicht mehr der einzelne Theologe, sondern die Gemeinde bzw. das Volk.

---

[182] Vgl. G. GUTIERREZ, Die historische Macht der Armen, aaO. (Anm. 8) 70-74.
[183] Vgl. ders., An der eigenen Quelle trinken, in: Conc 18 (1982) 640-648, 647.
[184] ders., Die historische Macht der Armen, aaO. (Anm. 8) 188.
[185] C. BOFF, Die Physiognomie der Basisgemeinden, in: Conc 17 (1981) 317-324, 323; vgl. ders., Theologie der Befreiung, aaO. (Anm. 16) 175f; L. BOFF / C. BOFF, Wie treibt man Theologie der Befreiung?, aaO. (Anm. 2) 30f; J. SOBRINO, Die "Lehrautorität" des Volkes Gottes in Lateinamerika, in: Conc 21 (1985) 269-274; G. GUTIERREZ, Theologische Arbeit, aaO. (Anm. 75) 491f; ders., Presencia liberadora, aaO.(Anm. 75) 153-158; J. HERNANDEZ PICO, Método teológico, aaO. (Anm. 75) 599f; F. CASTILLO, Theologie der Befreiung, aaO. (Anm. 11) 39.

Was ist nun aber unter dem schillernden Wort 'Volk' zu verstehen? In der Befreiungstheologie kursieren hauptsächlich zwei Bedeutungen des Volksbegriffs, die zwar unterschieden, aber nicht entgegengesetzt sind. Die eine, vom Populismus beeinflusste Richtung versteht 'Volk' im Sinne von 'ethnos', d.h. als ein Bevölkerungsganzes, das durch die Zugehörigkeit zu einer gemeinsamen Geschichte und Kultur definiert ist. Begriffsbildend wirken hier also vor allem die gemeinsame ethnische Herkunft und das gemeinsame kulturelle Ethos.[186] Die andere Richtung versteht 'Volk' im Sinne von 'plebs', d.h. als die Gesamtheit der unteren gesellschaftlichen Gruppen und Klassen oder - mit einem Ausdruck DUSSELS[187] - als "sozialen Block". Ist also die erste Bedeutung mehr kulturell bestimmt, so die zweite mehr politökonomisch. Die beiden Volksbegriffe bilden damit genau den semantischen Reflex der beiden unterschiedlichen analytischen Vermittlungsarten der Befreiungstheologie: der kultur- und der sozialanalytischen Vermittlung (s.o. S. 17-19).

Idealtypisch stellt sich der Unterschied der beiden Richtungen demnach so dar: Während der Volksbegriff in der ersten Bedeutung primär die **Einheit und Ganzheit** eines gesellschaftlichen Organismus ausdrückt, akzentuiert er in der zweiten Bedeutung den gesellschaftlichen **Dualismus** zwischen Herrschenden und Beherrschten.[188]

---

[186] 'Ethos' wird hier verstanden als ein historischer Komplex von Werten, der eine spezifische Kultur und Lebensweise (modo de vida) definiert (vgl. E. DUSSEL, Cultura latinoamericana y filosofía de la liberación. Cultura popular revolucionaria más allá del populismo y del dogmatismo, in:Cristianismo y Sociedad [México] 80 [1984] 9-45, 24; J. C. SCANNONE, Teología de la liberación y praxis popular, aaO. [Anm. 14] 82).
[187] La "cuestión popular", in: Cristianismo y Sociedad (México) 84 (1985) 81-90, 87; vgl. ders., Etica comunitaria, aaO. (Anm. 19) 94f.
[188] Vgl. F. CASTILLO, Bürgerliche Religion oder Religion des Volkes?, in: Conc 15 (1979) 302-308, 303f; P. RIBEIRO DE OLIVEIRA, Was bedeutet analytisch betrachtet "Volk"?,

Eine Art mittlere Position zwischen dem ethnischen und dem plebeischen (klassenanalytischen) Volksbegriff nimmt SCANNONE ein. Zwar bedeutet ihm 'Volk' primär eine ethnische Kultur, dieses kulturelle Erbe ist aber in erster Linie bei den Armen und Unterdrückten und nicht bei der aufgeklärten, säkularisierten Elite authentisch überliefert. Die aufgeklärte Elite hat im Gegenteil die Tendenz, die Volkskultur zu entfremden. SCANNONE sieht die Virulenz der gesellschaftlichen Subjekt-Objekt-Problematik daher weniger in den Beziehungen zwischen antagonistischen sozialen Klassen als vielmehr zwischen der Volkskultur und einer elitären Aufklärungskultur, wobei letztere die Neigung hat, das eigene Subjektsein des Volkes zu unterdrücken.[189]

Geht man aber einerseits davon aus, dass selbst in der klassenanalytischen Richtung das Volk nicht ausschliesslich auf das Proletariat reduziert wird, sondern die 'Volksklasse' immer zugleich auch als unterdrückte Kultur gefasst wird[190], und geht man andererseits davon aus, dass die organische ethnische Ganzheit und der Sinn für die kollektive Erfahrung, für die geschichtliche Tradition sowie für die überlieferte Kultur und deren Werte in den untersten sozialen Schichten am authentischsten bewahrt sind und dort ihren "bevorzugten Kondensationsort und ih-

---

in: Conc 20 (1984) 505-512, 505-509; L. ZAMBRANO, Entstehung und theologisches Verständnis der "Kirche des Volkes" (Iglesia Popular) in Lateinamerika, Frankfurt a.M.-Bern 1982, 208-211; ders., "Kirchliche Basisgemeinde" als "Kirche des Volkes". Sprachregelungen der lateinamerikanischen Theologie, in: ZMR 68 (1984) 227-230, 227-229; G. HARTMANN, Christliche Basisgruppen, aaO.(Anm. 36)9, Anm.1.
[189] Vgl. J. C. SCANNONE, Teología de la liberación y praxis popular, aaO. (Anm. 14) 70; 250; ders., Volksreligiosität, Volksweisheit und Philosophie, aaO. (Anm. 27) 204-206; ders., Theologie und Volksweisheit in Lateinamerika, in: Ortg 44 (1980) 152-157, 155.
[190] Vgl. R. OLIVEROS, Liberación y teología, aaO.(Anm. 3) 343; G. GUTIERREZ, Die historische Macht der Armen, aaO. (Anm. 8) 176f; F. CASTILLO, Bürgerliche Religion, aaO. (Anm. 188) 304f.

re grösste Transparenz"¹⁹¹ finden, so wird klar, dass es sich bei dieser Unterscheidung letztlich bloss um "zwei verschiedene, aber innerlich aufeinander bezogene **semantische Korrelate**"¹⁹², um unterschiedliche formale Perspektiven und Akzentuierungen desselben materialen Sachverhaltes handelt. Material ist das Volk in beiden Fällen definiert als "der kommunitäre oder kollektive Begriff des 'Armen'"¹⁹³.

Dass dieses arme Volk den Status eines theologischen Subjektes hat, bedeutet nun aber umgekehrt nicht, dass der akademisch ausgebildete Theologe dadurch funktionslos würde. Seine Funktion verändert sich nur. Er ist nicht mehr nur Lehrer, sondern auch Schüler des Volkes. Zwischen dem Theologen und dem Volk besteht idealtypisch ein dialogisches Austauschverhältnis. Das Volk ist nicht einfach unwissend, es hat nur eine andere Weise des Wissens. Seine Wissensform ist ein realitätserprobtes, existentielles Praxis- und Lebenswissen. Dieses in der kollektiven Volksweisheit kondensierte Wissen ist nicht analytisch, sondern praktisch und intuitiv. Die Funktion des Theologen besteht eigentlich nur noch darin, diese existentielle Weisheit des Volkes begrifflich zu kategorialisieren, analytisch zu explizieren und kritisch zu interpretieren.¹⁹⁴ Er soll dem Volk in analytischer und be-

---

¹⁹¹ J. C. SCANNONE, La teología de la liberación, aaO. (Anm. 6) 278; ähnlich E. DUSSEL, Cultura latinoamericana, aaO. (Anm. 186) 20.
¹⁹² J. C. SCANNONE, Volksreligion, Volksweisheit, Volkstheologie, aaO. (Anm. 27) 27f; vgl. ders., Volksreligiosität, Volksweisheit und Philosophie, aaO. (Anm. 27) 204-206; R. FORNET-BETANCOURT, Der Marxismusvorwurf gegen die lateinamerikanische Theologie der Befreiung, in: StZ 110 (1985) 231-240.
¹⁹³ E. DUSSEL, Criterios generales y periodificación de una historia de la Iglesia en América latina, in: Cristianismo y Sociedad (México) 82 (1984) 7-24, 10; vgl. ders., La "cuestión popular", aaO. (Anm. 187) 88.
¹⁹⁴ Vgl. C. BOFF, Gegen die Knechtschaft des rationalen Wissens. Ein neues Verhältnis zwischen der Wissenschaft der Theologen und der Weisheit des Volkes, in: H. GOLD-

grifflicher Klarheit zurückvermitteln, was er von ihm in weisheitlich-praktischer Form empfangen hat. Was er dabei auf analytische und kritische Weise zum Ausdruck bringt, ist material nichts anderes, als was das Volk in der Form seiner aus vielfältigen Lebens- und Glaubenserfahrungen gewonnenen Weisheit schon weiss. Der Unterschied liegt nicht im Gehalt, sondern in der Form des Wissens. Was also der akademische Theologe gegenüber dem Volk leistet, ist eine hermeneutische Uebersetzungsarbeit. Er ist Hermeneutiker der gläubigen Volksweisheit: Was das Volk in weisheitlicher Form artikuliert, übersetzt der Theologe in eine wissenschaftliche Begriffssprache.

Diese wissenschaftlich-kritische Befruchtung der weisheitlichen Intuitionen und Fertigkeiten des Volkes bewegt sich immer zwischen der Skylla einer Manipulation und der Charybdis einer populistischen Idealisierung und Verabsolutierung des Volkes.[195] Zwischen diesen beiden zu vermeidenden Gefahren bahnt sich der Theologe den Weg seines intellektuellen Dienstes am Volk. Dieser darf einerseits nicht manipulieren, sondern nur das ureigene Bewusstsein des Volkes wecken und dessen Weisheit auf den theoreti-

---

STEIN (Hrsg.), Befreiungstheologie als Herausforderung. Anstösse - Anfragen - Anklagen der lateinamerikanischen Theologie der Befreiung an Kirche und Gesellschaft hierzulande, Düsseldorf 1981, 108-138, 123-138; L. BOFF, Theologie hört aufs Volk, aaO. (Anm. 59); ders., Aus dem Tal der Tränen, aaO. (Anm. 2) 178; J. C. SCANNONE, Ist die Theologie der Befreiung evangeliumsgemäss, aaO. (Anm. 6) 228; ders., Volksreligiosität, Volksweisheit und Philosophie, aaO. (Anm. 27) 208; ders., Volksreligion, Volksweisheit, Volkstheologie, aaO. (Anm. 27) 35; P. FREIRE, Pädagogik der Unterdrückten, aaO. (Anm. 169) 71-79; G. GUTIERREZ, Die historische Macht der Armen, aaO. (Anm. 8) 75; 102; ders., Theologische Arbeit, aaO. (Anm. 75) 492; R. DE ALMEIDA, Art. Armut, aaO. (Anm. 62) 58; P. TRIGO, Teología de la liberación, aaO. (Anm. 31) 88-92.
[195] Vgl. J. C. SCANNONE, Teología de la liberación y praxis popular, aaO. (Anm. 14) 249; C. BOFF, Gegen die Knechtschaft, aaO. (Anm. 194) 112; J. COMBLIN, Théologie de la pratique révolutionnaire, Paris 1974, 344f; S. SILVA, Glaube und Politik, aaO. (Anm. 35) 188.

schen Begriff bringen. Und er darf anderseits das Volk auch nicht populistisch verabsolutieren[196], sondern muss dessen Stimme **kritisch** ausdrücken. Sosehr nämlich der intellektuelle Wissenschaftsbegriff durch die Kritik der praktischen Weisheit des Volkes hindurchgehen muss, sosehr bedarf auch das Volksbewusstsein umgekehrt der pädagogischen Vermittlung und der analytischen Kritik und Unterscheidung. Denn in der Regel ist das Bewusstsein des Volkes faktisch gerade nicht autonom, sondern heteronom, jedenfalls ambivalent, weil es in sich das Bewusstsein des Unterdrückers internalisiert hat und deswegen in seinem innersten Selbst gespalten und entfremdet ist, so dass aus seiner Seele zuerst die Kultur der Unterdrückung extrojiziert werden muss, damit seine ureigene Stimme rein gehört werden kann.[197]

## V. ZUSAMMENFASSUNG:

## DIE KONSTITUTIVEN ELEMENTE DER BEFREIUNGSTHEOLOGIE

Am Ende dieses einführenden Teils soll nun der Versuch gewagt werden, die fundamentalen und gleichsam definitorischen Kriterien der Gattung 'Befreiungstheologie' zu sammeln. Dieses Vorhaben ist angesichts der offensichtlichen Heterogenität befreiungstheologischer Entwürfe nicht ganz unproblematisch. Die Theologie der Befreiung ist kein uniformes System der Theologie, und sie kann es auf-

---

[196] Eine systematische Analyse des Phänomens des Populismus versucht E. DUSSEL, Praxis latinoamericana y filosofía de la liberación, Bogotá 1983, 261-306.
[197] Vgl. P. FREIRE, Pädagogik der Unterdrückten, aaO. (Anm. 169) 31-55; E. DUSSEL, Volksreligiosität als Unterdrückung und als Befreiung. Hypothesen zu ihrer Geschichte und Gegenwart in Lateinamerika, in: Conc 22 (1986) 292-300.

grund ihres geschichtlichen Ansatzes bei der gesellschaftlichen Situation und Praxis im Ernst auch nicht werden wollen. Trotzdem hat diese Einführung spezifische Grundstrukturen von Befreiungstheologie überhaupt ans Licht gebracht, welche die Einheit der befreiungstheologischen Strömung konstituieren. Diese Einheit kann durch einen achtfachen Konsens bestimmt werden[198]:

1. **Hermeneutischer Konsens**: Die Wirklichkeit wird aus der Optik der Armen und Unterdrückten betrachtet.

2. **Analytischer Konsens**: Die Armut in Lateinamerika ist wesentlich strukturell bedingt.

3. **Methodischer Konsens**: Die theologische Reflexion setzt die humanwissenschaftliche (ökonomische, soziologische, kulturwissenschaftliche) Analyse der Situation der Armen voraus.

4. **Handlungskonsens**: Der christliche Glaube impliziert essentiell eine befreiende Praxis, und die Theologie ist eine praxisorientierte Wissenschaft.

5. **Begründungskonsens**: Die befreiende Praxis hat ihren theologischen und ethischen Grund in der erlösenden Initiative Gottes.

6. **Subjektkonsens**: Die Armen sind das Subjekt ihres eigenen Wortes und ihrer eigenen historischen Befreiung.

7. **Ekklesiologischer Konsens**: Die Basisgemeinden des ar-

---

[198] Vgl. R. OLIVEROS, Liberación y teología, aaO.(Anm. 3) 476-478; L. BOFF, La salvación en las liberaciones, aaO. (Anm. 25) 43-51; P. EICHER, "Ihr habt mich nicht aufgenommen". Zum kirchlichen Kampf um die Theologie der Befreiung, in: ders. (Hrsg.), Theologie der Befreiung im Gespräch, aaO. (Anm. 42) 107-125, 112f; H.-J. PRIEN, Katholische Kirche und Entwicklungspolitik,aaO.(Anm. 28)181.

men Volkes bilden den kirchlichen Ort der Befreiungstheologie.

8. Zielkonsens: Die innerweltliche Befreiungsgeschichte harrt ihrer transzendenten Vollendung in der eschatologischen Zukunft des Reiches Gottes.


Dies sind die Mindestelemente, die für jede Befreiungstheologie konstitutiv sind. Fehlt auch nur eines dieser Momente, so haben wir es nicht mehr mit einer Theologie der Befreiung im eigentlichen Sinne des Wortes zu tun. Daher handelt es sich beispielsweise bei der sogenannten ekklesial-evangelisatorischen Richtung der Befreiungstheologie (s.o. S. 16f), die unmittelbar von der biblischen Freiheitsbotschaft ausgeht und den ganzheitlichen Sinn der Befreiung entfaltet, um einen befreiungstheologischen Grenzfall, da hier die analytische Vermittlung ausfällt. Sie stellt sich damit ausserhalb des methodischen Konsenses und gehört insofern nicht zur engeren Definition der Theologie der Befreiung.



WISSENSCHAFTSTHEORETISCHER EXKURS:

IST DIE THEOLOGIE DER BEFREIUNG

UEBERHAUPT EINE THEO-LOGIE?


Die Theologie der Befreiung versteht sich selbst als kritische Funktion gesellschaftlicher Praxis im Licht des Glaubens. Sie ist deshalb von ihren Kritikern immer wieder des Defizits an authentischer **theologischer Theorie**, d.h. an Produktion wirklicher theologischer Erkenntnisse verdächtigt worden. So hat etwa die römische Glaubenskongregation 'einigen' Befreiungstheologen ein "erkenntnistheoretisch hybrides Gemisch"[199] vorgeworfen. Und wenn aus der wissenschaftstheoretischen Ecke der zeitgenössischen Theologie insgesamt vorgehalten wird, sie habe die Methode der kritischen Prüfung von Hypothesen durch die Flucht in ein irrationales und subjektivistisches Glaubensengagement als letztes Fundament und als apriorische Voraussetzung ihrer Argumentation ersetzt[200], so scheint dieser Vorwurf a fortiori die Theologie der Befreiung zu treffen[201]. Und sogar C. BOFF hat in seinem erkenntnistheoretischen Hauptwerk[202] mehrmals die Gefahr der totalen Pragmatisierung des theologischen Erkenntnisprozesses in unmittelbarer Funktion praktischer Bedürfnisse beschworen. Die aktuelle Theologie der Befreiung drohe dadurch die Differenz zwischen der theoretischen Wahrheitsbeziehung der theologischen Erkenntnis und der praktischen Funktionsbeziehung zu verwischen und so mitunter an die Stelle analytischer und methodischer Strenge blosse Rhetorik und theoretische Konfusionen zu setzen.[203]

Insbesondere meint C. BOFF, den Anspruch der Befreiungstheologie, Befreiung nicht bloss als Thema, sondern auch als Horizont und Voraussetzung theologischer Interpretation überhaupt zu fassen, theoretisch nicht aufrechterhalten zu können.[204] Er glaubt sich aus theoretischen Gründen genötigt, Theologie der Befreiung nur als sektorielle Genitivtheologie und so als blossen Sonderfall

---

[199] Instruktion der Kongregation für die Glaubenslehre über einige Aspekte der "Theologie der Befreiung", aaO. (S. 1, Anm. 1) VII/6.
[200] Vgl. W. W. BARTLEY, Flucht ins Engagement. Versuch einer Theorie des offenen Geistes, München 1964.
[201] Vgl. W. PANNENBERG, Heiligung und politische Ethik. Ein kritischer Blick auf einige Grundlagen der Befreiungstheologien im Protestantismus, in: F. CASTILLO u. a.: Herausforderung, aaO. (Anm. 9) 97-107, 103.
[202] Vgl. C. BOFF, Theologie und Praxis, aaO.(S. 4, Anm.4) 150; 258f; 262f; 307-312; 317-319.
[203] Vgl. ebd. 29; 55; 297; 308; 318f.   [204] Vgl. ebd. 29.

einer 'Theologie des Politischen' verhandeln zu können.[205] Dies aber widerspricht nicht nur dem ausdrücklichen Selbstverständnis der Befreiungstheologen, sondern überdies auch demjenigen der politischen Theologie[206] diametral. Dieses Selbstverständnis ist derart zentral und konstitutiv für die Definition dieser Theologie, dass die theoretische Möglichkeit derselben damit geradezu steht und fällt. Dies rechtfertigt nicht nur, sondern fordert den folgenden Exkurs über die Frage, ob und inwieweit eine kritische Theorie der Theologie einer politischen Theologie bzw. einer Theologie der Befreiung, so wie diese sich selbst verstehen, innerhalb des Unternehmens theologischer Theorie einen sinnvollen und wissenschaftstheoretisch approbierten Platz zuweisen kann.


## A. Was ist Theologie?

Auf die Frage, was Theologie eigentlich sei und wie theologische Aussagen verifiziert bzw. kontrolliert werden können, gibt es durchaus unterschiedliche Antworten. Bei THOMAS VON AQUIN[207] haben die articuli fidei die Funktion von Basissätzen oder Prinzipien der Theologie. Diese geht von ihnen aus, zieht daraus weitere Schlüsse und verknüpft sie logisch. Daraus entsteht die Theologie als wissenschaftliches, logisch kohärentes System. Die Glaubensartikel werden nicht bewiesen (wie denn überhaupt keine Wissenschaft ihre Basissätze oder Prinzipien beweist), sondern aus ihnen und durch sie wird überhaupt erst (anderes) bewiesen. Nach THOMAS sind sie auch gar nicht be-

---

[205] Vgl. ebd. 22; 27-29.
[206] Vgl. J. B. METZ, Zur Theologie der Welt, aaO. (Anm. 133) 106f; ders., "Politische Theologie" in der Diskussion, aaO. (Anm. 133) 279; J. MOLTMANN, Existenzgeschichte und Weltgeschichte. Auf dem Wege zu einer politischen Hermeneutik des Evangeliums, in: ders., Perspektiven der Theologie, München-Mainz 1968, 128-146, 139.
[207] Vgl. S. th. I q 1 a 3-8.

weisbedürftig, da ihre Wahrheit durch die blosse Autorität der göttlichen Offenbarung bereits verbürgt ist und darum gewisser ist als jedes Vernunftprinzip.

In dieser selbstverständlichen Voraussetzung des fraglosen Faktums der göttlichen Offenbarung liegt aber heute gerade die fundamentale Problematik der thomasischen Theorie der Theologie. Die Wirklichkeit Gottes und seiner Offenbarung ist dem heutigen Bewusstsein durchaus fraglich geworden.Aus diesem Grund sind heute sämtliche Theoriekonzeptionen problematisch, bei denen nicht Gott selber, sondern das Reden (der Kirche) von Gott als Gegenstand der Theologie statuiert wird. Streng genommen ist ja bei THOMAS - und darin ist ihm C. BOFF gefolgt[208] - nicht Gott, sondern das kirchliche Reden von Gott Gegenstand der Theologie, wenn theologische Sätze dadurch verifiziert sind, dass gezeigt werden kann, dass sie mit den articuli fidei der kirchlichen Glaubenstradition (d.h. mit dem Reden der Kirche von Gott) übereinstimmen. Damit wird aber vor dem heutigen problematisierenden Bewusstsein entweder offengelassen, ob die Aussagen (Basissätze, articuli fidei) der Kirche über Gott als solche selber wahr oder falsch sind, oder aber es wird gleichsam positivistisch vorentschieden, dass dieses Reden von Gott a priori und ohne weitere Begründung wahr ist. Beide Varianten aber können das kritische Bewusstsein von heute nicht mehr befriedigen.

Wir wollen deshalb Theologie nicht bloss als Wissenschaft vom Reden von Gott, sondern als Wissenschaft von Gott fassen. Das kirchliche Reden von Gott, d.h. die Behauptungen der kirchlichen Glaubensüberlieferung haben für diese Konzeption der Theologie nicht mehr die Funktion axiomatischer Prinzipien oder Basissätze, sondern den

---

[208] Vgl. Theologie und Praxis, aaO. (S.4, Anm.4) 138-145; 311-316.

theoretischen Status von Hypothesen.[209] Der Glaube liefert der Theologie die Thesen, die diese nun in Form von Hypothesen auf ihre Bewährung hin kritisch zu prüfen hat. Die Behauptungen des Glaubens konstituieren innerhalb der Theologie den **Entdeckungszusammenhang** für deren Erkenntnisse, nicht aber den **Begründungszusammenhang**.[210] Der Glaube, der den Theologen inspiriert und ihn erkenntnisrelevante Sachverhalte entdecken lässt, ersetzt selber nicht schon die theologische Begründung (Ueberprüfung, Wahrheitskontrolle) derselben. Theologie ist die methodisch gelenkte, systematische Reflexion auf das, was der Glaube sehen lässt. Die Theologie teilt so mit dem Glauben dasselbe Materialobjekt. Während aber der Glaube diesen Inhalt als **credibile** auffasst, versucht ihn die Theologie als **intelligibile** zu bewähren. Sie ist auf die Erhellung der Glaubenswirklichkeit nach ihrer inneren In-

---

[209] Vgl. E. SCHILLEBEECKX, Glaubensinterpretation. Beiträge zu einer hermeneutischen und kritischen Theologie, Mainz 1971, 168f; W. PANNENBERG, Wissenschaftstheorie und Theologie, Frankfurt a.M. 1973, 291.

[210] Die Unterscheidung zwischen Entdeckungs- und Begründungszusammenhang ist heute wissenschaftstheoretisches Allgemeingut geworden. Selbst der kritische Rationalist H. ALBERT (Traktat über kritische Vernunft, Tübingen $^3$1975) anerkennt die Nützlichkeit dieser Unterscheidung, sofern nur der Entdeckungszusammenhang damit nicht aus dem Bereich wissenschaftstheoretischer Reflexion verbannt wird (methodologischer Formalismus) und der Begriff des Begründungszusammenhangs nicht die Illusion einer möglichen quasi-naturalistischen Letztbegründung (methodologischer Naturalismus) statt der von K. POPPER (Logik der Forschung, Tübingen $^6$1976, 1-76) entwickelten Prozedur der kritischen Prüfung suggeriert. Wir wollen unter Begründungszusammenhang einfach eine geregelte Folge von Aussagen verstehen, deren Wahrheit intersubjektiv kontrolliert werden kann. Auch wenn ALBERT zu Recht betont, dass Entdeckungs- und Begründungszusammenhang nicht getrennt werden dürfen, so darf ebensowenig die **Gewinnung** (Entdeckung) von Erkenntnissen mit ihrer 'Verifikation' (Begründung) verwechselt werden (vgl. G. SAUTER, Grundzüge einer Wissenschaftstheorie der Theologie, in: ders. [Hrsg.], Wissenschaftstheoretische Kritik der Theologie. Die Theologie und die neuere wissenschaftstheoretische Diskussion. Materialien - Analysen - Entwürfe, München 1973, 211-332, 309f), wobei wir unter 'Verifikation' einfach 'Wahrheitskontrolle' verstehen wollen.

telligibilität ausgerichtet.[211]. Die Theologie ist also eine Begründungs- und Prüfungsinstanz des Glaubens.

Der christliche Glaube selber hat seine Inspirationsquelle in der Schrift. Als kritische Instanz der Prüfung der Behauptungen des Glaubens ist die Theologie mithin konstitutiv auf die Schrift verwiesen. Es geht bei der Schriftinterpretation nicht nur um das beschreibende Auslegen eines beliebigen Textes, sondern auch um die Wahrheitskontrolle der in diesem Text ausgesagten Sache oder Wirklichkeit. Denn die Schrift selber steht uns nicht nur als interessantes historisches Dokument zur Verfügung, sondern sie erhebt selber den Anspruch als Ursprung und Massstab einer auch heute fortzusetzenden Ueberlieferung und als Norm für die Entscheidung der Wahrheitsfrage überhaupt.[212] Sie geht nicht darin auf, Ausdruck der Situation des Urchristentums zu sein; sie beansprucht vielmehr, auch der jeweiligen Gegenwart die wahre Bestimmung des Menschen zum Bewusstsein zu bringen. Sie hat einen Wahrheitsanspruch, der über ihre Entstehungssituation hinauswirkt. Daher hat eine Theologie, die das depositum fidei als ihre Grundlage in dem Sinne voraussetzt, dass sie sich auf die hermeneutische Auslegung und Entfaltung des darin geschichtlich Gegebenen beschränkt, damit noch nicht den Rahmen gewonnen, in dem sich die Frage nach der **Wahrheit** des Christentums umfassend erörtern liesse. Es geht der Theologie nicht bloss um die **Richtigkeit** der Sinnexplikation des in der Schrift ausgedrückten Glaubens an Jesus Christus, sondern auch um die **Wahrheit** der in der Schrift behaupteten Sache selber. Die christliche Theologie muss sich demnach in einer doppelten Hinsicht bewähren: Als Hermeneutik der Schrift muss sie ihre Aussagen an Kriterien der Schrift überprüfen lassen. Und da

---

[211] Vgl. E. SCHILLEBEECKX, Offenbarung und Theologie, Mainz 1965, 86-88.
[212] Vgl. W. PANNENBERG, Grundfragen systematischer Theologie, Bd. I, Göttingen $^2$1971, 125.

die Schrift ihrerseits eine Sache behauptet, die auch für die Gegenwart Anspruch auf Wahrheit erhebt, müssen theologische Aussagen diesen Wahrheitsanspruch auch auf seine Bewährung an den Gegenwartserfahrungen hin prüfen. Beide Aufgaben der Theologie hängen zusammen, sind aber nicht identisch. Die Frage nach der Bedeutung einer Aussage deckt sich nicht mit der Frage nach der Wahrheit derselben. Weil aber nur eine **sinnvolle** Aussage wahr oder falsch sein kann, geht die hermeneutische Frage der Wahrheitsfrage logisch voraus.[213]

Es ist klar, dass das Besondere der **theologischen** Hermeneutik nicht in der Methode, sondern allein in der **Sache** des von ihr interpretierten Textes liegt.[214] Für uns besteht die hermeneutische Spannung darin, dass die Schrift selber eine in einer bestimmten geschichtlichen Situation vollzogene **Interpretation** eines Geschehens (einer Sache) ist und dass diese Interpretation zur Norm und zum Prüfstein auch **unseres** Glaubens wird, der sich in einer ganz anderen geschichtlichen Situation befindet. Das in der Schrift interpretierte Geschehen bedarf daher zum heutigen Verständnis noch einmal einer Neuinterpretation (also einer Interpretation der Interpretation), denn wir können den historischen Abstand zwischen damals und heute nicht einfach überspringen.[215] Der theologischen Hermeneutik obliegt daher notwendig die "Transposition des christlichen Glaubens in die heutigen Verstehenshorizonte hinein"[216]. Die theologische Hermeneutik im Gefolge R. BULTMANNS ist aus eben dieser doppelten Interessenlage entstanden: einerseits dem Wort Gottes treu zu bleiben und

---

[213] Vgl. E. SCHILLEBEECKX, Glaubensinterpretation, aaO. (Anm. 209) 36; 91-93.
[214] Vgl. P. RICOEUR, Philosophische und theologische Hermeneutik, in: ders. / E. JUENGEL, Metapher. Zur Hermeneutik religiöser Sprache, München 1974, 24-45, 36.
[215] Vgl. E. SCHILLEBEECKX, Gott - Die Zukunft des Menschen, Mainz 1969, 12.
[216] K.RAHNER, Dogmen- und Theologiegeschichte von gestern für morgen, in: Schriften XIII, Zürich 1978, 11-47, 12.

anderseits dieses Wort für den heutigen Menschen so zur Sprache zu bringen, dass es nicht an seiner gegenwärtigen Lebenswirklichkeit vorbeiredet. Identität und Relevanz sind die beiden konstitutiven Brückenpfeiler nicht nur einer theologischen, sondern jedweder Hermeneutik.

### B. Hermeneutische und wissenschaftstheoretische Voraussetzungen möglicher Theo-logie.

Das spezifisch hermeneutische Thema ist das Verhältnis eines der Vergangenheit angehörigen Textes oder Geschehens zur Gegenwart des Interpreten. Jede Interpretation fordert um des Verstehens willen den historischen Rückgang hinter den Text, und zwar wegen der methodischen Forderung, jeden Autor aus der Situation seiner Zeit zu verstehen. Der Ausleger muss gleichsam die Frage herausfinden, auf die der Text eine Antwort war.[217] "Jedes Wort wird aus einer Mitte heraus gesprochen. Aus dem Verfehlen dieser Mitte entsteht das Missverständnis."[218] Dies bleibt auch dann wahr, wenn man sich kritisch vergewissert, dass jede Interpretation stets und unvermeidlich durch die geschichtliche Situation des Interpreten mitbestimmt wird. Kein Ausleger kann sich von seiner Zeit und deren Fragen lösen. Eine Frage legt in gewisser Weise schon die Richtung fest, in der die Antwort des Textes allein erfolgen kann, wenn sie sinnvolle und sinngemässe Antwort sein will. "Mit der Frage wird das Befragte in eine bestimmte Hinsicht gerückt."[219] "Die Zueignung des Verstandenen, aber noch Eingehüllten vollzieht die Enthüllung immer unter der Führung einer Hinsicht, die das fixiert, im Hinblick worauf das Verstandene ausgelegt

---

[217] Vgl. H.-G. GADAMER, Wahrheit und Methode. Grundzüge einer philosophischen Hermeneutik, Tübingen [4]1975, 351-359.
[218] H. LIPPS, Die Verbindlichkeit der Sprache, Frankfurt a.M. [3]1977, 111.
[219] H.-G.GADAMER, Wahrheit und Methode, aaO. (Anm.217)345.

werden soll."[220] Die Gegenwart selbst tritt also in die verstehende Aneignung des zu Interpretierenden ein. Für alles Verstehen ist die aktuelle Gegenwart des Interpreten hermeneutische Situation. Diese ist nicht überspringbar; sie kann nur kritisch bewusst gemacht werden, um daraus den rechten Fragehorizont zu gewinnen, innerhalb dessen vom überlieferten Text her eine Antwort erwartet werden kann.[221]

HEIDEGGER hat diesen Sachverhalt die "Vor-struktur"[222] des verstehenden Daseins genannt. "Die Auslegung von Etwas als Etwas wird wesenhaft durch Vorhabe, Vorsicht und Vorgriff fundiert."[223] Das Verständnis des Textes bleibt von der vorgreifenden Bewegung des Vorverständnisses dauerhaft bestimmt. "Alle Auslegung, die Verständnis beistellen soll, muss schon das Auszulegende verstanden haben."[224] Diese Zirkelstruktur ist dem auslegenden Verstehen wesentlich und darf nicht als ein Vitiosum aufgefasst werden. "Das Entscheidende ist nicht, aus dem Zirkel heraus-, sondern in ihn nach der rechten Weise hineinzukommen."[225] Der hermeneutische Zirkel beschreibt das Verstehen als das Ineinanderspiel der Bewegung der Ueberlieferung und der vorgreifenden Bewegung des Interpreten.[226] Hermeneutische Objektivität ist immer die Wahr-

---

[220] M. HEIDEGGER, Sein und Zeit, Tübingen $^{13}$1976, 150; vgl. auch R. BULTMANN, Geschichte und Eschatologie, Tübingen $^2$1964, 126.
[221] Vgl. E. SCHILLEBEECKX, Gott - Die Zukunft, aaO. (Anm. 215) 33f; K. RAHNER, Art. Theologische Erkenntnis- und Methodenlehre, in: SM IV (1969) 885-892, 888.
[222] M. HEIDEGGER, Sein und Zeit, aaO. (Anm. 220) 153.
[223] Ebd. 150.   [224] Ebd. 152.   [225] Ebd. 153.
[226] Vgl. H.-G. GADAMER, Wahrheit und Methode, aaO. (Anm. 217) 277. - Diese Zirkelstruktur zwischen der Gegenwart des Interpreten und der Vergangenheit des biblischen Zeugnistextes, die in einer kritisch sich selbst verstehenden Interpretation nicht nur vorausgesetzt, sondern auch explizit bewusst wird, spielt bei der Diskussion der befreiungstheologischen Rationalität eine wichtige Rolle (vgl. J. S. CROATTO, Liberación y libertad, aaO. [Anm. 2] 7-11; 129f; C. BOFF, Theologie und Praxis, aaO. [S. 4,

heit der Vergangenheit **im Licht der Gegenwart** und nicht eine aseptische Rekonstruktion der Vergangenheit in ihrer reinen Faktizität. Jede Epoche schreibt deshalb die Geschichte neu und sieht **dieselbe** Vergangenheit in gewisser Hinsicht jeweils **anders.** Der Text normiert zwar das Textverständnis, aber wir verstehen ihn erst in seiner Anwendung auf die Gegenwart. Die Auslegung muss sich vom Text leiten lassen, aber der Text muss geschichtlich immer wieder neu angeeignet werden. Kein Text spricht an, wenn er sich nicht in der Sprache der Gegenwart ausdrücken kann, weil **wir** sonst nicht verstehen könnten, was der Text aus der Vergangenheit zu sagen hat. Hermeneutik ist immer Uebersetzung. Dasselbe wird jeweils anders gesagt. Die Uebersetzung will den Sinn des zu Uebersetzenden aneignen. Es ist gerade die Aufgabe der Interpretation, die richtige Sprache zu finden, in der der Text selbst zur Sprache kommt. Produktive Kreativität und Gebundenheit an den Text sind gleicherweise Bedingungen der Hermeneutik.[227]

Entgegen allem positivistischen Drängen auf semantische Eindeutigkeit bleibt also ein und derselbe Text aufgrund der Endlichkeit und der Geschichtlichkeit des Verstehens einer Vielfalt von Auslegungen zugänglich. Dass jede Interpretation gegenwartsbedingt ist, heisst aber umgekehrt nicht, dass man mit dem Text willkürlich umgehen darf. Gegen das Missverständnis einer hermeneutischen Willkür muss vielmehr festgehalten werden, dass der Verstehensprozess bei aller Zeit- und Gegenwartsbedingtheit ein bestimmtes Vorverständnis gegebenenfalls zu **korrigieren,** jedenfalls zu **erweitern** vermag. Ein Vorverständnis kann im Laufe der hermeneutischen Bemühung grundsätzlich auch falsifiziert werden. Dies gilt ganz besonders auch im Zu-

---

Anm. 4] 224-231; J. L. SEGUNDO, Liberación de la teología, aaO. [Anm. 82], 11-45).
[227] Vgl. E. SCHILLEBEECKX, Gott - Die Zukunft, aaO. (Anm. 215) 36-38.

sammenhang der Applikationsproblematik der Bibelhermeneutik, da ja die Schrift ein vorgegebenes Selbstverständnis unter Umständen gerade nicht bestätigt, sondern infragestellt. Das hermeneutische Vorverständnis nimmt den jeweiligen Befund der Interpretation nicht schon vorweg, sondern hat gleichsam selbst den Status einer (notwendigen und unvermeidlichen) Hypothese, die sich im Laufe des hermeneutischen Prozesses bewähren muss.[228] Der Text selber bindet und normiert das Textverständnis. Die Exegese darf nicht zur Eisegese werden.[229] Der Theologe darf so wenig wie etwa der Jurist beim Wohlgefallen am Reichtum der Deutungsmöglichkeiten stehenbleiben. Er muss angesichts der faktischen Vielfalt von Deutungen der christlichen Botschaft nach Kriterien suchen, die es erlauben, solche Deutungen am Ursprung der christlichen Ueberlieferung zu messen. "Sofern die Einheit der Sache als Mass ihrer Auslegungen ein einheitliches Sachverständnis fordert, ist die Vielheit gegeneinander verfestigter hermeneutischer Prinzipien im Vorgang des Verstehens von der Einheit der Sache her gerade zu überwinden."[230] Die Faktizität der im Text ausgesagten Sache bleibt das Mass und das Kriterium für die Vielfalt ihrer Auslegungen, obwohl die Auslegung gerade über die blosse Faktizität der Sache hinausgeht und eben darum eine Vielfalt von Deutungsmöglichkeiten freisetzt. Die Faktizität der auszulegenden Sache ist immer schon mehr als ihre blosse Faktizität. Sie bewegt sich je schon in einem ungesagten Sinnhorizont, der nur im Vorgriff ergriffen werden kann. "Das Verstehen ist immer durch die vom Text ausgesagte Sache vermittelt. Aber diese Sache ist im Text immer schon im Ganzen eines ungesagt bleibenden Horizontes zur Sprache

---

[228] Vgl. W. PANNENBERG, Wissenschaftstheorie und Theologie, aaO. (Anm. 209) 170; 201.
[229] Vgl. E. SCHILLEBEECKX, Gott - Die Zukunft, aaO. (Anm. 215) 31f.
[230] W. PANNENBERG, Grundfragen I, aaO. (Anm. 212) 134; vgl. auch K. LOEWITH, Heidegger. Denker in dürftiger Zeit, Frankfurt a.M. 1953, 80-83.

gebracht, der nicht der Gegenwartshorizont des Auslegers ist, sondern mit der besonderen historischen Situation, in der der Text entstanden ist, zusammenhängt."[231] Jede Aussage eines auszulegenden Textes ist nur verständlich in ihrem gesamten Sinn- und Verweisungszusammenhang. Dies erklärt allererst die hermeneutische Aufgabe, den überlieferten Text in seinen ursprünglichen, ungesagten Sinnhorizont zurückzuversetzen und ihn aus der ursprünglichen Situation des Autors bei der Abfassung des Textes zu verstehen. Der Ausleger muss dann auch das noch zur Aussage bringen, was im Text an Ungesagtem mitschwingt, auch wenn die Auslegung dabei immer von dem im Text Ausgesagten ausgehen muss.

Nun bedeutet aber dieses Sichversetzen in den Horizont des Textes gerade nicht ein Verlassen des Gegenwartshorizontes, sondern eine Begegnung dieser beiden Horizonte. In dieser Begegnung des Auslegers mit dem Text bildet sich ein neuer, gemeinsamer, allgemeinerer Horizont, der sowohl die Partikularität des Auslegers als auch diejenige des Textes überwindet. GADAMER[232] hat dieses Geschehen "Horizontverschmelzung" genannt. Darunter ist jener hermeneutische Vorgang zu verstehen, in dem das Damalige des Textes und seiner Situation mit dem Heute des Auslegers verstehend in Beziehung gesetzt wird. Durch die Horizontverschmelzung wird der Horizont des Textes vom Verstehenshorizont der Gegenwart des Auslegers eingeholt. Der Horizont des Interpreten wird so erweitert, dass das zunächst Fremde des Textes mit seinem Horizont in dem erweiterten Horizont des Auslegers Aufnahme finden kann. Das Verstehen gewinnt Gestalt durch die Herausbildung eines umfassenden Horizontes, der die zunächst fremd einander gegenüberstehenden Horizonte des Auslegers und des Textes umgreift. Durch diese Horizontverschmelzung ge-

---

[231] W. PANNENBERG, Grundfragen I, aaO. (Anm. 212) 117.
[232] Wahrheit und Methode, aaO. (Anm. 217) 290.

langt der Ausleger selber über die Grenzen seiner ursprünglichen Fragestellung und seines Vorverständnisses hinaus und kommt so zu einem erweiterten Verständnis.

Wenn es nun bei der Auslegung um einen hermeneutischen Brückenschlag zwischen dem Damaligen des Textes und dem Heute des Auslegers geht, und zwar so, dass die Differenz zwischen beiden zugleich gewahrt bleibt, und wenn hinter den Text zurückgefragt werden muss nach dem ungesagten Sinnhorizont, so dass der Ausleger als erstes den historischen Horizont, in dem der Text beheimatet ist, zu entwerfen hat, dann lässt sich die historische Situation des Textes mit der Gegenwart offensichtlich nur so sachgerecht verbinden, dass der Geschichtszusammenhang mit der damaligen Situation des Textes erfragt wird. Texte eines vergangenen Zeitalters fordern eine Interpretation, die das historisch Damalige **als solches** (d.h. in seiner Fremdartigkeit und Differenz zur Gegenwart) mit der Gegenwart des Auslegers verbindet. Der Interpret muss die damalige Situation, auf die der Text bezogen ist, in ihrer Verschiedenartigkeit von der eigenen Gegenwart erfassen und darf sie nur in dieser Differenz zur Gegenwart in Beziehung setzen. Das aber impliziert, dass die Verbindung des Damaligen als solchen mit der Gegenwart gerade wegen der historischen Distanz einen beide Epochen umgreifenden Geschichtszusammenhang voraussetzt, so dass die hermeneutische Fragestellung in die universalgeschichtliche einmündet.[233] Der Text kann nur im Zusammenhang der Gesamtgeschichte verstanden werden, die das Damalige mit der Gegenwart samt ihrem Zukunftshorizont (weil die wirkliche Bedeutung der Gegenwart ihrerseits erst im Horizont der Zukunft offenbar werden kann) verbindet. Nur eine universalgeschichtliche Konzeption kann jenen umfassenden Horizont bilden, in welchem der beschränkte Gegenwartshorizont des Auslegers und der historische Horizont des Tex-

---

[233] Vgl. W. PANNENBERG, Grundfragen I, aaO.(Anm.212) 103f.

tes verschmelzen. Auf diese Konsequenz hat PANNENBERG[234] nachdrücklich und mit Recht aufmerksam gemacht. Das im Rückgang hinter einen Text erfragte Geschehen kann seine wahre Bedeutung erst innerhalb universaler Bedeutungszusammenhänge offenbaren. Das Verstehen eines Textes erfordert einen universalgeschichtlichen Entwurf, weil nur im Horizont eines solchen Entwurfs die durch den historischen Ort bedingte Sachperspektive des Textes und die gegenwärtige des Auslegers sachgerecht aufeinander bezogen werden können. Erst im Zusammenhang der Universalgeschichte kann das Damals des Textes mit dem Heute des Auslegers so verbunden werden, dass ihre zeitliche, historische Differenz nicht verwischt, sondern in dem beide verbindenden Geschichtszusammenhang bewahrt und doch überbrückt wird. Die Interpretation als Horizontverschmelzung der Verstehenshorizonte von Autor und Ausleger setzt die Totalität der Geschichte als ihren letzten Bezugsrahmen voraus.[235]

---

[234] Vgl. Grundfragen I, aaO. (Anm. 212) 116f; s. aber auch schon R. BULTMANN, Geschichte und Eschatologie, aaO. (Anm. 220) 135: Das Problem der historischen Objektivität liegt darin, "dass historische Phänomene das, was sie sind, nicht isoliert und für sich selbst sind, sondern erst in ihrer Beziehung zur Zukunft, für die sie eine Bedeutung haben. Es lässt sich sagen: zu jedem historischen Phänomen gehört seine Zukunft, eine Zukunft, in der es erst als das erscheint, was es wirklich ist; genaugenommen muss es heissen: eine Zukunft, in der es immer deutlicher als das erscheint, was es wirklich ist. Denn endgültig wird es sich in seinem eigentlichen Wesen erst dann zeigen, wenn die Geschichte ihr Ende erreicht hat." Darauf hat schon W. DILTHEY (Gesammelte Schriften VII, 233) hingewiesen: "Man müsste das Ende der Geschichte erst abwarten, um für die Bestimmung ihrer Bedeutung das vollständige Material zu besitzen." BULTMANN fährt nun fort (aaO.): "Aus diesem Grunde lässt sich verstehen, dass die Frage nach dem Sinn der Geschichte zum erstenmal gestellt und beantwortet wurde aus einer Ueberzeugung heraus, die das Ende der Geschichte zu kennen meinte, nämlich auf Grund des jüdisch-christlichen Geschichtsverständnisses, das durch die Eschatologie bestimmt war."
[235] Vgl. W. PANNENBERG, Wissenschaftstheorie und Theologie, aaO. (Anm. 209) 286.

Nun steht aber die Totalität der Wirklichkeit real noch aus, weil der Geschichtsprozess noch unabgeschlossen ist. Trotzdem ist der Gedanke einer Totalität aller Wirklichkeit notwendig als Horizont des Verstehens von Einzelbedeutungen, insofern jede Einzelerfahrung ihre Bestimmtheit nur im Zusammenhang eines Bedeutungsganzen hat. Die Totalität der Wirklichkeit wird mithin immer schon **antizipiert** als Sinntotalität. Die der Endlichkeit verhaftete Vernunft vermag das Ganze nicht abschliessend im Begriff, sondern nur in der Vorläufigkeit des Vorgriffs zu erfassen. Mit der Vorläufigkeit ist auch der Charakter des Hypothetischen gegeben. Das antizipierte Ganze muss sich darin bewähren, inwieweit es tatsächlich die Integration sämtlicher verfügbarer partieller Bedeutungserfahrungen zu leisten vermag. Dabei ist die Antizipation selber nicht ein für allemal als starre Grösse gegeben, sondern sie kann selber als blosse Antizipation geschichtlich revidiert und überholt werden. Die positive Leistung der Antizipation erweist sich durch ihre Bewährung im gegenwärtigen Leben als ein Vorgriff auf die von der absoluten Zukunft her konstituierte Ganzheit des Daseins. Dabei entscheiden sich - da es um das Ganze des **Daseins** geht - Bewährung oder Nichtbewährung nur durch den Daseinsvollzug selber. Wegen des Mitseins des Daseins kann der Einzelne die Ganzheit des eigenen Daseins nicht antizipieren, ohne dabei zugleich das umfassende Ganze der Gesellschaft, in der er lebt, miteinzubeziehen, und dieses gesellschaftliche Ganze steht seinerseits innerhalb eines semantischen und historischen Universums.[236]

Hier deutet sich das Recht und die Notwendigkeit eines gesellschaftlichen Verstehenshorizontes bereits unüberhörbar an. Bevor wir darauf näher eingehen, soll nun zuerst die theologische Dimension der allgemeinen hermeneutischen Problematik erörtert werden. Es liegt im Begriff

---

[236] Vgl.W.PANNENBERG, Grundfragen I, aaO.(Anm.212)148-150.

Gottes, dass er offenbar nur als die alles bestimmende Wirklichkeit gedacht werden kann. Von Gott kann daher vernünftigerweise nur im Zusammenhang des Ganzen alles Wirklichen gesprochen werden. Dies bleibt auch dann richtig, wenn das Ganze der Wirklichkeit als noch nicht vorhanden, weil noch unabgeschlossen gedacht werden muss. Nun hat sich aber gezeigt, dass der Gedanke eines alles Wirkliche und Einzelne umgreifenden Ganzen unvermeidlich ist, weil jede Einzelheit ihre bestimmte Bedeutung erst im Zusammenhang des Ganzen erlangt. In jeder Erfahrung von Einzelbedeutung ist immer schon ein unausdrückliches Bewusstsein von dem letztumgreifenden Ganzen alles Wirklichen mitgesetzt. Der Gedanke der alles umfassenden Totalität antizipiert als Sinntotalität die noch ausstehende Vollendung alles Wirklichen. Nur im Licht dieses antizipierten Bedeutungsganzen erfahren wir das Einzelne als ein so oder so Bestimmtes und in bestimmter Weise Bedeutsames.[237]

Wenn nun Theologie Wissenschaft von Gott ist und wenn Gott als die alles bestimmende Wirklichkeit gefasst werden muss, dann hat sich die Theologie immer schon auf die Wirklichkeit im ganzen - wenn auch als das noch unvollendete, weil unabgeschlossene Ganze der Bedeutungszusammenhänge der Erfahrung - eingestellt.[238] Zwar sind die theologischen Hypothesen nicht direkt und abschliessend überprüfbar, weil es einerseits dem Begriff Gottes widersprechen würde, als jederzeit reproduzierbare Grösse verfügbar zu sein, und weil anderseits theologische Aussagen sich auf die Wirklichkeit im ganzen beziehen, diese aber geschichtlich noch ausständig und darum offen ist. Erst das Ende aller Geschichte kann die endgültige Entschei-

---

[237] Vgl. W. PANNENBERG, Wie wahr ist das Reden von Gott? Die wissenschaftstheoretische Problematik theologischer Aussagen, in: ders.u.a., Grundlagen der Theologie - ein Diskurs, Stuttgart 1974, 29-41, 36.
[238] Vgl. ders., Wissenschaftstheorie und Theologie, aaO. (Anm. 209) 266.

dung über die Behauptungen hinsichtlich der Wirklichkeit im ganzen und somit der Wirklichkeit Gottes und der Bestimmung des Menschen als Ganzheit des Daseins bringen. Sie sind aber indirekt überprüfbar im Hinblick auf die Bewährung ihrer Sinnimplikationen in den Gegenwartserfahrungen. Die religiösen Aussagen sind nämlich genau als die Ausdrücklichkeit der implizit in aller partikularen Sinn- und Bedeutungserfahrung immer schon vollzogenen Antizipation von Sinntotalität aufzufassen. Die Religionen sind präzis diejenige menschliche Lebensform, in der die jeweilige Erfahrung der Wirklichkeit im ganzen explizit wird und intersubjektive Relevanz erhält. Theologie als wissenschaftliche Wahrheitskontrolle und Prüfungsinstanz des Glaubens befragt die in den religiösen Ueberlieferungen artikulierte Auffassung der Wirklichkeit im ganzen daraufhin, ob sie tatsächlich alle gegenwärtig zugänglichen partikularen Aspekte der Wirklichkeit zu integrieren und somit Gott als die alles bestimmende Wirklichkeit zur Sprache zu bringen vermag.[239] "Die Behauptungen religiöser Ueberlieferungen ... müssen sich bewähren durch ihre Fähigkeit zur Integration der in aller alltäglichen Sinnerfahrung implizit mitgesetzten Beziehungen auf einen umfassenden Sinnzusammenhang, der allen Einzelsinn begründet."[240] Die religiösen Traditionen müssen eben deshalb prinzipiell einer Prüfung zugänglich sein, weil in ihnen ja nur ausdrücklich wird, was in aller sonstigen Erfahrung implizit immer schon enthalten ist. Die Theologie hat es mit Hypothesen darüber zu tun, inwiefern in den Aussagen der religiösen Ueberlieferung tatsächlich das explizit wird, was in sonstiger Erfahrung damals und heute an impliziten Sinnantizipationen aufweisbar ist. Sie muss die christliche Ueberlieferung auf ihre Bedeutung für die Gegenwart und Zukunft der Menschheit hin befragen, "indem ihr Inhalt als hypothetische Sinndeutung auf

---

[239] Vgl. ebd. 313-323.
[240] W. PANNENBERG, Sinnerfahrung, Religion und Gottesfrage, in: ThPh 59 (1984) 178-190, 188.

die verschiedensten Bereiche gegenwärtiger Erfahrung bezogen wird, an der er sich bewähren muss"[241]. Es geht der theologischen Fragestellung nicht bloss und nicht einmal primär um das factum brutum eines vergangenen Phänomens, sondern, dies vorausgesetzt, um das Inerscheinungtreten der auch heutiger Erfahrung sich als solche bewährenden alles bestimmenden Wirklichkeit in jenem Phänomen. Eine vorläufige Bewährung theologischer Hypothesen ist in dem Masse erreichbar, wie theologische Aussagen die religiösen Ueberlieferungen als erhellend für die Sinnimplikationen der Gegenwartserfahrungen auszuweisen vermögen.[242] Behauptungen über Gott lassen sich indirekt daran prüfen, ob ihr Inhalt tatsächlich für alle endliche Wirklichkeit, insoweit sie unserer Erfahrung zugänglich ist, bestimmend ist. Die Hypothesen über Gott als alles bestimmende Wirklichkeit implizieren nämlich, dass tatsächlich nichts Wirkliches in seiner Eigenart und Bedeutung adäquat und abschliessend verstanden werden kann ohne Berufung auf den behaupteten Gott, so dass sich erst von ihm her ein umfassendes Verständnis alles Wirklichen erschliesst.[243]

Theologische Behauptungen als Behauptungen über die alles bestimmende Wirklichkeit müssen sich also der Kontrolle durch die jeweilige Wirklichkeitserfahrung des von der

---

[241] Ders., Wissenschaftstheorie und Theologie, aaO. (Anm. 209) 297.
[242] Vgl. ders., Wie wahr ist das Reden von Gott?, aaO. (Anm. 237) 40f; ähnlich E. SCHILLEBEECKX, Glaubensinterpretation, aaO. (Anm. 209) 13-16.
[243] Wenn der christliche Glaube beansprucht, das angemessene Verstehen unseres eigenen Daseins und unserer Lebenswirklichkeit erst zu ermöglichen, so legt umgekehrt das faktische Verständnis unseres Daseins und unserer Lebenswirklichkeit reduktiv den Raum frei für die Verständlichkeit Gottes und unseres Sprechens über ihn. Hierin liegt übrigens das hermeneutische Anliegen sowie der Grund für die theoretische Legitimität einer transzendental-anthropologischen Methode der Theologie. Denn sollen sich theologische Behauptungen an den menschlichen Sinn- und Bedeutungserfahrungen der Gegenwart bewähren können, so müssen sie dergestalt sein, dass sie für diese Gegenwartserfahrungen selbst bedeutsam sind.

christlichen Verkündigung in Anspruch genommenen Hörers stellen. Dabei ist diese Kontrolle theologischer Aussagen an der gegenwärtigen Wirklichkeitserfahrung keine zweite Prüfungsinstanz neben der Norm der Heiligen Schrift. Denn das Evangelium erhebt ja von sich aus den Anspruch, die Wirklichkeitserfahrung im ganzen zu bestimmen und zu umgreifen, so dass jede Gegenwartserfahrung dem Anspruch nach immer schon in die universale Wirklichkeitsdeutung der Schrift integriert ist. Die Schrift erhebt den Anspruch eschatologischer und daher umfassender Integration jedweder Sinnerfahrung. Denn im faktischen Ursprung der christlichen Ueberlieferung - in Geschichte und Person Jesu Christi - ist universal entscheidende Bedeutung in Anspruch genommen. Dieser Anspruch drängt von sich aus auf Bewährung an der Totalität jeweiliger Wirklichkeitserfahrung. Und eben darum können und müssen theologische Behauptungen an der Fülle der jeweils zugänglichen Erfahrung von Wirklichkeit geprüft werden.[244] Insofern von Jesus behauptet wird, er sei die endgültige und unüberholbare Offenbarung Gottes, d.h. in ihm sei der das Ganze der Wirklichkeit umspannende Sinnzusammenhang bis hin zur eschatologischen Vollendung vorweg in reale Erscheinung getreten, so geht von dieser Behauptung ein innerer Drang nach Bewährung dieser in Jesus behaupteten Endgültigkeit durch die Fähigkeit zur Integration aller vorläufigen Sinn- und Wirklichkeitserfahrung aus. Dass die Totalität der Wirklichkeit nicht ein fernes Jenseits bleibt, sondern zur gegenwartsbestimmenden Macht wird, ohne doch ihre Zukünftigkeit zu verlieren, das ist in der christlichen Botschaft von der Offenbarung Gottes in Jesus Christus beansprucht. Diese Botschaft behauptet das proleptische Offenbargewordensein des Ganzen der Wirklichkeit im Geschick des auferstandenen Jesus von Nazareth. Worauf jede partielle Bedeutungserfahrung jedes Menschen implizit immer schon vorgreift, das ist in Jesus Christus rea-

---

[244] Vgl. W. PANNENBERG, Grundfragen I, aaO. (Anm.212) 126.

le Wirklichkeit geworden, so dass alle geschichtlichen Antizipationen von Sinntotalität und also alle vorläufigen Realisierungen der Bestimmung des Menschen (als Ganzheit des Daseins) in ihm ihr unüberholbares Kriterium haben. Damit wird nichts Geringeres in Anspruch genommen, als dass der implizit in jeder partiellen Bedeutungserfahrung geschehende Vorgriff auf das Bedeutungsganze letztlich auf die Wirklichkeit Jesu Christi zielt. Dass in Jesu Geschichte das Ende und die Totalität der Geschichte überhaupt, d.h. das Bedeutungsganze aller Wirklichkeit nicht nur vorgreifend antizipiert worden ist, sondern zum wirklichen Ziel gekommen ist, darin liegt die konstitutive Einmaligkeit der Person Jesu Christi. Während diese Totalität bislang erst an Jesus gegenwärtige Wirklichkeit geworden ist, ist sie für uns selbst nur im Modus der Antizipation des Endes und noch nicht in realer Vorhandenheit gegeben. Aber das tatsächliche Ereignis der eschatologischen Auferstehung Jesu beansprucht doch, durch kein innerweltliches Geschehen mehr überholt werden zu können. Für uns freilich kann von der in und durch Jesus real gewordenen Ganzheit der Wirklichkeit weiterhin nur im vorgreifenden, antizipatorischen Ausgriff gesprochen werden: Die Erkenntnis der Bedeutung, die dem eschatologischen Geschick Jesu zukommt, ist für uns noch unabgeschlossen. Weil aber das Ende und Ganze der Geschichte in ihm schon gegenwärtige (und nicht bloss antizipierte) Wirklichkeit geworden ist, darum spricht die christliche Glaubensüberlieferung von der Offenbarung Gottes in Jesus. In ihm ist das Ende und Ganze der Wirklichkeit im voraus Gegenwart geworden. Wegen dieser spezifischen Form der christlichen Antizipation konnte das Urchristentum Jesus als den eschatologischen Offenbarer behaupten. Die Christologie beansprucht in diesem Kontext, sich angesichts der antizipatorischen Struktur menschlicher Vernunft als Schlüssel zur Lösung einer philosophisch-hermeneutischen Kardinalfrage zu erweisen. Sie will sich als Antwort auf die Frage bewähren, wie die immer schon antizipatorisch in Anspruch genommene Bedeutungstotalität unbeschadet der Vorläufigkeit und geschichtlichen Relativität alles Denkens sowie der Offenheit der Zukunft gedacht werden kann.[245]

### C. Der theoretische Ort der Befreiungstheologie innerhalb der Theo-logie

C. BOFF hat rigoros bestritten, dass Praxis ein Kriterium für die Wahrheit der Theologie sein könne.[246] Praxis sei nicht das, was theologisch erkläre, sondern im Gegenteil theologisch erklärt werden müsse. Hingegen könne sie als Wahrheitskriterium des Glaubens betrachtet werden, wobei Theologie und Glaube erkenntnistheoretisch zwei völlig verschiedenen Ordnungen angehören. Demgegenüber halten wir fest, dass einerseits nach unserer Unterscheidung die Theologie gerade den Wahrheitsanspruch des Glaubens zu untersuchen hat (so dass der Theologie und dem Glauben gerade die Wahrheitskriterien gemeinsam sind) und dass anderseits bei C. BOFF die Praxis genau genommen auch nicht das Verifikationsprinzip für den inhaltlichen Anspruch (fides quae) der vom Glauben behaupteten Sache, sondern lediglich für das blosse Dass des Glaubens (fides qua) ist.

Im Grunde genommen haben wir die theoretischen Grundlagen bereits erarbeitet, um nun die Stellung der verändernden Praxis innerhalb einer theologischen Theorie neu denken zu können. Zugleich eröffnet sich uns die Möglichkeit, dem Anspruch der neuen, befreiungstheologischen Denkart angemessener zu entsprechen. Sowohl die politische Theologie als auch die Theologie der Befreiung verstehen sich ja selbst nicht bloss als sektorielle Genitivtheologie, die lediglich ein neues Thema der Theologie behandelt,

---

[245] Vgl.W.PANNENBERG, Grundfragen I, aaO.(Anm.212)155-158.
[246] Vgl. Theologie und Praxis, aaO. (S.4, Anm.4) 307-323.

sondern auch als eine neue Hermeneutik sämtlicher überlieferter theologischer Themen.[247] Sie reklamieren dementsprechend einen Grundzug des theologischen Bewusstseins überhaupt, und zwar als praktische, handlungsorientierte theologische Reflexion im gesellschaftlichen Kontext. Sie gehören somit in das Gebiet der hermeneutischen Grundlagenproblematik systematischer Theologie überhaupt.

In der Tat muss heute die Theologie der permanenten Versuchung widerstehen, die hermeneutische Reflexion auf die individuelle Applikationsproblematik zu beschränken. Eine privatistische Engführung der Schriftinterpretation vernachlässigt sowohl wesentliche Bedingungen des eigenen hermeneutischen Vorverständnisses als auch durch die Sache der Schrift selber intendierte Sinnimplikationen. Der hermeneutische Zirkel impliziert, dass nicht nur der Text aus der Vergangenheit, sondern auch die eigene Gegenwart des Auslegers und ihre Fragen sowie die historischen und gesellschaftlichen Voraussetzungen des eigenen Vorverständnisses reflektiert werden.[248] Gerade die unvermeidliche Zeit- und Gegenwartsbedingtheit der Auslegung fordert, dass die eigenen Voraussetzungen des Interpreten kritisch mitreflektiert und in kritischer Weise mit dem Inhalt des Textes konfrontiert werden. Nicht die gesellschaftlichen und subjektiven Bedingtheiten als solche (die vielmehr ein notwendiges Strukturmoment von Verstehen überhaupt sind), sondern das naive Versäumnis ihrer kritischen Vergewisserung sind hinderlich für ein richtiges Verständnis des auszulegenden Textes. Es ist gerade die kritische Absicht der politischen Theologie, die

---

[247] Vgl. J. B. METZ, Zur Theologie der Welt, aaO. (Anm. 133) 106f; ders., "Politische Theologie" in der Diskussion, aaO. (Anm. 133) 268-275; ders., Art. Politische Theologie, aaO. (Anm. 133) 1234; D. SOELLE, Politische Theologie, erw. Neuaufl., Stuttgart 1982, 64f; G. GUTIERREZ, Theologie der Befreiung, aaO. (Anm. 3) 19-21.
[248] Vgl. D. SOELLE, Politische Theologie, aaO. (Anm. 247) 23; I. ELLACURIA, Hacia una fundamentación filosófica, aaO. (Anm. 19) 628.

eigenen hermeneutischen Voraussetzungen gesellschaftlicher und historischer Art aufzudecken und sie gegebenenfalls von der christlichen Botschaft korrigieren zu lassen.[249]

Aber auch die **Sache** dieser Botschaft selber zwingt zu einer Ausweitung der bloss individual-existentialen Auslegung derselben, insofern sie das umfassende Bedeutungsganze in Anspruch nimmt. Sie hat also nicht nur individuelle und personale, sondern auch kosmische, soziale, gesellschaftliche und kulturelle Aspekte und bedarf demzufolge auch der Bewährung in diesen Wirklichkeitsdimensionen.[250] Die im Glauben ausdrücklich antizipierte Sinntotalität vollzieht sich nicht nur in der Dimension einer quietistischen Innerlichkeit des privaten Individuums, sondern in der ganzen Breite und Tiefe der menschlichen Existenz, die wesentlich auch gesellschaftliches Mitsein ist. Die politische Theologie versteht sich dementsprechend als kritisches Korrektiv gegen existentiale und personalistische Privatisierungstendenzen der theologischen Hermeneutik und gegen die Reduktion des Glaubens auf die weltlose Entscheidung des Einzelnen.[251]

---

[249] H. PEUKERT (Wissenschaftstheorie - Handlungstheorie - Fundamentale Theologie. Analysen zu Ansatz und Status theologischer Theoriebildung, Düsseldorf 1976) hat im Ausgang von einer Theorie kommunikativen Handelns und in quasi-transzendentaler Reflexion auf ihre Implikationen zu zeigen versucht, dass die interaktionslogische Basisstruktur sprachlicher Kommunikation immer schon idealtypisch ein egalitär-reziprokes Kooperationsprinzip und damit den Vorgriff auf eine vollkommene und universale Gerechtigkeit impliziere, dass also die Option für universale Gerechtigkeit geradezu den Status eines wissenschaftstheoretischen Apriori habe und notwendig zur Wahrheitsfrage gehöre (vgl. auch J. B. METZ, Thesen zum theologischen Ort, aaO. [Anm. 179) 150f; D. SOELLE, Politische Theologie, aaO. [Anm. 247] 65f).
[250] Vgl. P. RICOEUR, Philosophische und theologische Hermeneutik, aaO. (Anm. 214) 41.
[251] Vgl. J. B. METZ, Art. Politische Theologie, aaO. (Anm. 133) 1233.

Die antizipatorische Struktur der menschlichen Vernunft hinsichtlich der in religiöser Ueberlieferung thematisch gewordenen Sinntotalität hat schon rein formal eine doppelte politische Relevanz: Sie drängt zur je neuen Veränderung, Ueberholung und Erweiterung gegenwärtig geltender, wesenhaft nur vorläufiger Entwürfe im Lichte der Ganzheit der absoluten Zukunft, und sie bewahrt doch vor der Identifizierung einer innergeschichtlichen Veränderung mit der realen Sinntotalität, weil jeder innerweltliche Sinnentwurf bleibend den Charakter des bloss vorläufigen Vorgriffs und damit des Hypothetischen hat. Dabei ist jeder Vorgriff auf das Ganze als blosse Antizipation **standpunktbedingt**, d.h. an einen historischen Ort gebunden und darum nicht das Ganze selber. Jede Antizipation ist wesenhaft mitdefiniert durch ihre geschichtliche Vorläufigkeit und situativ-kontextuelle Bedingtheit. Sie geschieht immer in der Perspektive eines bestimmten geschichtlichen Standortes.[252] Und doch ist sie als Antizipation **des Ganzen** dieser von der Zukunft her konstituierten Totalität gewärtig.[253]

Die politische Theologie und die Theologie der Befreiung haben ihren hermeneutischen Ort formal genau in dieser Struktur der Antizipation von Sinntotalität, die in jeder menschlichen Erfahrung von Einzelbedeutung implizit vollzogen wird. Im theologischen Sprachgebrauch wird diese antizipatorische Struktur, die jedem Vorgriff der Gegenwart auf das Sinnganze der absoluten Zukunft den Stempel der Vorläufigkeit aufdrückt, eschatologischer Vorbehalt genannt. Dieser Ausdruck besagt, dass das Bedeutungsganze noch unabgeschlossen vor uns liegt und erst am Ende des Geschichtsprozesses in seiner Fülle real offenbar wird. Religiöse Aussagen bewähren sich soweit, wie sie wirklich

---

[252] Vgl. W. PANNENBERG, Sinnerfahrung, aaO.(Anm.240) 187; ders., Anthropologie in theologischer Perspektive, Göttingen 1983, 493.
[253] Vgl. ders., Grundfragen I, aaO. (Anm. 212) 149; 155.

die Bedeutungstotalität so explizit zu antizipieren vermögen, dass solche Vorwegnahme gegenwärtige Sinn- und Bedeutungserfahrung umfassend zu integrieren vermag. Der Glaube selber muss sich darin bewähren, dass er fähig ist, die Bestimmung des Menschen als Ganzheit des Daseins antizipatorisch zu verwirklichen und in seine religiöse Sinndeutung zu integrieren.

Die politische Theologie und die Theologie der Befreiung fordern nun, dass auch gesellschaftlich erfahrener Sinn (verstanden als vorläufige Realisierung der Totalität des menschlichen Daseins im Modus der Sozialität) in die religiös thematisierte Antizipation des Sinnganzen integriert und letztere auch an gesellschaftlichen Erfahrungen bewährt wird. Und sie bewährt sich an den gesellschaftlichen Sinnerfahrungen in dem Masse, wie es ihr gelingt, die Bedeutung der jeweils historisch möglichen Verwirklichung des Humanums (als Vorgriff auf die absolute Bestimmung des Menschen im Sinne der Ganzheit des Daseins[254]) in ihre theologischen Entwürfe zu integrieren und dabei zugleich den Geschichtsentwurf auf die Unabgeschlossenheit des geschichtlichen Prozesses hin offenzuhalten.

In der hermeneutischen Struktur der Antizipation von Sinntotalität liegt immer schon das Moment der geschichtlich überholbaren Vorläufigkeit des Vorgriffs. Wenn Gott nur im Horizont der Wirklichkeit im ganzen bzw. der absoluten Zukunft thematisch werden kann und wir also von ihm nur antizipatorisch im Hinblick auf seine künftige Offenbarung reden können, dann kann die Wahrheit von der Gottheit Gottes gar nicht unter den Bedingungen der unabge-

---

[254] Die Bestimmung des Menschen ist die Ganzheit seines Daseins, und diese Ganzheit kann aufgrund des In-der-Welt-seins und des Mitseins des Daseins nur im Horizont der Bedeutungstotalität von Wirklichkeit überhaupt in Erscheinung treten. Von der Ganzheit des Daseins als der Bestimmung des Menschen kann darum immer nur antizipierend gesprochen werden.

schlossenen Geschichte und also der Gegenwart zureichend gedacht werden, dann ist also die jeweils gegenwärtig bestehende Welt gar nicht die ausreichende Basis für das **Verstehen** dieser Wahrheit, dann kann vielmehr nur ein ständiges Uebersteigen der Gegenwart und ihrer Verstehensbedingungen auf die Zukunft hin einen Zugang zur künftig zu erweisenden Wahrheit Gottes eröffnen. Dieses je neue, innergeschichtlich nicht abschliessbare Transzendieren der Gegenwart auf die geschichtliche Ausständigkeit der eschatologischen Zukunft und Ganzheit hin ist also eine hermeneutische Verstehensvoraussetzung der Wahrheit des christlichen Glaubens.[255] Auf die eschatologische Zukunft und Ganzheit bezogene Aussagen schöpfen ihre Verstehbarkeit, ihr hermeneutisches Erfahrungs- und Bedeutungspotential nicht bloss aus der Gegenwart, sondern aus der gegenwartstranszendierenden und -verändernden Zukunft selber. Wenn das biblisch bezeugte Wort Gottes wesentlich eschatologisches Verheissungswort ist und also die christlich in Anspruch genommene Wahrheit sich erst in der absoluten Zukunft, die als wirkliches Novum aus der Gegenwart nicht ableitbar ist, offenbart, dann steht diese Wahrheit per se in einer prinzipiellen Spannung zur gegenwärtigen Wirklichkeit (was eben mit dem eschatologischen Vorbehalt gemeint ist). Zwischen der gegenwärtigen Wirklichkeit und der im Glauben verheissenen Wahrheit Gottes besteht nie volle adaequatio, sondern immer auch inadaequatio.[256]

Insofern ist Gegenwart auf Zukunft hin verändernde Praxis Voraussetzung (nicht Wesen oder Inhalt!) des Verstehens

---

[255] Vgl. J. B. METZ, "Politische Theologie" in der Diskussion, aaO. (Anm. 133) 281-283; ders., Art. Politische Theologie, aaO. (Anm. 133) 1235; A. BLATEZKY, Sprache des Glaubens, aaO. (Anm. 13) 108f; R. VIDALES, Cuestiones en torno al método, aaO. (Anm. 2) 45; ders., Acotaciones, aaO. (Anm. 63) 258f.
[256] Vgl. J. MOLTMANN, Theologie der Hoffnung. Untersuchungen zur Begründung und zu den Konsequenzen einer christlichen Eschatologie, München $^9$1973, 106f.

des biblisch bezeugten Gottes. Die religiöse Interpretation schlägt hier gleichsam in eine "Hermeneutik der Praxis"[257] um. Die Wahrheit des Christentums kann nie rein kontemplativ oder vorstellend einsichtig gemacht werden, da sich reine Kontemplation und Vorstellung auf schon gewordene und schon gegebene Wirklichkeit beziehen. Die christlich in Anspruch genommene Wahrheit ist durch ihre Zukünftigkeit immer auch praktisch-operativ im Sinne einer hermeneutischen Bedingung.[258] Orthopraxie ist darum "ein wesentliches Element des hermeneutischen Prozesses selbst"[259].

Wir befinden uns hier wiederum im Feld des Entdeckungszusammenhangs. Verändernde Praxis, welche die Gegenwart auf Zukunft hin überschreitet, eröffnet und erweitert den Horizont und die Perspektive für ein Verständnis von absoluter Zukunft und Sinntotalität. Indem sie die Entdeckung neuer Aspekte und Dimensionen der Sinntotalität bzw. der Glaubensüberlieferung ermöglicht, kann sie Quelle der Entdeckung neuer, umfassenderer theologischer Entwürfe sein, welche die Gegenwartserfahrungen praktischer, gesellschaftlicher und kultureller Art besser zu integrieren vermögen als traditionelle Theologien. Aber wohlverstanden: Die Praxis ermöglicht nur Entdeckungen, sie verifiziert sie aber nicht selber. Bewährt oder begründet werden diese Entdeckungen durch den theoretisch zu erbringenden Nachweis ihrer Fähigkeit zu umfassender Sinnintegration. Das Praxispathos der Befreiungstheologie hat wissenschaftstheoretisch nicht begründende (verifizieren-

---

[257] E. SCHILLEBEECKX, Gott - Die Zukunft, aaO.(Anm.215)41.
[258] Vgl. J.B. METZ, Zur Theologie der Welt, aaO.(Anm.133) 78; 91; D. SOELLE, Politische Theologie, aaO.(Anm.247) 79.
[259] E.SCHILLEBEECKX, Glaubensinterpretation,aaO.(Anm.209) 147f; s. auch K. RAHNER, Theologische Begründung der kirchlichen Entwicklungsarbeit, in: Schriften XIV (1980) 273-283, 275f: Die wirkliche Erkenntnis Gottes "kann nicht in einer bloss theoretischen Reflexion (so wichtig diese sein mag) erreicht werden, sondern ist nur dort gegeben, wo und wenn ein Mensch jenen totalen Selbstvollzug und jene radikale Selbsttranszendenz vollzieht, die eben nur in der Liebe zum Nächsten realisiert wird".

de, wahrheitskontrollierende), sondern detektivische Funktion (Entdeckung und Gewinnung von theologischen Erkenntnissen). Nur als Bedingung der Entdeckung von Wahrheit kann gesagt werden, befreiende Praxis sei Wahrheitskriterium.[260] In diesem Bereich hat auch die Emphase der befreienden Praxis als locus theologicus[261], d.h. als Quelle theologischer Erkenntnisgewinnung, ihre theoretische Rechtfertigung.[262] Die Theologie der Befreiung be-

---

[260] Auch M. GOEPFERT (Auf den Spuren der Befreiung. Impulse der lateinamerikanischen Theologie, in: C. MODEHN [Hrsg.], Christen entdecken die Freiheit. Notwendige Anstösse aus Lateinamerika, Stuttgart 1976, 95-116, 111) hat die Unterscheidung zwischen dem Begründungszusammenhang des argumentativen Diskurses der theologischen Theorie und dem Entdeckungszusammenhang engagierter religiöser Praxis im Auge, wobei die durch die Praxis ermöglichte Entdeckung der theoretischen Begründung zeitlich immer vorausgeht; d.h. die Entdeckung ist erster, die Begründung zweiter Akt (eine Konstellation, die sich bezeichnenderweise genau mit der befreiungstheologischen Methode deckt!).
[261] Als locus theologicus kann jedweder Anlass zur Entdeckung oder Wiederentdeckung von Elementen bzw. Dimensionen der Glaubensüberlieferung bezeichnet werden (vgl. D. RITSCHL, Zur Logik der Theologie. Kurze Darstellung der Zusammenhänge theologischer Grundgedanken, München 1984, 136).
[262] In diesem Sinn hat auch die klassische theologische Tradition die Liebespraxis als Quelle theologischer Erkenntnis verstanden. Nach THOMAS VON AQUIN kommt theologische Weisheit einerseits durch den usus perfectus rationis und anderseits durch die existentielle connaturalitas ad res divinas aufgrund der caritas, die eine gleichsam erlebnismässige Vertrautheit mit dem Göttlichen ermöglicht, zustande (vgl. S. th. II-II 45,2). - C. BOFF blendet in seiner erkenntnistheoretischen Studie (vgl. Theologie und Praxis, aaO. [S.4, Anm.4] 55, Anm. 46) ausgerechnet das ganze Feld der Erkenntnisgewinnung (des Entdeckungszusammenhangs) aus, um sich allein den Strukturen des Begründungszusammenhangs hinzuwenden. In dieser folgenschweren Ausschaltung der Frage der Entdeckung theologischer Erkenntnisse liegt der tiefere Grund, weshalb er grösste Mühe bekundet, die Theologie der Befreiung entsprechend ihrem eigenen Selbstverständnis (d.h. nicht nur als Genitiv-, sondern auch als Horizonttheologie) theoretisch zu rechtfertigen. Statt dessen muss er sie zuerst in eine streng sektorielle 'Theologie des Politischen' transformieren, ehe er sie von seinem Standpunkt aus wissenschaftstheoretisch sinnvoll einordnen kann.

greift die gesellschaftliche Praxis der Befreiung der Armen als Ort eines neuen Gottverstehens und der Entdeckung neuer Aspekte und Dimensionen christlicher Glaubensüberlieferung.[263] Zugleich ist - wie soeben dargestellt - die Gegenwart auf Zukunft hin überschreitende und verändernde Praxis Bedingung der Verstehbarkeit der eschatologischen Wahrheit überhaupt.

Mit diesen Ausführungen glaube ich die Richtung aufgezeigt zu haben, in welcher der theoretische Ort der Befreiungstheologie namhaft gemacht werden kann. Die zentralen Anliegen dieser Theologie (Realisierung des Humanum als antizipatorische Verwirklichung der Bestimmung des Menschen bzw. der Sinntotalität; gegenwartsverändernde Praxis als hermeneutische Voraussetzung theologischen Verstehens; die aktuelle Realität als hermeneutische Situation; gesellschaftliche Hermeneutik des Glaubens) konnten dabei nicht nur bewahrt werden, sondern sie haben sich aus theoretischen Gründen ausdrücklich als unverzichtbar erwiesen. Die Theologie der Befreiung macht (zumindest in actu exercito) nicht nur auf praktische, sondern auch auf theoretische Defizite bzw. Bewusstlosigkeiten traditioneller Theologie aufmerksam, soweit diese implizit Mitvollzogenes nicht oder zuwenig deutlich expliziert. Insofern fällt der Vorwurf mangelnder Wissenschaftlichkeit der Befreiungstheologie ein Stück weit auf

---

[263] Vgl. G. GUTIERREZ, Die historische Macht der Armen, aaO. (Anm. 8) 164; H. ASSMANN, Teología desde la praxis, aaO. (Anm. 4) 72; S. SILVA, Glaube und Politik, aaO. (Anm. 35) 190; L. BOFF, Rettung in Jesus Christus, aaO. (Anm. 86) 419; ders., Jesus Christus, der Befreier, aaO. (Anm. 53) 230; J. SOBRINO, Jesús en América latina, aaO. (Anm. 53) 116; ders., Resurrección de la verdadera Iglesia, aaO. (Anm. 54) 175; ders., Die "Lehrautorität", aaO. (Anm. 185) 271; ders., La esperanza de los pobres, aaO. (Anm. 63) 6f; I. ELLACURIA, Hacia una fundamentación filosófica, aaO. (Anm. 19) 628; ders., Historicidad de la salvación cristiana, in: RLT (San Salvador) 1 (1984) 5-45, 41; S. SILVA GOTAY, El pensamiento cristiano revolucionario, aaO. (Anm. 3) 139f; R. MUNOZ, El Dios de Jesucristo, aaO. (Anm. 139) 93.

die traditionelle Theologie zurück. Jedenfalls kann die Theologie der Befreiung als ein erkenntnisrelevanter Beitrag zu einer kritisch sich selbst begreifenden Theologie verstanden werden.

ZWEITER TEIL

# Dussels meta-physischer Ansatz beim anderen

ENRIQUE DUSSEL könnte unter vielerlei Hinsicht ausgelegt werden. Er ist Kirchenhistoriker, Philosoph, Ethiker und Theologe in einem. Meine Untersuchung beschränkt sich aber einzig auf die Analyse und eine Art kartographische Rekonstruktion des **systematischen Ansatzes** seines Denkens. Mit dieser Bestimmung - omnis determinatio est negatio! - ist bereits gesagt, dass etwa eine materiale Untersuchung der Kirchen- oder Theologiegeschichte DUSSELS von vornherein nicht intendiert ist, dass es auch nicht darum geht, etwa die Verträglichkeit der Ethik DUSSELS mit einer herkömmlichen theologischen Ethik bzw. Moraltheologie zu diskutieren, und dass es ebenfalls ausserhalb der Reichweite meiner Absicht liegt, den verschlungenen Denkweg DUSSELS von den Anfängen bis zur Gegenwart in seiner historischen und biographischen Entwicklung im einzelnen nachzuzeichnen oder spitzfindige Differenzen und Abweichungen, die ohne Zweifel in seinem Denken auch vorkommen, in einer im bloss Analytischen verharrenden semiotischen Rabulistik überdimensional zu mikroskopieren - sosehr dies alles auch interessant wäre. Und selbst bei der Konzentration auf das soeben definierte und abgegrenzte Formalobjekt werde ich mich auf die Nachzeichnung der entscheidenden Grundlinien beschränken, ohne mich von jenen philosophisch-phänomenologischen Ausführungen DUSSELS, die mehr in die Breite als in die Tiefe zielen, ablenken zu lassen.

Die folgende Darstellung ist in systematischer und in synchroner Absicht geschrieben, und darin liegt ihre Grenze. In dieser perspektivischen Begrenztheit kann sie darum dem ganzen Reichtum und der umfassenden Vielfalt des Dusselschen Geistes von vornherein nicht voll gerecht werden. Trotzdem halte ich es für nicht gering, den Grundstrukturen des befreienden Denkens DUSSELS überhaupt auf die Spur zu gehen und diese einmal mit dem Gerüst der eigenen fundamentalen Kategorien zu konfrontieren. DUSSELS philosophischen Diskurs als **Fundamentaltheologie**, als Grundlegung einer Denkfigur für theologisches Darstellen überhaupt in Untersuch zu nehmen, hat seinen eigenen Reiz. Solche vergleichbaren Fundamente theologischen Denkens überhaupt sind heutigem Theologisieren ja ohnehin nicht im Uebermass verfügbar. Eines davon ist sicher das transzendentale Paradigma KARL RAHNERS. Da einerseits DUSSELS Philosophie zugleich eine Art philosophische Theorie oder eben Fundamentaltheologie der lateinamerikanischen Befreiungstheologie darstellt und anderseits RAHNERS theologisches Denken mindestens im mitteleuropäischen Raum bestimmend wurde und insofern als 'europäisch' qualifiziert werden kann, ermöglicht eine Gegenüberstellung der beiden Denkarten zugleich einen Vergleich einer Theorie der Befreiungstheologie mit einer theologischen Theorie europäischer Herkunft, und zwar - es sei nochmals gesagt - in systematischer Absicht, und das heisst notwendig immer auch in formalisierter Weise.

Es ist klar, dass als Verifikationskriterium dieser systematischen Untersuchung nicht die vorliberatorischen Schriften DUSSELS in Frage kommen. Um es allgemein und grob zu sagen, setze ich als Massstab der folgenden Analyse denjenigen Diskurs, den DUSSEL in seiner 'Filosofía de la liberación' (México 1977; veränd. Neuaufl. Buenos Aires 1985) - also zur Zeit des beginnenden mexikanischen Exils - formuliert hat. Das übrige Opus DUSSELS, dessen befreiungstheoretischen Werke nach 1970 zu datieren sind, messe ich unter dem systematischen Gesichtspunkt des Dusselschen Denkansatzes an dem in diesem genannten Werk erreichten Reflexionsstand.

Methodisch versuche ich grundsätzlich, DUSSEL zunächst von ihm selbst her darzustellen und erst am Schluss in eine kritische Auseinandersetzung mit ihm einzutreten. Darstellung und Kritik sollen also nicht miteinander vermischt werden. Wo dennoch kritische Vermerke im darstellenden Teil auftauchen, werden sie als solche ausdrücklich kenntlich gemacht.

In diesem umfangreichen zweiten Teil wenden wir uns zuerst dem Leben und Werk DUSSELS zu (I). Danach beginnen wir unsere eigentliche systematische Analyse mit einer Darstellung desjenigen Denkens, von dem sich DUSSEL entschieden abhebt (II), ehe wir den eigenen Denkansatz DUSSELS referieren (III). Anschliessend betrachten wir die Auswirkungen dieses Ansatzes auf die Theologie DUSSELS (IV). Beschlossen wird dieser Teil durch den Versuch einer Einordnung DUSSELS in eine bestimmte Tradition europäischer Geistesgeschichte (V) und durch eine kritische Auseinandersetzung (VI).

## I. LEBEN UND WERK ENRIQUE DUSSELS

Bevor wir uns der systematischen Untersuchung des Dusselschen Denkens hinwenden, möchten wir kurz die Biographie und das Werk dieses Mannes an uns herantreten lassen. Wie bei jedem Denker, so lässt sich auch bei DUSSEL beides nicht trennen: Sein Werk ist ein Stück weit immer auch seine Biographie und umgekehrt. Hinzu kommt noch ein zweites: DUSSELS Denken hat markante Entwicklungen, ja sogar einen eigentlichen Bruch (nämlich 1969/70) durchgemacht. Da wir uns aber in unserer Untersuchung auf den systematischen Denkansatz und darin erst noch auf eine **bestimmte** Stufe der Entwicklung (nämlich auf DUSSELS analektisches Befreiungsdenken) konzentrieren, kann uns dieses Kapitel vorweg vor Augen führen, dass wir damit nicht den **ganzen** Dussel in unseren analytischen Blick nehmen werden.

ENRIQUE DUSSEL[1] wurde am 24. Dezember 1934 als Sohn einer Arztfamilie in einem ländlichen Andendorf nahe bei Mendoza (Argentinien) geboren. Schon in jungen Jahren arbeitete er bei der Katholischen Aktion und bei der Democracia Cristiana mit. Im März 1953 nahm er an der Nationalen Universität Cuyo in Mendoza das Philosophiestudium auf, das er im Oktober 1957 mit einer sozialethisch-philosophischen Lizenziatsarbeit über 'Das Gemeinwohl. Von den Vorsokratikern bis Aristoteles' abschloss. Im Rahmen dieser philosophischen Ausbildung lernte er die griechischen und lateinischen sowie die neuzeitlichen Klassiker, vor allem aber den neuscholastischen Thomismus kennen.

Nach seinem philosophischen Lizenziat erhielt DUSSEL ein Stipendium für die Fortsetzung des Studiums in Europa. Noch 1957 schrieb er sich an der Universität Complutense in Madrid ein, wo ein restaurativer Neothomismus offiziell zur massgebenden Philosophie erklärt worden war (ORTEGA Y GASSET und die Vertreter der sogenannten 'Madrider Schule' wurden aus diesem Grund 1957 aus dem offiziellen Lehrprogramm verdrängt). Extra muros universitatis hatte es ihm besonders der spanische Philosoph XAVIER ZUBIRI angetan. Während seines Madrider Aufenthaltes wohnte DUSSEL mit über zweihundert Kollegen aus allen Ländern Lateinamerikas im Colegio Guadalupano. Später betonte er immer wieder, dass er die besondere Bestimmung Lateinamerikas eigentlich erst in diesem Kollegium entdeckt habe.

1958 unternahm er von Madrid aus eine erste Reise in den

---

[1] Im folgenden stütze ich mich auf die biographische Darstellung von G. MARQUINEZ ARGOTE, Enrique Dussel: filósofo de la liberación latinoamericana, in: E.DUSSEL, Introducción a la filosofía, aaO. (S. 28, Anm. 57) 5-51, auf die autobiographischen Ausführungen DUSSELS in: Praxis latinoamericana, aaO. (S. 81, Anm. 196) 9-19 und in: Supuestos histórico-filosóficos de la teología desde América latina, in: R. GIBELLINI (Hrsg.), La nueva frontera, aaO. (S. 9, Anm. 2) 174-198, 176f, sowie auf einen Brief DUSSELS vom 30.09.1986 an den Verf.

Vorderen Orient, die ihn über Italien und Griechenland nach Libanon, Syrien, Jordanien und Israel führte. Nach Madrid zurückgekehrt, promovierte er dort 1959 in Philosophie, und zwar mit einer Arbeit von 1'200 Seiten über 'Die Problematik des Gemeinwohls', mit einem historischen und einem neuthomistisch-systematischen Teil.

Nach erlangtem Doktorat begab er sich wiederum nach Israel, wo er u.a. mit PAUL GAUTHIER als Bauschreiner in einer arabischen Kooperative in Nazareth und als Fischer auf dem See Genesareth im Kibbutz Ginnosar arbeitete. Aus dieser Zeit bezog er die grundlegenden Intuitionen für sein späteres Buch 'El humanismo semita' (Der semitische Humanismus), das er 1964 begann und 1969 nach seiner Rückkehr nach Argentinien veröffentlichte. 1961 reiste er via Türkei während mehrerer Monate durch Griechenland. Kurz danach begann er, an einer Arbeit über den griechischen Humanismus (El humanismo helénico) zu schreiben. Das Werk wurde 1976 veröffentlicht. Mit diesen beiden Humanismusarbeiten sowie mit dem 1968 abgeschlossenen und 1974 publizierten Werk 'El dualismo en la antropología de la cristiandad' (Der Dualismus in der Anthropologie der Christenheit), die er zusammen als eine Trilogie verstanden hat, versuchte er zu den eigentlichen (semitischen, griechischen und christlichen) Wurzeln des abendländischen und protolateinamerikanischen Denkens vorzudringen.

Von Griechenland aus setzte er die Reise fort nach Mitteleuropa, nach Oesterreich, Italien, in die Schweiz, nach Belgien und Frankreich. Noch 1961 begann er in Pontigny (Frankreich) mit dem Theologiestudium, das er 1965 im Institut Catholique von Paris mit dem Lizenziat abschloss. Zu seinen theologischen Lehrern gehörten u.a. der spätere Kardinal JEAN DANIELOU und CLAUDE TRESMONTANT.

Von Paris aus machte er im Juli 1963 einen Abstecher nach München, um dort Deutsch zu lernen. Hier lernte er seine Lebensgefährtin JOHANNA PETERS aus Berlin kennen. 1964 schlossen die beiden den Bund fürs Leben. Aus der Ehe sind ein Sohn und eine Tochter hervorgegangen.

Nach dem theologischen Lizenziat wandte sich DUSSEL der Kirchengeschichte zu. Zum Beschluss weiterer Studien in Mainz (bei JOSEPH LORTZ) und Münster (wo er sich bereits von Januar bis Juli 1964 einmal aufgehalten hatte) und nachdem er von August bis Dezember 1966 nach Argentinien zurückgekehrt war, promovierte DUSSEL im Februar 1967 an der Sorbonne in Geschichtswissenschaft mit einer Arbeit über 'L'Episcopat hispanoaméricain défenseur de l'indien (1505-1620)' (Wiesbaden 1970; spanische Teilübersetzung 'El episcopado latinoamericano y la liberación de los pobres 1504-1620', México 1979).

In diesen zehn europäischen Jahren verbanden sich bei DUSSEL Philosophie, Theologie und Geschichte zu einem ganzheitlich integrierten Denken. An der Sorbonne machte er auch Bekanntschaft mit PAUL RICOEUR und seinen Studien über den Symbolismus, die ihn später auf die tiefe Symbolik in der lateinamerikanischen Volkskultur aufmerksam werden liess. Weiter vertiefte er sich in EDMUND HUSSERL, dessen ethische Manuskripte er während einiger Zeit im HUSSERL-Archiv in Löwen las, und vor allem in MARTIN HEIDEGGER, unter dessen bestimmendem Einfluss er bis 1970 stand und dem er bis heute einen Teil seiner (die ontologische Tradition des Abendlandes bezeichnenden) Terminologie verdankt.

1967 kehrte DUSSEL definitiv nach Südamerika, zunächst nach Argentinien zurück, wo kurz zuvor General JUAN CARLOS ONGANIA die Macht im Lande übernommen hatte. Im August desselben Jahres wurde DUSSEL zum Professor für Kirchengeschichte am Lateinamerikanischen Pastoralinstitut IPLA (Instituto Pastoral Latinoamericano) in Quito (Ecuador) berufen. Diese Tätigkeit übte er bis Juli 1973 aus, als das Institut durch den damaligen CELAM-Generalsekretär A. LOPEZ TRUJILLO geschlossen wurde. So führten ihn ständige Kurse und Vorträge wiederholt nach Quito, Bogotá, México, Santiago, Lima, Caracas, La Paz, Santo Domingo, Panamá, Guatemala, wo er viele persönliche Erfahrungen sammelte und erste Bekanntschaften mit den Pionieren der gerade aufkommenden Theologie der Befreiung machte.

1969 wurde er zusätzlich auf den Lehrstuhl für Ethik an der Nationalen Universität Cuyo (Mendoza) berufen. Er war damals noch immer der Typ eines aufgeklärten und kritisch denkenden Intellektuellen, der noch ganz im Banne der europäischen Phänomenologie (HUSSERL, HEIDEGGER, SCHELER, MERLEAU-PONTY) stand. Doch schon 1968 wurde sein europäisch geformtes soziales und politisches Bewusstsein durch die CELAM-Vollversammlung in Medellín ein erstes Mal erschüttert. Medellín liess sich bekanntlich durch die gerade entstehende Theologie der Befreiung stark inspirieren. 1969 kam DUSSEL in interdisziplinären Treffen mit Soziologen und Oekonomen in Berührung mit dem sozialwissenschaftlichen Dependenzansatz und seinem theoretischen Bruch mit den metropolitanen Entwicklungstheorien. In diesen Diskussionen wurden ihm die Säulen seines bisherigen Denkens von Grund auf fragwürdig. In ihm begann der Gedanke einer von der Vormundschaft europäischen Denkens befreiten 'Philosophie der Befreiung' zu reifen. Von da an blieb von seinem bisherigen Denken kaum mehr ein Stein auf dem anderen. Das erste Dokument seiner völlig veränderten Denkweise war das Buch 'Para una de-strucción de la historia de la ética' (Mendoza 1972, neu erschienen als Bd. I von 'Para una ética de la liberación latinoamericana', Buenos Aires 1973, und als Bd. I der 'Filosofía ética latinoamericana', México 1977). Das neue Denken zwang ihn zugleich zu einem vertieften Studium der Philosophie HEGELS, dessen Dialektik zu einer intensiven Auseinandersetzung herausforderte. Ueber HEGEL las er im Oktober 1970 an der Philosophischen Fakultät der Universität Cuyo. Die Vorlesung, die trotz allem immer noch der ontologischen Denkweise verpflichtet war, wurde später veröffentlicht als 'La dialéctica hegeliana' (Mendoza 1972, später integriert in 'Método para una filosofía de la liberación', Salamanca 1974). 1971 führte er ein Seminar über die Nachhegelianer KIERKEGAARD, FEUERBACH und MARX durch, wobei er sich speziell auf die Zeit zwischen SCHELLINGS Berliner Antrittsvorlesung (1841) und den Pariser Manuskripten von MARX (1844) konzentrierte.

In diese Zeit fiel ebenfalls DUSSELS Lektüre von EMMANUEL LEVINAS, Totalité et Infini (Den Haag 1960). Von LEVINAS bekennt DUSSEL, er habe ihn "aus dem ontologischen Schlummer geweckt"[2] und ihm einen Weg gewiesen, der über HEGEL und HEIDEGGER und überhaupt über die europäische Denkart hinausführe.

1971 traf sich die Generation der neuen lateinamerikanischen Philosophen erstmals am II. Nationalen Philosophenkongress in Córdoba. Zu den Teilnehmern gehörten neben DUSSEL u. a. JUAN CARLOS SCANNONE, OSVALDO ARDILES, ENRIQUE GUILLOT, HORACIO CERUTTI und ARTURO ROIG. Im Zentrum der Debatte stand die Frage der Möglichkeit einer lateinamerikanischen Philosophie im Unterschied zu einem europäischen Denken. DUSSEL trug ein Plädoyer gegen die 'Metaphysik des Subjekts' und für eine 'Philosophie der Befreiung' vor ('Metafísica del sujeto y liberación', neu abgedruckt in: América latina. Dependencia y liberación, aaO. [S. 63, Anm. 145] 85-89). Von da an wurde man auch über Argentinien hinaus immer mehr auf ihn aufmerksam, und er erlangte allmählich eine internationale Reputation. Im Januar 1972 referierte er zum Beispiel vor Professoren der Universität Löwen und einer Gruppe lateinamerikanischer Doktoranden. Damals kam es auch zur ersten persönlichen Begegnung mit LEVINAS in Löwen und Paris.[3]

---

[2] Praxis latinoamericana, aaO. (S. 81, Anm. 196) 13.
[3] Vgl. E. DUSSEL, Filosofía ética II, aaO. (S. 28, Anm. 57) 160.

Eine ganze Reihe von Büchern, Vortrags- und Artikelsammlungen, die zwischen 1972 und 1974 veröffentlicht wurden, zeugen von der literarischen und vortragsmässigen Produktivität DUSSELS in der Zeit nach 1970: Caminos de liberación latinoamericana (Bd. I: Buenos Aires 1972; Bd. II: Buenos Aires 1974); Historia de la Iglesia en América latina. Colonizaje y liberación (1492-1973) (Barcelona 1972); América latina. Dependencia y liberación (Buenos Aires 1973), Para una ética de la liberación latinoamericana (2 Bde., Buenos Aires 1973; später integriert in die fünfbändige Filosofía ética latinoamericana als Bde. I-II, México 1977); Método para una filosofía de la liberación (Salamanca 1974) sowie Introducción a la filosofía de la liberación latinoamericana, die er zwar erst 1977 in Buchform veröffentlichte, die aber auf sechs Vorträge im November 1972 zurückgeht.

In der Zwischenzeit war General ONGANIA 1970 vom Militär abgesetzt und General ROBERTO LEVINGSTON als neues Staatsoberhaupt eingesetzt worden. Dieser wurde bereits im März 1971 durch General ALEJANDRO LANUSSE, Repräsentant des liberalen Flügels der Armee, ersetzt. Er versprach freie Wahlen und legalisierte die Tätigkeit der politischen Parteien. Von Madrid aus schrieb JUAN DOMINGO PERON in einem der peronistischen Jugend gewidmeten Büchlein von der Notwendigkeit eines antiimperialistischen Prozesses. Das Land sprühte vor Hoffnung. Im März 1973 gewann die peronistische Partei mit HECTOR CAMPORA, der für PERON in den Wahlkampf stieg, die Wahlen. Am 20. Juni desselben Jahres kehrte PERON nach achtzehnjährigem Exil in Madrid nach Argentinien zurück, wo er von einer riesigen Volksmenge begeistert empfangen wurde. Das gerade im Entstehen begriffene Befreiungsdenken fühlte sich organisch mit der aufwachenden Volksbewegung verbunden. Der populistische Begriff des Volkes (anstelle des Klassenbegriffs) bekam als Kategorie dieses neuen Denkens zentrale Bedeutung. Auch DUSSEL verkannte anfänglich die tiefe Ambivalenz des peronistischen Populismus. Erst allmählich, d.h. seit 1973, begann er das Phänomen der populistischen Massenbewegung kritischer zu betrachten und den Begriff des Volkes nicht mehr nationalistisch, sondern mehr klassenbezogen zu definieren. Dazu beigetragen haben mochte einerseits, dass CAMPORA wegen seiner Koketterie mit der Linken gezwungen wurde, sein Amt dem rechtsperonistischen Senatspräsidenten RAUL LASTIRI zur Verfügung zu stellen, damit dieser nochmals Neuwahlen vorbereiten könne, die PERON formal legal an die Macht bringen sollten. Im September 1973 erzielte PERON einen erdrutschartigen Sieg, wonach er sich je länger je mehr auf die peronistische Rechte stützte. Der andere Anlass zum Umdenken dürfte ein Bombenanschlag auf das Haus DUSSELS am 2. Oktober 1973 gewesen sein. Für die Aktion verantwortlich waren Elemente eben dieser peronistischen Rechten, die dem einflussreichen Minister LOPEZ REGA unterstellt waren. Sie hinterliessen am Tatort ein Pamphlet, in dem sie DUSSEL der Verbreitung marxistischer Ideen beschuldigten.

Am 23. März 1975 wurde DUSSEL zusammen mit anderen kritisch Denkenden von der Universität Cuyo vertrieben. Im Juli 1975 starb PERON. Ihm folgte als Staatspräsidentin dessen Gattin ESTELA MARTINEZ DE PERON, die aber faktisch nur noch als Marionette des starken Mannes LOPEZ REGA fungierte.

1976 verliess DUSSEL Argentinien und liess sich in Mexiko-City nieder. Dort arbeitet er seither als Professor für lateinamerikanische Theologie- und Kirchengeschichte am 'Theologischen Institut für höhere Studien' (ITES) sowie als Professor für philosophische Ethik an der Autonomen Metropolitanen Universität (Azcapotzalco) und im 'Zentrum für lateinamerikanische Studien' an der Philosophischen Fakultät der Nationalen Autonomen Universität Mexiko (UNAM). Schliesslich führte er Kurse und Seminare im Zentrum Antonio Montesinos durch. Periodisch hat er ausserdem Gastvorlesungen an verschiedenen Universitäten der USA und Europas gegeben.

In Mexiko führte er zunächst das Werk zu Ende, das er in Argentinien begonnen hatte und das er schliesslich als fünfbändige 'Filosofía ética latinoamericana'(Bde. I-III: México 1977; Bd. IV: Bogotá 1979; Bd. V: Bogotá 1980) publizierte. Dieses umfangreiche Werk fasste er nochmals zusammen in seiner 'Filosofía de la liberación' (México 1977; veränd. Neuaufl. Buenos Aires 1985), die er in einem Zug und ohne jegliche Anmerkungen schrieb. 1977 veröffentlichte er ebenfalls das Werk 'Religión', eine Anthologie über Religion als gesellschaftlich bestimmenden Faktor einerseits und als ideologischen Ueberbau anderseits, die aus einem Vortrag an der Universität Dubrovnik (Jugoslawien) hervorging. Im weiteren widmete er sich aber hauptsächlich historischen Untersuchungen, vor allem auf dem Gebiet der Kirchen- und Theologiegeschichte sowie der Philosophiegeschichte. Literarisches Zeugnis dieser Aktivitäten sind - neben der bereits 1972 verfassten 'Historia de la Iglesia en América latina' (s.o. S. 122) - 'De Medellín a Puebla' (México 1979) und 'Introducción general a la historia de la iglesia en América latina' (Salamanca 1983). Letztere bildet zugleich den Einführungsband in das auf zehn Bände angelegte, von DUSSEL koordinierte Kirchengeschichtsprojekt 'Historia General de la Iglesia en América Latina', das unter der Obhut der 'Kommission für die Erforschung der Geschichte der Kirche in Lateinamerika' (CEHILA) steht, deren Mitbegründer DUSSEL 1973 war und deren Präsident er noch heute ist. Daneben hat er in seinem Exil eine grosse Anzahl von historischen, theologischen und philosophischen Artikeln veröffentlicht, die zum geringen Teil zusammengefasst sind in 'Desintegración de la cristiandad colonial y liberación' (Salamanca 1978) und in 'Praxis latinoamericana y filosofía de la liberación' (Bogotá 1983). Eine Sammlung von theologischen und ethischen Artikeln DUSSELS in der Zeitschrift 'Concilium' ist erschienen in 'Herrschaft und Befreiung' (Freiburg i.Ue. 1985). Philosophisch widmet sich DUSSEL in letzter Zeit verstärkt der Auseinandersetzung mit MARX (vgl. neben diversen Aufsätzen und editorischen Arbeiten besonders 'La producción teórica de Marx', México 1985).

Neben seiner direkten wissenschaftlichen Produktion ist DUSSEL auch in verschiedenen Vereinigungen engagiert. Er ist u.a. Gründungsmitglied der 1976 in Daressalam (Tanzania) ins Leben gerufenen 'Oekumenischen Vereinigung von Theologen der Dritten Welt' (EATWOT) und Mitglied des Redaktionskomitees der internationalen theologischen Zeitschrift 'Concilium'. 1981 wurde er für seine Verdienste um die lateinamerikanische Theologie und Kirche von der Theologischen Fakultät der Universität Freiburg i.Ue. mit der Ehrendoktorwürde ausgezeichnet.

## II. DESTRUKTION DER DIALEKTISCHEN ONTOLOGIE DER TOTALITAET

Das neue lateinamerikanische Denken ist nach DUSSEL[4] aus

---

[4] Fortan werden die wichtigsten Werke DUSSELS wie folgt abgekürzt:
- Caminos de liberación latinoamericana, Bd. I: Interpretación histórico-teológica de nuestro continente latinoamericano, Seis conferencias, Buenos Aires 1972: **CdL I**
- América latina: Dependencia y liberación, Buenos Aires 1973: **AL:DyL**
- Método para una filosofía de la liberación. Superación analéctica de la dialéctica hegeliana, Salamanca 1974: **MFL**
- Herrschaft - Befreiung. Ein veränderter theologischer Diskurs, in: Conc 10 (1974), 396-407: **H-B**
- Filosofía ética latinoamericana, 5 Bde., I-III: México 1977; IV: Bogotá 1979; V: Bogotá 1980: **FE I-V**
- Filosofía de la liberación, México 1977: **FL**[1] ;veränd. Neuaufl.: Buenos Aires 1985: **FL**[3]
- Ethics and the Theology of Liberation, New York 1978: **ETL**
- Desintegración de la cristiandad colonial y liberación. Perspectiva latinoamericana, Salamanca 1978: **DCyL**

den Ruinen des europäischen Denkens hervorgegangen und ist demzufolge zunächst nur in der Auseinandersetzung mit der europäischen Geistesgeschichte verständlich.[5] Das europäische Denken bildet gleichsam die Vorgeschichte des neuen lateinamerikanischen Denkens.[6] Bis weit in die erste Hälfte dieses Jahrhunderts und darüber hinaus beschränkte sich lateinamerikanisches Denken und Lehren weitgehend auf eine servile Wiederholung dessen, was in den Zentren des europäischen Geistes gedacht wurde. Lateinamerika musste gesellschaftlich, politisch und kulturell erst seine eigene, nicht auf Europa reduzierbare Identität entdecken, ehe es auch damit beginnen konnte, sich von der Vormundschaft eines europäisch bestimmten Denkens zu befreien. Diese auf Dissoziation bedachte Befreiungsbewegung des lateinamerikanischen Denkens kam zuerst im Laufe der 60er Jahre im Kreis der Sozial- und Entwicklungswissenschaften zum endgültigen Durchbruch. Sie erfasste von daher auch die Theologie und die Philosophie. Allen diesen neuen, epochalen Denkansätzen ist gemeinsam, dass sie sich explizit mit den klassischen Denkmustern der nordatlantischen Zentren auseinandersetzen, sich an ihnen abarbeiten und in der entschlossenen Absetzung von ihnen ihre eigene Identität gewinnen. Eben dies bringt es aber umgekehrt mit sich, dass die neue lateinamerikanische Denkart nur auf dem Hintergrund und durch die Kontrastfolie europäischer Denkweise zu verstehen ist. Das gilt in einem eminenten Sinn auch für das Denken DUSSELS. Um seinen Diskurs wirklich erfassen zu können, müssen wir uns ständig die Tradition europäischen Denkens, als dessen Gegenentwurf und umfassende Alternative sich sein Denken versteht, vor Augen führen.

---

- Introducción a la filosofía de la liberación, Bogotá $^2$1983: IFL
- Praxis latinoamericana y filosofía de la liberación, Bogotá 1983: PLyFL

[5] Vgl. IFL 81.   [6] Vgl. MFL 176.

In diesem Kapitel soll daher zunächst der Ansatz der europäischen ontologischen Denktradition, von der sich DUSSEL leidenschaftlich absetzt, kurz vergegenwärtigt werden. DUSSEL charakterisiert diesen Ansatz im Kern als dialektisches Identitätsdenken. Wir werden uns bei der Nachzeichnung dieser Denkart auf die **subjektontologische** Variante beschränken, die im Verständnis DUSSELS nur die radikalste Erscheinung des ontologischen Denktyps überhaupt ist. Unüberbietbar auf die Spitze getrieben sieht DUSSEL diesen subjektontologischen Ansatz bei HEGEL. Er wird daher - gleichsam als der latent immer gegenwärtige Gegenpol zum Denkansatz DUSSELS - in diesem ontologischen Abriss einen privilegierten und relativ breit bemessenen Platz einnehmen. Wenn DUSSEL das europäische Denken kritisiert, dann meint er per modum excellentiae HEGEL, von dem her dann auch die übrigen Denker von seiner Kritik verschlungen werden, insofern sie gewissermassen als Momente immer schon im System der Hegelschen Philosophie integriert und aufgehoben sind. Was DUSSEL an europäischen Denksystemen leidenschaftlich zurückweist, ist eben ihr Systemcharakter, ihr Anspruch auf abgerundete Ganzheit und durchdachte Einheit, in der alles integriert ist, der in sich abgeschlossene, gegen jeden Einbruch von aussen gepanzerte Zusammenhang der Immanenz. Alles ist einverleibt und begriffen, jedes Moment ist in das Eine und Ganze aufgehoben, nichts bleibt ungedacht. Für eine wirkliche Andersheit bleibt da kein Platz mehr, nur das Nichts. DUSSEL möchte diese Ontologie der Identität und Totalität entlarven als Ideologie der 'eindimensionalen Gesellschaft' (MARCUSE), als totalitäre Ideologie des Systems. Diesen Gedanken zu entwickeln ist das Ziel dieses Kapitels.

### A. Die Dialektik der Identität und Totalität

DUSSEL entwickelt sein eigenes Denken als Kontrastentwurf zu dem, was er dialektisches Denken nennt. Unter Dialektik versteht er jene methodische Bewegung, durch die ein Subjekt das Ganze seines Daseinshorizontes begreifend einholt und innerhalb dessen ihm alles gegenständlich objektivierbar ist.[7] Die eigentliche Heimat der Dialektik ist das Ontologische.[8] Ontologie ist hier freilich nicht im engen Sinn der aristotelischen oder scholastischen Metaphysik, sondern in einer allgemeineren Bedeutung als kategoriale, wissende Explikation des Grundes und der Strukturen des Ganzen möglicher Gegenständlichkeit zu fassen. Sie ist Seinslehre, und Sein hat bei DUSSEL immer einen semantischen Bezug zur Totalität und zum Horizont der Gelichtetheit des Seienden überhaupt.[9] Dem Begriff der Ontologie im Dusselschen Verständnis ist einerseits das Moment des Strukturganzen und anderseits das Moment des Begreifens innerhalb dieses Ganzen wesentlich. Ontologie ist der Logos der Dialektik der Totalität[10], "das Imperium der Vernunft" (FL 2.4.9.1) als umgreifender Einheit ihrer selbst und des anderen. Die Grundkategorie der dialektischen Methode ist darum die Identität (Einheit) oder die Totalität.[11] Dialektik ist die Logik der Totalität[12], die immanente Bewegung des Ganzen und der Prozess des Begreifens innerhalb dieses Ganzen. Als solche können wir sie - immer im Verständnis DUSSELS - definieren als die Methode der Ontologie.[13]

Wird Ontologie - gleichsam als Nominaldefinition - verstanden als die Bewegung des Begreifens einer Totalität bzw. innerhalb dieser Totalität, so ist nach DUSSEL das Denken HEGELS genauso ontologisch wie dasjenige von ARISTOTELES, jenes von SPINOZA ebenso wie jenes von DES-

---

[7] Vgl. FE I, 56-59; MFL 26-28; AL:Dyl 108; ETL 176.
[8] Vgl. FL 5.2.2.   [9] Vgl. FE IV, 78; V, 36.
[10] Vgl. E. DUSSEL, Para una fundamentación filosófica de la liberación latinoamericana, in: Ders. / D. E. GUILLOT, Liberación latinoamericana y Emmanuel Levinas, Buenos Aires 1975, 11-45, 17.
[11] Vgl. FL 5.2.2.   [12] Vgl. FE II, 131; MFL 262.
[13] Vgl. FL$^1$ 2.3.8.2 = FL$^3$ 2.2.8.2.

CARTES. Ja das europäische Denken insgesamt steht unter ontologischem Vorzeichen und damit unter der Herrschaft der Dialektik. Bei HEGEL ist sie nur am radikalsten ausgeführt und zu Ende gedacht.[14]

Der Weg der Dialektik ist wesentlich ein Kreislauf. Denn sie geht aus von der einfachen Unmittelbarkeit und holt diese am Ende vermittels der Bewegung der Selbstunterscheidung und Aufhebung der Unterschiede als Momente des Ganzen wieder ein. In der Dialektik der Ontologie erhalten alle Unterschiede ihren Sinn und ihre letzte Bedeutung von der Identität des Ganzen her.[15] Alle ontologische Dialektik hat zu ihrem Grund die Identität (des Seins, des Begriffs, des Ich) und die Totalität. Die dialektische Bewegung ist daher die Selbstentfaltung des 'Selben'.[16] Dieses durchgehende dialektische Bei-sichsein im Anderssein qualifiziert die "tautologische Ontologie der Totalität" (FE II, 24) als Kreis der "ewigen Wiederkehr des Gleichen" (MFL 262).

Wurde im griechischen Denken diese Totalität und der letzte Grund, worin alles Seiende zu stehen kommt, als Physis oder Sein gefasst, so im neuzeitlichen Denken als umgreifender Horizont des ego cogito. Als konsequenteste Ausführung dieser Subjektontologie kann - wie gesagt - der Hegelsche Idealismus gelten.[17] Grundgelegt wurde sie

---

[14] Vgl. FE V, 64; AL:DyL 199; ders., Para una fundamentación, aaO. (Anm. 10) 20. - Aehnlich wie DUSSEL kommt auch HEIDEGGER zum Schluss, im System HEGELS habe die abendländische Denküberlieferung insgesamt "ihr absolut gedachtes Wesen zur Sprache" (Platons Lehre von der Wahrheit. Mit einem Brief über den "Humanismus", Bern 1947, 82) gebracht.
[15] Vgl. FL 5.2.3      [16] Vgl. MFL 199.
[17] Dabei setzt DUSSEL voraus, dass das System des Idealismus und dasjenige des Materialismus qua System formal eine Strukturanalogie und insofern einen formal analogen Diskurs aufweisen: Aus einer unmittelbaren Identität entwickle sich durch Selbstunterscheidung das Besondere. Was die Idee im Idealismus, das sei die Materie im Materia-

aber spätestens schon bei DESCARTES.

Die traditionelle Begründung der Wahrheit im Realismus der Dinge an sich ist DESCARTES problematisch geworden. Durch den methodischen Zweifel stösst er auf das zweifelnde Ich als den archimedischen Punkt und den schlechthin unzweifelhaften Grund aller Gewissheit. Denn in allem Zweifeln ist es "unzweifelhaft, dass ich bin"[18]. Der Satz "Ich bin, ich existiere" ist, "sooft ich ihn ausspreche oder in Gedanken fasse, notwendig wahr" (ebd. 22). "Denn dass ich es bin, der zweifelt, der einsieht, der will,

---

lismus (DUSSEL bezieht sich hier hauptsächlich auf ENGELS' Dialektik der Natur: vgl. E. DUSSEL, La divinización del imperio o de "la filosofía de la religión" de Hegel, in: Nuevo Mundo (Buenos Aires) 9-10 [1975] 81-101, 98): Totalität sowie Prinzip der Identität und der Differenz. Sowohl im System des Idealismus als auch in demjenigen des Materialismus sei das Ganze - das System - das Wahre. Beide Systeme vergöttern die Totalität 'des Selben' (vgl. FE V, 46). Das ontologische Totalitätsstigma trage darum auch der historisch-dialektische Materialismus des orthodoxen Marxismus (vgl. E. DUSSEL, Para una fundamentación, aaO. [Anm. 10] 41). - Gegen diese formale oder strukturanaloge Identifizierung der Hegelschen und der Marxschen Totalitätsstruktur wendet sich allerdings L.ALTHUSSER entschieden - auch gegen klassische Marxinterpretationen (vgl. L. ALTHUSSER, Ueber die materialistische Dialektik. Von der Ungleichheit der Ursprünge, in: ders., Für Marx, Frankfurt a.M. 1968, 100-167). Nach ALTHUSSER ist die marxistische Dialektik etwas fundamental Anderes als die blosse "Umstülpung" oder "Umkehrung" der Hegelschen Dialektik, welche die einfache Einheit und Identität der dirimierenden Momente voraussetzt. Demgegenüber spricht ALTHUSSER von der "Ueberdeterminierung" der einzelnen Glieder der komplex strukturierten Totalität. Er meint damit die ungleichmässige Gleichzeitigkeit von Bestimmen und Bestimmtwerden in einer einzigen und gleichen Bewegung, und zwar so, dass die verschiedenen Elemente der Beziehungsstruktur nicht auf ein gemeinsames, inneres Prinzip zurückgeführt werden können (vgl.L. ALTHUSSER, Widerspruch und Ueberdeterminierung. Anmerkungen für eine Untersuchung, in: ders., Für Marx, Frankfurt a.M. 1968, 52-99, 65f), sondern zusammen eine "gegliederte Struktur mit Dominante" (Ueber die materialistische Dialektik 146-146) bilden.
[18] R. DESCARTES, Meditationen über die Grundlagen der Philosophie. Aufgrund der Ausgaben von A. Buchenau neu hrsg. von L. Gäbe, PhB 271, Hamburg 1976, 21.

das ist so offenbar, dass es durch nichts noch augenscheinlicher erklärt werden kann" (ebd. 25). So gelangt DESCARTES auf dem Weg der methodischen Skepsis zur schlechthin gewissen Erkenntis, "dass diese Wahrheit: 'ich denke, also bin ich' so fest und sicher ist, dass die ausgefallensten Unterstellungen der Skeptiker sie nicht zu erschüttern vermöchten"[19]. Das Ich ist das einzig sichere Fundament, worauf etwas Dauerhaftes gebaut und in dem Wahrheit objektiv begründet werden kann.[20] Auf dieser Selbstgewissheit des Ich gründet nach DESCARTES schliesslich auch die Gewissheit der objektiven Existenz Gottes[21]: "Sum, ergo Deus est."[22]

KANT knüpft an die Problemstellung DESCARTES' an. Objektive Erkenntnis ist für ihn undenkbar unter der Bedingung, dass sich die Erkenntnis nach den Gegenständen richtet. Sie ist nur möglich unter der Voraussetzung einer "Veränderung der Denkart"[23], nämlich unter der Bedingung, dass sich der Gegenstand nach der Erkenntnis, das Objekt nach dem Subjekt richtet und nicht umgekehrt.[24] Die Bedingungen a priori einer möglichen objektiven Erkenntnis liegen im Subjekt begründet. Die transzendentalen Strukturen des erkennenden Subjekts sind konstitutiv für die Objekte möglicher Erkenntnis.[25] Die Vernunft sieht darum nur das ein, "was sie selbst nach ihrem Entwurfe hervorbringt" (ebd. B XIII). Das erkennende Subjekt konstituiert erst die Objektivität seiner Objekte. Die Bedingungen möglicher Erkenntnis sind zugleich die Bedingungen der **Gegenstände** möglicher Erkenntnis.[26] Das

---

[19] Ders., Von der Methode, hrsg. von L. Gäbe, PhB 26 a, Hamburg 1971, 26.
[20] Vgl. ebd. 7.
[21] Vgl. ders., Meditationen, aaO. (Anm. 18) 30-48: Dritte Meditation.
[22] Ders., Regulae ad directionem ingenii, PhB 262 c, Hamburg 1973, XII, 17.
[23] I. KANT, Kritik der reinen Vernunft, in: Werke in sechs Bänden, hrsg. von W. WEISCHEDEL, Bd. II, Darmstadt 1983, B XIX.
[24] Vgl.ebd.B XVI. [25] Vgl.ebd.A 93. [26] Vgl.ebd.A 111.

Erkenntnisobjekt verdankt sich also ganz dem Erkenntnissubjekt.[27] So sind die apriorischen Strukturen des erkennenden Subjekts "der Quell aller Wahrheit, d.i. der Uebereinstimmung unserer Erkenntis mit Objekten, dadurch, dass sie den Grund der Möglichkeit der Erfahrung, als des Inbegriffes aller Erkenntnis, darin uns Objekte gegeben werden mögen, in sich enthalten" (ebd. A 237; B 296).

Der oberste Grundsatz und "der höchste Punkt, an dem man allen Verstandesgebrauch ... heften muss" (ebd. B 134, Anm.), ist dabei die durchgängige "Identität des Subjekts" (ebd. B 133) oder die "**transzendentale Einheit des Selbstbewusstseins**" (ebd. B 132). In der Identität des transzendentalen Ich sind alle Vorstellungen als meine Vorstellungen identifiziert und vereinigt. Sie gehören alle zu einem identischen Bewusstsein und sind in der Einheit desselben begriffen. Alles Mannigfaltige der Anschauung hat "eine notwendige Beziehung auf das: Ich denke, in demselben Subjekt, darin dieses Mannigfaltige angetroffen wird" (ebd. B 132). Dieses ego cogito ist "in allem Bewusstsein ein und dasselbe" (ebd.). Das reine Selbstbewusstsein konstituiert die Einheit aller Vorstellungen und damit auch die Einheit aller Objekte; es ist die synthetische Einheit derselben. Die unwandelbare Identität des Ich ermöglicht erst die Identität einer Vorstellung und damit die Identität eines Objekts. Durch die Identität des reinen Ich ist Objektivität in unserer Erkenntnis allererst möglich. Die ursprünglich-synthetische Einheit des transzendentalen Ich ist "dasjenige, was allein die Beziehung der Vorstellungen auf einen Gegenstand, mithin ihre objektive Gültigkeit, folglich, dass sie Erkenntnisse werden, ausmacht" (ebd. B 137). Sie ist mithin jene notwendige Bedingung, "unter der jede Anschauung stehen muss, um für mich Objekt zu werden" (ebd. B 138). Alle Objekte möglicher Erkenntnis sind darum im

---

[27] Vgl. ebd. A 130.

letzten Verstand "Bestimmungen meines identischen Selbst" (ebd. A 129).

Alle grossen, unmittelbar auf KANT folgenden Denker stehen ganz im Schatten dieser Wende zum Subjekt und der "veränderten Methode der Denkungsart" (ebd. B XVIII). Nach FICHTE setzt das Ich "ursprünglich schlechthin sein eignes Seyn"[28]. Es weiss sich als der umgreifende Horizont möglicher gegenständlicher Erkenntnis. "Ich ist nothwendig Identität des Subjekts, und Objekts: Subjekt-Objekt: und dies ist es schlechthin, ohne weitere Vermittellung" (ebd. 261, Anm.). Die Unterscheidung zwischen Subjekt und Objekt ist eine Unterscheidung innerhalb des Bewusstseins. Im Bereich der Objekterkenntnis ist keine bewusstseinstranszendente Gegenständlichkeit an sich denkbar, "denn für das Ich giebt es keine andre Realität, und kann keine andere geben, als eine durch dasselbe gesezte" (ebd. 327). "Das Nicht-Ich ist selbst ein Produkt des sich selbst bestimmenden Ich, und gar nichts absolutes, und ausser dem Ich gesezten" (ebd. 361). Das Ich hält sich in der Mannigfaltigkeit der gegenständlichen Welt als identisch durch und konstituiert als Wesensprinzip deren Gegenständlichkeit. "Es ist ursprünglich nur Eine Substanz; das Ich: In dieser Einen Substanz sind alle möglichen Accidenzen, also alle mögliche Realitäten gesezt" (ebd. 300). Das Ich pro-duziert und setzt in, aus und durch sich selbst die Differenz des anderen.[29] Es ist in seiner Absolutheit und Selbigkeit selbst der ursprüngliche Unterscheidungsgrund. Dies macht die eigentliche "Dialektik des Subjekts" (AL:DyL 88) aus, insofern das Ich die "unüberschreitbare, unhintergehbare und unüberwindliche Totalität" (FE I, 122)[30] und Selbigkeit aller

---

[28] J. G. FICHTE, Grundlage der gesammten Wissenschaftslehre, in: Gesamtausgabe der Bayerischen Akademie der Wissenschaften (GA), hrsg. von R. LAUTH u.a., Bd. I/2, Stuttgart-Bad Cannstatt 1965, 173-451, 261.
[29] Vgl. FE I, 110.
[30] Es wird sich noch zeigen (s.u.S.276ff), dass DUSSELS

möglichen denkbaren Objekte ist.³¹ Insofern ist diese Totalität auch eindimensional.³² DUSSEL qualifiziert sie als "die univoke Totalität" (FE II, 57) bzw. als "die totale Univozität" (FE III, 117).

Die absolute Krone der Dialektik des Subjekts gehört aber HEGEL. Und um den eigentümlichen Denkansatz DUSSELS in seiner ganzen Tragweite verstehen zu können, müssen wir uns vorweg dessen Kontrastfolie im Denken HEGELS in angemessener Ausführlichkeit vergegenwärtigen. Dabei soll gleich im voraus festgehalten werden, dass im folgenden nicht das Ganze des Hegelschen Denkens verhandelt und dass HEGEL nicht im Lichte seiner eigenen (im wesentlichen von KANT bestimmten) Ausgangsposition, sondern von der Problemstellung DUSSELS her gelesen und interpretiert wird.

Das gesamte Denken HEGELS³³ kann als eine Selbstentwick-

---

Rezeption des Fichteschen Ich-Prinzips auf den frühen FICHTE beschränkt bleibt.
³¹ Auch MARX denkt nach DUSSEL noch ganz in der Tradition dieser dialektischen Subjektontologie. Bei ihm werde das Ich denke lediglich transformiert in das Ich arbeite. Dieses sei der Wesensvollzug des Menschen. Das arbeitende Subjekt setze die Realität des Objekts als Pro-dukt der Arbeit. Das Objekt gewinne seinen Realwert und sein Wesen aus der formgebenden Tätigkeit des arbeitenden Subjekts (vgl. FE II, 46). - Allerdings gelangt DUSSEL in seinen neueren Publikationen zu einem differenzierteren Marxbild, in denen er MARX aus der ontologischen Strukturanalogie heraussetzt (vgl. La producción teórica de Marx. Un comentario a los Grundrisse, México 1985, bes. 336ff; PLyFL 93f; 175f; 212f; ders., El concepto de fetichismo en el pensamiento de Marx. Elementos para una teoría general marxista de la religión, in: Cristianismo y Sociedad [México] 85 [1985] 7-59, 38f).
³² Vgl. FE II, 112.
³³ Im folgenden werden die Werke HEGELS wie folgt abgekürzt:
- Phänomenologie des Geistes, in: Werke (ed. Suhrkamp), Bd. III, Frankfurt a.M. 1986: **PhG**
- Wissenschaft der Logik, 2 Bde., in: Werke (ed. Suhrkamp), Bde. V-VI, Frankfurt a.M. 1986: **WdL I/II**
- Grundlinien der Philosophie des Rechts, in: Werke (ed.

lung des Begriffs und demzufolge als eine Philosophie des Begreifens gefasst werden. Der Endzweck aller Tätigkeit des denkenden Geistes ist der Begriff.[34] Die Realität oder Objektwelt erweist sich selbst nur als Moment des Begriffs und wird aus diesem in immanenter Entfaltung entwickelt.[35] Der Begriff ist das Ganze oder die Totalität und die Realität eine Bestimmung seiner.[36] Das Begreifen eines Gegenstandes besteht "in nichts anderem, als dass Ich denselben sich zu eigen macht, ihn durchdringt und ihn in seine eigene Form ... bringt" (WdL II, 255). Der Gegenstand hat somit seine Objektivität nur im Begriff (im begreifenden Denken oder Ich). Die Bestimmungen des denkenden Selbstbewusstseins oder Geistes sind zugleich die Bestimmungen des Wesens alles Gegenständlichen als dessen eigene Gedanken.[37] Was gedacht ist, ist, und was ist, ist nur, insofern es Gedanke ist.[38] Begriffe sind "geistige Wesenheiten" (PhG 37), welche die Substanz der Gedanken und damit des Gedachten ausmachen. Der Begriff enthält "die ganze Natur des Gegenstandes, und die Erkenntnis ist nichts als die Entwicklung des Begriffes" (PhR I/1, 63). "Das begreifende Denken entwickelt seinen Stoff aus sich selbst" (PhR I/1, 87). Es ist so an ihm selbst "der Trieb, sich zu realisieren, der Zweck, der sich durch sich selbst in der objektiven Welt Objektivität geben und sich ausführen will" (WdL II, 541f). "Der Begriff ist diese Totalität, die Bewegung, der Prozess,

---

Suhrkamp), Bd. VII, Frankfurt a.M. 1986, GPhR
- Vorlesungen über die Aesthetik, 3 Bde., in: Werke (ed. Suhrkamp), Bde. XIII-XV, Frankfurt a.M. 1986: VAe I-III
- Enzyklopädie der philosophischen Wissenschaften im Grundrisse (1830), in: Werke (ed. Suhrkamp), Bde. VIII-X, Frankfurt a.M. 1986: EphW
- Vorlesungen über die Philosophie der Weltgeschichte, Bd. I: Die Vernunft in der Geschichte, hrsg. von J. HOFFMEISTER, PhB 171 a, Hamburg [5]1970: VG
- Vorlesungen über die Philosophie der Religion, 2 Bde. (mit je 2 Halbbänden), hrsg. von G. LASSON, PhB 59-63, Hamburg 1974: PhR.

[34] Vgl. EphW § 442, Anm.   [35] Vgl. WdL II, 258f
[36] Vgl. PhR I/1, 222.   [37] Vgl. EphW § 439.
[38] Vgl. EphW § 465.

sich zu objektivieren" (PhR I/1, 222). Aehnlich wie bei
KANT der "transzendentalen Einheit des Selbstbewusstseins"[39] verdankt sich die Objektivität des Gegenständlichen bei HEGEL dem Denken oder dem Begriff.[40] Der Begriff
als Konstituens der Objektivität ist freilich anders als
das transzendentale Ich KANTS keine bloss formale Einheit, sondern die konkrete Natur des Ich und die Seele
des Gegenstandes selber.[41]

Indem der Begriff die Objektivität des Objekts konstituiert, ist er dessen Wahrheit.[42] Er ist selbst schon die
"übergreifende Einheit seiner selbst über sein Anderes"
(EphW § 465), "die einfache Identität des Subjektiven und
Objektiven" (ebd.), "die Idenität seiner und der Realität" (WdL II, 466). Die Differenz von Denken und Sein ist
eine Differenz **innerhalb** des Denkens selbst. Durch diese
Differenz entzweit sich das Denken in sich selbst und
überwindet es diese Entzweiung durch sich selbst. Denken
ist also immer mehr als **blosses** Denken; der Gegenstand
oder das Gedachte ist dem Denken innerlich. "Indem das
Denken denkt, geht es über sich hinaus und eben dadurch
mit sich zusammen, es transzendiert sich selbst und
bleibt gerade nur dadurch bei sich, sich immanent; es
entzweit sich in sich selbst und aktualisiert sich, indem

---

[39] I.KANT, Kritik der reinen Vernunft, aaO.(Anm.23)B § 16.
[40] HEGEL selbst bringt seinen Begriff in Zusammenhang mit
KANTS transzendentalem Ich: "Es gehört zu den tiefsten
und richtigsten Einsichten, die sich in der Kritik der
Vernunft finden, dass die **Einheit**, die das **Wesen des Begriffs** ausmacht, als die **ursprünglich-synthetische** Einheit der **Apperzeption**, als Einheit des 'Ich denke' oder
des Selbstbewusstseins erkannt wird" (WdL II, 254). Diese
Einheit ist "dasjenige, was allein die Beziehung der Vorstellungen auf einen Gegenstand, mithin ihre **objektive
Gültigkeit** ... ausmacht" (ebd.) und somit das Objekt in
seiner Objektivität allererst konstituiert. "Ich ist der
reine Begriff selbst, der als Begriff zum **Dasein** gekommen
ist" (ebd. 253), wobei dieses Ich nach HEGEL freilich
keine in sich beharrende, unwandelbare Substanz ist, sondern "Werden überhaupt" (PhG 25), d.h. ein sich durch
Bildung und Erfahrung Wandelndes und Entfaltendes.
[41] Vgl. PhG 51f. [42] Vgl. WdL II, 256.

es sich wieder vereinigt, es transzendiert seine eigene Transzendenz und kehrt dadurch zu sich zurück: es reflektiert sich in sich selbst."[43]

Umgekehrt ist der Gegenstand ohne das Denken ebenfalls nur das reine, unbestimmte und abstrakte Ansich oder Sein. "Der Gegenstand, wie er ohne das Denken und den Begriff ist, ist eine Vorstellung oder auch ein Name; die Denk- und Begriffsbestimmungen sind es, in denen er ist, was er ist. In der Tat kommt es daher auf sie allein an; sie sind der wahrhafte Gegenstand und Inhalt der Vernunft, und ein solches, als man sonst unter Gegenstand und Inhalt im Unterschiede von ihnen versteht, gilt nur durch sie und in ihnen" (WdL II, 560). Der in der Sphäre des Denkens und der Wahrheit mit dem Element des Wissens vermittelte Gegenstand ist als substantieller Inhalt "ebenso unmittelbar Eigentum des Ichs, selbstisch oder der Begriff" (PhG 39). Die wahre Form des Begriffs ist Wissen seiner selbst. Als so bestimmter ist er absolut und alles umgreifend, denn nichts ist denkbar, das sich nicht denken liesse. In der Form des begreifenden Wissens weiss sich der denkende Geist durch keinen gegenständlichen Inhalt beschränkt, insofern dieser Gegenstand nicht ausserhalb seiner, sondern immanentes Moment seiner selbst ist. Wissend und begreifend ist er schlechthin bei sich selbst und unendlich (weil durch kein ihm Aeusserliches begrenzt). Im anderen verhält er sich nur zu seinen eigenen immanenten Bestimmungen.[44] Der konkrete Begriff ist nicht **blosser** Begriff, sondern Inbegriff, der sein Begriffenes - den Gegenstand - in sich begreift: Inbegriff des Denkens und des Gedachten, d.h. der Wahrheit. Die Wahrheit hat darum "an dem **Begriffe** allein das Element ihrer Existenz" (PhG 15).

---

[43] R. KRONER, Von Kant bis Hegel, 2 Bde., Tübingen [3]1977, Bd. II, 266.
[44] Vgl. EphW § 440.

Der spekulativen oder dialektischen Logik geht es also wesentlich um die Wahrheit sowohl der Form als auch ihres immanenten Inhaltes in einem. Das Spekulative liegt darin, dass das Unmittelbare des Begriffs als in seine entgegengesetzten, abstrakten Bestimmungen entzweit gesetzt und das konkrete Wahre als die dialektische Einheit dieser entgegengesetzten Bestimmungen begriffen wird. "Spekulativ denken heisst ein Wirkliches auflösen und es sich so entgegensetzen, dass die Unterschiede nach Denkbestimmungen entgegengesetzt sind und der Gegenstand als Einheit beider gefasst wird" (PhR I/1, 33). Die Spekulation fasst in den Gegensätzen selbst deren dialektische Einheit; sie begreift ihre Gegenstände als Einheit der Unterschiede. Der dialektische Begriff ist "die Aufhebung aller Gegensätze auf die Weise, dass er Setzen ihrer und Aufheben und somit sich selbst aller Inhalt, alle Bestimmtheit ist, die ihm daher nicht irgendwo von aussen hereinkommt" (PhR I/1, 149). Der spekulative Widerspruch ist deshalb kein zu vermeidender, sondern ein positives Erkenntnismedium, so dass hier an die Stelle blosser formaler Widerspruchsfreiheit die inhaltliche Wahrheit tritt. Das Erkennen muss die **blosse** (rein formale) Widerspruchsfreiheit vermeiden; denn darin, dass es immer et**was** erkennt, ist es je schon mehr als nur formale Wahrheit der Widerspruchslosigkeit. Entsprechend ist nach HEGEL auch der Satz der Identität zu modifizieren. Etwas **ist** nicht einfach identisch mit sich, sondern vermittelt sich allererst durch seine unterscheidenden Bestimmungen oder Momente zu seiner Identität; es **wird** so erst identisch mit sich vermittels seines eigenen Andersseins oder der Negativität. Die wahre Negation führt also gerade nicht in die absolute Nichtigkeit eines abstrakten Nichts, sondern ist wesentlich nur "bestimmt das Nichts dessen ..., **woraus** es resultiert" (PhG 74), d.h. es ist ein **bestimmtes** Nichts und gewinnt als dergestalt bestimmte Negation einen positiven Inhalt. Das Resultat der Methode der negativen Dialektik ist die "positive Erhaltung der negativ gesetzten Momente" (VAe II, 64). Der Geltungsanspruch des Besonderen, die ganze Wahrheit zu sein, verfällt zwar dem "Vernichtigen des Nichtigen" (EphW § 386, Anm.), doch wird es in seiner Bedeutung als Moment der konkreten Wahrheit erhalten und aufbewahrt. Es hat demnach "allein als Moment des Ganzen seine Rechtfertigung" (EphW § 14, Anm.).

Die Negativität ist als bestimmte wesentlich Verhältnis, denn die Negation der Unterscheidung ist das immanente Scheinen eines jeden der Relata in dem anderen. Dialektik der Negativität ist die Entwicklung des Begriffs aus sich selbst, sein nur "immanentes Fortschreiten und Hervorbringen seiner Bestimmungen" (GPhR § 31), "nicht äusseres Tun eines subjektiven Denkens, sondern die eigene Seele des Inhalts, die organisch ihre Zweige und Früchte hervortreibt" (ebd.). Sie ist der "immanente Rhythmus der Begriffe" (PhG 56) selbst, der "innerste Quell aller Tätigkeit, lebendiger und geistiger Selbstbewegung ..., die alles Wahre an ihm selbst hat, durch die es allein Wahres ist" (WdL II, 563), so dass HEGEL knapp formulieren kann, die Wahrheit sei die immanente "Bewegung ihrer an ihr selbst" (PhG 47). Dialektik ist die "immanente Bewegung und Bestimmung" (PhG 57) des Wahren als des Ganzen. Sie ist nach einem plastischen Wort HEGELS "der Bau des Ganzen, in seiner reinen Wesenheit aufgestellt" (PhG 47), die absolute Tätigkeit des Begriffs selbst, die Sphäre und der Aether seines Daseins. Die Methode ist "der sich explizierende Begriff" (PhR I/1, 62), der sich selbst als Gegenstand objektiviert und in der reinen Entsprechung seiner selbst mit seiner Realität seine konkrete Existenz hat. Sie ist "die Bewegung des Begriffs selbst" (WdL II, 551) als das lebendige "mit sich selbst sich Vermittelnde" (PhR I/1, 221), "und irgend etwas ist nur begriffen und in seiner Wahrheit gewusst, als es der Methode vollkommen unterworfen ist" (WdL II, 551f). "Sie ist darum die höchste Kraft oder vielmehr die einzige und absolute Kraft der Vernunft nicht nur, sondern auch ihr höchster und einziger Trieb, durch sich selbst in allem sich selbst zu finden und zu erkennen" (ebd. 552).

Es macht die dialektische Natur des Begriffs überhaupt aus, "dass er sich selbst bestimmt, Bestimmungen in sich setzt und dieselben wieder aufhebt und durch dieses Aufheben selbst eine affirmative, und zwar reichere, konkretere Bestimmung gewinnt" (VG 167). Denn der Geist ist wesentlich "diese Bewegung, sich ein Anderes, d.h. Gegenstand seines Selbsts zu werden und dieses Anderssein aufzuheben" (PhG 38). Diese aufhebende Zurücknahme der sich besondernden Momente oder Bestimmungen nennt HEGEL Vermittlung. Darunter versteht er "die sich bewegende Sichselbstgleichheit" (PhG 25), "Reflexion im Anderssein in sich selbst" (ebd. 23). Diese "Bewegung des sich in sich selbst Reflektierens" (ebd. 26) ist jene Bewegung des denkenden Subjekts, in der es sich selbst setzt, sich sich selbst unterscheidend entgegensetzt und sich mit sich zusammenschliesst. Das Subjekt ist also wesentlich der Prozess der "Vermittlung seiner mit sich selbst durch sich, nicht durch anderes" (VG 74). Die durch diese immanente Selbstbewegung vermittelte Identität mit sich selbst ist das wiederhergestellte Unmittelbare, aber durch Aufhebung der vermittelnden Besonderung; das Einfache, aber durch Aufhebung des Unterschieds; das Positive, aber durch Aufhebung des Negativen; kurz: "der Begriff, der sich durch das Anderssein realisiert und durch Aufheben dieser Realität mit sich zusammengegangen [ist] und seine absolute Realität, seine einfache Beziehung auf sich hergestellt hat" (WdL II 565). Erst dieses Resultat ist nach HEGEL die Wahrheit als die durch den immanenten Prozess der Vermittlung sich begreifende Unmittelbarkeit, die das andere nicht mehr isoliert und abstrakt gegen sich hat, sondern die reflektierend in ihr anderes scheint, in diesem sich selbst offenbart und es so als Moment an ihr selbst hat.[45] Als dieses Resultat wird sie

---

[45] Vgl. WdL II, 276f.

allererst kon-kret.[46] Aufgrund dieser eigentümlichen Reflexionsstruktur ist die spekulative Methode zugleich analytisch (da sie schlechthin in der Sphäre der Selbstidentität des Begriffs bleibt) und synthetisch (da der Begriff sich in sich selbst von sich unterscheidet und seine unterschiedenen Bestimmungen oder Momente als sein **anderes** setzt.[47] Man kann sie darum mit einem Wort R. KRONERS als "tauto-hetero-logisches Denken"[48] beschreiben, weil sie das heteron - das Unterschiedene - zugleich als ein tauton - als Identisches - setzt.

Es kommt nun nach HEGEL "alles darauf an, das Wahre nicht als **Substanz**, sondern ebensosehr als **Subjekt** aufzufassen und auszudrücken" (PhG 22f). Mit der Subjektförmigkeit der Wahrheit ist "die Bewegung des Sichselbstsetzens oder die Vermittlung des Sichanderswerdens mit sich selbst" (PhG 23) gemeint, die Bewegung der sich besondernden und bestimmenden Selbstunterscheidung und der "**sich wiederherstellenden** Gleichheit oder die Reflexion im Anderssein in sich selbst" (PhG 23), d.h. der Prozess des Sichfindens im anderen als seinem Eigentum. Weil der erkennende Geist das Anderssein an ihm selbst hat, ist er "die reine Sichselbstgleichheit im Anderssein" (PhG 53). Er erweist seine Kraft und Freiheit gerade darin, "in seiner Entäusserung sich selbst gleich zu bleiben" (PhG 588). Durch sein anderes vermittelt er sich zu sich selbst; durch das "Andere seiner selbst" (WdL I, 127), das nur "sein Anderes" (PhR I/1, 133) ist, wird er erst für sich. Es ist

---

[46] Am Schluss seiner WdL kommt HEGEL ausdrücklich auf diese eigentümliche Bewegungsstruktur der Dialektik zu sprechen: "Der Begriff in der absoluten Methode erhält sich in seinem Anderssein, das Allgemeine in seiner Besonderung, in dem Urteile und der Realität; es erhebt auf jede Stufe weiterer Bestimmung die ganze Masse seines vorhergehenden Inhalts und verliert durch sein dialektisches Fortgehen nicht nur nichts, noch lässt es etwas dahinten, sondern trägt alles Erworbene mit sich und bereichert und verdichtet sich in sich" (WdL II, 569).
[47] Vgl. WdL II, 566f.
[48] Von Kant bis Hegel, aaO. (Anm. 43) 341.

ihm nicht das Fremde oder Aeusserliche, sondern in seinem Anderssein oder Ausser-sich-sein ist der Geist das "in sich selbst Bleibende" (PhG 28), und das andere ist nur das "Ausser-sich-Seiende" (WdL I, 127) des Geistes. Dieser ist wesentlich "Anschauung seiner im andern" (PhR II/2, 57). Er verhält sich "aus sich selbst zum Anderen, weil das Anderssein als sein eigenes Moment in ihm gesetzt ist" (WdL I, 135) Er bezieht sich innerlich und wesentlich auf das ihm immanente andere "als sein eigenes Nichtsein" (ebd. 142). Darin liegt begründet, dass die sich wissende Vernunft als die "Einheit des Seins und des Nichtseins" (ebd. 74) bzw. als die "Identität der Identität und Nichtidentität" (ebd.) zu fassen ist, insofern sie nämlich das andere als den bestimmten Unterschied aus sich selbst setzt und es ebensosehr in sich als konkretes Allgemeines auflöst. Die gesamte Hegelsche Logik versteht sich in ihrem methodischen Duktus als analytische Deduktion dessen, was im Begriff der Identität des Seins und des Nichts notwendig schon gesetzt ist.[49] "Diese geistige Bewegung, die sich in ihrer Einfachheit ihre Bestimmtheit und in dieser ihre Gleichheit mit sich selbst gibt, die somit die immanente Entwicklung des Begriffes ist, ist die absolute Methode des Erkennens und zugleich die immanente Seele des Inhalts selbst" (WdL I, 17). Diese "sich selbst bewegende Seele" (ebd. 52) des Begriffs nennt HEGEL eben Dialektik und diese dialektisch-begriffliche Bewegung des Sichunterscheidens und Sicheinholens, des Sichbestimmens und Sichbegreifens "die sich bewegende Sichselbstgleichheit" (PhG 25). Denn das Resultat oder das Ende dieser Bewegung ist dasselbe wie der Anfang, weil der Anfang Zweck, der Zweck das Selbst und das Selbst eben "die sich auf sich beziehende Gleichheit und Einfachheit" (PhG 26) ist. Am Anfang steht das unmittelbare Ansich, die reine Potenz, aber mit dem Zweck und der finalursächlichen Bestimmung des Fürsichwerdens. Was aber

---

[49] Vgl. EphW § 88.

so reflex und begrifflich für sich wird, ist nichts anderes als das ursprünglich unmittelbare und als solches noch nicht begriffene Ansich. In der dialektischen Bewegung vermittelt sich der Geist zur **bewussten** Wirklichkeit dessen, was er an sich immer schon ist. Das noch unentwickelte Ansich ist der "Grund und Begriff in seiner noch unbewegten Einfachheit, also die **Innerlichkeit** oder das Selbst des Geistes, das noch nicht **da ist**" (PhG 584). Was an sich ist, ist erst eine innere, entelechetische Möglichkeit[50], die allererst durch die Arbeit des Geistes für sich realisiert wird. Das wissende Zusichkommen des Geistes ist als Zweck das Ende des dialektischen Prozesses; als Finalursache, welche die Bewegung des Unterscheidens und Zurücknehmens erst setzt, ist es aber zugleich der logische Anfang des Prozesses. Das Ende ist insofern nichts anderes als die vermittelte Objektivation des unmittelbaren Anfangs. Das Wahre ist darum nach Hegel der "Kreis, der sein Ende als seinen Zweck voraussetzt und zum Anfange hat" (PhG 23)[51], "die sich erreicht habende Linie, die geschlossen und ganz gegenwärtig ist, ohne **Anfangspunkt** und **Ende**" (WdL I, 164). Die dialektische Bewegung der begreifenden Vernunft ist ein "Kreislauf in sich selbst" (WdL I, 70)[52]. Erst durch "diese in sich kreisende Bewegung" (PhG 559) von Unterscheidung und Selbstaufhebung der Unterschiede als Momente des Ganzen wird für sich, was an sich ist. Das Wahre ist wesentlich Resultat; es ist ihm wesentlich, "dass es erst am Ende das ist, was es in Wahrheit ist" (PhG 24). "Das Wahre ist das Ganze. Das Ganze aber ist nur das durch seine Entwicklung sich vollendende Wesen" (ebd.). Denn es ist Resultat seiner eigenen Selbstbewegung und -entfaltung. Das Wahre als das Ganze ist "wesentlich **System**, weil das Wahre als **konkret** nur als sich in sich entfaltend und in Einheit zusammennehmend und -haltend, d.i. als **Totalität** ist" (EphW § 14) Der einzige Zweck der Vernunft ist es,

---

[50] Vgl. VG 81.  [51] Vgl. auch PhG 37.  [52] Vgl. auch EphW § 15.

"zum Begriffe ihres Begriffes und so zu ihrer Rückkehr und Befriedigung zu gelangen" (EphW § 17). Alle einzelnen Etappen des Denkens stellen in sich reflektierte Kreise dar, von denen jeder ein notwendiges Moment des Systemganzen bildet. Und insofern diese einzelnen Denkschritte gegenseitig immanente und miteinander notwendig verknüpfte Momente eines umfassenden Ganzen sind, stellt sich dieses Ganze des Begreifens als ein einziger in sich verschlungener "Kreis von Kreisen" (EphW § 15; WdL II, 571) dar. Am Ende schliesst sich das Denken zu einer alles umfassenden Totalität mit sich selbst, zu einem "sich in sich selbst schliessenden Kreis" (EphW § 15) zusammen. Die Totalität des Begriffs hat alle Realität in sich selbst. Sie ist nicht mehr gegen ein ihr Aeusserliches bestimmt. So ist sie das alles in sich befassende Allgemeine und Konkrete. Die wahre Form der existierenden Wahrheit ist darum nach HEGEL "allein das wissenschaftliche System derselben" (PhG 14). Etwas ist nur insoweit wahr, als es die seinem "Begriffe gemässe Wirklichkeit im Subjekte und Totalität der Notwendigkeit" (EphW § 487) ist.

## B. DUSSELS Kritik am Totalitäts- und Subjektdenken

Wir brechen nun die (selbst schon im Blick auf die Perspektive DUSSELS durchgeführte) Darstellung und Interpretation des Hegelschen bzw. des auf das Subjekt gegründeten Denkens ab und wenden uns der ausdrücklichen Kritik DUSSELS zu. Wir können diese Kritik auf drei Hauptpunkte reduzieren:
1. Ausfall des Novums
2. Aufhebung der Eigenwirklichkeit des anderen
3. Das Totalitäts- und Subjektdenken als Ausdruck von Herrschaft

1. Ausfall des Novums

DUSSEL kritisiert, dass in einem System letztumfassender Identität, die auch alle Nichtidentität noch einmal in sich begreift, kein Platz für wirklich Neues sein kann, das nicht je schon immanente Potenz und blosses Moment an diesem Identitätssystem selber wäre. Es gibt nichts Neues unter der Sonne des absoluten Wissens. Das 'sogenannte Neue' ist nicht radikal verschieden vom schon Gegebenen und Bekannten, sondern bloss eine innere Differenz als Moment der Selbstunterscheidung des 'Selben'.[53] Diese unterschiedenen Momente gehen nur aus der Immanenz des Ganzen hervor, das allein als das Wahre gilt.[54] Die Potenzen der Totalität als Nochnichtsein entwickeln bestenfalls Neuigkeiten, aber nichts real Neues, das schlechthin unableitbar aus der Exteriorität der Totalität hereinbricht.[55] Bei HEGEL ist jedwede Andersheit und jedwedes Novum immer schon umgriffen von der Identität des Begriffs. "Die Hegelschen Gegensätze, die sukzessiven Versöhnungen des spekulativen Momentes können sich nie für ein real Neues, für ein 'real Anderes' öffnen; sie bewegen sich bloss dialektisch im Aether des 'Selben' ohne Neues und ohne authentische Andersheit" (FE I, 115).

2. Aufhebung der Eigenwirklichkeit des anderen

In der dialektischen Ontologie HEGELS unterscheidet sich das ursprüngliche und unmittelbare identische Selbe in seine Bestimmungen oder Momente. Diese sind also nichts anderes als die immanenten Besonderungen des einen Selben und Ganzen. Der Unterschied bzw. die Unterscheidung ist ein inneres Moment der Logik der ursprünglich unmittelbaren Identität, die sich durch Selbstunterscheidung zur vermittelten Identität und so zum konkreten Begriff ihrer

---

[53] Vgl. FE I, 107.　[54] Vgl. FE II, 85.　[55] Vgl. FE II, 98f.

selbst emporarbeitet. Diese Selbstunterscheidung des Selben in sein eigenes Anderssein ist nur die innere Selbstentfaltung der Selbigkeit aufgrund immanenter sukzessiver Bestimmungen.[56] Das andere ist lediglich "transitorisches Moment" (PhR II/2, 37) des Selbst. In 'seinem' anderen ist dasselbe bei sich selbst, und eben darin hat es seine unendliche Freiheit.[57] Das andere west als "innere Differenz der neuzeitlichen Selbigkeit" (FE I, 108). Das neuzeitliche Denken introjiziert das andere in 'das Selbe' der Totalität, und die Selbstunterscheidung ins andere ist nur die "dialektische Expansion des Selben" (AL:DyL 208). Das andere innerhalb der Totalität ist das, wozu sich das Selbe durch Selbstdifferenzierung bestimmt. Die Selbigkeit assumiert die Andersheit und hebt sie als Moment ihrer selbst in sich auf.[58]

Nach DUSSEL bezieht sich dieser buchstäblich alles umfassende Ausgriff des Ich auf das andere, diese Subjekt-Objekt-Beziehung des Ich auch auf den anderen, auf den Mitmenschen. Im Horizont des sich selbst als alles übergreifende Totalität setzenden Ich stehen sich das Ich und der andere nicht auf der gleichen Ebene gegenüber. Das Ich setzt sich als das apriorische Wesensprinzip seiner selbst und aller Andersheit. Es konstituiert sich als den Angelpunkt, auf den 'alles andere' - nicht nur die Umwelt, sondern auch die Mitwelt - bezogen wird.[59] Inner-

---

[56] Vgl. FE I, 81f.
[57] Freiheit heisst bei HEGEL im wesentlichen Bei-sich-sein im Anderssein, und dieser Kreis der Identität bedeutet konkrete Unendlichkeit (vgl. WdL I, 156-173).
[58] Vgl. FE I, 106.
[59] Allerdings muss hier kritisch angemerkt werden, dass DUSSEL zu wenig realisiert, dass HEGEL deutlich unterschieden hat zwischen der sich aufspreizenden Individualität des Ich und dem allgemeinen Ich, das er "allgemeine Einzelheit" (PhR I/1, 277) nennt. Die Einzelheit ist gerade dadurch bestimmt, dass sie nicht subjektivistisch, sondern "erfüllte Allgemeinheit" (PhG 546), die "zur Allgemeinheit zurückgeführte Besonderheit" (GPhR § 7) ist. Sie ist nicht auf die Durchsetzung ihres egoisti-

halb dieses Horizontes der Totalität des Ich gibt es keinen gleichrangigen Dialog zwischen dem Ich und dem real anderen, sondern nur einen Monolog des Ich, das im anderen seiner selbst - auch im Mitmenschen - nur sich selbst wiederfindet. Das monologische Ich ist eben deshalb tautologisch[60]: es bewegt sich in der 'ewigen Wiederkehr des Gleichen'. Sein begreifendes Denken ist nach einem starken Bild HEGELS "das Durchbohren des Gegenstandes, der nicht mehr mir gegenübersteht und dem ich das Eigene genommen habe, das er für sich gegen mich hatte" (GPhR § 4, Zusatz). Das andere wird vom denkenden Ich "überwältigt" (PhR I/1, 296). HEGEL bezieht diese Bilder zwar nur auf die gegenständliche Beziehung des freien Subjekts auf ein dingliches Objekt, aber nach DUSSELS Meinung bestimmt diese Subjekt-Objekt-Beziehung innerhalb eines subjektontologischen Ansatzes notwendig auch die Beziehung zum Mitmenschen. Das Ich als Prinzip des Erkennens und des Erkannten bedeutet darum "schon im Ansatz die totalisierte Totalität der Selbigkeit ohne reale Exteriorität und ohne reale Andersheit" (FE I,110). KANT hatte den Bereich des Erkennens noch begrenzt, "um zum **Glauben** Platz zu be-

---

schen, besonderen Willens fixiert, sondern setzt die Bestimmtheit ihres Willens in die vernünftige Form der Allgemeinheit (vgl. EphW § 485). "Die **wahre** Freiheit ist ... dies, dass der Wille nicht subjektive[n], d.i. eigensüchtige[n], sondern allgemeinen Inhalt zu seinen Zwecken hat" (ebd. § 469, Anm.). HEGEL verwendet alle Kraft des Denkens, die "absolute Eitelkeit" (ebd. § 512) des selbstsüchtigen Ich, diese individualistische "Gewissheit seiner selbst in der Nichtigkeit des Allgemeinen" (ebd.) als abstrakt und unwahr, ja als den eigentlichen Begriff des Bösen herauszustellen. Dieses besteht nämlich gerade darin, "die **eigene Besonderheit** über das Allgemeine zum Prinzipe zu machen" (GPhR § 139). HEGEL nennt diese "subjektive Eitelkeit" und "diese absolute Selbstgefälligkeit" den "einsamen Gottesdienst seiner selbst" (ebd. § 140, Anm. f). - Allerdings: Auch wenn nach HEGEL der andere nicht dem individualistisch-egoistischen Ich aufgeopfert wird, so würde DUSSEL dennoch auch an der tatsächlichen Konzeption HEGELS noch kritisieren, dass die Andersheit oder das Ansich des anderen prinzipiell einem übergreifenden Horizont des Allgemeinen subsumiert wird.
[60] Vgl. FE II, 56.

kommen"⁶¹; er hatte damit in gewisser Weise die Tür noch offengehalten für die Wirklichkeit einer ich-unabhängigen, an sich seienden Exteriorität. Der ihn beerbende Idealismus des Denkens hat dieses denkunabhängige Ansich aber als strukturlogische Inkonsequenz des Kantischen Denkansatzes entlarvt und daher die Tür zur realen Andersheit wieder geschlossen.⁶²

### 3. Das Totalitäts- und Subjektdenken als Ausdruck von Herrschaft

Das europäische Denken bewegt sich im Horizont der Totalität, sei diese nun kosmologisch als Physis oder Sein⁶³ oder 'egologisch' als Subjektivität oder Bewusstsein gefasst.⁶⁴ Es kommt nun für DUSSEL alles darauf an, diese Ontologie der Totalität und der Identität nicht einfach nur als reine Theorie zu denken, die ihre Hände in politischer Unschuld waschen könnte. Er macht sich im Gegenteil mit glühender Leidenschaft an das Unternehmen, den ideologischen Gehalt der Dialektik der Totalität blosszulegen. Seine ganze Kritik läuft im Grunde genommen auf eine praktische Hermeneutik des europäischen Totalitäts- und Subjektdenkens hinaus. Seine These besteht darin, dass dieses Denken letztlich Ausdruck von Unterdrückungs- und Herrschaftspraxis ist. Diesen Entsprechungszusammen-

---

⁶¹ I.KANT, Kritik der reinen Vernunft, aaO.(Anm.23) B XXX.
⁶² Vgl. FE II, 131.
⁶³ Auch ARISTOTELES setzt das ontologische Prius der Totalität vor der Andersheit voraus, "denn das Ganze ist notwendig ursprünglicher als der Teil" (Politikon, in: Opera, hrsg. von O. GIGON, Berlin 1960, Bd. II, 1252-1342, I, 6, 1253 a 20). Das Sein ist notwendig vor dem Seienden, der Staat notwendig vor den Individuen, die Polis notwendig vor der Familie. Der Teil ist nur ein Moment der Totalität, in der er ontologisch erst seinen Seinsgrund hat. Eine Exteriorität des Teils ist vom ontologischen Standpunkt aus unmöglich (vgl. FE III, 90f).
⁶⁴ Vgl. FE I, 108.

hang versucht er Schritt für Schritt aufzudecken und plausibel zu machen.

Wenn innerhalb einer alles in sich begreifenden Totalität in der Wurzel keine reale Andersheit oder Exteriorität mehr denkbar ist, dann bleibt der real existierende andere neutralisiert und egalisiert im Horizont des Selben, als dessen immanentes Moment er erscheint. Dieser Sachverhalt gewinnt dadurch erst seine wahre geschichtliche Dramatik, dass DUSSEL unter dem anderen einerseits immer den anderen und nicht das andere und anderseits primär den armen und historisch unterdrückten Menschen versteht.[65] Wenn nun dieser die blosse immanente Differenz innerhalb der Selbstdifferenzierung des eindimensionalen Systems ist, dann ist er dadurch immer schon systemkonform eingegliedert, dann begründet die Ontologie der Totalität den Triumph des Systems über die Person des Armen und Unterdrückten.[66] Wenn eine reale Andersheit oder Exteriorität des anderen im System der Totalität ausgeschlossen ist, dann ist dieser selbst in seiner Eigenwirklichkeit ausgeschlossen.[67] "Das Sein ist, das Nichtsein ist nicht" (Parmenides). Jenseits des Horizontes der Totalität ist nichts. Der systemnonkonforme andere ist und gilt nichts innerhalb der herrschenden Totalität.[68] Insofern er als Un-bedingter und Un-begriffener ausserhalb des Seins- oder Bewusstseinshorizontes der Totalität ist, existiert er in einem ontologischen Nichts.[69] Für das System der Totalität ist der andere nur denkbar und integrierbar als Moment des Systems selbst, als begriffenes Medium ohne Transzendenz und ohne Mysterium.[70] Jenseits dieser Totalität ist nur das reine, schlechthin undenkbare Nichts, die Barbarei, die nicht kategorialisier-

---

[65] Da DUSSEL auch theologisch vom Anderen sprechen wird, wird der andere als Mitmensch in dieser Arbeit durchgehend in Minuskel, der Andere als Gott in Majuskel geschrieben.
[66] Vgl. FL 2.5.3.2.   [67] Vgl. MFL 287.   [68] Vgl. ebd. 276.
[69] Vgl. FL$^1$ 2.4.7.2 = FL$^3$ 2.4.6.2.
[70] Vgl. FL 2.5.6.1.

bare Sinnlosigkeit.[71] Der ontologische Status des anderen als anderen ist das Nichts[72], die "Seinsunmöglichkeit" (FE II, 92). Er ist niemand. Er gleicht gewissermassen dem Chaos vor der Schöpfung, dem Alogischen, das keinen Grund hat, aber auch dem Unkontrollierbaren, Unberechenbaren und Gefährlichen.[73]

"Was ontologisch dialektische Totalität ist, wird ontisch politischer Totalitarismus."[74] Diese Aussage SCANNONES ist auch die grundlegende These DUSSELS. In konkrete politische Kategorien übersetzt, ist das Sein der Totalität die europäisch-nordatlantische Hegemonie, die Welt des neuzeitlichen, schlechthin sich selbst setzenden europäischen Zentrums.[75] Das europäische Ich weiss sich geopolitisch als alle Wirklichkeit und die Peripherie, die unterdrückten Klassen, den Armen oder eben den anderen als Momente seiner selbst.[76] Zentrumsunabhängige Exterioritäten erscheinen dem europäisch-nordatlantischen Zentrums-Ich als schlechthin undenkbar und sinnlos. Sie haben ihren Sinn- und Seinsgrund allein in ihrer Bezogenheit auf das System des Zentrums, als Akzidenzien der metropolitanen, europäisch-nordatlantischen Substanz. Ihr Anspruch auf ein zentrumsunabhängiges Ansich erscheint dem europäischen Zentrum als zu vermeidender reiner Widerspruch. Nur als abhängiges Moment, das seine Wahrheit allein in der alles umfassenden Identität des europäischen Ich hat, ist der andere logifizierbar.[77] Das neuzeitliche europäische Ich setzt sich als übergreifendes Prinzip seiner selbst und des anderen - des Nichteuropäischen - absolut und negiert darin die reale Andersheit und Eigenwirklichkeit oder das Ansich des Nichteuropäischen.[78] In der end-

---

[71] Vgl. FL 1.1.4.1.; 1.1.5.1.   [72] Vgl. MFL 273.
[73] Vgl. FE V, 69f.
[74] J.C. SCANNONE, Die Dialektik von Herr und Knecht, aaO. (S. 29, Anm. 57) 128.
[75] Vgl. MFL 280.   [76] Vgl. FL 3.4.2.4.
[77] Vgl. FE II, 93; CdL I, 144.
[78] Vgl. MFL 215; 280; AL:DyL 198.

lich-unendlichen Konstitutionsstruktur des europäischen Ich liegt der kategorische Imperativ als das "absolute Postulat der Uebereinstimmung mit dem reinen Ich"[79] begründet: Das europäische Ich soll die Differenz zwischen Europäischem und Nichteuropäischem durch Angleichung an das Europäische aufheben. Was Nicht-Ich ist, soll Ich, was nichteuropäisch ist, soll europäisch werden. "Also, es wird die Uebereinstimmung des Objekts mit dem Ich gefordert; und das absolute Ich, gerade um seines absoluten Seyns Willen, ist es, welches sie fordert" (ebd.). Die Eroberung ist die konkrete Vermittlung, wodurch das europäische Ich das nichteuropäische Nicht-Ich als Andersheit negiert und dessen kategorisch geforderte Uebereinstimmung mit sich vollzieht.[80]

Die dialektische Methode besteht just in der Kunst, das Mannigfaltige auf die ursprüngliche Identität zurückzuführen, in der es seinen ontologischen Grund hat.[81] Diese ist also das Wovonher der Differenz und der Dependenz des Mannigfaltigen oder Besonderen.[82] Auch nach DUSSEL hat das Wort ADORNOS also Gültigkeit, wonach Identität die "Urform von Ideologie"[83] sei, insofern sie die ontologische Legitimation totalitärer Herrschafts- und Eroberungspraxis erst ermöglicht. Die gewaltsame Systemintegration ist die dialektische Aufhebung des anderen als anderen - des Armen und des Unterdrückten - in die europäisch-nordatlantische Totalität hinein.[84] In der immanenten Bewegung der Unterwerfung des anderen kommt die unmittelbare Identität dieser Totalität zum dialektisch vermittelten, konkreten Begriff ihrer selbst. Die Dialektik der Totalität ist daher nach DUSSEL eine "Ontologie

---

[79] J. G. FICHTE, Grundlage, aaO. (Anm. 28) 396.
[80] Vgl. FE II, 14; 21; FL 2.5.4.2.
[81] Vgl. FL¹ 2.3.6.2 = FL³ 2.2.6.2; FE II, 165.
[82] Vgl. FL¹ 2.3.5.3 = FL³ 2.2.5.3.
[83] T. W. ADORNO, Negative Dialektik (stw 113), Frankfurt a.M. 1975, 151.
[84] Vgl. FL 2.5.4.3; AL:DyL 113.

des Krieges" (FE II, 27)[85]. Der Krieg ist hier in der Tat der "Vater aller Dinge" (HERAKLIT), weil das System der Totalität die durchgeführte Negation, die Vernichtung des anderen als anderen ist.[86] Der Grund des ontologischen Denkens ist das "Prinzip des Krieges" (IFL 82), und dieser ist die "praktische Ontologie" (FL 2.5.7.5), welche die Andersheit oder das Ansich des anderen eliminiert und als Moment des Selbst begreift.[87] Herrschaft ist die Praxis der Annexion des anderen in den eigenen "Horizont der ontologischen Identität des Systems oder der Totalität" (FE II, 114). Diese Systemintegration des anderen bedeutet seine Entfremdung und possessive Aneignung. Die einzige in bezug auf dieses Systemganze mögliche Relation zwischen dem Ich und dem anderen sind Herrschaft und Unterwerfung, Instrumentalisierung und Funktionalisierung.[88]

Die Ontologie des Zentrums begreift also das andere als Nicht-Ich von der Identität des Ich, die Peripherie vom Zentrum her.[89] Der Satz 'Das Sein ist, das Nichtsein ist nicht' ist die ontologische Version der ontischen Erfahrung 'Das Zentrum ist, die Peripherie ist nicht'.[90] Mit

---

[85] Vgl. auch FE II, 23; MFL 31; E. DUSSEL, Supuestos histórico-filosóficos, aaO. (Anm. 1) 184.
[86] Vgl. ders., Para una fundamentación, aaO. (Anm.10) 15f.
[87] Vgl. FE II, 170. - Nach FICHTE hat das Christentum die Bestimmung, "die wilden Stämme" der nichtchristlichen Welt von ihrer rohen Sinnlichkeit zu befreien und zu kultivieren, so dass sie "dadurch denn doch in Vereinigung mit dem grossen Ganzen der Menschheit treten, und fähig werden, an den weitern Fortschritten desselben Antheil zu nehmen" (Die Bestimmung des Menschen, in: GA, aaO. [Anm. 28], Bd. I/6 [1981] 145- 311, 271). Der christliche Humanismus stehe in einem "natürlichen Krieg" mit diesen "noch unchristlichen, ungebildeten Völkern" (Die Staatslehre, oder über das Verhältnis des Urstaates zum Vernunftreiche, in: Fichtes Werke, hrsg. von I.H. FICHTE, Bd. IV, Berlin 1971, 367-600, 600). Da anderseits Sittlichkeit immer Freiheit voraussetzt, würde eine Vergewaltigung anders denkender Völker der praktischen bzw. angewandten Philosophie FICHTES freilich widersprechen.
[88] Vgl. FL 2.5.7.2; FE II, 49; 77; MFL 285; DCyL 170.
[89] Vgl. FL 1.1.8.4.4;      [90] Vgl. FL 1.1.5.2.

demselben Anspruch der Ontologie, die allgemeingültigen und notwendigen, unwandelbaren Strukturen des Denkens und des Seins auszudrücken, versieht das metropolitane Zentrum das System der Totalität mit dem Anspruch ewiger Allgemeingültigkeit und Notwendigkeit.[91] Damit wird die "Eingliederung des Indio, des Afrikaners und des Asiaten als dingliche, intratotalisierte Vermittlung durch das neuzeitliche europäische 'System'" (FE III, 9) ontologisch grundgelegt und ideologisch rationalisiert. "Der ontologische Diskurs ist die theoretische Rechtfertigung der Herrschaftspraxis" (FE V, 67). Die verabsolutierte Totalität ist nicht nur absolute Idee, sondern auch absolute Ideologie, ontologische Begründung der Herrschaft des Zentrums über die Peripherie.[92] Lateinamerika bekommt ontologisch nur einen Sinn in seiner Bezogenheit auf das europäische Zentrum[93]; es ist daher ein "ontologisch unterdrückter Kontinent" (MFL 281). Für sich allein erscheint es nur als das Nichtsein der europäischen Kultur, als das barbarische Jenseits des Logos der europäischen Vernunft.[94] Europa setzt Lateinamerika als blosse leere materia prima, sich selbst aber als apriorisches Formprinzip, das die urpassive, chaotische lateinamerikanische Rohmaterie allerst strukturiert und als begreifliches Etwas identifiziert.[95]

DUSSEL versucht nun, diese ontologische Ideologie beim archimedischen Punkt des neuzeitlichen Denkens, dem ego cogito, zu demonstrieren. Die Begründung der gegenständlichen Erkenntnis auf dem Fundament des cogito entsteht nicht aus praktischer Unschuld, sondern ist der Ausdruck einer praktischen Selbsterfahrung als Herrschaft über andere Menschen und als Eroberung anderer Welten. Das ego

---

[91] Vgl. FE V, 67.
[92] Vgl. E. DUSSEL, La divinización del imperio, aaO. (Anm. 17) 99.
[93] Vgl. MFL 273.   [94] Vgl. FE II, 194.
[95] Vgl. FE II, 241, Anm. 506.

cogito hat real das ego conquiro zur Voraussetzung. Das Ich erobere ist der praktische Grund des Ich denke.[96] Eroberung ist das Bei-sich-sein des Herrschaftssubjekts im Anderssein, der Prozess der konkreten Vermittlung desselben zu sich selbst durch anderes. Das ego cogito ist der ontologische Ausdruck der "neuzeitlich-europäischen Erfahrung eines erobernden Ich, das eine Welt durch seine eigene Macht konstituiert" (FE V, 38). Die Eroberung fremder Völker und Kontinente bedeutet ontologisch nur die Angleichung des Nicht-Ich an das europäische Ich, die Selbstentfaltung und Selbstfindung des europäischen Ich im anderen. Das Ich herrsche ist der historisch-praktische Selbstvollzug des ego cogitans. Der Nietzeanische 'Wille zur Macht' liegt demnach ganz in der Logik des ego cogito.[97] Dieser im Ich denke beschlossene Wille zur Macht über das andere und die im Ich-Prinzip begründete ewige Wiederkehr des Selben sind der neuzeitliche Ausdruck der asymmetrischen Beziehung des Ich zum anderen.[98] 'Homo homini lupus' ist nach DUSSEL die politische Realdefinition des ego cogito.[99]

Im neuzeitlichen Denken setzt sich das Ich als originäre Subjektivität und darin als das Mass und Prinzip aller Dinge.[100] Die Ontologie des europäischen Subjekts setzt das Ich als "einzig, unbedingt, unbestimmt, universal, natürlich, absolut, göttlich, totalisiert" (AL:DyL 207). Die neuzeitliche Subjektontologie ist darum "Egolatrie" (FE II, 27), "idolatrische Vergötterung des Ich" (ebd. 88). Die absolute Gewissheit des ego cogito ist dieselbe Gewissheit der Herrscher der Welt, absolutes Ich zu sein.[101] In seinem Subjektivitätsdenken hat Europa seine imperiale und erobernde Herrschaftsposition ontologi-

---

[96] Vgl. FL 1.1.2.2.   [97] Vgl. FE I,152.   [98] Vgl. FE I,98.
[99] Vgl. FL¹ 1.1.7.3 = FL³ 1.1.7.4.
[100] Vgl. E. DUSSEL, Von der Säkularisierung zum Säkularismus der Wissenschaft (Renaissance bis Aufklärung), in: Conc 5 (1969) 536-547, 541.
[101] Vgl. FL 1.1.7.2.

siert, universalisiert, naturalisiert, kurz: fetischisiert.[102] Es hat die historisch kontingente Situation seiner Herrschaft über andere als vernünftig logifiziert.[103] Die europäische Herrschaftssubjektivität hat sich als das Prinzip und den Grund von Wahrheit schlechthin rationalisiert. In ihrem Lichte soll anderes allererst als Sichtbares und Begreifbares erscheinen können.[104] Die dieser Lichtung des umgreifenden Ganzen entsprechende Haltung ist die staunende Ent-deckung und die beschauliche Kontemplation. Die europäische Totalität will betrachtet, meditiert, bestaunt und bejaht sein.[105]

Ihre kontemplierte Göttlichkeit und Absolutheit fordert indes ihre praktischen Opfer: die Armen, die Unterdrückten, die Peripherie. Dem ontologischen Willen zur Macht korrespondiert als Kehrseite ein unterdrückter Wille.[106] Lateinamerika ist dieser unterdrückte Wille, das begriffene Objekt des europäischen Subjekts, das den nordatlantischen ontologisch-totalitären Willen zur Macht erleiden muss.[107]

Die europäisch-koloniale Expansion der Neuzeit hat ihre ontologische Formulierung in der unmittelbaren Selbstgewissheit des ego cogito gefunden, in der alles Nicht-Ich zum blossen Objekt des Ich vergegenständlicht wird. Das erobernde Ich Europas hat den Indio, den Afrikaner und

---

[102] Vgl. AL:DyL 86.
[103] Vgl. FE I, 153; FE III, 10; 136; E. DUSSEL, Supuestos histórico-filosóficos, aaO. (Anm. 1) 184.
[104] DUSSEL charakterisiert daher das Denken im Horizont der Totalität als "Ontologie des Sehens" (FE II, 160) oder als "optische Ontologie der Totalität" (FE II, 15). Er meint damit, dass die Spontaneität des Sehens einen ontologischen Vorrang vor der Passivität des Hörens hat. Sehen ist dabei als Ich-Tätigkeit, als Erkennen und Begreifen verstanden (vgl. FE II, 14). Das sehende Subjekt ist wesentlich Subjekt der Erkenntnis, das sich ein Objekt entgegensetzt und dieses erkennend umgreift und appropriiert (vgl. FL 2.5.2.1; FE II, 14).
[105] Vgl. FL 2.5.2.1.   [106] Vgl. FE II, 49; DCyL 53.
[107] Vgl. FE I, 153.

den Asiaten nur als Momente seiner eigenen abendländischen Zivilisation anerkannt, deren absolute Wahrheit ihm unmittelbar gewiss war. Die nichteuropäische Andersheit des anderen war in dieser Konzeption von Wahrheit völlig ortlos, grundlos, sinnlos und schlechthin undenkbar.[108]


## III. DIE ANALEKTISCHE UEBERWINDUNG

### DER DIALEKTIK DER TOTALITAET

Nachdem DUSSEL die ontologische Tradition des europäischen Geistes einer radikalen Kritik unterzogen hat, entfaltet er nun seinen eigenen Diskurs der Befreiung, nicht als Weiterführung und neue Etappe europäischen Denkens, sondern als schlechthinnige Alternative zu ihr. Im Grunde genommen hat dieses neue Denken nur ein Anliegen: nämlich die unverfügbare Andersheit des anderen zu denken. Dieses Eine ist aber gerade das ontologisch Undenkbare und Unmögliche. Es ist darum von vornherein klar, dass das neue Denken keine Ontologie sein kann und dass seine Methode eine andere als diejenige der Dialektik sein muss. DUSSEL nennt das neue Denken im Unterschied zur Ontologie Metaphysik und die neue Methode im Unterschied zur Dialektik Analektik. Erst diese Revolution der Denkart macht es überhaupt möglich, den anderen als freie Andersheit, als Person und unbegreifliches Geheimnis zu denken. Das neue Denken bringt es auch mit sich, dass der andere nicht mehr vom Ich her zu begreifen ist, sondern dass er sich von sich selbst her offenbarend zu verstehen gibt und nur so für mich zugänglich wird.

---

[108] Vgl. H-B 402; FE III, 208; FE V, 35; E. DUSSEL, La divinización del imperio, aaO. (Anm. 17) 82.

Dieses Kapitel möchte dieses neue Denken Schritt für Schritt durchschreiten, die Andersheit des anderen denkend erschliessen und dabei die darin implizierten ethischen und erkenntnistheoretischen Bedingungen der Möglichkeit des Verstehens derselben kontinuierlich explizieren.

## A. Die systemtranszendente Exteriorität des anderen

### 1. Die ursprüngliche Andersheit des anderen

Dem ontologischen Denken ist das Wahre das Ganze. Im eigenen Diskurs DUSSELS ist gerade umgekehrt das Ganze das Unwahre[109], weil es die wirkliche Andersheit des anderen nicht zu denken vermag. Im Anschluss an die totalitäre Ontologie des Ganzen bleibt daher die systemkritische Aufgabe, das System der Totalität von der realen Andersheit her aufzubrechen.[110] Es kommt alles darauf an, den Sinn- und Seinsgrund des anderen in ihm selbst und nicht im Horizont meines Ich-Systems zu fassen. Der andere hat eine "Existenz **ausserhalb** des Systems" (FE IV,96). Er ist eine "extrasystematische Wirklichkeit"(FL$^1$ 2.4.4.3 = FL$^3$ 2.4.3.7). Er ist transzendent gegenüber den Bestimmungen der Totalität und der Identität meines Ich. Im Diskurs der Andersheit würde der Fundamentalsatz des PARMENIDES lauten: Das Sein ist, und das Nichtsein ist auch, aber jenseits des Horizontes des Seins.[111] Jenseits des europäischen Seinshorizontes ist nicht einfach nichts, sondern das bestimmte "Nichts der Totalität"[112]: der andere als das systemjenseitige Unbegreifliche und Unverfügbare. Die Identität von Denken und Sein erweist sich

---

[109] Vgl. T. W. ADORNO, Drei Studien zu Hegel, Frankfurt a.M. $^4$1970, 104.
[110] Vgl. FE I, 115.   [111] Vgl. FL$^1$ 2.4.5.1 = FL$^3$ 2.4.4.1.
[112] E. DUSSEL, Para una fundamentación, aaO. (Anm. 10) 26.

mithin in diesem neuen Diskursmodell als falsch, gibt es doch Wirklichkeit jenseits des Horizontes des Denkens, nämlich den anderen.[113]

Das Nichts der Totalität ist positiv die Wirklichkeit der Exteriorität.[114] Darunter versteht DUSSEL den "Bereich, wovonher der andere Mensch sich als freier, nicht durch mein System bedingter Nicht-Teil meiner Welt offenbart" (FL 2.4.2.3), den Ort, von dem aus der Arme und Unterdrückte Gerechtigkeit und Recht fordert[115]. Exteriorität ist die Fundamentalkategorie eines Diskurses der Befreiung, der beim anderen und nicht beim Ich ansetzt.

Diesen neuen Diskurs aus der Exteriorität nennt DUSSEL Meta-physik, wobei dieser Begriff die Bedeutung eines "Neologismus" (IFL 98) hat. Meta-physik ist hier verstanden als das Denken des Jenseits (meta) des Horizontes der Totalität (physis), das Denken von der Exteriorität des anderen her.[116] Der meta-physische Diskurs ist also der Kontrārbegriff zum ontologischen Diskurs, der sich auf das Systemimmanente und Totalitätsdiesseitige bezieht. (Um Dussels transontologischen Begriff der Meta-physik von der abendländisch-ontologischen Metaphysiktradition zu unterscheiden, machen wir ihn daher mit einem Bindestrich kenntlich.) In bezug auf das ontologische Denken ist die Meta-physik eine "Ontologie der Negativität" (MFL 269). Sie denkt gerade dasjenige, was von der Ontologie als Nichts verneint wird, das ontologisch Ungedachte, ja Undenkbare.[117] Worauf sich die "Meta-physik der Andersheit" (FE III, 36) bezieht, ist nicht bloss die (immanen-

---

[113] Vgl. FE II, 113; V, 51.
[114] Vgl. E. DUSSEL, Lässt sich "eine" Ethik angesichts der geschichtlichen "Vielheit" der Moralen legitimieren?, in: Conc 17 (1981) 807-813, 808.
[115] Vgl. E. DUSSEL, Die moderne Christenheit vor dem "anderen". Vom "rüden Indio" bis zum "guten Wilden", in: Conc 15 (1979) 649-656, 655, Anm. 11.
[116] Vgl. FL 2.4.9.2; FE I, 121; MFL 269; H-B 398.
[117] Vgl. E. DUSSEL, Para una fundamentación, aaO.(Anm.10)39.

te) **Differenz**, die als solche die ursprüngliche Identität des Selben und Ganzen voraussetzt, sondern die **Distinktion**, die den anderen als ursprünglich verschieden gelten lässt.[118] Diese "meta-physische Distinktion" (FE II, 164) öffnet allererst das Tor für das unerreichbare Jenseits der übergreifenden ontologischen Einheit von Identität und Differenz.

Die Entdeckung das radikal anderen impliziert auch eine radikal andere **Methodologie**. Die Methode der Meta-physik ist nicht mehr die Dialektik der alles in sich verschlingenden Totalität, sondern die "**ana-dia-lektische Bewegung**" (AL:DyL 113). Ana-Dialektik bezeichnet das Jenseits (ana) der Dialektik, die transdialektische Bewegung der metaontologischen Exteriorität des systemtranszendenten anderen. DUSSEL nennt diese Methode kurz 'Analektik'[119].

Die Wortschöpfung 'Analektik' stammt ursprünglich von B. LAKEBRINK[120]. Der Ausdruck stellt eine Kontraktion von 'Analogie' und 'Dialektik' dar und benennt die Methode der Analogie, insofern sie in ihrer Grundstruktur erst im Gegenlicht der Dialektik sichtbar wird.[121] Die Analektik betont gegenüber der Dialektik die Grenzen des Wissens und des rationalistischen Verfügens.[122] Bedeutet Dialektik die Identifizierung des Nichtidentischen, so Analektik im Sinne LAKEBRINKS die "**Proportionierung des Nicht-Identischen**" (ebd. 13). Ist mithin Dialektik die Bewegung der Identität der Identität und der Nichtidentität, so Analektik die Methode der Aehnlichkeit von Aehnlichem und Unähnlichem als zwei verschiedenen Wirklichkeiten.[123] Beide negieren sich nicht schlechthin, sondern sind aufeinander gerichtete - allerdings entgegengesetzte - Be-

---

[118] Vgl. FE I, 102; FL 2.5.5.1; MFL 270; E. DUSSEL, Supuestos histórico-filosóficos, aaO. (Anm. 1) 181.
[119] Vgl. IFL 198f.
[120] Hegels dialektische Ontologie und die thomistische Analektik, Köln 1955.
[121] Vgl.ebd.11.   [122] Vgl.ebd.301.   [123] Vgl.ebd.434-436.

ziehungen. Die Aehnlichkeit ist das Medium der Vermittlung von bleibend Unähnlichem, also ohne das Unähnliche dabei dialektisch zu identifizieren. Sie lässt das Unähnliche in seinem nicht rückführbaren proprium esse und reduziert es nicht dialektisch zu einem immanenten Moment des Ganzen.[124] Die analektische Aehnlichkeit ist so die Methode der "vorwesentlichen Mitte" (ebd. 253) zwischen Identität und Nichtidentität. Ist mithin die Dialektik die Methode der **Identität** der unterschiedenen Relata oder Momente, so die Analektik die Methode der **Aehnlichkeit** der unterschiedenen Relata, wobei bei aller Aehnlichkeit die je grössere Unähnlichkeit und Nicht-Identität betont wird.[125] "Analektisch ist eine kontinuierende Bewegung vom Nichts zum Sein und umgekehrt vom Sein zum Nichts unmöglich" (ebd. 358).

DUSSEL scheint den Ausdruck 'Analektik' indirekt über SCANNONE[126] von LAKEBRINK übernommen zu haben, wobei SCANNONE bemerkt, er spreche "nicht im völlig gleichen Sinn"[127] von Analektik wie DUSSEL. Dieser definiert seinen Begriff der Analektik kurz und bündig als jene "Methode[128] (...), die vom anderen als freien und als Jenseits des Systems der Totalität ausgeht" (FE II, 161).

---

[124] Vgl. ebd. 243.      [125] Vgl. ebd. 220-227.
[126] Vgl. Teología de la liberación y praxis popular, aaO. (S. 13, Anm. 14) 216, Anm. 24.
[127] J. C. SCANNONE, Das Theorie-Praxis-Verhältnis, aaO. (S. 16, Anm. 21) 163.
[128] In der veränderten Neuauflage seiner FL und offensichtlich im Anschluss an eine vertiefte Marxlektüre spricht DUSSEL nicht mehr von einer analektischen **Methode** im Gegensatz zur dialektischen Methode, sondern vom "analektischen **Moment** der **positiven** dialektischen Methode" (FL$^3$ 5.3.2; Hervorhebung von mir), d.h. die Analektik erscheint nunmehr als eine bestimmte Gestalt der Dialektik selber, so dass die Dialektik der Oberbegriff der Analektik bleibt. Innerhalb der Dialektik selber wird unterschieden zwischen einer negativen und einer positiven Dialektik, wobei die negative Dialektik die der Ontologie der Totalität zugeordnete Methode, die positive oder analektische Dialektik aber die Methode der Meta-physik ist (vgl. FL$^3$ 5.3; PLyFL 94-98).

Die "analektische Bewegung der Meta-physik der Andersheit" (FE II, 29) ist die methodische Entsprechung zum "Einbruch der Exteriorität in den ontologischen Horizont des Systems" (FE IV, 79). Analektik ist die Methode der Meta-physik. Ihre Grundkategorie ist darum ebenfalls die Exteriorität, ihr Prinzip die Distinktion und Separation.[129] Bewegt sich die Dialektik in der Kontinuität der Immanenz der Totalität als des Selben, so die Analektik in der Diskontinuität der Transzendenz der Exteriorität als des anderen.[130] Der analektischen Beziehung entspricht nicht die alles andere als je meiniges identifizierende egotische Totalität, sondern die "exzentrische Position" (FE I, 155) des Ich. Der andere nimmt gegenüber meinem Bewusstseinshorizont eine "trans-versale Stellung" (FE II, 39) ein. Er bricht in die Totalität meines begreifenden Ich-Horizontes ein als "analektische Utopie" (FE II, 99), d.h. als jemand, der innerhalb meiner Totalität weder Ort noch Sein hat.

Ist also der ontologische Trieb auf Totalisierung und Identifizierung gerichtet, so der meta-physische Trieb auf Distinktion.[131] Ist der ontologische Weg des Ich die "Bewegung des sich in sich selbst Reflektierens" (HEGEL: PhG 26), so der meta-physische Weg der Exodus aus dem Ich. Folgt die Dialektik der Ontologie einer "Logik der Totalität" (FE II, 93), so die Analektik der Meta-pyhsik der "Logik der Andersheit" (FE III, 227, Anm. 10). Ist Immanenz der ontologische Sinn des Seins, so Transzendenz dessen meta-physischer Sinn.[132] Der ontologische Diskurs ist ein ethisch-meta-physischer Skandal, der meta-physische Diskurs eine ontologische Absurdität. Die Ontologie

---

[129] Vgl. FL 5.3.1.   [130] Vgl. FE IV, 91.
[131] Vgl. FE V, 75; FL 2.4.9.3.
[132] Vgl.H-B 398. SCANNONE spricht sogar von einer "Transdeszendenz" (Teología de la liberación y praxis popular, aaO. [S. 13, Anm. 14] 226), um damit die unverfügbare Bewegung von oben nach unten bzw. von aussen nach innen im Unterschied zur aszendenten Bewegung von unten nach oben bzw. von innen nach aussen auszudrücken.

denkt den anderen vom Ich her, die Meta-physik das Ich vom anderen her. Die Bewegung der Relation geht nicht mehr vom Ich aus, sondern kommt auf das Ich zu. Sie hat ihre Herkunft beim anderen als anderen. Bezieht sich das Ontisch-Ontologische auf etwas (Objekt), so das Meta-physische auf jemand (Subjekt).[133] In der Dialektik der Totalität ist **das** andere des Selben dessen eigenes Moment; in der Analektik ist **der** andere radikal verschieden vom Selben und ihm gegenüber transzendent.[134] Der dialektische "Totalisierungstrieb" (FE III, 87) des ego cogitans wird analektisch durchbrochen. Die meta-physisch-analektische "Enttotalisierung der totalisierten Totalität" (FE II, 107) ist eine kritisch-befreiende Bewegung, die den anderen aus den Ketten der systemimmanenten Unterjochung löst. Die Meta-physik der Andersheit ist darum zugleich eine "meta-physische Anthropologie der Befreiung" (AL:DyL 201). Der meta-physische Einbruch der Andersheit aus der Exteriorität des Systems subvertiert die herrschende Totalität des Selben und negiert deren alles neutralisierende und egalisierende Ich-Diktatur.[135]

Allerdings geht die Analektik unter streng methodologischem Aspekt nicht einmal den Weg der Negation der Negation (der Negation der dialektischen Aufhebung des anderen als anderen), weil die Negation als **bestimmte** das von ihr Negierte immer noch an ihr selbst hätte und also nur dessen negative Seite wäre. Sie schlägt vielmehr den fundamental anderen Weg der positiven **Affirmation** der Exteriorität des anderen ein.[136]

### 2. Der andere als freies Geheimnis

Jenseits der begreifenden Vernunft der Totalität des Ich

---

[133] Vgl.FL 4.2.8.2. [134] Vgl.FE I, 102. [135] Vgl.FE II,36.
[136] Vgl. PLyFL 95-97; E. DUSSEL, Befreiungsethik. Grundlegende Hypothesen, in: Conc 20 (1984) 133-141, 138.

west die Exteriorität des unbegreiflichen und unumgreifbaren anderen.[137] Seine distinkte Exteriorität gründet meta-physisch in seiner unbedingten Freiheit.[138] In ihr liegt das "Abgründige und Unbegreifliche seines dis-tinkten Ursprungs" (AL:AyL 118). Die Meta-physik der Andersheit führt daher ihren Diskurs von der "meta-physischen Freiheit des anderen" (FE II, 93) aus. Der "Wille zur Freiheit" (FE II, 78) ist die meta-physische Alternative zum ontologischen Prinzip des Willens zur Macht. Weil er frei ist, ist der andere die unbedingte Exteriorität aller Totalität und disfunktionale Systemtranszendenz.[139] Weil er in bezug auf das System des Ich asystematisch und asymmetrisch ist, entzieht er sich dessen Begreifen. Als "freie und einmalige Exteriorität"[140] ist er das "Nichts meiner Welt" (FE I, 125), das Unbegreifliche und Unverständliche. Von der Freiheit des anderen bricht die "Analektik des **Neuen**" (FE IV, 50) als das Unableitbare und Ueberraschende in meinen Horizont ein.[141] Als diese freie, "trans-logische Negativität" (FE II, 63) und positive "eschatologische Exteriorität" (FE II, 99) ist der andere Person und nicht blosses Moment der Totalität einer Gattung. Person ist das "Geheimnis des Un-begreiflichen" (FE I, 124). Statt 'Person' sagt DUSSEL auch 'Antlitz' (rostro, cara).[142] Als freie Person oder Antlitz ist der andere in seinem innersten Wesenskern dem totalisierenden Zugriff meines Begriffs entzogen.[143] Wenn ich ihn nur als Vermittlung für ein Drittes (z.B. den Postbeamten nur als Vermittlung der Briefmarke, die ich kaufen will, oder den Chauffeur nur als Vermittlung des Zieles, das ich mit dem Bus erreichen will) begreife und instrumentalisiere, schliesse ich ihn in die subjizieren-

---

[137] Vgl. FL¹ 2.4.8.1 = FL³ 2.4.7.1.     [138] Vgl. FE V, 74.
[139] Vgl. FL¹ 2.4.7.1 = FL³ 2.4.6.1.
[140] E. DUSSEL, Supuestos histórico-filosóficos, aaO. (Anm. 1) 182.
[141] Vgl. FE I, 124f; 137; II, 60; AL:DyL 209; E. DUSSEL, Para una fundamentación, aaO. (Anm. 10) 33.
[142] Vgl. FE III, 72; IFL 86.     [143] Vgl. FE II, 63.

de Totalität meines Ich ein.[144] Die meta-physische Wahrheit des Seins aber ist die unverfügbare personale Freiheit des anderen als anderen.[145]

### 3. Die Exteriorität Lateinamerikas

Nachdem der Status des anderen meta-physisch bestimmt ist, kommt es nun nach DUSSEL darauf an, "den **anderen als soziale Klasse**" (FE IV, 73) empirisch und historisch zu konkretisieren. Der andere ist Lateinamerika im Gegenüber zur Totalität des europäisch-nordatlantischen Systems, das arme Volk im Gegenüber zu den Oligarchien.[146] Lateinamerika ist die "soziale und geopolitische Exteriorität" (FE IV, 15) des metropolitanen Zentrums.

Die politische Subjektontologie der europäischen Neuzeit hat im eroberten und kolonisierten Indio, Afrikaner und Asiaten die Andersheit negiert und den sich so Unterworfenen als Moment in ihre eigene Herrschaftstotalität eingegliedert.[147] Um sich selber denken zu können, muss daher Lateinamerika das europäische Denken überwinden, denn dieses vermag Lateinamerika nur als mediales Moment seiner selbst im dialektischen Prozess der Vermittlung zu sich selbst zu denken. In der geopolitischen Dialektik von Herr und Knecht ist Europa der seiner selbst bewusste Herr, Lateinamerika das entfremdete, knechtische Bewusstsein oder das "Bewusstsein in der Gestalt der **Dingheit**" (HEGEL: PhG 150). Das Wesen des Knechtes ist das "Sein für ein Anderes" (ebd.), nämlich das Sein für den Herrn. Der Herr ist das Wesen des Knechtes, "das **für sich** seiende Bewusstsein..., welches durch ein **anderes** Bewusstsein mit sich vermittelt ist, nämlich durch ein solches, zu dessen Wesen es gehört, dass es mit selbständigem **Sein**

---

[144] Vgl. FE I, 122.  
[146] Vgl. AL:DyL 113.  

[145] Vgl. FE II, 117.  
[147] Vgl. AL:DyL 193.

oder der Dingheit überhaupt synthetisiert ist" (ebd.). Durch das knechtische Lateinamerika vermittelt sich das herrische Europa dialektisch zu sich selbst und gewinnt darin sein eigenes Selbstbewusstsein als Herr. Lateinamerika kommt im europäischen Denken nur als das eigene andere des europäischen Selbst vor, in dem es sich selbst wiederfindet und vermittels dessen es zu sich selbst kommt. Ein authentischer lateinamerikanischer Diskurs wird erst möglich, wenn der autonome Status der lateinamerikanischen Personalität entdeckt wird als meta-physische Exteriorität gegenüber dem nordatlantischen Herrschaftssubjekt.[148]

## B. Die Selbstoffenbarung des anderen

Bis hierher haben wir den meta-physischen Ort des anderen als freie Exteriorität bestimmt. Im folgenden geht es nun darum, die Bedingungen freizulegen, die das **Verstehen** und **Erkennen** des anderen **als** anderen allererst ermöglichen. In herkömmlicher Unterscheidung haben wir im vorausgegangenen Abschnitt den anderen im modus essendi gedacht, während es nunmehr darum geht, ihn im modus cognoscendi zu denken und die Bedingungen der Möglichkeit eines solchen Erkennens zu explizieren. Dabei wird sich zeigen, dass der andere - als schlechthin ausserhalb meines Bewusstseinshorizontes existierend - nur zu verstehen ist, insofern er sich selbst mir von aussen her offenbarend zu verstehen gibt. Dieser aus meinen subjektiven Aprioris schlechthin unableitbaren Selbstoffenbarung des anderen entspricht auf meiner subjektiven Seite der Glaube als unbedingtes Michöffnen für den anderen und als urpassives Hören auf sein Wort, das aus seiner Exteriorität in meinen Horizont einbricht. Es wird sich weiter zeigen, dass dieses Hören auf den anderen eminent praktische Voraus-

---

[148] Vgl. MFL 194; FE II, 162; 172; AL:DyL 114.

setzungen impliziert und eine eigentliche Ethik der Befreiung in nuce enthält. Schliesslich wird sich dieser meta-physische Glaube als der ursprünglichste und höchste Akt des menschlichen Wesensvollzuges überhaupt erweisen.


## 1. Die Stimme des anderen als Offenbarungswort

Die ich-unabhängige Wirklichkeit des anderen ist für die begreifende Vernunft eine ontologische Unmöglichkeit und darum notwendig unverständlich.[149] Ein verstehender Zugang zum anderen ist nur vom anderen selbst her möglich. Dieser ist nur insoweit verstehbar, als er sich von sich selbst her zu verstehen gibt, indem er sich 'offenbart'. "Allein vom anderen selbst her als anderen ist die Affirmation des anderen möglich, und dieser Akt ist Offenbarung, Schöpfung, Novum, Pro-vokation, Ruf" (FE II, 92). Bezogen auf den Horizont der Ich-Totalität, ist seine Stimme äusserste Negativität.[150] Als ontologische Unmöglichkeit bringt sich seine Offenbarung als Schöpfung des (vom Ich aus) Unmöglichen zur Darstellung.[151] Was er positiv ist, wird für mich nur durch ihn selbst in seiner Selbstoffenbarung.[152] Was er dabei offenbart, ist aber nichts anderes als sein Antlitz, "hinter dem sich das heilige Geheimnis seiner unsichtbaren und unbegreiflichen Freiheit verbirgt" (AL:DyL 207). Das Licht der Offenbarung "erhellt nur ein Antlitz, ohne sein Geheimnis zu enthüllen" (FE III, 35). Der andere bleibt auch in seiner offenbarten Präsenz unbegreiflich, unendlich transzendent und fremd, ein eschatologisches Geheimnis, das mich vom Jenseits meines Horizontes her ruft. Er bleibt auch in seinem enthüllten Antlitz das Ausserhalb meiner Welt, wovonher er sich meldet als jemand, der Anspruch auf Gerechtigkeit hat.[153]

---

[149] Vgl. FL¹ 2.4.8.2 = FL³ 2.4.7.2.  [150] Vgl. FE II, 55.
[151] Vgl. FE I, 127.  [152] Vgl. FE II, 218, Anm. 251.
[153] Vgl. FE I, 123-128; III, 35.

Die Offenbarung des anderen ist sein Persongesicht, das "jedes überprüfbare Weltbegreifen transzendiert und aus dessen Geheimnis ein Wort auftaucht, welches das Unvorhersehbare ent-hüllt" (AL:DyL 87). Es ist also wesentlich "apokalyptisches Wort" (FE II, 121), in dem der andere sich selbst mitteilt und nach Befreiung ruft.[154] Es ist die Epiphanie des anderen als anderen selbst, die Spur seines jenseitigen Geheimnisses.[155]

## 2. Glauben aus dem Hören des Wortes

Die der "Exteriorität des Wortes"[156] des anderen entsprechende Haltung des Ich kann nicht das wissende Begreifen und Beherrschen, sondern nur das "Hören auf die Stimme des anderen" (AL:DyL 208) aus dem Ausserhalb meines Horizontes sein. Dieses gehorsame Hören auf den Ruf des anderen heisst Glaube.[157] Die Andersheit des anderen begegnet mir allein im Horizont des Glaubens.[158] Wenn er als das je schon Begriffene und Eroberte gefasst wird, wird er in seiner eigentlichen Wirklichkeit verfehlt. "Glaube und Eroberung sind Begriffe, die sich widersprechen" (AL:DyL 205). Das creditum ist kein cogitatum. Geglaubt wird vielmehr gerade das Ungedachte und Unbegriffene, das Nichts des Wissens, das Geheimnis der unableitbaren Exteriorität. Dem Geglaubten ist allein das reine Empfangen in "meta-physischer **Passivität**" (FE V, 53)[159] entsprechend.

Das glaubende Ich bezieht die Gewissheit der Wahrheit des Offenbarten nicht aus dem Inhalt desselben, sondern aus

---

[154] Vgl. FL 4.2.8.4; FE II, 78.
[155] Vgl. FL 2.6.1.1; AL:DyL 112.
[156] E. DUSSEL, Reflexiones sobre la metodología para una historia de la iglesia en América latina, in: Para una historia de la iglesia en América latina. I Encuentro Latinoamericano de CEHILA en Quito (1973), Barcelona 1975, 23-40, 32.
[157] Vgl. AL:DyL 202. [158] Vgl. FE I, 148.
[159] Vgl. auch FE II, 116; III, 185.

dem Offenbarenden selbst. Was der andere sagt, wird geglaubt und für wahr gehalten, weil der andere selbst als glaubwürdig geglaubt wird.[160] Der Glaube vertraut auf die Wahrheit des offenbarten Wortes aufgrund der unbedingten Wahrhaftigkeit des anderen. Geglaubt wird mithin allein auf die Autorität des offenbarenden anderen selbst hin. Das Offenbarte ist nicht aufgrund irgendeiner Evidenz seiner Wahrheit oder auch nur aufgrund irgendeiner Wahrscheinlichkeit gewiss. Es hat kein anderes Wahrheitskriterium als seine Herkunft vom anderen. Die Wahrheit des Offenbarten wird autoritativ verifiziert.

Wer sich glaubend für die meta-physische Andersheit des anderen öffnet und dessen Wort hört, wird in seiner narzisstischen Selbstzentriertheit erschüttert: er wird exzentrisch gegenüber sich selbst. Diese exzentrische Position ist gleichbedeutend mit einer ganzheitlichen Konversion zum anderen als anderen hin. Glaube ist der meta-physisch höchste Wesensvollzug eines Ich überhaupt.[161] Wahrhaft existieren heisst, sich der Insistenz des anderen aussetzen.

Hat also in der Ontologie der Totalität das "be-greifende Sehen den Primat vor dem Hören auf den anderen als Geheimnis" (FE II, 32), so ist der meta-physische Glaube die Grenze des Sehens[162]. Der andere ist das Jenseits aller Vision. Der Glaube transzendiert das Sichtbare am

---

[160] Vgl. MFL 190; FE II, 123.
[161] Vgl. MFL 274; FL 2.6.3.1; AL:DyL 120; 130f, Anm. 51. - In einer durchaus verwandten Denkfigur stellt W. PANNENBERG (Anthropologie in theologischer Perspektive, aaO. [S. 106, Anm. 252] 221) den schrankenlosen Verfügungstrieb des Ich in Zusammenhang mit der Psychopathologie des Narzissmus, der mit seiner 'Allmacht der Wünsche' alles auf sich selbst bezieht. Diesem krankhaft-sündhaften Narzissmus stellt auch PANNENBERG - ähnlich wie DUSSEL - die exzentrische Wirklichkeit des sich aus der Selbstverschlossenheit öffnenden Urvertrauens (des Glaubens!) zu dem sich gebenden anderen - primär der Mutter - entgegen.
[162] Vgl. FE II, 53; DCyL 16; AL:DyL 207.

Antlitz des anderen auf dessen unsichtbares und nur in der Offenbarung begegnendes Geheimnis hin. Was am anderen **sichtbar** ist, ist gerade nicht der andere **als anderer**, d.h. als freies Geheimnis.[163] Er kann nur durch sein Wort glaubend gehört werden. Während sich die "Ontologie des Sehens" (AL:DyL 112) auf die Systemimmanenz bezieht, richtet sich die Meta-physik des Hörens oder der Glaube auf die Systemtranszendenz des anderen.[164]

### 3. Analoges Verstehen aus dem Glauben

Das Wort, das vom anderen her in meine Totalität einbricht, ist von meinem Horizont her adäquat gar nicht verstehbar, denn verständlich ist dem Ich nur, was in einem gesetzten Begründungszusammenhang mit ihm steht. Nun bricht aber das Offenbarungswort des anderen gerade aus dem Jenseits der Ich-Totalität herein. Es ist daher nur "uneigentlich verstehbar" (AL:DyL 120).

Wir haben bereits gesehen, dass der Glaube auf das schlechthin Unbegriffene gerichtet ist und dass er seine Gewissheit aus keinerlei Evidenz oder Einsicht in das Was des Offenbarten, sondern allein aus dem Vertrauen in die Glaubwürdigkeit des anderen bezieht. Gibt es also überhaupt keine Möglichkeit eines quidditativen Verstehens dessen, was der andere offenbart? DUSSELS Antwort ist weder eindeutig ja noch nein. Ein vollkommenes, adäquates Verstehen des Wortes des anderen bleibt unmöglich, nicht aber ein indirektes, unvollkommenes, **analoges** Verstehen.

DUSSEL begreift Analogie als ein Verstehen jenseits (ana)

---

[163] Vgl. DCyL 17.
[164] Vgl. AL:DyL 203. - Nach DUSSEL ist die Priorität des Hörens vor dem Sehen charakteristisch für semitisches Denken im Unterschied zum Primat des Sehens im griechischen Denken (vgl. FE III, 35; E. DUSSEL, El humanismo semita, Buenos Aires 1969).

des begreifenden Logos.[165] In diesem Sinn spricht er auch von einer Ana-logie des Wortes oder der Offenbarung[166], von einer analogia fidei und einer Ana-logie des anderen[167]. Die schlechthin transzendente Wirklichkeit des anderen kann nicht univok ausgesagt werden, weil sie ihren Grund nicht in der Identität meines umgreifenden Ich-Horizontes hat. Soll aber anderseits das Wort des anderen für mich überhaupt irgendeine Bedeutung haben können, so darf es auch nicht äquivok ausgesagt werden, weil dann eine sinnvolle Kommunikation von vornherein ausgeschlossen wäre.[168] Es muss also eine gewisse Kompatibilität mit meinen Verstehensstrukturen und damit eine obgleich noch so entfernte Aehnlichkeit mit meiner Subjektivität aufweisen. Es ist mit anderen Worten analog, d.h. der andere ist zwar "ähnlich, aber nie gleich, der Nächste, aber nie der Selbe" (FE II, 93). Bei aller Aehnlichkeit ist er durch eine je grössere Unähnlichkeit ausgezeichnet.

Man möchte hier geradezu von einer klassischen analogia entis sprechen, wenn diese im Verständnis DUSSELS nicht die seinsmässige Heimat in einem alles umfassenden Horizont eines mit sich identischen Seinsgrundes bedeuten und darum eine ursprüngliche Andersheit gerade ausschliessen würde. DUSSEL meint, die analogia entis biete der ontologischen Denkart gerade die Möglichkeit, eine letzte begrifflich beherrschbare und verfügbare Einheit und Totalität alles Seienden zu denken.

Hier stellt sich allerdings die kritische Frage, ob DUSSEL dem, was analogia entis eigentlich meint, wirklich gerecht wird oder ob er nicht vielmehr einem insbesondere durch KARL BARTH lautstark verbreiteten Missverständnis unterlegen ist. Heute besteht weitgehend Einigkeit darüber, dass sich die Polemik BARTHS in Wirklichkeit gegen

---

[165] Vgl. MFL 270; AL:DyL 113; 227, Anm. 38; FE I, 138; E. DUSSEL, Para una fundamentación, aaO. (Anm. 10) 24f.
[166] Vgl.FE II, 171.   [167] Vgl.FE II, 164.   [168] Vgl.H-B 405.

ein **Zerrbild** der analogia entis richtete.169 Der analogia entis wurde vorgeworfen, sie verbinde den ganz anderen Gott und das endliche Geschöpf zu einem gemeinsamen Seinszusammenhang, der seinerseits Gott aus der Hinordnung der geschaffenen Welt zu ihm mit dem Licht der natürlichen Vernunft zu denken erlaube. Die analogia entis sei so geradezu der prometheische Griff des Ich nach dem ganz Anderen, der Versuch eigenmächtiger Ueberbrückung der unendlichen qualitativen Distanz zwischen Gott und der Kreatur. Durch den Begriff des Seins versuche das Ich aus sich selber hervorzubringen, was ihm wesenhaft nur von aussen geschenkweise entgegengebracht werden könne.170

Diese in der Tat gravierenden Vorwürfe mögen bestimmt nicht ohne jeden Anhaltspunkt bei gewissen Denominationen der scholastischen Analogielehre erhoben worden sein, insofern der transzendentale Seinsbegriff die Einheit und Kontinuität alles Seienden begründet.171 Es macht aber gerade die Sinnrichtung der Lehre von der analogia entis aus, nicht eine letzte Identität, sondern eine Wesensver-

---

169 Vgl. B. GERTZ, Glaubenswelt als Analogie. Die theologische Analogie-Lehre Erich Przywaras und ihr Ort in der Auseinandersetzung um die analogia fidei, Düsseldorf 1969, 265; H. U. VON BALTHASAR, Karl Barth. Darstellung und Deutung seiner Theologie, Einsiedeln 41976, 390; E. JUENGEL, Gott als Geheimnis der Welt. Zur Begründung der Theologie des Gekreuzigten im Streit zwischen Theismus und Atheismus, Tübingen 1977, 384f.
170 Vgl. K. BARTH, Die Kirchliche Dogmatik (KD), Bd. I/1: München 1932; ab Bd. I/2: Zollikon-Zürich 1938ff, I/1, 40; 175; 180; 252; 459f; I/2, 41; 48; 88; 91f; 158; 262; II/1, 90; 349; 654f; II/2, 588f; 717f; 829f; III/2, 116; 168; 417; III/3, 115f.
171 Vgl. THOMAS VON AQUIN, Summa theologica (S. th.). Vollständige, ungekürzte deutsch-lateinische Ausgabe, Salzburg-Heidelberg 1933ff, I, q 13 a 1 ad 2; ebd. a 4 crp; G. M. MANSER, Das Wesen des Thomismus, Freiburg i.Ue 31949, 405-432; J. TRACK, Art. Analogie, in: TRE II, 625-650, 635-637; W. KLUXEN, Art. Analogie, in: HWP I, 214-227, 222; G. SOEHNGEN, Sein und Gegenstand. Das scholastische Axiom Ens et verum convertuntur als Fundament metaphysischer und theologischer Spekulation, Münster i.W. 1930, 98.

schiedenheit zwischen dem endlichen Seienden und dem absoluten Sein Gottes begrifflich zu denken, aber doch so, dass das Sein Gottes nicht einfach als in reiner Beziehungslosigkeit und jenseits jeglicher Sagbarkeit als in sich selber verharrend gedacht wird. Eine letzte Identität zwischen dem Sein Gottes und dem Sein des Menschen würde sich aus einem univoken Seinsverständnis ergeben; die letzte Beziehungslosigkeit und absolute Unsagbarkeit Gottes wäre die Konsequenz eines äquivoken Seinsbegriffs.[172] Die analogia entis ist die Mitte zwischen beiden. Gegen das univoke Missverständnis behauptet sie gerade nicht eine Aehnlichkeit der Relata (impossibile est aliquid per hunc modum analogiae dici de Deo et creatura), sondern nur eine Aehnlichkeit der Relationen (similitudo duarum ad invicem proportionum)[173]. Der Seinsbegriff konstituiert gerade keine Art- und Gattungsgemeinschaft zwischen Gott und dem Menschen.[174] Nach der massgeblichen lateranensischen Analogieformel kann von Schöpfer und Geschöpf "keine Aehnlichkeit ausgesagt werden, ohne dass sie eine grössere Unähnlichkeit zwischen beiden einschlösse" (DS 806; NR 280).

Diese Grundstruktur der analogia entis wurde vor allem von E. PRZYWARA[175] unermüdlich und zäh aufgearbeitet und freigelegt. Die Lateranformel ist für PRZYWARA geradezu der locus classicus jeder Analogielehre. Jede Aehnlich-

---

[172] Vgl. THOMAS VON AQUIN, Quaestiones disputatae de veritate (ed. Marietti), Turin ⁴1922, q 2 a 11; E. CORETH, Analogia entis I, in: LThK I, 468-470, 469.
[173] THOMAS VON AQUIN, De veritate, aaO.(Anm.172) q 2 a 11.
[174] Vgl. ders., S. th., aaO. (Anm.171) I, q 4 a 3 ad 1-4; ebd. q 13 a 5 ad 2-3.
[175] Vgl. Schriften, Bd. III: Analogia entis. Metaphysik. Ur-Struktur und All-Rhythmus, Einsiedeln 1962. - Die Nähe PRZYWARAS zum analektischen Denken lässt sich rein äusserlich schon daran ablesen, dass sich etwa SCANNONE, der ebenfalls für eine analektische Methode plädiert, sich dabei ausdrücklich von PRZYWARA inspirieren liess (vgl. J.C. SCANNONE, Teología de la liberación y praxis popular, aaO. [S. 13, Anm. 14] 216, Anm. 24; ders., Das Theorie-Praxis-Verhältnis, aaO. [S. 16, Anm. 21] 163, Anm. 8).

keit zwischen dem ganz anderen Gott und dem endlichen Geschöpf wird von einer je grösseren Unähnlichkeit umgriffen. Gott ist "dieses Supra, dieses je neue, je grössere, je unfasslichere Ueber schlechthin"[176]. "Analogia entis besagt eben: im selben Akt, in dem der Mensch im Gleichnis der Kreatur Gottes inne wird, wird er Seiner Inne als desjenigen, der über allem Gleichnis steht."[177] Sie ist darum kein Deduktions-, sondern ein Reduktionsprinzip, indem sie alles Reden über den je grösseren Gott (Deus semper maior) ins Geheimnis zurückführt (reductio in mysterium).[178] Sie bedeutet keinerlei Prinzip, wonach aus dem Bekannten ein Unbekanntes abgeleitet werden könnte, sondern sie ist die Rückführung aller noch so grossen Aehnlichkeit in die Unbegreiflichkeit der je immer grösseren Unähnlichkeit.[179] Vor diesem Mysterium "springt ... das Denken in Stücke"[180]. Die wahre analogia entis ist darum "Antilogie"[181]. Das Geheimnis kann nicht Begriff werden, sondern der Begriff muss vom Geheimnis überwältigt werden.[182] Die analogia entis hat mithin bei PRZYWARA gerade den Sinn, den unerkennbaren Gott in seiner Unerkennbarkeit zur Sprache zu bringen und sein unverfügbares Geheimnis zu wahren. Darum kann JUENGEL mit Recht sagen: "Ginge es nur darum, Gott als den ganz Anderen zu respektieren - nichts wäre besser geeignet, dies denkend zu leisten, als die vielgeschmähte analogia entis."[183].

---

[176] E. PRZYWARA, Was ist Gott? Summula, Nürnberg ²1953, 31.
[177] Ders., Schriften, Bd. II: Religionsphilosophische Schriften, Einsiedeln 1962, 404.
[178] Vgl. B. GERTZ, aaO. (Anm. 169) 207f.
[179] Vgl. E. PRZYWARA, Art. Analogia entis II-IV, in: LThK I, 470-473, 471f.
[180] B. GERTZ, aaO. (Anm. 169) 317.
[181] E. PRZYWARA, Humanitas. Der Mensch gestern und morgen, Nürnberg 1952, 176.
[182] Ders., Schriften III, aaO. (Anm. 175) 89.
[183] E. JUENGEL, Gott als Geheimnis der Welt, aaO. (Anm. 169) 388; s. auch H. U. VON BALTHASAR, Karl Barth, aaO. (Anm. 169) 269: "Von dem Schreckgespenst der analogia entis, das Barth daraus machte, ist bei ihm [PRZYWARA] schlechterdings nichts zu finden."

Damit wird auch klar, dass die Sinnrichtung der so verstandenen analogia entis sich geradewegs deckt mit dem Motiv DUSSELS, den Analogiegedanken in seinen Diskurs aufzunehmen. Die Analogie soll ihm ja gerade ermöglichen, die je grössere Unähnlichkeit und Andersheit des anderen bei aller Aehnlichkeit zu denken. Sie soll einerseits die Wahrung der unverfügbaren und distinkten Andersheit des anderen und anderseits die verstehende Rezipierbarkeit seiner Offenbarung aus dem Jenseits des Horizontes meiner Ich-Totalität gewährleisten.[184] "Das analoge Wort wird in unserer Welt interpretiert als das, was vom Jenseits unserer Welt kommt" (FE II, 122).

Insofern das analoge Offenbarungswort des anderen ähnlich (aber nie univok) ist, wird es für mich verständlich, obgleich nur indirekt und unvollkommen; insofern es distinkt (aber nie äquivok) ist, bleibt es von meinem subjektiven Apriori her unbegreiflich. In dieser "transexistentialen Interpretation" (FE II, 178) behält das Wort des anderen eine bleibende meta-physische Negativität, die von mir eine ständige Offenheit für das bei allem Verstehen je grössere Geheimnis des anderen erfordert.

Das die Offenbarung des anderen analog interpretierende Ich gewinnt die zutreffende Analogie aus einer Art existentieller Konnaturalität mit dem anderen, die daraus resultiert, dass ich mich dem anderen in Liebe öffne und seine Exteriorität in der personalen, herrschaftsfreien Begegnung unbedingt bejahe.[185] In diesem Sinn ist Liebe

---

[184] Vgl. MFL 188f; FE II, 166.
[185] Vgl. MFL 192; AL:DyL 120f; FE II, 127; IFL 92. - Zu einer analogen Einsicht auf theologischer Ebene gelangte schon THOMAS VON AQUIN in einer Reflexion über die Weisheit. Er ordnet die Weisheit der Liebe zu (vgl. S.th. II-II, q 45f) und sieht ihr Zustandekommen nicht nur im usus perfectus rationis, sondern auch in einer habituellen connaturalitas ad res divinas, die durch Liebe bewirkt wird, begründet (vgl. S.th. II-II, q 45 a 2). Weisheit ist für ihn eine durch Liebe innerlich vervollkommnete Erkenntnis des Göttlichen.

Bedingung der Möglichkeit für das Verstehen des Offenbarungswortes des anderen. Das praktisch-ethische Moment ist also der Interpretation des Wortes des anderen wesentlich. Das den anderen als anderen seinlassende Hören auf seine Stimme und die befreiende Praxis der Liebe sind Voraussetzungen dafür, dass ich den anderen (analog und approximativ) verstehen kann. DUSSEL kann daher die Befreiung des Unterdrückten - die Liebe zum anderen - als notwendige Wahrheitsbedingung statuieren. Denn wenn die meta-physische Wahrheit über die Wirklichkeit nur aus der Position des anderen offenbar wird, dann setzt Wahrheit die Bejahung des anderen als anderen, d.h. seine Befreiung zu unveräusserlicher Personalität voraus.[186]

### 4. Liebe als Praxis des Glaubens

Die praktische Entsprechung zum Offenbarungsruf des anderen ist die "Praxis aus der Exteriorität" (FE IV, 80), die Verantwortlichkeit für die "trans-ontologische Gerechtigkeit" (FE V, 52). Das korrelative Sichöffnen des Ich für den anderen als anderen ist verantwortliche "Analektik des **Dienstes**" (FE I,149). Der Dienst ist die metaphysische Praxisgestalt.[187] Erst durch den befreienden Dienst in der enttotalisierenden Oeffnung für den anderen als anderen kann dessen Offenbarungswort real für mich werden.[188] Nur durch die praktische Option für seine Befreiung zu seiner unverfügbaren Andersheit kann es bei mir verstehend "zu einer gewissen analogen Aehnlichkeit (communitas bonitatis)" (FE II, 169) kommen, aus der sich approximativ die Möglichkeit einer Interpretation seines Wortes erst ergibt.

Diese Interpretation ist aber umgekehrt auch Bedingung für den authentischen befreienden Dienst am anderen, denn

---

[186] Vgl. PLyFL 72.  [187] Vgl. FE II, 94; III, 248,Anm.238.
[188] Vgl. AL:DyL 203.

"das Wort des anderen gibt allererst den Inhalt des Dienstes" (FE II, 121). Sie ist darum selbst schon wesentlich **praktische** Hermeneutik. Kein Weg des bloss theoretischen Verstehens führt in die exteriore Sphäre des anderen als anderen. Der "Abgrund der Dis-tinktion" (FE III, 84) kann nicht anders überbrückt werden als im Hören des Glaubens und in der Glaubenspraxis der "Liebe zum anderen als anderen aufgrund der blossen Tatsache, dass er jemand ist ..., obgleich ich ihn noch nicht kenne" (IFL 92). Liebe bedeutet mehr als nur ein symmetrisches Wechselverhältnis von Ich und Du; sie beruht auf keinerlei Gegenseitigkeit und erwartet keine Gegenleistung. In ihr zählt nicht das Ich, sondern nur der andere.[189]

Ohne diese sich selbst als Herrschaftstotalität restlos aufhebende unbedingte Liebe zum anderen ist das Ereignis der meta-physischen Offenbarung nicht möglich. Die Liebe zerbricht nämlich den Totalitätsanspruch des sich selbst als omnitudo realitatis setzenden Ich und lässt so der Andersheit des anderen um seiner selbst willen Raum, aus dem er sich allererst als sich selbst frei offenbaren kann. Sie ist die Selbstweggabe des Ich, ohne doch wieder zu sich selbst zurückzukehren: "Option ohne Rückkehr"[190].

Besteht also das Wesen der dialektisch-ontologischen Existenz in der totalitären Herrschaft des possessiven Ich, so die Authentizität der analektisch-meta-physischen Existenz im Dienst am anderen in Liebe und Gerechtigkeit.[191] Begründet die Ontologie der Totalität den Willen zur Macht, so die Meta-physik der Exteriorität den "Willen zum Dienst" (FE I, 150; MFL 266). Der befreiende Dienst der Liebe ist die analektische Bewegung selbst, wodurch die Totalität aufgebrochen und ent-totalisiert wird.[192] Befreiung ist eine "anadialektisch-operative Kategorie"

---

[189] Vgl. ETL 20.
[190] E. DUSSEL, Etica comunitaria, aaO. (S.15,Anm.19) 18.
[191] Vgl. FE II, 41.   [192] Vgl. FL 2.6.5.2.

(FL 5.9.3.3). Sie ist keine bloss immanente Differenzierung oder Verlängerung der herrschenden Totalität, sondern reale Neuschöpfung vom pro-vozierenden Ruf aus der Exteriorität des anderen her.[193]

### 5. Ethik der Befreiung

Wenn der andere jenseits des Horizontes meiner Totalität das Ziel meines Dienstes ist, dann kann nur er mir offenbaren, wie ich handeln soll.[194] Seine Offenbarung impliziert eine analektisch-meta-physische Ethik der Befreiung. Befreiung bedeutet negativ die Negation der Negation des anderen, d.h. die Negation des systemimmanenten Begreifens seiner im Horizont der Totalität, und positiv die Affirmation seiner Andersheit durch Liebe.[195]

Als praktische Bedingung der Meta-physik der Offenbarung ist die Ethik der Befreiung philosophia prima.[196] Sie hat ihren Ursprung in der originären Wirklichkeit der Exteriorität des anderen selbst.[197]. Die befreiende Praxis gründet im Ruf des anderen nach Gerechtigkeit. Sie ist darum gerade nicht aus der systemkongruenten Moralität der Totalität ableitbar. Denn das Soll der meta-physischen Ethik gebietet gerade nicht die Affirmation der Totalität als Grund moralischen Handelns. Es fordert vielmehr die reale Ent-totalisierung der Totalität.[198] In bezug auf die Moral der Totalität ist daher die meta-physische Ethik "illegal oder translegal" (FE II, 125)[199], denn die Gerechtigkeit bezieht ihren Sollensanspruch aus dem Jenseits der Totalität, wovonher sie die Herrschaft

---

[193] Vgl. FL 2.6.9.3.      [194] Vgl. FE II, 122.
[195] Vgl. FE IV, 90; V, 58; MFL 285-287; E. DUSSEL, Para una fundamentación, aaO. (Anm. 10) 42.
[196] Vgl. FE II, 30; 187.
[197] Vgl. E. DUSSEL, Lässt sich "eine" Ethik, aaO. (Anm. 114) 810.
[198] Vgl. FL 3.4.1.2.
[199] Vgl. auch FE II, 178; CdL I, 143f.

der Systemimmanenz analektisch-subversiv infrage stellt.[200] Die meta-physisch gebotene Befreiung ist die Agonie der alten Ordnung der Systemtotalität und Voraussetzung der Geburt einer neuen Gerechtigkeit.[201] Die Ethik der Befreiung ist darum in bezug auf das herrschende System eine "disfunktionale Ethik" (FE II, 187).

Der Wille zur Andersheit des anderen ist die Substanz des befreienden Ethos.[202] Der absolute ethische Imperativ lautet: "Befreie den Armen und Unterdrückten!"[203] Dies ist der "absolute, transsystematische, transmoralische Massstab" (ebd.) jeder Praxis jenseits der totalitären Systemmoral.

Befreiung ist weder Hass noch Revanchismus, sondern Praxis der Liebe und Wille zur Gerechtigkeit.[204] Die Rache hat keine analektische Qualität, sondern ist ein typischer Ausdruck der ewigen Wiederkehr des Gleichen. Sie bleibt ganz im System der Gewalt und in der ewigen Wiederkehr von Aktion und Reaktion gefangen. Sie verdinglicht ihrerseits den Folterer und instrumentalisiert ihn als verfügbares Moment meiner selbst. Die Unterdrückten dürfen "nicht ihrerseits Unterdrücker der Unterdrücker werden, sondern sie müssen vielmehr die Menschlichkeit beider wiederherstellen"[205]. Wenn der andere befreit wird, ermöglicht er darin zugleich die Befreiung des Herrschafts-Ich, indem dieses zur wahren Personalität erhoben wird. "Der Prozess der Befreiung ist auch die Bedingung der Möglichkeit der qualitativen Konversion des Herrschers" (CdL I, 145). Diese Konversion durch Befreiung resultiert wesentlich aus der Vergebung. Das Verzeihen ist jener analektische Einbruch des qualitativen No-

---

[200] Vgl. FL 2.6.1.1.     [201] Vgl. FL 2.6.4.3.
[202] Vgl. FL 3.1.9.5.
[203] E.DUSSEL, Lässt sich "eine" Ethik, aaO. (Anm.114) 811.
[204] Vgl. FE IV, 102.
[205] P. FREIRE, Pädagogik der Unterdrückten, aaO. (S. 70, Anm. 169) 32.

vums, der die totalitäre Perpetuierung von Gewalt und Gegengewalt durchbricht und darin mit dem Unterdrückten zugleich den Unterdrücker befreit. Sie gewährt dem Folterknecht allererst seine "ethisch-metaphysische Exteriorität" (FL 5.9.1.1) und respektiert ihn als anderen oder als Person. Sie ist die analektische Ueberwindung des Hasses durch Liebe. Sie statuiert nicht den Tod des herrscherlichen Ich, sondern seine Bekehrung und Humanisierung. Die Verzeihung durch den Gefolterten ist die äusserste Grenzposition der analektisch-meta-physischen Beziehung von Angesicht zu Angesicht.[206]

Befreiung ist eine prophetische Praxis. Pro-phet ist jemand, der vor (pro) jemand etwas sagt (femi).[207] "Der Prophet ist derjenige, der das schöpferische Wort aufnimmt, das aus dem Nichts die Totalität infrage stellt und sie enttotalisiert; und er ist derjenige, der sich für die befreiende Praxis zugunsten des anderen einsetzt und sich in seinem Leben in die Exteriorität des Systems stellt" (AL:DyL 203). Er ist jenes Ich, das den Sinn dessen, was der andere offenbart, aufgrund einer existentiellen Konnaturalität versteht und auslegt. Prophetie ist Interpretation der Exteriorität im Glauben[208] und insofern die meta-physische Wesensbestimmung eines Ich überhaupt[209] und nicht etwa bloss charismatische Eigenschaft eines Ausnahmemenschen.

Insofern das pro-vozierende Wort des anderen aus der Exteriorität für die Totalität unbegreiflich und unverständlich ist, erscheint ihr auch die "exzentrische Posi-

---

[206] Vgl. FE II, 106f; MFL 286; E. DUSSEL, Para una fundamentación, aaO. (Anm. 10) 42; ders., Sentido teológico, aaO. (S. 38, Anm.85) 188f; J.C. SCANNONE, Die Dialektik von Herr und Knecht, aaO. (S.29, Anm.57) 156.
[207] Vgl. DCyL 18.
[208] Vgl. MFL 287; E.DUSSEL, Sentido teológico, aaO.(S.38, Anm. 85) 192f.
[209] Vgl. DCyL 43; AL:DyL 218.

tion des Pro-pheten" (FE II, 108) schlechthin unsinnig und grundlos. Unter dem Gesichtspunkt der Moral des Systems ist die prophetische Praxis der Befreiung unmoralisch, illegal und subversiv. Dies muss das System der Totalität als tödliche Bedrohung empfinden.[210] Die Verfolgung und die Tötung des Propheten liegen daher in der inneren Logik der Ontologie der Totalität.[211]

## 6. Analektisch-historischer Entwurf einer "neuen Totalität"

Die "historische Exteriorität" (FE IV, 90)[212] des anderen ist die "meta-physische Bedingung der Möglichkeit einer authentischen, schöpferischen und erneuernden Zukunft" (FE II, 60). Die Geschichte ist der dynamische Prozess, der sich zwischen dem Hören des Wortes und der Ant-wort abspielt, die "Diachronie zwischen der durch den Ruf infrage gestellten Totalität bis zur Interpretation des gebieterischen Rufes" (AL:DyL 121). Sie ist das Ereignis schöpferischer Offenbarungen, das Zwischen im kreativen Dialog exteriorer Personen.[213] Liebe, Glaube und Hoffnung sind als die drei meta-physischen Haltungen vor dem anderen die Möglichkeitsbedingungen befreiender Geschichtspraxis.[214] Die das System enttotalisierende Liebe ist der "Motor der Geschichte und der Ursprung der historischen Befreiung der Völker" (FE II, 114). Sie ist der Anfang der "Konstruktion des neuen Hauses und der neuen Heimat, indem sie eschatologisch der Gerechtigkeit entgegenpilgert" (ebd.). Der Glaube an den anderen im Hören auf sein Offenbarungswort ist die "höchste Rationalität, welche

---

[210] Vgl. FE II, 58; 73; 105.
[211] Vgl. FE I, 118; II, 41; AL:DyL 203.
[212] Der Ausdruck 'historisch' hat bei DUSSEL immer meta-physische Bedeutung im Sinne einer systemtranszendenten Wirklichkeit jenseits der herrschenden Totalität (vgl. FE IV, 80; FL$^1$ 2.3.1.1 = FL$^3$ 2.2.1.2; MFL 204; 206).
[213] Vgl. FE I, 127.     [214] Vgl. FE II, 107-127.

die Kontinuität der Geschichte ermöglicht, ausgehend von der meta-physischen Diskontinuität ihrer Subjekte" (FE II, 118). Und die **Hoffnung**, welche die Freude auf die eschatologische Befreiung antizipiert, "transformiert die ontologische Meta-Zeitlichkeit in eine meta-physische oder eschatologische Geschichtlichkeit" (FE II, 118).

Die Geschichte ist nicht bloss e-volutiv und dialektisch, sondern dis-volutiv und analektisch.[215] Die Zukunft der Geschichte ist immer der andere, weil dieser ausserhalb des tautologischen Monologes der Systemtotalität ist und aus dieser Systemtranszendenz jene auf ein qualitatives Novum hin aufbricht und verändert.[216] Von der Exteriorität des anderen her eröffnet sich analektisch-historisch der Weg zu einer neuen Ordnung der Gerechtigkeit.[217] Diese ist das neue, auf die Zukunft gerichtete Pro-jekt, das der andere mit seinem Wort offenbart.[218] Er ist die Ansage einer utopischen Ordnung und selber schon der Anfang einer neuen Welt.[219] Die analektisch-personale Beziehung der Exterioritäten von Angesicht zu Angesicht begründet ein "neues System" (H-B 401), das nicht mehr vom totalitären Horizont von Herrschaftssubjekten her entworfen ist, sondern als analektisches Gefüge freier, exzentrischer und unbegreiflicher Geheimnisse west. Die neue Ordnung ist eine analoge, offene Totalität, die aus der Konvergenz der schöpferischen Praxis des rufenden anderen und meines befreienden Dienstes entsteht.[220] Die neue Totalität ist darum nur ein anderer Name für die meta-physische Gerechtigkeitsordnung.[221] Sie ist nicht das Resultat einer immanenten Selbstentfaltung der herrschenden Totalität von der Potenz zum Akt oder vom Ansich zum Fürsich, sondern die Verwirklichung dessen, was für das herrschende System als das schlechthin Unmögliche er-

---

[215] Vgl. FE III, 147.    [216] Vgl. FE III, 214; IV, 78.
[217] Vgl. FE II, 72.    [218] Vgl. FE II, 73; 169.
[219] Vgl. FL$^1$ 2.4.5.3 = FL$^3$ 2.4.4.3.
[220] Vgl. FE II, 94f; IV, 91.
[221] Vgl. FE II, 59; 169; DCyL 80.

scheint, weil es sich aus dem Abgrund des Nichts, aus der Exteriorität und Andersheit zur Realität bestimmt.[222] Die neue Totalität meint keine "univoke Universalität" (FE III, 173) einer von einem Weltimperium beherrschten Menschheit[223], sondern eine "analoge Mundialität" (ebd.) als eine in der Pluralität und in freier Solidarität ihrer distinkten Teile geeinte Weltheimat[224], in der alle bei Bewahrung ihrer kulturellen Personalität und Andersheit an einer offenen und herrschaftsfreien Kommunikation partizipieren.[225] Die neue Ordnung der Gerechtigkeit und Freiheit gibt jedem Volk die Schöpfung seiner eigenen Kultur, mehr noch: die Bestimmung über seine eigene Geschichte zurück.[226]

### 7. Die Beziehung von-Angesicht-zu-Angesicht als originäre Wirklichkeit

Die Meta-physik der Befreiung denkt das Sein vom ontologischen Nichtsein, d.h. von der Andersheit des anderen her. Der andere ist das Wovonher der Interpretation von Welt und Geschichte.[227] Das meta-physische Prius ist die Begegnung zwischen Exterioritäten in der analektischen Beziehung von-Angesicht-zu-Angesicht, von Person zu Person, von befreiender Liebe zu befreiter Liebe. Die Relation von-Angesicht-zu-Angesicht ist die unmittelbare Nähe sich begegnender, kon-vergierender Geheimnisse oder Exteriori-

---

[222] Vgl. FE IV, 122.
[223] Die univoke, d.h. totalitäre Egalisierung als totale Negation aller distinkten Unterschiede ist die einzig mögliche Form der universalen Versöhnung, die innerhalb eines Pro-jektes der ontologischen Totalität gedacht werden kann. Die Idee dieser Versöhnungsdiktatur ist die totale Gleichschaltung (vgl. MFL 276).
[224] Als analektisches Ganzes verneint darum die analoge neue Totalität die Wiederkehr einer sich verschliessenden Totalisierung im Gewand eines Nationalismus oder Lateinamerikanismus (vgl. MFL 279).
[225] Vgl. FE II, 241, Anm. 509; AL:DyL 131, Anm. 55.
[226] Vgl. FE III, 196.   [227] Vgl. MFL 281.

täten.[228] Diese Nähe ist durch kein Drittes vermittelt. Sie ist der ursprünglichste und schlechthin erste Akt des Menschen, der Quellgrund, wovonher erst eine Welt als Sinngefüge entsteht. Die ursprünglichste Erfahrung des Denkens ist nicht das seiner selbst gewisse und sich selbst behauptende Ich, sondern die nicht weiter rückführbare analektische Begegnung von-Angesicht-zu-Angesicht. Ursprünglicher als die erobernde Subjekt-Objekt-Relation ist die interpersonale Subjekt-Subjekt-Relation.[229] Diese Nähe der Beziehung von-Angesicht-zu-Angesicht ist die "veritas prima" (FE III, 157). Diese Priorität gilt in doppelter Hinsicht: einerseits im ordo cognoscendi, insofern die Wahrheit allererst im meta-physischen Sichöffnen für die Person des sich offenbarenden anderen erschlossen werden kann, und anderseits auch im ordo essendi, insofern ich biologisch und pädagogisch real überhaupt erst aus dem anderen - dem Elternpaar und dem Volk - hervorgehe, woraus ich erst zu mir selbst erwache und in eine objektivierende Beziehung zu einem möglichen Gegenstand treten kann.[230] Die erste Beziehung hat der Mensch zu einem anderen Menschen und nicht zur gegenständlichen Welt.

Die ontisch-ontologische Beziehung des Menschen zur Objektwelt wird allererst von der meta-physisch-personalen Beziehung her eröffnet und freigesetzt. Die Andersheit ist meta-physisch ursprünglicher als die Identität des Ich, weil jene diese überhaupt erst konstituiert.[231] "Das Meta-physische umgreift das Ontologische" (FE I, 124). Die Wirklichkeit des anderen geht der Totalität des Seins und des Bewusstseins, die praktische Verantwortung für den anderen den theoretischen Bedingungen möglicher Objektivation voraus.[232] Erst von der Exteriorität her wird

---

[228] Vgl. H-B 398; FE I, 122; E.DUSSEL, Para una fundamentación, aaO. (Anm. 10) 24.
[229] Vgl. FL 2.1.1.2; FE I, 120f; MFL 268.
[230] Vgl. FE I, 126; II, 167; III, 157; H-B 398f.
[231] Vgl. FE I, 140.      [232] Vgl. FL 2.1.4.2.

die Totalität als Totalität entdeckt und als totaltitäres System bewusst.[233] Nur vom befreienden Pro-jekt der Andersheit her ist die "Deduktion der Totalität als Ideologie" (FE II, 177) möglich. Der andere ist das "reale Apriori" (FE II, 174), aus dem die Totalität als solche erst erkennbar wird. Er ist das Prinzip der meta-physischen Deduktion, wovonher und in dessen Bezug alle weitere Realität erst zu verstehen ist.[234] Die meta-physische Begegnung in der Nähe von-Angesicht-zu-Angesicht ist in der Erkenntnisordnung der "Ursprung der Welt selber" (FE I, 123).

Die meta-physische Nähe der Beziehung von-Angesicht-zu-Angesicht konstituiert erst das Wesen des Menschen.[235] Der höchste Akt des menschlichen Wesensvollzuges ist der Glaube als Sichöffnen für den anderen und als Ent-totalisierung der eigenen Ich-Totalität[236], die "Liebe von-Angesicht-zu-Angesicht" (FE II, 115), der trans-versale Akt der Begegnung mit dem anderen als anderen.[237] Die meta-physisch-personale Nähe ist die ursprünglichste Wirklichkeit des Menschen und das Prinzip des analektischen Diskurses der Befreiung.[238] Sie ist der methodische Ausgangspunkt des verantwortlichen Dienstes am anderen und darin das "Wesen der Praxis" ($FL^1$ 2.2.2.3 = $FL^3$ 2.3.2.3). Sie bedingt eine Selbstbeschränkung des Ich und impliziert den meta-physischen Glauben an den anderen als geduldiges Hören auf sein Wort.


### C. Meta-physik der vier Praxissituationen

Wir haben jetzt den meta-physischen Status des anderen sowohl per modum essendi als auch per modum cognoscendi bedacht und zugleich die ethischen und gnoseologischen

---

[233] Vgl. FE II, 175f.
[235] Vgl. FL 2.1.4.3.
[237] Vgl. FE II, 41.
[234] Vgl. FE I, 123f.
[236] Vgl. MFL 273.
[238] Vgl. FL 2.1.6.7.

Bedingungen freigelegt, die mit der Andersheit des anderen notwendig gegeben sind. Als meta-physisch höchster und ursprünglichster Wesensvollzug eines Ich hat sich das enttotalisierende Sichöffnen für den anderen in der personalen Nähe von-Angesicht-zu-Angesicht gezeigt. Im folgenden soll nun diese Nähe weiter differenziert und konkretisiert werden. Bei DUSSEL sind 'Nähe' und meta-physische 'Praxis' weitgehend synonyme Begriffe, weil er Praxis geradezu definiert als eine unmittelbare Beziehung zwischen Personen, im Unterschied zur Arbeit oder Produktion (Poiesis), welche die gegenständliche Beziehung des Menschen zur Natur beschreibt.[239]

Die Praxis oder Nähe der Beziehung von-Angesicht-zu-Angesicht besteht real und konkret zwischen Mann und Frau, Vater und Sohn (Eltern und Kind), Bruder und Bruder[240] sowie Mensch und Gott. Diesen vier anthropologischen Praxissituationen entsprechen die Erotik (Mann-Frau-Relation), die Pädagogik (Vater-Sohn-Relation), die Politik (Bruder-Bruder-Relation) und die Religion (Mensch-Gott-Relation).[241] Alle diese Ebenen der Beziehung von-Angesicht-zu-Angesicht sind gleichursprünglich und dürfen nicht auf die eine oder andere reduziert werden. So ist die politische Dimension nicht einfach ein sekundärer Ueberbau über der erotischen Grundfunktion, wie der Sexualismus behauptet, und ebensowenig ist die erotische Di-

---

[239] Vgl. FL 2.1.2.4; 5.5.1; FL¹ 4.4.8.1; FL³ 4.4.9.1; FE V, 95; E. DUSSEL, Filosofía de la producción, Bogotá 1984, 13; 190; ders., Religión, México 1977, 3.4.3; ders., Puebla, aaO. (S. 63, Anm. 147) 740; ders., Das Brot der Feier: Gemeinschaftszeichen der Gerechtigkeit, in: Conc 18 (1982) 120-129, 122f; ders., Cultura latinoamericana, aaO. (S. 77, Anm. 186) 22-24. - DUSSEL greift hier auf eine Unterscheidung von ARISTOTELES (vgl. Ethica Nicomachea, in: Opera, hrsg. von O. GIGON, Bd. II, Berlin 1960, 1094-1181, VI, 1139 a 1 - 1140 a 23) zurück.
[240] Hier zeigt sich, dass DUSSELS Denken noch nicht völlig von sexistischer Terminologie befreit ist.
[241] Vgl. FE I, 128; III, 10; FL 3; H-B 396-398; E.DUSSEL, Introducción general a la historia, aaO. (S. 38, Anm. 85) 20; ders., Puebla, aaO. (S. 63, Anm. 147) 741.

mension eine Superstruktur der polit-ökonomischen Basis, wie es der historisch-dialektische Materialismus des orthodoxen Marxismus lehrt.[242]

Eine gewisse Sonderstellung kommt der religiösen oder - wie sie DUSSEL auch nennt - archäologischen Dimension zu. Während die Gleichursprünglichkeit der erotischen, pädagogischen und politischen Situation ohne weiteres evident erscheint, befindet sich die religiöse Situation nicht einfach als ein Viertes **neben** diesen drei anthropologischen Praxisfeldern, sondern geht diesen gewissermassen meta-physisch voraus und qualifiziert sie allererst als meta-physische Situationen. Ebenso gilt auch umgekehrt, dass es faktisch keine religiöse Beziehung an den drei zwischenmenschlichen Grundrelationen vorbei gibt. Diese bilden gleichsam die "Epiphanie der Archäologik" (IFL 143). Die religiöse Dimension soll in diesem Kapitel nur kurz thematisch gestreift werden. Ihren heimischen Platz hat sie im theologischen Kapitel.

### 1. Die erotische Situation

Dem ontologischen ego cogito bzw. dem politischen ego conquiro entspricht in einer erotischen Ontologie das Ich wünsche. Das Ich des ego cogito ist in erotischer Hermeneutik ein ego phallicus, d.h. ein männliches Herrschaftssubjekt.[243] Das ego conquistor und das ego phallicus sind zwei analoge Dimensionen der Herrschaft des Ich über den anderen, die im ego cogitans ihren subjektontologischen Ausdruck haben.[244] Das ego phallicus bewegt sich ganz in der Sphäre des 'Selben'.[245] Im Horizont seiner Totalität unterwirft es sich die Frau in seinen eigenen Geltungs- und Herrschaftsbereich. Es konstituiert sich selbst als

---

[242] Vgl. FE III, 86. [243] Vgl. FL 3.2.2.1; FE III, 50.
[244] Vgl. FL 3.2.6.1. [245] Vgl. FL 3.2.2.2.

das Prinzip seiner selbst und seiner Frau. Es setzt sich als die erotische omnitudo realitatis, in der die Frau nur als Moment seiner selbst be-griffen wird. In ihr als dem anderen seiner selbst bezieht es sich nur auf sich selbst. Sie erscheint lediglich als das von der umfassenden Identität seiner mit sich selbst immanent unterschiedene andere seiner selbst.[246] In diesem System der "autoerotischen Totalität" (FE III, 103) will das phallische Ich nur sich selbst und seine eigene Befriedigung vermittels des totalisierten Körpers des (bzw. der) anderen.[247] Die Frau funktioniert hier als Vermittlung des männlichen Herrschaftstriebes.[248] Die Negation der Exteriorität des anderen bedeutet auf der Geschlechtsebene die erotische Verdinglichung des anderen als etwas, als verfügbares Moment des eigenen Selbst.[249] Die erotische Totalität reduziert den anderen auf ein reines Sexualobjekt und auf ein blosses "Instrument des eigenen autoerotischen Triebes" (FE III, 74). Das phallische Ich errichtet die Phallokratie oder Androkratie, das Patriarchat oder den Machismo[250] - alles erotische Korrelate zum ontologischen Prinzip des ego cogito.

Als S. FREUD hinter dem Ich denke das Ich wünsche entdeckte, meinte er, die Illusion einer rein geistigen Rationalität des ego cogito überwunden zu haben. Indem er aber nur eine Sexualontologie des Triebes formulierte, blieb er selber im Horizont einer (sexuellen) Totalität gefangen.[251] Wie das Ich des Cogito, so ist nach DUSSEL auch das Freudsche Ich ein europäisches Ich, wobei die Psychoanalyse dieses europäische Ich als normatives Ideal der therapeuthischen Behandlung vor Augen habe.[252]

Der wahre, meta-physische Sexualtrieb ist nicht auf ein

---

[246] Vgl. FE I, 131.
[248] Vgl. FE III, 93.
[250] Vgl. FE III, 239, Anm.93.
[252] Vgl. FE III, 68.

[247] Vgl. FE III, 112.
[249] Vgl. FE II, 26.
[251] Vgl. FE III, 59-62.

Sexualobjekt, sondern auf den personalen anderen als anderen gerichtet.[253] Die authentische Erotik ist ein Dienst am anderen, ein dienendes Sichöffnen für den anderen.[254] Die Sexualbeziehung ist eine konkrete Situation der meta-physischen Nähe von-Angesicht-zu-Angesicht. Der andere setzt sich mir in seiner enthüllenden und offenbarenden Nacktheit aus mit dem Anspruch, nicht Objekt, sondern Antlitz oder Person zu sein.[255] Sein Antlitz ist die unverfügbare Präsenz seines Leibes.

"Ist die **Nähe** das meta-physische Wesen der Erotik, so die **Ferne** das Wesen der 'Oekonomie'" (FE III, 85). Die Oekonomie ist die Ferne, welche die personale Beziehung von-Angesicht-zu-Angesicht vermittelt: z.B. Nahrung, Wohnung, Kleidung.[256] Oekonomie bedeutet die praktische Beziehung zwischen Personen vermittels eines Produktes der Arbeit.[257] "Die ökonomische Beziehung ist jene praktisch-produktive Beziehung, durch die Personen über das Erzeugnis ihrer Arbeit miteinander in Verbindung treten oder Dinge über ihre Erzeuger miteinander in Verbindung gebracht werden. Jemandem etwas schenken, abkaufen oder rauben sind daher ökonomische Beziehungen."[258]

Entsprechend den vier Praxissituationen - Erotik, Pädagogik, Politik, Religion - gibt es auch vier Arten der ökonomischen Relation: die erotische Oekonomie, die pädagogische Oekonomie, die politische Oekonomie und die liturgische Oekonomie (Kult).[259] Die erotische Oekonomie ist dabei die Oekonomie im eigentlichen Sinn, die ja ursprünglich ein Diskurs über das 'Haus' (oikía) war.[260] Bei ARISTOTELES hat die Oekonomie noch eine exklusiv fa-

---

[253] Vgl. FE III, 73.   [254] Vgl. FE III, 70.
[255] Vgl. FE III, 72.   [256] Vgl. FE III, 168.
[257] Vgl. FE V, 76; 95; IFL 21; 34; E.DUSSEL, Puebla, aaO. (S. 63, Anm. 147) 741.
[258] Vgl. E. DUSSEL, Puebla, aaO. (S. 63, Anm. 147) 741.
[259] Vgl. E. DUSSEL, Introducción general a la historia, aaO. (S. 38, Anm. 85) 64.
[260] Vgl. FE III, 49f.

miliale Bedeutung.[261] Sie ist wesentlich häusliche Oekonomie. Die rein praktische, unökonomische Beziehung zwischen Mann und Frau bleibt solange abstrakt und punktuell, als sie nicht mit einem 'poietischen' Moment (Wohnung, Nahrung, Ehevertrag) vermittelt ist. Die praktische Begegnung wird in der Oekonomie erst wirklich.[262]

Als ökonomische Vermittlung der erotischen Beziehung ist das Haus geradezu die Verlängerung der erotischen Intimität.[263] Die erotische Nähe der ehelichen Gemeinschaft und das Haus gehören innerlich zusammen.[264] Die Oekonomie ist die Ferne der erotischen Beziehung. Der Geliebte entfernt sich von der erotischen Gemeinschaft, um das Haus zu bauen, um Feuer zu holen, um Nahrung zu suchen oder um den Lebensunterhalt zu verdienen.[265] Diese ökonomische Entfernung ist gewissermassen die Verlängerung der erotischen Nähe. Das Haus ist so etwas wie die verlängerte Leiblichkeit des Paares oder mein zweiter Leib.[266] Nicht zufällig waren die ersten Häuser der Menschen rund, in Analogie zu den Nestern der Primaten. Das Haus entspricht dem Nest, und das Nest gehört zur Leiblichkeit des Paares.[267] Das Haus ist der Rahmen der intimen Beziehung und darum integrierter Teil derselben. Es gehört zur Person so notwendig wie der Leib.[268] Der Besitz eines Hauses ist deshalb ein "meta-physisches Recht" (FE III, 95). Das Haus ist aber zugleich die Grenze meines privaten Besitzrechtes. Wer sich mehr als sein eigenes Haus aneignet, raubt das Haus, das meta-physisch dem anderen zusteht, und damit den zweiten Leib des anderen.[269] Ausserhalb

---

[261] Vgl. ARISTOTELES, Oikonomikon, in: Opera, aaO. (Anm. 239), Bd. II, 1343-1353; ders., Politikon, aaO. (Anm. 63) 1252 a - 1260 b.
[262] Vgl. E. DUSSEL, Puebla, aaO. (S. 63, Anm. 147) 741.
[263] Vgl. FE III, 94.
[264] Die spanische Sprache verwendet für 'Haus' (casa) und 'heiraten' (casarse) denselben Ausdruck.
[265] Vgl. FE III, 85.     [266] Vgl. FE III, 249, Anm. 245.
[267] Vgl. ebd.
[268] Vgl. E. DUSSEL, Para una fundamentación, aaO.(Anm.10)34f.
[269] Vgl. FE III, 95.

meines Hauses gibt es nicht Privateigentum, sondern nur Dienst. Wer sich ausserhalb seines Hauses Eigentum sammelt, verlässt das Haus, um zu herrschen, statt zu dienen.[270]

## 2. Die pädagogische Situation

Die Pädagogik umfasst die Beziehung zwischen Vater und Sohn, Lehrer und Schüler, Intellektuellem und Volk. Die Themen der Pädagogik sind daher Erziehung, Bildung und Kultur.[271] In der "pädagogischen Ontologie" (FE III, 132) setzt sich der Erzieher als das in seiner umgreifenden Totalität alles konstituierende Ich. Das absolute Kriterium dieser Herrschaftspädagogik ist die funktionale Einordnung und Unterordnung des Zöglings innerhalb der Systemtotalität.[272] Das Kind, der Schüler und das Volk werden auf das Ziel hin erzogen, dass sie im System der herrschenden Ordnung reibungslos 'funktionieren'.[273] Der Funktionalismus ist die fundamentale Maxime der Unterdrückungspädagogik, die nur das herrschende, eindimensionale System reproduziert.[274] Diese Systempädagogik ist eine Ontologie der Domestizierung, der Indoktrination, der ideologischen Dressur und der funktionalen Präparierung für die Bedürfnisse des Systems.[275] Sie betrachtet den Sohn, den Schüler oder das Volk nur als reine materia prima, deren Formung die aktuierende Tätigkeit der erzieherischen Kausalität ist. "Das Pro-dukt (...) ist ein geformter und informierter Erwachsener, der entsprechend dem pädagogischen Grund oder Pro-jekt konstituiert ist als das 'Selbe', wie es der Vater, der Lehrer oder das System schon sind" (FE III, 145).

---

[270] Vgl. E.DUSSEL, Para una fundamentación,aaO.(Anm.10)35.
[271] Vgl. FE III, 123; FL 3.3.1.2. [272] Vgl. FE III, 140.
[273] Vgl. FE III, 142.
[274] Vgl. FE III, 143; 185; P. FREIRE, Pädagogik der Unterdrückten, aaO. (S. 70, Anm. 169) 38.
[275] Vgl. FE III, 146.

Schon ARISTOTELES hat darin den ontologischen Sinn der Erziehung gesehen: "Die Eltern lieben also die Kinder wie sich selbst (denn was von ihnen stammt, ist wie ein anderes ihrer selbst durch die Trennung), die Kinder die Eltern, weil sie von ihnen stammen... Denn die Gleichheit jenen gegenüber macht sie auch untereinander gleich. Und so spricht man von 'demselben Blut', 'derselben Wurzel' und dergleichen. Sie sind auch gewissermassen dasselbe (to auto), nur in getrennten Wesen."[276]

Die pädagogische Ontologie betrachtet den Sohn, den Schüler oder das Volk nur als leeres Gefäss, "in dem man Kenntnisse, Verhaltensweisen, 'das Selbe', wie der Lehrer oder Erzieher es ist, deponieren muss" (FE III, 145)[277], damit es allererst überhaupt Seiendes oder etwas wird. Die ontologische Pädagogik geht von einem "prä-existenten Pro-jekt des Erziehers" (FE III, 141) aus. Der Zögling ist sein Ob-jekt im Sinne einer füllbaren, zivilisierbaren, europäisierbaren tabula rasa. Wenn der Sohn nur als das eigene andere des Vaters und also ontologisch als das 'Selbe' des Vaters gesehen wird, dann ist es logisch,

---

[276] ARISTOTELES, Ethica Nicomachea, aaO. (Anm. 239) VIII, 1161 b 27-34.
[277] P. FREIRE bezeichnet diesen repressiven pädagogischen Entwurf als "Bankiers-Konzept der Erziehung" (Pädagogik der Unterdrückten, aaO. [S. 70,Anm.169] 57-71), das diese als Akt der "Spareinlage", den Schüler als "Anlage-Objekt" und den Lehrer als "Anleger" betrachtet. Die Erziehung wird als Uebermittlung definiert, wobei der Lehrer als Uebermittler und der Schüler als Container, der vom Lehrer gefüllt werden muss, fungiert. "Im Bankiers-Konzept der Erziehung ist Erkenntnis eine Gabe, die von denen, die sich selbst als Wissende betrachten, an die ausgeteilt wird, die sie als solche betrachteten, die nichts wissen" (ebd. 58). Dieses pädagogische Konzept betrachtet die Menschen als "anpassbare, beeinflussbare Wesen" (ebd. 59). Der so erzogene Schüler ist der angepasste Mensch. "In die Praxis übersetzt dient dieses Konzept in hervorragender Weise den Absichten der Unterdrücker, deren Ruhe davon abhängt, wie gut Menschen in die Welt passen, die die Unterdrücker geschaffen haben, und wie wenig sie sie in Frage stellen" (ebd. 61). Solche "Erziehung als Praxis der Herrschaft" (ebd. 66) ist in Wirklichkeit Indoktrination in ideologischer Absicht.

dass der Vater ihn nur das lehrt, was er selber schon ist.[278]

Die Herrschaftspädagogik zwingt zum "Lernen durch Wiederholung" (FE III, 186). Sie ist die dialektische Bewegung, wodurch die Totalität des Vaters, der imperialen Kultur oder der aufgeklärten Oligarchie sich fortpflanzt, indem sie den anderen in ihren tautologischen Horizont integriert und internalisiert.[279] Die weltweite Diffusion der metropolitanen Massenmedien, der universale Geltungsanspruch der europäischen Kultur und Zivilisation und die Konzentration der grossen Universitäten in den nordatlantischen Zentren drücken diesen "globalen Mechanismus der pädagogischen Herrschaft" (FE III, 144) deutlich aus. Die Peripherie ist der Zögling der metropolitanen Herrschaftspädagogik[280] und das offene Gelände ihrer "kulturellen Invasion"[281]. Die Massenkommunikationsmittel des geopolitischen Zentrums betrachten das lateinamerikanische Volk als kulturelles Niemandsland. Sie verweigern ihm die Anerkennung einer eigenen Kultur, Geschichte und Tradition. Sie behandeln es als leeren Behälter, den sie nun propagandistisch mit ihren totalitären Standards und Wertvorstellungen zu füllen trachten.[282]

FREUDS Entwicklungspsychologie ist nach DUSSEL wiederum ein charakteristischer Ausdruck und Reflex dieser pädagogischen Herrschaftspraxis. Mit dem Oedipuskomplex hat er eine Verhaltensweise als natürlich beschrieben, die in Wirklichkeit pathologisch und nur in einem totalitären System der Unterdrückung und der Phallokratie 'natürlich' ist.[283] Der Penisneid, der Wunsch, den Vater zu töten,

---

[278] Vgl. AL:DyL 93.        [279] Vgl. H-B 398.
[280] Vgl. FE III, 144.
[281] P. FREIRE, Pädagogik der Unterdrückten, aaO. (S.70, Anm. 169) 154.
[282] Vgl. FE III, 167; E. DUSSEL, Cultura latinoamericana, aaO. (S. 77,Anm.186) 18.
[283] Vgl. FE III, 69.

und die negative Identifikation mit ihm setzen die erotisch und pädagogisch dominante Position des Vaters in einer patriarchalisch totalisierten Familie voraus. Nur in einem System, wo sich das Ich des Vaters als Allrealität und Herrschaftstotalität gesetzt hat, erwacht der Oedipuskomplex als 'normale' Erscheinung des androzentrisch unterdrückten Kindes. Der Oedipuskomplex hat seinen realen Sitz-im-Leben in der europäischen Selbstsetzung des ego phallicus und des ego conquistor.

Die **meta-physische** Pädagogik der Befreiung hat demgegenüber ihren Ort in einer "erotisch ana-ödipalen und politisch post-imperialen Situation" (FE III, 149). Sie versteht sich selbst als eine vom anderen her entworfene "filiale Meta-physik" (FE III, 197). Bezogen auf die ontologische Herrschaftspädagogik der Systemtotalität, ist sie eine "Antipädagogik" (FE III, 149). Ihre Aufgabe ist die Befreiung des Sohnes, des Schülers und des Volkes im Respekt vor deren Exteriorität.[284] Sie begegnet ihnen als anderen und nicht als Momenten einer ewigen Wiederkehr des 'Selben'. Der Sohn ist nicht die Prolongation und Perpetuierung des Vaters, sondern reale Neuschöpfung, distinkte Frucht der analektischen Nähe der zeugenden Beziehung von-Angesicht-zu-Angesicht zwischen Mann und Frau.[285] Im Gebären eines Kindes kommt zum Ausdruck, dass die Eltern sich nicht in einem totalitären "Autoerotismus zu zweit" (FE III, 106) verschliessen, sondern sich befruchtend öffnen für die Andersheit. Jede Geburt ist die "Parusie einer neuen Exteriorität" (ebd.). Das neugeborene Kind bricht aus dem Nichts in die Welt der Eltern ein. Sein erster Schrei will schon als Offenbarung seiner unverfügbaren Andersheit gefasst werden. Die angemessene Entsprechung zu diesem Einbruch ist aufseiten der Eltern der meta-physische Glaube an das Kind. "Kein Moment der anthropologischen Meta-physik erfordert so sehr **das Hören**

---

[284] FL 3.3.7.1.     [285] Vgl. FE I, 136; III, 145f.

auf die Stimme des anderen wie die Pädagogik. In der Pädagogik bedeutet die Stimme des anderen den Inhalt, der offenbart wird, und nur von dieser Offenbarung des anderen aus erfüllt sich die erzieherische Handlung" (FE III, 183f). Die befreiende Erziehung ist die Freisetzung der eigenen schöpferischen Kräfte des Kindes, der Jugend und des Volkes.[286] Die Pädagogik der Befreiung ist aber keine Maieutik, sofern darunter nur das Wecken des 'Selben', das im Erzieher bereits vorhanden ist, verstanden wird.[287] Sie ist vielmehr das Hervortreiben und das kritische Befruchten des schlechthin Neuen im anderen. Die Grundkategorie der meta-physischen Pädagogik ist darum die Befruchtung, "die ursprüngliche oder schöpferische meta-physische Fruchtbarkeit" (FE V, 73f). Die pädagogische Arbeit des Vaters befruchtet die Offenbarung des Sohnes, die befreiende Pädagogik des Lehrers das Projekt des Schülers, der analektische Dienst des Intellektuellen das Wort des Volkes.

'Volk' ist eine hermeneutische Kategorie und bedeutet den unterdrückten Bevölkerungsteil Lateinamerikas.[288] Es bezeichnet "in der Totalität das Unterdrückte und jenseits der Totalität die eschatologische Andersheit" (FE IV, 77). Es ist die geopolitische Exteriorität, die periphere Gesellschaftsformation, der disfunktionale Teil des politökonomischen Weltsystems.[289]

Der intellektuellen und elitären Aristokratie des alles in sich begreifenden und sich selbst als Horizont von Wirklichkeit überhaupt setzenden Geistes steht die einfache Weisheit des Volkes gegenüber.[290] Die Volkskultur ist die authentischste und distinkteste Kultur Lateinamerikas.[291] Im Gegensatz zum univoken Universalitätsanspruch

---

[286] Vgl. FE III, 178.     [287] Vgl. MFL 278.
[288] Vgl. FE III, 211; E. DUSSEL, Puebla, aaO. (S.63, Anm. 147) 743.
[289] Vgl. FL 3.1.3; 3.1.4.4.; MFL 225; FE III, 215.
[290] Vgl. MFL 284.     [291] Vgl. FE III, 129.

der aufgeklärten Kultur des geopolitischen Zentrums ist die "Authentizität der Volkskultur als Exteriorität" (FE III, 172) die wahre Lehrerin der pädagogischen Befreiung. Die Volkskultur ist geradezu der Schlüsselbegriff in der Pädagogik der Befreiung.[292] Die Befreiung zu einer lateinamerikanischen Kultur muss von der Volkskultur ausgehen. In ihr sind die wahren und authentischen Symbole, Werte, Sitten, Weisheitstraditionen, Widerstandsmotive und die Erinnerungen an die historischen Verheissungen enthalten.[293] Hier liegt der eigentliche Grund dafür, dass das Volk Subjekt seiner eigenen Befreiung ist.[294]

### 3. Die politische Situation

Auf der politischen Ebene gewinnt die anthropologische Nähe der Beziehung von-Angesicht-zu-Angesicht die folgenreichste Wirkung. "In keinem anderen Bereich manifestiert sich das Ich mit einer grösseren Allmacht der Herrschaft, des Imperialismus, des Krieges, der Eroberung und der Unterdrückung als in der Politik" (FE IV, 35). Das alles innerhalb seines eigenen Horizontes be-greifende und setzende Ich ist in politischer Hermeneutik der ontologische Grund der Unterwerfung anderer Gruppen und fremder Völker.[295] Die Welt der Peripherie wird vom Zentrum des europäischen ego cogitans her erschlossen.[296] Die koloniale Eroberung und neokoloniale Ausbeutung Lateinamerikas liegt gleichsam in der inneren Logik des sich selbst absolut setzenden europäisch-nordatlantischen Ich. Lateinamerika kommt in dieser politischen Ontologie nur als Nicht-Ich vor, das dem Geltungsbereich des europäischen Ich einverleibt werden soll. Lateinamerika als solches,

---

[292] Vgl. FE III, 169.
[293] Vgl. FL 3.3.4.3; 3.3.8.3; FE III, 178; 222; E.DUSSEL, Volksreligiosität in Lateinamerika. Grundlegende Hypothesen, in: NZM 42 (1986) 1-12.
[294] Vgl. FE IV, 77; III, 195.    [295] Vgl. FE IV, 49.
[296] Vgl. FE IV, 51.

d.h. als eigenständige Wirklichkeit, unabhängig vom europäischen Ich-Zentrum, ist das Nichtsein oder die reine Barbarei. Es ist die "historisch-politische Ortlosigkeit" (FE IV, 64). Dem europäischen Herrschaftssubjekt kommt es ontologisch nur als abhängiges Akzidens der europäischen Substanz oder als immanentes Moment seiner selbst in den Blick.

Die politische Ontologie begründet ein desarrollistisches Entwicklungsmodell.[297] Insofern das nordatlantische Zentrums-Ich sich selbst als konstitutives Prinzip des anderen begreift, sieht es in der Wiederholung und Ausdehnung der metropolitanen Entwicklung den ontologisch einzig sinnvollen Weg. Der Desarrollismo vollzieht die ewige Wiederkehr des 'Selben'.

Demgegenüber begründet das meta-physische Projekt der Politik einen Weg der Befreiung des unterdrückten Volkes. Bezogen auf die politische Ontologie des metropolitanen Zentrums ist die "politische Meta-physik der Befreiung" (FE IV, 51) eine "Antipolitik" (FE IV, 109). Ihr Schlüsselbegriff ist die "Kategorie der politisch-sozialen Andersheit" (FE IV, 70). "Es geht dabei um die Ueberwindung der politischen Totalität aus der Exteriorität, wovonher der politisch-soziale Protest, Ruf und Aufstand kommt" (FE IV, 63).

Die politische Meta-physik der Befreiung impliziert mithin ein Doppeltes: die enttotalisierende De-struktion der herrschenden repressiven Ordnung und die Kon-struktion einer neuen Ordnung in Gerechtigkeit.[298] Besteht also die Rationalität des geopolitischen Zentrums in der Ontologie der Herrschaft, so diejenige der Peripherie in der Meta-physik der Befreiung.[299] Dabei impliziert die neue poli-

---

[297] Vgl. FE IV, 94.   [298] Vgl. FE IV, 114f.
[299] Vgl. FE IV, 63.

tische Gerechtigkeitsordnung die Entstehung eines "neuen Menschen mit einem neuen Ethos, einer neuen Kultur und einer neuen Geschichte" (FE IV, 102).

## 4. Die religiöse Situation

Die drei anthropologischen Praxissituationen der Erotik, Pädagogik und Politik erschliessen sich allererst aus der religösen oder 'archäologischen' Situation als der vierten meta-physischen Dimension.[300] 'Archäologik' möchte dabei einfach den Ursprung (archè) bezeichnen, wovonher sich alles verdankt. Sie bedeutet jenes Denken, das nicht nur zum Grund der Totalität vorstösst, sondern auch zu ihrem Wovonher.[301] Als absoluter Ursprung kann diese meta-physische Herkunft nicht de-monstriert werden, weil sie selber das ermöglichende Prinzip allen Demonstrierens ist.[302] Archäologik ist die "Philosophie des Absoluten" (FE IV, 121). Sie konfrontiert die Endlichkeit mit dem Unendlichen, den Menschen mit Gott. Die ontologische Religion der dialektischen Totalität des Systems ist die Verehrung der Totalität selber als absolut und als omnitudo realitatis. Die meta-physische Religion der analektischen Exteriorität geht dagegen vom absolut Absoluten als dem ganz Anderen aus und stellt von dieser absoluten Exteriorität her die Religion der Totalität absolut infrage. Die archäologische oder religiöse Befreiung ist darum notwendig Systematheismus, d.h. Negation der Absolutheit des herrschenden Systems.[303]

## D. Analektik als praktisch-operativer Diskurs

Nachdem wir die vier Praxissituationen erörtert haben, soll nun in diesem Kapitel noch einmal das analektische

---

[300] Vgl. FE V, 56. [301] Vgl. FE V, 19. [302] Vgl. FE V,19f.
[303] Vgl. FL 3.4.3.1f.

Verhältnis des denkenden Ich zum anderen bedacht und vertieft werden. Und zwar wollen wir dies anhand der pädagogischen Situation tun. DUSSEL selber betont den besonderen Stellenwert der pädagogischen Praxis.[304] In der Theologie der Befreiung ist die Beziehung des Theologen zum Volk eine der zentralsten Herausforderungen, und sie gehört eben zur pädagogischen Situation. Auf dieses Thema streben letztlich alle Anstrengungen DUSSELS im Denken des Ich und des anderen zu. Ueberspitzt könnte man sagen, alle bisherigen Denkschritte seien in bezug auf dieses eine Thema nur Propädeutik gewesen. Das Ich des meta-physischen Diskurses ist vorzugsweise ein intellektuelles Ich und der andere das arme Volk. Die Relation des organischen Intellektuellen (des Philosophen bzw. des Theologen) zum Volk ist gleichsam die Scheune, in die alle bisherigen meta-physischen Garben verfrachtet werden. Es versteht sich daher von selbst, dass an dieser pädagogischen Relation noch einmal paradigmatisch die Analektik der Beziehung des Ich zum anderen und damit die Grundstruktur des meta-physischen Denkens überhaupt aufscheinen wird.

### 1. Das analektische Lehrer-Schüler-Verhältnis

Das analektische Denken reflektiert das Offenbarungswort des anderen. Das Denken dieses Wortes setzt den Glauben an die Wahrhaftigkeit und an die Lehrautorität des anderen voraus. Der Glaube ist Anfang und Prinzip der Rationalität des analektisch-meta-physischen Diskurses.[305] Der analektische Diskurs beginnt darum notwendig mit dem Hören auf das Wort des anderen. Dieses Hören macht das Lernmoment des meta-physischen Intellektuellen aus. Dieser beginnt also zunächst als lernender Schüler des ande-

---

[304] Vgl. FE III, 156f.
[305] Vgl. MFL 194; AL:DyL 122; FE II, 171.

ren. Er ist nach einem Wort FREIRES wesentlich ein "Lehrer-Schüler" und der Schüler ein "Schüler-Lehrer".[306] Der Intellektuelle muss zuerst in die Schule des Volkes gehen und auf dessen Ruf und Offenbarungswort hören.[307] Dieses Hören auf den anderen heisst **Weisheit**. In der Weisheit des Hörens empfängt der Denker vom anderen allererst den zu denkenden Inhalt.[308] Zugleich muss er die konkreten geschichtlichen und gesellschaftlichen Hindernisse überwinden, welche die Offenbarung des anderen - des lateinamerikanischen Volkes - verunmöglichen. Befreiendes Denken hört einerseits auf das analoge Wort des Unterdrückten, und es spannt sich anderseits in die praktische Bewegung der Befreiung ein.[309]

Der spezifische Beitrag des meta-physischen Lehrers zur Befreiung liegt darin, im anderen die verborgenen authentischen Werte als nicht immer schon dagewesene, sondern als neue zu entdecken.[310] Er muss dabei zwischen der ent-

---

[306] Pädagogik der Unterdrückten, aaO. (S.70,Anm.169) 65.
[307] Um hier einem Missverständnis vorzubeugen: Es geht hier nicht um die Alternative des Hörens auf das Volk **oder** auf Gott. Selbstverständlich ist auch DUSSEL der Meinung, die Wort-Gottes-Verkündigung sei konstitutiv auf Gott verwiesen und empfange im Hören auf ihn ihren Inhalt. Aber darum geht es hier gar nicht, sondern um die Frage, **wer** primär der Verkündiger ist. Es geht nicht um die Frage nach dem Subjekt der (theologischen) Offenbarung (diese Frage ist gar nicht strittig!), sondern um die Frage nach dem Subjekt der **Auslegung** und **Reflexion** der göttlichen Offenbarung. Nach DUSSEL sind die Armen die prädestinierten Evangelisatoren, die eigentlich autorisierten Verkündiger des Wortes Gottes (vgl. E. DUSSEL, Die Gezeiten des Evangeliums. Wenn die evangelisierten Armen zu Evangelisatoren werden, in: Conc 22 [1986] 382-388, 385-387), weil sie aufgrund einer existentiellen Konnaturalität mit dem systemtranszendenten göttlichen Offenbarungswort die besten Voraussetzungen mitbringen, dieses zu verstehen, so dass der intellektuelle Theologe, der sich professionell um die Reflexion dieses Wortes bemüht, dabei auf die Gemeinde dieses armen und gläubigen Gottesvolkes hören muss, um das göttliche Offenbarungswort richtig interpretieren und kategorialisieren zu können.
[308] Vgl.DCyL 16; FE II,170f; III,153; MFL 193; AL:DyL 122.
[309] Vgl. FE II, 172; MFL 195.

fremdenden Maske, die der Unterdrücker dem Unterdrückten durch systematische Repression und Introjektion aufgesetzt hat, und dem wahren Antlitz des Unterdrückten als Person kritisch unterscheiden und diese qualitative Differenz explizit offenlegen.[311] Das Volk als solches ist in seiner konkreten Existenz immer ambivalent. Die Unterdrückten sind "zu ein und derselben Zeit sie selbst und der Unterdrücker, dessen Bewusstsein sie internalisiert haben"[312]. Sie sind daher "widersprüchliche, gespaltene Wesen"[313]. Deswegen muss sorgfältig unterschieden werden zwischen dem Unterdrückten **als Unterdrückten** und **als Exteriorität**. Im ersten Fall ist der Unterdrückte bloss ein entfremdeter, intrasystematisierter, funktionaler **Teil** des Systems. Im zweiten Fall ist er eine transzendente Wirklichkeit ausserhalb des Systems.[314]

Die Verinnerlichung des repressiven Systems wirkt sich in einem doppelten Sinn aus: negativ als real erfahrene Unterdrückung und positiv als der begehrende Wunsch, selber ein Herrscher zu sein und die Werte und Standards des Unterdrückers selber zu besitzen. Das entfremdete Bewusstsein des Unterdrückten strebt also zunächst gerade nicht nach Befreiung vom, sondern nach Identifikation mit dem Unterdrücker.[315] Diese Entfremdung bewusst zu machen und die darunter liegenden Schichten der Authentizität freizulegen, ist die Aufgabe des Intellektuellen. Er gibt auf diese Weise dem Volk zurück, was dieses selber in Wahrheit (und nicht in ideologischer Entfremdung) ist, was

---

[310] Vgl. FE II, 109.
[311] Vgl. FE III, 155f.
[312] P. FREIRE, Pädagogik der Unterdrückten, aaO. (S. 70, Anm.169) 35; vgl. auch CdL I, 147; E. DUSSEL, Religión, aaO. (Anm. 239) 2.5.3.1.
[313] P. FREIRE, Pädagogik der Unterdrückten, aaO. (S. 70, Anm. 169) 42.
[314] Vgl. FE IV, 76; E. DUSSEL, Etica comunitaria, aaO. (S. 15, Anm.19) 95-98.
[315] Vgl. FE III, 192; P.FREIRE, Pädagogik der Unterdrückten, aaO. (S. 70, Anm.169) 33-48.

aber durch das System der Unterdrückung systematisch verdrängt wird.[316]

Das meta-physische Wesen des Lehrers ist seine kritische und befreiende Funktion.[317] Das Volk hat zwar selber schon den wahren Inhalt, aber vermischt mit introjizierter Unwahrheit. Der 'organische Intellektuelle' (GRAMSCI) bringt das Projekt der Befreiung, den das Volk im verborgenen selber schon hat, auf den wahren Begriff und so erst zur kritisch-subversiven Wirkung. Er interpretiert die Stimme des Volkes, verleiht ihr begriffliche Präzision und kritische Schärfe und gibt sie so als revolutionäre Kraft dem Volk zurück.[318] Sein Denken ist nichts anderes als die "kritische Wiederholung des Wortes des anderen" (FE II, 193) im Sinne einer analytischen Befruchtung.

Die "kritisch-befreiende Funktion" (CdL I, 148) des Intellektuellen ist notwendig, damit das Volk "mit Klarsicht ent-deckt, was es schon ist" (FE IV, 104). Indem dieser den im Volk latent enthaltenen wahren Inhalt mit der Präzision des Begriffs und mit der Kraft der Kritik befruchtet, trägt er damit nicht seine eigene 'Selbigkeit' ins Volk hinein. Er formuliert nur, was schon verborgen und verdrängt im Bewusstsein des Volkes liegt: das meta-physische Apriori der Befreiung.[319] Er vermittelt dem Volk dessen eigene Authentizität und entlarvt den Verblendungszusammenhang des Systems.[320] Wir haben aber bereits konstatiert (s.o. S. 194), dass DUSSEL diese Methode nicht mit der Maieutik verwechselt sehen will, weil er darunter versteht, dass sie den Schüler durch die beherrschte Kunst des Fragens dazubringen will, die in der Frage des Fragenden selbst (und also gerade nicht in der Andersheit des anderen) potentiell schon angelegte Ant-

---

[316] Vgl. FE III, 156.  [317] Vgl. FE III, 215.
[318] Vgl. FE II, 169; 172; 177; 194; III, 188; FL 4.2.8.5; MFL 195; AL:DyL 121; 123; P. FREIRE, Pädagogik der Unterdrückten, aaO. (S. 70, Anm.169) 76; 106; 148f.
[319] Vgl. FL 3.3.9.1.  [320] Vgl. FL 3.3.9.3f.

wort zu geben.[321] Insoweit die Maieutik aus dem anderen nicht das Novum des Distinkten, sondern nur das 'Selbe' des Lehrers hervorzuholen sucht, stellt sie geradezu die Konträrmethode zur pädagogischen Befruchtung dar. Sie erweist sich dann in Wirklichkeit als memorative Herrschaftspädagogik, weil es ihr darum geht, dass der Schüler das rememoriert, was im Bewusstsein des Lehrers schon ist.[322]

Das Volk aber hat durchaus seine eigene, distinkte memoria, die sich in seinem Offenbarungswort ausdrückt. Diese bedarf aber eben der kritischen Vermittlung des Intellektuellen. Die Negation der Rolle der Intelligenz im Prozess der Befreiung wäre ein verhängnisvoller Irrtum.[323] Ohne deren analytischen und kritischen Dienst wäre eine authentische Befreiung nicht möglich. Dass sich das Volk selber auf den Weg der Befreiung führen könne, ist die "Illusion des Spontaneismus" (FE III, 188). Jede echte Befreiung braucht die "klärende Vermittlung des kritischen Denkens" (FE II, 178). Die "autokritische Volkskultur" (FE III, 188) gibt es nicht. Weil das herrschende System ihm ein entfremdetes Bewusstsein introjiziert hat, kann sich das Volk nicht allein befreien. DUSSEL wendet sich ausdrücklich gegen eine populistische Fetischisierung des Volkes.[324] Die kritische Befruchtung des organi-

---

[321] Vgl. FE III, 259, Anm.353.
[322] DUSSEL legt hier die Maieutik recht einseitig und maligne aus. Im sokratischen Dialog ist es nämlich wesentlich, dass keiner der Gesprächspartner für sich schon über die Wahrheit verfügt. In den von PLATON überlieferten Dialogen geht SOKRATES davon aus, dass er selbst nicht im voraus schon weiss, was er den anderen lehren könne. Der erste Schritt in der sokratischen Dialektik ist denn auch ein negativer, nämlich die Zerstörung des falschen Scheinwissens als Bedingung dafür, dass der Gesprächspartner die positive Wahrheit in sich selbst allererst zu entdecken vermag.
[323] Vgl. FE II, 123.
[324] Vgl. E. DUSSEL, Volksreligiosität in Lateinamerika, aaO. (Anm.293) 5f; ders., La "cuestión popular", aaO. (S. 77, Anm.187). - Es ist daher nicht ganz richtig, wenn P.

schen Intellektuellen ist unabdingbar, damit das Volk sein eigenes authentisches Bewusstsein wiedererlangt und die verinnerlichte repressive Kultur sowie seine eigene kulturelle Exteriorität als solche erkennt.[325] Ohne diesen kritischen Dienst des Intellektuellen könnte das Volk nie unterscheiden zwischen der Lüge der introjizierten Entfremdung und der Wahrheit seiner Exteriorität.[326]

Der organische Intellektuelle ist ein meta-physischer Pädagoge der Befreiung. Historisches Subjekt der Befreiung ist aber das unterdrückte Volk selber, wenngleich befruchtet durch die kritische Vermittlung des Intellektuellen[327], der das historische Projekt des Volkes "durch Konnaturalität" (FE IV, 97) lebt und insofern selber organischer Teil des Volkes ist.

Der befreiende Diskurs des Intellektuellen ist also ein pädagogischer Akt, der sich in der meta-physischen Nähe zwischen dem Denker und dem Volk abspielt.[328] Der Intellektuelle erfüllt im Prozess der Befreiung des Volkes eine pädagogische Funktion.[329] Dabei beginnt er notwendig als Schüler des Volkes, denn allein im Hören aufs Volk erlangt er den zu denkenden Inhalt: den meta-physischen

---

SUDAR (El rostro del pobre. "Inversión del ser" y revelación del "más allá del ser" en la filosofía de Emmanuel Levinas. Su resonancia en la filosofía y teología de la liberación en Latinoamérica (Diss.masch.), Münster 1978, 332) behauptet, das Volk spiele bei DUSSEL die Rolle eines "absoluten Subjektes der Reflexion", ganz zu schweigen vom wenig differenzierten Populismusvorwurf, den H. CERUTTI GULDBERG (Filosofía de la liberación latinoamericana, México 1983) penetrant gegen DUSSEL erhebt. Das Volk ist zwar das massgebende Subjekt der Reflexion, aber nicht absolut, weil seine eigenen Reflexionsstrukturen durch Verinnerlichung ideologischer Deutungsmuster immer auch entfremdet und entstellt sind. Ein unterdrücktes Volk hat auch eine unterdrückte Identität, insofern es den Unterdrücker internalisiert hat.
[325] Vgl. FL 3.3.8.4.  [326] Vgl. FE III, 155.
[327] Vgl. FL 3.3.8.1.  [328] Vgl. FL 5.9.5.1.
[329] Vgl. FE II, 106; 108; 123f; 156; 171f; MFL 184; 194; AL:DyL 108; 122; 124.

Ruf nach Gerechtigkeit und Befreiung. Dieses Sichöffnen für den anderen, die radikale Konversion zur Exteriorität des armen Volkes ist Bedingung der Möglichkeit von Metaphysik, insofern diese darin besteht, das Offenbarungswort, die Andersheit und die Freiheit des anderen zu denken.

## 2. Analektik als praktische Methode

Der Ausgangspunkt des meta-physischen Diskurses ist passiv das Hören auf das Wort des anderen und aktiv die Affirmation seiner freien Exteriorität. Die Grundkategorien der Analektik sind negativ die Andersheit und positiv die praktische Befreiung.[330] Letztere ist selber Bedingung der Möglichkeit analektischen Denkens, denn nur in der befreienden Enttotalisierung des Totalitätssystems, in der existentiellen Konversion zum anderen, im liebenden Sichöffnen für den anderen als anderen kann dieser frei zu Wort kommen und sich offenbaren, und diese Offenbarung setzt ja den meta-physischen Diskurs allererst in Gang. Dass das Wort des anderen, sein Ruf nach Gerechtigkeit und Befreiung subjektiv und existentiell zur eigenen Bestimmung gemacht wird, ist die hermeneutische Voraussetzung analektischen Denkens.[331] Meta-physik hat daher eminent praktische und ethische Voraussetzungen.[332] Sie erfordert nichts geringeres als die konkrete Transsubstantiation des Ich von der narzisstischen Selbstzentriertheit zu ex-zentrischer Liebe, als Bedingung der Möglichkeit des Hörens, des analogen Verstehens und der authentischen Interpretation des meta-physischen Wortes des anderen.[333] Analektik ist daher eine praktisch-ethische Methode[334], die eine "praktisch-historische Option" (AL:DyL 115) impliziert. Meta-physik ist kein rein theoretischer

---

[330] Vgl. FL 5.4.2.     [331] Vgl. FE IV, 101.
[332] Vgl. FL 5.4.5; AL:DyL 88; 122f; MFL 184.
[333] Vgl. MFL 192;    [334] Vgl. FE II, 163; FL 5.4.1.

Diskurs, sondern auch gesellschaftliche Option und ethische Praxis.335

## IV. ANALEKTISCHE THEOLOGIE

Wir wollen nun dazu übergehen, DUSSELS explizite theologische Position kennenzulernen. Wie drückt sich die Konzeption einer analektischen Meta-physik in der Sprache der Theologie aus? Wie diese Frage von DUSSEL in actu exercito beantwortet wird, soll am Beispiel der theologischen Gottes- und Offenbarungslehre (die bei DUSSEL zugleich eine Schöpfungslehre impliziert) (A), der Christologie (B), des Verhältnisses von Erlösung und Befreiung (C) und der Ekklesiologie (D) kurz aufgezeigt werden. Abschliessend wollen wir uns endgültig vergewissern, dass DUSSELS Diskurs zu Recht als Theorie der Befreiungstheologie aufgefasst werden kann (E).

### A. Gott und Offenbarung

#### 1. Der Gott des Systems

Das europäische Denken der Neuzeit hat Gott vornehmlich vom Vollzug des Cogito her gedacht als das Sehen selbst, innerhalb dessen Gesehenes überhaupt erst in den Blick kommen kann. NIKOLAUS VON CUES führt die Bedeutung von 'Theos' auf das griechische 'theoreo' (ich sehe) zurück und bestimmt Gott als reine Subjektivität: videre et in-

---

335 Vgl. MFL 229; FL 5.9.3.6-5.9.4.3; AL:DyL 115.

telligere.³³⁶ Die ständig lauernde Gefahr des neuzeitlichen Gottdenkens ist nun, dass Gott hier leicht zu einer blossen Funktion der Subjektivität des ego cogito gerät. Seit DESCARTES ist das Cogito immer wieder zum archimedischen Punkt der Erkenntnis Gottes geworden. Das Ich hat sich selbst secundum rationem cognoscendi als Idealgrund Gottes verstanden: cogito, ergo sum, ergo Deus est (s.o. S. 130f). Bei KANT hat Gott die Funktion der Proportionierung von Glückseligkeit und Sittlichkeit, von Natur und sittlicher Vernunft. Gott erscheint als Postulat der inneren Kohärenz der menschlichen (praktischen) Vernunftstruktur. Er dient so als Bedingung oder Moment der eigenen Konstitutionsstruktur des Ich.³³⁷

DUSSEL qualifiziert dieses neuzeitliche Gottdenken daher insgesamt und recht pauschal als einen "Pantheismus der absoluten Subjektivität" (FE V, 39), weil Gott hier als ontologischer Grund des Subjektivitätssystems und als "fundamentale Garantie der Totalität des Diskurses" (FE V, 36) fungiere. Es bestehe eine "gegenseitig sich implizierende Relation" zwischen dem begründenden Bezug Gottes zur Subjektivität und dem "Willen zur imperialen Macht" (FE V, 35). Wenn Gott bloss als Grund der Subjektivität des Ich gedacht werde, so sei dies letztlich nichts anderes als das von FEUERBACH entlarvte Bewusstsein des (europäisch-nordatlantischen, imperialen) Ich von seinem angemassten unendlichen, göttlichen Wesen.³³⁸

Wenn dieses imperiale Ich von Gott rede, so meine es damit nur eine stabilisierende Funktion seines eigenen totalitären Ich-Systems. Es mache sich ein Moment seiner eigenen Totalität zu seinem Gott. Diesem werde die Funk-

---

336 Vgl. NICOLAUS CUSANUS, Vom verborgenen Gott, in: Schriften des Nikolaus von Cues, Bd.III, Leipzig 1942,50; W. SCHULZ, Der Gott der neuzeitlichen Metaphysik, Pfullingen ⁵1974, 11-30.
337 Vgl. AL:DyL 207.    338 Vgl. FE V, 26.

tion zugedacht, die aktuelle Struktur dieses herrscherlichen Ich-Systems mit dem **Wesen** des Menschen überhaupt und mit der unwandelbaren lex naturalis zu identifizieren.[339] DUSSEL nennt diese Religion der Subjektivität **Fetischismus**. Die fetischistische Vergötterung des herrschenden Systems fixiere und zementiere dasselbe "mit dem Anspruch ewiger Ungeschichtlichkeit" (FE V, 50). Sie sei eine Ueberbaureligion und diene als letzter Horizont und ideologische Konsekration des repressiven Systems. Als kritikimmune Ideologie habe sie diesem Plausibilät und Legitimation zu verschaffen.[340]

Alle Kritik beginnt daher nach DUSSEL mit der Kritik der Religion des sich selbst vergötternden Systems[341], mehr noch: alle Kritik muss durch den Atheismus dieser Religion hindurch. Denn die Alternative stellt sich radikal: entweder ist 'das Ganze' göttlich oder das Göttliche ist ganz anders.[342] Für die Religion des Systems ist jede Systemkritik Heterodoxie, Häresie oder Atheismus.[343] Der Systematheismus ist daher die praktische Bedingung der Möglichkeit der Affirmation des ganz anderen Gottes.[344] Er ist die "metaphysische Orthodoxie" (FE III, 214). Das Nein zur Idolatrie des europäischen Herrschafts-Ich ist die Propädeutik zum Glauben an den wahren Gott der analektischen Befreiung.[345] Dieser ist "unendliche Exteriorität" (FE V, 59) zu jedwedem Totalitätssystem. Wer sich zu ihm bekennt, muss daher notwendig Systematheist sein. Darin liegt die meta-physische Wahrheit des berühmten Satzes E. BLOCHS[346]: "Nur ein Atheist kann ein guter Christ sein."

---

[339] Vgl. E. DUSSEL, Religión, aaO. (Anm. 239) 2.3.3.
[340] Vgl. ebd. 2.6.3; FE V, 47.
[341] Vgl. FE III, 214; MFL 279f.    [342] Vgl. FE II, 48.
[343] Vgl. E. DUSSEL, Religión, aaO. (Anm. 239) 2.5.1.2.
[344] Vgl. ebd. 3.3.3; FE V, 51.
[345] Vgl. AL:DyL 218; E. DUSSEL, La divinización del imperio, aaO. (Anm. 17) 97.
[346] Atheismus im Christentum. Zur Religion des Exodus und des Reichs (stw 144), Frankfurt a.M. 1973, 13.

## 2. Der Gott der Meta-physik

### a. Der ganz Andere

Der Systematheismus ist die negative und praktische Bedingung der Affirmation des wahren Gottes. Dieser erweist sich in bezug auf die Totalität des Systems als der "absolut absolute Andere"[347], dessen Vermittlung vom System her schlechthin unmöglich ist. Der biblisch bezeugte Gott ist keine Totalität, sondern der Andere, der Namenlose, unbedingte Freiheit oder Person.[348] Von der Unwahrheit des Systems aus ist die Wahrheit Gottes schlechthin unerreichbar. Der nach Gott ausgreifenden Totalität des Ich erscheint dieser bloss als abwesender.[349] Er ist nur in dem Masse erschliessbar, wie er sich von sich selbst her offenbart und zugänglich macht. Bezogen auf den Erkenntnis- und Verfügungsanspruch des sich selbst und das andere setzenden Ich, bedeutet die Wirklichkeit Gottes absoluten Bruch, radikale Diskontinuität, totale Andersheit und Entzogenheit.

Dem Resultat nach befindet sich so die Gotteslehre DUSSELS in verblüffender Nähe zu S. KIERKEGAARD oder K. BARTH. Ausserhalb der Sphäre der Offenbarung kann von Gott keine Rede sein. Er bricht von aussen in die Totalität des autonomen Ich ein und stellt diese radikal in die Diskontinuität der Krisis. Ueberhaupt liest sich DUSSELS Diskurs in mancherlei Hinsicht geradezu als Uebersetzung der theologischen Denkform BARTHS in philosophisches Denken, wobei DUSSEL diese Denkform nicht nur in bezug auf das Gottesverhältnis, sondern auch auf die intersubjektive Beziehung von Mensch zu Mensch zur Geltung bringt.

---

[347] FE V, 56; vgl. FL 3.4.4.2; FE I, 127; II, 58; E. DUSSEL, Religión, aaO. (Anm. 239) 3.1.1.
[348] Vgl. MFL 211.
[349] Vgl. FE V, 56.

## b. Meta-physik der Schöpfung

In erster Linie versucht DUSSEL die ursprüngliche Andersheit Gottes theologisch durch einen Rekurs auf die "Anthropologie der Schöpfung" (CdL I, 160) zu erschliessen. Der Meta-physik der Exteriorität entspricht protologisch die Schöpfung aus dem Nichts.[350] Die Schöpfung geschieht nicht aus dem 'Selben', sondern aus dem Nichts, aus dem Ausserhalb des Seinshorizontes. Das Geschöpf geht nicht emanantisch aus dem 'Selben' hervor, es ist daher auch kein immanentes Moment Gottes selbst. Gott und Kreatur sind nicht 'das Selbe'. Die Idee der creatio ex nihilo ermöglicht den Gedanken einer Vielheit, die durch keinerlei Totalität überwölbt wird. Schöpfung als freie Tat Gottes geschieht der Welt rein von aussen her. Das schöpferische Handeln Gottes vollzieht sich ausserhalb und als Prius allen apriorischen Konstitutionshorizontes eines Ich. Hier ist jedes Ich als Bedingung der Möglichkeit ausgeschlossen, die Tätigkeit des Anderen wirklich und schlechthin transzendent und jenseits jedweder ontologischer Totalität und Identität.

Der Schöpfungsgedanke ist die theoretische Voraussetzung der Möglichkeit des Bruchs mit dem ontologischen System der Totalität. Wenn der Ursprung des Kosmos jenseits aller Seins- und Bewusstseinsprinzipien liegt und insofern An-archie ist, so sind die realen Dinge nicht emanantisch durch einen Urgrund und durch dirimierende Entzweiung oder Differenzierung desselben konstituiert, sondern durch ein meta-physisch Abgründiges jenseits des Grundes.[351]

Schöpfung aus dem Nichts setzt die meta-physische Andersheit des Schöpfers auf kosmologischer Stufe voraus.[352]

---

[350] Vgl. E. DUSSEL, Religión, aaO. (Anm. 239) 3.4.1.
[351] Vgl. FE V, 69.    [352] Vgl. ETL 168.

Die Kategorie der Andersheit ist die Ursprungskategorie: Am Anfang schuf Gott aus dem Nichts, aus der Exteriorität, also ist er der schlechthin Andere und Transzendente.[353] Der absolute Schöpfer ist als die absolute Transzendenz der geschaffenen Welt der ganz Andere und der absolut Freie.[354]

Der schöpferische Akt Gottes ist "weder ontische noch dingliche Kausalität, sondern deren meta-physische Ueberwindung" (FE V, 71). DUSSEL nennt ihn "analog die **absolut absolute meta-physische Fruchtbarkeit**" (FE V, 70). Mit dem Terminus 'Fruchtbarkeit' soll ausgedrückt werden, dass sich die Schöpfung des Kosmos durch die absolute Freiheit Gottes analog wie die freie Zeugung des Kindes durch die Fruchtbarkeit der Eltern verhält.

Weil die Schöpfung ein Akt absoluter Freiheit ist, ist die kosmische Welt von ihrem schöpferischen Ursprung durch "meta-physische Dis-tinktion" (FE V, 71) unterschieden. Und weil der Kosmos kein bloss inneres Moment der Selbstunterscheidung des göttlichen Absoluten ist, ist er nichtgöttlich und darum veränderbar und dienstbar für den anderen. Weil der Schöpfer als der absolute Andere absolute Freiheit ist, wird der Kosmos als radikale Kontingenz, als selber nicht ewig, unwandelbar oder absolut denkbar.

In der Tat ist es immer die Intention der klassischen Lehre von der creatio ex nihilo gewesen, die absolute Transzendenz und die unbedingte Freiheit des schöpferischen Willens Gottes zu betonen. Es geht dem Schöpfungsglauben um die Akzentuierung der erhabenen Welttranszendenz, Geschichtsüberlegenheit und Heiligkeit Gottes in souveräner Distanz zur weltverfügenden Immanenz. Die theologische Schöpfungslehre beschreibt Gottes Handeln

---

[353] Vgl. ETL 175.      [354] Vgl. FE I, 127.

als schlechthin voraussetzungsloses Setzen einer Ursprungsbeziehung, das jenseits welt- bzw. ich-immanenter Möglichkeiten liegt. Die Distanz zwischen dem Schöpfer und dem aus dem Nichts gerufenen Geschöpf ist von der Kreatur her nicht aufhebbar. Die creatio ex nihilo ist der Gedanke der unendlichen Verschiedenheit von Schöpfer und Geschöpf, der Gedanke des unbegreiflichen und unverfügbaren Geheimnisses Gottes. Darin ist zugleich involviert, dass die Welt ganz und gar von der Exteriorität des ganz anderen Gottes her konstituiert und auf sie bezogen ist, dass Gott aber dabei in keiner Weise von der Welt abhängig ist. Zugleich erscheint die Kreatur in ihrer ganzen Faktizität als radikal kontingent. Ihr Ursprung ist keine logische Notwendigkeit, sondern der schlechthin voraussetzungslose, Anfang setzende, unbedingte Wille Gottes. Gott hat die Welt aus vollkommener Freiheit, aus reiner Liebe erschaffen. Creatio ex nihilo meint in biblischer Sinnspitze nichts anderes als diese freie creatio ex amore, in der Gott nicht das 'Selbe', sondern gerade das andere sucht, um es rein nur lieben zu können. Am Anfang der Schöpfung steht der liebende Wille Gottes zum anderen in seiner Andersheit. In diesem Gesetzt- und Bejahtsein durch die freie Liebe Gottes gründet die bleibende Kontingenz der Welt.[355]

Die Frage nach der Kontingenz des Kosmos stellt sich DUSSEL aus einem praktischen Interesse. Er spricht darum von

---

[355] Vgl. zum Ganzen A. GANOCZY, Schöpfungslehre, Düsseldorf 1983, 53f; ders., Der schöpferische Mensch und die Schöpfung Gottes, Mainz 1976, 118f; L. SCHEFFCZYK, Einführung in die Schöpfungslehre, Darmstadt 1975, 28-32; W. KERN, Zur theologischen Auslegung des Schöpfungsglaubens, in: MySal II, 464-544; W. KASPER, Die Schöpfungslehre in der gegenwärtigen Diskussion, in: G. BITTER / G. MILLER (Hrsg.), Konturen heutiger Theologie. Werkstattberichte, München 1976, 92-107, 97; G.EBELING, Dogmatik des christlichen Glaubens, Bd.I, Tübingen 1979, 307-312; E.SCHLINK, Oekumenische Dogmatik. Grundzüge, Göttingen 1983, 79f; H. VOLK, Art. Schöpfung, systematisch, in: HThG II, 508-517, 509-513.

einer "praktisch-politischen Genese des theoretischen Diskurses über die Schöpfung" (FE V, 68). Wäre das ewig-unveränderliche und identische Sein selber der Grund des Systems der Totalität und die Schöpfung eine creatio bzw. emanatio ex ente, so könnte von diesem Grund her die ewig-unveränderliche Herrschaft des Systems ontologisch begründet werden. Fordert aber die befreiende Praxis eine analektische Transzendierung des herrschenden Systems, so muss dem Sein desselben das ewige Grundsein abgesprochen werden. Die Modifikabilität des Systems setzt dessen Modalität als bloss Mögliches und Kontingentes (und nicht als Notwendiges) voraus. "Der absolut absolute Andere ist die einzige Gewähr, dass jedes historisch-ökonomische System bloss geschichtlich, d.h. transitorisch, möglich und kontingent ist" (FE V, 85). Die Kategorien der Möglichkeit und der Kontingenz untergraben den Absolutheitsanspruch des Systems.[356] Wenn der Kosmos als solcher und ganzer kontingent ist, dann ist auch die herrschende Systemungerechtigkeit kontingent: Das System ist nicht notwendig so, wie es faktisch ist.[357] Der aus dem Nichts erschaffende Gott erscheint hier als Bedingung der Möglichkeit, den Kosmos als prinzipiell veränderbar zu denken, "als die notwendige Hypothese, als Postulat für die Möglichkeit einer dauerhaften Kritik" (FE V, 90).

Durch die "Meta-physik der Schöpfung" (FE II, 101) bekommt das System einen anderen Stellenwert: es hat selber nicht die göttliche Qualität, die es für sich usurpiert, sondern nur Dienstfunktion für den (Mit-)Menschen. Diese Dienstbarkeit hängt unmittelbar mit dem Schöpfungsauftrag zusammen, der einerseits in der Verantwortlichkeit gegenüber dem aus dem Nichts rufenden Gott und andererseits in der Verantwortung für das Heilsein der dem Menschen anvertrauten Welt besteht, wobei in diesem allen Menschen

---

[356] Vgl. E. DUSSEL, Religión, aaO. (Anm.239) 2.3.3; FE III, 45; V, 67; AL:DyL 218; FL 3.4.5.3-3.4.5.6.
[357] Vgl. FL 3.4.5.3f.

übertragenen königlichen Amt nur das verantwortliche Herrsein über die Natur und die Tiere, nicht aber das Herrsein über den Mitmenschen enthalten ist. "Die Herrschaft von Menschen über Menschen ist diesem Schöpfungsauftrag nicht gemäss."[358] Meine Beziehung zum Nächsten ist nicht durch Beherrschung, sondern durch Verantwortung definiert.

Der Sinn der kreatürlichen Wirklichkeit ist nicht die Herrschaft über den anderen, sondern das Sein-für-den-anderen.[359] Darin liegt auch der eigentliche Sinn der Religion überhaupt. Diese ist für DUSSEL primär Glaube an den absoluten Schöpfer, "archäologische Meta-physik", die aus sich heraus eine "archäologische Praxis der Befreiung" (FE V, 91) fordert.

Der creator ex nihilo ist die archäologische Ermöglichungsbedingung des ethischen Rufs des anderen, der Gerechtigkeit und Befreiung reklamiert. Mein Nächster ist ab-solut, d.h. losgelöst von der Kontinuität des Systems. Gott aber ist **absolut** absolut, weil noch einmal transzendent gegenüber der Kontinuität menschlicher Schöpfungs- und Geschichtstotalität. Er ist der schlechthin Namenlose und Heilige. Von ihm finden sich nur Spuren.[360] Nur Abwesende hinterlassen Spuren. Diese lassen nicht verfügen, sondern sind Zeichen dessen, der sich einer Verfügung schon entzogen hat.

### c. Der Arme als Offenbarung Gottes

Die Spur des unverfügbar sich entziehenden Gottes führt mich zur herausfordernden Gegenwart des anderen. Das Antlitz des Armen ist jene Spur, die Gott hinterlässt. Erst die ethische Hinwendung zu ihm schliesst daher nach DUS-

---

[358] C. WESTERMANN, Schöpfung, Stuttgart-Berlin ³1979, 79.
[359] Vgl.E.DUSSEL, Religión, aaO.(Anm.239)3.4.6.2; FE V,72.
[360] Vgl. FE V, 55.

SEL die religiöse Dimension auf. Die Verantwortung für den Nächsten ist die Oeffnung, durch die Gott mir nahekommt. Gott begegnet nicht in einer Beziehung neben der Nähe zum Nächsten, sondern in ihr und durch sie. Er offenbart sich "konkret und historisch durch die anthropologische Epiphanie des Armen" (AL:DyL 203). Der andere ist der Ort der historischen Epiphanie, die geschichtlich greifbare Erscheinung und innerweltliche Hohlform der Offenbarung Gottes.[361] Wenn das Christentum Jesus von Nazareth als die absolute geschichtliche Epiphanie Gottes in der Welt bekennt, so erscheint Jesus darin als der Prototyp des anderen schlechthin. In ihm ist offenbar geworden, was die Bestimmung und die eigentliche Wirklichkeit des anderen überhaupt ist. Der analoge Epiphaniestatus des Armen gründet meta-physisch darin, dass dieser negativ als disfunktionale Exteriorität, als desintegrierte Andersheit und als ontologisches Nichts innerhalb des Systems die unendliche Andersheit Gottes und positiv als das universale Gerechtigkeit und Befreiung ansagende Wort das erlösende Wort Gottes vertritt. Der Arme ist gleichsam der enttotalisierende Statthalter und die analektische Einbruchstelle Gottes innerhalb des Systems. Die Exteriorität des Armen ist innerhalb der herrschenden Totalität die Epiphanie der unendlichen Exteriorität Gottes.[362] Darum ist der Zugang zum Unendlichen die reale Affirmation seiner Epiphanie: des anderen.[363] Wer sich für den anderen öffnet, öffnet sich Gott selbst. Dies ist auch der Grund für die Einheit von Gottes- und Nächstenliebe: Wenn sich Gott im Antlitz des Armen offenbart, dann ist die Liebe zum Nächsten immer auch schon Liebe zu Gott und umgekehrt.[364] Die Identifikation mit dem anderen

---

[361] Vgl. DCyL 18; AL:DyL 203-207; FE V, 56; ETL 91; E. DUSSEL, Religión, aaO. (Anm. 239) 3.3.4; ders., Introducción general a la historia, aaO. (S. 38, Anm. 85) 57f; ders., Etica comunitaria, aaO. (S. 15, Anm. 19) 237f.
[362] Vgl. E. DUSSEL, The Kingdom of God and the Poor, in: IRM 68 (1979) 115-130, 130.
[363] Vgl. FE V, 57.  [364] Vgl. CdL I, 144.

ist die praktische und konkrete Form des Gottesglaubens selbst. Gott teilt sich historisch greifbar mit durch die Stimme des Armen. Durch dessen Antlitz werde ich vom Unendlichen angesprochen und in Beschlag genommen. Er spricht zu mir durch das verwüstete Gesicht des Unterdrückten, der sich anklagend und gebieterisch an mich wendet und der eine neue Wirklichkeit einklagt, in der alle Tränen abgewischt werden. Der ethische Ruf des Armen nach universaler Gerechtigkeit und Befreiung ist selber schon Vermittlung des göttlichen Offenbarungswortes.[365]

Das Wort des anderen ist theologisches Offenbarungswort mindestens im Sinne einer soteriologia negativa, insofern sich darin einerseits die systemkritische, eschatologische Andersheit Gottes realsymbolisch ausdrückt und anderseits die radikale Offenheit für ganzheitliches Heil anzeigt. Den positiven Inhalt der göttlichen Offenbarung empfängt diese theologia negativa freilich noch einmal extra se. In dem Masse, wie sich im Ruf des anderen nur das Verlangen (und nicht schon die positive Wirklichkeit) nach Erlösung und Heil anzeigt, ist dieser nicht selber schon die positive Gesetztheit der göttlichen Offenbarung (soteriologia positiva), wohl aber die anthropologische Analogie des Wortes Gottes, durch die mir Gott erst verständlich werden kann. Das Sichausstrecken des Armen nach Gerechtigkeit und Befreiung ist das anthropologische Korrelat, die weltliche Einbruchstelle des Wortes Gottes, das Heil zusagt und Gehorsam im Dienste des Armen fordert. In diesem Sinn ist - genaugenommen - das Wort des Armen nicht in direkter, unterschiedsloser Identität das positive Wort Gottes, sondern dessen Vermittlung[366], der Ort und das Medium seiner Erscheinung. Eben damit ist gegeben, dass das Hören auf die Stimme des Armen die "Bedingung der Möglichkeit der Gegenwart (actualidad) der

---

[365] Vgl.FE V, 56; AL:DyL 227,Anm.40; FL 3.4.8.1; H-B 403f.
[366] Vgl. E. DUSSEL, Etica comunitaria, aaO. (S.15,Anm.19) 237f.

Offenbarung Gottes" (ebd.) ist. Umgekehrt erhält das Wort des Armen in seiner Eigenschaft als Vermittlung des Wortes Gottes durch dieses einen radikalisierten Sinn und einen mit absoluter, göttlicher Verbindlichkeit verpflichtenden Gehorsamsanspruch an meine Verantwortung für den anderen.

Weil Gott sich durch das mediale Wort des Armen zu verstehen gibt, darum ist das Hören auf die Stimme des lateinamerikanischen Volkes heute ein privilegierter Ort der göttlichen Offenbarung.[367] Lateinamerika ist in seiner nackten Armut und in seiner Option für universale Gerechtigkeit und Befreiung zu einem locus theologicus geworden.

Nicht auf den Armen hören und ihm glauben heisst, überhaupt nicht glauben.[368] Wer den erotischen, pädagogischen und politischen anderen nicht frei an sich herantreten lässt, dem ist auch das Tor zu Gott als dem unendlichen Anderen verschlossen.[369] DUSSEL zieht daraus Konsequenzen für das neuzeitliche europäische Gefühl des Todes Gottes. Die europäische Neuzeit mit ihrer Verabsolutierung des Subjekts gründet ja nach DUSSEL gerade auf dem Tod (auf der Negation) des anderen als anderen, des Armen und des Nichteuropäers. Europa hat mit dem anderen zugleich die Epiphanie Gottes getötet, damit den eigentlichen Zugang zum wahren Gott verloren und sich selbst in seiner sich selbst behauptenden Subjektivität an die Stelle Gottes gesetzt. Gott ist dem neuzeitlichen Subjektivismus von dem Zeitpunkt an entschwunden, als dieser dessen Epiphanie tötete: realiter in der kolonialen Conquista und idealiter in der Selbstsetzung des absoluten Ich.[370] Der

---

[367] Vgl. AL:DyL 222.    [368] Vgl. ebd. 205.
[369] Vgl. FE V, 60.
[370] In einer anderen, mit dieser kaum harmonisierbaren Denkfigur führt DUSSEL das europäische Gefühl des Todes Gottes auf das Gefühl des eigenen Todes zurück: Europa

in Europa gefühlte Tod Gottes ist damit nur die Folge des Todes des anderen.[371] "Die Totalität als imperiale impliziert in ihrem Grund den Theozid" (AL:DyL 198). Jeder Brudermord, jede Negation der Andersheit des anderen ist theologisch ein Theozid[372] in dem Sinne, dass Gott dem sich selbst absolut setzenden Ich als tot erscheinen muss.

In Wirklichkeit aber ist der lebendige Gott nicht tot, er kann sich dem herrschsüchtigen Europa nur nicht mehr offenbaren, weil dieses seine Epiphanie eliminiert hat. Zu einer neuen historischen Offenbarung Gottes kann es erst wieder durch die Restitution des anderen als anderen kommen. Das Gefühl des Todes Gottes ist darum "keine theoretische Frage, sondern eine Frage der Gerechtigkeit" (AL:DyL 218). Erst wenn der andere wieder zu seinem Recht kommt, wenn also die Epiphanie Gottes wieder leben darf, lassen sich auch wieder die Spuren Gottes in der Welt entdecken. DUSSEL spricht darum in diesem Zusammenhang von der "Theologik der internationalen Gerechtigkeit" (AL:DyL 219).

Von der meta-physisch-analektischen Offenbarungsstruktur her deutet DUSSEL den Sinn der Religion als re-ligatio, als Rück-bindung an den anderen, welcher der ursprüngliche Bezugspunkt des menschlichen Geistes ist.[373] Religion ist primär das Ergriffensein vom Armen, die ex-zentrische Ueberantwortetheit des Ich an den anderen, die "absolute Verantwortlichkeit für den anderen Menschen vor dem absolut absoluten Anderen" (FE V, 90).

Wer für den anderen verantwortlich ist, bezeugt und vertritt ihn innerhalb und vor der Totalität des Systems und

---

selbst fühlt sich angesichts der Befreiung, welche die Armen inszenieren, als Gott und also als geopolitische Allrealität im Sterben begriffen (vgl. FL$^1$ 1.1.7.2; FL$^3$ 1.1.7.3; FE V, 51).
[371] Vgl. AL:DyL 218; FE II, 23; V, 57f; H-B 399.
[372] Vgl. ETL 18. [373] Vgl. FE I, 122; V, 52-56; MFL 280.

erleidet selbst dessen Verfolgung. Er bezeugt damit vor der Totalität zugleich den göttlichen Anderen, der seine Glorie im Sichaussetzen des Ich für den anderen empfängt.[374] Religiös ist also, wer sich innerhalb des Systems als verantwortlich für den anderen zur Ehre des ganz Anderen definiert und seine eigene Freiheit vom Ruf des Armen bestimmen lässt.[375]

### d. Sünde als Negation des anderen

Die Abwendung vom anderen, die Elimination seiner Exteriorität ist der theologische Inbegriff der Sünde. Das Wesen der Sünde ist die Negation der Andersheit des anderen, seine Instrumentalisierung und repressive Einzwängung in das System meiner Totalität. "Der Lohn der Sünde ist der Tod" (Röm 6,23): die Frucht der Sünde der totalitären Selbstbehauptung des Ich ist der Tod der Andersheit des anderen.[376] Sünde ist Totalisierung und Selbstverabsolutierung des Ich als omnitudo realitatis.[377] Sie ist erotische, pädagogische, kulturelle und politische Herrschaftspraxis.[378] Die Logik der Totalität ist eine Logik der Sünde. Dabei hat die Ontologie der Totalität die Sünde als allgemeingültiges und notwendiges Natur- und Wesensgesetz geschichtlich wirksam rationalisiert, sakralisiert und verschleiert.[379]

Wenn Sünde die Negation des anderen als anderen ist und wenn das geschichtlich Neue sich nur aus der analektischen Freiheit der Exteriorität her ereignet, dann ist Antisünde als Affirmation des anderen als anderen der eigentliche Motor der Geschichte, d.h. historischer Pro-

---

[374] Vgl. FE V, 54.
[375] Vgl. E.DUSSEL, Religión, aaO. (Anm. 239) 3.2.1-3.2.3; 3.3.2; FE V, 56; FL 3.4.4.4.
[376] Vgl. E.DUSSEL, Para una fundamentación, aaO.(Anm.10)29.
[377] Vgl. H-B 399; FE II, 26-30; ETL 17; DCyL 98.
[378] Vgl. FE II, 77; AL:DyL 227, Anm. 39.
[379] Vgl. FE II, 80.

zess der Befreiung.380 Ist die totalisierende Sünde Aversion vom anderen, so Befreiung Konversion zum anderen.

Die Theorie der Befreiung erscheint der Religion der Herrschenden notwendig als heterodox und die Praxis der Befreiung als Heteropraxie. Der andere bezieht denn auch die zureichende Legitimation seiner Befreiung nicht aus den Normen des herrschenden Systems, sondern aus der meta-physischen Würde seiner Exteriorität als Person und als Ort der göttlichen Epiphanie, in biblischer Terminologie als Bild Gottes.381

### e. Offenbarung als Erschliessung eines neuen Verstehenshorizontes

Ist der andere - die Armen und Besiegten der Geschichte - der privilegierte Ort der Offenbarung Gottes, so offenbart sich Gott wesentlich in der Geschichte und speziell in der Befreiungsgeschichte der Armen. Die Offenbarung Gottes verstehen heisst darum, den verborgenen Sinn der Geschichte aus der Perspektive des anderen verstehen.382 So hatte Israel ein geschichtliches Selbstbewusstsein, weil seine Geschichte die Offenbarung Gottes selber war. Es erinnerte sich der vergangenen historischen Einbrüche und Verheissungen Gottes aus der Exteriorität, um den Sinn seiner gegenwärtigen Geschichte analog zu verstehen.383

Gott offenbart uns den Sinn der Geschichte immer von der Exteriorität, vom Antlitz des Armen her. Erst der Glaube, das Sichöffnen für denjenigen, der ausserhalb meines Horizontes existiert, ermöglicht ein authentisches Verstehen der historischen Realität. Der religiöse Glaube eröffnet einen neuen Verstehenshorizont aus der meta-physi-

---

380 Vgl. FE II, 37.  381 Vgl. FE V, 94.
382 Vgl. DCyL 15-17.  383 Vgl. ebd. 24.

schen Perspektive des anderen.[384] Er ermöglicht die Entdeckung eines neuen Sinnes, eine neue Sicht der Wirklichkeit aufgrund des Wortes Gottes, das im Wort des Armen ausgesprochen wird und geschichtlich in Erscheinung tritt. Offenbart wird also nicht sosehr ein neuer Sachverhalt, sondern ein neues Verständnis von Sachverhalten. DUSSEL verdeutlicht dies am Beispiel des alttestamentlichen Offenbarungsereignisses par excellence: des Exodusmotivs. Die historische Tatsache, dass seine hebräischen Stammesgenossen in Aegypten versklavt wurden, war Mose schon vor seiner Berufung bekannt. Aber von dem Moment an, da Gott ihn mit der Befreiung aus dem Sklavenhaus beauftragt, gehen ihm gleichsam erst die Augen auf, und er entdeckt einen neuen Sinn dieses Sachverhaltes, insofern ihm die bisher 'natürlichen' Sklaven zu 'historischen' Sklaven werden. Im Ereignis der göttlichen Offenbarung hört er aus der Exteriorität die Stimme, die ihn "pädagogisch den Sinn des historischen Geschehens entdecken lässt"[385]. Gott offenbart sich ihm mit dem ethischen Ruf: "Ich habe den Schrei meines unterdrückten Volkes gehört. Geh und befreie mein Volk!"[386]

Das göttliche Offenbarungswort gleicht dem Strahlen eines Scheinwerfers, das alles bisher Vertraute in einem ganz neuen Licht sehen lässt und ihm einen neuen Sinn gibt. Was Gott offenbart, ist nicht sosehr ein Inhalt, sondern das Licht, das einen Inhalt beleuchtet und ihn so erst in seiner meta-physischen Bedeutung entdecken lässt, mithin ein bestimmtes Wirklichkeitsverständnis bzw. den Interpretationsschlüssel für ein bestimmtes Wirklichkeitsverständnis. Das Neue der göttlichen Offenbarung ist gewissermassen eine neue Hermeneutik der Wirklichkeit überhaupt, die eine neue Wirklichkeitsorientierung ermöglicht. Solche hermeneutischen Offenbarungskoordinaten

---

[384] Vgl. E. DUSSEL, Introducción general a la historia, aaO. (S. 38, Anm.85) 58; DCyL 96.
[385] FE II, 25.   [386] Vgl. Ex 3,7-10.

sind z.B. die Begriffspaare sarx (Totalität, Selbstverschliessung) und pneuma (Andersheit, Exteriorität), Sünde und Gerechtigkeit Gottes, alter Aeon und Reich Gottes, Schöpfung (Weltkontingenz) und Erlösung (Enttotalisierung).[387] Diese Kategorien enthüllen nicht diesen oder jenen Gegenstand, sondern die Kriterien der Entdeckung und der authentischen Interpretation von Sachverhalten. Sie bilden das Licht des hermeneutischen Horizontes, die Richtlinien oder die Orientierung der Interpretation (pautas interpretativas)[388].

Dieses theologische Offenbarungsverständnis DUSSELS muss zweifellos auch im Lichte seiner Methodologie der Geschichtsschreibung gesehen werden.[389] Als Kirchenhistoriker hat er es sich faktisch zur Aufgabe gemacht, die Geschichte der lateinamerikanischen Kirche aus der metaphysischen Perspektive des anderen - des Armen bzw. des unterdrückten Volkes - neu zu interpretieren und zu schreiben. Als Historiker weiss er aber, dass dieselbe Geschichte, dieselben historischen Daten und Fakten auch anders interpretiert werden können und oft genug auch anders - nämlich aus der Sicht der Sieger - interpretiert worden sind. Nicht als Historiker, wohl aber als gläubiger Christ und Theologe sieht er sich indes herausgefordert, die facta bruta der Geschichte tatsächlich aus der hermeneutischen Perspektive der Armen und Besiegten und im Lichte ihrer Sehnsucht nach Befreiung neu zu lesen. Diese Perspektive erfährt er als von der göttlichen Offenbarung selbst eröffnet und geboten, weil Gott selbst die Wirklichkeit mit den Augen der Armen und Besiegten betrachtet und beurteilt (Mt 25,31-46). Als Historiker erkennt er das Neue der göttlichen Offenbarung nicht in

---

[387] Vgl. ETL 175; H-B 403; AL:DyL 222; DCyL 97.
[388] DUSSEL scheint hier von F. ROSENZWEIG (vgl. Kleinere Schriften, Berlin 1937, 358) inspiriert zu sein, der Offenbarung ebenfalls als Orientierung definiert.
[389] Vgl. auch R. FORNET-BETANCOURT, Annäherung an Lateinamerika, aaO. (S. 27, Anm. 49) 24-30.

neuen, gegenständlich greifbaren Geschichtsfakten, sondern in einem neuen, spezifischen Verstehenlassen schon gegebener Tatsachen der Geschichte.

Dem kritischen Interpreten DUSSELS stellt sich hier allerdings die Frage nach der Beziehung dieses theologischen Offenbarungsbegriffs mit dem früher (s.o.S.165ff) besprochenen anthropologischen Verständnis der Offenbarung. DUSSEL selber reflektiert nicht ausdrücklich über dieses Verhältnis, obwohl hier offensichtlich zwei verschiedene Offenbarungskonzeptionen vorliegen. Denn im anthropologischen Offenbarungsgeschehen wird ja durchaus nicht nur ein neuer hermeneutischer Horizont des Wirklichkeitsverständnisses überhaupt, sondern auch ein inhaltliches Novum offenbart, das ausserhalb dieses Ereignisses nicht schon gegenwärtig und aus dem schon Gegebenen nicht ableitbar ist: nämlich das personale Antlitz des anderen selbst. Selbstverständlich liesse sich argumentieren, der andere - der Arme bzw. das Volk - sei auch vor seiner Offenbarung als factum brutum gegenwärtig, zwar nicht als personales Geheimnis, wohl aber in der Weise eines verfügten und totalisierten Objekts, so dass seine Offenbarung nicht ein neues Faktum, sondern nur ein neues Verständnis dieses Faktums beibringe, wovonher dann auch die Wirklichkeit im ganzen in einem ganz neuen Licht erscheine und der Sinn der Wirklichkeit überhaupt neu und anders verstanden werde. Aber vorausgesetzt war doch, dass in diesem Offenbarungsgeschehen ein neuer Inhalt - das vorher unterdrückte Wort des anderen - an mich herantritt, der zuvor nicht einmal als reines Faktum in Erscheinung treten konnte, wogegen DUSSEL meint, in der theologischen Offenbarung trete nicht eigentlich ein neuer Inhalt, sondern eine neue hermeneutische Perspektive, nicht eine neue Erkenntnis, sondern ein neues, ungegenständliches Erkenntnislicht in mein Welt- und Selbstverständnis ein.

Wenn sich darin keine Inkohärenz innerhalb des Dusselschen Diskurses ausdrücken soll, so dürfen die anthropologische und die theologische Offenbarung nicht als einer und derselben Ebene zugehörig aufgefasst werden. In der Tat scheint DUSSEL zu denken, die göttliche Offenbarung gebe dem Wort des Armen erst seinen radikal neuen, metaphysischen Sinn, sie schliesse überhaupt erst die hermeneutische Perspektive auf, um den anderen wirklich als anderen und nicht als objekthaftes Moment des Ich zu verstehen, und sei also gewissermassen die meta-physische Bedingung der Möglichkeit der neuen Bedeutung und des absolut verpflichtenden Anspruchs des Rufs der Armen. Die theologische Offenbarung - verstanden als Eröffnung einer neuen Sinnorientierung der Wirklichkeit - würde damit gleichsam als quasi-transzendentaler Grund und Voraussetzung einer authentischen Auslegung der anthropologischen Offenbarung - verstanden als personale Selbstkommunikation des anderen - interpretiert. Dies würde auch erklären, wie das Wort des Armen die geschichtliche Erscheinung (Epiphanie) des Wortes Gottes sein kann. Was der Arme in seiner Selbstoffenbarung mitteilt, wäre dann gleichsam die kategoriale Auslegung des Wortes Gottes, mit dem er aufgrund seiner eigenen Andersheit und Systemtranszendenz durch eine besondere Konnaturalität vertraut ist. Genau dies scheint DUSSEL selber zu meinen, wenn er oben (s. S. 214-216) die systemjenseitige Andersheit des Armen als Vermittlung und Voraussetzung des Ankommenkönnens (als "Bedingung der Möglichkeit der Gegenwart") der absoluten Andersheit des Wortes Gottes in der Welt dargetan hat. Das Wort des Armen, das universale Gerechtigkeit und Befreiung einklagt, wäre dann so etwas wie eine erste Objektivation des Wortes Gottes, dessen Inhalt die Zusage solcher universaler Gerechtigkeit und Befreiung sowie die Forderung nach einem diesem Wort unbedingt entsprechenden Gehorsam des Menschen ist. Auf diese Weise würde auch plausibel, weshalb das göttliche Offenbarungswort auf das Wort des Armen verweist, um verstanden zu werden, und dass der Inhalt des Wortes Gottes dem kategorialen Wort des Armen entspricht. Und es bekäme schliesslich darin auch das von DUSSEL betonte ethische Moment solcher Offenbarung seinen korrekten Ort, weil diesem Imperativ der Indikativ der erlösenden Selbstzusage Gottes schon zugrundeliegen würde.

Dass das Verhältnis von theologischer und anthropologischer Offenbarung bei DUSSEL in dieser soeben beschriebenen Richtung von Einheit und Differenz (in Rahnerscher Terminologie: von Transzendentalität und Kategorialität) zu bestimmen wäre, legt sich insbesondere auch aus DUSSELS Ueberlegungen zur eschatologischen Dimension der göttlichen Offenbarung nahe. Als absolut absoluter Anderer ist Gott nicht nur der meta-physische Ursprung, sondern auch die absolute Zukunft der Welt und ihrer Geschichte. Absolute Zukunft meint hier, dass das Ziel der Geschichte nicht das Resultat einer immanenten Selbstentfaltung des 'Selben' der Weltgeschichte, sondern wirkliches und schlechthin unableitbares Novum ist, das nur von aussen hereinbricht. Mit dieser absoluten Exteriorität und Andersheit Gottes hängt zusammen, dass sich Gott zwar im Antlitz und in der Befreiungsgeschichte des Armen offenbart und hier seine Spuren hinterlässt, dass er aber in dieser geschichtlich greifbaren Epiphanie nicht einfach aufgeht. Gott ist nicht bloss ein Teil oder das Ganze der menschlichen Geschichte - auch nicht der Befreiungsgeschichte der Armen -, sondern transzendenter Herr dieser Geschichte. Diese analektische Unterschiedenheit von der Geschichte ist eine notwendige Bedingung der Erlösbarkeit der Geschichte selber als solcher.[390]

---

[390] Vgl. FE V, 57.

## B. Konturen einer christologischen Denkfigur

Man wird bei DUSSEL vergeblich eine ausgefaltete Christologie suchen. Aber so etwas wie die Konturen einer metaphysischen christologischen Denkfigur treten doch deutlich zutage. Es ist bereits zum Ausdruck gekommen, dass das Wort Gottes vom Ausserhalb in die Totalität der Welt einbricht und dass diese Offenbarung nicht aus der Immanenz der Systemtotalität ableitbar ist. Am deutlichsten festgemacht ist dieser Sachverhalt in der Meta-physik der Schöpfung aus dem Nichts. Hier hat sich Gott als der ganz Andere erwiesen, der aus dem schlechthinnigen Jenseits der Immanenz in diese einbricht. Dieser Gedanke des Offenbarungshandelns Gottes als einer creatio ex nihilo, als eines meta-physischen Einbruchs von aussen bestimmt auch die Denkform der Dusselschen Christologie, die in die Richtung einer ausgeprägten Inkarnations- und Kenosistheologie weist, wie sie biblisch neben dem Johannesprolog vor allem im Hymnus Phil 2,6-11 ausgedrückt ist.

Die Inkarnation ist die eschatologische Invasion der Andersheit Gottes in die Totalität der sarx (der Sünde) zur Erlösung der Welt, der meta-physische Einbruch des ganz Anderen aus dem Jenseits der herrschenden Totalität.[391] Als Geisterfüllter ist Christus absolut anders, konstituiert doch das pneuma absolutes Anderssein und Neusein in bezug auf die Totalität der sarx.[392] Dieser ganz Andere (Phil 2,6: "er war Gott gleich") nimmt im System der Totalität ontologisch notwendig die Position des Unterdrückten ein (Phil 2,7: "er wurde wie ein Sklave"), weil es der Totalität wesentlich ist, die systemtranszendente Andersheit zu unterdrücken und zu negieren, sie auf ein immanentes Moment der eigenen Herrschaftssphäre zu reduzieren und ihrer instrumentellen Vernunft als beherrschbares Objekt zu unterwerfen. Der einzig mögliche Ort der

---

[391] Vgl. ETL 33.   [392] Vgl. ebd. 31.

Selbstoffenbarung der Andersheit Gottes innerhalb des Systems ist das Systemexzentrische: der desintegrierte Arme. Die Realidentifikation Jesu mit den Armen ist daher nicht zufällig, sondern theo-analektische Logik.[393] Umgekehrt entspricht es einer dialektischen Logik, dass das System auf die Weigerung des Befreiers Jesus, sich dem universalen Geltungsanspruch der Totalität zu unterwerfen und dadurch in die Elimination seiner Gott bezeugenden Andersheit einzuwilligen, mit dem ontologischen Krieg gegen ihn als Anderen antworten muss. Denn die Befreiung durch den Anderen wäre der Tod der herrschenden und die Geburt einer neuen Ordnung.[394] Setzt sich der Andere prophetisch vor der Totalität des Systems für die Befreiung des Unterdrückten ein, so verneint er die Totalität des Systems und deren Anspruch auf Allrealität. Er erscheint als Systematheist, als Lästerer des Systemgottes und wird so vor den Rechtsnormen des Systems schuldig. Der eschatologische Befreier, der das Ende des Systems und den Anbruch eines neuen Reiches der Gerechtigkeit und der Freiheit ankündigt, endet so selber durch das System.[395] Die Alternative stellt sich radikal: Entweder lebt der Befreier oder das System; das Leben des einen ist der Tod des anderen.

Diese Zuspitzung ist letztlich ontologisch begründet. Das Nichts ist ontologisch je schon die grosse Bedrohung des Seins. Der Ontologie der Totalität des Seins erscheint das Nichts - die Andersheit - als unbedingt zu vermeidender Widerspruch. Wenn der Andere aus dem Nichts - aus der Exteriorität - die Totalität des Seins infrage stellt und bedroht, wehrt sich diese mit ontologischer Gewalt gegen den Abgrund des Nichts. Das Einbrechen des Anderen aus dem Nichts bedeutet für das Sein der herrschenden Totalität Nihilismus und Atheismus. Es lag daher in der Logik

---

[393] Vgl. E. DUSSEL, Befreiungsethik, aaO. (Anm. 136) 136.
[394] Vgl. FE V, 47.   [395] Vgl. H-B 401.

des Systems, dass Jesu Infragestellung der herrschenden Totalität von der schlechthinnigen Andersheit Gottes her von eben dieser Totalität als Bedrohung, Aufruhr und Blasphemie gegen den Gott des Systems und damit als Heterodoxie verstanden werden musste.

Der Tod Jesu lag daher in der Onto-Logik der Totalität. Er war die systemlogische Folge seiner befreienden Mission. Er war vom System her, d.h. ontologisch, nicht aber meta-physisch notwendig. DUSSEL verweist hier das Problem der Notwendigkeit des Kreuzes Jesu von der Theologik an die Systemlogik. Nicht Gott hat eigentlich den Tod seines Sohnes gewollt, sondern die Totalität der Welt musste ihn qua Totalität wollen. Als Prophet der eschatologischen Andersheit, als Mittler der ganzheitlichen Befreiung und damit der totalen Enttotalisierung des verabsolutierten Weltsystems musste er ihr unerträglich sein. Denn Jesus war in Person das Prinzip des Todes der Systemtotalität. Diese musste also Jesus töten, um sich selbst zu retten und zu behaupten. Dies war die tödliche Zuspitzung des Konfliktes zwischen der prophetischen Andersheit Jesu und der totalitären Totalität des Systems.[396] Am Kreuz widerfuhr Jesus die reine Konsequenz der "Logik der Sünde" (ETL 35) des Systems.

Indem sich Jesus aber dieser Logik der Sünde durch sein Kreuz unterwarf, durchkreuzte er zugleich die Allmacht dieser Logik und damit das "System der Sünde" (ETL 35) schlechthin. Sein Tod durch die Sünde bewirkte so zugleich den Tod der Sünde. Sein Tod setzte nun die Henker ins Unrecht. Sie stehen nun selber unter dem Gericht und werden vom Forum der Andersheit zur Rechenschaft gezogen.[397] Der Tod des eschatologischen Befreiers hat sich nur als der Tod des Todes und damit auch des Systems des Todes erwiesen. DUSSEL spricht daher von der "österlichen

---

[396] Vgl. ETL 43.   [397] Vgl. FE II, 27.

Inkarnation der Befreiung" (ETL 33). Ostern ist die Geburtsstunde eines neuen Lebens und einer neuen Ordnung aus der Exteriorität.[398]

## C. Erlösung und Befreiung

Christus ist durch seine Auferstehung und Erhöhung der meta-physische Sinn aller Wirklichkeit.[399] Endgültig offenbar wird aber diese Christusförmigkeit aller Wirklichkeit erst am eschatologischen Ende der Zeiten. Das Reich Gottes ist zwar nahe, aber diese Nähe konstituiert keine Einheit mit der Gegenwart, sondern meta-physische Trennung aufgrund der Andersheit. Die eschatologische Befreiung ist nicht die immanente Verlängerung der historischen Befreiung. Sie ist vielmehr eine ständige Kritik an innerweltlichen Totalisierungen und bricht sie von der absoluten Exteriorität her immer wieder auf. Sie dringt unableitbar aus dem schlechthinnigen Ausserhalb in die Totalität der Welt und ihrer Geschichte ein. Sie ist darum wesentlich transhistorisch. Real gesehen besteht daher zwischen der eschatologischen Erlösung und Vollendung einerseits und den innerweltlichen Prozessen anderseits zunächst eine Beziehung der Diskontinuität und des metaphysischen Bruchs. Das Reich Gottes ist die "absolute Transzendenz in bezug auf jede Praxis, auf jedes historische Von-Angesicht-zu-Angesicht"[400]. Es ist das kritische Mass jedes historischen Entwurfs, "auch der revolutionären Geschichtsprojekte selbst"(ebd.).Es gibt in jedem Geschichtsprojekt einen "irrealisierbaren eschatologischen Rest" (FE II, 103), einen "eschatologischen Vorbehalt" (FE III, 213). Anderseits ereignet sich die Heilsgeschichte nicht einfach abseits der konkreten Geschichts-

---

[398] Vgl. ETL 50.
[399] Vgl. ETL 167.
[400] E. DUSSEL, Etica comunitaria, aaO. (S. 15, Anm. 19) 23f; CdL I, 141; MFL 285.

ereignisse, sondern sie bricht ständig in sie ein und öffnet sie auf die eschatologische Exteriorität hin.[401]

Eben deshalb und genau in dieser Hinsicht hat die systemkritische Befreiung, welche die verabsolutierte und in sich verschlossene Totalität subversiv aufbricht, eine quasi-sakramentale Qualität, insofern sie den eschatologischen Bruch mit allen innerweltlichen Totalitäten realsymbolisch antizipiert und darstellt. Sowohl die eschatologische als auch die historische Befreiung weisen ja eine analektische Struktur auf: Vom Systemjenseitigen her wird die Totalität des Systems aufgebrochen und von der Exteriorität her neu strukturiert. Der zeichenhafte Status der historischen Befreiung besteht also gerade nicht darin, dass der Prozess derselben in eine bruchlose Kontinuität mit der eschatologischen Erlösung und Vollendung hineinmünden würde, so dass letztere nur ihr immanentes Resultat wäre. Die absolute Zukunft des Reiches Gottes, das DUSSEL mit der unendlichen Exteriorität Gottes selbst identifiziert[402], ist keine Potenz des 'Selben' der Weltgeschichte. Vielmehr ist die historische Befreiung in dem Sinn Zeichen oder Analogie der Erlösung, dass sie durch ihre systemverändernde Praxis gegenüber dem herrschenden System der Totalität die eschatologische Diskontinuität der Erlösung zur symbolischen Darstellung bringt. Im gleichen Sinn ist ja auch der Arme Ort der Epiphanie Gottes: nicht als kontinuierliches Moment der Identität einer Systemtotalität, sondern als meta-physischer Bruch mit diesem System, als verdrängte Marginalität und - positiv - als Sichausstrecken nach der endgültigen Befreiung. Quasi-sakramental symbolisiert wird also nicht irgendeine Kontinuität oder Einheit, sondern die radikale Diskontinuität des Reiches Gottes gegenüber verabsolutierten Totalitätsansprüchen in der Geschichte. Dies gilt

---

[401] Vgl. DCyL 19.
[402] Vgl. E. DUSSEL, The Kingdom of God, aaO. (Anm.362)130.

selbstredend auch in bezug auf mögliche spätere Totalisierungen von aktuellen historischen Befreiungen.[403]

Die historische Befreiung ist in diesem und nur in diesem Sinn reales Zeichen der eschatologischen Befreiung.[404] Die biblisch bezeugte Befreiung ist "in ihrer propädeutischen Gestalt historisch und in ihrer endgültigen Vollgestalt eschatologisch"[405]. Die historische Befreiungspraxis ist die "prophetisch-signifikative Vermittlung" (ebd.) der eschatologischen Befreiung.

Die Utopie des Reiches Gottes richtet jedwede historische Gesellschaftsordnung auf die eschatologische Exteriorität hin aus und verneint daher jeden innerweltlichen Absolutheitsanspruch. Anderseits vermeidet sie auch die 'schlechte Unendlichkeit' des Geschichtsprozesses dadurch, dass sie von der Exteriorität her die Unendlichkeit des ganz Anderen als die affirmative Macht der eschatologischen Zukunft des Reiches Gottes in positiver Bestimmtheit bezeugt.[406] Diese affirmative Bestimmtheit verhindert, dass der eschatologische Vorbehalt zu einer egalitären Gleichgültigkeit gegenüber jedwedem Gesellschaftssystem führt. Die eschatologische Bestimmtheit und Positivität legt durchaus historisch bestimmte Optionen im Hinblick auf mögliche Gesellschaftsprojekte nahe, zwar nicht im Sinne einer unhinterfragbaren Verabsolutierung derselben, sondern in dem Sinne, dass eine konkrete Option anderen konkreten Optionen in analektisch-meta-physischer Hinsicht als sittlich überlegen erscheint. Wer sich gleichgültig gegen einen bestimmten Gesellschaftsentwurf ver-

---

[403] Vgl. FE II, 102.
[404] Vgl. AL:DyL 204; 220; CdL I, 174; ETL 51; 87; H-B 404; E. DUSSEL, Introducción general a la historia, aaO. (S. 38, Anm. 85) 33; ders., De Medellín a Puebla, aaO. (S. 28, Anm. 51) 262; ders., Die Basis in der Theologie der Befreiung. Lateinamerikanische Sicht, in: Conc 11 (1975) 256-262, 257.
[405] E. DUSSEL, Supuestos histórico-filosóficos, aaO. (Anm. 1) 198.
[406] Vgl. FE II, 102.

hält, weist sich damit faktisch schon als Komplize des gerade herrschenden Systems und damit oft genug als Apologet eines schlechten Entwurfs aus. Wer hingegen für ein Geschichtsprojekt realer Befreiung optiert, ohne dieses freilich zu verabsolutieren und zu vergöttern, kann damit die eschatologische Exteriorität der absoluten Zukunft des Reiches Gottes zeichenhaft zur Darstellung bringen.[407]

Mit der analektischen Quasi-Sakramentalität der Befreiung hängt auch die Einheit von Liturgie und Befreiung zusammen. Wenn der andere in seiner totalitätsjenseitigen und systemkritischen Exteriorität der quasi-sakramentale Ort der Epiphanie der absoluten Exteriorität Gottes ist, dann führt wahrer Gottesdienst zum Dienst am Armen und an seiner Befreiung.[408] Die liturgische Feier ist memoria liberationis (Erinnerung an den Exodus) und Antizipation eschatologischer Erlösung.[409] Liturgie ist darum - recht verstanden - immer ein "dis-funktionales Moment jedes Systems" (FE V, 85).

Die Eigentlichkeit des sakramentalen Kultes ist die Befreiungspraxis selber.[410] Der Kult ist der "systemjenseitige Dienst am Unterdrückten als Dienst am unendlichen Anderen" (FE V, 85). Die Ehre wird dem Unendlichen mittelbar durch den Dienst am Armen, durch die historische Gerechtigkeit zuteil.[411] "Gloria enim Dei vivens homo."[412]

Die meta-physische Religion versteht die Verehrung Gottes als "ökonomischen Dienst am Armen, Unterdrückten, anderen in der Exteriorität des Systems" (FE V, 96). DUSSEL ver-

---

[407] Vgl. AL:DyL 220f.
[408] Vgl. FL 3.4.8.5; FE V, 79.
[409] Vgl. E. DUSSEL, Religión, aaO. (Anm. 239) 3.5.3.2; ders., Unterscheidung der Charismen, in: Conc 13 (1977) 571-580, 575. Vgl. auch schon F. ROSENZWEIG, Der Stern der Erlösung (=Gesammelte Schriften II), Den Haag $^4$1976, 351f.
[410] Vgl. FL 3.4.9.5.     [411] Vgl. FE V, 76f; 79.
[412] IRENEAUS VON LYON, Adv. haer. IV, 20.

steht unter einer ökonomischen Beziehung bekanntlich jene praktisch-produktive Relation, durch die Personen vermittels des Erzeugnisses ihrer Arbeit miteinander in Verbindung treten (s.o. S. 188). Christliche Oekonomie ist "der an der christlichen Praxis ausgerichtete Typ von Beziehungen zwischen Personen vermittels des Produktes ihrer jeweiligen Arbeit"[413]. Dadurch dass in der Eucharistie vermittels des Brotes eine bestimmte Beziehung zwischen Personen hergestellt wird, ist jene "theologale Oekonomie"[414].

Ist der liturgische Kult in diesem Sinn ein ökonomischer Akt, so gilt aber auch das Umgekehrte: die ökonomische Praxis der Befreiung ist ein kultisch-liturgischer Akt.[415] Liturgie ist selber schon historisch wirksamer Dienst am anderen. Wahre Religion ist darum nicht bloss **Ausdruck** des Protestes gegen das reale Elend, sondern dieser Protest selbst, subversiver Bruch mit der Totalität des Systems und Praxis der Befreiung.[416] DUSSEL spricht daher vom "religiösen oder meta-physischen Status aller menschlichen Befreiungspraxis in der Geschichte" (FE V, 94). Jede Praxis, die sich gegen ein Herrschafts- und Unterdrückungssystem richtet, ist nach DUSSEL implizit schon religiös, insofern Religion dadurch definiert ist, dass sie die in sich selbst verschlossene Totalität auf die eschatologische Zukunft der systemjenseitigen Gerechtigkeit und auf die unendliche Exteriorität hin öffnet.[417]

---

[413] E. DUSSEL, Puebla, aaO. (S. 63, Anm. 147) 742.
[414] E. DUSSEL, Christliche Kunst des Unterdrückten in Lateinamerika. Eine Hypothese zur Kennzeichnung einer Aesthetik der Befreiung, in: Conc 16 (1980) 106-113, 106.
[415] Vgl. E. DUSSEL, Religión, aaO. (Anm. 239) 3.5.1.2.
[416] Vgl. ebd. 3.5.3.3.    [417] Vgl.ebd. 3.5.2.1; FE V, 92.

## D. Kirche als Institution prophetischer Befreiung

Der meta-physische Begriff von Kirche erschliesst sich ebenfalls von der Exteriorität her. Vom Ausserhalb her ist sie ins Herz der Totalität eingepflanzt mit der Bestimmung zur Kenosis und zur subversiv aufbrechenden Enttotalisierung des Systems im Hinblick auf das kommende Reich Gottes.[418] Die "kritisch-befreiende Ekklesiologie" (CdL I, 151) hat eine offene Kirche vor Augen, die weder in sich selbst noch vor der Welt als geschlossene Systemtotalität ('societas perfecta') erscheint.[419]

Ekklesiologie ist jene theologische Disziplin, welche die politische Dimension der Theologie thematisiert. Politik im umfassenden Sinn bezeichnet bei DUSSEL bekanntlich die Sphäre der geschwisterlichen Gemeinschaftsbeziehung (Bruder-Bruder-Relation). "Ekklesiologie erörtert die theologale Politik im Sinne einer Beziehung zwischen Geschwistern innerhalb der kirchlichen Gemeinschaft, aber im Hinblick auf ihre **prophetisch-pädagogische** Funktion in der Weltgeschichte" (ETL 59). Gemeint ist hier die der Kirche eigene prophetisch-pädagogische Funktion als Sakrament des Heils. Die Kirche ist die Institution prophetischer Exteriorität, die von aussen kritisch-befreiend in die Totalität der Welt einbricht und sie enttotalisierend aufbricht.[420] Als solche ist sie zwar in der Welt, aber als disfunktionaler Stachel. Sie ist inkarniert in die Welt, aber sie ist nicht von der Welt, sondern von deren Exteriorität. Darin liegt ihre prophetisch-kritische Bestimmung in bezug auf innerweltliche Systeme oder Totalitäten. Sie hat von ihrer analektischen Struktur her notwendig eine befreiende Funktion in der Welt. Durch ihre blosse Präsenz richtet sie die Welt auf die eschatologische Exteriorität und Zukunft des Reiches Gottes hin

---

[418] Vgl. H-B 401.    [419] Vgl. DCyL 170; ETL 83; CdL I,155.
[420] Vgl. ETL 66-78; CdL I, 151.

aus.[421] Sie ist so gleichsam die "Lokomotive der Geschichte" (CdL I, 156), indem sie diese von vorn auf die absolute Zukunft und von aussen auf die unendliche Exteriorität hin zieht.

In einer ontologischen Ekklesiologie erscheint die Kirche selber als ein System der Totalität, in einer meta-physischen Ekklesiologie subsistiert sie soziologisch vom anderen bzw. vom Volk her. Kirche als geschlossene institutionelle Totalität wird in der befreiungstheologischen Literatur unter dem Namen 'Christenheit' verhandelt. Im **Modell der Christenheit** wird das ekklesiastische System als die umfassende Totalität verstanden, die das Volk als immanentes und abhängiges Moment ihrer selbst, als pädagogisches Objekt der institutionellen Systemintegration begreift. Die Kirche wird nicht meta-physisch von den Glaubensgemeinschaften des Volkes her, sondern das Volk ontologisch von der kirchlichen Institution her definiert. Dabei sind die Beziehungen der Kirche zum Volk durch das System des Staates vermittelt. Die Kirche bedient sich der Macht des Staates, um ihre Geltungsansprüche als religiöse Totalität durchzusetzen und um die Gesellschaft in das ekklesiastische 'Selbe' zu integrieren: Sie errichtet mit Hilfe des Staates Institutionen, sie lässt ihre Güter durch den Staat schützen und die Kirchensteuern vom Staat einziehen, sie krönt Könige, segnet Heere, geniesst gesetzlich garantierte Privilegien und bedient sich zur kirchlichen Sozialisation der Infrastruktur des staatlichen Erziehungs- und Bildungssystems. Umgekehrt benützt der Staat die Kirche als Legitimationslieferantin für das herrschende System. In der "Totalität der Christenheit" (IFL 113) fügen sich das religiöse, das staatliche, das ökonomische und oft auch das militärische System zu einem einzigen, alles übergreifenden Gesamtkomplex zusammen.[422] Als Christenheit ist die Kirche sozio-

---

[421] Vgl. ETL 87; DCyL 98.
[422] Vgl. E. DUSSEL, Introducción general a la historia,

logisch ein systemimmanentes, funktionales Moment oder ideologischer Apparat einer umfassenden historisch-kulturell-gesellschaftlichen Totalität. Wer sich gegen diesen sakralisierten Totalitätskomplex entscheidet, wendet sich eo ipso auch gegen den systemkonformierten Gott der Christenheit. Deutlich kommt das System der Christenheit im Anspruch einer 'christlichen Zivilisation' zum Ausdruck. Hier erscheint das Christliche unverschleiert als ideologischer Kern einer historischen Zivilisation oder Kultur, so dass, wer diese bekämpft, sich ineins damit auch gegen 'das Christliche' überhaupt auflehnt: herrschende Kultur und Christenheit verhalten sich völlig osmotisch.[423]

---

aaO. (S. 38, Anm. 85) 76-78; ders., De Medellín a Puebla, aaO. (S. 28, Anm. 51) 46-48; ders., La iglesia latinoamericana de Medellín a Puebla, aaO. (S. 26, Anm. 47) 14f; AL:DyL 217; DCyL 47-53; ETL 65; MFL 260; 280.
[423] Vgl. E. DUSSEL, De Medellín a Puebla, aaO. (S. 28, Anm. 51) 21f. - Vom System der Christenheit zu unterscheiden ist das Christentum. Dieses ist die meta-physische Religion des christlichen Glaubens. Die Unterscheidung von Christentum und Christenheit in diesem beschriebenen Sinn geht auf KIERKEGAARD (Vgl. Einübung im Christentum, in: Gesammelte Werke [GW], hrsg. von E. HIRSCH, 26. Abt., Düsseldorf-Köln [2]1955; Der Augenblick, in: GW, 34. Abt., Düsseldorf-Köln 1959) zurück. In diesem Jahrhundert hat vor allem J. MARITAIN (Christlicher Humanismus, aaO. [S. 23, Anm.37]) eine eigentliche Theologie der neuen Christenheit entwickelt. Er ging dabei von einer fundamentalen Aufteilung in eine geistliche und in eine zeitliche Ebene als "zwei grundsätzlich verschiedenen Ordnungen" (S. 75) aus. Die geistliche Ebene beziehe sich auf die Gegenstände des Glaubens und sei Sache der Kirche. Die zeitliche Ebene beziehe sich auf die Gegenstände des Irdischen und sei Sache der Welt. Auf diese Weise wird eine klare Kompetenzteilung zwischen Kirche und Staat möglich. Die Kirche hüte sich "mit grösster Sorgfalt davor, selber auch nur den Schatten eines Fingers auf diese zweite Ebene zu legen" (S. 234), weil sich ihre Zuständigkeit allein auf die Ebene des Geistlichen erstrecke. Die "christliche Erneuerung der zeitlichen Ordnung" (S. 192f) im Sinne einer "christlichen Zivilisation" (S. 140) bzw. eben einer neuen Christenheit sei nicht sosehr Sache der Kirche (verstanden als Hierarchie), sondern der Laien. Eben in dieser "Schaffung eines Staates von wesentlich christlichem Geiste" (S. 212) entsprechend der katholischen Soziallehre sah die Katholische Aktion ihre Hauptaufgabe.

Im Modell der Kirche des Volkes wird das Volk soziologisch nicht von der Kirche, sondern die Kirche vom Volk her definiert. Das Wort des anderen aus der systemjenseitigen Exteriorität, in dem das Wort Gottes authentisch zur Sprache kommt, ist gleichsam das analektisch-metaphysische Strukturprinzip der Kirche. Die Beziehung der Kirche zum Volk ist nicht durch das System des Staates vermittelt, sondern allein durch das Wort, das frohe Botschaft der Befreiung für die Armen ist. Diese Art von Kirche übt daher auch keinen legitimatorischen Zubringerdienst für das herrschende Gesellschaftssystem aus. Als von der Andersheit her strukturierte Grösse verhält sie sich vielmehr systemkritisch.[424].

### E. DUSSEL als Befreiungstheologe

Wir haben in der Einleitung behauptet, DUSSEL sei für uns ein Denker, dem es gelungen sei, die Intuitionen der lateinamerikanischen Befreiungstheologie in einem bemerkenswert kohärenten Diskurs theoretisch zu systematisieren. Inwieweit er tatsächlich theoretische Kohärenz in Anspruch nehmen kann, soll erst später erörtert werden. Hier wollen wir uns erst einmal rückblickend vergewissern, ob er überhaupt legitimerweise als Theoretiker der Befreiungstheologie bezeichnet werden kann. Um diese Frage entscheiden zu können, sollen die acht notwendigen Kriterien eines befreiungstheologischen Diskurses (s.o. S. 81-83) zu Hilfe genommen und DUSSELS Denkentwurf an ihnen gemessen werden. Wenn es sich zeigen sollte, dass dieser achtfache Konsens der Befreiungstheologie in seinem Diskurs gegeben ist, dann und nur dann dürfte er sich als Theoretiker der Befreiungstheologie im strengen Sinn ihrer Definition bezeichnen lassen.

---

[424] Vgl. E. DUSSEL, De Medellín a Puebla, aaO. (S. 28, Anm. 51) 46-48; ders., Cultura latinoamericana, aaO. (S. 77, Anm. 186) 17f.

Im folgenden werden jeweils die acht Kriterien, so wie sie oben formuliert wurden, erneut ausgeschrieben, um dann im einzelnen zu untersuchen, ob sie bei DUSSEL erfüllt sind.

**1. Hermeneutischer Konsens**: Die Wirklichkeit wird aus der Optik der Armen und Unterdrückten betrachtet.

Der meta-physische Diskurs DUSSELS ist geradezu dadurch definiert, dass nicht mehr von einem Herrschaftssubjekt, sondern vom Armen her gedacht wird. DUSSEL denkt "sub lumine oppressionis" (PLyFL 324); er fasst den Armen als "hermeneutisch-historische Kategorie"[425]. Der andere ist der hermeneutische Ort, wovonher die Wirklichkeit im ganzen neu interpretiert wird. Dies fordert geradezu einen Exodus des Ich aus sich selbst, ein Ausbrechen aus seinem egozentrischen Totalitätsanspruch und einen radikalen Wechsel der Perspektive: der andere - der Arme und Unterdrückte - soll nicht mehr im Lichte des Ich, sondern das Ich im Lichte des anderen gedacht werden. Nicht mehr das Ich, sondern der andere als anderer ist die epistemologische und hermeneutische Grundkategorie.

**2. Analytischer Konsens**: Die Armut in Lateinamerika ist wesentlich strukturell bedingt.

Es geht DUSSEL darum, den strukturell peripheren Status der Armen und Unterdrückten in ontologischer Begrifflichkeit zu formulieren. Die strukturellen Determinanten der Armut und der Marginalität werden als sozialanalytische Daten vorausgesetzt und als Ausgangspunkt eines philosophischen Diskurses genommen. Hier erscheinen dann diese strukturellen Zusammenhänge von Herrschaft und Bereicherung einerseits und von Abhängigkeit und Verarmung anderseits als notwendig verknüpfte Prozesse einer und dersel-

---

[425] E.DUSSEL, Criterios generales, aaO. (S. 79,Anm.193) 8.

ben (dialektischen) Logik. Lateinamerika wird so als ontologisch in Abhängigkeit gehaltenes Akzidens der europäischen Substanz sichtbar. Die koloniale Conquista und die neokoloniale Ausbeutung der Peripherien liegen in der kalten Logik des sich selbst absolut setzenden europäischen Ich. Das europäische Subjektdenken erscheint als philosophische Universalisierung und Ontologisierung der geopolitischen Herrschaftsposition des europäischen Zentrums. Die Beziehung dieses neuzeitlichen, selbstbewussten Ich zum anderen ist definiert durch die Dialektik von Herr und Knecht bzw. durch das Prinzip des Willens zur Macht, dem auf der Gegenseite notwendig ein unterdrückter Wille korrespondiert. Wo ein Ich sich selbst als Prinzip der Identität von Ich und Nicht-Ich absolut setzt, kann es keinen Freiraum mehr geben für ein ich-unabhängiges Ausserhalb oder Ansich, d.h. alles Nicht-Ich steht dann in bezug auf dieses Ich notwendig in einer Beziehung der strukturellen Dependenz. Der andere oder die Peripherie ist nur das instrumentelle Medium, vermittels dessen das metropolitane Zentrum zu seiner eigenen Selbstverwirklichung kommt. Der ontologische Status der Peripherien ist die Negativität, die Unselbständigkeit oder Akzidentalität. Nur als abhängiges Moment, das seine Wahrheit allein in der alles umgreifenden Identität und Substantialität des Zentrums hat, ist die Dritte Welt zentrumsontologisch geostrategisch sinnvoll einordenbar.

3. **Methodischer Konsens**: Die theologische Reflexion setzt die humanwissenschaftliche (ökonomische, soziologische, kulturwissenschaftliche) Analyse der Situation der Armen voraus.

Aehnlich wie beim analytischen Konsens so ist auch hier zu vermerken, dass DUSSEL die humanwissenschaftliche Analyse der lateinamerikanischen Situation schon voraussetzt und nun in eine philosophische Sprache übersetzt. Was die Sozialwissenschafter soziologisch sagen, versucht er philosophisch zu sagen. Was er dergestalt 'philosophiert', ist dasselbe, was die Theologie der Befreiung 'theologisiert', nämlich die anhand des Dependenzansatzes gewonnene sozialanalytische Erkenntnis der strukturellen Abhängigkeit der Peripherie vom metropolitanen Zentrum als entscheidender Determinante von Verarmung und Unterdrückung. Ohne die Voraussetzung dieser historisch-strukturellen Gesellschaftsanalyse wäre der Sinn des philosophisch-theologischen Diskurses DUSSELS unverständlich. Die sozialwissenschaftlichen Erkenntnisse bilden für ihn die grundlegenden Daten, den Horizont und die Richtschnur seines meta-physischen Denkens.


4. **Handlungskonsens**: Der christliche Glaube impliziert **essentiell** eine befreiende Praxis, und die Theologie ist eine **praxisorientierte Wissenschaft**.

Der analektisch-meta-physische Diskurs DUSSELS fordert die prophetisch-kritische Enttotalisierung der Totalität, das existentielle Sichöffnen für den anderen als anderen und dessen Befreiung aus der systematischen Unterdrückung und Verdinglichung durch die Allmacht des Systems. Diese praktische Konversion zum anderen als anderen lässt dessen Wort allererst an mich herantreten. Nur durch die konkrete Option für die Befreiung des anderen zu seiner unverfügbaren Andersheit kann es bei mir zu einem (analogen) Verstehen seines Wortes kommen. Die Auslegung seiner Offenbarung ist mithin nur in einer **praktischen** Hermeneutik möglich. Die Ethik der Befreiung hat bei DUSSEL den Rang einer philosophia prima bzw. einer Fundamentaltheologie. Die Verantwortung für den anderen und der praktische Einsatz für seine Gerechtigkeit sind die vom Ich geforderte Entsprechung zur Offenbarung des anderen. Das sich selbst zur Disposition stellende Sichöffnen für den anderen, das Sichbestimmenlassen durch sein Wort und die Ant-wort des befreienden Dienstes, die durch den Ruf des anderen nach Gerechtigkeit evoziert wird, sind die praktisch-ethischen Bedingungen des analektisch-meta-physischen Diskurses, der eine historische Option für den anderen als anderen und gegen die Totalität des Herrschaftssubjekts impliziert. Ohne diese sich selbst als Herrschaftstotalität aufhebende Liebe zum anderen als anderen ist das Ereignis der Offenbarung nicht möglich, denn erst das Zerbrechen des Totalitätsanspruchs des Ich lässt der Andersheit des anderen um ihrer selbst willen Raum, aus dem er sich allererst frei offenbaren kann. Liebe ist die Bedingung dafür, dass seine Offenbarung bei mir überhaupt ankommen kann.


5. **Begründungskonsens**: Die befreiende Praxis hat ihren theologischen und ethischen Grund in der erlösenden Initiative Gottes.

Die religiöse Dimension bildet im Denken DUSSELS gewissermassen das Koordinatensystem der anthropologischen Praxissituationen insgesamt (Erotik, Pädagogik, Politik). Sie ist deren meta-physischer Ursprung und zugleich eschatologische Orientierung und Sinnfinalität. Wie für die Theologie der Befreiung allgemein, so nähren sich auch für DUSSEL die Wurzeln der befreienden Praxis aus theologischem Ackerboden. Während aber die Befreiungstheologie diese Praxis hauptsächlich aus dem eschatologischen Erlösungshandeln Gottes begründet, wird bei DUSSEL eher das protologische Schöpfungshandeln Gottes in der creatio ex nihilo zum archimedischen Punkt. Der Schöpfungsgedanke ist für ihn der theoretische Grund der Möglichkeit des Bruchs mit dem System der Totalität. Weil die Kreatur aus dem Nichts, aus der Exteriorität und schlechthinnigen Transzendenz der absoluten Freiheit Gottes und nicht aus dem 'Selben' hervorgeht, sind Schöpfer und Geschöpf durch meta-physische Distinktion unterschieden. Die Welt geht nicht aus einer Selbstdifferenzierung Gottes hervor, sondern ist von ihm unendlich verschieden. Nicht die Kategorie der Identität, sondern der Andersheit ist die Ursprungskategorie. Die Welt ist radikal nicht-göttlich, kontingent und darum prinzipiell veränderbar und dienstbar für den anderen. Die subversiv-befreiende Praxis wird damit von DUSSEL vom Schöpfungsauftrag und der darin implizierten Verantwortlichkeit her begründet. Wäre ein ewig-unveränderliches Sein der ontologische Grund des Kosmos, so wäre daraus kein Veränderungs-Soll abzuleiten. Ist aber eine absolute Freiheit der Ursprung der Welt, so muss diese notwendig als kontingent und damit als veränderbar gefasst werden. Die creatio ex nihilo ist die Bedingung der Möglichkeit einer dauerhaften Kritik gegen innerweltliche Totalisierungen und Verabsolutierungen. Die Kontingenz der Schöpfung ist der meta-physische Ermöglichungsgrund befreiender, systemverändernder Praxis. Die theologische Schöpfungslehre dient hier gewissermassen als fundamentum inconcussum des historischen Befreiungsprozesses.

Eine zusätzliche theologische Begründung der befreienden Praxis hängt bei DUSSEL mit dem Handlungs- und dem Zielkonsens zusammen und betrifft den quasi-sakramentalen Status der Befreiung. Der Arme ist der Ort der Epiphanie oder die Spur Gottes. Einen Zugang zu Gott gibt es nur im Eingehen auf den Armen, in der Identifikation mit ihm und und in der praktischen Verantwortung für ihn. Das Wort Gottes ist vermittelt durch das Wort des Armen, dessen Vernehmen die reale Enttotalisierung der Totalität und das dienende Sichöffnen für den Armen voraussetzt. Die befreiende Praxis - verstanden als Liebe und als Dienst am anderen - ist also Bedingung des Ankommenkönnens des Wortes Gottes im Ich. Weil Gott sich durch das Wort des Armen zu verstehen gibt, darum ist das existentielle und praktische Sicheinlassen auf den Armen Voraussetzung möglicher Aneignung der göttlichen Heilsoffenbarung. In diesem Sinn ist die befreiende Praxis locus theologicus, und aus diesem Grund besteht eine unlösbare Einheit von Gottes- und Nächstenliebe.

6. __Subjektkonsens__: Die Armen sind das Subjekt ihres eigenen Wortes und ihrer eigenen historischen Befreiung.

Die Selbstoffenbarung des anderen, das ureigene Wort des Armen aus dem Ausserhalb meiner Totalität ist der Ursprung des analektisch-meta-physischen Diskurses. Der andere hat seinen Sinn- und Seinsgrund in sich selbst und nicht erst in meinem Ich. Er ist transzendent gegenüber den Bestimmungen und Konstitutionsstrukturen des Ich. Da er für mich nur zu verstehen ist, insofern er sich selbst mir von aussen unableitbar zu verstehen gibt, ist das Hören auf sein Wort, das nach universaler Gerechtigkeit und Befreiung ruft, für das analektisch-meta-physische Denken konstitutiv. In diesem Hören empfängt der Intellektuelle überhaupt erst den Inhalt seines Denkens. Entsprechend besteht seine Funktion darin, die eigene Stimme des Volkes zu interpretieren und dessen Weisheit in analytischer Präzision kritisch auf den Begriff zu bringen. Das metaphysische Denken ist ein Volksdenken. Die Weisheit und die Kultur des Volkes sind die wahren Lehrerinnen der Befreiung. Erst das Wort des Volkes öffnet dem Intellektuellen das Tor zu seinem Diskurs. Der Subjektstatus des Volkes erstreckt sich aber nicht nur auf das Wort, sondern auch auf die Praxis der Befreiung. Denn wenn der andere jenseits des Horizontes meiner Totalität die Quelle des Inhaltes und das Ziel meines Dienstes ist, dann kann nur er mir offenbaren, was ich tun und wie ich handeln soll. Historisches Subjekt seiner Befreiung ist das Volk selber, wenngleich durch die kritische Vermittlung und Befruchtung des Intellektuellen.


7. __Ekklesiologischer Konsens__: Die Basisgemeinden des armen Volkes bilden den kirchlichen Ort der Befreiungstheologie.

In den ekklesiologischen Konsens stellt sich Dussel in direkter Konsequenz des Subjektkonsenses. Wenn die Exteriorität des Volkes die hermeneutische Perspektive, der Ausgangspunkt und Bedingung der Möglichkeit des befreienden Denkens ist und wenn dieses nur im Hören auf das Volk in Gang kommen kann, dann ist klar, dass das Volk (und nicht die für eine intellektuelle Elite reservierte Universität) der ursprüngliche gesellschaftliche Ort dieses Diskurses ist. Das gilt zunächst für die Philosophie der Befreiung, das gilt aber eben deshalb (weil es der Philosophie um die Grundstrukturen des Denkens überhaupt geht) auch für Theologie der Befreiung. Theologisch aber heisst das Volk Gemeinde. Deshalb ist für DUSSEL nicht nur post factum und a posteriori klar, sondern gleichsam a priori und aus 'strukturlogischen' Gründen unabdingbar, dass die Theologie der Befreiung ihren kirchlich-gesellschaftlichen Ort überhaupt nur in den Glaubensgemeinschaften des armen Volkes haben kann, weil sie nur dort in authentischer Weise finden kann, was sie theologisch zu denken hat. Dies gilt primär für eine theologische Reflexion auf die Realität der Unterdrückung und Befreiung (was C. BOFF[426] eine 'Theologie 2' nennt oder was sonst eine Genitivtheologie zu heissen pflegt), es gilt aber auch für eine Reflexion auf die christliche Botschaft selbst (was C. BOFF eine 'Theologie 1' nennt), weil das arme, gläubige Volk eine besondere Konnaturalität mit der biblischen Befreiungsbotschaft hat, die es zum privilegierten Subjekt der - weisheitlichen - Auslegung prädestiniert.


8. Zielkonsens: Die innerweltliche Befreiungsgeschichte harrt ihrer transzendenten Vollendung in der eschatologischen Zukunft des Reiches Gottes.

Die historische Befreiung ist für DUSSEL antizipatorische Propädeutik und quasi-sakramentales Zeichen der eschatologischen Befreiung, deren Vollendung transhistorisch

---

[426] Vgl. Theologie und Praxis, aaO. (S.4, Anm.4) 27f.

ist. Das eschatologische Heil ist keine Emanation oder Prolongation der Totalität des innergeschichtlichen 'Selben', sondern es bricht unableitbar aus der absoluten Exteriorität Gottes in die geschichtliche Totalität ein. Seine Verheissung steht als ständiges Hindernis einer Selbstverschliessung und Selbstverabsolutierung innerweltlicher Systeme und Prozesse und stellt sie unter den eschatologischen Vorbehalt. Gerade in dieser prophetisch-kritischen Rolle hat die befreiende Praxis ihren quasi-sakramentalen Status, insofern sie durch ihre historische Kritik an den totalitären Systemen die Diskontinuität des Eschatologischen zeichenhaft antizipiert und darstellt.

Damit hat die befreiungstheologische Prüfung des Dusselschen Denkens ergeben, dass dieses alle Mindestkriterien eines befreiungstheologischen Denkens erfüllt. DUSSELS Diskurs gehört zum Genus der Befreiungstheologie und kann als philosophische Theorie derselben betrachtet werden.


V. ZUSAMMENFASSUNG


Am Ende dieses DUSSEL darstellenden Teils und vor dem Versuch einer geistesgeschichtlichen Situierung und kritischen Würdigung DUSSELS soll hier dessen denkerisches Grundgerüst nochmals thesenförmig zusammengefasst und vergegenwärtigt werden:

1. Das europäische Denken ist bestimmt durch die Suche nach architektonischer Einheit, Totalität, Identität und Intelligibilität. Fundamentum inconcussum des neuzeitlichen Denkens ist das ego cogito oder die Subjektivität. Für das neuzeitliche Ich gibt es keine andere Realität als eine durch dasselbe gesetzte.

2. Innerhalb dieses abendländischen Einheits- und Totalitätsdenkens ist keine wirkliche Andersheit oder Exteriorität denkbar. Der bzw. das andere erscheint nur als Moment des Ganzen. Das europäische Denken ist eindimensional und monologisch.

3. In gesellschaftlich-politischer Hermeneutik ist das europäische Einheits- und Totalitätdenken Ausdruck eines europäischen Totalitarismus, der sich alles unterwirft, was nicht-europäisch ist. Dem ego cogito entspricht ein ego conquiro, dem Begreifen ein Beherrschen, dem sich selbst setzenden Subjekt ein Wille zur Macht.

4. Die meta-physische Wirklichkeit des anderen ist seine Transzendenz oder Exteriorität gegenüber den Bestimmungen der Totalität. Er ist unbegreifliches Geheimnis und freie, unverfügbare Person. Die meta-physische Grundbewegung ist daher nicht auf Begreifen und Beherrschen, sondern auf Begrenzung und Enttotalisierung der Ich-Ansprüche aus.

5. Das neuzeitliche Denken denkt den anderen vom Ich her, das meta-physische Denken das Ich vom anderen her.

6. Der andere ist nur von ihm selbst her erkennbar, indem er sich offenbart. In seiner sich offenbarenden Epiphanie enthüllt er sein personales, unverfügbares Antlitz, das als Schrei nach Gerechtigkeit mich zur ethischen Verantwortlichkeit ruft.

7. Der Offenbarung des anderen ist seitens des Ich allein das gehorsame Hören, d.h. der Glaube an den anderen entsprechend. Glauben ist Hören auf den anderen in der personalen Nähe von-Angesicht-zu-Angesicht.

8. Da der andere das schlechthin Jenseitige meines Denkhorizontes ist, ist das, was er offenbart, von meinen subjektiven Verstehensvoraussetzungen her unbegreiflich

und in seinem inneren Wahrheitsgehalt nicht evident. Was er offenbart, wird allein im Vertrauen auf seine Glaubwürdigkeit geglaubt (d.h. für wahr gehalten). Dass die Offenbarung vom anderen herkommt, ist ihr einziges, autoritatives Wahrheits- und Gewissheitskriterium. Die Evidenz der Autorität tritt hier an die Stelle der Autorität der Evidenz.

9. Wenn trotzdem ein gewisses, unvollkommenes, approximatives Erkennen des Offenbarten möglich ist, dann nur in der Form der Analogie aufgrund einer durch konkrete Liebespraxis hergestellten existentiellen Konnaturalität. Die offenbarte Wirklichkeit des anderen kann vom Ich immer nur analog erkannt und ausgesagt werden.

10. Da sich die Wahrheit über die Wirklichkeit nur aus der Position des anderen offenbart, ist die Liebe als Bejahung der freien Personalität des anderen (und in diesem Sinn die Befreiung des anderen) notwendige Bedingung des Erscheinens von Wahrheit.

11. Die Ethik der Befreiung ist philosophia prima.

12. Die Unmittelbarkeit der personalen Begegnung und Nähe von-Angesicht-zu-Angesicht ist die ursprünglichste Wirklichkeit und veritas prima. Die Subjekt-Subjekt-Beziehung ist ursprünglicher als die Subjekt-Objekt-Beziehung und als der Monologismus eines seiner selbst gewissen Ich. Innerhalb dieser Interpersonalrelation hat der andere eine meta-physische Priorität.

13. Der meta-physische Glaube als enttotalisierendes Sichöffnen für den anderen ist der ursprünglichste und höchste Wesensvollzug eines Ich überhaupt.

14. Es gibt real und konkret vier Praxissituationen:
- Erotik (Mann-Frau-Beziehung)
- Pädagogik (Vater-Sohn-Beziehung)

- Politik (Bruder-Bruder-Beziehung)
- Religion (Mensch-Gott-Beziehung).

15. Die Beziehung des Intellektuellen (des Philosophen oder des Theologen) zum Volk gehört der pädagogischen Praxis an. In dieser pädagogischen Relation hört der Intellektuelle auf das Volk und legt dessen schöpferisches Wort kritisch befruchtend aus.

16. Das Volk als solches ist ambivalent. Der Intellektuelle muss daher immer unterscheiden zwischen der Maske der Entfremdung und der authentischen Exteriorität des Volkes. Seine Aufgabe besteht darin, dem Volk diese Entfremdung bewusst zu machen und dessen ursprüngliche Personalität freizulegen.

17. Der Intellektuelle interpretiert die Stimme des Volkes, bringt sie auf den Begriff und verleiht ihr so eine kritisch-befreiende Wirkung.

18. Im analektisch-meta-physischen Verständnis erscheint Gott als unendliche Exteriorität, als der absolut absolute Andere. Seine Wirklichkeit entzieht sich völlig dem Zugriff des Begriffs. Er ist mir nur in dem Masse zugänglich, wie er sich offenbart.

19. Gott offenbart sich mir im Antlitz des anderen. Die Exteriorität des Armen ist der Ort der Epiphanie der unendlichen Exteriorität Gottes. Dieser begegnet mir daher in der personalen Nähe zum Nächsten. Darin liegt der meta-physische Grund der Einheit von Gottes- und Nächstenliebe.

20. Der Schöpfungsgedanke ermöglicht den Gedanken einer radikalen Kontingenz und damit der Veränderbarkeit jeglicher innerweltlicher Totalität.

21. Die Inkarnation Gottes ist der eschatologische Ein-

bruch der göttlichen Andersheit in die Totalität der Welt. Der göttliche Erlöser und Befreier ist innerhalb des Systems notwendig systemexzentrisch. Der Kreuzestod Jesu liegt daher in der Logik des Systems. Seine Auferweckung bedeutet das Aufbrechen der Totalität.

22. Die eschatologische Befreiung verhält sich diskontinuierlich zu den innerweltlichen Systemprozessen. Insofern sich auch historische Befreiungen diskontinuierlich zu innerweltlichen Systemtotalisierungen verhalten, stellen sie Realsymbole der Erlösung dar.

23. Die Kirche ist als Sakrament (Realsymbol) des Reiches Gottes eine personale Gemeinschaft von prophetischer Exteriorität, die kritisch-befreiend in die Totalität einbricht und sie - enttotalisierend - aufbricht, indem sie sie auf die eschatologische Exteriorität des Reiches Gottes hin ausrichtet.

## VI. HISTORISCHE WURZELN DES TRANSZENDENZDENKENS

Lassen sich innerhalb der abendländischen Denktradition - eventuell gegen den Strich gelesen - nicht bereits unverkennbare Spuren und Vorläufer eines analektischen Transzendenzdenkens ausmachen? Solchen Transzendenzspuren, die durch die Wirkungsgeschichte des abendländischen Geistes möglicherweise häufig wieder verwischt worden sind, nachzugehen, ist das Ziel dieses Kapitels. Denn anders als bisher von DUSSEL her vermutet werden könnte, ist das Transzendenz- und Alteritätsdenken in der Tat nicht einfach analogielos in der abendländischen Geistesgeschichte, wie ja auch DUSSEL selber durchaus einzuräumen bereit ist.[427] Man wird sogar festhalten müssen, dass der Transzendenzgedanke ein Urgedanke des abendländischen Denkens überhaupt ist, der sich bis in die Anfänge dieses Denkens zurückverfolgen lässt. Allerdings hat DUSSEL darin ebenfalls recht, dass Transzendenz und Andersheit erst spät - nämlich im dialogischen Personalismus - als anthropologische Grundworte radikal in Ansatz gebracht worden sind.[428] Vorher waren sie primär theologische Kategorien.[429] Diesen material gewiss schwerwiegenden Unterschied wie auch eine weitgehend andersgeartete Diskursstruktur zugestanden, zeigen sich trotzdem unter der Oberfläche erstaunliche formale Entsprechungen zwischen dem traditionellen philosophisch-theologischen Transzendenzdenken und dem anthropologischen Diskurs der Andersheit bei DUSSEL. Diese formalen Analogien verbinden sich im dialogischen Denken (aus dessen Umkreis in diesem Kapitel ROSENZWEIG und LEVINAS ausdrücklich dargestellt werden sollen) sogar mit einer weitgehenden materialen und methodologischen Uebereinstimmung.

Im folgenden wollen wir einige Spuren des abendländischen Transzendenzdenkens ein Stück weit verfolgen. Dabei wird nicht im entferntesten eine Vollständigkeit in der historischen Darstellung beansprucht. Auch wollen wir nicht vorschnell in Anspruch nehmen, dass der Gedanke der Andersheit und der Transzendenz, der Unbegreiflichkeit und des unverfügbaren Geheimnisses die Wirkungsgeschichte des europäischen Geistes dominant bestimmt hat. Das beschränkte Ziel dieses Kapitels ist es aufzuzeigen, dass es in der Tradition des abendländischen Geistes **auch** Expositio-

---

[427] Vgl. FE I, 108-118; II, 89-93; 130-133; 153-161; MFL 115-181; AL:DyL 202; Para una fundamentación, aaO. (Anm. 10) 22-25
[428] ROSENZWEIG (vgl. Kleinere Schriften, aaO. [Anm. 388] 388) hält die Entdeckung dieses neuen Denkens FEUERBACH zugute. Siehe dazu L. FEUERBACH, Grundsätze der Philosophie der Zukunft, in: Werke in sechs Bänden, hrsg. von E. THIES, Bd. III, Frankfurt a.M. 1975, 247-321, § 64: "Die wahre Dialektik ist kein Monolog des einsamen Denkers mit sich selbst, sie ist ein Dialog zwischen Ich und Du."
[429] Vgl. FE II, 118; IFL 106.

nen von so etwas wie einem Transzendenzdenken überhaupt gegeben hat, dass also das europäische Denken in sich durchaus nicht so schlechthin uniform und eindimensional verfasst ist, wie dies von der bisherigen Darstellung DUSSELS her vermutet werden könnte.

Zunächst begeben wir uns auf mehr kursorische und sporadische Kurzvisiten bei verschiedensten Repräsentanten des Transzendenzdenkens von den Anfängen abendländischen Denkens bis zum Mittelalter (A). Für die nachfolgende Zeit untersuchen wir einige Denkentwürfe etwas ausführlicher im Hinblick auf ihre Transzendenzstrukturen. Diese Denker sind zwar nicht willkürlich, aber doch sehr selektiv und in paradigmatischer Absicht ausgewählt: THOMAS VON AQUIN (B) als massgebender Denker während Jahrhunderten; KANT (C) als wirkungsgeschichtlich bedeutsamer Auslöser einer gewaltigen Revolution der Denkart; FICHTE (D), SCHELLING (E) und KIERKEGAARD (F) als je andere Repräsentanten eines nachidealistischen Denkens; ROSENZWEIG (G) als Mitbegründer des offenbarungsdialogischen 'neuen Denkens'; BARTH (H) als radikaler Offenbarungsdenker; HEIDEGGER (I) als Destruktor der abendländischen Ontologie; LEVINAS (J) als geistiger Pate DUSSELS.

## A. Antike und mittelalterliche Spuren des Transzendenzdenkens

Die abendländische Vorstellung von der Andersheit und Welttranszendenz Gottes geht einerseits auf das Zeugnis der biblisch-jüdischen Glaubenstradition und andererseits auf die griechisch-philosophische Reflexion vorwiegend platonischer Prägung zurück, wobei sich beide Traditionen im Laufe der Zeit miteinander verschmolzen haben. "Die Welttranszendenz Jahwes ... ist das grosse Unterscheidungszeichen des Jahwismus gegenüber allen Umweltreligionen."[430] Im Alten Testament sind die Heiligkeit und Unvergleichlichkeit sowie die Personalität des transzendenten Gottes der tiefere Grund für das Verbot, Gott abzubilden. Dieser ist der manipulatorischen Verfügung des Menschen radikal entzogen. Das bezieht sich auch auf die Gotteserkenntnis. "Für die Theologie des AT ist es etwas Unvorstellbares, dass der Mensch von sich aus Gott erkennen kann. Gott kann nur erkannt werden, wenn er sich zu erkennen geben, d.h. wenn er sich offenbaren will."431 Offenbarung hat dabei einerseits den Sinn der Selbstbezeugung Gottes in der Geschichte als rettende und befreiende Macht (Ex 12), wobei der so in der Geschichte erfahrene Gott auch dann radikal unverfügbar bleibt, wenn er sich mit seinem Namen offenbart hat. Anderseits bedeutet sie die "Zehn Worte" (Ex 34,28) im Sinne einer von Gott kommenden Weisung und Orientierung, die es Israel ermöglicht, den Willen Gottes, seinen Ruf nach Gerechtigkeit und dem rechten Weg zu hören. Im Hören auf das gesprochene Wort Gottes erfährt Israel, dass aus dem Ausserhalb oder Oberhalb seiner eine sein Leben unbedingt und entscheidend bestimmende Forderung ergeht.432 YHWHS gebieterische Aufforderung zu Recht und Gerechtigkeit gegenüber den 'Fremden, Armen, Witwen und Waisen' ist im Alten Testament zum stehenden Ausdruck geworden.433

Theologisch begründet wird diese kategorisch verlangte Respektierung der elementaren Rechte und der unverfügbaren Personwürde des anderen Menschen mit dessen Gottebenbildlichkeit (Gen 9,6). Im Neuen Testament wird jedem

---

430 A. DEISSLER, Die Grundbotschaft des Alten Testaments. Ein theologischer Durchblick, Freiburg i.Br. $^4$1974, 42.
431 H. HAAG, Art. Offenbarung, im AT, in: BL$^2$, 1242-1248, 1242.
432 Vgl. A. SAND, Die biblischen Aussagen über die Offenbarung, in: M. SEYBOLD u.a., Die Offenbarung. Von der Schrift bis zum Ausgang der Scholastik (=HDG I/1a), Freiburg i.Br. 1971, 1-26, 3-8.
433 Vgl. z.B. Ex 22,20f; Dtn 10,18; 14,29; 16,11; 24,17.19; 26,12; 27,19; Ps 94,6; 146,9; Jes 10,2; Jer 5,28; 7,6; 22,3; Ez 22,7; Hi 24,3f; 29,12f; 31,16f.

einzelnen Menschen eine unendliche, eschatologisch in Kraft gesetzte Würde aufgrund seiner bedingungslosen und absoluten Bejahung durch Gott im Ereignis der Rechtfertigung Jesu Christi zugesprochen.

Der Ursprung des griechischen Transzendenzdenkens liegt in der philosophischen Kritik an der Götterwelt des Mythos, der das Göttliche noch als innerweltliche Wirklichkeit erscheinen liess. Am Anfang dieser mythoskritischen Transzendenztradition dürfte **XENOPHANES** (565-488 v.Chr.) stehen mit seinem berühmten Fragment: "Ein einziger Gott, unter Göttern und Menschen am grössten, weder an Gestalt den Sterblichen ähnlich noch an Gedanken."[434] Damit ist ausdrücklich die Andersheit des Göttlichen formuliert.

Das andere Motiv für das philosophische Transzendenzdenken hat **PLATON** (427-347 v.Chr.) mit seiner Unterscheidung von Erscheinungs- und Ideenwelt entfaltet, die allerdings schon durch PARMENIDES (ca. 540-460 v.Chr.) mit der Unterscheidung zwischen dem Schein der Sinneserfahrung und der Wahrheit des Seins und des Denkens präfiguriert war. PLATON radikalisiert die Transzendenz noch dadurch, dass er das Gute (und damit das Ethische!) dem gesamten Ideenkosmos noch einmal überordnet, so dass das Gute "an Würde und Kraft noch über das Sein hinausragt"[435]. Er vergleicht die Transzendenz des Guten im Verhältnis zur Wahrheit des Seins und Erkennens mit dem Licht der Sonne im Verhältnis zum Auge: Wie die Sonne dem Auge, so ist die Transzendenz des Guten als Urgrund des Seins und Erkennens selbst dem Blick verwehrt und nur der philosophischen Wendung erschliessbar. Das Gute oder Eine, in dem alle Differenz und Vielheit ihren Ursprung und Grund hat,

---

[434] XENOPHANES, Fragmente, in: Die Fragmente der Vorsokratiker, griechisch und deutsch von H. DIELS, hrsg. von W. KRANZ, Bd. I, Dublin-Zürich 1972, 126-139, Frgm. 23.
[435] PLATON, Politeia, in: Oeuvres complètes, Bd. VI/VII 1-2, Paris 1956/59, 509 b.

kann nur schwer erkannt und unmöglich in Worte gefasst werden.[436]

Im Unterschied zu DUSSEL fällt hier ins Auge, dass bei PLATON und in der Folgezeit im dominierenden Strang des abendländischen Denkens gerade die Suche nach einer ursprünglichen **Einheit** alles Seienden zum Gedanken einer schlechthin jenseitigen Transzendenz und Andersheit nötigt. Demgegenüber geht DUSSEL bekanntlich davon aus, dass geradezu ein Junktim zwischen dem Einheitsdenken und der Vernichtung jedweder Exteriorität besteht. Während also DUSSEL die Gefährdung der Transzendenz letztlich im abendländischen Einheitstrieb begründet sieht, erkennt die von PLATON ausgehende abendländische Geistestradition im Gedanken letzter Einheit gerade umgekehrt die letzte Ermöglichung einer radikal unverfügbaren Transzendenz! Innerhalb des unzweifelhaft vorhandenen und dominierenden Einheitsstrebens des abendländischen Denkens muss - das zeichnet sich jetzt schon ab - noch einmal unterschieden werden zwischen einem Einheitsdenken, das die letzte Einheit als schlechthin unbegreifliche Transzendenz denkt, und einem solchen, das diese als durch den Begriff einholbar denkt.

Der jüdische Platoniker **PHILO VON ALEXANDRIEN** (ca. 20 v. Chr. - 45 n.Chr.) verbindet die biblische Erfahrung der Welttranszendenz Gottes und des Monotheismus mit dem philosophischen Gedanken des transzendenten Einen als dem ursprungslosen Prinzip. Gottes Wesen ist ihm unbegreiflich und unsagbar, weil alles Begreifen und Sagen schon Differenz und also Vielheit voraussetzt. Von Gott kann nur erkannt werden, **dass** er ist, nicht aber, **was** er ist. Zwischen ihm und unserer Erkenntnis liegt ein unendlicher Abstand. Auch die in den heiligen Schriften enthaltenen Texte vermitteln keine ontologischen Wesensprädikate Got-

---

[436] Vgl. PLATON, Timaios, in: Oeuvres complètes, Bd. X, Paris 1956, 28 c.

tes, sie sind vielmehr pädagogische bzw. mystagogische Artikulationen ursprünglicher, sprachunfähiger Gottesbegegnungen.[437] Bei PHILO deutet sich erstmals die spätere Rede vom 'Deus semper maior' an.[438]

Der Kampf der Kirchenväter gegen die sogenannte Gnosis, die den Aufstieg zur göttlichen Sphäre nicht durch das gehorsame Hören des Wortes, sondern durch quasi-philosophische Erkenntnis des göttlichen Geist-Selbst im Menschen zu erreichen beanspruchte und die schon Erkenntnis als solche als erlösend und heilbringend proklamierte, kann auch als Apologetik des Glaubens und des bleibenden Geheimnisses Gottes gegen die eigenmächtige Verfügung über das Göttliche gedeutet werden. Nach IRENAEUS (ca. 140-200) geht Gott unendlich "über unsere Vorstellung hinaus"[439]. Was wir von ihm sagen, ist immer "unvollkommen und inadäquat" (ebd. II, 13,9). Für IRENAEUS gründet die Unaussprechlichkeit und Unbegreiflichkeit des göttlichen Wesens in seiner absoluten Einfachheit.[440] Die philosophische Unbegreiflichkeit wird dabei zur Voraussetzung und damit zum Anknüpfungspunkt für die christliche Offenbarungsbotschaft, zum Hohlraum, der durch die Offenbarung aufgefüllt werden kann.[441] Gotteserkenntnis ist uns nur dadurch möglich, dass Gott sich uns in seiner Liebe durch das Wort offenbart.[442]

---

[437] Vgl. PHILO VON ALEXANDRIEN, Quod deus sit immutabilis, in: Werke IV, Berlin 1962, 72-110, Nr. 54-62; ders., De somniis, Bd. I, in: Werke VI, Berlin 1962, 163-224, I 67; ders., De posteritate Caini, in: Werke IV, Berlin 1962, 1-53, 18f.
[438] Vgl. H. HOCHSTAFFL, Negative Theologie. Ein Versuch zur Vermittlung des patristischen Begriffs, München 1976, 33-35.
[439] IRENAEUS VON LYON, Libros quinque adversus haereses (Adv. haer.), 2 Bde., Ridgewood 1965, II, 13,4.
[440] Vgl. ebd. II, 13,3-5.
[441] Vgl. W. PANNENBERG, Grundfragen systematischer Theologie I, aaO. (S.88, Anm.212) 322.
[442] Vgl. IRENAEUS, Adv. haer. III, 24,2; IV, 20,1.

Aehnlich wie PHILO und IRENAEUS betont KLEMENS VON ALEXANDRIEN (ca. 140-216) die Unbegreiflichkeit und Unsagbarkeit Gottes aufgrund seiner differenzlosen Einfachheit. Gott ist von keiner Kategorie her fassbar. Von ihm erkennen wir "nicht, was er ist, sondern was er nicht ist"[443]. Die Möglichkeit einer Gnosis von unten ist völlig ausgeschlossen. Gott ist "nur durch die von ihm selbst ausgehende Kraft erkennbar" (ebd. V, 71,5). "Es bleibt nur übrig, dass wir das Unerkennbare durch göttliche Gnade und allein durch das von ihm ausgehende Gotteswort erfassen" (ebd. V, 82,4).

Auch nach ORIGENES (ca. 185-254) ist "die menschliche Natur nicht hinreichend befähigt", Gott aus eigener Kraft zu suchen und zu finden, "wenn ihr nicht Hilfe zuteil wird von dem, den sie sucht".[444] Der Mensch gelangt nicht von sich aus zum Offenbaren, "vielmehr wird Gott erkannt, wann und für wen er selbst entscheidet erkannt zu werden, indem er sich offenbart"[445].

Der Neuplatonismus radikalisiert den Transzendenzgedanken noch. Obwohl PLOTIN (205-270) ausgesprochen monistisch, systematisch und spekulativ orientiert ist, belegt er das Eine oder Göttliche mit kaum mehr zu überbietenden Transzendenzprädikaten. Das Eine ist als das absolut Einfache das schlechthin Andere zum vielfältigen Seienden, und weil im Denken immer schon eine Zweiheit von Erkennendem und Erkanntem und damit eine Differenz gesetzt ist, kann das Denken oder der Geist nicht dieses ursprüngliche, absolut einfache Eine sein. Das Göttliche ist daher notwendig jenseits des Denkens und von diesem her nur via negativa erkennbar und aussagbar. Es kann nur durch Negation

---

[443] KLEMENS VON ALEXANDRIEN, Stromata, Buch V, in: Sources chrétiennes, Bd. 278, Paris 1981, 71,3.
[444] ORIGENES, Contra Celsum, Buch VII, in: Sources chrétiennes, Bd.150, Paris 1969, 14-179, Nr. 42.
[445] Ders., Fragmente aus Catenen, in: Werke, hrsg. von E. PREUSCHEN, Bd. IV, Leipzig 1903, 481-563, 496.

aller Denkbestimmungen beschrieben werden. Alles Reden über das Göttliche widerruft sich ständig selbst.[446] Von dem Einen gibt es "keinen Begriff und kein Wissen" (ebd. V, 4,1). Es steht "über der Wesenheit und dem Sein" (ebd.). Als Jenseits des Seins und des Denkens und als Urprinzip ist es auch "etwas anderes als das All", weil es "vor dem All" (ebd. III, 8,9) ist. Es "verliert sich nicht im Ganzen" und "lässt sich nicht mehr auf ein Anderes zurückführen" (ebd. III, 8,10). Es kann "nirgends umfasst werden; ein Versuch, jene unermessliche Natur zu umfassen, wäre lächerlich, und wer dies unternimmt, entfernt sich von der Möglichkeit, auch nur irgendwie und für kurze Zeit ihm auf die Spur zu kommen; sondern wie man, wenn man die Natur des Geistes schauen will, ohne irgendeine sinnliche Vorstellung das, was über das Sinnliche hinausliegt, schauen muss, so kann man, wenn man das, was über das Geistige hinausliegt, schauen will, es nur nach Zurücklassung alles Geistigen schauen, indem man wohl weiss, **dass** es ist, ohne sich darum zu bekümmern, **was** es ist" (ebd. V, 5,6). "Man kann sich des Einen gar nicht auf dem Wege des wissenschaftlichen Erkennens, des reinen Denkens wie der übrigen Denkgegenstände innewerden, sondern nur vermöge einer Gegenwärtigkeit, welche von höherer Art ist als die Wissenschaft" (ebd. VI, 9,4). Diese höhere Art ist nach PLOTIN die mystische Ekstase, die allein die Möglichkeit eines unmittelbaren Transzendierens im punktuellen Akt bietet, der allerdings begrifflich und sprachlich nicht mehr einholbar ist.[447]

PLOTIN hat mit seinem Neuplatonismus die christliche Theologie nachhaltig beeinflusst. Für **GREGOR VON NAZIANZ** (ca. 330-390) hat die Unzugänglichkeit Gottes vom menschlichen Denken her axiomatischen Status. Es ist unmöglich, Gott auszusprechen, und noch weniger möglich, ihn zu be-

---

[446] Vgl. PLOTIN, Enneades, Paris 1846, V, 5,6; 6,5f.
[447] Vgl. ebd. V, 3,17.

greifen.[448] Erkennbar ist nur das Dasein, nicht aber das Wesen Gottes.[449] Allerdings grenzt sich GREGOR VON NAZIANZ auch von einer absolut negativen Gotteslehre ab, die das Wesen Gottes nur als absolute Negation des Endlichen definiert. Denn dadurch würde eine positive Beziehung Gottes zur Welt letztlich verunmöglicht.[450] Aehnlich wie bei IRENAEUS bildet die Andersartigkeit und Unbegreiflichkeit Gottes die Voraussetzung dafür, dass dessen Wesen nicht durch Spekulation, sondern nur von seiner Offenbarung her bestimmbar ist. Gotteserkenntnis ist nur möglich durch die gnadenhafte Erschliessung Gottes selbst.[451]

Auch nach **GREGOR VON NYSSA** (ca. 335-395) versagt die menschliche Natur beim Erfassen des Unbegreiflichen. Es gibt keinen Begriff, der das Wesen Gottes auszudrücken vermöchte. Dieses ist über jeden Begriff je schon hinaus und entzieht sich dem denkenden Zugriff. GREGOR VON NYSSA hat die Idee einer unendlichen Selbstüberschreitung des menschlichen Geistes in seinem Bezug zur absoluten Transzendenz Gottes entwickelt. Die nie zum Ziel kommende Gotteserkenntnis verweist auf eine positive Unendlichkeit Gottes an und für sich, die wiederum nur durch Offenbarung zugänglich ist. Gottes unendliche Transzendenz offenbart sich, indem sie sich zugleich in die Unbegreiflichkeit des Geheimnisses hinein entzieht.[452]

Von dem vor allem durch PORPHYRIUS (233-305) vermittelten Neuplatonismus ist auch **AUGUSTINS** Denken geprägt. AUGU-

---

[448] Vgl. GREGOR VON NAZIANZ, Orationes 27-31, in: Sources chrétiennes, Bd. 250, Paris 1978, 28,4.
[449] Vgl. ebd. 28,6.
[450] Vgl. W.-D. HAUSCHILD, Gregor von Nazianz, in: H. FRIES / G. KRETSCHMAR (Hrsg.), Klassiker der Theologie, Bd. I, München 1981, 76-90, 88f.
[451] Vgl. GREGOR VON NAZIANZ, Oratio 28,16ff; 28,31.
[452] Vgl. GREGOR VON NYSSA, De vita Moysis, in: Sources chrétiennes 1$^{ter}$, Paris $^3$1968, II, 162; 234f; J. HOCHSTAFFL, aaO. (Anm. 438) 109-116.

STIN (354-430) denkt Gott als das "in höchstem Masse Eine" (summe unum)[453], das Ursprung und Grund aller anderen, geschöpflichen Einheit ist[454]. Als dieses absolute Eine ist Gott das transcendens per se, worüber sich "nichts in angemessener Weise aussagen lässt"[455]. Wenn dem Menschen die göttliche Wahrheit dennoch nicht fremd ist, so nur, weil sein Denken von dieser Wahrheit selbst ergriffen ist.[456] Erkenntnis verdankt sich der Wahrheit und nicht umgekehrt. "Omne verum a veritate verum est."[457] Die Bewegung des Denkens ist von vornherein vom göttlichen Grund und Ursprung geleitet und illuminiert. Wahres Gottdenken ist hinnehmend und geniessend, nicht erobernd und gebrauchend. Geniessen heisst bei AUGUSTIN "mit Liebe einer Sache um ihrer selbst willen anhangen"[458]. Gott wird m.a.W. liebend und glaubend gedacht. "Glauben ist nichts anderes als mit Zustimmung denken" (quantum et ipsum credere, nihil aliud est, quam cum assensione cogitare).[459] Diese Zustimmung ist nicht nur ein Akt des Verstandes, sondern auch des Willens. Angemessene Wahrheitserkenntnis ist nur der Liebe möglich[460], wie ja auch die falsche Gotteserkenntnis dem verkehrten Willen (perversa voluntas) zuzuschreiben ist[461]. Je mehr Gott geliebt wird, um so besser wird er erkannt. Zwischen dem intellektuellen und dem voluntativen Vermögen der Seele besteht eine Interdependenz.[462] Daraus erklärt sich auch

---

[453] AUGUSTINUS, De vera religione, in: CChr.SL 32 (1962) 168-260, XXXIV, 63,178.
[454] Vgl. ebd. XXXVI, 66,185.
[455] Ders., De doctrina christiana, in: CChr.SL 32 (1962) 1-167, I, 6,6.
[456] Vgl. R. BERLINGER, Augustins dialogische Metaphysik, Frankfurt a.M. 1962, 23.
[457] AUGUSTINUS, De diversis quaestionibus octoginta tribus, in: CChr.SL 44 (1975) 9-249, 83 q.1.
[458] Ders., De doctr. christ., aaO. (Anm.455) I, 4,4.
[459] Ders., De praedestinatione sanctorum liber, in: PL 44 (1865) 959-992, II, 5; vgl. auch ders., De spiritu et littera, in: CSEL 60 (1913) 153-229, XXXI, 54.
[460] Vgl. ders., Confessionum libri XIII, in: CChr.SL 27 (1981) VII, 10,16.
[461] Vgl. ebd. VII, 16,22.
[462] Vgl. A. SCHINDLER, Art. Augustin, in: TRE IV (1979)

die eigentliche dialogische Grundstruktur von AUGUSTINS Denken.[463] Gott ist das Subjekt des schlechthin setzenden Wortes, durch dessen Ruf der Mensch geschaffen wurde und als dessen geschichtliche Antwort dieser existiert. Zwischen Gott und dem Menschen besteht eine communicatio verbi, und alle menschlichen Grundvollzüge basieren auf diesem Fundamentaldialog mit dem ewigen Du.

Am meisten vom plotinischen Neuplatonismus beeinflusst ist ohne Zweifel **PSEUDODIONYSIUS AREOPAGITA** (um 500). Das Eine oder Göttliche ist auch für ihn jenseits des Seins und des Denkens. Es ist "überwesentliche, unerkennbare und unaussprechliche Unbegrenztheit"[464]. Von der Gottheit wissen wir "nicht, was sie ist, sondern was sie nicht ist" (ebd. II,3). Sie liegt "über jeden Begriff und jeden Verstand hinaus", sie ist "über Name, Wesen und Erkenntnis erhaben" und so "in das Unzugängliche erhoben".[465] "Kein Licht gibt es, das sie kennzeichnen mag, gar kein Gedanke und gar kein Verstand ist mit ihr zu vergleichen."[466] Sie ist uns "nur nach Aufhebung aller Denktätigkeit"[467] zugänglich. "Jeglicher Denktätigkeit ist das über alles Denken erhabene **Eine** unausdenkbar, jeglicher Rede ist das alle Rede übersteigende **Gute** unaussprechlich" (ebd. I,1). Da uns eine unmittelbare Gotteserkenntnis unmöglich ist, gibt sich Gott in einer der menschlichen Fassungskraft entsprechenden Weise nur so zu erkennen, dass "der Strahl der urgöttlichen Offenbarungen sich selber mitteilt", so dass wir "bei der Unfassbarkeit der Wort, Verstand und Wesen übersteigenden Ueberwesenheit der Gottheit ... die überwesentliche Erkenntnis ihr

---

646-698, 668.
[463] Vgl. R. BERLINGER, aaO. (Anm.456).
[464] DIONYSIUS AREOPAGITA, De caelesti hierarchia, in: Sources chrétiennes, Bd. 58, Paris 1970, II,3.
[465] Ders., De divinis nominibus, in: PG 3 (1889) 586-996, XIII,3.
[466] Ders., Cael.hier., aaO. (Anm.464) II,3.
[467] Ders., De divinis nominibus, aaO. (Anm.465) II,7.

selbst anheimgeben" (ebd.) müssen. Die Offenbarung ist das Jenseits unserer Erkenntnismöglichkeit, so dass Gott auch in seiner Offenbarung doch immer nur als Geheimnis gegenwärtig wird. Die tatsächliche Gottesbegegnung im Geschehen der Offenbarung übersteigt jedes Verstehen und bedeutet einen Bruch in den Relationen der intelligiblen Welt.[468]

Aehnlich wie PSEUDODIONYSIUS betonen **MAXIMUS CONFESSOR** (580-662), der sich als Schüler des Areopagiten versteht, und **HUGO VON ST. VIKTOR** (gest. 1141) die Transzendenz und Unsagbarkeit Gottes sowie das Moment der Verhüllung in der Offenbarung.[469] Auch das unum argumentum von ANSELMS (1033-1109) ontologischem Gottesbeweis nährt sich davon, dass Gott "grösser ist als gedacht werden kann" (quod maior sit quam cogitari possit)[470]. Die bleibende Unbegreiflichkeit und Transzendenz Gottes wird schliesslich im Vierten Laterankonzil (1215) festgeschrieben: "Von Schöpfer und Geschöpf kann keine Aehnlichkeit ausgesagt werden, ohne dass sie eine grössere Unähnlichkeit zwischen beiden einschlösse" (DS 806 / NR 280).

Als vorläufiger Ertrag dieses gerafften Streifzuges durch einige Regionen antiken und mittelalterlichen Denkens kann festgehalten werden, dass der Transzendenzgedanke zwar ausschliesslich auf das Göttliche bezogen wird, dass er aber als solcher eine bemerkenswerte Konstante dieser Denktradition darstellt. Diese Kontinuität des Transzendenzdenkens fusst einerseits auf der platonischen Idee

---

[468] Vgl. G. O'DALY, Dionysius Areopagita, in: TRE VIII (1981) 772-780, 774f; U. DIERSE / W. LOHFF, Art. Offenbarung, in: HWP VI (1984) 1105-1121, 1110; M. SEYBOLD, Die Offenbarungsthematik in der Spätpatristik und Frühscholastik, in: ders. u.a., Die Offenbarung, aaO. (Anm. 432) 88-115, 90f.
[469] Vgl. J.HOCHSTAFFL, aaO.(Anm.438) 151-153; M. SEYBOLD, Die Offenbarungsthematik, aaO.(Anm.468) 91; 103-106.
[470] ANSELM VON CANTERBURY, Proslogion, in: FlorPatr 29, Bonn 1931, c.15.

des seinsjenseitigen Einen und anderseits auf dem biblischen Glaubenszeugnis der Welttranszendenz Gottes. Dieses Eine oder Göttliche erscheint als das ganz Andere zur Mannigfaltigkeit des Weltimmanenten. Seiner Unbegreiflichkeit und Unsagbarkeit entspricht positiv entweder eine unmittelbare, mystische und damit denk- und sprachtranszendente Weise der Begegnung oder seine Selbstbezeugung durch Offenbarung oder auch - im Normalfall - beides zusammen. Im Unterschied zum Diskurs DUSSELS fällt auf, dass der Gedanke der unverfügbaren Transzendenz gerade nicht aus dem Verzicht auf eine alles umfassende Einheit, sondern auf der Suche nach einem letzten Grund des Seins und einer höchsten Einheit und Systematik des Denkens gewonnen wird. Der transzendente Gott west als der ursprünglichste, darum selber unbegreifliche und nicht mehr prädizierbare Einheitsgrund alles Seienden.[471] Die tiefere Problematik dieser Denkweise im Vergleich zur Denkart DUSSELS bricht erst dann voll durch, wenn dieser göttliche Einheitsgrund durch die neuzeitliche Wende zum Subjekt von diesem selber usurpiert wird, wenn sich also das reine Ich anstelle des einen Göttlichen als Prinzip der omnitudo realitatis setzt.

## B. Die Unbegreiflichkeit und analoge Sagbarkeit Gottes nach THOMAS VON AQUIN

Den nun folgenden Denkern wenden wir uns etwas ausführlicher zu. Wir wollen bei ihnen die Spuren des Transzen-

---

[471] Dass dieses absolute Eine als Jenseits des Seins und des Wesens durchaus in einem positiven Bezug zum metaphysischen Transzendenz- und Exterioritätsdenken steht, darauf weist implizit schon der Titel von E. LEVINAS' Buch 'Autrement qu'être ou au delà de l'essence' (Den Haag 1974; Hervorhebung von mir) hin, der eine deutliche Anspielung auf das platonische 'Jenseits des Seins' enthält. LEVINAS nimmt selber eine solche positive Beziehung zu PLATON ausdrücklich in Anspruch (vgl. Wenn Gott ins Denken einfällt. Diskurse über die Betroffenheit von Transzendenz, Freiburg-München 1985, 166).

denzdenkens noch stärker von der Mitte ihres Denkens her aufsuchen. Immer aber gehen wir mit einem vom analektisch-meta-physischen Denken DUSSELS bestimmten Frageraster an ihre Entwürfe heran. Uns interessiert also vor allem, inwieweit in ihren Diskursen Raum ist für Phänomene wie Transzendenz, Andersheit, Geheimnis, Offenbarung, Glaube, Grenzen der begrifflichen Erkenntnis oder Verantwortung für den Nächsten.

Auch bei THOMAS VON AQUIN[472] ist Transzendenz primär ein Prädikat Gottes. Er unterscheidet drei Stufen menschlicher Gotteserkenntnis: die niedrigste ist, Gott als den in der Schöpfung Wirkenden zu erkennen, die zweite, ihn im Spiegel der geistigen Wesen zu erkennen, die höchste, ihn als den Unbekannten zu erkennen.[473] Gott kann vom menschlichen Erkennen nicht nach der Weise der geschaffenen Dinge durch Angleichung abgebildet werden, weil er die Erkenntnisfähigkeit des Menschen "ins Unendliche übersteigt" (quia Deus in infinitum intellectum nostrum excedit [DeVer q 2 a 1]). Unsere Denkkraft verhält sich zum göttlichen Sein wie das Auge des Nachtvogels zum klaren Licht der Sonne.[474] Die menschliche Erkenntnis ist dem Sein Gottes unendlich disproportioniert. Das Thomasische Gottdenken bewegt sich darum in einer "Athmosphäre des Mysteriums", "wo die negative Ausdrucksweise triumphiert".[475] Die menschliche Vernunft wird als "völlig ungeeignet befunden, die Substanz Gottes selbst zu erklären (ad declarandum ipsius Dei substantiam omnino insuffici-

---

[472] Im folgenden werden die Werke THOMAS' VON AQUIN wie folgt abgekürzt:
- Summa theologica. Vollständige, ungekürzte deutsch-lateinische Ausgabe, Salzburg-Heidelberg 1933ff: S.th.
- Contra Gentiles, Luxembourg $^2$1881: C.G.
- Quaestiones disputatae de veritate (ed. Marietti), Turin $^4$1922: **DeVer**.
- Expositio super librum Boethii de trinitate, hrsg. von B. DECKER, Leiden $^2$1959: InTrin.
[473] Vgl. InTrin q 1 a 2. [474] Vgl. C.G. I 3.
[475] M.-D. CHENU, Das Werk des hl. Thomas von Aquin, Heidelberg-Graz 1960, 186.

ens invenitur [C.G. I 8]). Wir können von ihm nicht wissen, was er ist, sondern was er nicht ist und wie das Nichtgöttliche sich zu ihm verhält (non enim de Deo capere possumus quid est, sed quod non est, et qualiter alia se habeant ad ipsum [C.G. I 30]). THOMAS distanziert sich entschieden von der "Vermessenheit des Begreifen- und Beweisenwollens" (comprehendendi vel demonstrandi praesumptio [C.G.I 8]) in bezug auf das innere Wesen Gottes. Das Vernunftdenken kann von sich aus nur das reine Dass Gottes und dessen notwendigen Implikationen feststellen (ducitur ... ut cognoscat de Deo quia est, et alia hujusmodi [C.G I 3]), das eigentliche Wesen und innere Leben Gottes ist ihm unzugänglich (illius excellentissimae substantiae, transcendentis, omnia intelligibilia humana ratio investigare non sufficit [ebd.]). Was Gott in sich selbst ist, bleibt ihm verborgen (quid est ipsius Dei semper nobis occultum remanet [DeVer q 2 a 1 ad 9]). Darum wird der menschliche Geist dann "am vollkommensten befunden in der Erkenntnis, wenn ihm deutlich wird, dass Gottes Wesen über alles hinausliegt, was er in statu viae begreifen kann" (tunc maxime mens in cognitione profecisse invenitur, quando cognoscit eius essentiam esse supra omne quod apprehendere potest in statu viae [InTrin q 1 a 2 ad 1]). Die höchste Erkenntnis, die uns von Gott erreichbar ist, ist die Einsicht, dass Gott selbst jenseits unserer Denkmöglichkeiten liegt (haec est summa cognitio quam de ipso in statu viae habere possumus, ut cognoscamus Deum esse supra omne id quod cogitamus de eo [DeVer q 2 a 1 ad 9]).

Dass uns das ureigene Wesen Gottes nicht einfach absolut fremd bleibt, hat seinen Ermöglichungsgrund in der göttlichen Offenbarung.[476] Die offenbarte Wahrheit des Glaubens ist durch keine Anstrengung der natürlichen Denkkraft des Menschen, sondern allein durch die freie Aeusserung Gottes selbst zu erreichen. Die göttliche Offenba-

---

[476] Vgl. S.th. I q 1 a 1.

rung ist nach THOMAS die direkte Krise der Vermessenheit (praesumptionis repressio) jener Leute, die sich durch ihre natürlichen Geisteskräfte anmassen, die ganze göttliche Natur mit ihrem Wissen ausmessen zu können (quidam tantum de suo ingenio praesumentes, ut totam naturam divinam se reputent suo intellectu posse metiri [C.G.I 5]). Die Wahrheit des Glaubens ist nicht durch die Tätigkeit der Vernunft, sondern allein aus dem Hören (ex auditu) zugänglich.[477] Unter dem Glauben versteht THOMAS dabei die Zustimmung des Verstandes zur Wahrheit dessen, was Gott mitgeteilt hat.[478] Weil nun aber der Inhalt dessen, was Gott offenbart, die Fassungskraft der natürlichen Vernunft übersteigt, kann der Zustimmungsgrund des Glaubens zum Offenbarten nicht eine natürliche, vernunftgemässe Evidenz sein. Die Wahrheit des Glaubens kann, weil vernunfttranszendent, in keiner Weise mit zwingenden Vernunftgründen bewiesen werden.[479] Das Geglaubte kann weder gesehen noch wissend begriffen werden.[480] Der Glaube bestimmt den Verstand, dem zuzustimmen, was niemals augenscheinlich ist (fides ... faciens intellectum non apparentibus assentire [DeVer q 14 a 2]). Der Grund der Zustimmung liegt also nicht in der rationalen Einsichtigkeit der von Gott mitgeteilten Sache, sondern allein in der göttlichen Autorität dessen, der sie mitgeteilt hat. Die offenbarte Glaubenswahrheit nehmen wir nicht an, weil wir sie als evident einsehen, sondern nur aufgrund der absoluten Glaubwürdigkeit des Offenbarenden.[481] Das Autoritätsargument ist zwar nicht in bezug auf die menschliche Vernunfterkenntnis, aber hinsichtlich der göttlichen Offenbarung das stärkste und oberste Wahrheitskriterium.[482]

---

[477] Vgl. InTrin q 3 a 1 ad 4.
[478] Vgl.S.th.II-II q 2 a 9; q 4 a 1.     [479] Vgl.C.G. I 8.
[480] Vgl.DeVer q 14 a 2 ad 15; S.th.II-II q 1 a 5; C.G.I 6.
[481] Vgl. S. th. II-II q 1 a 1; q 2 a 9f; C.G. I 9.
[482] Vgl. S.th. I q 1 a 8 ad 2.

Dabei unterscheidet sich die Vernunft des Glaubens grundlegend von der Vernunft des Wissens. Das Materialobjekt des Wissens ist das Sichtbare und Begreifliche, dasjenige des Glaubens das Unsichtbare und Unbegreifliche. Das objectum formale quo des Wissens ist die natürliche Evidenz, dasjenige des Glaubens die göttliche Autorität. Das Verstandeswissen bewegt sich von der Erkenntnis der bekannten Gegenstände vermittels der Sinneserfahrung und der Schlussfolgerung fort zur Erkenntnis des Unbekannten als der göttlichen causa prima. Das auf göttlicher Offenbarung ruhende Glaubensdenken geht vom Göttlichen selbst aus und wendet sich von daher dem endlichen Seienden zu. Im Verstandeswissen richtet sich die Aufmerksamkeit zuerst auf die Geschöpfe und zuletzt auf Gott (prima est consideratio de creaturis et ultima de Deo), im Glaubensdenken zuerst auf Gott und dann auf die Geschöpfe (primo [sic!] est consideratio Dei, et postmodum creaturarum [C.G. II 4]). Das philosophische Wissen denkt das göttliche Sein als Prinzip der Dinge, der Glaube fasst das Göttliche, insofern es in sich selbst subsistiert (secundum quod in se ipsis subsistunt [InTrin q 5 a 4]). Im Glauben ist das Göttliche gleichsam aus sich selbst erkennbar, und zwar so, dass es nicht gemäss den Bedingungen des erkennenden Subjekts, sondern secundum se erkannt wird, also nach der Weise des Göttlichen selbst (ut ipsa divina secundum se ipsa capiantur [InTrin q 2 a 2]). Zwar ist uns diese Weise des Erkennens in statu viae nicht im Modus der Vollkommenheit möglich, aber es ist uns doch eine gewisse Partizipation und Angleichung an jene göttliche Erkenntnis gegeben. Aus diesem Grund ist nach THOMAS der Glaube die vollkommenere Erkenntnisform als das Wissen.

Es wurde bereits gesagt, dass das, was Gott offenbart, die Fassungskraft der menschlichen Vernunft unendlich übersteigt. Das Geglaubte ist im definitorischen Unterschied zum Gewussten das Unbegreifliche. Auf der anderen Seite gibt es aber nach THOMAS doch echte Glaubenserkenntnis, authentisches, obgleich unvollkommenes Verstehen dessen, was Gott ist. Wie sind beide Grund-sätze zugleich haltbar? Wie können wir von Gott, der die Möglichkeiten unseres Denkens und Sagens unendlich transzendiert, überhaupt positive Aussagen machen? Einerseits bleibt THOMAS dabei, dass uns keine adäquate Erkenntnis des Wesens Gottes, so wie er in sich selbst ist, möglich ist. Wir können dieses durch keine Begriffe vollkommen erfassen. Denn das Wesen einer Sache vollkommen erfassen heisst, es in die Form einer Definition bringen. Jede Definition bezieht sich aber auf eine Art (species) und besteht aus Gattung (genus) und spezifischem Unterschied (differentia specifica). Gott aber gehört zu keiner Spezies und zu keiner Gattung (Deus non est in aliquo genere).[483] Also können wir sein Wesen nicht adäquat begreifen.

Wenn auch die Formen unseres Verstandes der Erkenntnis Gottes unangemessen sind, so heisst das nun anderseits nach THOMAS doch nicht, dass überhaupt keine Form ihn irgendwie (aliquo modo) darzustellen vermöge.[484] Ausgeschlossen ist nur eine **vollkommene** Darstellung Gottes, nicht aber eine beschränkte Nachbildung (aliquam modicam imitationem [DeVer q 2 a 1]). THOMAS weist die These von der **absolut** negativen Erkenntnis des göttlichen Wesens zurück, und zwar schlicht deshalb, weil dies unter erkenntnistheoretischem Gesichtspunkt schlechthin unmöglich ist. Denn wenn von etwas alles verneint wird, kann von ihm im Grunde genommen nichts verneint werden. In einem Gegenstand muss etwas Positives gesetzt sein, damit von ihm überhaupt Anderes, das er nicht ist, negiert werden kann. Negation setzt immer zugleich Position voraus (intellectus negationis semper fundatur in aliqua affirma-

---

[483] Vgl. THOMAS VON AQUIN, C.G. I 25; ders., Compendium theologiae, hrsg. von R. TANNHOF, Heidelberg 1963, c. 12f; 26; ders., De ente et essentia, hrsg. von L. Baur, Münster 1933, c. 6.
[484] Vgl. DeVer q 2 a 1 ad 10.

tione). Wenn wir also von Gott überhaupt nichts positiv erkennen könnten, so könnten wir von ihm auch nichts verneinen (nisi intellectus humanus aliquid de Deo affirmative cognosceret, nihil de Deo posset negare).[485] Das Verhältnis von positiver und negativer Gotteserkenntnis ist derart, dass Gott unsere Erkenntnisformen nicht in dem Sinne schlechthin übersteigt, dass sie ihn absolut in keiner Hinsicht erreichen würden, sondern so, dass keine ihn **vollkommen** auszudrücken vermag. Wie sollte das Wort 'Gott' uns überhaupt etwas **bedeuten** können, ohne dass eine gewisse positive Entsprechung zwischen unseren Erkenntnisformen und Gott stattfinden würde?

THOMAS hat die als "Mitte zwischen der reinen Aequivokation und der einfachen Univokation" (S.th. I q 13 a 5) verstandene Analogie bemüht, um das schwierige Problem zu lösen, in welchem Sinn wir die aus der menschlichen Sprache geläufigen affirmativen Prädikate irgendwie auch von Gott aussagen können. In der Analogie wird unter demselben Ausdruck oder Namen (z.B. 'Liebe', 'Güte', 'Weisheit', 'Leben') eine Bedeutung von mehreren weder in einem absolut identischen noch in einem absolut verschiedenen Sinn, sondern nach einer Entsprechung (proportio) ausgesagt, und zwar so, dass dieser Ausdruck, der eigentlich eine geschöpfliche Vollkommenheit bezeichnet, nach der Weise einer Metapher (per ... metaphoram) und cum supereminentiori modo auf Gott übertragen wird. Ein solcher analoger Ausdruck bezeichnet Gott positiv bezüglich des Begriffsinhaltes (propter nominis rationem) und negativ hinsichtlich der (unvollkommenen) Weise des Bezeichnens (propter significandi modum).[486]

THOMAS betont nun eindringlich, dass der menschliche Verstand zwar das Wesen Gottes entsprechend den Vollkommen-

---

[485] Vgl. THOMAS VON AQUIN, Quaestiones disputatae de potentia Dei (ed. Marietti), Turin [4]1922, 7,5.
[486] Vgl. C.G. I 30.

heiten in den Geschöpfen zur Sprache bringe, dass aber diese kreatürlichen Vollkommenheiten vorgängig zur geschöpflichen Welt in Gott auf vollkommene Weise präexistiert haben und also ursprünglich von Gott her sind. Dieser hat alle Vollkommenheiten, die wir von den Geschöpfen per modum eminentiae auf ihn übertragen, zuvor schon real und in höherer Weise in sich (Deus in se praehabet omnes perfectiones creaturarum [S.th. I q 13 a 2]). Die Geschöpfe haben diese Vollkommenheiten ihrerseits von Gott empfangen. Obwohl also von den Geschöpfen her auf Gott übertragen, gelten die Vollkommenheitsausdrücke in bezug auf das, **was** sie meinen (quantum ad id quod significant), von Gott im eigentlichen Sinn, ja eigentlicher als von den Geschöpfen (proprie competunt Deo, et magis proprie quam ipsis creaturis, et per prius de eo dicuntur). Wie sie aber Gott bezeichnen (quantum ad modum significandi), gelten sie von Gott nicht im eigentlichen Sinn (non proprie dicuntur de Deo).[487] Obwohl nach der Bezeichnung (quantum ad nominis impositionem) die Vollkommenheitsnamen von den Geschöpfen früher ausgesagt werden (weil unsere Erkenntnis bei den kreatürlichen Dingen anhebt und von daher zu Gott aufsteigt), gelten sie sachlich (secundum rem significatam) von Gott, von dem her die Vollkommenheiten allererst in die geschaffenen Dinge herabsteigen (a quo perfectiones descendunt in alias res), ursprünglicher.[488]

Die Analogie, wie THOMAS sie versteht, hebt den "unendlichen Abstand des Geschöpfs zu Gott" (infinita distantia creaturae ad Deum [DeVer q 2 a 11 ad 4]) nicht auf. Die Aehnlichkeit zwischen Gott und Geschöpf ist weder eine Art- noch eine Gattungsähnlichkeit (non tamen ... secun-

---

487 Vgl. S.th. I q 13 a 3.
488 Vgl. ders., Comp. theol., aaO. (Anm.483) c.27. - Wir haben hier übrigens den Beleg dafür, dass bei THOMAS - modern gesprochen - die hinaufsteigende Linie der analogia entis als solche und ganze von der herabsteigenden Linie der analogia fidei umfangen und getragen ist.

dum eamdem rationem speciei aut generis [S.th. I q 4 a 3]). Es ist keine Aehnlichkeit dem Wesen nach, sondern nur eine gewisse, sehr entfernte formale Aehnlichkeit, wie sie in jedem Verhältnis von Ursache und Wirkung angenommen werden muss. Die Kreatur weist mit dem Schöpfer keine grössere Aehnlichkeit auf als jene Geschöpfe, die durch die Kraft der Sonne gezeugt werden, mit der Sonne, mit der sie aufgrund des Kausalitätsverhältnisses noch irgendeine gewisse Aehnlichkeit haben, aber doch nicht so, dass sie eine Sonnenform aufweisen.[489]

Zwischen THOMAS und DUSSEL bestehen damit bemerkenswerte strukturelle Entsprechungen. Mit DUSSEL trifft sich THOMAS in der Betonung der Unbegreiflichkeit Gottes und des Offenbarungscharakters der Glaubenswahrheiten, die nur im Hören erreichbar sind. Wie bei DUSSEL der andere, so übersteigt bei THOMAS die Transzendenz Gottes die Möglichkeit menschlicher Erkenntnis. Diese ist jener gegenüber unendlich disproportioniert, sie erfasst sie nur als das Unbekannte, als unbegreifliches Geheimnis, von dem wir mehr wissen, was es nicht ist, als was es ist. Dieses Geheimnis kommt uns durch seine absolut freie Offenbarung im reinen Hören des Glaubens nahe. Mit DUSSEL teilt THOMAS auch die Bestimmung des Glaubens als Für-wahr-halten von Mitteilungen, die von der Vernunft her nicht begründet und einsichtig gemacht werden können. Bei beiden verbürgt daher die Autorität, die unbedingte Glaubwürdigkeit des Offenbarenden die Wahrheit des Offenbarten. Auch das Materialobjekt des Offenbarungs- bzw. Glaubensdenkens wird von beiden als das Unsichtbare und Unbegreifliche im Unterschied zum Sichtbaren und Begreiflichen des Wissens bestimmt. Für beide stellt der Glaube die höhere und vollkommenere Erkenntnisform dar als das Wissen, und beide gelangen schliesslich aus erkenntnis- bzw. sprachtheoretischen Gründen zur Analogieposition. Damit befindet

---

[489] Vgl. S.th. I q 4 a 3.

sich THOMAS in mancherlei Hinsicht in struktureller Verwandtschaft mit dem Dusselschen Transzendenz- und Offenbarungsdiskurs, auch wenn THOMAS das Offenbarungsereignis auf den göttlichen Bereich begrenzt und es im übrigen mit dem vernunftimmanenten Wissen harmonisiert (während DUSSEL Glauben und Wissen in radikale Diastase bringt).

## C. KANTS Einschränkung der erkennenden Vernunft und der Primat der Ethik

Aehnlich wie DUSSEL seinen meta-physischen Diskurs, so versteht KANT[490] seine 'Kritik der reinen Vernunft' als eine Revolution der Denkart[491], freilich gerade nicht im transegologischen Sinn DUSSELS, sondern dergestalt, dass die Formen a priori des erkennenden Subjekts zugleich als die Wesensstrukturen der von diesem erkannten Gegenstände gedacht werden. "Bisher nahm man an, alle unsere Erkenntnis müsse sich nach den Gegenständen richten; aber alle Versuche, über sie a priori etwas durch Begriffe auszumachen, wodurch unsere Erkenntnis erweitert würde, gingen unter dieser Voraussetzung zu nichte. Man versuche es daher einmal, ob wir nicht in den Aufgaben der Metaphysik damit besser fortkommen, dass wir annehmen, die Gegenstände müssen sich nach unserem Erkenntnis richten" (KrV B XVI). Durch diese Umkehr des Denkens kommt es, "dass die Vernunft nur das einsieht, was sie selbst nach ihrem Entwurfe hervorbringt" (KrV B XIII). Nur unter der Bedingung, dass sich die Gegenstände nach dem Vorstellungsvermögen (Anschauung und Begriffe) des erkennenden Ich rich-

---

490 Die beiden meistzitierten Werke KANTS werden von nun an wie folgt abgekürzt:
- Kritik der reinen Vernunft, in: Werke in sechs Bänden, hrsg. von W. WEISCHEDEL, Bd. II, Darmstadt 1983: **KrV**.
- Kritik der praktischen Vernunft, in: Werke in sechs Bänden, hrsg. von W. WEISCHEDEL, Bd. IV, Darmstadt 1975, 103-302: **KpV**.
491 Vgl. KrV B XVI-XXII.

ten, sind objektive, d.h. allgemeingültige und notwendige Erkenntnisse denkbar. Die Gegenständlichkeit der erkannten Objekte muss gedacht werden als konstituiert durch das erkennende Subjekt.

Der Geltungsbereich objektiver Erkenntnis wird nun aber von KANT rigoros auf das Feld möglicher Erfahrung eingeschränkt; die Totalität des begreifenden Erkennens wird in genau definierte Schranken gewiesen. Nur was in Raum und Zeit anschaubar ist, liegt im Geltungsbereich objektiver Erkenntnis. In dieser Begrenzung der Erkenntnisansprüche des begreifenden Ich drückt sich eine Affinität zum transontologischen Denken aus, insofern KANT hier mindestens eine Leerstelle für eine erkenntnistranszendente Exteriorität offenhält.[492]

Die ganze transzendentale Analytik innerhalb der theoretischen Vernunftkritik KANTS hat für den Verstand den Sinn, "sich selbst die Grenzen seines Gebrauchs zu bestimmen, und zu wissen, was innerhalb oder ausserhalb seiner ganzen Sphäre liegen mag" (KrV A 238; B 297). Sie hat zum Resultat, dass der reine Verstand die "Schranken der Sinnlichkeit, innerhalb denen uns allein Gegenstände gegeben werden, niemals überschreiten könne" (KrV A 246f; B 303) und dass demzufolge "alle Vernunft im spekulativen Gebrauche ... niemals über das Feld möglicher Erfahrung hinaus kommen könne" (KrV A 702; B 730). Die beschränkte Reichweite objektiver Erkenntnis ist der empirische Gebrauch der Verstandeskategorien. Die Grundsätze des reinen Verstandes dürfen "nur in Beziehung auf die allgemeinen Bedingungen einer möglichen Erfahrung, auf Gegenstände der Sinne, niemals aber auf Dinge überhaupt (...), bezogen werden" (KrV A 244; B 303).

---

[492] Vgl. E. DUSSEL, FE II, 131; E. LEVINAS, Die Spur des Anderen. Untersuchungen zur Phänomenologie und Sozialphilosophie, Freiburg-München 1983, 142.

Damit steht KANT in bezug auf das Dusselsche Transzendenzdenken in einer eigentümlich ambivalenten Position. Einerseits ist ihm jede theoretische Erkenntnis schlechthin vernunft- oder subjekt-immanent, indem die Erkenntnisgegenstände rigoros den Bedingungen möglicher Erkenntnis der Gegenstände, d.h. den Bedingungen des Subjekts unterworfen und von diesem in ihrer Objektivität überhaupt erst konstituiert werden.[493] "Es sind demnach die Gegenstände der Erfahrung niemals an sich selbst, sondern nur in der Erfahrung gegeben, und existieren ausser derselben gar nicht" (KrV A 492; B 521), d.h. sie sind "nichts als Erscheinungen, d.i. blosse Vorstellungen", die "ausser unseren Gedanken keine an sich gegründete Existenz haben" (KrV A 490f; B 518f) und die ihre objektive Gültigkeit allein der transzendentalen Einheit des Ich als dem obersten Prinzip aller Erkenntnis verdanken.[494] Andererseits hat KANT aber gerade diese Erkenntnistätigkeit des Ich rigoros in die engen Schranken der empirischen Erfahrung eingepfercht und jenseits dieser Grenze die unbedingte Wirklichkeit einer Exteriorität offengelassen, die dem Zugriff des erkennenden Ich entzogen ist. Er hat also das Wissen beschränkt, um dadurch "zum **Glauben** Platz zu bekommen" (KrV B XXX)[495]. Das erkennende Begreifen der theoretischen Vernunft hat ihre genau definierten Grenzen, ihr Herrschaftsbereich ist

---

[493] Vgl. KrV A 111.    [494] Vgl. KrV B 131-140.
[495] DUSSEL hat allerdings kritisch geltend gemacht, dass dieser Kantische Vernunftglaube im Unterschied zum metaphysischen Glauben noch vom erkennenden Subjekt her gefasst sei. Glaube sei für KANT immer noch eine gnoseologische Kategorie des Ich und bezeichne eine subjektive Ueberzeugung von etwas, das objektiv nicht mehr eindeutig erkennbar sei, er benenne noch nicht das Jenseits des Begreifens überhaupt, sondern nur das Nicht-mehr des objektiven Begreifens und damit gleichsam den unobjektivierbaren (noumenalen) **Horizont** des objektiven Erkennens. Demgegenüber müsse in einem meta-physischen Glaubensdiskurs nicht nur das Wissen, sondern auch der Horizont des Wissens selbst transzendiert werden, um dadurch der Offenbarung des anderen Raum zu verschaffen (vgl. FE I, 148; II, 241, Anm. 505; AL:DyL 130f, Anm. 51).

endlich, ihre Kompetenz nicht zügellos. KANT bejaht mit Nachdruck ein Jenseits möglicher begrifflicher Erkenntnis, eine Transzendenz des objektiven Begreifens. Er nennt diese Transzendenz das Unbedingte. Es handelt sich dabei um einen "Grenzbegriff, um die Anmassung der Sinnlichkeit einzuschränken" (KrV A 255; B 310f), um ein transzendentales Grenzobjekt, "wovon man keinen Begriff hat" (KrV A 338; B 396), um den Gedanken eines 'Gegenstandes', der unabhängig von aller subjektiven Erfahrung, dessen Grösse unabhängig von unserer Anschauung, dessen Qualität unabhängig von unserer Empfindung, dessen Sein unabhängig vom Modus unserer Erkenntnis ist. Das Unbedingte ist "für sich wirklich, aber von uns unerkannt" (KrV B XX). Es ist nie Gegenstand möglicher Erfahrung. Denn diese ist entsprechend dem "Grundsatz der Zeitfolge nach dem Gesetze der Kausalität" (KrV B 232ff) immer in die Reihe der Bedingungen eingefangen und demzufolge notwendig bedingt. Das Unbedingte - von KANT auch transzendentale Idee genannt - ist also notwendig jenseits der Grenze möglicher begrifflicher Erkenntnis. Die Erfahrung kann von sich aus gar nie zu einem Unbedingten gelangen.[496]. Das Bedingte der Erfahrung und das Unbedingte der Erfahrungstranszendenz liegen auf völlig verschiedenen Ebenen (einerseits auf der phaenomenalen, anderseits auf der noumenalen), so dass sich das Unbedingte als transzendente Grenze der Erfahrung mit dem Bedingten derselben nicht einmal berührt. Wenn die Tätigkeit des Geistes sich anmasst, diese Grenze zu überschreiten, so hört sie per definitionem auf, Erkenntnis zu sein. Sie macht dann einen transzendenten Verstandesgebrauch und verwandelt sich in eine Metaphysik des Erfahrungsjenseitigen oder Uebersinnlichen.[497]

KANTS Terminologie drückt hier - wenn auch unter systematisch-theoretischem Gesichtspunkt unbeabsichtigt und von ihm als verbotener Verstandesgebrauch deklariert - eine

---

[496] Vgl.KrV A 483;B 511.   [497] Vgl.KrV A 295-297;B 351-355.

eigentümliche Affinität zum Denken DUSSELS aus. Begriffe wie Unbedingtes, Erfahrungsjenseitiges, Transzendenz, Unerkennbares, an sich selbst Wirkliches usw. bilden ja bei DUSSEL Schlüsselbegriffe.

Entscheidend ist nun, dass bei KANT gerade Ideen wie Freiheit und Gott der noumenalen Ebene der unbedingten Transzendenz zugeordnet werden.[498] Sie sind "transzendent und übersteigen die Grenze aller Erfahrung" (KrV A 327; B 384). KANT hat aus eben diesem Grund auch die Begründungskraft der Gottesbeweise kritisch hinterfragt. Es gibt keinen theoretisch abgesicherten Erkenntnisweg von der Immanenz des Bewusstseins zur Transzendenz des Unbedingten. Durch diese Kritik verneint KANT nicht das Dasein Gottes, sondern nur die theoretische Erkennbarkeit Gottes. Wenn es einen möglichen Zugang zu Gott gibt, dann allein vermittels des ethisch-sittlichen Diskurses der praktischen Vernunft. Auch hier konvergiert das Denken KANTS auf erstaunliche Weise mit dem ethisch-religiösen Diskurs DUSSELS, zumal auch er ausdrücklich der praktisch-ethischen Vernunft den Primat vor der theoretisch-begreifenden Vernunft zuerkennt.[499] LEVINAS erwähnt denn auch ausdrücklich, dass sich sein meta-ontologisches Denken der praktischen Philosophie KANTS "besonders verwandt"[500] fühle.

Hat es die theoretische Vernunft bei KANT legitimerweise nur mit dem Bedingten zu tun, so die praktische Vernunft mit dem Unbedingten. In der theoretischen Vernunft sind die Ideen 'Freiheit' und 'Gott' problematische, in der praktischen Vernunft assertorische Begriffe.[501] Nur in der unbedingten, moralischen Ordnung wird Gott dem Ich objektiv und real. Dieses Unbedingte der moralischen Ord-

---

[498] Vgl. KpV A 85.   [499] Vgl. KpV A 215ff.
[500] E. LEVINAS, Die Spur des Anderen, aaO. (Anm.492) 118; vgl.ders., Wenn Gott ins Denken einfällt,aaO.(Anm.471)166.
[501] Vgl. KpV A 6f.

nung ist ein kein weiterer Begründung fähiges und bedürftiges Faktum, das sich dem Ich unmittelbar und grundlos geltend macht und das weder a priori noch a posteriori durch Deduktion oder Induktion bewiesen werden kann.[502] Das moralische Gesetz beansprucht mich absolut, apodiktisch und voraussetzungslos.[503] Allein in dieser moralischen Unbedingtheit wird mir Gott als nicht nur problematische oder mögliche, sondern als gewisse und lebendige Wirklichkeit gegenwärtig. Diese moralische Gewissheit Gottes ist darum ein "reiner praktischer Vernunftglaube" (KpV A 263). Von diesem Vernunftglauben aus erscheint Gott als eine Wirklichkeit der unbedingten ethischen Verantwortung.[504] Entsprechend wird auch bei KANT - ähnlich wie bei DUSSEL - die Sittlichkeit zum entscheidenden Kriterium des Gottesglaubens. "Religion ist (subjektiv betrachtet) das Erkenntnis aller unserer Pflichten **als** göttlicher Gebote."[505].

In seiner Analytik der praktischen Vernunft stösst KANT auch zum Prinzip der Achtung vor der Person des anderen vor. Die Person ist um ihrer selbst willen zu achten, sie ist "**Zweck an sich selbst**" (KpV A 156)[506] und darf daher niemals bloss als Mittel gebraucht werden.

KANT erscheint also unter dem Kriterium einer transegologischen Betrachtungsweise als zweigesichtig. Indem er das Ich und seine apriorischen Erkenntnisformen als Konstitutionsstrukturen aller Gegenstände möglicher Erkenntnis setzt, macht er sich zu einem der wichtigsten Pioniere der Subjektphilosophie, in deren Fluchtlinie am Ende HEGEL stehen wird - als das Schreckgespenst aller Metaonto-

---

[502] Vgl. KpV A 289.   [503] Vgl. KpV A 57.
[504] Vgl. KpV A 232f.
[505] I. KANT, Die Religion innerhalb der Grenzen der blossen Vernunft, in: Werke in sechs Bänden, hrsg. von W.WEISCHEDEL, Bd. IV, Darmstadt 1975, 645-879, A 215; B 229.
[506] Vgl. auch ders., Grundlegung zur Metaphysik der Sitten, in: Werke IV, aaO. (Anm. 505) 7-102, A/B 52-56.

logen. Indem er aber handkehrum die Ansprüche des theoretischen Ich rigoros in die Schranken weist und jenseits dieses Ich die transzendente Wirklichkeit des Unbedingten setzt, die allein der praktischen Vernunft zugänglich ist, befindet er sich nahe bei DUSSEL. Kategorischer als KANT vermag auch DUSSEL den apodiktischen und unbedingten ethischen Sollensanspruch, der dem Ich als unmittelbares Faktum begegnet, nicht auszudrücken.

### D. Die Konstituierung des Ich durch das Du und das Vernichten des Begriffs vor dem Absoluten bei FICHTE

Einem verkürzten Verständnis muss FICHTE geradezu als der Prototyp eines totalitären Subjektontologen, sein Denken als die zu sich gekommene Philosophie des absoluten Ich erscheinen. Mehr noch als HEGEL scheint er der diametrale Anti-DUSSEL zu sein. Dass hier indes eine verkürzte, ja im letzten sogar verfehlte Sicht FICHTES vorliegt - übrigens auch bei DUSSEL selbst[507] -, dass das Ich bei FICHTE zuletzt nicht als die sich selbst genügende, sich selbst verabsolutierende und in sich geschlossene monologische Totalität aller Wirklichkeit, sondern als Offenheit sowohl für das personale Du als auch für das unbegreifliche Geheimnis Gottes gedacht wird, soll im folgenden kurz expliziert werden.

FICHTE[508] versteht sich selbst als Kantianer. Er ist "in-

---

[507] Vgl. FE I, 110.
[508] Die Werke FICHTES werden fortan wie folgt abgekürzt:
- Ueber die Würde des Menschen, in: J.G.Fichte-Gesamtausgabe der Bayerischen Akademie der Wissenschaften (GA), hrsg. von R. LAUTH und H. GLIWITZKY, Bd. I/2, Stuttgart-Bad Cannstatt 1965, 79-89: **GA I/2, 79-89**.
- Ueber den Begriff der Wissenschaftslehre oder der sogenannten Philosophie, in: GA I/2 (1965) 91-172: **GA I/2, 91-172**.
- Grundlage der gesammten Wissenschaftslehre, in: GA I/2 (1965) 173-451: **GA I/2, 173-451**.

nig überzeugt, dass kein menschlicher Verstand weiter, als bis zu der Grenze vordringen könne, an der KANT ... gestanden, die er uns aber nie bestimmt, und als die letzte Grenze des endlichen Wissens angegeben hat" (GA I/2, 110). Der frühe FICHTE weiss sich mit KANT eins in der Sache, aber verschieden in der systematischen Form der Darstellung derselben.[509] Als letzte Bedingung der Möglichkeit objektiver Erkenntnis, als das "oberste Prinzip alles Verstandesgebrauchs" (KrV B 136) hat sich das transzendentale Ich, das "alle Kategorien als ihr Vehikel" (KrV A 348; B 406) begleitet, schon bei KANT gezeigt. FICHTE erhebt dieses Kantische Ich der transzendentalen Apperzeption zum Deduktionsprinzip seiner 'Grundlage der gesammten Wissenschaftslehre', wobei er dessen Prinzipiencharakter nicht auf die theoretische Vernunft einschränkt, sondern die Vernunft überhaupt - auch die praktische - als dessen Prinzipiat begreift. Die Wissenschaftslehre beginnt mit der Aufforderung: "Denke dich, construire den Begriff deiner selbst; und bemerke, wie du das machst" (GA I/4, 213). An ihrem Anfang steht also kein logischer Schluss, sondern der freie Entschluss, sich dem eigenen Tätigsein zuzuwenden. Sie geht von der Freiheit des sich selbst setzenden Ich aus.[510] "Wenn dieses Vermögen der Freiheit nicht schon da ist, und geübt

---

- Grundlage des Naturrechts nach Principien der Wissenschaftslehre, in: GA I/3(1966)291-460: GA I/3, 291-460.
- Zweite Einleitung in die Wissenschaftslehre, in: GA I/4 (1970) 209-269: **GA I/4, 209-269.**
- Das System der Sittenlehre nach den Principien der Wissenschaftslehre,in:GA I/5(1977)1-317: GA I/5, 1-317.
- Ueber den Grund unsers Glaubens an eine göttliche WeltRegierung,in: GA I/5(1977)318-357: GA I/5, 318-357.
- Die Wissenschaftslehre. II. Vortrag im Jahre 1804, in: GA II/8 (1985): **GA II/8.**
- Bericht über den Begriff der Wissenschaftslehre und die bisherigen Schicksale derselben, in: Fichtes Werke (SW), hrsg. von I.H. Fichte, Bd. VIII, Berlin 1971, 361-407: **SW VIII, 361-407.**
- Die Anweisung zum seligen Leben, oder auch die Religionslehre, in: SW V (1971) 397-580: **SW V, 397-580.**

[509] Vgl. GA I/4, 221f; SW VIII, 362.
[510] Vgl. GA I/4, 261.

ist, kann die WissenschaftsLehre nichts mit dem Menschen anfangen. Dieses Vermögen allein giebt die Prämissen, auf welche weiter aufgebaut wird" (GA I/4, 259). Die Wissenschaftslehre appelliert an die Freiheit des Ich, seine Aufmerksamkeit auf die notwendigen Handlungen des menschlichen Geistes zu konzentrieren. Ihr Deduktionsprinzip ist das freie Ich in seiner intellektuellen Selbstanschauung. Dieses Ich ist "in sich selbst, und um sein selbst willen, und durch sich selbst gewiss" (GA I/2, 120). Diese Selbstgewissheit des sich selber setzenden Ich ist der Grund aller anderen Gewissheit.

Hier liegt zweifellos der zentrale Anhaltspunkt für die Dusselsche Fichtekritik, die im Namen eines ich-unabhängigen Ansich des anderen gegen diese alles übergreifende Dominanz des Ich protestiert. Was immer soll erkannt werden können, ist nach der philosophischen Einsicht FICHTES notwendig im und durch das Ich gesetzt. Dieses ist schlechthin konstitutiv für jedes Objektbewusstsein. "Ich ist nothwendig Identität des Subjekts, und Objekts: Subjekt-Objekt: und dies ist es schlechthin, ohne weitere Vermittellung" (GA I/2, 261, Anm.). Denn weil das Ich Grund seiner selbst ist, darum ist es auch Grund von allem, was in ihm gesetzt ist. Alle objektive Realität stammt also aus dem Ich. Die Selbstreflexion ist die auf den Stand der Vernunftgewissheit gebrachte omnitudo realitatis. "Aller Realität Quelle ist das Ich[,denn dieses ist das unmittelbare und schlechthin gesetze]. Erst durch und mit dem Ich ist der Begriff der Realität gegeben" (GA I/2, 293). An die Stelle des metaphysischen Gottesbegriffs als Inbegriffs aller Realität setzt sich also hier nunmehr das omnireale Ich. Die Differenz zwischen Subjekt und Objekt, zwischen Ich und Nicht-Ich ist eine Unterscheidung **innerhalb** des transzendentalen Ich selbst.[511] "Das Ich sowohl als das Nicht-Ich, sind, beide

---

[511] Vgl. GA I/2, 264-273.

durch das Ich, und im Ich, gesezt, als durcheinander gegenseitig beschränkbar" (GA I/2, 285).

Aus dieser "Grundsynthesis" (GA I/2, 283) deduziert nun FICHTE in einem überaus differenzierten, minutiösen und disziplinierten Verfahren das System der theoretischen und der praktischen Vernunft. Die Deduktion der theoretischen Vernunft erweist das Nicht-Ich als übertragene Realität des Ich. "Es giebt gar keine ursprüngliche Realität und Thätigkeit des Nicht-Ich für das Ich, als insofern das leztere leidet" (GA I/2, 311). Das gegenständliche Nicht-Ich erscheint nur unter der Bedingung einer Affektion des Ich. Es hat keine Realität ausserhalb der subjektiven Empfindung, d.h. es ist Akzidens oder Moment des Ich. Die Empfindung des Ich ist mithin der "ideale Grund der Thätigkeit des Nicht-Ich" (GA I/2, 308). Die Realität des Nicht-Ich ist keine ursprüngliche, sondern immer nur eine von der Empfindung des Ich aus übertragene oder projizierte. Im kritischen Verstande muss das Nicht-Ich gedacht werden als das bewusstlose Produkt der produktiven Einbildungskraft. "Das Nicht-Ich ist selbst ein Produkt des sich selbst bestimmenden Ich, und gar nichts absolutes, und ausser dem Ich geseztes" (GA I/2, 361).

Ist so das Ich seiner absoluten Freiheit als Bestimmungsgrund der Realität des Nicht-Ich innegeworden, so wird ihm evident, dass es im tiefsten durch nichts bestimmt werden kann als durch sich selbst und also in und bei allem Bestimmtwerden durch ein Nicht-Ich letztlich "bloss mit sich selbst in Wechselwirkung" (GA I/2, 384) steht. Wenn es durch ein Objekt bestimmt wird, so hat es **sich selbst** gesetzt als bestimmt durch ein Nicht-Ich.

Der theoretische Teil der Wissenschaftslehre schliesst mit dieser Einsicht, dass das Ich nur mit sich selbst in Wechselwirkung steht und also nur durch sich selbst bestimmt wird. Dies ist zugleich der Ausgangspunkt der praktischen Philosophie. Diese setzt sich mit dem noch ungeklärten Grund der Selbstbegrenzung (des Sich-affiziert-Findens), mit dem Faktum des reinen Dass des Nicht im Begriff des Nicht-Ich, kurz: mit dem **Anstoss** auseinander. Sämtliche **Bestimmungen** des Nicht-Ich haben sich gezeigt als bedingt durch das Ich, aber **dass** dem Ich überhaupt ein Nicht-Ich entgegengesetzt ist, "ist nicht durch das Ich, sondern durch etwas ausser dem Ich bestimmt" (GA I/2, 386). Das Nicht-Ich ist durch das Ich in all dem gesetzt, **was** an ihm vorgestellt wird, aber dem Setzen des Ich ist entzogen, **dass** überhaupt etwas vorgestellt wird. Der Anstoss fungiert also als eine Art erster Beweger des Ich.[512] Die Intelligenz hängt zwar ihrem Wesen oder Was nach nur von sich selbst, ihrer Existenz oder ihrem Dass nach aber vom Anstoss als dem ausser ihr liegenden Nicht des Nicht-Ich ab. Diese Abhängigkeit dem Dasein nach ist der Ausdruck der Endlichkeit des menschlichen Geistes.[513]

Es findet sich also etwas **im** Ich, das sich nur durch etwas **ausser** dem Ich vollständig erklären lässt.[514] Anderseits widerspricht aber diese Abhängigkeit des Ich vom Nicht-Ich dem Gedanken des omnirealen absoluten Ich. Soll dieser Widerspruch aufgelöst werden, so muss das absolute Ich selber als der Grund dieses reinen Dass des Nicht-Ich gedacht werden.[515] Das Problem reduziert sich also auf die Frage, wie das absolute Ich überhaupt entgegensetzen könne, und diese ist - da ja jede der absoluten Tätigkeit entgegengesetzte Tätigkeit eine Einschränkung derselben des absoluten Ich ist - noch einmal identisch mit der Frage, wie das Ich zugleich unendliche und endliche bzw. reine und objektive (gegenstandsbezogene) Tätigkeit sein kann. Im Ich selber ist der Widerspruch von Ich und Nicht-Ich, von Unendlichkeit und Endlichkeit gesetzt. Das Ich **ist** also gar nicht absolut, sondern es **soll** absolut sein. "Das Ich ist unendlich, aber bloss seinem Streben nach;

---

[512] Vgl. GA I/2, 411.
[514] Vgl. GA I/2, 416.
[513] Vgl. GA I/2, 386f.
[515] Vgl. GA I/2, 388f.

es strebt unendlich zu seyn" (GA I/2, 404). Es ist seiner faktischen Wirklichkeit nach gar nicht, was es seinem Wesen nach doch ist. Die Einheit des Ich kann nur als **Forderung** nach Einheit, nach absoluter Selbstverwirklichung gedacht werden.[516] Endliche und unendliche Tätigkeit des Ich sind nur im unendlichen Streben zusammen widerspruchsfrei denkbar. Jedes Streben impliziert ja einerseits ein hemmendes Widerstreben, einen Widerstand oder Gegen-stand, ein Noch-nicht und also Endlichkeit und anderseits ein Ziel, das erstrebt wird.[517] Freiheit setzt geradezu eine solche entgegenwirkende Schranke voraus, um sich an der Ueberwindung derselben überhaupt tätig vollziehen zu können. In diesem Streben bemüht sich das Ich darum, den Widerspruch oder Unterschied zwischen Ich und Nicht-Ich aufzuheben, indem das Nicht-Ich dem Ich angeglichen werden soll.[518] FICHTE nennt diesen kategorischen Imperativ das "absolute Postulat der Uebereinstimmung mit dem reinen Ich" (GA I/2, 396, Anm.). Das absolute Ich ist Zweck, unendliche Aufgabe, unbedingtes Sollen. Das strebende Ich "gebietet der rohen Materie, sich nach seinem Ideal zu organisieren" (GA I/2, 87).

Bis hierher wird man DUSSEL durchaus zugestehen, dass seine am ich-unabhängigen Ansich des anderen interessierte Kritik am immanentistischen, egotischen Denkstil bei FICHTE voll ins Ziel trifft. Der frühe FICHTE scheint durch und durch ego-zentrisch und monologisch vom absoluten Ich als dem letzten und alles umgreifenden Totalitätsprinzip aus zu denken. Dieses Ich ist ihm das einzig Selbst-verständliche, das aus sich selbst Gewisse, während alle andere Gewissheit in dieser Selbstgewissheit des Ich gründet. Alles, was dem Ich als Objekt begegnet, ist selber immer schon im und durch das Ich gesetzt. Alle objektive Realität verdankt sich dem Ich. Das Nicht-Ich

---

[516] Vgl. GA I/2, 396f.  [517] Vgl. GA I/2, 404.
[518] Vgl. GA I/2, 396.

wird gedacht als das bewusstlose Produkt der Einbildungskraft des Ich. Dieses erscheint als die Identität seiner selbst und des anderen (als seines Objekts). In seiner Beziehung zum anderen steht das Ich bloss in Wechselwirkung mit sich selbst, im praktischen Streben soll alles Nicht-Ich dem Ich angeglichen und in es integriert werden.

Man muss sich freilich gewärtigen, dass FICHTE diesen Diskurs in einem völlig anderen Zusammenhang konstruiert hat als DUSSEL den seinigen. FICHTES Denken ist durch die Problemstellung KANTS bestimmt. Diesem ging es in seiner theoretischen Vernunftkritik um die Lösung der erkenntnistheoretischen Grundfrage: "Wie sind synthetische Urteile a priori möglich?" (KrV B 19), FICHTE geht es um eine Systematisierung der Kantischen Intuitionen insgesamt. DUSSEL dagegen geht es um die Lösung der alles dominierenden Frage: Wie ist der Gedanke einer Unverfügbarkeit und schlechthinnigen Eigenwirklichkeit des anderen möglich? Bei KANT und FICHTE stehen Erkenntnisprobleme, bei DUSSEL Probleme der sozialen und politischen Vernunft im Vordergrund. Es ist allererst das Resultat der politisch-hermeneutischen Uebersetzungsarbeit DUSSELS, dass der erkenntnistheoretische Diskurs KANTS und FICHTES als gesellschaftlicher Diskurs erscheint. Dies hat zugleich zur Folge, dass diese Denker natürlich ganz gehörig gegen den Strich gelesen werden.

Nun haben wir es aber bis hierher - auch in FICHTES eigener Perspektive - mit einer noch begrenzten und darum verkürzten Sicht des Fichteschen Denkens zu tun. Ein erstes Mal hat er die Totalität und Absolutheit des Ich auf die Wirklichkeit des Du hin aufgebrochen und die kommunikative Subjekt-Subjekt-Relation der gegenständlichen Subjekt-Objekt-Beziehung vorgeordnet. Noch innerhalb des Paradigmas der frühen Wissenschaftslehre hat er eine Interpersonalitätstheorie entwickelt, die in ihrer Art und Radikalität in der ganzen philosophischen Tradition vor ihm einzig dasteht. Und zwar entfaltet er diese personale Ich-Du-Relation ausgehend vom Problem der Selbstkonstituierung des Ich angesichts des Verhältnisses von Freiheit und Schranke (Anstoss) in der Struktur des Sollens.

Es hat sich bereits gezeigt, dass sich das Selbstbewusstsein (das Ich) überhaupt erst unter der Bedingung praktischen Strebens und also freier Wirksamkeit konstituiert. Sofern das Wollen dieser freien Wirksamkeit auf ein Bestimmtes hinzielt, das es will, setzt es das Gesetztsein dieses bestimmtens Gegen-standes (als Anstoss) voraus. Ein Gegen-stand kann aber nur gesetzt werden, wenn ein ihm entgegengesetztes Subjekt schon da ist, welches das Objekt in seinem Gesetztsein allererst setzt. Mithin setzen sich Selbstwerdung und Selbstsein gegenseitig voraus. Das Ich kann kein Objekt setzen, ohne zugleich und in derselben Synthesis sich eine freie Wirksamkeit zuzuschreiben. Anderseits kann es sich keine Wirksamkeit zuschreiben, ohne **vorgängig** ein Objekt gesetzt zu haben, worauf die Wirksamkeit gehen soll, wenn anders das Streben überhaupt einen **Begriff** des Gesollten haben soll. "Das Setzen des Objekts, als eines durch sich selbst bestimmten, und insofern die freie Thätigkeit des vernünftigen Wesens hemmenden, muss in einem vorhergehenden Zeitpunkt gesetzt werden, durch welchen allein derjenige Zeitpunkt, in welchem der Begriff der Wirksamkeit gefasst wird, der gegenwärtige wird" (GA I/3, 340). Einerseits ermöglicht erst das Selbstsetzen des Ich das Gesetztsein des Gesollten, anderseits wird das Ich durch das Gesetztsein des Gesollten allererst dazu bestimmt, sich selbst zu setzen. Um seiner selbst bewusst werden zu können, muss demnach das Selbstbewusstsein schon in einem früheren Moment in der Zeit wirklich gewesen sein. Dieser Zirkel ist "nur so zu heben, dass angenommen werde, die **Wirksamkeit des Subjekts** sey mit dem **Objekte** in einem und eben demselben Momente synthetisch vereinigt" (GA I/3, 342). Nun darf die Beschaffenheit dieses Objekts nicht derart sein, dass sie die freie Wirksamkeit des sich setzen sollenden Ich "necessitirt" (GA I/3, 345), d.h. der äussere Anstoss muss diesem "seine völlige Freiheit zur Selbstbestimmung lassen" (GA I/3,343), so dass er nur begreifbar ist als "Aufforderung zur freien Selbs[t]thätigkeit" (GA I/3, 347). Denn allein in der Aufforderung zur gesollten Selbstbestimmung bleibt garantiert, dass ihm frei entsprochen oder nicht entsprochen werden kann. Allein im Modus der Aufforderung erscheint der Setzungsgrund des Anstosses nicht als deterministisches Bestimmen des zum Selbstsetzen bestimmten Ich. Nun kann Ich "diese Auffoderung [sic!] zur Selbstthätigkeit nicht begreifen, ohne sie einem wirklichen Wesen ausser mir zuzuschreiben, das mir einen Begriff, eben von der gefoderten [sic!] Handlung, mittheilen wollte; das sonach des Begriffs vom Begriffe fähig ist; ein solches aber ist ein vernünftiges, ein sich selbst als Ich setzendes Wesen, also ein Ich" (GA I/5, 201).

Dass das erwachende Ich sein Bestimmtsein zur Selbstbestimmung nur einem Anstoss zuschreiben kann, der selber durch Freiheit ausgezeichnet ist, erhellt aber auch schon von daher, dass das Bestimmen dieses Anstosses kein mechanisches Determinieren sein darf, sondern sich an der Freiheit des von ihm bestimmten Ich selbst beschränken muss, so gewiss die Freiheit und damit die Sollensstruktur und mit ihr das Bewusstsein überhaupt des bestimmten Ich nicht vernichtet, sondern ermöglicht werden soll. Diese Selbstbeschränkung des Anstosses im Bestimmen eines anderen ist nur durch ein Wesen möglich, das frei ist, denn nur ein solches kann sich selbst beschränken.[519]

---

[519] Vgl. A. SCHURR, Eine Einführung in die Philosophie. Existentielle und wissenschaftstheoretische Relevanz erkenntnis-kritischen Philosophierens, Stuttgart-Bad Cannstatt 1977, 60-70.

Die Auflösung des festgestellten Zirkels in der Selbstkonstitution des Ich ist also nach FICHTE nur so denkbar - und sie muss denkbar, d.h. möglich sein, weil sie immer schon wirklich ist! -, dass das zum Bewusstsein seiner selbst bestimmte und also **werdende** Ich und das das Objekt als Zweck oder Gesolltes vorgängig setzende und also **seiende** Ich nicht identisch, sondern zwei verschiedene Subjekte sind, so dass dem erwachenden Ich die Zweckbestimmung freier Selbsttätigkeit durch ein anderes Ich zuteil wird, das sich seiner schon in einem früheren Zeitpunkt bewusst geworden ist. Ermöglichungsbedingung des Selbstvollzugs meiner Freiheit ist andere Freiheit. Die ursprünglichste Relation, in der ich mich als Bewusstsein vorfinde, ist daher die interpersonale Bezogenheit auf andere Freiheit. Das Ich entdeckt den anderen als Realisationsgrund seines Selbstseinkönnens. "Das vernünftige Wesen kann sich nicht setzen, als ein solches, es geschehe denn auf dasselbe eine Aufforderung zum freien Handeln ... Geschieht aber eine solche Aufforderung zum Handeln auf dasselbe, so muss es nothwendig ein vernünftiges Wesen ausser sich setzen als die Ursache derselben" (GA I/3, 347), und so ist im Begriff der Aufforderung durch eine andere Freiheit die geforderte notwendige synthetische Vereinigung von Freiheit und Anstoss in denknotwendigen Schritten vollzogen. In der Aufforderung zur Selbstbestimmung liegt die Einheit von absoluter Selbsttätigkeit des Ich und bestimmendem Nicht-Ich oder besser - nach einem Ausdruck von W.JANKE[520] - bestimmendem "Nicht-Ich-Ich", von Unbedingtheit und Bedingtheit des Selbstbewusstseins. In der Aufforderung sind Anstoss und Freiheit vereinigt bzw. limitativ synthetisiert[521], und dies als Kommunikation zweier Freiheiten, wobei der andere gegenüber dem Ich in dieser Kommunikation die Priorität des Grundseins hat. "Es lässt sich also streng a priori er-

---

[520] Historische Dialektik. Destruktion dialektischer Grundformen von Kant bis Marx, Berlin-New York 1977, 166.
[521] Vgl. ebd. 158.

weisen, dass ein vernünftiges Wesen nicht im isolirten Zustande vernünftig wird, sondern dass wenigstens **Ein** Individuum **ausser** ihm angenommen werden muss, welches dasselbe zur Freiheit erhebe" (GA I/5, 201). Es gibt nach FICHTE keine Wirklichkeit des Selbstbewusstseins ausserhalb des dialogischen Verhältnisses von Ich und Du. "Das endliche Vernunftwesen kann eine freie Wirksamkeit in der Sinnenwelt sich selbst nicht zuschreiben, ohne sie auch andern zuzuschreiben, mithin, auch andere endliche Vernunftwesen ausser sich anzunehmen" (GA I/3, 340)[522].

Mit dieser transzendentalen Deduktion der Interpersonalität gelangt FICHTE von der Reflexion auf das Ich her also zur analogen Aussage DUSSELS, dass die personale Subjekt-Subjekt-Relation der gegenständlichen Subjekt-Objekt-Beziehung vorausgeht und dass innerhalb dieser personalen Relation der andere ursprünglicher ist als das Ich. Damit erweist sich ausgerechnet FICHTES Denken, das auf den ersten Blick monologisches und solipsistisches Denken par excellence zu sein scheint, in seinem tiefsten Fundament als dialogisch bestimmt.

In einer zweiten Radikalisierung hat FICHTE auf seinem weiteren Denkweg das Ich aber nicht nur auf das mitmenschliche Du, sondern auch auf das Absolute hin geöffnet, und zwar in einer denkerischen Gründlichkeit und Konsequenz, die ihn geradezu als Pionier neuzeitlichen Transzendenzdenkens erscheinen lässt. Schon in der 'Grundlage der gesammten Wissenschaftslehre' erfährt der letztbegründende, absolute Prinzipiencharakter des Ich dadurch eine gewisse Relativierung, dass dieses sich nur als Wesens-, nicht aber als Daseins- oder Wirklichkeitsprinzip seiner Objekte erweist. Was die 'Grundlage' erklärt, ist das prinzipielle Wie von Bewusstsein, aber nicht das Dass von Wirklichkeit überhaupt.[523] Dieses kann nicht durch

---

[522] Im Original hervorgehoben.
[523] Vgl. D.SCHMIDIG, Handeln aus dem Bewusstsein der Ein-

das Ich - auch nicht durch das andere Ich bzw. das Du - begründet werden. Im Ich ist nur die **Möglichkeit** angelegt, sich von einem fremden Anstoss betreffen zu lassen.524 Das Prinzip des Wirklichen ist das Nicht des Anstosses. Das Ich ist der Möglichkeitsgrund des Anstosses des Nicht-Ich auf das Ich, die Wirklichkeit desselben kann aber nicht auf das Ich zurückgeführt werden, sie bleibt "ihrer Entstehung nach ... unbegreiflich" (GA I/5, 353). Das Gegenständliche ist also nur der Erscheinungsweise nach, nicht aber der Existenz nach durch das Ich bestimmt."Der Anstoss stellt sich als principium existendi dem Ich als dem principium essendi aller Gegenstände der Erfahrung entgegen."525 Das Ich ist abhängig seinem Dasein nach und nur unabhängig in den Bestimmungen dieses Daseins.526 Also ist es "weder Grund seiner selbst noch unbedürftig jeder weiteren Begründung"527. Schon in der ersten Fassung der Wissenschaftslehre wird die Wirklichkeit "noch durch etwas anderes bestimmt..., als durch das blosse Ich" (GA I/2, 410). Dieses ist als formgebendes Prinzip a priori nur Form, die es von sich aus nicht zu Wirklichkeit bringen kann. "Freiheit ist gewiss und wahrhaftig da, und sie ist selber die Wurzel des Daseyns: doch ist sie nicht unmittelbar real; denn die Realität geht in ihr nur bis zur Möglichkeit" (SW V, 513). Gehalten in der Differenz von Essenz und Existenz, ist das Ich gar nicht der ursprüngliche, organische Realgrund, sondern bloss der Idealgrund des Seins. Als absolutes Prinzip gesetzt, ist es daher dem "Vorwurf der Leerheit" (GA II/8, 145) ausgesetzt, und dies ist das "grösste Gebrechen, welches man einem philosophischen Systeme vorwerfen kann" (ebd.). Es droht der "Krise eines autochthonen Ni-

---

heit. Sittlichkeit in Fichtes Spätphilosophie, in: K.GLOY / E.RUDOLPH (Hrsg.), Einheit als Grundfrage der Philosophie, Darmstadt 1985, 201-216, 203.
524 Vgl. GA I/2, 405.
525 W.JANKE, Historische Dialektik, aaO. (Anm.520) 141.
526 Vgl. GA I/2, 411.
527 D.HENRICH, Fichtes ursprüngliche Einsicht, Frankfurt a.M. 1967, 37.

hilismus"[528] zu verfallen. Es hat "bei aller Anlage des Lebens, dennoch in sich selber nur den Tod" (GA II/8, 160), ja es ist - absolut gesetzt - der "Tod in der Wurzel" (ebd. 220), das "Lager des Todes" (ebd.).

Das Ich kann also gar nicht als das letzte genetische Prinzip von Denken und Sein und also als der Grund von Wahrheit gedacht werden. Ihm muss vielmehr ein Sein und Leben vor aller Reflexion und damit vor dem Ich vorausgesetzt werden. Es setzt, um wirklich leben zu können, sich selbst ein in sich gründendes absolutes Leben voraus. Das Ich ist nicht schlechthin autark, es lebt sein Leben nicht aus sich selbst, sondern aus einem Anderen und aus dem von diesem her aufbrechenden Licht. Es muss sich ein Leben voraussetzen, welches das in reiner Wirklichkeit schon ist, was es selbst allererst unendlich strebend werden soll, nämlich reines Leben und ungesondertes Licht.

Die genetische Methode der späteren Wissenschaftslehren bringt das Ich durchwegs als erzeugt zur Sprache. Dieses muss sich selbst den Gedanken eines unverfügbaren und unausdenkbaren Grundes voraus-denken, von dem her es sich selbst überhaupt erst verstehen kann. Es gewinnt seinen Halt erst in der Einkehr in diesen unvordenklichen Ursprung, ohne den es bloss formal und leer bliebe. Zum Innewerden seiner selbst gehört untrennbar das Innesein einer unlösbaren Gebundenheit an das unausdenkbare Absolute.[529]

Mochte sich also die frühe Wissenschaftslehre noch die prinzipiierende Bedeutung des Ich für das Leben vorbehalten haben[530], so ist jetzt klar, dass das Ich dieses

---

[528] W.JANKE, Historische Dialektik, aaO. (Anm.520) 182.
[529] Vgl. W.JANKE, Fichte. Sein und Reflexion. Grundlagen der kritischen Vernunft, Berlin 1970, 276.
[530] Vgl. GA I/2, 406f.

Prinzip nicht im absoluten Sinne sein kann. Das Absolute liegt ihm voraus als dessen Ursprung und Grund. Das Denken weiss sich als letztlich durch Gott inauguriert. Die im Ich begründete Reflexions- oder Erscheinungswahrheit muss selbst noch einmal aus einem dem Ich unverfügbaren Grund verstanden werden. So tritt jetzt das Absolute oder Gott wieder an die vormals vom absoluten Ich beanspruchte Stelle. Nicht das absolute Ich, sondern der absolute Gott bildet die "grundlegendste Verstehensbasis"[531] von Erkennen und Sein.

Gott ist nach FICHTE reines Licht und Leben. Mit 'Licht' soll ausgedrückt werden, dass Gott selber unsichtbar ist, dass aber alles nur in ihm gesehen werden kann. Der Terminus 'Leben' benennt das, was "selbständig, von sich und durch sich selber, dazuseyn" (SW V, 403) vermag. Gott ist "unmittelbar, rein und aus der ersten Hand, ohne durch irgend eine in der Selbstständigkeit des Ich liegende, und eben darum beschränkende Form bestimmt" (SW V, 525). Die Formen oder Begriffe des Ich führen "nur ans Ziel heran, nicht ins Ziel hinein"[532]. Als ungebrochenes Licht hat Gott alle begreifende Reflexion ausser sich, und darum erscheint er uns notwendig als Deus absconditus. Weil er notwendig als Jenseits der Subjekt-Objekt-Relation gedacht werden muss, ist er dem Begriff "nicht nur unbegreiflich..., sondern sogar begreiflich als unmöglich" (GA II/8, 168). Die Form des Begriffs versagt hier am 'Gegenstand', weil sich das Leben des Absoluten der besitzergreifenden Objektivation des Begriffs entzieht.[533] "Der Begriff kann den Gedanken des Absoluten nicht kon-

---

[531] A.SCHURR, Eine Einführung, aaO. (Anm.519) 86.
[532] D.SCHMIDIG, Das Absolute im transzendental-philosophischen Denken Fichtes, in: J.MOELLER (Hrsg.), Der Streit um den Gott der Philosophen. Anregungen und Antworten, Düsseldorf 1985, 81-99, 86.
[533] Vgl. W.JANKE, Die Grundsätze der absoluten Einheit im Urteil der Sprache (Fichte, Hegel, Hölderlin), in: K.GLOY /E.RUDOLPH (Hrsg.), Einheit als Grundfrage, aaO.(Anm.523) 217-237, 225.

struieren, er kann nur sich selbst bis in seine Wurzel durchdringen (...), und dann entsteht ihm jener Gedanke von selbst."[534] Die Evidenz des Absoluten geht uns in keiner Anstrengung des Begriffs auf, sondern sie ergreift uns, indem uns ihr Licht aufgeht. "Soll das absolut Unbegreifliche, als allein für sich bestehend, einleuchten, so muss der Begriff vernichtet, und damit er vernichtet werden könne, gesetzt werden; denn nur in der Vernichtung des Begriffes leuchtet das Unbegreifliche ein" (GA II/8, 56).

Die Leistung des Begriffs besteht also nur noch darin, die Unbegreiflichkeit des Absoluten als notwendig Unbegreifliches begreiflich zu machen. Im Sichvernichten des Begriffs wird das "Begreifen des durchaus Unbegreiflichen, als Unbegreiflichen" (GA II/8, 54) vollzogen. Das Absolute ist die begriffene "Grabstätte des Begriffes" (ebd.120). Wenn das Ich in seinem Anspruch letzten Begreifenwollens sich "rein, ganz und bis in die Wurzel vernichtet, bleibt allein Gott übrig" (SW V, 518). Durch dieses Vernichten des Begriffs wird das "Unbegreifliche, als Unbegreifliches, und schlechthin nur als Unbegreifliches, und nichts mehr gesetzt" (GA II/8, 56).

Gott bleibt für endliches Wissen unbegreifliches und unverfügbares Geheimnis.[535] Die absolute Wahrheit ist als solche nicht wissbar, denn würde sie (begrifflich) gewusst, so wäre sie nicht die Wahrheit, sondern nur das wesenlose, leere Objekt egotischer Konstruktion. Die Wahrheit verdankt sich nicht dem Ich, sondern das Ich ist ergriffen von der ihm erscheinenden Wahrheit. Das Absolute ist keine Möglichkeit des Ich, denn es zeigt sich erst im Sichaufgeben des begreifenden Ich. Die Evidenz des Ab-

---

[534] E.HIRSCH, Fichtes Religionsphilosophie im Rahmen der philosophischen Gesamtentwicklung Fichtes, Göttingen 1914, 93.
[535] Vgl. D.SCHMIDIG, Gott und Welt in Fichtes 'Anweisung zum seligen Leben', Wald/ZH 1966, 58.

soluten ist eine "Evidenz, die nicht ich mache, sondern die sich selber macht" (GA II/8, 116). Die freie Reflexionstätigkeit des Ich ist nur das nachträgliche Bewusstwerden dieses Sich-selbst-zur-Erscheinung-Bringens des Absoluten.

Streng genommen müssen wir beim Aufgehen des Absoluten noch einmal von der Negativität abstrahieren, denn solange das Absolute noch als Negation des Begriffs gedacht wird, erscheint es immer noch als Glied einer Relation, nämlich als Ansich (Objekt) im relationalen Gegensatz zum Für-uns (Subjekt). Auch diese Relation muss also noch einmal überstiegen werden. Was dann vom Absoluten noch denkbar und sagbar bleibt, ist nurmehr das im reinen Lebensakt lebende Leben.[536] "Wir wissen von jenem unmittelbaren göttlichen Leben nichts, ... denn mit dem ersten Schlage des Bewusstseyns schon verwandelt es sich in eine todte Welt" (SW V, 471). "Das Auge des Menschen verdeckt ihm Gott und spaltet das reine Licht in farbige Strahlen" (SW V, 543).

In seiner 'Anweisung' nennt FICHTE dieses vom Begriff befreite Band zwischen Ich und Gott die "absolute Liebe" (SW V, 541). Die Liebe ist das Sichbinden an das Absolute und zugleich das Hintersichlassen der begreifenden Reflexion. Sie ist das Band, das "höher denn alle Reflexion, aus keiner Reflexion quellend und keiner Reflexion Richterstuhl anerkennend - mit und neben der Reflexion ausbricht" (ebd.540). Sie ist "schlechthin über alle Reflexion hinausliegend und derselben in jeder möglichen Form unzugänglich" (ebd.542). Ist das Absolute im Begreifen bloss mittelbar als Vorstellung oder Bild da, so in der Liebe unmittelbar und ungebrochen.[537] Die Liebe ist also ursprünglicher als alles Begreifen. Sie ergreift die Welt in ihrem innersten Grund, sie ist das höchste Erkenntnis-

---

[536] Vgl. GA II/8, 240f.   [537] Vgl. SW V, 543.

prinzip: sie erkennt die Welt in Gott und hebt sie in ihm auf. "Liebe ist mehr als das reflexive Wissen und höher als das freie Wollen des Menschen. Liebe ist unmittelbares Leben aus dem Absoluten, der Grundakt des Menschen, durch den er überhaupt im Dasein, und zu Wissen und Wollen fähig ist."[538] Nicht die absolute Reflexion des Ich, sondern die "Liebe ist die Quelle aller Gewissheit, und aller Wahrheit und aller Realität" (SW V, 541).

Das Gesetz des Einleuchtens oder Erscheinens des Absoluten ist dem Begriff unzugänglich. Dass Gott sich offenbart bzw. sich zeigt, ist zwar faktisch evident, aber wie und nach welchem Gesetz er sich offenbart, bleibt dem Begreifen notwendig verschlossen. Ihm verbirgt sich das Gesetz seiner Erzeugung. "Dem Lichte kann nicht zugesehen werden, wie es sich selbst effiziert, weil wir nur in seinem Effekte, nämlich der Helle, sehen. Evident ist, dass sich das Licht effiziert, und ebenso einleuchtend ist, dass diesem Sicheffizieren nicht wieder zugesehen werden kann."[539] Darin liegt der eigentliche Ausdruck der Faktizität menschlichen Daseins.

FICHTE hat einmal gesagt, im Gefolge seines immer tiefer vordringenden Denkens habe sich nicht so sehr seine Philosophie als vielmehr er selbst sich durch seine Philosophie verändert.[540] In der Tat sind die späteren Entwürfe nur ein unermüdliches Aus-denken der ersten Wissenschaftslehre von 1794. Sah diese den Ursprung und Grund des Ich irgendwie noch in ihm selber, so sah sich FICHTE später veranlasst, den Gedanken der unausdenkbaren Begründung des Selbstseins in einem das Ich und selbst noch einmal das Ich-Du sprengenden Absoluten zu fassen. Eine kritische Ueberprüfung des ersten Entwurfs hat ihn zur Einsicht geführt, dass das vom Absoluten isolierte Wissen

---

[538] D.SCHMIDIG, Gott und Welt, aaO. (Anm.535) 33.
[539] W.JANKE, Fichte, aaO. (Anm.529) 410.
[540] Vgl. SW V, 399.

des Ich nur die Leerform des Sichwissens als Produkt seiner formalen Freiheit und den Seinssinn der Objektivität bereitstellt. Er musste also den Totalitätsanspruch des Ich aufbrechen und dieses selbst zurückbinden an ein ursprünglicheres Absolutes. So beginnt der Denkweg FICHTES mit der Selbstbesinnung des Ich auf seine eigene Freiheit und endet in der Reflexion auf die absolute Gebundenheit aller Freiheit an die Wahrheit des Absoluten. Im unerbittlichen Durchdenken des Transzendenz-Immanenz-Problems ist FICHTE schliesslich unweigerlich vor die Wirklichkeit Gottes gestossen. "Selbstsein und Begründetsein, Immanenz und Transzendenz, die Vernunft und das Absolute werden in eine radikale gegenseitige Vermittlung gebracht, die auf originäre Weise letztlich in eine philosophia negativa führt."[541]

Damit ist FICHTE auf einem ganz anderen Weg als DUSSEL - nämlich ausgehend vom Ich - zu einem im Ergebnis analogen transontologischen Diskurs geführt worden[542], in dem das Absolute nicht mehr vom Ich her, sondern das Ich vom Ab-

---

[541] E.SIMONS / H.KRINGS, Art. Gott, in: Handbuch philosophischer Grundbegriffe, hrsg. von H.KRINGS u.a., Bd. III (Studienausgabe), München 1973, 614-641, 623.
[542] Es ist daher mindestens in bezug auf den späten FICHTE unzutreffend, diesen und das metaontologische Denken in ein Verhältnis logischer Entgegensetzung zu stellen, wie M.M. OLIVETTI (Philosophische Fragen an das Werk von Emmanuel Levinas, in: H.H. HENRIX [Hrsg.], Verantwortung für den Anderen - und die Frage nach Gott, Aachen 1984, 42-70, 47-66) dies tut. Er behauptet, der über alle Passivität passiven Passivität des vom anderen subjizierten Ich im metaontologischen Diskurs entspreche gewissermassen als "spiegelverkehrtes Gebilde" (S. 48) die "über alle Aktivität aktive Aktivität" (S. 52) des absoluten Ich bei FICHTE, und insofern sei das meta-physische Denken ein "paradox umgekehrter Transzendentalismus" (S. 50, Anm.4). Metaontologie sei also letztlich die Kontrastfolie des transzendentalen Idealismus FICHTES. Man mag diese "Symmetrie bei Gegensätzlichkeit" (S. 66) mit Recht auf den frühen FICHTE beziehen, zwischen dem späten FICHTE und einem transontologischen Denken besteht aber gerade keine spiegelverkehrte, sondern eine analoge Entsprechung und materiale Konvergenz im Denken.

soluten her begründet und verstanden wird. Das Ich entdeckt in einer radikalisierten Reflexion auf sich selbst, dass die reine Wirklichkeit (das Dass des Anstosses) nicht auf das Ich zurückgeführt werden kann, dass das Ich für sich genommen nur das Prinzip der Möglichkeit und damit der Leerheit und des Todes ist, dass es in Wirklichkeit weder schlechthin autark noch absolut ist. Diese Prädikationen des Ich erinnern fast bis in den Wortlaut hinein an DUSSEL. Nach der Einsicht FICHTES kann sich das Ich nur als bestimmt und erzeugt aus dem Absoluten angemessen verstehen. Es muss sich selbst den Gedanken eines unverfügbaren und unausdenklichen Absoluten vorausdenken, von dem her es seine eigene Endlichkeit erfährt. Dieses Absolute oder Gott hat alle begreifende Reflexion ausser sich, es ist nur als Jenseits oder Transzendenz des Begriffs denkbar. Was der Begriff über Gott begreiflich machen kann, ist nur dessen Unbegreiflichkeit. Nur in der Selbstaufgabe des Begriffs kann sich die Unbegreiflichkeit Gottes mir einleuchtend zum Verstehen bringen. Der letztmögliche Gedanke Gottes ist das absolute Geheimnis, von dem sich das Ich als betroffen und begründet erfährt. Ursprünglicher als das Ich ist das unverfügbare Geheimnis des Absoluten, das nicht mehr begriffen, sondern nur noch geliebt werden kann. Der höchste Akt des Selbstvollzuges menschlichen Geistes ist daher die Liebe zum Unbegreiflichen.

Damit befindet sich FICHTE sowohl bezüglich der Beziehung des Ich zum Du als auch zum Absoluten in bemerkenswerter Nähe zu DUSSEL. Die Ent-totalisierung eines verabsolutierten Ich-Systems, der Primat der personalen Begegnung vor der gegenständlichen Beziehung, die Endlichkeit des Ich, die begriffliche Unverfügbarkeit des absoluten Geheimnisses, die Liebe zum Unbegreiflichen: alle diese Grunddaten des Dusselschen Diskurses bilden auch das letzte Ziel des Fichteschen Denkens. Obwohl also FICHTES philosophischer Diskurs transzendental beim Ich ansetzt, kommt er am Ende zu Einsichten, die denjenigen DUSSELS, der meta-physisch beim anderen ansetzt, erstaunlich analog sind, auch wenn diese Analogien DUSSEL selber verborgen geblieben sind. Hier zeichnet sich bereits ab, dass entgegengesetzte Denkansätze nicht notwendig auch entgegengesetzte Erkenntnisse zur Folge haben, dass der transzendentale und der meta-physische Ansatz letztlich eher in einem gegenseitigen Verhältnis der Korrelation stehen.


E. SCHELLINGS ekstatische Transzendenz des Denkens

Auf SCHELLING[543] hat DUSSEL selber verschiedentlich positiv Bezug genommen.[544] In der Tat lassen sich wie bei FICHTE so auch bei SCHELLING bemerkenswerte Analogien zum transontologischen bzw. transegologischen Denken DUSSELS finden.

---

[543] Die Werke SCHELLINGS werden in diesem Kapitel wie folgt abgekürzt:
- Vom Ich als Princip der Philosophie oder über das Unbedingte im menschlichen Wissen, in: Friedrich Wilhelm Joseph von Schellings sämmtliche Werke (SW), hrsg. von K.F.A SCHELLING, I.Abt.,Bd.I, Stuttgart-Augsburg 1856, 149-244: SW I.
- System des transcendentalen Idealismus,in: SW, I.Abt., Bd.III (1858) 327-634: SW III.
- Stuttgarter Privatvorlesungen (Aus dem handschriftlichen Nachlass), in: SW, I.Abt., Bd.VII (1860) 417-484: SW VII.
- Ueber die Natur der Philosophie als Wissenschaft, in: SW, I.Abt., Bd.IX (1861) 209-246: SW IX.
- Zur Geschichte der neueren Philosophie (Aus dem handschriftlichen Nachlass), in: SW, I.Abt., Bd.X, (1861) 1-200: SW X, 1-200.
- Darstellung des philosophischen Empirismus (Aus dem handschriftlichen Nachlass), in: SW, I.Abt., Bd.X (1861) 225-286: SW X, 225-286.
- Einleitung in die Philosophie der Mythologie, in: SW, II.Abt., Bd.I (1856): SW XI.
- Philosophie der Mythologie, in: SW, II.Abt., Bd.II (1857): SW XII.
- Philosophie der Offenbarung, 2 Bde., in: SW, II.Abt., Bde. III-IV (1858): SW XIII/XIV.

[544] Vgl. z.B. FE II, 157; MFL 116-128; 176f; AL:DyL 109; 202;Supuestos histórico-filosóficos,aaO.(Anm.1)183,Anm.15.

Aehnlich wie bei FICHTE stellt sich die Entwicklung des Schellingschen Denkweges als der immer radikalere Versuch dar, auf die reine Transzendenz des Denkens hin durchzustossen.[545] Die menschliche Vernunft erweist sich selbst als keineswegs voraussetzungsloses und absolutes Prinzip; sie ist nur kraft eines Aktes des Glaubens und der Unterwerfung unter eine allem Denken vorausgehende absolute Wirklichkeit, die selber schlechthin voraussetzungslos ist und unbedingt Anfang setzen kann. Damit zeigt sich der Glaube gleichsam als Ursprung und Voraussetzung des Wissens selbst. Ursprünglicher als das Denken ist das unvordenkliche Absolute oder Gott. Dieser ist reines Leben, das in keine tote Gegenständlichkeit und Begrifflichkeit hinein objektivierbar ist. Das Denken des späten SCHELLING arbeitet sich ständig an der einen Grundfrage ab: Wie kann das Absolute erkannt werden, ohne dass seine absolute Transzendenz vergegenständlicht wird?[546]

Der frühe SCHELLING des Identitätssystems behalf sich noch mit der intellektuellen Anschauung, einem ungegenständlichen, absoluten Erkenntnisakt.[547] In seinem Spätwerk geht er auch noch über diese Konzeption hinaus. Die Vernunft bringt es von sich aus überhaupt nie zur **Wirklichkeit** Gottes, weder durch eine inneren Erkenntnisakt noch durch ein logisches Schlussverfahren, sondern immer nur zu seinem **Gedanken** oder zum **Begriff**. Der Gott der Vernunft ist bloss ein gedachter Gott, nicht der wirk-

---

[545] Vgl. W.SCHULZ, Die Vollendung des Deutschen Idealismus in der Spätphilosophie Schellings, Pfullingen 1975, 144; 331. - Diese Untersuchung von W.SCHULZ stellt einen gewichtigen Beitrag innerhalb der Schellingforschung dar. Insofern er aber Schellings Spätphilosophie als Antwort auf die Frage nach der Möglichkeit der Selbstkonstitution der reinen Subjektivität interpretiert, holt er nach meiner Auffassung den späten SCHELLING zu einseitig in den Idealismus zurück und berücksichtigt er zu wenig den Aspekt der Ueberwindung desselben.
[546] Vgl. W.KASPER, Das Absolute in der Geschichte. Philosophie und Theologie der Geschichte in der Spätphilosophie Schellings, Mainz 1965, 203.
[547] Vgl. SW III, 330ff.

liche Gott. Weil die Vernunft ihren Inhalt immer nur im Begriff hat, kann sie das, was aus ihm hervorgeht, ebenfalls nur im Begriff haben. Sie bringt daher aus sich immer nur Mögliches, aber nie Wirkliches hervor. "Was einmal im blossen Denken angefangen hat, kann auch nur im blossen Denken fortgehen und nie weiter kommen als bis zur Idee" (SW XIII, 162).

Die immanente Bewegung des dialektischen Denkens ist nur eine Bewegung des Begriffs oder der logischen Möglichkeit. SCHELLINGS Grundeinwand gegen HEGEL besteht darin, dass logische Verhältnisse nicht ohne weiteres in wirkliche umgesetzt werden dürfen.[548] HEGEL habe den Begriff unkritisch hypostasiert und die logische Bewegung, die "doch immer nur im Gedanken seyn kann" (SW XIII, 89), zugleich als wirkliche Bewegung ausgegeben. Die sich selbst in der Immanenz ihres Setzens verstehen wollende Vernunft muss notwendig scheitern, weil ihr das reine Dass immer schon zuvorkommt. Sie erfährt, dass sie sich voraus einen Grund setzen muss, der sie zum Verzicht zwingt, sich selbst denkend zu ihrem Sein ermächtigen zu wollen. Aehnlich wie schon der späte FICHTE in seiner eigenen Frühphilosophie des absoluten Ich sieht der späte SCHELLING im Hegelschen und überhaupt im ganzen onto-theologischen Denken bereits den Nihilismus heraufziehen.[549] Diesem ging es darum, innerhalb der Subjektivität einen durch sich selbst gewissen Anfang zu erreichen, von dem aus das Seiende gegenständlich erkannt werden könne. SCHELLINGS Kritik am cartesianisch bestimmten Denken läuft darauf hinaus, dass dieses auf der Selbstgewissheit des Subjekts gründende Denken nicht ursprünglich genug ist. Das Cogito ist nur eine Reflexionswahrheit, die denn auch - bei DESCARTES durchaus konsequent - noch der äusseren Sicherung in der Wahrhaftigkeit Gottes durch den ontologischen

---

[548] Vgl. SW X, 126ff.
[549] Vgl. W.KASPER, Das Absolute, aaO. (Anm.546) 105.

Gottesbeweis bedurft hat.[550] Es geht SCHELLING daher gerade nicht um eine Ueberbietung, sondern um eine Ueberwindung des Denkens in der Traditionslinie von DESCARTES bis HEGEL. "Nicht sie fortsetzen, sondern ganz von ihr abbrechen ... muss man, um wieder in die Linie des wahren Fortschritts zu kommen."[551] Es geht darum, "aus dem blossen subjektiven Begriff", mit dem die Philosophie "bis dahin alles zu vermitteln suchte, herauszutreten und die wirkliche Welt in sich aufzunehmen" (SW XIII, 245). "Wir können alles, was in unserer Erfahrung vorkommt, a priori, im blossen Denken, erzeugen, aber so ist es eben auch **nur** im Denken. ... Wollen wir irgend etwas ausser dem Denken Seyendes, so **müssen** wir von einem Seyn ausgehen, das absolut unabhängig von allem Denken, das allem Denken zuvorkommend ist. Von diesem Seyn weiss die Hegelsche Philosophie nichts, für diesen Begriff hat sie keine Stelle" (SW XIII, 164).

HEGELS fundamentaler Fehler war es, "das Positive nicht **ausser** sich gesetzt zu haben" (SW XIII, 89). Will sich das Denken selber in der rechten Weise verstehen, so muss es eine innere Transmutation in sich selbst vollziehen. Es muss die Wirklichkeit des Absoluten aus sich heraussetzen und als Ausserhalb denken. "Die Vernunft kann das Seyende, in dem noch nichts von einem Begriff, von einem Was ist, nur als ein absolutes **Ausser-sich** setzen (...), die Vernunft ist daher in diesem Setzen ausser sich gesetzt, absolut ekstatisch" (SW XIII, 162f).

Ueber das Denken erhebt sich Gott als reine Transzendenz, als das absolut Urständliche und gegenständlich nicht mehr Denkbare, aber in allem Denken schon immer Vorausgesetzte. Er ist der unvordenkliche Grund und Ursprung des

---

[550] Vgl. SW X, 10-13.
[551] Aus Schellings Leben. In Briefen, 3 Bde., hrsg. von G.L. PLITT, Bd. III, Leipzig 1870, 63; vgl. auch SW X, 10; XIII, 90f; 106, Anm.1.

Denkens, dessen die Vernunft nicht mächtig ist, sondern von dem her sie sich allererst als ermächtigt erfährt. Er kann nicht in einem eigenmächtigen Akt des Begreifenwollens erreicht werden, sondern nur so, dass die Vernunft das Absolute aus dem Ausserhalb frei auf sich zukommen lässt. Geist besagt daher bei SCHELLING primär nicht Bei-sich-sein, sondern Ausser-sich-sein, nicht Setzen, sondern Ent-setzen, kurz: Ek-stase. "Nicht das in sich hinein, das ausser sich Gesetztwerden ist dem Menschen Noth" (SW IX, 230). Das Ich kann "gegen das absolute Subjekt nicht Subjekt seyn, denn dieses kann sich nicht als Objekt verhalten. Also muss es den Ort verlassen, es muss ausser sich gesetzt werden, als ein gar nicht mehr Daseyendes. Nur in dieser Selbstaufgegebenheit kann ihm das absolute Subjekt aufgehen in der Selbstaufgegebenheit" (SW IX, 229). Gefordert ist ein "Nichtwissen, ein Aufgeben alles **Wissens** für den Menschen. So lang Er noch wissen will, wird ihm jenes absolute Subjekt zum Objekt werden. ... Jenes absolute Subjekt ist nur da, sofern ich es nicht zum Gegenstande mache, d.h. nicht weiss, mich des Wissens begebe; sowie aber dieses Nichtwissen sich wieder aufrichten will zum Wissen, verschwindet es wieder, denn es **kann** nicht Objekt seyn" (SW IX, 228f). Das Ich oder Subjekt ist darum wesentlich Sub-jektion, Unterwerfung unter die Wirklichkeit des Absoluten.[552]

Die Subjektivität des Ich verliert hier angesichts des aus ihr herausgesetzten absoluten Grundes ihren archimedischen Status als Prinzip letzter Gewissheit. Hat der junge SCHELLING noch eine Schrift über das "Ich als Princip der Philosophie" (SW I, 149-244) geschrieben, so erklärt er jetzt vor dem unvordenklichen Absoluten das "Ich als Nicht-Princip" (SW XI, 560) bzw. als das Prinzip der Endlichkeit und der Ohnmacht des Denkens.

---

[552] Vgl. SW IX, 229f; X, 179ff.

SCHELLING nennt dieses Sich-selbst-zu-Ende-Denken des Denkens **negative** Philosophie. Diese stösst das Denken an seine eigene Grenze und Endlichkeit und führt es zur Selbstaufgabe vor dem Absoluten. Sie ist jenes Denken, das mit sich selbst anfängt und mit sich aufhört, indem es einsehen lernt, dass ihm die Wirklichkeit des Absoluten unbegreiflich bleibt. Die Entwicklung der negativen Philosophie bewegt sich innerhalb des reinen Denkens. Sie ist ein Aus-Denken der Vernunft, worin diese durch das ekstatische Heraussetzen ihres absoluten Inhaltes zu ihrem eigenen Ende kommt.

Die **positive** Philosophie setzt die Einsicht der negativen Philosophie in die Unbegreiflichkeit des Absoluten voraus und macht sie zu ihrem Prinzip und Ausgangspunkt. Was also in der negativen Philosophie Resultat und Ende ist, ist in der positiven Prinzip und Ausgangspunkt. Die positive Philosophie hat mit dem Willen des Ich, das Absolute in einer intellektuellen Anschauung unmittelbar zu erkennen, gebrochen. In dieser Hinnahme der Erkenntnis, dass sie selber nicht der Idealgrund des Absoluten ist, sondern vielmehr umgekehrt von diesem begründet ist, gibt sich die Vernunft frei für die reine Selbstvermittlung und Selbstoffenbarung des Absoluten. Dieses wird nicht mehr vom und im Ich gesetzt, sondern es setzt sich selbst. Die Selbstnegation der Vernunft ist zugleich die Freigabe für die Selbstkonstitution des Absoluten.

Ist also die negative Philosophie ein Denken von der Vernunft zum Absoluten, vom Begriff zur unbegreiflichen Wirklichkeit, von der Immanenz zur Transzendenz, so ist die positive Philosophie nun gerade der umgekehrte Denkweg vom Absoluten zur Vernunft, von der Wirklichkeit zum Begriff, von der Transzendenz zur Immanenz. Ihr Ausgangspunkt ist also nicht mehr das reine Denken selbst, sondern das Absolute, das sich aus der Transzendenz frei und unbedingt ins Denken herabsetzt und diesem dadurch allererst Wirklichkeit und Halt gibt. Sie geht also gerade den umgekehrten Weg als das Argument des ontologischen Gottesbeweises.[553] Sie setzt nicht beim Denken oder Begriff an, auch nicht bei der Erfahrung, sondern bei dem, was vor und ausser allem Denken und über aller Erfahrung als deren Prius und Grund ist.[554]

Gott ist für SCHELLING "absolute Wirklichkeit, **vor** aller Möglichkeit - Wirklichkeit, der keine Möglichkeit vorausgeht" (SW XIII, 262). Damit will SCHELLING sagen, dass die Wirklichkeit Gottes ihre gnoseologische Möglichkeitsbedingung nicht in der apriorischen Konstitutionsstruktur des Subjekts hat. Sie ist Wirklichkeit, die allen Möglichkeiten des Subjekts vorausgeht und die eben deshalb allem Denken zuvorkommt.[555] Die Wirklichkeit des Absoluten ist "unabhängig von aller Idee" (SW XIII, 161), sie ist "Seyn ausser allem Denken" (SW XIII, 127), "das schlechterdings transcendente Seyn" (ebd.). "Was einmal im blossen Denken angefangen hat, kann auch nur im blossen Denken fortgehen und nie weiter kommen als bis zur Idee. Was zur Wirklichkeit gelangen soll, muss auch gleich von der Wirklichkeit ausgehen, und zwar von der reinen Wirklichkeit, also von der Wirklichkeit, die aller Möglichkeit vorausgeht" (SW XIII, 162).

SCHELLING drückt diese Transrationalität und Transobjektivität Gottes gerne so aus, dass er diesen als Herrn des Seins bezeichnet. Gott muss jenseits der Beziehung von Denken und Sein und also nicht nur jenseits des Subjekthorizontes, sondern ineins damit auch jenseits des Seinszusammenhangs gedacht werden, insofern unter Sein eben das verstanden wird, "was in der objektiven Welt sich

---

[553] Vgl. SW XIII, 138.
[554] Vgl. SW XIII, 126ff.
[555] Vgl. SW XIII, 162.

darstellt" (SW III, 603). Es geht im Gottdenken darum, "hinter das Seyn überhaupt zu kommen, zu sehen, ...was jenseits des Seyns ist" (SW XIII, 76). Gott ist der "Herr des Seyns ... (nicht transmundan nur, wie es der Gott als Finalursache ist, sondern supramundan)" (SW XI, 566). Er ist das "Ueberseyende" (SW XIII, 132), das Transsubstantielle[556].

SCHELLLING sieht daher selbst noch das Problematische im Ausdruck 'Herr des Seins': "Der Begriff **Herr** schliesst nothwendig den Begriff von etwas ein, dessen er Herr ist; dieses, wovon er Herr ist, ist sein nothwendiges Correlatum. Nach dieser Ansicht wäre also Gott gleichsam nichts an sich, sondern nur in Beziehung auf das Seyn. Hiermit scheint also Gott selbst bestimmt als ein bloss Relatives und nur in einer, wenn auch ewigen Relation Denkbares, anstatt dass wir sonst gewohnt sind ihn als einen schlechthin Selbständigen, als ein schlechthin Absolutes, d.h. von jeder Beziehung Freies, zu denken" (SW X, 260). In Wirklichkeit ist Gott aber "schon **vor** der Welt Herr der Welt, Herr nämlich sie zu setzen oder nicht zu setzen. Der also, welcher Schöpfer seyn **kann**, ist freilich erst der wirkliche Gott, aber diese Behauptung ist himmelweit entfernt von jener anderen wohlbekannten: dass Gott nicht Gott seyn würde **ohne** die Welt; denn er ... würde als der eine Welt setzen könnende Gott seyn, wenn auch nie eine Welt existirte" (SW XIII, 291). Gott ist nicht erst Gott durch den wirklichen, sondern schon durch den möglichen Weltbezug.

Gott ist also schlechthin "vor dem Seyn" (SW XIII, 204). Dieses Vor erscheint im Verhältnis zum wirklichen Sein als Nichts, aber es ist das Nichts des seinkönnenden Ursprungs, das Wille ist. Denn als Herr des Seins ist Gott der "gegen das Seyn Freie" (SW X, 265). Er ist "absolute

---

[556] Vgl. SW XII, 100, Anm.2.

Freiheit" (SW X, 281), "reines Können, als Können ohne Seyn" (SW XIII, 210).

SCHELLING exemplifiziert diese absolute Freiheit Gottes in der Schöpfungslehre.[557] Anders als bei HEGEL bedarf hier Gott nicht der Schöpfung, um vermittels ihrer als des anderen überhaupt erst zu sich selbst zu kommen. Gott ist in sich selber vollendet und vollkommen, so dass er von sich her absolut frei ist, das andere zu setzen oder nicht zu setzen. Die Setzung des anderen ist eine freie Urentscheidung Gottes, ohne dadurch für sich selber etwas hinzuzugewinnen. In der Schöpfung setzt Gott das andere frei aus sich heraus, um ihm in Liebe Raum zu geben. Die ganze Schöpfung ruht gleichsam im unergründlichen Geheimnis des freien Willens Gottes.[558] Gott als Nichtsein oder Uebersein setzt sich in der Schöpfung frei zum Sein herab aufgrund der Selbstmacht seiner göttlichen Freiheit. Es geht SCHELLING in seiner Philosophie der Offenbarung gerade darum, das unableitbar Freie der göttlichen Selbstäusserung gedanklich nachzuvollziehen und einsichtig zu machen.[559]

Die Seins- und Wesenstranszendenz Gottes besagt also positiv die absolute Freiheit Gottes. Gerade durch seine Transubstantialität ist Gott frei, das Sein aus sich herauszusetzen und doch dessen absoluter Herr zu bleiben. Durch seine Freiheit ist er der ganz Andere, der Unverfügbare, Nichtobjektivierbare, Unfassbare, Namenlose und zugleich derjenige, der aus freier Liebe alles sein kann.

SCHELLING bekennt sich in seiner Spätphilosophie radikal zur Transzendenz und Andersheit Gottes, der aus allem Denk- und Seinszusammenhang herausgesetzt ist. Gott ist "nicht absolute Indifferenz (= der, dem nichts ungleich

---

[557] Vgl. SW XIII, 262ff.     [558] Vgl. SW XIII, 269f.
[559] Vgl. W.KASPER, Das Absolute, aaO. (Anm.546) 154.

seyn kann), sondern absolute Differenz (= der, dem nichts gleich ist)" (SW XII, 100, Anm.3). Er ist das unbedingte Andere und Jenseits der Vernunft, an das diese unvordenklich zurückgebunden ist. SCHELLING ist sich der Radikalisierung seines Transzendenzdenkens voll bewusst. Denn die traditionelle Philosophie kannte eigentlich nur eine relative Transzendenz: sie stiess sich immer von einem Etwas ab, das sie transzendierte, und setzte dieses somit noch voraus. "Die Transzendenz der alten Metaphysik war eine bloss relative, d.h. zaghafte, halbe, wobei man mit Einem Fusse doch im Begriffe stehen bleiben wollte" (SW XIII, 169). Die Transzendenz SCHELLINGS ist hingegen eine absolute, insofern die positive Philosophie von dem allem Begriff Zuvorkommenden ausgeht (wiewohl sie - qua Philosophie - die Einsichten und Möglichkeiten der negativen Philosophie voraussetzt).

Durch sein Sichheraussetzen in das kreatürliche, objektive Sein macht sich Gott allererst verstehbar. "Die Freiheit Gottes zur Setzung ist der grundlose Grund, aus dem sich das seinsgebundene Denken begreift, aus dem es sich einsichtig zufällt."[560] Dass die Vernunft eine Welt konstruieren kann, setzt voraus, dass das Absolute sich selbst in Freiheit zu einer konstruierbaren Welt herabgesetzt hat. Diese Tat der Freiheit ist immer nur a posteriori erkennbar, niemals a priori ableitbar. Das Endliche kann nur im Nachvollzug der Selbstvermittlung des Absoluten denkend mit dem Absoluten vermittelt werden. Die Vernunft ist "endliche, nacherinnernde Selbstbestimmung auf dem Grunde der absoluten Freiheit Gottes" (ebd.84). Gott wird nicht erst durch das vorstellende Denken konstruiert, sondern er macht sich durch sich selbst, durch seine Freiheit vorstellig, indem er sich selbst dem Denken zuführt.[561]

---

[560] W.SCHULZ, Die Vollendung, aaO. (Anm.545) 237.
[561] Vgl. SW XIII, 170.

Die Vernunft kann sich selbst und das objektive Sein nur aus dieser Transzendenz des Absoluten in der rechten Weise verstehen. Sie erfährt sich als sich zugefallen von der absoluten Transzendenz Gottes her. Also nicht das Denken bemächtigt sich des Absoluten, sondern das Absolute ermächtigt das Denken, dessen unvordenklicher Grund es ist. Prinzip der positiven Philosophie ist und bleibt damit das Absolute selbst, das "sich als wirklichen (existenten) Herrn des Seyns (der Welt), als persönlichen, wirklichen Gott erweist, womit zugleich auch alles andere Seyn, als von jenem ersten Dass abgeleitet, in seiner Existenz erklärt" (SW XI, 564) wird.

Was wir mithin von DUSSEL her zum späten FICHTE bemerkt haben, gilt in mancherlei Hinsicht auch für die Spätphilosophie SCHELLINGS. Aehnlich wie FICHTE sieht sich auch SCHELLING unausweichlich vor die radikale Transzendenz des begreifenden Denkens gebracht. DUSSEL anerkennt ausdrücklich, dass hier die Totalität der menschlichen Vernunft oder des Ich auf ein unvordenkliches Prius hin aufgebrochen, enttotalisiert wird.[562] Wie DUSSEL begrenzt auch SCHELLING die Absolutheitsansprüche des Begriffs, der in seinen eigenen Möglichkeiten gefangen bleibt und dessen Zugriff die wahre Wirklichkeit entzogen ist. Mit DUSSEL trifft er sich von daher auch in der Absicht der Ueberwindung der Tradition des Subjektansatzes von DESCARTES bis HEGEL, weil dieser die positive Wirklichkeit nicht ausser sich gesetzt hat. SCHELLING will daher die Begriffsimmanenz des Denkens nicht überbieten, sondern durch die Ek-stase der Vernunft überwinden. Ueber das denkend verfügende Ich erhebt sich Gott als reine Transzendenz, als das absolut Urständliche und gegenständlich nicht mehr Fassbare, als unobjektivierbares, reines Leben, dem ähnlich wie bei DUSSEL nicht das überwältigende

---

[562] Vgl. FE II, 157; MFL 176f.

Wissen, sondern der nicht-objektivierende Glaube, das freie Herantretenlassen des Unbegreiflichen entspricht.563 Gott west jenseits der dialektischen Selbstbewegung des Denkens als die Positivität des Unausdenkbaren. Die Selbstaufgabe der begreifenden Vernunft ist zugleich die Freigabe für die Selbstkonstitution des Absoluten. Das Subjekt muss das Absolute als das ganz Andere aus sich heraussetzen. Es hat das Absolute in der Art eines höheren Empirismus ausser sich und muss sich selbst aus diesem Aussersich verstehen. Geist besagt darum primär nicht mehr Bei-sich-sein, sondern Ausser-sich-sein. Das Subjekt ist wesentlich Sub-jektion unter die Wirklichkeit des Absoluten ausser ihm. Es verliert seinen Status als letztes Wahrheitsprinzip. Die positive Philosophie ist nicht mehr ein Denken vom Ich zum Absoluten, vom Begriff zur Wirklichkeit, vom Immanenten zum Transzendenten, sondern umgekehrt vom Absoluten zum Ich, von der Wirklichkeit zum Begriff, von der Transzendenz zur Immanenz. Das Absolute wird gedacht als schlechthinnige Transzendenz, als Jenseits der Relation von Denken und Sein, als absolute Differenz und vollkommene Freiheit. In Analogie zum späten FICHTE ist damit auch SCHELLING in seiner Spätphilosophie mindestens in bezug auf das Gottdenken zu einem echten Transzendenzdenken vorgestossen, das ihn als valablen Exponenten meta-ontologischen Denkens ausweist.

### F. Der Glaube als Paradox des Verstandes bei KIERKEGAARD

Auch auf KIERKEGAARD[564] nimmt DUSSEL mehrmals ausdrücklich positiven Bezug, besonders auf seine Kritik am He-

---

563 Vgl. AL:DyL 202.
564 Die von S.KIERKEGAARD zitierten Werke werden hier wie folgt abgekürzt:
- Die Wiederholung, in: Gesammelte Werke (GW). 35 Abt. Uebersetzt von E.HIRSCH u.a., 5.u.6.Abt., Düsseldorf 1955, 1-97: GW 5/6.

gelschen Systemdenken und auf die Kategorie der nur im Glauben ergreifbaren paradoxen Andersheit Gottes.[565] Am transsystematischen Denken DUSSELS gemessen, enthält das Denken KIERKEGAARDS in der Tat vielversprechende Perspektiven.

KIERKEGAARD kommt durch seinen paradox-dialektischen Bezug, in dem sich die Existenz auf Gott bezieht als den, der sie zu ihrem rechten Selbstverständnis vermittelt, dem Denken SCHELLINGS nahe. Er selbst beschreibt seine erste Begegnung mit SCHELLING in Berlin beinahe überschwenglich: "Ich bin so froh, Schellings zweite Stunde gehört zu haben - unbeschreiblich. So habe ich denn lange genug geseufzt und haben die Gedanken in mir geseufzt; als er das Wort 'Wirklichkeit' nannte, vom Verhältnis der Philosophie zur Wirklichkeit, da hüpfte die Frucht des Gedankens in mir vor Freude wie in Elisabeth. Ich erinnere mich fast an jedes Wort, das er von dem Augenblick an sagte. Hier kann vielleicht Klarheit kommen" (TB I, 273f). Auch wenn sich KIERKEGAARD schon wenig später enttäuscht von SCHELLING abwendet, verdankt sich seine Existenzdialektik zweifellos auch der positiven Philosophie SCHELLINGS und ihrer Transzendierung der negativen Wesensphilosophie. Er findet in der Gotteslehre des späten SCHELLING die Richtung einer philosophischen Artikulierung seiner persönlichen Glaubensposition.

---

- Philosophische Brocken, in: GW, 10.Abt. (1960): GW 10.
- Der Begriff Angst, in: GW, 11.u.12.Abt. (1965) 1-169: GW 11/12.
- Abschliessende unwissenschaftliche Nachschrift zu den Philosophischen Brocken, in: GW, 16.Abt., Teil I (1957); Teil II (1958): GW 16/I-II.
- Die Krankheit zum Tode, in: GW, 24.u.25.Abt. (1957): GW 24/25.
- Das Buch über Adler, in: GW, 36.Abt. (1962): GW 36.
- Die Tagebücher, 5 Bde., ausgewählt, neugeordnet und übersetzt von H.GERDES, Düsseldorf 1962ff: TB I-V.

[565] Vgl. FE I, 116; II, 159; MFL 149-155; 178-180.

Besonders SCHELLINGS Hegelkritik muss KIERKEGAARD gelegen kommen. Er hält SCHELLING denn auch zugute, dass er den ewigen Kreislauf der Selbstreflexion zum Stehen gebracht und durchbrochen habe.[566] HEGEL ist nämlich im ganzen philosophischen Werk KIERKEGAARDS die Festung, die er leidenschaftlich zu erschüttern sucht. Es geht KIERKEGAARD nicht darum, HEGELS System zu verbessern, sondern es aufzubrechen.[567] Anstatt ein Paragraph im System zu sein, mobilisiert er "absoluten Protest gegen das System" (GW 16/I, 115). Er sieht in HEGELS System der Identität von Denken und Sein, von Begriff und Wirklichkeit eine unredliche Erschleichung, ja einen Betrug, den aufzudecken er nicht müde wird. Jede Seins- oder Wirklichkeitsbestimmung liegt ausserhalb des reinen Denkens.[568] Die denkende Vernunft bewegt sich immer nur in der logischen Immanenz.[569] Das reine Ich kommt nie über sich selbst hinaus. "Ich kann mich selbst umsegeln; aber ich kann nicht über mich hinauskommen" (GW 5/6, 59). Die Selbstreflexion des Denkens "läuft in der Runde" (GW 16/II, 38). Sie dreht sich im Kreise. HEGELS Dialektik des Systems ist für KIERKEGAARD keine qualitative, sondern bloss eine quantitative oder modale Dialektik, in der das Ganze "eines und das gleiche" (TB II, 42) ist. Die Vernunft bleibt ständig in sich selbst gefangen, sie bringt es von sich aus nie zur Wirklichkeit, sondern immer nur zur **gedachten** Wirklichkeit, d.h. zur Möglichkeit. "Alles, was in der Sprache der Abstraktion innerhalb der Abstraktion über die Wirklichkeit gesagt wird, wird innerhalb der Möglichkeit gesagt" (GW 16/II, 16), weil sich das Wissen immer nur "im Medium der Möglichkeit" (ebd.17) bewegt.

---

[566] Vgl. GW 16/II, 38.
[567] Vgl. GW 16/I, 102.
[568] Vgl. TB I, 353.
[569] Vgl. GW 11/12, 48.

Gegen diese "komische Unwirklichkeit des reinen Denkens" (ebd.21), d.h. gegen die systematische Reduktion der konkreten Wirklichkeit auf ein geschlossenes logisches Begriffssystem protestiert KIERKEGAARD mit existentiellem Pathos. Er wirft HEGEL vor, er habe sich mit seiner Spekulation aus der unmittelbaren, konkreten Existenz herausreflektiert bzw. er habe das Dasein "hinterlistigerweise und durch eine Erschleichung" (GW 16/I, 103) ins logische System hineingeschmuggelt. Er habe die wirkliche Existenz der Denkenden dem Denken, den begreifenden Menschen dem Begriff und dessen immanenter Selbstbewegung geopfert. HEGEL verwechsle sich selbst als dieser einzelne, existierende Mensch und Philosoph mit dem reinen Ich der Spekulation. KIERKEGAARD bemerkt ironisch, das wahre Leben des Menschen bestehe nicht darin, "dass das leere, inhaltlose Ich sich gleichsam aus dieser Endlichkeit wegschleicht, um sich zu verflüchtigen und auf seiner himmlischen Auswanderung zu verdunsten" (TB I, 229).

Für HEGEL ist die Wahrheit eingegangen in den weltgeschichtlichen Prozess der Selbstverwirklichung der Idee, in dem der absolute Geist zu sich selbst kommt und das Wirkliche vernünftig und das Vernünftige wirklich wird in der Bewegung des reinen Denkens. Diese Art zu denken erscheint KIERKEGAARD als repräsentativ für die Nivellierung und Anonymisierung der einzelnen Existenz in das Allgemeine des objektiven Geistes hinein, worin die Masse oder die Gattung den Primat vor dem verantwortlichen Individuum hat. HEGEL überschaut ganze Wälder, während er über die einzelnen Bäume hinwegsieht.

Dieser Konzeption hält KIERKEGAARD die einfache Frage entgegen, wie denn der einzelne existierende Mensch in dieses reine Denken hineinkommen solle. Wie wird das empirische Ich in ein reines Ich verwandelt? Und wie kann der individuelle Mensch aus einem blossen Objekt oder Moment des weltgeschichtlichen Prozesses des Geistes zu dem selbst in ihm denkenden, handelnden und existierenden

Subjekt werden?[570] HEGELS Systemphilosophie ist in den Augen KIERKEGAARDS ein Denken, welches das "einzelne existierende Individuum totschlägt" (GW 16/II, 2), weil es den in eigener Entscheidung selbst verantwortlich Existierenden eliminiert. "Die Spekulation sieht ab von der Existenz; das Existieren wird für sie das Existierthaben (die Vergangenheit), die Existenz ein verschwindendes und aufgehobenes Moment im reinen Sein des Ewigen" (ebd.282).

Gegen dieses "systematische Einklemmen des Daseins" (GW 16/I, 243) als eines übergangenen Momentes im System des Ganzen protestiert KIERKEGAARD mit ethischer Leidenschaft. HEGELS System ist ohne Ethik, in der das Dasein doch gerade zu Hause ist. Sie opfert das Dasein vielmehr der kalt fortschreitenden Logik der immanenten Notwendigkeit.[571] Gegen dieses System erklärt KIERKEGAARD den existierenden Einzelnen oder die individuelle Person für das einzig wirklich Daseiende und für den exklusiven Ort der Wahrheit. Die in der Spekulation "übersehene und verachtete Kategorie" (GW 24/25, 121) der Besonderheit ist ursprünglicher als die Kategorien des abstrakten Allgemeinen des Denkens. Das Existieren des Einzelnen ist KIERKEGAARDS höchstes Interesse und die allein massgebende Wirklichkeit. Existenz bezieht sich immer auf das Einzelne, und "der Einzelne, was ja schon Aristoteles lehrt, liegt jenseits des Begriffs oder geht doch in ihm nicht auf" (TB IV, 74)[572].

Die Asymmetrie von logischem Denken und Existenz ist fundamental: Während Gegenstand des Denkens nur das Allgemeine und Abstrakte sein kann, existiert in Wirklichkeit nur das konkrete Einzelne. Der Schein von Identität und Kontinuität von Denken und Sein ist selber nur das Resultat einer Abstraktion des Denkens. Daraus folgt, dass

---

[570] Vgl. GW 16/I, 110.   [571] Vgl. GW 16/I, 112-114.
[572] Vgl. auch TB I, 354; GW 16/II, 29.

Denken und Existenz, System und Wahrheit für uns schlechthin inkommensurabel sind. "Vom Denken aufs Dasein zu schliessen, ist also ein Widerspruch; denn das Denken nimmt gerade umgekehrt vom Wirklichen das Dasein fort" (GW 16/II, 18). "Die systematische Idee ist das Subjekt-Objekt, die Einheit von Denken und Sein; Existenz dagegen ist gerade die Trennung" (GW 16/I, 116). Man kann zwar ein System des Denkens konstruieren, aber ein System des Daseins kann es für uns nicht geben. Es ist unmöglich, die Existenz in ein System einzufangen, weil diese immer im Werden und darum unabgeschlossen ist.[573] Ein System des Daseins wäre nur vom Standpunkt einer zum Ende gekommenen Existenz durchführbar. Das Subjekt eines Denken und Dasein in sich befassenden Systems könnte mithin nur ein göttliches Subjekt sein, dem die ganze Weltgeschichte abgeschlossen vor Augen liegt, aber nicht ein in dieser Geschichte selbst existierendes und reflektierendes Ich. "Das Dasein selbst ist ein System - für Gott; aber es kann es nicht sein für irgendeinen existierenden Geist. System und Abgeschlossenheit entsprechen einander; Dasein aber ist gerade das Entgegengesetzte. Abstrakt gesehen lassen sich System und Dasein nicht zusammendenken, weil der systematische Gedanke, um das Dasein zu denken, es als aufgehoben, also nicht als daseiend denken muss. Dasein ist das Spatiierende, das auseinanderhält; das Systematische ist die Abgeschlossenheit, die zusammenschliesst" (GW 16/I, 111).

Wer sich trotzdem anmasst, ein System des Daseins aufzustellen, setzt sich damit an die Stelle Gottes; er erhebt sich zum Mitwisser Gottes. Eben darin sieht KIERKEGAARD die eigentliche Hybris und Blasphemie der Philosophie HEGELS.[574] Wo immer der Mensch den absoluten Zusammenhang des Ganzen begreifen will, macht er sich Gott gleich, und er lässt sich zugleich eine Verfehlung gegen die je eige-

---

[573] Vgl. GW 16/I, 101ff.    [574] Vgl. GW 16/I, 111f.

ne Existenzbestimmung zuschulden kommen, indem er sich auf eine existentiell gleichgültige, absolute Zuschauerposition zurückzieht.

Es geht der Existenzdialektik KIERKEGAARDS darum, dass der existierende Mensch unbedingt an eine Wirklichkeit gebunden ist, die gegenüber seiner Welt transzendent ist. Er möchte den Gedanken einer unverfügbaren Transzendenz festhalten, die er durch das Hegelsche Immanenzsystem des absoluten Wissens aufs äusserste gefährdet sieht. Denn wenn der Philosoph mit dem logischen Begriff das ganze Dasein beherrschen kann, so ist für Transzendenz kein Platz mehr.[575] Deswegen lehnt KIERKEGAARD HEGELS Kategorie des fliessenden Uebergangs so leidenschaftlich ab, weil diese Dialektik bloss quantitativ oder modal, d.h. immanent ist. Demgegenüber plädiert er für eine qualitative Dialektik, deren Uebergang einen "Bruch mit der Immanenz" (GW 16/II, 288) realisiert. Vom Begriff zum Dasein, vom Denken zur Wirklichkeit, von der Immanenz zur Transzendenz gibt es keinen kontinuierlichen, fliessenden Uebergang, sondern nur einen Sprung. Der Sprung ist "gerade der entscheidendste Protest gegen den inversen Gang der Methode" (GW 16/I, 98). Indem das eine vom anderen durch einen Abgrund getrennt ist und der Uebergang nur durch einen Sprung vollzogen werden kann, wird der systematisch und methodisch abgesicherte Zusammenhang der Immanenz aufgebrochen, und es wird in einer qualitativen Metamorphose eine Transzendenz als absolutes und unableitbares Novum gesetzt.

Mit der Kategorie des Sprungs wird jede Brücke zur Selbstgewissheit des Denkens gesprengt. Seinen unerschütterlichen Halt gewinnt der existierende Mensch nicht auf

---

[575] Vgl. G. MALANTSCHUK, Die Begriffe Immanenz und Transzendenz bei Soren Kierkegaard, in: M.THEUNISSEN / W.GREVE (Hrsg.), Materialien zur Philosophie Soren Kierkegaards, Frankfurt a.M. 1979, 463-495, 463f.

dem Grund des Denkens, sondern allein in der unbedingten Bindung an Gott. Die Dialektik der Existenz, die den Menschen durch die Erfahrung der Angst und die Reflexion des Nichts an sein endliches Dasein bindet, kann nur im Angesicht Gottes festgehalten werden. In seiner Verzweiflung an sich selbst erfährt der Mensch, "dass das Selbst durch sich selber nicht zu Gleichgewicht und Ruhe gelangen oder darinnen sein kann" (GW 24/25, 9). Er muss die "Kontinuität mit sich selbst verloren haben" und "ein anderer geworden sein" (GW 16/II, 288).

Diese Diskontinuität mit sich selbst und der ganzen Denkimmanenz nennt KIERKEGAARD Glaube. Der Inhalt des Glaubens ist das, woran der Verstand verzweifelt[576]: "das schlechthin Verschiedene" (GW 10, 42), das sich weder denken noch greifen lässt, die absolute Andersheit Gottes. KIERKEGAARD bezeichnet diese Transzendenz und Unbegreiflichkeit Gottes als Paradox oder als Absurdität. Das Paradox besteht in der Erfahrung der Vernunft, "dass es etwas gibt, was sie nicht verstehen kann, oder noch genauer: etwas, wovon sie in aller Klarheit verstehen kann, dass sie es nicht verstehen kann" (TB II, 79f)[577]. Das Paradox korrespondiert mit dem Sprung.[578] Es ist geradezu eine "ontologische Bestimmung" (TB II, 80), die das Verhältnis zwischen dem existierenden Menschen und der göttlichen Wahrheit ausdrückt. Die Wahrheit selbst ist paradox. Gott lässt sich nur als Widerspruch in die Immanenz des Denkens einbeziehen. Das Paradox ist das unergründliche Wunder im Bereich des Denkens.[579] Vor dem Angesicht Gottes ist der Glaubende gehalten, "seinen Verstand und sein Denken aufzugeben und seine Seele beim Absurden festzuhalten" (GW 16/II, 268). Diese "Kreuzigung des Verstandes durch den Glauben" (ebd.276) ist notwendig, um aus dem geschlossenen Kreislauf der Immanenz herauszutre-

---

[576] Vgl. GW 16/I, 225.  [577] Vgl. auch TB IV, 82f; GW 10, 35.
[578] Vgl. TB I, 350.    [579] Vgl. GW 10, 50.

ten und vor den wirklichen Gott zu kommen. Die paradoxe Wahrheit Gottes wird erst zugänglich, wenn "jeder Rest von ursprünglicher Immanenz vernichtet, und aller Zusammenhang abgeschnitten" (ebd.284) ist. "Das **Paradox-Religiöse** bricht mit der Immanenz, und macht das Existieren zum absoluten Widerspruch, nicht innerhalb der Immanenz, sondern gegen die Immanenz" (ebd.).

Nur im Zerbrechen aller philosophischen Identität wird Raum frei für den Glauben. Dem systematischen Denken der Philosophie setzt KIERKEGAARD ein höheres, paradoxes Denken entgegen, das den "Glauben wider die Spekulation schützt, darüber wachend, dass die Tiefe der Qualitätsverschiedenheit zwischen Gott - und Mensch befestigt sein möge so wie sie es ist im Paradox und im Glauben, dass Gott und Mensch nicht auf noch schrecklichere Art als je im Heidentum, derart philosophisch, poetisch usw. in eins zusammenlaufe - im System" (GW 24/25, 99). Nichtsdestotrotz fordert KIERKEGAARD Leidenschaft des Denkens, nicht um das Paradox des Glaubens zu begreifen, "sondern um zu verstehen, was es heisst, in der Weise mit dem Verstande zu brechen, und mit dem Denken, und mit der Immanenz, um denn den letzten Fusshalt der Immanenz ... zu verlieren und, angebracht im Aeussersten der Existenz, kraft des Absurden zu existieren" (GW 16/II, 281).

Die göttliche Wahrheit hat ihren Ort also nicht im Denken, sondern in dessen Transzendenz, "dergestalt dass die Immanenz sich diesen Ausgangspunkt in alle Ewigkeit nicht einverleiben und ihn zum Glied machen kann" (GW 36, 137). Der Inhalt des Glaubens ist etwas, "das der Verstand nicht ersonnen hat" (TB I, 328), etwas, das der existierende Mensch "nicht durch sich entdeckt, sondern ... von aussen zu wissen bekommt" (GW 16/II, 244,Anm.).

In der paradoxen Religiosität verhält sich also das Individuum "zu etwas ausserhalb seiner selbst" (GW 16/II, 272), das sich aus keinem Bewusstsein herausdemonstrieren lässt.[580] Die christliche Wahrheit liegt ausserhalb aller Möglichkeiten des denkenden Ich, so dass die Identität des Ich gebrochen wird. Die Erkenntnis Gottes ist auf dem Weg einer Vernunftkonstruktion der Wirklichkeit unerreichbar. Gott ist das "Unbekannte", an das der Verstand "stösst" und das "seine Selbsterkenntnis stört" (GW 10, 37). Nur durch Offenbarung kann mir Gott als die Wahrheit über meine eigene Existenz gegenwärtig werden. Soll ich also in Wahrheit etwas über Gott zu wissen bekommen, so muss es mir von Gott selbst offenbart werden.[581] Allein, was ich so durch Gott zu wissen bekomme, ist dessen schlechthinnige Verschiedenheit, "der absolute Unterschied zwischen Gott und Mensch" (GW 16/I, 209)[582], "die Wirklichkeit eines anderen" (GW 16/II, 28), "der unendlich klaffende Abgrund der Qualität" (GW 24/25, 131) zwischen dem Schöpfer und dem Geschöpf. KIERKEGAARD betont leidenschaftlich diesen qualitativen Abstand zwischen Gott und Mensch, damit letzterer für den Glauben an das Paradox der Offenbarung empfänglich werde und es sich glaubend aneigne.

Dieser Glaube kann nicht andemonstriert werden. Er ist immer ein existentielles Wagnis. Zum Glauben führt kein Schluss, sondern nur ein Ent-schluss.[583] Die Glaubensentscheidung ist ein Sprung, ein Hiatus, da der 'Gegenstandsbereich' des Glaubens dem Denken jenseitig bleibt. Gott kann gar nicht Objekt des Denkens werden, weil er dann den Bedingungen des denkenden Subjekts unterworfen und in die Gefangenschaft der Gesetze menschlichen Denkens geraten würde. Alles Sprechen von Gott ist nur möglich im Uebersteigen fester Objektivitäten und aller in sich gründenden Selbstgewissheit. Nur im paradoxen Scheitern der Vernunft, im Nichtvermögen des Denkens, im Aufgeben der Spekulation, "die sich von den Paradoxen

---

[580] Vgl. TB I, 236.
[582] Vgl. auch GW 24/25, 129.
[581] Vgl. GW 24/25, 95.
[583] Vgl. GW 10, 80.

wegschwatzt" (GW 24/25, 100), öffnet sich die Tür zur Begegnung mit Gott. Keine objektiven, von der Vernunft approbierten Gründe vermögen in das Paradox des Glaubens einzuführen. Glaube ist vielmehr die gegen alle Objektivität des Denkens getroffene Entscheidung für das Absurde. Die objektive Ungewissheit ist geradezu das formale Kriterium aller Glaubensaussagen.[584] Dies ist nicht ein Mangel, sondern ein Vorzug des Glaubens gegenüber dem Denken. Was dem Denken versagt bleibt, das ist dem Glauben möglich: empfänglich zu sein für den Anspruch Gottes an die ethische Existenz. Die aus allen objektiven Sicherungen herausgestossene Existenz wird auf ihre Freiheit zurückgeworfen und durch den von aussen an sie gerichteten Anspruch Gottes zu ihrer Verantwortlichkeit gerufen.

Die geistige Verwandtschaft KIERKEGAARDS mit DUSSEL ist hier unverkennbar. Diese ergibt sich zunächst aus der gemeinsamen Gegnerschaft zum Systemdenken HEGELS. Wie bei DUSSEL, so sind auch KIERKEGAARDS Gedanken aus der Auseinandersetzung mit HEGEL erwachsen, und sie bleiben ständig polemisch auf ihn zurückbezogen. Während in HEGELS Denken die Versöhnungsarbeit des Begriffs über die Zerrissenheit des menschlichen Selbstes triumphiert, ist nach KIERKEGAARD kein Begreifen dazu in der Lage, sondern allein die göttliche Allmacht. Für KIERKEGAARD ist nur dem Glauben möglich, was HEGEL der Spekulation zutraut. Dieser ordnet die Religion der Form der Philosophie unter, KIERKEGAARD ordnet die Religion allem anderen über, besonders aber der Philosophie. Bei HEGEL ist der Mensch im absoluten Wissen mit Gott vereinigt, während bei KIERKEGAARD der Mensch als unabwälzbar Einzelner in unendlichem Abstand Gott einsam und verantwortlich gegenübersteht und ihn nicht begreift, sondern auf das Aergernis des Paradoxes stösst. Für HEGEL ist die Religion die vollzogene Integration des Göttlichen und des Menschli-

---

[584] Vgl. GW 16/I, 194f; 201; 16/II, 23; 216; 325.

chen, für KIERKEGAARD ist sie die auf die Spitze getriebene Differentiation und Individuation. HEGEL verficht die Synthese von Glauben und Wissen, KIERKEGAARD die radikale Trennung. HEGEL bringt das göttliche Geheimnis auf den Begriff, während KIERKEGAARD dasselbe in der paradoxen Unbegreiflichkeit erkennt. HEGELS Dialektik ist synthetisch auf die Vereinigung des Gegensätzlichen ausgerichtet, KIERKEGAARDS Dialektik ist antithetisch auf die Enthüllung des Unvereinbaren und Antinomischen bedacht. HEGELS Grundtendenz ist integrativ, KIERKEGAARDS Option ist separativ. HEGELS Schlüsselprinzip ist der Uebergang vom einen zum anderen, KIERKEGAARDS Grundkategorie ist der Abgrund oder Sprung. Behauptet HEGEL die Einheit von Denken und Sein, so KIERKEGAARD deren Verschiedenheit. Für HEGEL ist das Gedachte als solches wirklich, für KIERKEGAARD ist es gerade das Unwirkliche. Das eigentlich Wirkliche ist für HEGEL der absolute Geist oder die Idee, für KIERKEGAARD das einzelne Selbst in seiner ganzen Zerbrechlichkeit und Endlichkeit. HEGEL denkt auf den universalen, alles mit allem vermittelnden, systematischen und notwendigen Zusammenhang des Ganzen hin, KIERKEGAARD denkt vom Einzelnen her.

Diese Gegenüberstellung liesse sich noch fortsetzen. Was daraus erhellen soll, ist die Aehnlichkeit der Frontstellung bei KIERKEGAARD und bei DUSSEL. KIERKEGAARD hat eine Ahnung davon, dass sich die Methode der immanenten Begriffs- und Selbstreflexion des reinen Denkens im Kreis dreht und die wahre Wirklichkeit verfehlt, dass in der Hegelschen Dialektik das Ganze immer eins und dasselbe bleibt. Wie DUSSEL protestiert er gegen die Aufhebung des Besonderen im System des Allgemeinen, gegen die Abgeschlossenheit des Systemdenkens, das den Einzelnen im Sog des Allgemeinen völlig absorbiert. Er setzt dieser Totalität der Immanenz einerseits die unsystematisierbare und unbegreifliche Wirklichkeit des einzelnen Daseins und anderseits das undenkbare und inkommensurable Paradox der göttlichen Andersheit entgegen. Nur im Zerbrechen aller philosophischen Identität wird Raum frei für den Glauben. Jenseits der totalitären Ansprüche des besitzergreifenden Wissens hat der existentielle Glaube einen unabhängigen Geltungsbereich, in dem er sich durch die ihn von aussen betreffende göttliche Offenbarung in Anspruch nehmen lässt. Durch die Wirklichkeit des Glaubens wird deutlich, dass das Ich nicht ein ursprünglich sich selbst setzendes und begründendes, sondern ein gesetztes Selbstverhältnis ist, das auf dem Anderen gründet, durch das es gesetzt ist.[585] KIERKEGAARD hält die unableitbare Andersheit und Irreduzibilität, den unendlichen qualitativen Unterschied und die unverfügbare Transzendenz Gottes fest. Dieser tritt ihm nicht innerhalb der Möglichkeiten des denkenden Ich in Erscheinung, sondern als absolute Verschiedenheit. Er kann dem denkenden Ich nur als Widerspruch, Paradox oder absolutes Wunder erscheinen. LEVINAS lobt denn auch ausdrücklich, KIERKEGAARD sei "der erste Philosoph, der Gott denkt, ohne ihn von der Welt aus zu denken"[586].

Mit dem Gedanken der Andersheit Gottes, dem Zerbrechen des Identitätsdenkens, dem darin begründeten Protest gegen jedwede Systemphilosophie, der Entgegensetzung von Glauben und Wissen und der Rückbindung aller Beziehung zum ganz Anderen an Offenbarung formuliert KIERKEGAARD in der Tat Sachverhalte, die auch zentrale Anliegen DUSSELS sind. Dies wird von DUSSEL selber auch ausdrücklich anerkannt[587], mit der Einschränkung allerdings, dass KIERKEGAARD die Andersheit nur religiös verstanden, deren anthropologische Spannbreite also noch nicht erfasst habe. Diese kritische Einschränkung ist insofern nicht ganz zutreffend, als ja KIERKEGAARD das Besondere bzw. den Einzelnen leidenschaftlich vor aller Systematisierung und Totalisierung zu schützen trachtet. Das Richtige des

---

[585] Vgl. GW 24/25, 9f.
[586] E. LEVINAS, Wenn Gott ins Denken einfällt, aaO. (Anm. 471) 147.
[587] Vgl. FE I, 116; II, 159; MFL 149-155; 178-180.

Dusselschen Einwandes liegt hingegen darin, dass dem Denken KIERKEGAARDS der soziale Bezug deutlich abgeht. Die ethisch-religiöse Existenz KIERKEGAARDS ist ein radikal vereinzeltes, von allem Zusammenhang isoliertes und gerade so unausweichlich auf sich selbst zurückgeworfenes und dem persönlich ergehenden Anspruch Gottes einsam ausgesetztes Selbst. Dass sich die dialektische Existentialontologie BULTMANNS auch auf KIERKEGAARD berufen hat, beruht gewiss nicht nur auf einem Missverständnis.

Und schliesslich ist bei KIERKEGAARD selbst die Gefahr einer neuen Subjektontologie angelegt, insofern alle Wahrheit in die einzelne, subjektive Existenz und also in ein (existierendes) Ich verlegt wird, das zwar seine Wahrheit als ihm von aussen zugeschickt erfährt, das sie aber doch nirgends anders als im Subjektivismus seines je eigenen existentiellen Selbstes festhalten kann. Das Pathos des individuellen existentiellen Selbsts birgt in sich selbst von neuem die Gefahr eines (existentiellen) Sichabschliessens und Sichisolierens gegenüber dem einfordernden Selbst anderer, so dass sich das Selbst handkehrum doch wieder als Mittelpunkt seiner Welt begreifen könnte. Denn streng genommen verweigert sich bei KIERKEGAARD nicht der andere, sondern das (konkret existierende) Ich dem System des Allgemeinen.[588]

---

[588] Vgl. J.DERRIDA, Gewalt und Metaphysik. Essay über das Denken Emmanuel Levinas', in: ders., Die Schrift und die Differenz, Frankfurt a.M. 1976, 121-235, 168. - Auf analoge Weise hat W.PANNENBERG (Wissenschaftstheorie und Theologie, aaO. [S.87,Anm.209]) dem offenbarungspositivistischen Ansatz K.BARTHS "irrationale Subjektivität eines nicht weiter begründbaren Glaubenswagnisses" (S.274), "subjektive Willkür" (S.275), "extremste Zuspitzung des Subjektivismus in der Theologie" (S.278) und "dezisionistische Selbstdarstellung einer ihres substantiellen Grundes entbehrenden und eben darum durch den Akt eines verzweifelten Wagnisses sich seiner versichernden Subjektivität" (S. 278) vorgeworfen.

## G. Das neue Denken ROSENZWEIGS

ROSENZWEIG[589] ist einer der Mitbegründer des dialogischen Denkens. Daher erstaunt es nicht, dass bei ihm eine geistige Verwandtschaft mit dem Dusselschen Denken zu vermuten ist. DUSSEL selber beruft sich zwar in bezug auf seinen meta-physischen Ansatz nicht direkt auf ihn, dafür um so mehr sein Lehrer LEVINAS. In der Tat weist ROSENZWEIGS Diskurs entscheidende Spuren eines metaontologischen Denkens im Sinne DUSSELS auf.

ROSENZWEIGS Denken ist einerseits durch den konsequenten Rückgang auf die Faktizität des Menschseins in seiner Endlichkeit und anderseits durch den Vorrang der Sprache vor dem Totalitätsanspruch des Denkens bestimmt.[590] Dabei ist ROSENZWEIG "in der Begegnung mit dem Deutschen Idealismus mündig geworden"[591]. Von HEGEL bekennt er, er sei die ständige Unruhe in seinem Denkuhrwerk.[592] Dessen Philosophie repräsentiert für ihn ein Denksystem, von dem sich sein eigenes "neues Denken"[593] abzustossen sucht. Dieses kann insgesamt als der entschlossene Versuch eines Auswegs aus dem Labyrinth des Idealismus gedeutet werden.[594] ROSENZWEIG weiss sich bei diesem Unternehmen in Absicht und Methode ausdrücklich auf den Spuren der Spät-

---

[589] Die beiden hier am meisten zitierten Werke F. ROSENZWEIGS werden wie folgt abgekürzt:
- Kleinere Schriften, Berlin 1937: **KS**.
- Der Stern der Erlösung (= Gesammelte Schriften II), Den Haag $^4$1976: **Stern**.
[590] Vgl. Stern, Erster Teil.
[591] M.THEUNISSEN, Der Andere. Studien zur Sozialontologie der Gegenwart, Berlin 1965, 257; vgl. E.FREUND, Die Existenzphilosophie Franz Rosenzweigs. Ein Beitrag zur Analyse seines Werkes "Der Stern der Erlösung", Hamburg $^2$1959, 98. - ROSENZWEIG hat seine in der Hegelforschung hochgeachtete Diss. noch über "Hegel und der Staat" (2 Bde., München Berlin 1920) geschrieben.
[592] Vgl. KS 358.
[593] Vgl. den Aufsatz "Das neue Denken", in: KS 373-398.
[594] Vgl. R.MAYER, Franz Rosenzweig. Eine Philosophie der dialogischen Erfahrung, München 1973, 57.

philosophie SCHELLINGS[595] und des Existenzdenkens KIERKEGAARDS[596].

Ausgangspunkt des Rosenzweigschen Denkens ist die schonungslose Erfahrung der Sterblichkeit des Menschen.[597] Nach ROSENZWEIG weicht der philosophische Idealismus diesem unentrinnbaren Faktum in eine reine Wesensschau oder in eine Ontologie des logischen Alls hinein aus. Die existentielle Todes- und Endlichkeitserfahrung zerschlägt aber jedes logische Universum. Der wirkliche Anfang der Erkenntnis ist nicht das angeblich voraussetzungslose, todesvergessene, reine, sich selbst genügende Denken, sondern die faktische Wirklichkeit, in der sich der Mensch in seiner endlichen, vom Tod beschlossenen Existenz je und je erfährt. Diese existentielle Wirklichkeitserfahrung ist die Krise jeder reinen Idee, die den "blauen Dunst ihres Allgedankens um das Irdische webt" (Stern 4). Sie lässt sich aus keiner apriorischen Vernunfttätigkeit erklären, sondern bezeichnet eine allem Denken vorausliegende, eine aller Ich-Konstitution zuvorkommende, unendliche oder absolute Tatsächlichkeit.[598] ROSENZWEIG betont nachdrücklich die "Tatsächlichkeit der Wahrheit" (Stern 431), die "Tatsächlichkeit des Seins" (ebd.94), das "vor dem Denken" (ebd.22) ist. Er bezeichnet von daher sein Denken auch als "absoluten Empirismus" (KS 398). Mit diesen Ausdrücken wendet er sich gegen alle logischen Reduktionismen und Monismen, welche die vielfältige Wirklichkeit immer auf eine letzte Einheit zurückzuführen suchen.[599] Die Welt ist für ihn nicht das vom Denken logisch erzeugte All, in dem alles Besondere nur eine Emanation des Allgemeinen ist.[600] Er kämpft leidenschaftlich gegen die egalitäre Nivellierung des Einzelnen innerhalb des All und gegen die Wegphilosophierung des Besonderen unter dem übermächtigen Druck des Allge-

---

[595] Vgl. Stern 19f.
[597] Vgl. Stern 3-5.
[599] Vgl. KS 378-380.
[596] Vgl. Stern 7.
[598] Vgl. Stern 25;29f;KS 335;370.
[600] Vgl. Stern 50-56.

meinen.[601] Verbindliche Wahrheit besteht für ihn nicht mehr über und ausserhalb der jeweils konkreten Besonderheit.

Diese "Eindimensionalität" (Stern 56;116) des systematischen "All- und Einheitsanspruchs des Denkens" (Stern 59) kritisiert ROSENZWEIG an der gesamten abendländischen Denktradition "von Parmenides bis Hegel" (Stern 14;51;56 u.ö.), vor allem aber am idealistischen Prinzip der "Zurückführung auf 'das' Ich" (KS 378). Gegen den idealistischen Anspruch, alles in die Klarheit des sich selbst durchsichtigen Denkens zu bringen bzw. aus dem Denken zu erzeugen, betont er die Unfähigkeit des Denkens, die Faktizität der Wirklichkeit einzuholen. Das Denken bildet nur ein "kreisendes Rad der Möglichkeiten" (Stern 93), es bewegt sich lediglich in der Sphäre der Wesenheit, bringt aber weder Wirklichkeit (Existenz) noch Gewissheit bei. Durch die Reduktion auf das Wesen sucht es das wirkliche Sein in die "Knechtschaft der Begriffe" (Stern 211) zu bringen und so zu beherrschen. Auf diese Weise beansprucht es, selber absolutes Prinzip nicht nur des Denkens, sondern auch des Seins zu sein und damit alle Wirklichkeit im "Rachen der idealistischen Charybdis" (KS 392) zu verschlingen.

Tatsächlich vermag die Vernunft zwar gegenständliche Erkenntnis zu begründen, aber nicht die Wirklichkeit der Vernunft selbst.[602] In der Vergessenheit ihres eigenen Ursprungs liegt der "idealistische Selbstbetrug" (KS 295). Die Vernunft ist der eigenen Selbstbegründung unfähig; sie entdeckt vielmehr ihre kreatürliche "Kontingenz" (Stern 16), d.h. die Tatsache, dass sie in ihr Setzen faktisch eingesetzt ist.[603] Schon SCHELLING hatte geltend gemacht, die Selbsterhellung der Vernunft könne nicht die Faktizität ihrer eigenen Existenz begründen. Das Denken

---

[601] Vgl. Stern 4.   [602] Vgl. KS 359f.
[603] Vgl. KS 336.

erzeuge nicht alles, sondern gründe selbst in einer nicht mehr deduzierbaren und begreifbaren Wirklichkeit. Die unvordenkliche Wirklichkeit oder das Sein habe daher eine Priorität vor dem Denken.

Diesen Seinsvorrang vor dem Denken und damit die Ursprünglichkeit der (hinnehmenden) Erfahrung gegenüber der Spontaneität des reinen Denkens reklamiert auch ROSENZWEIG.[604] Gegenüber dem idealistischen Identitätsdenken insistiert er auf der "Nichtidentität von Sein und Denken" (Stern 13). Idee gibt es nur, weil ihr eine Tatsächlichkeit vorausliegt. Das reine Denken ist ihm eine "hintermenschliche Logik" (Stern 157). Durch die im Todesfaktum beschlossene Erfahrung der Faktizität und Endlichkeit des Daseins wird der Mensch aus jedem logischen All herausgestellt und die "Allherrschaft des Logos" (Stern 50), die Totalität der "in sich selber zurückgekrümmten Unendlichkeit des Idealismus" (Stern 284) zerschlagen. ROSENZWEIGS eigenes Denken versteht sich daher als "Metalogik" (Stern 44ff), d.h. als ein Diskurs jenseits des All-Logos des Denkens.

ROSENZWEIGS Metalogik setzt der abendländischen Ontologie des Allgemeinen die Leitkategorie des geschichtlichen Offenbarungsereignisses entgegen, das als archimedischer Punkt des Denkens die gesamte Wirklichkeitsauslegung verlässlich und unverrückbar orientiert.[605] Die Offenbarung wird hier zum zentralen Schlüssel der Wirklichkeitsdeutung. Die eigentliche Wirklichkeit erschliesst sich dem Menschen nicht im Medium des in sich selbst kreisenden reinen Denkens, sondern in der persönlichen Erfahrung der Offenbarung, die das in sich verschlossene Selbst von

---

[604] Vgl. Stern 22; KS 395.
[605] Vgl. KS 357f; 366; B. CASPER, Das dialogische Denken. Eine Untersuchung der religionsphilosophischen Bedeutung Franz Rosenzweigs, Ferdinand Ebners und Martin Bubers, Freiburg i.Br.1966, 79f; R. MAYER, aaO. (Anm.594) 51f.

aussen trifft und es durch ihren Anruf und Anspruch auf Gott und den Nächsten hin öffnet. Erst indem der Mensch den Ruf Gottes vernimmt, erwacht er zur wahren Existenz. Dieses göttliche Offenbarungswort ist wesentlich Imperativ und fordert von seinem Empfänger Liebestat als verpflichtende Ant-wort. Es ist also gebieterisch. Das Liebesgebot ist sein eigentlicher Inhalt, wodurch es mich kategorisch auf den Nächsten hin verweist. Der Mensch erfährt sich in seiner Faktizität als durch die erweckende Kraft der Offenbarungsliebe konstituiert.

"Die Offenbarung schiebt sich als ein Keil in die Welt" (KS 368). Das befehlende Wort Gottes bricht als das Unableitbare von aussen herein. Das Neue der Offenbarung entsteht nicht dadurch, dass sich der Erkenntnishorizont von innen her weitet, sondern dadurch, dass dieser von aussen berührt und durchschnitten wird. Es wird als von aussen kommender, verpflichtender Anruf verstanden. Das Offenbarungswort, da**ss** Gott schuf, fällt wie ein Blitzschlag in das Grundsein der traditionellen Seins- oder Geistesmetaphysik. Gott ist biblisch nicht das Licht (der Vernunft), sondern das Licht wurde allererst, weil Gott **sprach**. Gott schuf nicht als Geist, Idee, absolutes Sein oder Weltgrund, sondern durch sein Wort, das ins Nichts hinausgesprochen wurde.

Damit grenzt ROSENZWEIG die Offenbarung "von aller eigenmenschlichen Erkenntnis" (KS 357) ab. Der Gott der Offenbarung ist eine "translogische Wirklichkeit" (KS 371). Er geht nicht als Idee oder höchstes Ideal aus dem Denken hervor, sondern er geht diesem als absolute Tatsächlichkeit voraus, die nicht (in produktiver Spontaneität) gedacht, sondern nur (in passiver Rezeptivität) erfahren werden kann. Die Metalogik ist darum absoluter Empirismus[606], weil sie eine Erfahrung bezeichnet, die ihren Ge-

---

[606] Vgl. o. S. 321.

genstand nur als unvordenkliche Wirklichkeit aus der Offenbarung empfangen kann. Die Wirklichkeit der göttlichen Offenbarung ist "ausdrücklich vor aller Identität von Denken und Sein" (Stern 47).

Nur als Empfänger der Offenbarung ist der Mensch der eigentlichen Wahrheit fähig.[607] Der Glaube, der das faktische Gesetztsein der Vernunft durch Gott erkennt, ist die ursprüngliche Wahrheit des Denkens. Diese ist primär nicht gegenständliche Erkenntnis, sondern die Erfahrung einer wirklichen Begegnung zwischen Gott und Mensch. Die Glaubens- bzw. Offenbarungsbeziehung begründet eine Korrelation zwischen Gott und Mensch, worin der Mensch Gott nahekommt, ohne auch nur momenthaft mit ihm je zu verschmelzen. Vielmehr bleibt in dieser Relation die "Kluft zwischen Menschlich-Weltlichem und Göttlichem" (Stern 43) konstitutiv. Um diese Entzogenheit und Transzendenz Gottes gegenüber dem "zugreifenden Begriff" (Stern 424) des objektivierenden Bewusstseins auszudrücken, benennt ROSENZWEIG Gott mit "Er"[608].

---

[607] Vgl. Stern 117f.
[608] Stern 168. - Mit diesem Gottesnamen möchte ROSENZWEIG gegen BUBER zugleich geltend machen, dass es losgelöst vom Es als gegenständlichem Cogitatum noch eine (göttliche) Es-Wirklichkeit gibt, die nicht in ein vom Subjekt konstituiertes Objekt hinein aufgelöst werden kann (Vgl. B.CASPER, Franz Rosenzweigs Kritik an Bubers "Ich und Du", in: J.BLOCH /H.GORDON [Hrsg.], Martin Buber. Bilanz seines Denkens, Freiburg i.Br. 1983, 159-175, 161). Es geht ihm darum, die personale Begegnungswirklichkeit nicht einfach unvermittelt der Ich-Es-Beziehung entgegenzusetzen. Bei allem Rückgang hinter das gegenständlich orientierte Denken besteht ROSENZWEIG ausdrücklich auf der Möglichkeit eines ungegenständlichen Redens von Gott in der dritten Person. Sein Gegensatzpaar ist nicht einfach nur das Ich-Du und Ich-Es, sondern die Besonderheit und Zeitlichkeit (Ereignishaftigkeit) des dialogischen Sprechens einerseits und die Allgemeinheit und Zeitlosigkeit des abendländischen Denkens anderseits (vgl. Stern 138ff; 193ff). Die objektive Weltwirklichkeit als solche ist bei ROSENZWEIG von grösserer Bedeutung als bei BUBER. Die gegenständliche Welt des Ich-Es ist zwar unfähig, das spezifische Ich-Du zu beherbergen, aber sie ist doch der

Offenbarung ist ein Geschehen zwischen freien Partnern. Einerseits wird das "in seiner eignen Ichheit vergrabene Ich" (KS 365) herausgerufen aus dem "versächlichenden Gestrüpp" (KS 364) der gegenständlichen Beziehungen, anderseits wird es zugleich hineingeholt in die Wirklichkeit des Offenbarungsdialogs, in das Sprachgeschehen von Anruf und Antwort.[609]

Die dialogische Sprache ist der angemessene Ausdruck der Offenbarung. Das auf Offenbarung gründende neue Denken versteht sich als ein Sprachdenken, das wesentlich durch die Zeitlichkeit des Gesprächs - durch Sprechen, Schweigen und Hören - konstituiert ist.[610] Das ursprüngliche Wort, das zuerst zu denken gibt, ist der anrufende Vokativ, und die ursprüngliche Antwort des Menschen ist das gehorsame Hier-bin-ich. Das Ich ist also ursprünglich "ganz empfangend, noch nur aufgetan, noch leer, ohne Inhalt, ohne Wesen, reine Bereitschaft, reiner Gehorsam, ganz Ohr" (Stern 196).

Durch die Offenbarung wird das monologische Denken, das vom Ich her bestimmt ist, in ein dialogisches Denken verwandelt, das vom Anderen her inauguriert ist. Das neue Denken, wie ROSENZWEIG es versteht, hat seinen Ansatz beim biblisch motivierten Urvertrauen in die Sprache, das den abendländischen Primat des denkenden Geistes vor der Sprache vom Sockel stürzt.[611] Ich kann nur sprechend mich aussetzen und denkend mich selbst realisieren, weil ich vorgängig von einem Anderen angesprochen und zum Selbstsein erweckt werde.

---

notwendige Boden des Dauerhaften und Be- ständigen, auf dem der Mensch als Ich-Du sicher stehen kann (vgl. B.CASPER, Das dialogische Denken, aaO. [Anm. 605] 151f).
[609] Vgl.Stern 177-182. [610] Vgl.Stern 156f; KS 383-386.
[611] Vgl. W.STROLZ, Ein jüdischer Denker der Offenbarung, in: Orien.43 (1979) 247-250, 249f.

Dieses Konstitutionsgeschehen gilt ursprünglich und unmittelbar für die Begegnungswirklichkeit des Offenbarungsdialogs, mittelbar aber für jede dialogische Begegnung zwischen einem Ich und einem Du. Durch das Ins-Gespräch-Kommen sind Ich und Du, eines durch das andere, von dem Unsagbaren überhaupt angerufen, der beide, Ich und Du, miteinander sprechen heisst, so dass der Dialog zwischen Ich und Du selbst schon Anruf Gottes an Ich und Du ist.[612]

Das dialogische Gespräch, die gesprochene Sprache ist das Organon des neuen Denkens.[613] Im Unterschied zum reinen Denken ist die Sprache nicht beherrschend, sondern befreiend. Das aus Anruf und Antwort entspringende Ereignis der sprachlichen Begegnung zwischen Ich und Du stellt die Mitte und den Ur-Gedanken des ganzen Rosenzweigschen Denkens dar.[614] Die Sprache oder der Dialog ist das Feld, auf dem sich die Urintuition eines neuen Seins- und Wirklichkeitsverständnisses zeitigt. Das Sprachdenken ist Erkenntnis aus der dialogischen Begegnung mit dem anderen. Wirkliches Erkennen ist ein solches aus dem Dialog. Wirklichkeit wird erst durch Sprache erschlossen.

Das Ereignis des Gesprächs zeigt sich im neuen Denken als das unverfügbare Geschehen der Zeitlichkeit im dialogischen Ereignis zwischen Ich und Du, das mich ganz in Anspruch nimmt und das mich und den anderen unverfügbar sein lässt. Im Gespräch gibt sich fortlaufend Neues, das sich jeder apriorischen Deduktion widersetzt und selbst der Macht der Gesprächspartner entzogen ist. Aus dem Gespräch zweier Selbst werden Ich und Du, ohne dass beide über dieses Ereignis verfügen können.

---

[612] Vgl. Stern 168; R.MAYER, aaO.(Anm.594)161; B.CASPER, Das dialogische Denken, aaO. (Anm.605) 143.
[613] Vgl. B.CASPER, Das dialogische Denken, aaO.(Anm.605)120.
[614] Vgl. KS 387.

Anders als das zeitlose Denken des monologischen und eindimensionalen Idealismus kehrt das zeitgenährte Sprachdenken nicht zu sich selbst zurück. Es weiss nicht im voraus, wohin es gelangen wird. Es lässt sich den Weg vom anderen geben. Diese Abhängigkeit vom anderen ist dem monologischen Denker undenkbar, während sie dem "Sprachdenker einzig entspricht" (KS 387).

Durch die kommunikativ-dialogische Grundstruktur der Wirklichkeit wird das architektonische Vernunftsystem des Idealismus überwunden. Das Ich des Sprachdenkens ist nicht mehr das ego cogitans der Geistesmetaphysik, sondern ein Ich, das aus der dialogischen Begegnung mit dem anderen erst entsteht. Wahrheit ist für ROSENZWEIG nicht die einem 'Ich überhaupt' verfügbare, sondern die im dialogischen Zwischen sich ereignende Wirklichkeit, die mich je neu über mich selbst hinausruft. Sosehr alle Wirklichkeitserkenntnis auch **meine** Erkenntnis ist und also das Cogito voraussetzt, sowenig hat das Ich von sich selbst her Macht, es selbst zu sein, sondern es entsteht erst durch das Du. Es verdankt sein Sprechenkönnen dem Angerufensein durch das Du. Mein Sprechen und Denken ist nur insofern meines, als es mir von dem Ueberschreiten meiner selbst auf ein anderes Selbst her zukommt. Das innerweltliche Transzendieren des Ich in seinem Bezug auf Gegenständlichkeit überhaupt wird noch einmal transzendiert durch die Erkenntnis, dass dieses Ueberschreiten, aus dem mir Sein erst begegnen kann, in Wirklichkeit ein Selbstüberschreiten des Ich auf den anderen hin ist, worin Ich und Du miteinander kommunizieren.[615]

Die Nähe DUSSELS zum neuen Denken ROSENZWEIGS erweist sich als frappant. Gegen das unpersönliche, alle Vielfalt auf eine letzte Einheit zurückführende, reduktionistische, alles nivellierende, eindimensionale System des

---

[615] Vgl.B.CASPER, Das dialogische Denken,aaO.(Anm.605)167.

Allgemeinen möchte ROSENZWEIG das unveräusserliche Recht und den irreduziblen Status der konkreten historischen Besonderheit zurückgewinnen. Diese im Protest gegen die Hegelsche Allherrschaft des Begriffs neu entdeckte Eigenständigkeit der Partikularität wird zum systemsprengenden Ansatz.[616]. In diesem Aufbegehren gegen die systematische Abstraktion findet sich der konkrete, wirkliche Mensch wieder als freien Partner im Offenbarungsgeschehen, in dem er sein Angerufensein erfährt. Nur als Empfänger der Offenbarung ist das Ich der eigentlichen Wahrheit fähig. Aehnlich wie DUSSELS Meta-physik setzt ROSENZWEIGS Metalogik der abendländischen Herrschaftsontologie des Allgemeinen das unverfügbare Ereignis der Offenbarung entgegen, das als archimedischer Punkt des Denkens die gesamte Wirklichkeitsauslegung neu orientiert. In diesem Geschehen wird das monologische Denken, das vom Ich her gesetzt ist, zum dialogischen Denken, das vom anderen her bestimmt ist.

ROSENZWEIGS Denken ist eine Philosophie vom biblisch-jüdischen Standpunkt aus. Er trägt nicht die Philosophie an die Bibel heran, um hier Beweisstücke für jene zu finden, sondern indem er sich auf das verpflichtende Wort der biblischen Offenbarung einlässt, folgt er dessen alle Schöpfung treffenden Wahrheitsanspruch. Durch die gebieterische Inanspruchnahme vonseiten Gottes wird der Kreis der egoistisch in sich selbst verschlossenen Ichheit durchbrochen. Angesprochen als Du, empfängt sich der Mensch erst als Ich. Diese dialogische Begegnung im translogischen Offenbarungsereignis drängt das Ich zur Selbstdisposition gegenüber dem Nächsten. Dieses durch Offenbarung initiierte Verhältnis von Ich und Du steht als personale Gesprächsbeziehung im Gegensatz zur Zeitlosigkeit und Gegenständlichkeit des objektivierenden Denkens im Horizont einer sich selbst verabsolutierenden

---

[616] Vgl. Stern 11.

Ichheit. Verbindliche Wahrheit ist für ROSENZWEIG - wie für DUSSEL - nicht mehr die von einem 'Ich überhaupt' beherrschte, sondern in der dialogischen Begegnung sich ereignende Wirklichkeit, die das Ich je neu über sich selbst hinausruft. Sie besteht nicht mehr in der Abstraktion von der jeweils konkreten Besonderheit. Je mehr ein Mensch seine unverwechselbare Partikularität walten lassen darf, desto fruchtbarer vermag sein Beitrag für andere in der dialogischen Wahrheitssuche zu sein. In der personalen Beziehung können die einzelnen Elemente in ihrer reinen Faktizität bestehen bleiben, ohne dem systematischen Zwang zur Reduktion unterworfen zu sein.[617] Was sich wechselseitig in unverfügbarer Freiheit aufeinander bezieht, braucht sich nicht gegenseitig die Wirklichkeit streitig zu machen, wie es der "idealistische Erzeugerbegriff" (KS 335) seinem Erzeugnis gegenüber tut.

Auch wenn mithin DUSSEL selber ROSENZWEIG nicht ausdrücklich würdigt, so gehört er dennoch zu derselben Geistestradition, in der auch DUSSEL steht.


## H. BARTHS Denken aus der Offenbarung

Zu BARTH[618] äussert sich DUSSEL so gut wie gar nicht. Doch soll uns die bereits oben (S.208) festgestellte Analogie zwischen der theologischen Denkform BARTHS und der Denkform DUSSELS Anlass genug sein, das Denken BARTHS vom meta-physischen Standpunkt DUSSELS aus in einer Art analektischer Relecture zu interpretieren.

---

[617] Vgl. KS 363-365; R.MAYER, aaO. (Anm.594) 48-50.
[618] Aus dem Werk K.BARTHS werden hier folgende Abkürzungen verwendet:
- Der Römerbrief. Zweiter Abdruck der neuen Bearbeitung, München 1923: RÖ.
- Die Kirchliche Dogmatik, Bd. I/1: München 1932, Bde. I/2-IV/4: Zollikon 1938ff: KD.

Die zentrale Aussage des Barthschen Denkens lautet, dass Gottes Geheimnis nur aus seiner Selbstoffenbarung in Jesus Christus verstanden werden darf. Mit dieser These, die für ihn sowohl zum Kampfruf als auch zum axiomatischen Grundprinzip der theologischen Erkenntnislehre geworden ist, läuft BARTH gegen alle immanente Bewusstseinstheologie, gegen alles 'Gottdenken von unten' Sturm. Er führt seinen kompromisslosen Feldzug vordergründig gegen die liberale Theologie des 19. Jahrhunderts mit SCHLEIERMACHER als ihrem geistigen Mentor, der Sache nach aber gegen alles vom Subjekt ausgehende Gottdenken von DESCARTES bis HEGEL. Er bezeichnet diese Denktradition als eine "Philosophie des Selbstvertrauens"[619]. Das seiner selbst gewisse Ich hat sich in diesem Denken "zum vornherein darauf eingestellt..., sich selber für das Mass des Wirklichen zu halten" (KD III/2, 87) und sich als "Diktator des Ganzen" (ebd.276) zu inthronisieren. In diesem Akt der Selbstverabsolutierung gründet der seiner selbst gewisse Denker, "der an Allem zweifeln kann, weil er an sich selbst keinen Augenblick zweifelt"[620], alle Realitätsgewissheit, einschliesslich die Gottesgewissheit, auf die Selbstgewissheit. In dieser um das Ich kreisenden Reflexionsbewegung gibt es keine echte Transzendenz, keine an sich seiende Gegen-ständlichkeit mehr. "Nichts und niemand ist für sie draussen, dem Ehre oder gar Furcht gebühren würde. Alles ist drinnen."[621] BARTH geht daher mit FEUERBACH einig, dass die aus solcher Selbstbesinnung und Selbstvergewisserung des Ich hervorgehenden Gottesvorstellungen blosse Projektionen des Menschen sind. Das sich um seine eigene Achse drehende Ich

---

[619] K.BARTH, Die protestantische Theologie im 19. Jahrhundert, Bd.I: Vorgeschichte, Hamburg 1975, 325.
[620] K.BARTH, Die protestantische Theologie I, aaO. (Anm. 619) 325.
[621] K.BARTH, Die christliche Dogmatik im Entwurf, in: Gesamtausgabe, Abt. II, Bd.14, hrsg. von G. SAUTER, Zürich 1982, 408f.

ist in einem Zirkel gefangen, aus dem es von sich aus nie zur Wirklichkeit extra se herauskommt.[622]

Kompromisslos kämpft BARTH daher gegen alles unten bzw. bei der Immanenz des Ich ansetzende Gottdenken. Gnadenlos zertrümmert er alle subjektiv-psychologischen Stützen und Sicherungen des religiösen Selbstbewusstseins. Nicht das fromme Ich mit seinen Dispositionen, Sehnsüchten und Bedürfnissen, sondern Gott selbst in seiner unverfügbaren und souveränen Offenbarung sollte wieder Gegenstand und Aufgabe der Theologie werden. Es geht BARTH radikal darum, "mit der Gottesgewissheit anzufangen, ohne auf die Legitimierung dieses Anfangs durch die Selbstgewissheit zu warten" (KD I/1, 204). Damit steht für ihn ein für allemal fest, dass man "in der Theologie jedenfalls nicht cartesianisch denken" (ebd.203) kann. Gott ist nicht die Realisierung eines allgemeinen Begriffs des Göttlichen, den sich das Ich in seinem Denken konstruiert. Er steht schlechthin "über den Produkten des menschlichen Geistes"[623]; er ist "in keiner Weise in unserer Hand" (ebd. 42). Er ist also unerforschlich und unbegreiflich, dem possessiven Zugriff des menschlichen Begriffs entzogen. "Anschauen und Begreifen heisst ja begrenzen, und was wir begrenzen können, dem sind wir überlegen, dessen sind wir geistig mächtig" (KD II/1, 211). Gottes aber sind wir nicht mächtig. Das ist der eine Satz, dem BARTH wieder Gehör verschaffen möchte, und um dieses einen Satzes willen erweist er sich gegenüber dem neuzeitlichen Denken als ein überaus "sperriger Denker"[624]. Gott ist in seinem Verständnis "jenseits aller bedingt-bedingenden Kräfte, nicht mit ihnen zu verwechseln, nicht an sie anzureihen" (Rö 11). Zwischen Göttlichem und Menschlichem besteht kein gemeinsames Segment, nicht einmal eine Berührungslinie, sondern nur ein mathematischer Punkt, ohne jede Aus-

---

[622] Vgl. KD III/2, 87.
[623] K.BARTH,Dogmatik im Grundriss,Zollikon-Zürich 1947,41.
[624] P.EICHER, Offenbarung. Prinzip neuzeitlicher Theologie, München 1977, 166.

dehnung und Fläche. Das Göttliche berührt die Welt des Menschen nur "wie die Tangente einen Kreis, ohne sie zu berühren, und gerade indem sie sie nicht berührt, berührt sie sie als ihre Begrenzung" (Rö 6).

Es ist BARTH in seiner dialektischen Phase leidenschaftlich um die souveräne Gottheit Gottes, um dessen radikale Transzendenz und totale Andersheit zu tun. Zwischen dem Ich und Gott gibt es nicht die geringste Verwandtschaft oder Uebereinstimmung, keine Brücke oder Kontinuität, sondern nur "unendlich qualitativen Unterschied" (Rö 73; 340; 349; 390 u.ö.), "unendlichen Gegensatz" (Rö 321), "unendlichen Abstand" (KD II/1, 350), "schlechthinige [sic!] Ungleichheit" (ebd.), "Abgrund" (Rö 316), "reine Negation" (Rö 118). Gott ist das "radikal Andere" (Rö 125)[625], "das schlechthinnige Ausserhalb" (KD I/1, 202). "Immer ist Gott dem Menschen jenseitig, neu, fern, fremd, überlegen, nie in seinem Bereich, nie in seinem Besitz" (Rö 96); er ist das ewige Wunder, für das der Mensch "kein Organ hat" (ebd.).

Im Vergleich zu dieser verzehrenden Transzendenz und Andersheit Gottes erscheint das sich auf sich selbst gründen wollende Ich als restloser Sünder, dessen "Bewusstheiten, Grundsätzlichkeiten, Rechthabereien, Prinzipien" gegenüber sich das Wort Gottes wie das "göttliche Minus vor der Klammer" (Rö 467) verhält. Gott bedeutet die "Aufhebung dieses Menschen in seiner Totalität" (Rö 252). Er bezeichnet für die Welt des Menschen nur "Paradox" (Rö 5) und "absolute Krisis" (Rö 51)[626]. Unverkennbar ist hier BARTH in seiner dialektischen Phase von KIERKEGAARD inspiriert, worauf BARTH selbst mehrfach hingewiesen hat[627].

---

[625] Vgl. ebd. 11; K.BARTH, Dogmatik im Grundriss, aaO. (Anm.623) 40.
[626] Vgl.ebd.94; 118 u.ö.
[627] Vgl. Rö XIV; K.BARTH, Dank und Reverenz, in: EvTh 23 (1963) 337-342, 339f.

333

Zwischen Gott und Mensch klafft also ein Abgrund, ein Bruch. "Kein allmählicher Uebergang, kein stufenmässiger Aufstieg, keine Entwicklung etwa ist der Schritt über diese Grenze, sondern ein jäher Abbruch hier, ein unvermittelter Anfang eines ganz andern dort" (Rö 222). Vom Sein der Welt führt kein Weg zum Sein Gottes. Der einzig mögliche Anknüpfungs- und Ausgangspunkt ist die ewige Gottheit Gottes selbst. Der angemessene Weg der Gotteserkenntnis führt nicht von unten nach oben, sondern von oben nach unten, nicht vom religiösen Selbstbewusstsein zu der es bestimmenden göttlichen Wirklichkeit, sondern von der Selbstoffenbarung Gottes zu ihrer Betroffenheit im Menschen. Gotteserkenntnis ist nicht vom Ich her, sondern allein in Berufung auf die Offenbarung Gottes bestimmbar.

H.U. VON BALTHASAR[628] vergleicht BARTHS Offenbarungsdenken mit einer Sanduhr, deren beide Gefässe (Gott und Mensch) sich nur durch den engen Trichter in der Mitte (Jesus Christus) treffen. Und wie der Sand von oben nach unten rinnt und nicht umgekehrt, so hat auch die Offenbarung nur diese einseitige Bewegung von Gott zum Menschen. Sie ist vom Ich her gesehen die "unmögliche Möglichkeit" (Rö 66). Von sich aus ist das Ich nicht in der Lage, die göttliche Wahrheit zu ergreifen. Es kann sie nur zu sich kommen lassen, sie nur sich gesagt sein lassen und also von ihr ergriffen werden.[629] Nur weil Gott selbst geredet hat, kann es von Gott reden. "Wer Gott und was göttlich ist, das haben wir da zu lernen, wo Gott sich selbst ... offenbart hat" (KD IV/1, 203). Die Offenbarung ist Gottes absolute Selbstdarstellung. Der Mensch kann ihn nur erkennen, "weil Gott sich ihm zu erkennen gegeben, weil Gott sich selbst ihm dargeboten und dargestellt hat" (KD I/2, 328f). Die Offenbarung - "dies prägnante, primäre,

---

[628] Vgl. Karl Barth, aaO. (Anm.169) 210.
[629] Vgl. KD I/1, 202.

exklusive 'Deus dixit'"630 - ist die einzige Voraussetzung des ganzen Barthschen Denkens überhaupt.

Offenbarung ist also das "Zu-uns-Kommen der Wahrheit" (KD I/2, 329). Sie geschieht radikal extra me. Sie ist "nicht ein Datum oder eine Funktion unseres Bewusstseins"631. Sie kann niemals in der Immanenz des Ich gefunden und dann aus ihm herausprojiziert werden. Man kann sie "sich nicht in Erinnerung rufen" (KD IV/1, 47). Sie ist "das dem Menschen **Nicht**-Gegebene"632, das nur Gott Eigene. Sie ist das "Ende aller Anschaulichkeit und Begreiflichkeit" (Rö 126) und darum aus jeglicher Bewustseinskorrelation herausgenommen. BARTH isoliert das Offenbarungsereignis aus allen möglichen Begründungszusammenhängen und macht es allein an der reinen Dezision der freien Gnadenwahl Gottes fest. Es ist nur aus sich selbst zu verstehende, reine Faktizität.633 Als solche bedarf es keiner weiter ausholenden Begründung, weil es "auf Schritt und Tritt **sich selber beweist**"634. Offenbarung kann nur durch den offenbarenden Gott selber begründet werden. Als Wort Gottes ist sie in bezug auf die menschliche Vernunftimmanenz absolut "inkoordinabel" (KD IV/3, 109), man kann sie "nicht komprehensiv hören"635. Sie bekundet sich dem Ich so, dass nur ein gehorsames Geschehenlassen ihr entspricht. Sie konfrontiert es mit dem, wozu es sich von sich selbst her nicht verstehen kann, und setzt es so in Widerspruch mit sich selbst.

Der dialektische BARTH akzentuiert diesen Gegensatz des natürlichen Ich und der Offenbarung dermassen stark, dass er die Offenbarung mit einer Schnittlinie vergleicht, welche die Ebene der Weltimmanenz "senkrecht von oben durchschneidet" (Rö 6), wobei dieser Punkt der Schnittli-

---

631 K.BARTH, Christliche Dogmatik, aaO. (Anm.621) 182.
632 K.BARTH, Christliche Dogmatik, aaO. (Anm.621) 128.
633 Vgl. Rö 171; KD I/1, 202.
634 K.BARTH, Dogmatik im Grundriss, aaO. (Anm.623) 43.
635 K.BARTH, Die Souveränität des Wortes Gottes und die Entscheidung des Glaubens, Zollikon 1939, 10.
630 K.BARTH, Christliche Dogmatik, aaO. (Anm.621) 67.

nie "gar keine Ausdehnung auf der uns bekannten Ebene" (RÖ 5) aufweist und daher auch niemals historische, psychologische oder spekulative Breite gewinnt.[636] Sie ist vielmehr der "Blitz, der unsere Existenz in Brand steckt", um sie "zu verzehren und zu vernichten" (RÖ 209).

Es kann also keine neutrale Vernunft geben, die das Offenbarungsgeschehen von einem Ich-Prinzip her zu begründen vermöchte. Die Wirklichkeit der Offenbarung bleibt schlechthin "ein Jenseitiges, ein unverwischbar Anderes" (RÖ 105). Sie hat ihre Wahrheit "ontisch und noetisch - in sich selber" (KD I/1, 321). Sie hat eine "autoritative Selbstevidenz"[637]. Sie legt sich (durch das Medium des in der Schrift bezeugten Wortes) selbst aus und ermöglicht dadurch überhaupt erst ihr Verstehen, das sie von sich selbst her entwirft.

BARTH denkt also nicht von den Bedingungen der Möglichkeit von Offenbarung im Subjekt aus, sondern radikal von der Offenbarungswirklichkeit, vom Faktum der Selbstoffenbarung Gottes (in Jesus Christus) aus. Die Erkenntnisfrage lautet nicht, wie menschliche Erkenntnis der Offenbarung möglich sei, "als ob von einer Untersuchung der menschlichen **Erkenntnis** die Einsicht in die Möglichkeit der Erkenntnis göttlicher **Offenbarung** zu erwarten wäre" (KD I/1, 27)! Sie heisst vielmehr: "welches ist die **wirkliche** menschliche Erkenntnis der göttlichen Offenbarung" (KD I/1, 27f)? Nach BARTH weist sich ein verantwortliches theologisches Denken damit aus, "dass es sich über die Begründung seines Grundes ... in keine Diskussion einlässt, sondern sich ... als Denken aus diesem Grunde faktisch vollzieht" (KD I/1, 28). Theologische Erkenntnis ist "hinsichtlich ihres Grundes unverantwortlich" (KD

---

[636] Vgl. RÖ 5f.
[637] P.EICHER, Offenbarung, aaO. (Anm.624) 212.

I/1, 193), d.h. sie kann nicht vor dem Forum der natürlichen Vernunft immanent gerechtfertigt werden.

Die Offenbarung hat kein Korrelat in einer dem natürlichen Ich als solchem zugehörigen Anlage, in einem durch Selbstreflexion oder durch anthropologische Daseinsanalyse zu erreichenden und aufzudeckenden Vermögen.[638] Der Selbstoffenbarung Gottes entspricht im rezipierenden Ich kein Existential im Sinne eines natürlichen Vermögens der Aufnahme. Ihr entspricht einzig und allein der Glaube, der selbst Gnade ist. Denn sowenig die Offenbarung ableitbar ist von dem oder rückführbar ist auf das, was das Ich von sich aus schon weiss, vielmehr ihre Begründung in Gott selbst hat, sowenig kann das Ich letztlich die Annahme dieses Wortes herleiten aus einer Instanz, die nicht diese gehorchende, hörende Annahme selbst wäre. Der Glaube ist keine Möglichkeit der natürlichen Existenz, sondern eine derselben eingeräumte Wirklichkeit, die als solche nur eine Möglichkeit des Wortes Gottes ist, das sie von aussen trifft. Das Ich kommt nicht (von sich aus) zum Glauben, sondern der Glaube kommt durch das Wort zu ihm.[639] Dieser hat keinen existentialontologischen Stand im Dasein des Ich, sondern er ist der "Stand in der Luft, ausserhalb aller uns bekannten Standmöglichkeit" (Rö 68). Die menschliche Möglichkeit der Aneignung des Wortes Gottes im Glauben beruht nicht auf einem dem Ich angeborenen Vermögen des Seinsverstehens überhaupt, kraft dessen es für das Sein der göttlichen Offenbarung gewissermassen schon vorbereitet wäre. Sie wird vielmehr vom faktisch ergehenden Wort Gottes selbst erst mitgebracht.[640]

BARTH bestreitet, dass eine theologisch relevante neutrale existentiale Interpretation menschlichen Daseins überhaupt möglich ist, innerhalb deren dann auch der Glaube als Möglichkeit oder Notwendigkeit menschlichen Existie-

---

[638] Vgl. KD I/1, 201.  [639] Vgl. KD I/1, 258.
[640] Vgl. KD I/1, 201.

rens aufgewiesen werden könnte. Die Entscheidungsforderung der Offenbarung ist kein Fall der der menschlichen Existenz eigenen Entscheidungsstruktur. Nicht diese macht die Offenbarung zum Entscheidungsfall, sondern der einzigartige Entscheidungscharakter der Offenbarung stellt den Menschen in die Entscheidung. Die wahre Bewegung führt also noch einmal nicht vom Daseinsverstehen zum Glauben, sondern vom Glauben zum Verstehen des Daseins.[641] Die wahre Formel lautet: 'fides quaerens intellectum' und nicht: 'intellectus quaerens fidem'. Theologisch heisst Erkennen immer "von Gott aus einsehen"[642].

In der Glaubens- und Offenbarungsbeziehung ist alles einseitig von Gott her gesetzt.[643] Das Wort Gottes ist unabhängig von unserer Erkenntnis wahr.[644] In bewusster Antithese zum neuzeitlichen Subjektdenken betont BARTH die Priorität des Seins oder des Ansich des Gegenstandes vor der Erkenntnis desselben.[645] Der Glaube ist eine Erkenntnisfähigkeit des Menschen, die "nur vom Erkenntnisgegenstand bzw. von der Erkenntniswirklichkeit her und durchaus nicht vom Erkenntnissubjekt ... her als solche verständlich zu machen ist" (KD I/1, 201). Im Glaubensgeschehen ist es gerade nicht so, dass sich der Gegenstand dem Subjekt verdankt, sondern umgekehrt so, dass das glaubende Ich "dem **Gegenstand** seines Glaubens gerade alles zu verdanken hat" (KD IV/1, 829). Der Glaubende wird von seinem Gegenstand her als Subjekt erst konstituiert. Sein Dasein ist ein "Sein **von dem her, an den** er glauben darf" (KD IV/1, 837).

BARTHS Frage nach der Bedingung der Möglichkeit des Offenbarseins Gottes für uns führt nicht in ein anthropolo-

---

[641] Vgl. E.JUENGEL, Barth-Studien, Zürich 1982, 176f.
[642] K.BARTH, Das Wort Gottes und die Theologie. Gesammelte Vorträge, München 1924, 47.
[643] Vgl. KD III/2, 387.
[644] Vgl.K.BARTH, Die Souveränität des Wortes Gottes, aaO. (Anm.635) 11.
[645] Vgl. E.JUENGEL, Barth-Studien, aaO. (Anm.641) 75f.

gisches Existential, sondern konsequent zum Subjekt der Offenbarung, zu Gott selbst zurück. Gott als Subjekt des Offenbarens vermittelt seine Objektivität dem Ich, ohne von dessen eigener Subjektivität erst wieder konstituiert zu werden. Als Glaubender ist der Mensch "ganz und gar von diesem Gegenstande her. Er kann sich, indem er glaubt, nicht als in sich selbst, sondern nur als in seinem Gegenstande begründet, ja nur als durch seinen Gegenstand existierend, verstehen" (KD I/1, 258). BARTH umschreibt diese absolute Priorität des Wortes Gottes mit dem Ausdruck "Aggressivität des Gegenstandes"[646]. Der Gegenstand des Glaubens überfällt das Ich.[647] Nur indem das "Objekt ihm, dem Subjekt gegenüber, unaufhaltsam die Oberhand gewinnt" (ebd.86), ist Glaubenserkenntnis möglich.

Der Glaube ist das Organ der absoluten Wahrheit, aber nicht als ein Apriori der Vernunft oder als eine Setzung des Ich, sondern als ein Gesetztsein durch das transzendente Wort Gottes selbst. Der Urakt ist nicht die im und durch das Ich vollzogene Setzung, sondern die im Glauben "unserem Bewusstsein widerfahrende Entgegensetzung" (KD III/1, 399). Ausserhalb der reinen Aktualität Gottes bleibt für ein echtes Aktzentrum kein Raum. Es bleibt ihr gegenüber nur Passivität.[648] Der Glaubende ist wesentlich Hörer des Wortes.[649]. Er ist ein "vernehmendes Wesen" (KD III/2, 478). BARTH zitiert zustimmend CALVIN: "Omnis recta cognitio Dei ab oboedientia nascitur."[650] Das Ich muss schweigen und hören, wenn Gott reden soll. Es übt nur noch reinen Gehorsam. Glaube ist reines Vakuum, reiner Hohlraum, reine Offenheit für die Selbstoffenbarung Gottes[651]; er ist eben deshalb niemals systemfähig[652].

---

[646] K.BARTH, Einführung in die evangelische Theologie, Zürich 1962, 95.
[647] Vgl. ebd. 107.
[648] Vgl.H.U. VON BALTHASAR, Karl Barth, aaO. (Anm.169)114.
[649] Vgl. KD III/2, 176f; 210.
[650] K.BARTH, Einführung,aaO.(Anm.646)26 (dort Sperrdruck).
[651] Vgl. RÖ 32; 84; 125; 222.
[652] Vgl. K.BARTH, Einführung, aaO. (Anm.646) 108.

Als vernehmendes Wesen nimmt das glaubende Ich "ein Anderes als solches in sein Selbstbewusstsein auf" (KD III/2, 479). Damit wird der geschlossene Kreis des Daseins im Glauben nach aussen hin geöffnet. "Im Glauben hört der Mensch auf, einfach **bei sich** zu sein" (KD IV/1, 830), er wird vielmehr gerade in der innersten Mitte seines Daseins ex-zentrisch. "Es geht im Glauben darum, dass der Mensch gerade in seinem Zentrum nicht bei sich, ... dass er nur ausserhalb seiner selbst in seinem Zentrum und also bei sich selbst ist" (ebd.). Er hat sein Zentrum nicht mehr in sich selbst, sondern im Wort Gottes als seinem Gegenstand.[653] Durch das offenbarende Wort Gottes wird die Existenz des Ich "sichtbar als gesprengt, als geöffnet von aussen und nach aussen hin" (KD III/2, 192).

Damit wird beim späteren BARTH nun doch so etwas wie eine innere, positive Beziehung zwischen dem Ich und Gott sichtbar. Er sieht den wirklichen Menschen "in seiner Offenheit in der Richtung nach einem Draussen, das als solches ... das absolute, das unerforschliche und unbetretbare, nur in der Tatsache der Begrenzung der menschlichen Existenz sich ankündigende Draussen einer realen Transzendenz" (KD III/2, 239) ist. Für den BARTH der dialektischen Periode war die Beziehung zwischen Gott und Mensch nur eine ganz und gar widersprüchliche und negative, ja die Distanz der Kreatur von Gott war ihm identisch mit dem dämonischen Widerspruch der Sünde und der Gottferne. Die göttliche Absolutheit und Andersheit erschien ihm wie ein das Geschöpf verzehrendes Feuer. Durch die christologische Grundlegung hat er diese verzehrende Aktuosität Gottes immer mehr als das Feuer der absoluten Liebe zu deuten gelernt.[654] Die Form der Negativität wird immer mehr umgriffen von der Form der Positivität, das Nein des Gerichts und der Krisis immer mehr umschlossen vom Ja der Gnade.

---

[653] Vgl. K.Barth, Die Souveränität, aaO. (Anm.635) 14.
[654] Vgl. H.U.VON BALTHASAR, Karl Barth, aaO.(Anm.169)183f.

Die Dialektik hatte insofern nur eine begrenzte Funktion und Aussageabsicht. Die Betonung des unendlich qualitativen Unterschieds zwischen Gott und Geschöpf hatte den Sinn, die falschen Götter zu stürzen, die das auf sich selbst konzentrierte Ich von sich aus errichtet hatte. Nach dem vollzogenen Sturz dieser Götter kann nun BARTH die ganze Wahrheit von der "Ueberordnung des Ja über das Nein Gottes"[655] zumuten. **Aufgrund der faktischen Menschwerdung Gottes** muss der Mensch "auf alle Fälle als ein von Haus aus in irgend einer **Beziehung zu Gott** stehendes Wesen", als "geöffnet und bezogen zu Gott hin" und diese Offenheit "als eine notwendige und konstante Bestimmung" (KD III/2, 83f) des Menschen verstanden werden, so dass Gottlosigkeit geradezu als eine "Attacke auf den Bestand seiner eigenen Geschöpflichkeit" (KD III/2, 162) zu begreifen ist.

Man hat diese 'Kehre' im Barthschen Denken die "Wendung zur Analogie"[656] genannt. Der Analogiebegriff ist für BARTH "tatsächlich unvermeidlich" (KD II/1, 254) geworden, und zwar "unter dem Zwang des Gegenstandes" (KD II/1, 256). Denn insofern das offenbarende Wort Gottes tatsächlich wahre Gotteserkenntnis vermittelt und also ein Erkenntnisverhältnis zwischen Gott und dem Ich faktisch besteht, kann die schlechthinnige Ungleichheit zwischen Gott und Geschöpf nicht das einzige und ausschliessliche Wort sein. "Solche Ungleichheit müsste doch bedeuten, dass wir Gott faktisch nicht erkennen. Denn wenn wir ihn erkennen, dann erkennen wir ihn mit den uns an die Hand gegebenen Mitteln; sonst erkennen wir ihn gar nicht. Es muss dies, dass wir ihn erkennen, bedeuten, dass wir mit unseren Anschauungen, Begriffen und Worten gerade nicht etwas schlechthin Anderes als ihn bezeichnen und zur Aussprache bringen, sondern in und mit diesen un-

---

[655] K.BARTH, Einführung, aaO. (Anm.646) 105.
[656] H.U. VON BALTHASAR, Karl Barth, aaO. (Anm.169) 93ff.

seren Mitteln, den einzigen, die wir haben, nun eben doch ihn" (KD II/1, 253f)!

BARTH führt also - ähnlich wie DUSSEL - den Begriff der Analogie dort ein, wo es um die Möglichkeit der Aneignung des Wortes Gottes im Glauben geht. Dass aber die Möglichkeit einer solchen Analogie nicht in irgendeiner Disposition des Ich gründet, darin liegt die bleibende Kontinuität der Periode der Dialektik und jener der Analogie im Denken BARTHS. Die Bewegung der Erhebung des endlichen Geschöpfs zum Schöpfer, die BARTH mit dem Begriff der analogia entis verbindet, ist durch die unendliche Distanz beider, die jeden spontanen Vergleich im voraus verunmöglicht, ein für allemal ausgeschlossen.

Wenn eine Analogie dennoch möglich ist, dann nur deshalb, weil Gott selbst im Akt der Offenbarung diese Distanz überbrückt hat. Versteht also BARTH unter analogia entis den prometheischen Uebergriff des Menschen auf die Wirklichkeit Gottes, so unter analogia fidei den "Uebergriff, der von seiten Gottes geschehen ist und geschieht" (KD II/1, 80). Analogia fidei oder analogia revelationis meint Aehnlichkeit von Gott zum Geschöpf hin, in unumkehrbarer Richtung, in einer Herstellung von oben nach unten, von aussen nach innen.[657] Das Verhältnis der Analogie muss als "Werk und Setzung der Offenbarung selber" (KD II/1, 262) verstanden werden. Gott selbst bestimmt und erwählt die geschaffene, endliche, relative Wahrheit zum Ausdruck seiner göttlichen Wahrheit. Die analogia fidei ist - scholastisch ausgedrückt - eine analogia attributionis extrinsecae, wobei Gott das analogatum princeps ist, dem das Analogon proprie, dem Geschöpf aber nur secundum quid (aufgrund seiner gesetzten Beziehung zu Gott) zukommt.[658]

---

[657] Vgl. KD I/1, 257.   [658] Vgl. KD II/1, 268.

BARTH hat sich in seinem Werk aber nicht nur über den göttlichen, sondern sub specie theologica auch über den mitmenschlichen anderen geäussert. Letzterer erscheint ihm als "Gleichnis des ganz Anderen" (Rö 437), als "**Mandatar** des unbekannten Gottes" (ebd.). Vom Sein Jesu, der ganz "Mensch für den anderen Menschen" (KD III/2, 242ff) war, und vom Gedanken der Bundesgenossenschaft her fällt ein neues Licht auf die Bestimmung des Menschen. Das monologische und absolute 'Ich bin' wird aufgebrochen auf ein "Sein in der Begegnung" (KD III/2, 296) hin. "Ich bin, indem ich dem Anderen **begegne**" (KD III/2 295), "Ich bin, **indem Du bist**" (KD III/2, 296), d.h. alles 'Ich bin' ist "durch das 'Du bist' qualifiziert, ausgezeichnet, bestimmt" (ebd.).

Allerdings geht BARTH nicht so weit, das Du als die eigentliche Substanz des Ich auszugeben. Er distanziert sich ausdrücklich von jenen Versuchen, die "im Kampf gegen den Humanitätsbegriff des Idealismus des Guten gelegentlich zu viel getan, das Kind mit dem Bade ausgeschüttet" (ebd.) haben, indem sie den "Menschen ganz und gar nur vom Mitmenschen her konstruieren" und das Ich vom Du her "förmlich zum Verschwinden bringen" (ebd.) wollten.

Der Sache nach liegt darin - bei aller Aehnlichkeit - ohne Zweifel eine Abgrenzung vom Dusselschen Diskurs, die bei BARTH bundestheologisch motiviert ist. Denn weil das Ich ebenso wie das Du wirklich von Gott gewollt und bejaht und zu seinem Bundesgenossen erwählt ist, darf es vor dem anderen nicht einfach zum Verschwinden gebracht werden. Hier macht sich wiederum die Wende des späteren BARTH zur 'Menschlichkeit Gottes', die als Prinzip der Mitmenschlichkeit gefasst wird, bemerkbar. Im zwischenmenschlichen Verhältnis von Ich und Du hat kein Pol einen Primat. Beide sind gleichrangig: "Ich bin, indem Du bist, und Du bist, indem Ich bin" (KD III/2 297). Beide begegnen sich "in der **Offenheit** des Einen zum Anderen hin und für den Anderen" (KD III/2, 300); es handelt sich um eine "doppelseitige Offenheit" (ebd.) füreinander im Reden miteinander und Hören aufeinander.[659]

Wahre Begegnung ist keine passive Unterwerfung unter das Du, weil ich dadurch dem Du gerade meine Andersheit verweigern würde. Sie ist aber ebensowenig aktive Unterwerfung des Du durch das Ich, weil dadurch das Du zu einem blossen Moment meines erweiterten Ich depotenziert würde.[660] Im Dialog zwischen Ich und Du geht es wirklich darum, "je den Anderen zu suchen" (KD III/2, 311). Nur so sind sich beide gegenseitig nicht dasselbe, sondern je Geheimnis, d.h. je "Neues, Fremdes, Anderes" (KD III/2, 307), das nur in der Selbstkundgabe, im "Anspruch des Einen an den Anderen", der "so etwas wie ein Einbruch aus der Sphäre des Einen in die Sphäre eines anderen Seins" (ebd.) ist, nahekommen kann.

Zwischen dem Barthschen und dem Dusselschen Diskurs zeigen sich bei aller Unterschiedenheit doch erstaunliche Analogien. Beide Denker widersetzen sich einem Denkansatz, als dessen Sockel die Selbstgewissheit des sich selbst und die Realität ausserhalb seiner setzenden Ich etabliert ist. Mit DUSSEL trifft sich BARTH im Kampf gegen den Subjektansatz des neuzeitlichen Denkens, welches das Ich als "Diktator des Ganzen" (s.o. S. 331) inthronisiert hat. Beide betonen die Unableitbarkeit, Unverfügbarkeit, Ursprünglichkeit und Exteriorität des ganz Anderen, dessen Wirklichkeit dem Ich gegenüber absolut jenseitig und seinem possessiven Zugriff schlechthin entzogen ist. Zwischen dem Ich und dem ganz Anderen besteht eine unendliche Distanz, die vom Ich her unmöglich überbrückt werden kann. Eine Erkenntnisrelation zum Anderen ist nur möglich im Ausgang von diesem selbst aufgrund des unableitbaren Faktums seiner Offenbarung, die ihrerseits nur im passiven Hören des Glaubens empfänglich ist. Das

---

[659] Vgl. KD III/2, 302ff.     [660] Vgl. KD III/2, 324f.

Sein des Ich wird im Glauben konstituiert als ein Sein vom Anderen her; es hat sein Zentrum nicht mehr in sich selbst, sondern im Anderen. Wie DUSSEL denkt BARTH nicht vom Ich aus, sondern radikal von der Offenbarung des Anderen aus. Die Wahrheit des Anderen hat eine autoritative Selbstevidenz und kann nicht vom Ich her gefunden oder begründet werden. Erkennen heisst hier immer, dass das Ich vom Anderen aus einsieht und nicht umgekehrt. Die Erkenntnisbeziehung ist ausschliesslich von diesem Anderen her gesetzt und ermöglicht. Die Urhandlung des menschlichen Geistes ist nicht die Setzung des Ich, sondern die dem Ich widerfahrende Entgegensetzung. Das Ich ist primär Hörer des Wortes des Anderen. Es muss schweigen, wenn der Andere sprechen soll. Verstehbar wird dieses Wort des Anderen aufgrund einer Analogie, die nicht in einer Seinsverwandtschaft des Ich mit dem Anderen gründet, sondern exklusiv vom Anderen her in Kraft gesetzt wird. Wie DUSSEL führt BARTH den Analogiebegriff dort ein, wo die Möglichkeit der Aneignung des Wortes des Anderen durch das Ich erklärt werden soll.

Damit ist bei BARTH in bezug auf die Denkfigur die Form des transsubjektiven oder transontologischen Denkens, wie wir sie bei DUSSEL kennengelernt haben, bereits vollständig ausgebildet. Der Unterschied kann nur noch in der Materie des Denkens liegen: Während BARTH den Anderen und seine Offenbarung zunächst und in direkter Intention rein theologisch fasst und erst von daher über das mitmenschliche Du reflektiert, begreift DUSSEL den anderen von vornherein (wenn auch nicht ohne biblisch-christlichen Einfluss) anthropologisch, wovonher ihm dann auch Gott als unendlich Anderer zugänglich wird.

Bei DUSSEL finden wir also einen Ansatz, der von der Denkform her durch und durch barthianisch und trotzdem durch und durch anthropologisch ist! Diese formale Uebereinstimmung zwischen dem Theologen BARTH und dem sich primär als Philosoph verstehenden DUSSEL ist insofern kein Zufall, als das philosophisch-anthropologische Denken DUSSELS zweifellos schon im Ansatz biblisch-theologisch inspiriert ist. Ein solcher Einfluss ist philosophisch solange nicht problematisch, wie dieser durch religiöse Glaubensüberzeugungen mitgeformte Entdeckungszusammenhang nicht mit dem philosophischen Begründungszusammenhang verwechselt wird, wie es also DUSSEL gelingt, von der biblischen Tradition ermöglichte Einsichten philosophisch zu argumentieren und zu bewähren.

## I. HEIDEGGERS Destruktion der abendländischen Ontologie

DUSSELS Verhältnis zu HEIDEGGER ist höchst ambivalent. Bis 1970 stand sein Denken ganz im Banne des Freiburger Philosophen, von dem er sich in seinem Sprung zum metaphysischen Denken abgestossen hat. Seither rechnet er HEIDEGGER selber im wesentlichen noch zur Tradition der abendländischen Ontologie, die es analektisch zu übersteigen gilt.[661] Dass aber gerade von der Konstellation Dusselschen Denkens aus gesehen bei HEIDEGGER eine starke, ja bestimmende Grundtendenz zum Transontologischen gegeben ist, soll im folgenden entfaltet werden.

HEIDEGGERS[662] Denken trifft sich mit DUSSEL darin, dass es den Subjektivitätsansatz des Denkens zu überwinden trachtet. Dies impliziert schon bei HEIDEGGER die "Aufga-

---

[661] Vgl. FE I, 33-102; II, 134-156; Para una fundamentacion, aaO. (Anm.10) 22.
[662] Die meistzitierten Werke M.HEIDEGGERS werden hier folgendermassen abgekürzt:
- Sein und Zeit, Tübingen $^{13}$1976: SZ.
- Platons Lehre von der Wahrheit. Mit einem Brief über den "Humanismus", Bern 1947: PL.
- Was ist Metaphysik?, Frankfurt a.M. $^{11}$1975: WiM.
- Holzwege, Frankfurt a.M. $^{2}$1952: HW.
- Vom Wesen der Wahrheit, Frankfurt a.M. $^{6}$1976: VWW.
- Vorträge und Aufsätze, Pfullingen 1954: VA.
- Identität und Differenz, Pfullingen $^{7}$1982: ID.
- Nietzsche, 2 Bde., Pfullingen 1961: N I-II.

be einer Destruktion der Geschichte der Ontologie" (SZ § 6). Die abendländische Denktradition steht nach HEIDEGGER 'von PLATON bis NIETZSCHE' durchwegs unter dem Vorzeichen der Seinsvergessenheit bzw. der "Vergessenheit der Differenz" (ID 40) des Seins und des Seienden. Die Wahrheit des Seins werde über der Verfallenheit an das Seiende vergessen, wobei auch noch dieses Vergessen selbst in die Vergessenheit entsinke.[663] Insofern nur das Seiende als Seiendes vor das Denken gestellt werde, vergesse dieses Denken das Sein und damit seinen eigenen Ursprung und Grund bzw. es stelle das Sein selbst bloss als Seiendes (summum ens) vor. HEIDEGGER nennt dieses seinsvergessene "Vorstellen des Seienden als des Seienden" (WiM 20) Metaphysik oder Wissenschaft[664]. Der Metaphysikbegriff bei HEIDEGGER und bei DUSSEL ist also äquivok! Metaphysisches Denken bezeichnet im Verständnis HEIDEGGERS ein vor-stellendes und verfügendes gegenständliches Denken, wobei HEIDEGGER den europäischen Nihilismus insgesamt als innere Konsequenz dieser metaphysischen Verfallenheit an das Seiende deutet.[665]

Nach HEIDEGGER beginnt diese metaphysische Verstellung des Seins spätestens mit PLATON.[666] Dieser bringe das Wesen der Wahrheit als Unverborgenheit unter das Joch der Idee. Damit werde die Wahrheit von einem Grundzug des Seienden selbst umgewandelt zur Richtigkiet des Blickens und Aussagens und so zur "Auszeichnung des menschlichen Verhaltens zum Seienden" (PL 42). Sie werde nunmehr festgemacht im Erkennen (Wahrheit als adaequatio rei ad intellectum). "Veritas proprie invenitur in intellectu" (THOMAS VON AQUIN). Die Wahrheit werde an den Ideen gemessen. So könne sie in der Neuzeit zur Gewissheit werden, in die sich das Denken bringe. Das neuzeitliche Den-

---

[663] Vgl. WiM 7-23; PL 72; N II, 391; ID 60.
[664] Vgl. ID 44.
[665] Vgl. M.HEIDEGGER, Zur Seinsfrage, Frankfurt a.M ³1967, 41; ders., Der europäische Nihilismus, Pfullingen 1967.

ken sei ein "Vor-sich-Herstellen ... in der perceptio der res cogitans als des subjectum der certitudo" (PL 77). Immer gehe es um die Richtigkeit der Anmessung des Seienden an die Idee, um das Bemühen, das erkennende Subjekt in der Gewissheit seiner selbst zu sichern. "Indem das Subjekt je und je Subjekt ist, vergewissert es sich seiner Sicherung" (HW 225f). Ausgestossen aus der Wahrheit der Unverborgenheit des Seins vollziehe die neuzeitliche Subjektivität des Menschen ihre "unbedingte Selbstbehauptung" und kreise sie "um sich selbst als das animal rationale" (PL 89).

Das Sein des Seienden hat nach HEIDEGGER im neuzeitlichen Denken im wesentlichen die Bedeutung der Gegenständlichkeit (Objektivität), der ständigen Anwesenheit, Vorhandenheit, Vorstellbarkeit oder Verfügbarkeit.[666] Das Seiende west als verfügbares Objekt für ein vorstellendes Subjekt. "Vorstellen meint hier: von sich her etwas vor sich stellen und das Gestellte als ein solches sicherstellen. Dieses Sicherstellen muss ein Berechnen sein, weil nur die Berechenbarkeit gewährleistet, im voraus und ständig des Vorzustellenden gewiss zu sein" (HW 100). Vorstellen ist eine Haltung des Verfügens und Ergreifens. "Nicht das Anwesende waltet, sondern der Angriff herrscht. Das Vorstellen ist ... ein von sich aus Vorgehen in den erst zu sichernden Bezirk des Gesicherten" (ebd.). Das "eigenwillige Pochen auf die Setzungskraft der Subjektivität" (PL 112) "macht das Seiende zum Beherrschbaren"[667]. Der Mensch als animal rationale oder animal metaphysicum bewegt sich ganz im "Gemächte menschlicher Vernunft" (PL 115), "im Gangbaren und Beherrschbaren" (VWW 22), im "Nichtwaltenlassen der Verbergung des Verborgenen" (ebd.). Er spreizt sich rücksichtslos zum Herrn des Seins auf[668] und insistiert selbstbewusst "auf der Sicherung

---

[666] Vgl. M.HEIDEGGER, Zur Seinsfrage, aaO. (Anm.665) 21.
[667] M.HEIDEGGER, Einführung in die Metaphysik, Tübingen [3]1966, 148.

seiner selbst durch das ihm jeweils zugängige Gangbare" (VWW 23). Das Sein erscheint ihm als ständig verfügbar im Sinne der souveränen Vorgestelltheit der Gegenstände bzw. einer universaltechnischen Produzierbarkeit. Weil das Sein als machbares in die Machenschaft des Subjekts gestellt wird, scheint es dem Menschen, als begegne er überall nur noch sich selbst. Nach HEIDEGGER ist dieser verfügende Ausgriff auf das Sein heute zum Kampf um die Erdherrschaft geworden, in dem es darum geht, die Erde als das Gesamt des verfügbaren Seienden in die Verfügung zu bekommen.[669]

Im Urteil HEIDEGGERS vollzieht daher NIETZSCHE nur die Vollendung des metaphysischen Denkens insgesamt, wenn er das Sein des Seienden als Wille zur Macht bestimmt.[670] Von PLATON bis NIETZSCHE tritt die abendländische Metaphysik "auf der Stelle, um stets das Selbe zu denken" (PL 81): die Herrschaft über das Seiende. Der Wille zur Macht ist die metaphysische Wesensbestimmung des Seins. Es ist der Wille, der in der ewigen Wiederkehr des Gleichen nur sich selbst will.[671] Der Wille zur Macht gründet sich in sich selbst und verfügt so über sich als den letzten Grund von allem, was ist.

Dieser Wille zur Macht hat sich in der Moderne als Herrschaft der technisch-instrumentellen Vernunft etabliert. Das Wesen der Technik ist die "Vernutzung des Seienden" (VA 93). Die Technokratie resultiert nach HEIDEGGER konsequent aus der seinsvergessenen Subjektstellung des Menschen im Zentrum der vergegenständlichten Welt. Was in der Metaphysik Vor-stellung des Objekts durch das Subjekt

---

[668] Vgl. M.HEIDEGGER, Die Technik und die Kehre, Pfullingen ²1962, 26f.
[669] Vgl. N II, 261ff.
[670] Vgl. N I; N II, 7ff; PL 50; HW 224.
[671] Vgl. M.HEIDEGGER, Zur Seinsfrage, aaO. (Anm.665) 32; N II, 7-29; HW 307.

heisst, bedeutet technisch die Her-stellung des Produkts durch den planenden Menschen.

HEIDEGGER wendet sich gegen diese "aus der Herrschaft der Subjektivität stammende Einrichtung und Ermächtigung der Offenheit des Seienden in die unbedingte Vergegenständlichung von allem" (PL 58). Das ursprüngliche Wesen des Menschen besteht "nicht darin, dass er die Substanz des Seienden als dessen 'Subjekt' ist, um als der Machthaber des Seins das Seiendsein des Seienden in der allzulaut gerühmten 'Objektivität' zergehen zu lassen" (PL 75). Die "Herrschaft der neuzeitlichen Metaphysik der Subjektivität" (PL 60) ist HEIDEGGER derart problematisch geworden, dass er ihretwegen sogar gegenüber seinem eigenen frühen Denkansatz die berühmte Kehre vollzogen hat. In 'Sein und Zeit' ging es irgendwie noch um eine "ontologische Interpretation der Subjektivität des Subjekts"[672]. Die existentiale Analyse des menschlichen Daseins auf dessen formale Seinsstrukturen hin diente noch als "Ausgang für die eigentliche Analytik" (SZ 37), nämlich für diejenige der Frage nach dem Sinn von Sein, weil nur Dasein überhaupt nach dem Sinn von Sein fragen könne und also Sein nur vom Dasein aus zugänglich sei.[673] Das Dasein wurde damit als Bedingung der Möglichkeit von Ontologie gefasst, weshalb HEIDEGGER die Daseinsanalyse zugleich als Fundamentalontologie verstehen konnte. Das Dasein trat in gewissem Sinne an die Stelle des transzendentalen Ich.[674] Sein war nur im Verstehen des Daseins.[675] Dieses entwarf sich den Horizont des Seins, worin das Seiende als durch das Dasein erschlossenes zur Lichtung kam. Wahrheit gründete wesentlich in der Erschlossenheit und im Entdeckend-

---

[672] M.HEIDEGGER, Vom Wesen des Grundes, Frankfurt a.M. [6]1973, 42; vgl. auch W.SCHULZ, Ueber den philosophiegeschichtlichen Ort Martin Heideggers, in: PhR 1 (1953/54) 65-93.211-232, 79.
[673] Vgl. SZ 17.
[674] Besonders deutlich wird dies in: M.HEIDEGGER, Kant und das Problem der Metaphysik, Frankfurt a.M. [3]1965.
[675] Vgl. SZ 183; 212.

sein als einer Seinsweise das Daseins.[676] Welt und Mitsein (bzw. Mitwelt) wurden noch ganz vom Dasein aus gedacht, insofern Weltlichkeit und Mitsein als Momente des In-der-Welt-seins und so als Strukturmomente oder Existenziale des Daseins selbst gefasst wurden.[677]

Damit schien die Existentialontologie noch einmal das Verstehen des Daseins in neuzeitlich-metaphysischer Weise als das kritisch zu sichernde Fundament der Wahrheit des Seins anzusetzen. 'Sein und Zeit' konnte darum nicht nur subjektivistisch-anthropologisch missverstanden werden, sondern das Buch geriet selbst, weil es vom abendländisch-metaphysischen Denken herkam, "wider seinen Willen" in die Gefahr, "erneut nur eine Verfestigung der Subjektivität zu werden" (N II, 194). Der Versuch, das seinsverstehende Dasein in einer gleichsam transzendentalen Rückwendung des Verstehens auf sich selbst vorzustellen und als den Grund weiteren Fragens nach dem Sinn von Sein sicherzustellen und so die Frage nach der Wahrheit des Seins im menschlichen Dasein zu verwurzeln, hindert nach der späteren Erfahrung HEIDEGGERS das Dasein, sich in die Geschichte der abgründigen Wahrheit des Seins zu fügen und sie sich kundgeben zu lassen.

HEIDEGGERS Kehre sagt endgültig jenem Denkansatz ab, der den Menschen oder das Subjekt "wissentlich in eine Mitte des Seienden rückt" (PL 49). Es geht um eine Ueberwindung alles "metaphysisch bestimmten Kreisens um den Menschen" (PL 50) und insofern überhaupt um eine "Verwindung der Metaphysik"[678] bzw. eine "Verwindung der Seinsvergessenheit" (ebd.35). Zwischen dem seinsvergessenen, metaphysischen und dem 'seinshütenden' Denken besteht ein jäher Sprung, der "das Denken ohne Brücke ... in einen anderen Bereich und in eine andere Weise des Sagens"[679] bringt.

---

[676] Vgl. SZ 218-230.    [677] Vgl. SZ 63-76; 123f.
[678] M.HEIDEGGER, Zur Seinsfrage, aaO. (Anm.665) 33.
[679] Ders., Der Satz vom Grund, Pfullingen 1957, 95.

Der späte HEIDEGGER denkt daher nicht mehr existentialontologisch, sondern seinsgeschichtlich oder besser: seinsgeschicklich. Er hält sich nicht mehr bei der Analyse von Daseinsstrukturen auf. Er versteht das Sein nicht mehr vom Dasein her, sondern umgekehrt das Dasein vom Sein her. Während in 'Sein und Zeit' das Sein noch vom Dasein her erschlossen wird, west im Spätdenken das Dasein umgekehrt nur noch als Wurf des Seins, der gewissermassen die Geworfenheit des Daseins besiegelt. Die Kehre ist wesentlich eine Kehre von der Ontologie des Daseins bzw. des Seienden in die Wahrheit des Seins.[680] Das 'Konstitutionsverhältnis' von Sein und Dasein wird in gewisser Hinsicht vertauscht.

Das metaphysische Denken ist nach HEIDEGGER per se von der Erfahrung des Seins selbst ausgeschlossen, weil es je schon auf das Seiende als solches fixiert ist.[681] Nach dem Ende der Metaphysik bedarf es eines neuen, die Subjekt-Objekt-Relation überschreitenden Denkens.[682] Ursprünglicher als die Beziehung eines Subjekts zum Objekt ist das Gehaltensein des Menschen in der Offenheit des Seins.[683]

HEIDEGGER möchte zum ursprünglichen, vormetaphysischen Denken umkehren, worin das Geheimnis der Wahrheit des Seins als verbergend-entbergende Unverborgenheit gewahrt bleibt. Es geht also nicht doch wieder nur um eine neue letzte Gründung der Wahrheit in einem höchsten oder allgemeinsten Seienden, sondern um die Wahrung der bleibenden Abgründigkeit des Seins.[684] Als Fundamentalontologie war das Denken in 'Sein und Zeit' noch auf ein Gründenwollen ausgerichtet. Mit der Kehre hat HEIDEGGER dieses

---

[680] Vgl. M.HEIDEGGER, Die Technik und die Kehre, aaO. (Anm.668) 42; VA 182.
[681] Vgl. N II, 353ff; WiM 20.   [682] Vgl. N II, 195.
[683] Vgl. PL 100f.
[684] Vgl. O.POEGGELER, Der Denkweg Martin Heideggers, Pfullingen 1963, 182f.

metaphysische Gründenwollen gebrochen und die Erfahrung der Abgründigkeit herausgearbeitet. Er hat das Sein immer mehr als "Ab-Grund" und das Denken des Seins als "Sprung ... ins Bodenlose" erfahren, insofern "das Sein nicht mehr auf einen Boden im Sinne des Seienden gebracht und aus diesem erklärt werden kann".[685]

Das Sein ist in keiner Weise gegenständlich verfügbar. Zwischen dem Sein und dem Seienden besteht eine ontologische Differenz, das Sein selbst wird "gedacht aus der Differenz" (ID 57), ja es ist die "Differenz als Differenz" (ID 37). Schon 'Sein und Zeit' hatte festgehalten, Sein sei "keine Gattung eines Seienden", sondern "**das transcendens schlechthin**" (SZ 38), wobei diese Transzendenz dort allerdings noch die Bedeutung eines ungegenständlichen Horizontes des Seienden als solchen im ganzen zu haben schien und jedenfalls vom Seienden (nämlich vom Dasein) her gedacht wurde.

Um die restlose Ungegenständlichkeit des Seins geht es vollends dem späten HEIDEGGER. Darüber hinaus versucht er auch noch, das Sein nicht mehr einfach vom Seienden aus (etwa als dessen Horizont) zu fassen. "Das Denken des Seins sucht im Seienden keinen Anhalt" (WiM 51). Das Sein wird verstanden als das "schlechthin Andere zu allem Seienden" (WiM 46), als Geheimnis[686], das sich "in die Absenz entzieht"[687]. Es kann daher nur tautologisch definiert werden als "Es selbst" (PL 76). Es ist gleichsam ein 'Subjekt jenseits aller Subjekte' und darf keinesfalls hypostasiert oder substantialisiert werden.

Die Wahrheit des Seins ist "niemals ein menschliches Ge-

---

[685] M.HEIDEGGER, Der Satz vom Grund, aaO. (Anm.679) 185; vgl. ders., ID 20f; 28.
[686] Vgl. N II, 369f; VWW 21.
[687] M.HEIDEGGER, Zur Seinsfrage, aaO. (Anm.665) 27; vgl. ders., Was heisst Denken?, Tübingen ²1961, 143.

mächte"[688]. Im Spätdenken HEIDEGGERS erschliesst daher auch nicht mehr das Dasein primär den Sinn von Sein, sondern das Sein selbst lichtet sich im Da des Daseins. Es schickt sich uns zu in einem Geschehen, das zugleich Entbergen und Verbergen, Sichgeben und Sichentziehen ist. HEIDEGGER nennt dieses Ereignen des Seins Geschick des Seins.[689] Das Sein ist das Ereignis, das sich zuspricht, indem es sich entzieht. Das Wesen des Seins ist Sichgeben ins Offene[690], und das menschliche Denken ist das vernehmende Entsprechen zu dem, was sich ihm vom Sein her zuschickt.

HEIDEGGER möchte "gegen die Subjektivierung des Seienden zum blossen Objekt die Lichtung der Wahrheit des Seins vor das Denken bringen" (PL 99f). Denken ist Hören auf die Stimme des Seins, dem es gehört.[691] Das Hören der Zusage ist die eigentliche "Gebärde des Denkens"[692]. Das Denken der Wahrheit hat seinen Grundzug im Schweigen, das ein Erschweigen des alles bergenden Geheimnisses ist.[693] Es muss, um sprechen zu können, sich erst vom Sein ansprechen und so in Anspruch nehmen lassen.[694] Es ist wesentlich verdanktes Denken.[695]

Nur das Geschick des Seins selbst bringt das Denken auf den Weg.[696] Wahrheit gründet beim späten HEIDEGGER nicht mehr im Entdeckend-sein bzw. in der Erschlossenheit als einer Seinsweise des Daseins, sondern in der Offenbarung des von sich selbst her offenen Seins, dem sich das Dasein zu öffnen hat.[697]

---

[688] M.HEIDEGGER, Die Technik und die Kehre, aaO. (Anm.668) 18.
[689] Vgl. ders., Der Satz vom Grund, aaO. (Anm.679) 108; ders., Die Technik und die Kehre, aaO. (Anm.668) 24; 38.
[690] Vgl. PL 80.   [691] Vgl. PL 57.
[692] M.HEIDEGGER, Unterwegs zur Sprache, Pfullingen 1959, 175f.
[693] Vgl.N I,471f.   [694] Vgl.PL 53;60.   [695] Vgl.PL 81f.
[696] Vgl. WiM 10.   [697] Vgl. VWW 16.

Erst recht unterscheidet sich dieses "dem Sein hörige" (WiM 13), "wesentliche" (WiM 49) oder "andenkende" (WiM 21) Denken vom vorstellenden Denken. Dass dem Menschen Seiendes begegnet, gründet nicht auf einer Spontaneität des Bewusstseins, sondern verdankt er einzig der "Gunst des Seins" (WiM 49), die er nicht erzwingen, sondern nur empfangen kann. Das Sein ist dem Denken nicht verfügbar als das Vorstellbare. Das Denken kann sich dem Geheimnis der Wahrheit nur fügen, niemals aber über es ver-fügen. Das Wesen des Menschen ist Angesprochensein vom Sein und Hören auf den Ruf und das Geheiss des Seins.[698] Als Hörigkeit gegenüber dem Sein kann er dieses, dem er sich überhaupt erst verdankt, nicht selber setzen.[699]

Der Mensch ist nicht Herr, sondern Wächter des Seins.[700] Indem die Existenz das Geheimnis der Wahrheit hütet, wird sie zur Ek-sistenz, zum ek-statischen "Hinaus-stehen in die Wahrheit des Seins" (PL 70). Ek-sistenz benennt das "Sein desjenigen Seienden, das offen steht für die Offenheit des Seins, in der es steht, indem es sie aussteht" (WiM 15). So wird sie zum Hirten des Seins, indem sie die Hut des Seins in ihre Sorge nimmt, ohne über sie zu verfügen und sie in Besitz zu nehmen.

Die Nähe HEIDEGGERS zum Denken DUSSELS offenbart sich schon in der Absetzung von und Ueberwindung der gesamten abendländischen Ontologie, insbesondere in der Abkehr von der fundamentalen Funktion des Subjektbegriffs im neuzeitlichen Denken. Der an das gegenständliche Seiende verfallene Mensch existiert neuzeitlich als das sich selbst begründende anmial rationale, das die Welt als ein technisches Ganzes von in Formeln gesicherten und rechnerisch verfügbaren Wirkbeständen vorstellt und so das Geschick des Seins verstellt. Man glaubt DUSSEL zu hören,

---

[698] Vgl. M.HEIDEGGER, Zur Seinsfrage, aaO. (Anm.665) 28.
[699] Vgl. PL 113.    [700] Vgl. PL 90.

wenn HEIDEGGER das abendländisch-neuzeitliche Denken als vorstellendes, berechnendes und verfügendes Gegenstandsdenken entlarvt, wenn er das Vorstellen als Verfügen und Beherrschen charakterisiert, wenn er das Wesen des neuzeitlichen Subjekts als Angriff auf das Seiende, das dadurch zum Beherrschbaren wird, als Wille zur Macht, der in der ewigen Wiederkehr des Gleichen nur sich selbst will und "stets das Selbe" (s.o. S. 349) denkt, diagnostiziert und wenn er diesen Willen zur Macht neuzeitlich als Totalherrschaft der technisch-instrumentellen Vernunft etabliert sieht.

Trotzdem wird HEIDEGGER von DUSSEL - wohl im Schlepptau von LEVINAS - selber noch einmal der Linie der ontologischen Denktradition zugerechnet, die es eben analektisch zu durchbrechen gelte. So wird kritisiert, durch die Frage nach dem Sein im Ausgang vom seinsverstehenden Dasein denke HEIDEGGER immer noch im Horizont einer transzendentalen Subjektivität.[701] DUSSEL anerkennt zwar, dass der späte HEIDEGGER die transzendentale Bezüglichkeit zu überwinden und das Denken für das Geheimnis zu öffnen suche, aber dieser Denkweg gehe immer noch vom Horizont des Daseins und also von der Totalität des Selben aus und stosse daher noch nicht zur wahren Wirklichkeit der Exteriorität vor.[702] Es dürfte aber deutlich geworden sein, dass dieser Vorwurf zwar noch die Fundamentalontologie von 'Sein und Zeit' treffen mag, dass HEIDEGGERS Kehre aber präzis dadurch motiviert war, die Subjektivität im Denken und damit auch die Funktion des Daseins als eines quasi-transzendentalen Horizontes der Seinsfrage zu überwinden. Der Bezug des Menschen zur Wahrheit des Seins ist "nicht auf Grund der Ek-sistenz, sondern das Wesen der Ek-sistenz ist existenzial-ekstatisch aus dem Wesen der Wahrheit des Seins" (PL 78).

---

[701] Vgl. FE II, 155f.
[702] Vgl. E.DUSSEL, Para una fundamentacion, aaO. (Anm.10) 22; IFL 195f; FE II, 156.

Zugleich möchte HEIDEGGER das Denken von aller szientistisch-technischen Seinsauslegung befreien.[703] Der Wahrheit des Seins wird der Mensch nur dann übereignet, "wenn er sich als Subjekt überwunden hat und d.h., wenn er das Seiende nicht mehr als Objekt vorstellt" (HW 104). Damit hat HEIDEGGERS Seinsbegriff immer auch eine Bedeutungsnuance als Konträrbegriff zur Kategorie des Habens (des Besitzens und des Verfügens). Ausserdem ist klar, dass das Denken der Wahrheit als Unverborgenheit kein geschlossenes Ganzes von Wesenseinsichten mehr beibringt. An die Stelle des Systems tritt nurmehr die Fuge des Denkens.[704]

Völlig an der Sache des Heideggerschen Denkens vorbei geht DUSSEL, wenn er in HEIDEGGERS 'Schritt zurück' (nämlich hinter die Anfänge der abendländischen Ontologie) einen Hinweis auf die 'ewige Wiederkehr des Gleichen' sehen will.[705] Schwerer wiegt dagegen LEVINAS' Einwand gegen die Priorität des Seins vor dem Seienden. Er widersetzt sich leidenschaftlich der Enteignung und Einbindung des Seienden in das umgreifende Neutrum des Seins. Mit der anonymen Neutralität des Seins gehe eine ethische Indifferenz in bezug auf den anderen einher. Das Heideggersche Sein entspreche ganz dem herkömmlichen Licht der Vernunft, welches das Denken erhelle und die Dinge einsichtig mache. Damit destruiere HEIDEGGER nicht das abendländische Denken, sondern resümiere es. Indem er die Beziehung zum anderen dem beherrschenden Horizont des Seins ein- und unterordne, setze er die abendländische Verherrlichung des Willens zur Macht fort.[706] Demgegenüber müsse festgehalten werden, dass der Ursprung der Wahrheit nicht das Sein, sondern die Verantwortung für den anderen sei.

---

[703] Vgl. PL 54f.
[704] Vgl. O.POEGGELER, Der Denkweg, aaO. (Anm.684) 287.
[705] Vgl. IFL 85.
[706] Vgl. E. LEVINAS, Die Spur des Anderen, aaO. (Anm.492) 191-195.

Es scheint, dass hier der Heideggersche und der Levinassche Seinsbegriff äquivok gebraucht werden. Das Sein hat beim späten HEIDEGGER gerade nicht (mehr) die Bedeutung der Seiendheit im Sinne eines Horizontes von Seiendem überhaupt, sondern eher den Sinn des Heiligen[707], und dieses hat ja immer die Bedeutung des Unvergleichlichen und Transzendenten einerseits und des Heilgewährenden anderseits. HEIDEGGER unterscheidet das Sein ausdrücklich von der Physis.[708] Und dass das Sein nicht als Gattungsbegriff aufgefasst werden darf, betonte schon der frühe HEIDEGGER. Das Sein ist nicht die Totalität des Seienden, und da sich die Totalität immer auf das Seiende bezieht, ist nicht einzusehen, wie überhaupt eine Komplizenschaft des Seins mit der Totalität bestehen soll.[709]

Und vor allem steht je und je fest, dass das Ich des Seins "von Grund auf nie mächtig" (SZ 284) sein kann. Es steht ihm nicht zur Verfügung. Wenn HEIDEGGER den Vorrang des Seins vor dem Seienden betont, so möchte er damit ja gerade die fraglose Gegenständlichkeit und possessive Verfügbarkeit des Seienden (und damit auch des anderen!) hinterfragen und in das Geheimnis der verbergend-entbergenden Unverborgenheit zurückbergen. Damit geht es ihm gerade um das Gegenteil einer Totalisierung und Nivellierung des Seienden überhaupt. Schon 'Sein und Zeit' war eine Absage an jene Art der Ontologie, die den Menschen nach der Seinsart der vorhandenen Dinge definierte; statt dessen bestimmte es den Menschen als ein Seiendes ganz eigener Art, eben als Dasein.

Gewiss denkt HEIDEGGER nicht von der ethischen Verantwor-

---

[707] Siehe WiM 51: "Der Denker sagt das Sein. Der Dichter nennt das Heilige." - Dabei sind nach HEIDEGGER Denken und Dichten nur verschiedene Weisen des Sagens derselben 'Sache' (vgl. ders., Aus der Erfahrung des Denkens, Pfullingen 1954, 25).
[708] Vgl. VWW 17.
[709] Vgl. J.DERRIDA, aaO. (Anm.588) 214.

tung für den anderen her. Zumal in der Existentialanalyse von 'Sein und Zeit' kennt er den anderen nur in der neutralen Form eines Mitdaseins, aber nicht als das Du eines Ich. Der andere begegnet nur in der Weise meines Verhältnisses zu ihm und also im Horizont meines eigenen Daseins. Ursprung des Heideggerschen Denkens ist in der Tat nicht die verantwortliche Begegnung mit dem Nächsten, sondern das unverfügbare Geschick des Seins, das nun allerdings einen verdinglichenden Umgang mit der ursprünglichen Wahrheit abweist, der am Ende doch nur zur blossen Selbsterweiterung eines sich selbst behaupten wollenden Subjekts herabsinkt.

So ist zumindest eine strukturelle Aehnlichkeit zwischen dem Denken HEIDEGGERS und demjenigen DUSSELS unbestreitbar. Beide Denkfiguren suchen aus ähnlichen Motiven eine Ueberwindung der abendländischen Denktradition. Während aber HEIDEGGER den Verfall des Denkens auf die Vergessenheit des Seins zurückführt, diagnostiziert DUSSEL die Krankheit dieses Denkens als Vergessenheit des anderen. Das 'Sein' einerseits und der 'andere' anderseits erfüllen dabei im jeweiligen Diskurs strukturell analoge Funktionen.

Dies zeigt sich auch darin, dass HEIDEGGER das Sein als das schlechthin Andere, als Differenz, Abgrund oder Geheimnis denkt. Dementsprechend versteht er das Sein nicht mehr vom Dasein her, sondern umgekehrt das Dasein vom Sein her. Wahrheit gründet beim späten HEIDEGGER nicht mehr im Entdeckend-sein des Daseins, sondern in der Offenbarung des von sich selbst her offenen Seins, das die Oeffnung des Daseins erfordert. Denken ist Hören auf die Stimme des Seins und darum verdankt. Der Mensch ist nicht Herr, sondern Wächter oder Hirt des Seins, indem er es in seine Obhut nimmt, ohne über es zu verfügen.

Indirekt bestätigt wird die Diskursanalogie zwischen dem Spätdenken HEIDEGGERS und dem metaontologischen Transzendenzdenken auch von der Heideggeruntersuchung H. OTTS[710], die eine strukturelle Aehnlichkeit der seinsgeschichtlichen Denkweise HEIDEGGERS und des offenbarungstheologischen Denkens K.BARTHS aufgezeigt hat. HEIDEGGER vollzieht nach OTT "dem metaphysischen Seinsbegriff gegenüber offenbar gerade diejenige Bewegung, welche Barth mit seiner ... Kritik am Seinsbegriff implizit fordert" (S.144). Wie BARTH so habe HEIDEGGER den metaphysischen Seinsbegriff als Inbegriff der Verfügbarkeit abgelehnt. "Im Grunde haut Barth hier in dieselbe Kerbe wie HEIDEGGER" (S.144).

F.WIPLINGER[711] hat ferner darauf hingewiesen, dass im Seinsdenken des späten HEIDEGGER ein personal-dialogisches Moment liege. Auch M.THEUNISSEN[712] betont die "sachliche Nähe des Seinsdenkens Heideggers zum dialogischen Denken überhaupt". Dazu passt auch, dass F.ROSENZWEIG[713] HEIDEGGER ausdrücklich zu den Repräsentanten des 'neuen Denkens' zählte.


J. Andersheit und Transzendenz im Denken von LEVINAS

Die Philosophie EMMANUEL LEVINAS[714] ist jene Quelle, die das gesamte meta-physische Denken DUSSELS tränkt. DUSSEL

---

[710] Denken und Sein. Der Weg Martin Heideggers und der Weg der Theologie, Zollikon 1959.
[711] Vgl. Wahrheit und Geschicklichkeit. Eine Untersuchung über die Frage nach dem Wesen der Wahrheit im Denken Martin Heideggers, Freiburg-München 1961, 365ff.
[712] Der Andere, aaO. (Anm.592) 498,Anm.9.
[713] Vgl. KS 355f. - K.LOEWITH (M.Heidegger und F.Rosenzweig. Ein Nachtrag zu 'Sein und Zeit', in: ders., Gesammelte Abhandlungen. Zur Kritik der geschichtlichen Existenz, Stuttgart $^2$1969, 68-92, 68) bezeichnet HEIDEGGER als den inneren, nicht nur chronologischen Zeitgenossen ROSENZWEIGS.
[714] Die Werke E.LEVINAS' werden fortan wie folgt abgekürzt:
- De l'existence à l'existent, Paris 1947: EE.
- Totalité et Infini. Essai sur l'exteriorité, Le Haye $^4$1971: TI.

erweist sich gegenüber LEVINAS als ein gelehriger Schüler. Diese Abhängigkeitsbeziehung ist derart eklatant, dass DUSSELS Diskurs im wesentlichen nichts anderes als eine lateinamerikanische Relecture des Levinasschen Denkens darstellt. Wer von LEVINAS herkommt, wird bei der Lektüre DUSSELS ständig vom Eindruck des 'Déjà vu' begleitet. Diese kaum überschätzbare Nähe DUSSELS zu LEVINAS, welche die bisher untersuchten philosophiegeschichtlichen Denkgestalten nicht nur als Wetterleuchten der **Dusselschen** Denkform, sondern mit noch grösserem Recht als vorauslaufende Signale des Levinasschen Diskurses erscheinen lässt, soll im folgenden durch eine Darstellung des philosophischen Ansatzes von LEVINAS dokumentiert werden. Wegen der herausragenden Bedeutung LEVINAS' für DUSSEL müssen wir uns mit ihm ausführlicher befassen als mit den bis jetzt erörterten Denkern.

1. Kritik der Ontologie der Totalität

Um LEVINAS' Denken richtig zu verstehen, muss man seinen biographischen Hintergrund kennen. LEVINAS ist Jude. Als solcher wird er während des Zweiten Weltkrieges von den Nazis in ein Konzentrationslager gesteckt. Nach seiner Befreiung aus der Gefangenschaft erfährt er, dass alle seine Angehörigen von den Nazis umgebracht worden sind. Dieses grausame Morden des fanatischen Antisemitismus

---

- Autrement qu'être ou au-delà de l'essence, Le Haye 1974: AQE.
- Dialog, in: Christlicher Glaube in moderner Gesellschaft, Bd.I, Freiburg i.Br. 1981, 60-85: Dialog.
- Gott und die Philosophie, in: B.CASPER (Hrsg.), Gott nennen. Phänomenologische Zugänge, Freiburg-München 1981, 81-123: GPh.
- Die Spur des Anderen. Untersuchungen zur Phänomenologie und Sozialphilosophie, Freiburg-München 1983: Spur.
- Die Zeit und der Andere, Hamburg 1984: ZA.
- Wenn Gott ins Denken einfällt.Diskurse über die Betroffenheit von Transzendenz, Freiburg-München 1985: WGD.

wird ihm seither zur bleibenden Herausforderung, neu und anders zu denken. Er lernt begreifen, dass der Nazi-Terror nicht bloss ein zufälliger Unfall der abendländischen Geschichte gewesen ist, dass Krieg und Verfolgung, Intoleranz und Rassenwahn vielmehr die Folgen eines verkehrten Denkens sind. Wer den anderen in seiner Andersheit nicht gelten lassen kann, wer ihn nur bejahen kann, wenn er ihm gleich ist, ist bereits besessen von einer totalitären Ideologie. Genau dieses totalitäre Denkmuster aber glaubt LEVINAS in der Wurzel des abendländischen Denkens selbst erkennen zu können. Dieses Denken möchte er daher destruieren und in ein neues Denken verwandeln.

LEVINAS' philosophischer Diskurs ist vordergründig eine schonungslose Abrechnung mit dem intentionalen Denken HUSSERLS und dem Seinsdenken HEIDEGGERS, implizit und eigentlich aber eine einzige grosse Auseinandersetzung mit dem abendländischen Denken überhaupt, das in HEGELS philosophischem System des absoluten Wissens zu sich selbst gekommen ist.[715] LEVINAS hat nichts geringeres vor als den totalen Bruch mit der abendländischen Denktradition überhaupt. Er hält diese insgesamt für einen Irrweg, weil sie der Transzendenz Gottes und des Mitmenschen nicht hinreichend Rechnung trägt. Gott ist der ganz Andere. Demgegenüber hebt das abendländisch-ontologische Denken die Andersheit schon in der Wurzel auf, weil und insofern es durch den "Primat des Selben" (TI 16), durch die Idolatrie der Immanenz definiert ist.

Als ontologisch bezeichnet LEVINAS jewedes Denken, das vom Einen oder Selben ausgeht und dorthin zurückkehrt, dessen Ausgangspunkt und Ziel also identisch sind. Der Ontologie ist es wesentlich, das andere auf das Selbe (verstanden als das Universum der Intelligibilität) zurückzu-

---

[715] Vgl. AQE 131; S.STRASSER, Jenseits von Sein und Zeit. Eine Einführung in Emmanuel Levinas' Philosophie, Den Haag 1978, 33.

führen.[716] Damit hängt unmittelbar das "logische Privileg der Totalität" (TI 269) im Rahmen der Ontologie zusammen. Seit jeher hat das abendländische Denken die Allheit des Seienden als eine Totalität beschrieben. Das Ganze ist das Wahre, und das Besondere verdankt ihm erst seinen Sinn. Jegliche Andersheit wird hier in der Identität des Selben und Ganzen aufgehoben.[717] Jede sogenannte Selbstüberschreitung vollzieht sich immer nur "in der spezifischen Monostruktur einer universal geltenden Reflexivität"[718]. Die Ontologie der Immanenz ist eine Ontologie der Ordnung und des Uniformismus. Das denkende Ich denkt nach seinem eigenen Massstab und gleicht in der Adäquation das andere sich selbst an. "Das Ich ist die Identifikation schlechthin" (Spur 209). "Die Tätigkeit des Denkens vereinnahmt jede Andersheit, und gerade darin besteht letzten Endes die Rationalität des Denkens" (Dialog 67). Die "tautologische Affirmation des Selben" (GPh 87) ist monologisch. Sie ist immer ein Weg zu sich selbst zurück. Anfang und Ende fallen zusammen. LEVINAS vergleicht diese Bewegung mit den Irrfahrten des ODYSSEUS, der auszieht und nach vielen Umwegen am Ende wieder zum Ausgangspunkt zurückkehrt und so den Kreis schliesst.[719] Dem steht der Exodus ABRAHAMS entgegen, der wegzieht, ohne nochmals zurückzukehren. Der abramitische Weg ist eine Bewegung des Ich, das die Brücke hinter sich abbricht (un mouvement sans retour) und in eine schlechthin unbekannte Zukunft aufbricht.[720]

Die ontologische Vorstellung führt das Vorgestellte auf die Identität des Selben zurück. Die Realität erscheint nur als Moment des Ich.[721] Das Erkannte ist dem Erkennen

---

[716] Vgl. TI 13.   [717] Vgl. TI 44f; AQE 123; GPh 123.
[718] J.REITER, Der "Humanismus des anderen Menschen": eine Einführung in das Denken von Emmanuel Levinas, in: ThPh 59 (1984) 356-378, 362.
[719] Vgl. AQE 102.
[720] Vgl.E.LEVINAS, En découvrant l'existence avec Husserl et Heidegger, Paris ²1967, 189-191.
[721] Vgl. TI 99f; GPh 98.

immanent. Die Herrschaft des Denkenden über das Gedachte vernichtet alle Exteriorität.[722] Die "ontologische Aktivität des Bewusstseins" ist "ganz Einschliessung und Begreifen" (GPh 93), Aneignung und Beherrschung[723]. Das ontologische Denken ist "Egologie" (TI 14) und das Wesen der Tätigkeit des Ich die Inbesitznahme. "Der Besitz ist die Form schlechthin, wodurch der andere das Selbe wird, indem er das meinige wird" (TI 17). Die Ontologie ist darum eine "Philosophie der Macht" (TI 16) und eine "Tyrannei des Universalen" (TI 219).

Es ist nun LEVINAS vordringlich um die Entlarvung der "Inversionen der Totalität in Totalitarismus" (AQE 121) zu tun. Das Wesen der Ontologie ist der "äusserste Synchronismus des Krieges" (AQE 5). Das Ich, das sich den anderen unterwirft, findet den ontologischen Krieg gegen die Andersheit "wieder in der tyrannischen Unterdrückung, die es von der Totalität her ausübt" (TI 17). Die Ontologie selber ist ein kriegerisches Denken.

## 2. Die Andersheit des anderen

### a. Der andere als meta-physischer Bruch

LEVINAS' Denken wird getrieben von dem Versuch, die Exteriorität, Singularität und unverfügbare Freiheit des anderen philosophisch zu retten. Er möchte das "Jenseits der Welt wieder in die philosophische Reflexion einführen" (Dialog 78). Es geht ihm um den anderen an sich selbst, nicht bloss als alter ego, sondern als das, was ich nicht bin, als das "Ende der Vermögen" (TI 59) des Ich, dessen Kategorien er sich nicht fügt. Vielmehr wird das Ich in seiner angemassten Macht der Konstitution von allem, was ihm in Erscheinung tritt, vom anderen "aus dem

---

[722] Vgl. TI 96f.       [723] Vgl. TI 15f.

Sattel gehoben" (AQE 163). LEVINAS liefert immer wieder neue und immer kühnere Ausdrücke und Wendungen, um die schlechthinnige Unbegreiflichkeit der Transzendenz des anderen auszusagen.

Transzendenz bedeutet absolute Exteriorität und Irreduzibilität, radikale Ek-zedenz: Austritt aus der Einheitssphäre des Ich oder des Seins.[724] Die "radikale Heterogenität des anderen" (TI 6) widersetzt sich jeglicher "Ontologisation" (AQE 21). "Zwischen mir und dem Anderen klafft eine Differenz, die keine Einheit der transzendentalen Apperzeption überbrücken kann" (GPh 110). Die Wahrheit ist nicht synthetisch, sondern dia-chron.[725]

LEVINAS nennt diesen radikalen Transzendenzdiskurs Metaphysik im Sinne des Jenseits (meta) der Totalität (physis). Dieser Terminus ist ausserdem eine bewusste Anspielung auf den noumenalen Metaphysikbegriff KANTS.[726] Im Kantischen Verstand ist Metaphysik das Reich des erkenntnistranszendenten Ansich, im Unterschied zur objektiven Wissenschaft als dem Reich der phänomenalen, erkenntnisimmanenten Erscheinungen. Das Noumenale gehört nach KANT nicht zur Ordnung der gegenständlich begreifenden Vernunft, sondern zum Reich des Praktisch-Sittlichen. An diese philosophische Zuweisung knüpft LEVINAS an, wenn er die Meta- oder Transontologie als Metaphysik bezeichnet.[727]

Die meta-physische Andersheit ist das Prius zu aller Identität und Totalität des Selben.[728] Darum ist nicht einmal die via negationis ein angemessener Zugang zur

---

[724] Vgl. TI 5.    [725] Vgl. GPh 108.
[726] Vgl. D.E.GUILLOT, Emmanuel Levinas. Evolucion de su pensamiento, in: E.DUSSEL/D.E.GUILLOT, Liberacion latinoamericana y Emmanuel Levinas, Buenos Aires 1975,47-122,96.
[727] Wegen der philosophiegeschichtlich bedingten Missverständlichkeit des Ausdrucks 'Metaphysik' verzichtet LEVINAS in seinem Spätwerk allerdings auf diesen Terminus.
[728] Vgl. TI 9.

Transzendenz, da die Negativität dem Selben nochmals innerlich ist aufgrund der Beziehung der Negation. Die Negation setzt das Negierte jeweils noch voraus und bildet demzufolge mit ihr eine Einheit. Antithetisch verklammerte Pole hängen noch an derselben Totalität.[729] Der andere ist aber nicht bloss die spiegelverkehrte Negation des Selben, sondern dessen Jenseits. Es geht nicht darum, nur das Entgegengesetzte zu denken, das selbst noch bestimmt ist durch das Setzen, sondern das Denken und die Sprache jenseits dieser Alternative freizulegen und somit die Transzendenz jenseits der (blossen) Negativität zu denken. Der andere ist das "absolut Neue" (TI 194). Und weil das Cogito das 'immer schon Bekannte' denkt und wesentlich Einheit und Totalität konstituiert, setzt die Idee des anderen gewissermassen die Ueberwindung der Denkansprüche, den Bruch mit jeglichem Ich = Ich voraus.[730]

Dieser Bruch qualifiziert den anderen als Geheimnis. Als solches ist er absolut anders, mir gegenüber vollkommen fremd. Meine Beziehung zu ihm ist durch keine objektivierende Vorstellung vermittelt. Seine Andersheit schafft eine "absolute Distanz" (Dialog 76). LEVINAS nennt die Beziehung zwischem dem Ich und dem anderen eine "Relation ohne Relation" (TI 52), d.h. eine Relation ohne Berührung, eine Beziehung, "die den unendlichen Abstand der Trennung nicht aufhebt" (ebd.). Ich und der andere lassen sich durch keinen Relationsbegriff überdachen oder totalisieren. Weil es keine umklammernde Einheit zwischen beiden gibt, ist streng genommen zwischen ihnen nicht einmal die Konjunktion 'und' möglich.[731] In der dialogischen Beziehung beider geschieht eine unmittelbare Begegnung, die ursprünglicher ist als jede synthetische Konjunktion.

Die meta-physische Beziehung wird nicht durch das posses-

---

[729] Vgl. TI 11.    [730] Vgl. TI 90.    [731] Vgl. Dialog 76.

sive Cogito, sondern durch das 'metaphysische Verlangen'[732] konstituiert. Dieses Verlangen (désir) hat seine Quelle nicht im Ich, sondern entsteht vom anderen her. Es ist daher scharf zu unterscheiden vom Bedürfnis (besoin), das seine Quelle im Ich hat. Das meta-physische Verlangen bezieht sich auf den anderen als anderen, also nicht um ihn zu erobern und zu besitzen, sondern um ihm zu dienen. Das Bedürfnis richtet sich auf ein Objekt, das in der Reichweite des possessiven Bedürfnissubjektes liegt.[733] Das meta-physische Verlangen ist das Transzendieren eines Un-bedürftigen. Anders als das Bedürfnis ist es wesenhaft nicht befriedigungsfähig. Sein Ziel sättigt nicht, sondern steigert das Verlangen noch. Der Verlangende verlangt gar nicht danach, den Abstand aufzuheben, der ihn vom Verlangten trennt. Die Trennung gehört zum Wesen des meta-physischen Verlangens, das sich gerade nach der unerreichbaren Ferne der Andersheit sehnt. Daher wächst es in dem Masse, wie ich dem anderen nahekomme.

b. Das sagende Antlitz des anderen

Der andere ist für mich ursprünglich nicht Objekt, sondern derjenige, nach dem es mich meta-physisch verlangt. In der personalen Begegnung ereignet sich eine Nähe, die zugleich unüberbrückbare Ferne ist. Die Nähe des Nächsten hebt die unendliche Distanz zu ihm nicht auf. In jeder Annäherung geschieht zugleich eine Entfernung zufolge der

---

[732] Diesen Ausdruck schlägt S.STRASSER (Jenseits von Sein und Zeit, aaO. [Anm.715] 16) als deutsches Aequivalent für den schwer zu übersetzenden französischen Ausdruck 'désir' vor. Ich halte diese Uebesetzung für glücklicher als den von W.N.KREWANI (Endlichkeit und Verantwortung, in: E.LEVINAS, Die Spur des Anderen, aaO. [Anm.714] 9-51) verwendeten Ausdruck 'Begehren', weil letzteres Wort durch die diametral entgegengesetzte Bedeutung, die es bei HEGEL (vgl.EphW §§ 426-429) im Sinne eines auf Bedürfnisobjekte gerichteten Selbstbewusstseins hat, als äusserst missverständlich erscheint. In EE 153 hiess es bei LEVINAS übrigens statt 'désir' noch 'espoir'.
[733] Vgl. TI 3f; 33; 134; Spur 218-221.

Andersheit des anderen. Je näher sich Personen kommen, desto ausgeprägter begegnen sie sich als Geheimnisse.

Die Begegnung gehört nicht derselben Ordnung an wie die vorstellende Erfahrung.[734] Die Nähe ist keine Modalität des Erkennens. Sie ist reine Unmittelbarkeit und als solche ein ursprüngliches Ereignis, das der objektivierenden Erkenntnis vorausgeht.[735]

Die unmittelbare, durch kein Drittes vermittelte Beziehung zwischen dem Ich und dem anderen kommt durch das sprechende Wort, das Gespräch (discours) zustande. Einerseits waltet im Dialog eine absolute Distanz zwischen Ich und Du, die durch das unaussprechbare Geheimnis voneinander getrennt sind, "da jeder der Partner als Ich und als Du einzigartig, dem anderen gegenüber absolut anders ist, ohne jedes gemeinsame Mass, ohne jeden freien Raum für eine etwaige Koinzidenz; anderseits aber entfaltet sich ... die ausserordentliche und unmittelbare Beziehung des Dia-logs, der diese Distanz transzendiert, ohne sie abzuschaffen, ohne sie zu vereinnahmen, wie es der Blick tut, der dadurch die Distanz zurücklegt, die ihn von einem Gegenstand in der Welt trennt, dass er sie umfasst, sie einschliesst" (Dialog 74f). Im Dialog grenzen Ich und der andere nicht aneinander; sie verschmelzen nicht zu einer Totalität.

Wegen der unüberbrückbaren Distanz zum anderen ist dem Ich ein Zugang zu ihm nur durch dessen Selbstbekundung möglich.[736] Dieses sich mitteilende Sagen des anderen aus dem Jenseits meiner Bewusstseinstotalität "unterbricht das Sagen des schon Gesagten" (AQE 230) und tut das noch ungesagte Novum kund. Das Wort des anderen ist primär sein Antlitz (visage). Dieses ist die "Koinzidenz des Offenbarenden und des Offenbarten" (TI 38) und von daher

---

[734] Vgl. Dialog 76; AQE 62.  [735] Vgl. TI 18; 23; 52f.
[736] Vgl. TI 94.

"Selbst-Bedeuten par excellence" (Spur 282). Es gebietet mir in seiner Verwundbarkeit: Du sollst nicht töten!^737 Dieser gebieterische Gesichtsausdruck ist der Inbegriff des sich offenbarenden Antlitzes. In ihm offenbart sich das wahre Wesen des anderen^738, seine "absolute Nacktheit" (TI 275). Nacktheit bedeutet bei LEVINAS die Erscheinungsweise dessen, der mich auf unmittelbare Weise (und nicht vermittels der Formen des Ich) anspricht, das Antlitz des anderen als anderen. Als Nacktheit ist das Antlitz des anderen "von sich aus und nicht zufolge seines Bezugs auf ein System" (TI 47). Nacktheit hat bei LEVINAS aber auch noch eine konkrete, ja ethische Bedeutungsnuance: Der nackte andere, der keinen Platz im System hat, ist der Fremde, der an meine Tür klopft, der Notleidende, der Schutzlose, die Witwe, der Waise, kurzum: der Arme und Schwache, der ausserhalb der festgefügten und etablierten Ordnung steht.^739

Also nicht im Lichte des Ich lässt sich der andere sehen; dieser manifestiert sich vielmehr von sich selbst her: "Le visage est visitation."^740 Sein Antlitz erhält seine Bedeutung nicht durch seinen Bezug auf die Identität des unwandelbaren Ich, sondern durch sich selbst.^741 Er transzendiert darum auch meine Vorstellung von ihm unendlich.^742 Auch in seiner Offenbarung bleibt er für mich der Un-sichtbare. Diese Unsichtbarkeit resultiert nicht aus dem Unvermögen der menschlichen Vernunft, sondern aus deren Unangemessenheit.^743 Dem Sprechen des anderen entspricht nicht das Sehen, sondern das Hören. Im Gegensatz zum Sehen, welches das Gesehene im Licht der Vernunft ergreift, ist das Hören ein Sprechenlassen des Antlitzes. Es entspringt nicht der Spontaneität des gegenständlichen Bewusstseins, sondern wird vom Sprechen des anderen

---

[737] Vgl.TI 173.　[738] Vgl.TI 266.　[739] Vgl.TI 47;223;275.
[740] M.FAESSLER, L'intrigue du Tout-Autre. Dieu dans la pensée d'Emmanuel Lévinas, in: ETR 55 (1980) 501-536, 509.
[741] Vgl. TI 238f.　[742] Vgl. TI 21.　[743] Vgl. ZA 9.

selbst erweckt und ermöglicht.[744] Es ist absolute Passivität des Empfangens, die "passiver ist als jede Passivität" (AQE 65). Ursprünglicher als alle geistige Aktivität ist die reine Passivität des Ich, das unbedingte, durch kein subjektives Apriori konstituierte Betroffenwerden vom Antlitz des anderen.

Das selbstredende Antlitz unterbricht die "solipsistische Dialektik des Bewusstseins" (TI 169). Es begegnet nicht im Horizont, sondern nur als Jenseits meines Bewusstseins. Es ist kein mögliches Objekt der Besitzergreifung durch das Ich.[745] Auch post locutum bleibt es bei aller Verfügbarkeit des Gesagten transzendent, denn das Sagen trägt zwar das Gesagte in sich, aber seine Bedeutung transzendiert es doch unendlich.[746] Es kann nie auf das blosse Gesagte, etwa auf einen gegenständlich verfügbaren Text reduziert werden. Das Sagen selbst entflieht jedem begreifenden Zugriff.

Die Wahrheit empfängt sich von der Exteriorität, die mehr mitteilt, als ich zu fassen vermag, und die das schon Bekannte meiner Erinnerung transzendiert.[747] Die Methode der Maieutik, insofern sie verstanden wird als Ans-Licht-Bringen dessen, was an sich immer schon da ist, ist darum ungeeignet, Wahrheit zu erschliessen.[748]

Die Wahrheit des Wortes, das der andere als nacktes Antlitz mitteilt, hat das Kriterium ihrer Verifikation nicht in irgendeiner Fähigkeit des Gesagten zur Konvenienz mit den Formen des Bewusstseins, da ja das Wort des anderen bewusstseinstranszendent ist. Sie ist vielmehr durch die Wahrhaftigkeit und Aufrichtigkeit dessen verbürgt, der es mitteilt.[749] Allein die Wahrhaftigkeit vermag den Glauben

---

[744] Vgl. L.WENZLER, Zeit als Nähe des Abwesenden. Diachronie der Ethik und Diachronie der Sinnlichkeit nach Emmanuel Levinas, in: ZA 67-92, 87.
[745] Vgl. TI 168-172.   [746] Vgl. AQE 46; WGD 111.
[747] Vgl. TI 22f.   [748] Vgl. Spur 189.   [749] Vgl. TI 176.

an die Wahrheit zu rechtfertigen. Ursprünglicher als das Verstehen ist darum das Vertrauen.[750]

Begegnet mir Wahrheit nur im Empfangen des Wortes des anderen, so übt dieser für mich zugleich eine Lehrautorität (maîtrise) aus, indem er mich durch sein expressives Wort belehrt. Es handelt sich um eine "Lehrautorität, die nicht erobert, sondern unterrichtet" (TI 146). Diese Unterweisung ist wesentlich Vokativ und ethischer Imperativ.[751]

### c. Ethik und Verantwortung

Indem der andere das Ich unterweist, nimmt er es in Anspruch. Diese Inanspruchnahme ist auf eine unmittelbare Weise selbstevident, denn das Faktum seiner Nacktheit lässt für mich keine Möglichkeit des Zweifels offen. Ich bin durch das anklagende und schutzlos sich entblössende Antlitz des anderen unvermittelt in Beschlag genommen. LEVINAS qualifiziert dieses Betroffensein vom Antlitz des anderen mit dem starken Ausdruck "Besessenheit" (AQE 110). Damit ist ein unbedingtes Bestimmtsein vom anderen und eine radikale Uebereignung des Ich an den anderen gemeint.

An die Stelle des sich selbst setzenden und behauptenden Ich tritt nunmehr die Absolution (Loslösung) des Ich von sich selbst und seiner alles sich unterwerfenden Identität.[752] Als rein nur angesprochene Passivität ist das Ich ursprünglich Empfindung, d.h. verwundbar durch den anderen und ihm preisgegeben. Der Begriff der Empfindung erhält bei LEVINAS eine soziale und ethische Bedeutung.[753] Sie ist Des-inter-esse, d.h.Verzicht auf das Immer-schon-Dagewesensein und Dazwischensein der Spontaneität des Ich.[754]

---

[750] Vgl. TI 62f.   [751] Vgl.TI 23;41.   [752] Vgl.AQE 65;146.
[753] Vgl. AQE 86-102.   [754] Vgl. WGD 17.

"Das Wesen des Gesprächs ist Ethik" (TI 191) bzw. "Gerechtigkeit" (TI 188). Im Transzendenzdialog "bildet sich die Idee des Guten einzig und allein aufgrund der Tatsache, dass in der Begegnung der andere zählt" (Dialog 78). Die Selbstoffenbarung des nackten Antlitzes erschliesst mir die Blösse des Armen und Fremden und ruft mich zur Verantwortung. Ich finde mich in der Situation des Angesprochenseins vom anderen, der schlechthin jenseits meiner Verfügungsgewalt steht und der mich darin doch unbedingt angeht. Meine Situation ist die "Grundbefindlichkeit des Verantwortlichseins für den Anderen"[755]. Im Gespräch setze ich mich seinem flehentlichen Bitten und seinem Drängen auf Antwort aus. Sein Wort verpflichtet mich kategorisch. Seine Nacktheit stellt meinen Weltbesitz und meinen Egozentrismus infrage.[756] "Ich kann mich dem Antlitz des Anderen in seiner Nacktheit ohne jede Zuflucht nicht versagen: in der Nacktheit eines im Stich Gelassenen, die durch die Risse hindurch leuchtet, welche die Maske der Person oder seine runzlige Haut zerfurchen, in seiner 'Zufluchtslosigkeit', die man als Schrei vernehmen muss, der schon zu Gott hin geschrien ist - lautlos und ohne sich als Thema zu artikulieren" (GPh 112).

Die Nähe zum anderen ist nichts anderes als meine Verantwortlichkeit.[757] Sie geschieht "ausserhalb der Objektivität der Relation" (AQE 104), sie ist wesenhaft nicht objektivierbar. Sie bildet "keine ontologische Konjunktion" (AQE 123). Die unendliche Distanz, die LEVINAS gerne als "Nicht-Indifferenz" (AQE 105) bezeichnet, hält sich durch. Mit Nicht-Indifferenz möchte er ausdrücken, dass die Differenz zwischen dem Ich und dem anderen gerade das Gegenteil von gleichgültiger Indifferenz bedeutet. Der von mir abständig unterschiedene andere nimmt mich unmit-

---

[755] B.CASPER, Denken im Angesicht des Anderen. Zur Einführung in das Denken von Emmanuel Levinas, in: H.H.HENRIX (Hrsg.), Verantwortung für den Anderen, aaO. (Anm.542) 31.
[756] Vgl. TI 48. [757] Vgl. GPh 112; AQE 109f.

telbar in Beschlag und stellt mich unausweichlich vor die Entscheidung.

Das verantwortliche Eintreten des Ich für den anderen beruht nicht auf Gegenseitigkeit. Es verläuft nur in einer Richtung.[758] LEVINAS wendet sich daher selbst noch gegen BUBERS personalistische Philosophie der Ich-Du-Relation. Zwar trifft er sich mit ihm darin, dass das Du kein Gegenstand möglicher Erfahrung ist (weil Erfahrung eine Kategorie des Besitzes und des Gebrauchs ist[759]), dass das Du uns nur widerfährt in der Begegnung[760] und dass das Ich ursprünglich "Verantwortung ... für ein Du" (ebd.88) ist. Aber LEVINAS distanziert sich von der Buberschen Struktur der symmetrischen Gegenseitigkeit zwischen Ich und Du.[761] Im Ich-Du ist "die Beziehung die Gegenseitigkeit selbst: Das Ich sagt du zu einem Du, insofern dieses Du ein Ich ist, das sein 'du' erwidern kann. Damit haben wir so etwas wie einen a priori gleichen Status zwischen dem Anredenden und dem Angeredeten."[762] Das reziprok-symmetrische dialogische Denken durchbricht den Identitätstrieb und die Totalitätsvorstellung noch nicht restlos. Ich und Du konstituieren sich in gleichmässiger und gegenseitiger Symmetrie. Die Relation von Ich und Du ist daher umkehrbar. Das Zwischen bildet eine gemeinsame Totalität, die folgerichtig eine Ontologie des Zwischen freilässt. Damit wird aber die unendliche Trennung zwischen Ich und Du aufgehoben zugunsten einer symmetrisch-synthetischen Ganzheit.

Nach LEVINAS ist aber zwischen Ich und Du eine "metaphysische Asymmetrie" (TI 24)[763]: das Du ist für das Ich un-

---

[758] Vgl. AQE 106.
[759] Vgl. M.BUBER, Ich und Du, in: Werke, Bd. I: Schriften zur Philosophie, München-Heidelberg 1962, 77-170, 80; 83; 101; 120-122.
[760] Vgl.ebd.129.    [761] Vgl. ZA 64.
[762] E.LEVINAS, Martin Buber, Gabriel Marcel und die Philosophie, in: J.BLOCH/H.GORDON, aaO.(Anm.608)319-337, 321.
[763] Aehnlich ebd. 190f; AQE 163; 201.

gleich verpflichtender als umgekehrt, es besteht eine "Priorität des Anderen im Verhältnis zu mir" (WGD 116). In dieser Asymmetrie gründet meine unbedingte ethische Verantwortung für den anderen. Dieser ist für mich nicht nur Du, sondern auch Er, der mich aus seiner absoluten Exteriorität anspricht: er ist "Illeität"[764] (vom lateinischen 'ille'). Mit diesem Ausdruck möchte LEVINAS die Wirklichkeit des anderen sowohl von der gegenständlichen Ich-Es-Relation als auch von einer reziprok-symmetrischen Ich-Du-Beziehung, der es in ihrer umkehrbaren Wechselseitigkeit letztlich der unverfügbaren Transzendenz und Distanz sowie des unverrückbaren Ernstes meiner ethischen Verpflichtung gegenüber der unendlichen Erhabenheit (Er!) des über mir stehenden anderen ermangle, abheben. "Die Illeität der dritten Person ist die Bedingung der Unumkehrbarkeit" (Spur 230)[765].

In der Verantwortung werde ich auf meine letzte Wirklichkeit gebracht[766], die im irreziproken und asymmetrischen Sein-für-den-anderen besteht. Die Verantwortlichkeit konstituiert "ein Ich, welches dem Begriff des Ichs entrissen wird" (GPh 113). Die Subjektivität erscheint hier primär als Sub-jektion (Unterwerfung) unter und als Sichbestimmenlassen durch den anderen.[767] Nur in dieser Verantwortlichkeit ist das Ich unvertretbar es selbst, durch niemanden und nichts ersetzbar. In der bedingungslosen

---

[764] AQE 196; 202; Spur 230; vgl. auch B.CASPER, Illéité. Zu einem Schlüssel"begriff" im Werk von Emmanuel Levinas, in: PhJ 91 (1984) 273-288; M.FAESSLER, aaO.(Anm.740)523; J.REITER, aaO. (Anm.718) 372; A.HALDER, Ontologie - Ethik - Dialog. Zum Problem der Mitmenschlichkeit im Ausgang von Emmanuel Levinas, in: PhJ 91 (1984) 107-118, 115.
[765] Zugleich hat die Kategorie der dritten Person (Illeität, Er) bei LEVINAS die Bedeutung, die Privatheit meiner Beziehung zum anderen auf die gesellschaftliche Dimension hin aufzubrechen (vgl. TI 187-190; WGD 101-105). Dritte Person sind die anderen (im Plural). Auch darin versteht sich also die Rede vom anderen als entprivatisierendes Korrektiv zum Buberschen Ich-Du.
[766] Vgl. TI 153.      [767] Vgl. AQE 69f; 126; GPh 106.

Selbstdisposition des "Hier-bin-ich!" (AQE 145)[768] konstituiert sich eine "Subjektivität, die ganz Gehorsam ist" (GPh 122). Das Hier-bin-ich ist der Inbegriff des Prophetischen. Dieses ist für LEVINAS nicht das ausserordentliche Charisma einiger Auserwählter, sondern die metaontologische Bestimmung des Menschen überhaupt. Es ist die Besessenheit vom anderen, seine Insistenz in dem Selben, die Subversion des narzisstischen Ich zum sich selbst verlassenden, unbedingten Dienst am anderen.[769]

LEVINAS sieht diese ethisch-meta-physische Bestimmung des Menschen in den familialen Beziehungen - in der erotischen Begegnung und in der Befruchtung - paradigmatisch realisiert. Die erotische Mann-Frau-Relation ist keine Subjekt-Objekt-Beziehung, sondern personale Begegnung. Das Kind ist die Frucht der erotischen Nähe und Befruchtung. Fruchtbarkeit ist eine zentrale Kategorie des Levinasschen Denkens. Sie entsteht aus meiner Bejahung des anderen als anderen, und zwar nicht als einem blossen Hinnehmen im Sinne eines indifferenten Laissez-faire, sondern als In-die-Sorge-Nehmen des anderen. Paradigma der Fruchtbarkeit ist darum die Elternschaft: Vater und Mutter sind dadurch fruchtbar, dass sie die Andersheit des Kindes bejahen.[770]

Die Eltern-Kind-Relation ist keine re-flexive, sondern eine generative Beziehung. Das Kind ist weder Prolongation noch Eigentum der Eltern. Zwischen ihnen besteht ein meta-physischer Bruch, eine unendliche Distanz. Die metaphysische Fruchtbarkeit "artikuliert die Zeit des absolut anderen - die Metamorphose der Substanz dessen, der potent ist - seine Trans-substantiation" (TI 246), "die über die

---

[768] Das Hier-bin-ich ist die Antwort Abrahams auf den Ruf (Gen 22,1), durch den Gott von ihm das Opfer Isaaks fordert. Es ist auch die Antwort Moses (Ex 3,4) und Jesajas (Jes 6,8) auf den Ruf Gottes.
[769] Vgl. AQE 190.   [770] Vgl. TI 229-257; ZA 56-65.

blosse Erneuerung des Möglichen im unvermeidlichen Altern des Subjekts hinauszugehen erlaubt" (TI 247). Sie hat nicht die Struktur gegenständlicher Konstitution, das Kind ist nicht das blosse Produkt der Eltern, sondern radikaler Neuanfang und reale Neuschöpfung. Es lässt sich nicht auf die reinen Potenzen des Zeugenden reduzieren. Die Fruchtbarkeit der Eltern zeugt die Transzendenz des Kindes und nicht Totalität.[771]

### 3. Meta-physik und Ontologie

LEVINAS' Grundgedanke lautet, dass nicht die Ontologie der Totalität das prinzipielle Geschehen und die fundamentale Wissenschaft ist, sondern dass ihr die Begegnung mit dem anderen vorausgeht. Daher wird die Stelle der philosophia prima von der Ethik eingenommen. Dies führt zur charakteristischen Levinasschen Umdeutung der Subjekttheorie: Die Subjektivität des Subjekts liegt nicht in der Substanzialität, Intentionalität, Reflexivität oder im Seinsverstehen, sondern in der Verantwortung für den anderen.[772] Jenseits der Intelligibilität und Identität des seiner selbst gewissen Ich lässt sich der Vokativ der Transzendenz vernehmen.[773] Die ontologische Richtschnur ist der "Extra-vaganz der Transzendenz" (AQE 121) nicht angemessen. Ursprünglicher als die erkennende Beziehung zu Objekten ist die mass-lose Beziehung zum anderen.[774] Die Meta-pyhsik hat eine "meta-ontologische und meta-logische Struktur" (AQE 129f). Das erkennend assimilierende Selbstbewusstsein ist selber nicht die schlechthin ursprüngliche Realität, sondern setzt zu seinem Erwachen die Begegnung mit dem anderen voraus. Am Anfang des metaontologischen Diskurses steht die reine Passivität des gerufenen Ich. Er ist also keine Philosophie der "sich bewegenden Sichselbstgleichheit" (HEGEL, PhG 25),

---

[771] Vgl. TI 254f.    [772] Vgl. AQE 32.    [773] Vgl. GPh 85.
[774] Vgl. TI 175.

sondern eine Philosophie der Ungleichheit mit sich selbst, die daraus resultiert, dass das Ich im verantwortlichen Dienst an die Stelle des anderen tritt.[775] Philosophie ist "Weisheit der Liebe im Dienst der Liebe" (AQE 207). Die Liebe gründet nicht in sich selbst, sondern wird völlig selbst-los von aussen angestossen. Gegen FICHTE insistiert LEVINAS darauf, dass dem Leiden des Ich aufgrund des Anstosses des anderen keinerlei Setzung desselben im und durch das Ich vorausgeht.[776]

Man kann sich hier gewiss fragen, ob LEVINAS bei seinen Interpretationen den von ihm kritisierten Denkern und Denktraditionen in allem gerecht wird. In der Tat kümmert er sich wenig um Sorgfalt und Präzision bei der Interpretation von Denkarten, die er schon im Ansatz für verfehlt hält. Seine denkerische Kraft konzentriert er auf die prophetische Botschaft der Exteriorität des anderen. In seinem leidenschaftlichen Eifer der Zertrümmerung der falschen Götter ist es ihm nicht um Ausgewogenheit in der Interpretation derselben zu tun. Dass er auch kein strenger Systematiker ist, versteht sich von seiner systemkritischen Denkart her eigentlich von selbst. Sein Denken will gar kein abgerundetes System sein.

Diese Systemverweigerung hat bei ihm letztlich ethische Gründe. LEVINAS setzt - darin KANT verwandt - entschieden den Primat der ethischen vor der theoretischen Vernunft. Die meta-physische Wahrheit der Begegnung in der Nähe von-Angesicht-zu-Angesicht ist "weder im Sehen noch im Ergreifen" (TI 147) - beide sind Weisen des Besitzens und des Eroberns -, sondern im freien Geltenlassen der Andersheit, in der bereitwilligen Entsprechung zu der von ihr imperativisch geforderten Gerechtigkeit. "Die Transzendenz ist keine Optik, sondern die erste ethische Gebärde" (TI 149).

---

[775] Vgl. AQE 147.   [776] Vgl. AQE 321.

## 4. Zugang zu Gott

Erst die ethische Hinwendung zum anderen erschliesst die religiöse Dimension. Religion im philosophischen Sinn bedeutet bei LEVINAS die Rück-bindung (re-ligatio) an den anderen, "das Band, das den Selben mit dem anderen verbindet, ohne eine Totalität zu konstituieren" (TI 10). Die wahre Religion ist das unbedingte Sein-für-den-anderen. Die Verantwortung für den Nächsten ist die Einbruchstelle für die Sinnaufschliessung des Wortes 'Gott' in der Welt. Der Zugang zu Gott erfolgt "inmitten meiner Verantwortlichkeit, in der ungewohnten Störung des Seins" (GPh 112).

Der biblisch bezeugte Gott ist gerade nicht das theologische Synonym für das Ganze des Seins, er bedeutet vielmehr das "Jenseits des Seins" (GPh 83). Die göttliche Wahrheit wird nicht manifest durch die Enthüllung des Seins, sondern in der Offenbarung des absolut Anderen im ethischen Ruf des Armen, Fremden und Waisen zur Gerechtigkeit. Die 'Seinsweise' Gottes ist die Exteriorität zu jeder Seins- oder Bewusstseinsordnung. Das Zur-Sprache-Kommen Gottes fordert daher den "Bruch des Bewusstseins" (GPh 95). Das Gottdenken transzendiert jedes "cogitatum einer cogitatio" (GPh 95). Die Tätigkeit des Cogito wird in der Idee des Unendlichen unterbrochen durch das, was es nicht denkend umklammern kann, sondern was es erleidet. Die Idee des Unendlichen im Ich ist nicht durch dasselbe gesetzt, sondern widerfährt ihm. DESCARTES hat diesbezüglich richtig erkannt, dass das endliche Denken die Idee des Unendlichen nicht aus sich selbst hervorbringen kann.[777] Diese ist die einzige Idee, "die uns etwas lehrt, was wir nicht schon wissen. Sie ist in uns hineingelegt. Sie ist keine Erinnerung" (Spur 197). Die Idee Gottes fällt in unser Denken ein. Die Nähe Gottes

---

[777] Vgl. E.LEVINAS, Ueber die Idee des Unendlichen in uns, in: H.H.HENRIX, aaO. (Anm.542) 37-41, 39.

ist reines Affiziertwerden des Endlichen durch den Unendlichen.

Dem Sichselbersetzen des Unendlichen im Ich entspricht die radikale Passivität des Bewusstseins. Die setzende Subjektivität ist selber gesetzte Subjektivität. Zwischen ihr und dem Unendlichen besteht nicht einmal ein korrelatives Verhältnis.[778] Die Transzendenzrelation schliesst auch die formalste Kopräsenz aus, welche jede Relation, erst recht jede Korrelation ihren Relata sonst garantieren muss. Das Betroffenwerden vom Unendlichen bezeichnet die unvordenkliche "Tiefe eines Erleidens, das kein Fassungsvermögen begreift, das kein Grund trägt, in der jeder Prozess der Einschliessung scheitert" (GPh 102). Die Gottesidee zerbricht alles synthetische Denken. Sie ist ein Denken, das "mehr denkt, als es denken kann"[779], d.h. sie übersteigt alle Denkmöglichkeiten und jegliche Fassungskraft des Ich. Sie ist "ein vom Bewusstsein entlassenes" (ebd.), des-inter-essiertes Denken.

Gott kann und soll darum auch nicht bewiesen werden, da jeder Beweis von einem schon Bekannten ausgehen und das Bewiesene darauf gründen muss. Das abständige Jenseits des Logos kann nicht im Medium desselben demonstriert werden. "Das Unendliche würde sich im Beweis verleugnen, den das Endliche für dessen Transzendenz erbringen wollte; es würde eine Konjunktion mit dem Subjekt eingehen, das es zur Erscheinung brächte. Es würde darin seine Glorie verlieren" (AQE 194). Es kann nur so gedacht werden, dass es in seiner Affektion "das Denken zugleich verwüstet und ruft" (GPh 101).

Gottes Beweis ist der Selbstbeweis, indem er sich mir offenbart.[780] Er begegnet mir im meta-physischen Verlangen

---

[778] Vgl. WGD 219.
[779] E. LEVINAS, Ueber die Idee, aaO. (Anm. 777) 38.
[780] Vgl. TI 33.

(désir), das er hervorruft, ohne es zu befriedigen. Dieses wird wesentlich aus dem Unendlichen geboren. Es ist selbst die Idee des Unendlichen in uns und darum selber schon Offenbarung, die sich in meiner entblössenden Oeffnung für den anderen ereignet. Die absolute Transzendenz Gottes weckt das meta-physische Verlangen nach dem Unendlichen, und zugleich weist sie mich darin von sich ab und verweist mich auf meine Verantwortlichkeit für den Nächsten.[781] Deshalb kann LEVINAS sagen: "Die Idee des Unendlichen ist die soziale Beziehung" (Spur 198). In der selbstlosen Uebernahme der Verantwortung für den anderen werde ich getroffen vom Unendlichen als dem unbedingten und unendlichen Sinn meiner Verantwortung. Durch das Antlitz des anderen werde ich von dem Unendlichen selber angesprochen und in Beschlag genommen. Die Transzendenz Gottes transsubstanziiert sich in meine Verantwortlichkeit für den anderen.

Hier wird deutlich, dass LEVINAS Gott nicht einfach als Verlängerung oder Uebersteigerung der anthropologischen Andersheit fasst. Gott ist vielmehr noch einmal "ein Anderer als der Andere, in anderer Weise ein Anderer, ein Anderer, dessen Andersheit der Andersheit des Anderen, der ethischen Nötigung zum Nächsten hin, vorausliegt und der sich von jedem Nächsten unterscheidet" (GPh 108). Gott wird mir nie zum Gegenüber, zum Du, das neben oder hinter dem anderen stände.[782] Er ist radikal dritte Person, "Er auf dem Grund des Du" (GPh 107).

LEVINAS' Benennung Gottes als Er knüpft an ROSENZWEIGS Vorschlag des Gottesnamens an, der mit ER den diachronischen Bruch des Offenbarungsereignisses mit dem gegenständlichen Bewusstsein ausdrücken wollte.[783] Die Illeität (s.o.S.374) ist die einzig mögliche Weise, Gott phi-

---

[781] Vgl. AQE 158; Spur 198-202; WGD 222.
[782] Vgl. L.WENZLER, aaO. (Anm.744) 80f.
[783] Vgl. Stern 168 (s.o.S.325).

losophisch zur Sprache zu bringen. Gott ist für mich Er, weil er mich immer nur indirekt in seiner Spur, im Nächsten anspricht, für den ich unmittelbar verantwortlich bin. Er ist unverfügbarer und erhabener Er, der mein Verlangen (désir) nach ihm umbiegt auf den, der nicht ersehenswert ist: den Armen. Er wird durch die selbstlose Hingabe an den Nächsten verehrt und verherrlicht.[784]

Die Epiphanie Gottes ereignet sich in der Ethik der dialogischen Begegnung. In der Beziehung zum anderen als anderen gewinnt das Wort 'Gott' für das Denken allererst Bedeutung, insofern sich in ihr die "verborgene Geburt der Religion im Anderen" (GPh 112) ereignet. Gott spricht zu mir durch das Gesicht des erniedrigten und beleidigten anderen, der sich anklagend an mich wendet.[785] In der Nähe zum Nächsten drückt sich die absolute Präsenz Gottes aus. Es gibt keine 'Gotteserkenntnis' ausserhalb dieser ethischen Beziehung zum anderen.

Dabei west der andere aber nicht als Inkarnation Gottes. Gerade durch sein desinkarniertes, nacktes Antlitz offenbart er die Erhabenheit des Unendlichen.[786] Er ist zwar Bild Gottes, aber "nach dem Bilde Gottes sein heisst nicht, Ikone Gottes sein, sondern sich in seiner Spur befinden" (Spur 235). Anders als das Zeichen oder Symbol, welches das Bezeichnete bzw. Symbolisierte in die Sphäre hineinholt, in der es erscheint, gliedert die Spur nicht in die Ordnung des Selben ein. Die Spur bedeutet, ohne etwas in Erscheinung treten zu lassen. Sie ist Zeugnis der Abwesenheit, sie bringt nicht zur Gegenwart. Sie ist darum immer rätselhaft, vieldeutig, indirekt. Die Spuren des Göttlichen nötigen nicht, sie tun keine Gewalt an. Das Göttliche offenbart sich auf diskrete Weise. Seine Spur bemerkt nur, wer sie bemerken will. Gott wirbt um Anerkennung, indem er sein Incognito wahrt. Auf seine

---

[784] Vgl.AQE 179;186f.   [785] Vgl.TI 223f.   [786] Vgl.TI 50f.

Spur kommt nur, wer das Risiko des unkalkulierten Sich-aussetzens vor dem anderen eingeht und die ethische Verantwortung wahrnimmt.[787] Das sich restlos zur Disposition stellende, heteronome Hier-bin-ich ist die Weise, in der das Unendliche nahekommt.[788]

Wie bei ROSENZWEIG, so konvergieren auch bei LEVINAS die biblisch-prophetische und die philosophische Denkweise. Auch LEVINAS geht es darum, biblischen Glauben und jüdische Erfahrung philosophisch zu artikulieren.[789] Von ROSENZWEIG sagt er denn auch, er sei in seinem Werk "zu häufig präsent, um zitiert zu werden" (TI XVI). Bei beiden erscheint Gott nicht am Ende des philosophischen Bemühens als Resultat, er ist dem Denken insgesamt vorausgesetzt. Das Werk LEVINAS' atmet in allen Zügen die Luft jüdischer Gläubigkeit.[790]

Neben ROSENZWEIG gehören - allen Differenzen zum Trotz - auch die übrigen Dialogiker wie M.BUBER, F.EBNER, E.ROSENSTOCK-HUESSY, H. und R.EHRENBERG, G.MARCEL, aber auch Philosophen wie E.GRISEBACH und K.HEIM zum athmosphärischen Raum, in dem das Denken LEVINAS' atmet. Schon GRISEBACH[791] geht es um den Vorrang des transzendenten anderen, der allein im Wort begegnet, das von ihm her auf mich zukommt, wobei dieses Wort Widerspruch gegen meinen Anspruch ist. Die Entsprechung des Ich zu seinem Angesprochensein durch das Du ist die reine Passivität des Hörens. Das spekulative Ich hat sein Zentrum in sich selbst, während die Gegenwart des anderen das Ich "aus seiner massgebenden Rolle verdrängt" (S.65), d.h. "aus dem Mittelpunkte" (S.586) der subjektiv konstituierten Welt entrückt. Auf ähnliche Weise ist es auch der Inter-

---

[787] Vgl. AQE 180.   [788] Vgl. GPh 119.   [789] Vgl. WGD 107.
[790] Vgl. dazu auch E.LEVINAS, Difficile Liberté. Essais sur le Judaisme, Paris ²1976; ders., Quatre lectures talmudiques, Paris ²1976.
[791] Vgl. Gegenwart. Eine kritische Ethik, Halle 1928, bes. 71f;83;139ff;151ff;162;164;218;480f;507ff;577ff.

subjektivitätstheorie K.HEIMS[792] um die Transzendenz und Andersheit des anderen zu tun.

## 5. DUSSEL und LEVINAS

Wenn das Levinassche Denken geradezu als eine "Philosophie der Erlösung" bzw. als eine "Phänomenologie der im Lichte der Erlösung geschehenden Verantwortung"[793] interpretiert werden kann, so leuchtet unmittelbar ein, weshalb DUSSELS Befreiungsphilosophie ohne grössere Mutationen auf LEVINAS hat zurückgreifen können. DUSSEL versteht seinen Diskurs als Relecture des Levinasschen Denkens aus der Perspektive Lateinamerikas.[794] Er hält LEVINAS zugute, er habe ihn "aus dem ontologischen Schlummer geweckt" (PLyFL 13), er habe meisterhaft die Ursprünglichkeit und die Geheimnishaftigkeit der Beziehung von-Angesicht-zu-Angesicht herausgearbeitet und den anderen als unverfügbare Epiphanie des schöpferischen Gottes gedacht. Trotzdem denke er in mancherlei Hinsicht immer noch 'europäisch'[795] und bedürfe diesbezüglich selber noch der "Ueberwindung" (MFL 181).

Nach J.C.SCANNONE[796] bedarf der Levinassche Diskurs von Lateinamerika her einer dreifachen Erweiterung: Spreche LEVINAS einfach vom Antlitz des Armen, so müsse eine lateinamerikanische Relecture vom Armen als dem gesellschaftlich Unterdrückten in der Geschichte sprechen. Zweitens bewege sich das lateinamerikanische Denken nicht bloss in einer privat-intimen Zweierbeziehung von Ich und

---

[792] Vgl. Glaube und Denken. Philosophische Grundlegung einer christlichen Lebensanschauung, Hamburg ⁵1957.
[793] B.CASPER, Denken im Angesicht, aaO. (Anm.755) 35.
[794] Vgl. E.DUSSEL, Palabras preliminares, in: ders./D.E. GUILLOT, aaO. (Anm.10) 7-9, 7; AL:DyL 112.
[795] Vgl. FE II, 156; 160.
[796] Vgl. Teologia de la liberacion y praxis popular, aaO. (S.13,Anm.14) 243; ders., Trascendencia, praxis liberadora y lenguaje, aaO. (S.29,Anm.57) 106-109.

Du, sondern in einer gesellschaftlichen Relation von Armen, Unterdrückten und Völkern im Plural. Drittens werde der ethische Ruf der Armen und Unterdrückten in Lateinamerika in seinen strukturellen Implikationen - im Kontext systematisch produzierter Abhängigkeit - und in gesellschaftsverändernder Absicht sozialanalytisch und sozialgeschichtlich interpretiert. Die Armen würden also nicht nur als interpersonale Wirklichkeit, sondern auch als strukturelle Realität, als abhängiges Volk und als von einem ungerechten System ausgebeutete Gesellschaftsformation verstanden. Darum sei die auf den ethischen Ruf der Armen antwortende historische Befreiungspraxis nicht nur eine ethische, sondern eine politische Praxis.

Aehnlich sagt auch DUSSEL, LEVINAS beschreibe die Exteriorität des anderen mehr phänomenologisch als von einer politischen Oekonomie her.[797] Zwar exemplifiziert LEVINAS sein Denken durchaus mit Beispielen aus der erotischen (fécondité, eros), pädagogischen (filialité), politischen (fraternité) und religiösen Praxis, aber er spreche nie von der Befreiung der Frau, des Sohnes und des Bruders. Er mache zwar die politischen Implikationen der Totalität deutlich, aber er äussere sich nicht philosophisch über eine Politik der Befreiung.[798] Der andere werde hermeneutisch nie als Indio, Afrikaner oder Asiate gefasst.[799] Ein weiterer Unterschied zu DUSSEL besteht darin, dass die pädagogische Situation nur auf das Verhältnis von Vater und Sohn, nicht aber auf die Relation des organischen Intellektuellen zum Volk bezogen wird.

Die wohl gewichtigste Differenz zwischen DUSSEL und LEVINAS ist aber erkenntniskritischer Art. DUSSEL wirft ihm nicht ohne Grund vor, seiner Darstellung der ursprünglichen Begegnung von-Angesicht-zu-Angesicht würden die Ver-

---

[797] Vgl. E.DUSSEL, Befreiungsethik, aaO. (Anm.136) 135.
[798] Vgl. ders., Palabras preliminares, aaO. (Anm.794) 8f.
[799] Vgl. FE II, 160f.

mittlungen fehlen. Er könne nicht deutlich machen, wie im Hören auf den anderen dessen Stimme überhaupt verstanden werden könne. Die Wirklichkeit des anderen werde von ihm "überaus äquivok" (FE II, 160) gedacht.

LEVINAS lehnt ja - im Unterschied zu DUSSEL - den Analogiegedanken ausdrücklich ab, weil dieser einen alles übergreifenden Seinszusammenhang und also eine letzte Kontinuität des All voraussetze und so gerade der traditionelle Weg des Triumphes des Selben über den anderen sei.[800]

Wenn nun aber der andere absolut anders und demzufolge als schlechthin in jeder Hinsicht unbegreiflich gedacht wird, so kann seine Stimme in der Tat nur als äquivok und folglich inkommunikabel gefasst werden.[801] Mit Recht hat DERRIDA[802] darauf aufmerksam gemacht, dass die positive Unendlichkeit des Anderen, wenn sie überhaupt sinnvoll soll ausgesagt werden können, nicht unendlich anders sein kann. Sie sei nur in der Form des Un-endlichen, d.h. in der Gestalt der bestimmten Negation als das Andere verständlich. Als absolute Distanz sei der unendliche Andere weder sag- noch denkbar und darum semantisch ohne Sinn, weil die Sprache gar nichts Bedeutungsvolles sagen könnte. Der Andere kann nicht schlechthin äusserlich zum Ich sein, ohne aufzuhören, für mich ein Anderer zu sein.

DUSSEL versucht genau diesem Problem mit dem Analogiegedanken beizukommen, und es ist nicht einzusehen, wie es anders gelöst werden könnte. (Anderseits liegt hier doch auch in der Sicht des Transzendenzdenkens - recht verstanden - der Wahrheitskern der Identitätsphilosophie, setzt doch die Möglichkeit der Analogie immer schon eine gewisse Art von Identität oder Konnaturalität voraus, in-

---

[800] Vgl. AQE 229.
[801] Vgl. E.DUSSEL, Palabras preliminares, aaO.(Anm.794)8f.
[802] Vgl. aaO. (Anm.588) 174-192.

sofern die Entsprechungen oder Bilder der Analogie der Sphäre des erkennenden Ich entstammen!)

Abgesehen von dieser erkenntnistheoretischen Differenz erweist sich aber DUSSELS Denken insgesamt als das "getreue Echo"[803] des von LEVINAS entwickelten Diskurses. Es stellt eine historische Konkretisierung und kontextuelle Relecture des Levinasschen Denkens in lateinamerikanischer Perspektive dar. Darüber hinaus besticht es gegenüber LEVINAS durch etwas mehr systematischen und architektonischen Zusammenhang. LEVINAS kultiviert geradezu das Unsystematische und Rhapsodische in seinem Werk. Man hat bei ihm ständig den Eindruck, dass er von einem je neuen Ausgangspunkt aus immer wieder dasselbe zu sagen versucht. Sein Denkweg entfaltet sich "gleich der ununterbrochenen Beharrlichkeit des Wellenschlags gegen einen Strand: immerwährende Wiederkehr und Wiederholung derselben Welle gegen dasselbe Ufer, an dem sich jedoch alles wieder zusammenzieht und in unendlicher Weise erneuert und bereichert"[804]. Damit hängt zusammen, dass er ständig neue Termini erfindet, um sie alsbald wieder durch andere zu ersetzen. Bei ihm bleibt nichts in Ruhe, es gibt keinen unverrückbaren archimedischen Punkt, kein strukturbildendes Grundgerüst, das seinen Diskurs methodisch und linear in logischer Entwicklung zu rekapitulieren erlaubt.[805]

### K. Bilanz des geschichtlichen Exkurses

Am Ende dieses Streifzuges durch einige ausgewählte Gebiete abendländischen Denkens verstärkt sich noch der anfängliche Eindruck, dass die von DUSSEL formulierten Anliegen von der europäischen Geistestradition nicht ein-

---

[803] P.SUDAR, El rostro del pobre, aaO. (Anm.324) 327.
[804] J.DERRIDA, aaO. (Anm.588) 129,Anm.6.
[805] Vgl. J.REITER, aaO. (Anm.718) 358.

fach frontal zurückprallen, sondern in ihr auf manche überraschende Gastfreundschaft stossen. Dabei haben wir noch etliche Verwandtschaftsbeziehungen noch gar nicht ausdrücklich zur Sprache gebracht. Wir hätten etwa - um ein Beispiel aus der früheren Zeit anzuführen - darauf hinweisen können, dass in der abendländischen Theologiegeschichte spätestens seit AUGUSTIN der amor sui (cupiditas, Selbstsucht) als der Inbegriff der Sünde schlechthin identifiziert wurde. Oder wir hätten - um ein Beispiel aus der neueren Geistesgeschichte zu zitieren - auf die von HORKHEIMER und ADORNO eindringlich aufgezeigte Dialektik der Aufklärung, auf die von ADORNO untersuchte negative Dialektik, auf HORKHEIMERS Kritik der instrumentellen Vernunft, auf MARCUSES Kritik der eindimensionalen Gesellschaft und die von ihm propagierte Strategie der totalen Verweigerung, auf BLOCHS Philosophie der utopischen Transzendenz und dergleichen mehr eingehen können.

Aber auch die von uns verfolgten Spuren des Transzendenzdenkens innerhalb der abendländischen Denktradition, denen wir in diesem Kapitel nachgegangen sind, haben deutlich gezeigt, dass diese Tradition erstaunlich reich an Zeugnissen radikal unverfügbarer Transzendenz ist. Wir sind uns zwar bewusst, dass wir in diesem Durchgang durch die Geistesgeschichte diese ein Stück weit gegen den Strich gelesen haben, dass geschlossene Denksysteme immer wieder eine markante Durchschlagskraft gehabt haben (was die provozierte Leidenschaftlichkeit systemsprengender Gegenreaktionen historisch überhaupt erst erklärlich macht, so z.B. KIERKEGAARDS, ROSENZWEIGS, BARTHS, HEIDEGGERS oder LEVINAS' Denken als Reaktion auf HEGELS idealistischen Systematismus), dass sich manche von uns herausgestrichenen Transzendenzansätze wirkungsgeschichtlich nicht durchzusetzen vermochten. Als Beispiel sei hier nur etwa an die Wirkungsgeschichte FICHTES erinnert, der selbst in namhaften philosophischen Lehrbüchern oft nur als Systemphilosoph des subjektiven Idealismus, als Denker der 'Grundlage der gesammten Wissenschaftslehre' verhandelt wird, während über den späten FICHTE, der das Ich auf das absolute, unbegreifliche Geheimnis hin öffnete, ein Mantel des Schweigens ausgebreitet wird.[806] Wir sind uns weiter bewusst, dass innerhalb der von uns als Zeugen angerufenen Denker selbst oft auch gegenläufige Tendenzen auszumachen wären. Eine Untersuchung über die Geschichte des Rationalismus käme beispielsweise weder um THOMAS VON AQUIN noch um KANT herum. Insofern ist DUSSELS Kritik am europäischen Denken sicher nicht gegenstandslos.

Und trotzdem muss gesagt werden, dass der Gedanke der Transzendenz nicht bloss in den Verstecken des abendländischen Denkens zu finden ist, sondern einen bedeutenden Pfeiler im Haus dieses Denkens selbst darstellt. DUSSEL hat darin recht, dass das abendländische Denken in dominantem Mass durch den Drang nach letzter Einheit bestimmt ist, aber er hat darin unrecht, dass er im Transzendenz- und Geheimnisverlust die notwendige Folge dieses Einheitsdenkens sehen zu müssen meint.

Es wurde bereits darauf hingewiesen (s.o.S.253;260f), dass innerhalb des Einheitsdenkens selbst noch einmal zu unterscheiden ist zwischen einem die letzte Einheit als radikal unbegreifliche Transzendenz denkenden und einem diese letzte Einheit als durch den Begriff einholbar denkenden Einheitsdenken. Es gibt also in demselben auch jenen Gedanken einer letzten Einheit und eines ursprünglichen Grundes alles Seienden, der als der Macht des entzweienden Begriffs unverfügbar entzogen gedacht wird. Es gibt innerhalb des Einheitsdenkens auch eine Tradition des Protestes gegen jedes geschlossene Begriffssystem und den Gedanken einer Selbstbezeugung des Absoluten. Auch das Motiv des Primats der Ethik vor der spekulativen Vernunft befindet sich durchaus nicht schlechthin jenseits des europäischen Einheitsdenkens, wie KANT und FICHTE

---

[806] Am augenfälligsten wohl bei R.KRONER, Von Kant bis Hegel, aaO. (Anm.43) Bd. I.

beispielsweise bezeugen. Und schliesslich ist die philosophische Einsicht in die Ursprünglichkeit der personalen Subjekt-Subjekt-Relation gegenüber der gegenständlichen Subjekt-Objekt-Relation geistesgeschichtlich wohl FICHTE zuzuschreiben und selbst vom vielgeschmähten HEGEL affirmativ rezipiert worden.

Dieser Sachverhalt der durchaus nicht eindeutigen, monolithischen, sondern auch transzendenzoffenen Verfassung abendländischen Einheitsdenkens findet mindestens indirekt eine Bestätigung darin, dass sogar LEVINAS[807] selbst philosophiegeschichtliche Spuren seines Denkens bei derart ausgeprägten Einheits- und/oder Subjektdenkern wie PLATON (das Eine bzw. Gute als Jenseits des Seins), DESCARTES (die aus der Immanenz unableitbare Idee des Unendlichen in uns), KANT (Primat der praktischen vor der theoretischen Vernunft), ja sogar HEGEL (intersubjektives Anerkennungsverhältnis freier Personen) ausdrücklich anerkennt.

In grober Vereinfachung können die in diesem Kapitel behandelten Denker in zwei Hauptparadigmen unterschieden werden, in denen die radikale Unbegreiflichkeit und Unverfügbarkeit des transzendenten Anderen gedacht wird: In dem einen Denkmodell wird die Andersheit 'reduktiv' gedacht als die Ursprünglichkeit und schlechthinnige Transzendenz des Einen, das die Mannigfaltigkeit des Endlichen, Begreiflichen und Unvollkommenen begründet. Zur Transzendenz dieses Grundes wird im Ausgang von der Reflexion auf die Immanenz vorgestossen. Diesem Paradigma sind unter den hier dargestellten Denkern die gesamte Tradition des Platonismus sowie THOMAS, KANT, FICHTE und SCHELLING zuzurechnen.

In der anderen Denkfigur wird die Transzendenz des ganz Anderen nicht 'reduktiv' als Grund, sondern 'dissoziativ'

---

[807] Vgl. Ueber die Idee des Unendlichen, aaO. (Anm.777) 37-41; WGD 166; Spur 185-208.

als abgründiges Gegenüber oder Jenseits des Endlichen und Begreiflichen gefasst, mit dem dieses nur durch einen Sprung 'verbunden' ist. Hier wird die Andersheit nicht im Ausgang von der Immanenz, sondern von ihr selbst her gedacht. Zu dieser Tradition sind KIERKEGAARD, ROSENZWEIG, BARTH und LEVINAS zu zählen. (HEIDEGGER kommt eine gewisse Sonderstellung zu: Während der frühe HEIDEGGER eher der ersten Traditionslinie entspricht, insofern er das Sein als Grund und Horizont des Daseins versteht, gehört der späte HEIDEGGER eher zum zweiten Lager, insofern er im Denken des Seins die ontologische Differenz in den Vordergrund rückt.)

Wir können sogar noch einen Schritt weitergehen und sagen: Wenn es richtig ist, dass der abendländische Gedanke der Andersheit und Welttranszendenz Gottes einerseits auf griechisches und anderseits auf biblisch-jüdisches Denken zurückgeht (s.o.S.250), so entspricht das erste ('reduktive') Paradigma dem griechischen und das zweite ('dissoziative') dem biblisch-jüdischen Ueberlieferungsstrang. Beiden Traditionen ist aber gerade das Herausstellen der radikalen Transzendenz, Unbegreiflichkeit, Unverfügbarkeit und Andersheit des Absoluten **gemeinsam**.

Wir treffen uns hier übrigens ziemlich genau mit einem Befund von W.SCHULZ[808], der ebenfalls in der Geschichte der Neuzeit zwei Grundmodelle des philosophischen Gottdenkens ausgemacht hat: Entweder wird Gott als das bestimmende und begrenzende Gegenüber zur Subjektivität des Ich oder aber als Einheit und Grund des Gesamtzusammenhangs, in den das Ich eingebettet ist, gedacht. Beide Paradigmen suchen je auf ihre Weise ein Dilemma zu lösen, das im Grunde genommen gar nicht aufgelöst, sondern nur in ein polares Spannungsverhältnis, in eine ausgewogene

---

[808] Vgl. Der Gott der neuzeitlichen Metaphysik, aaO. (Anm.336) bes.111f.

Balance überführt werden kann. Das neuzeitliche Gottdenken ist nämlich nach SCHULZ ständig hin- und hergerissen im Dilemma, Gott einerseits in seiner Bezogenheit auf das Ich zu denken, ohne ihn dabei anderseits im Ich aufgehen zu lassen. Es befindet sich immer auf dem Grat zwischen der Skylla unsagbarer und darum zu verschwinden drohender Transzendenz und der Charybdis sagbarer Immanenz, insofern es als sagbares von der Identität des Ich eingeholt zu werden droht. Beide Tendenzen bedürfen stets der Korrektur durch die je andere Tendenz: Das Identitätsdenken muss immer wieder aufgebrochen werden auf die unverfügbare Transzendenz hin, und das reine Transzendenz- und Andersheitsdenken muss um der blossen Sagbarkeit willen bezogen werden auf ein Identitätsdenken (Analogiegedanke!). Dass dies aber nicht nur das Grunddilemma des abendländischen, sondern im kritischen Verstande auch des Dusselschen Denkens ist, darauf wird in der nun folgenden kritischen Auseinandersetzung mit DUSSEL gleich noch einzugehen sein.


## VII. KRITISCHE AUSEINANDERSETZUNG


DUSSEL versteht das europäische Denken als Vorgeschichte des lateinamerikanischen Denkens.[809] Nach seinem Urteil befindet sich dabei europäisches Denken insgesamt und das neuzeitliche insbesondere weithin in der Gewalt herrschaftsstabilisierender Kategorien, die er als ideologischen Ausdruck des europäischen Willens zur Macht auslegt und destruieren möchte.[810] Die europäische Subjektivität, die sich neuzeitlich als transzendentalen Weltmittelpunkt

---

[809] Vgl. MFL 176.   [810] Vgl. FE II, 9; AL:DyL 200.

setzte, hat sich politisch in die Strukturen der Herrschaft, der Eroberung und Ausbeutung inkarniert.[811] Die Selbstverwirklichung dieses sich selbst setzenden und behauptenden Ich, dem das andere lediglich als Vermittlung des eigenen Zu-sich-selbst-Kommens diente, führte zur systematischen und methodisch durchgeführten Aufhebung der Andersheit des anderen (des Nichteuropäischen) in die konkret vermittelte europäische Identität.

Demgegenüber möchte DUSSEL gerade von dieser europäisch negierten Andersheit des anderen, von der eigenen Wirklichkeit des armen lateinamerikanischen Volkes her denken.[812] Dies bedingt einen anderen Diskurs mit einem anderen Ausgangspunkt, mit anderen Material- und Formalobjekten und mit einer anderen Methode.[813] Gegenüber dem alten Denken ist daher ein epistemologischer Bruch gefordert.[814] Das neue Denken denkt das in der Geschichte bislang noch Ungedachte: den unterdrückten Schrei der Armen nach universaler Gerechtigkeit und Befreiung.[815] Der Arme ist der hermeneutische Ort, wovonher die Wirklichkeit im ganzen neu interpretiert wird.[816]

Die Exteriorität ist dabei die zentrale Kategorie dieses neuen Denkens. Alle anderen Grundkategorien des meta-physischen Denkens - z.B. Gerechtigkeit, Liebe, Befreiung, Nähe, Geheimnis, Offenbarung, Glaube, Dienst, Gott - setzen sie schon voraus. DUSSEL meint sogar, die Kategorie der Exteriorität leite ein neues epochales Kapitel in der Weltgeschichte des Geistes ein. Das Exterioritätsdenken bilde nach der griechischen Physio-logie, der mittelal-

---

[811] Vgl. J.C.SCANNONE, Trascendencia, praxis liberadora y lenguaje, aaO. (S.29,Anm.57) 108.
[812] Vgl. FE I, 154.     [813] Vgl. FL 5.9.2.3.
[814] Vgl. $FL^1$ 4.3.6.1 = $FL^3$ 4.4.6.1.
[815] Vgl. MFL 195; FL 5.9.5.2.
[816] Vgl. E.DUSSEL, Die Geschichte der Kirche in Lateinamerika. Eine Interpretation, in: ThZ 38 (1982) 367-398, 368f; ders., Introduccion general, aaO. (S.38,Anm.85) 24; 56; 85f; DCyL 11f; FE II, 9; AL:DyL 124f.

terlichen Theo-logie und der neuzeitlichen Logo-logie gewissermassen dessen viertes Zeitalter.[817]

DUSSEL betont dabei besonders die Unterschiede zum logologischen Denken. Werde in der Ich-Philosophie das andere oder Nicht-Ich als das ontologisch bzw. gnoseologisch Nicht-sein-sollende begriffen, so im meta-physischen Denken gerade umgekehrt als der kategorische Imperativ des unbedingten Seinsollens. Die Dialektik der Vernunft begreife die Andersheit vom Selben her, die Analektik des Glaubens beurteile das Selbe von der Andersheit her.[818] Beim subjektontologischen Denken bildet die Identität des Ich, beim meta-physischen Denken die Andersheit des anderen das Wovonher des Denkens.[819] Was die eine Denkart als ursprünglich behauptet, gibt die andere als abkünftig aus und umgekehrt. Insofern sind die rivalisierenden Wahrheitsansprüche in der Tat letztlich Ursprünglichkeitsansprüche.[820].

Es unterliegt keinem Zweifel, dass DUSSEL innerhalb des lateinamerikanischen Denkens in Philosophie und Theologie der Befreiung einen hervorragenden Platz einnimmt. Mit Recht hat K.RAHNER[821] darauf hingewiesen, dass auch die Theologie der Befreiung um ihrer eigenen Ausweisbarkeit willen grundlagentheoretischer Reflexionen bedarf, die der traditionellen Fundamentaltheologie analog seien. DUSSELS Diskurs kann nun präzis als eine solche Einlösung des von RAHNER angemeldeten Desiderats angesehen werden. Sein Hauptverdienst dürfte in systematischer Hinsicht darin bestehen, dass er die Intuitionen der lateinamerikanischen Befreiungstheologie in eine im ganzen doch erstaunlich kohärente Denkform gebracht hat, die ihr in

---
[817] Vgl. MFL 197; FL 2.4.1.1.
[818] Vgl. FE II, 66; J.C. SCANNONE, Ein neuer Ansatz, aaO. (S.29,Anm.57) 102.
[819] Vgl. FE I, 111; V, 65f.
[820] Vgl. auch M.THEUNISSEN, Der Andere, aaO.(Anm.592)486.
[821] Vgl.Grundkurs des Glaubens,in:Schriften XIV,48-62,61f.

dieser durchreflektierten methodischen und begrifflichen Konsistenz bisher gefehlt hatte.

Nun wäre es freilich denkbar, dass durch ein solches philosophisches Kategorialsystem das unableitbar Theologische nachträglich und gewaltsam in ein meta-physisches Korsett hineingezwängt würde. Bei DUSSEL verhält es sich aber gerade nicht so. Sein Diskurs ist - um es pointiert auszudrücken - kein philosophisch konditioniertes theologisches Denken, sondern ein theologisch motiviertes philosophisches Denken. Aehnlich wie bei KIERKEGAARD, ROSENZWEIG und LEVINAS bildet bei ihm das biblische Wirklichkeits- und Gottesverständnis die Mitte und das in seiner Faktizität nicht mehr hinterfragbare Fundament des Denkens, das selber nicht mehr begründet, sondern vorausgesetzt und auf das nur noch hingeführt wird.

Es wurde bereits gesagt (s.o.S.346), dass die Inspirationen der biblischen Glaubensüberlieferung zum Entdeckungszusammenhang des Dusselschen Diskurses gehören. Aus der biblischen Mitte selber ergibt sich schon die "Priorität des Anderen im Verhältnis zu mir" (E.LEVINAS, WGD 116), und die Meta-physik hat eigentlich nur noch die Aufgabe, "diesen Nicht-Hellenismus der Bibel in hellenistische Termini" (ebd.107), d.h. in die Sprache der Philosophie zu übersetzen. Deshalb konnte DUSSEL von der entgegengesetzten Seite auch der Vorwurf gemacht werden, sein Denken setze im Grunde eine "fideistische Option"[822] voraus.

DUSSELS Denken ist also bei aller philosophischen Form eminent theologisch bestimmt, und darin ist es im guten Sinn Fundamentaltheologie. Seine Philosophie der Befreiung ist zugleich Fundamentaltheologie der Befreiung. Auf seine Art hat er das Befreiungsdenken auf ein theoretisches Niveau gehoben, das auch ein akademisch fixiertes

---

[822] H. CERUTTI GULDBERG, aaO. (Anm.324) 66; 211.

theologisches und philosophisches Denken zur Auseinandersetzung einlädt. Es ist ihm in erstaunlichem Mass gelungen, das Andere und Neue der Befreiungstheologie auf den Begriff zu bringen.

Dieses Verdienst ist bleibend, aber auch es darf nicht von einer kritischen Auseinandersetzung dispensieren. Denn durch blosse Apologetik würde ein Denken auf ähnliche Weise um seine Würde gebracht wie durch arrogante Ignorierung. In diesem Sinn hoffe ich, dass die nun folgenden kritischen Töne den cantus firmus meiner Sympathie für dieses Denken nicht unterdrücken werden. Ohne die im darstellenden Teil schon eingeflochtenen kritischen Hinweise (s.o.S.146f,Anm.59;170-174;202,Anm.322;222-224;253; 261;294f;386ff) nochmals im einzelnen zu wiederholen, möchte ich meine kritischen Anmerkungen auf drei Punkte zusammenfassen und ihnen anschliessend in dem Vorschlag einer möglichen weiterführenden Perspektive Rechnung tragen.

## 1. DUSSELS Antieuropäismus

DUSSELS Denken ist über weite Strecken eine Oppositionsbewegung gegen das, was er 'europäisches' Denken nennt. Das hat zur Folge, dass es sich fast nur negativ - in der Form der Negation europäischer Denkmodelle - äussern kann. Heisst das europäische Denken pauschal Ontologie, so könnte man DUSSELS Denken als **negative** Ontologie bezeichnen. Damit bleibt er aber gerade in der Weise der Negation immer noch allzusehr auf das Ontologische fixiert und ihm verhaftet. Jedenfalls hat CERUTTI sicher nicht ganz unrecht, wenn er ihm vorwirft, sein Diskurs habe seine Identität weitgehend im Antieuropäismus.[823] Allerdings versichert DUSSEL - darin LEVINAS folgend -

---

[823] Vgl. H.CERUTTI GULDBERG, aaO. (Anm.324) 214-225.

immer wieder, es gehe ihm nicht nur negativ um eine Verneinung des Ontologischen oder Selben, sondern positiv um die Affirmation der Exteriorität des anderen und meiner ethischen Verantwortung für ihn. Trotz seiner faktischen Verhaftetheit an das Ontologische möchte er sich doch aus diesem Denken herauswinden und den anderen aus der blossen spiegelverkehrten Negativität des Selben befreien.

Im weiteren lässt es unsere historische Exkursion in diverse Regionen des abendländischen Transzendenzdenkens als fragwürdig erscheinen, 'das' europäische Denken als derart univok zu klassifizieren, wie DUSSEL dies immer wieder zu tun geneigt ist. Gewiss gibt es eine abendländische Denktradition, die im Innersten dominant durch die Suche nach letzter Einheit und durch den Drang nach Intelligibilität bestimmt ist (ens et unum, verum, bonum convertuntur!). Daraus kann aber nicht eo ipso geschlossen werden, dieses Denken sei in sich monologisch, verschlossen, possessiv und geheimnislos.

Wir haben bereits festgestellt (s.o.S.388ff), dass innerhalb des abendländischen Einheitsdenkens noch einmal zwischen einem die letzte Einheit als radikal unbegreifliche Transzendenz denkenden und einem diese Einheit als durch den Begriff einholbar denkenden Einheitsdenken unterschieden werden muss. Auch ein durch die Strenge des Begriffs und durch den Trieb nach letzter Einheit geleitetes Denken kann von sich aus zu einer 'docta ignorantia' gelangen, indem es sich mit den Mitteln begrifflichen Denkens an die Grenze allen Denkens führen lässt, "um denkend die Ohnmacht des Denkens zu erfahren"[824]. Der Gedanke der schlechthinnigen Unbegreiflichkeit absoluter Transzendenz und der Ungegenständlichkeit des Du bzw. des anderen ist auch europäischem Denken möglich. Die abendländische Geistesgeschichte ist da doch lebendiger, plu-

---

824 W.SCHULZ, Der Gott der neuzeitlichen Metaphysik, aaO. (Anm.336) 30.

riformer, reicher und aufgeschlossener, als DUSSEL dies in seiner manchmal arg überschiessenden Hyperkritik wahrhaben möchte. Umgekehrt erweist sich auch DUSSELS eigenes Denken als viel 'europäischer', als er sich selber zugesteht. Das gilt nicht nur für den Boden seines Denkens, das seine Wurzeln auf europäischem Grund geschlagen hat, sondern auch für den Stamm dieses Denkens selbst, das ja in seinen Grundgedanken nicht originell ist. Mangelnde Originalität soll ihm auch gar nicht zum Vorwurf gemacht werden, sondern nur seine Tendenz, die europäische Herkunft seines Denkens notorisch herunterzuspielen.

Gewiss sind auch ihm die offenkundigen Konvergenzen zwischen seinem Denken und demjenigen etwa eines KANT, SCHELLING, KIERKEGAARD und natürlich LEVINAS nicht verborgen geblieben, aber bei ihm macht sich immer wieder der eigentümliche Hang bemerkbar, trotz beachtlichen Gemeinsamkeiten mit europäischen Denkentwürfen die differentia specifica seines eigenen Diskurses unverhältnismässig überzubetonen, ungeachtet der Tatsache, dass sein eigenes Denken auf dem vom europäischen Transzendenz- und Dialogdenken urbar gemachten Felde arbeitet. Sein Werk erweist sich in mancherlei Hinsicht als eine Art verbotene Frucht aus dem Garten einer bestimmten Tradition europäischen Denkens.

Dieser kritische Hinweis kann im übrigen auch nicht einfach dadurch abgetan werden, dass DUSSEL den Ausdruck 'europäisch' nicht primär geographisch, sondern ontologisch versteht, so dass alle meta-physischen Denkansätze, die auch im europäischen Raum zur Wirkung gekommen sind, von vornherein aus diesem Definitionsfeld von 'europäisch' herausfallen. Denn mindestens diese nicht ohne Gewalt vorgenommene begriffsdefinitorische Einschränkung erweist sich dann als problematisch.

Mit der übermässigen Akzentuierung der Neuheit und Diskontinuität des eigenen gegenüber dem traditionellen

Denken und dem damit verknüpften Anspruch der schlechthinnigen Ueberholung und Ueberwindung der bisherigen Denküberlieferung pflegt sich gerne eine Neigung zu verbinden, die W.STEGMUELLER mit Blick auf HEIDEGGER als "innere Zügellosigkeit des Denkens"[825] beschreibt. Dieser Gefahr der terminologischen Eigenwilligkeit und der Masslosigkeit des Ausdrucks ist auch LEVINAS, in seiner Nachfolge - obgleich weniger ausgeprägt - aber auch DUSSEL deutlich ausgesetzt.

## 2. Der Offenbarungsbegriff

Zu kritischen Rückfragen Anlass gibt sodann DUSSELS Offenbarungsverständnis, das auch abgesehen vom nicht ganz geklärten Verhältnis zwischen der theologischen und anthropologischen Offenbarung (s.o.S.222-224) nicht einheitlich zu sein scheint. Einerseits fasst er Offenbarung als kommunikative Selbstmitteilung im Sinne einer unmittelbaren personalen Begegnung von-Angesicht-zu-Angesicht. Sie bedeutet dann in erster Linie personal-dialogische Kommunikation, in der nicht so sehr etwas (Gegenständliches), sondern das personale Antlitz des anderen selbst gegenwärtig wird.[826] Dieser Offenbarungsbegriff entspricht demjenigen in der dogmatischen Konstitution Dei Verbum des II. Vatikanischen Konzils.[827]

Anderseits begreift er Offenbarung aber auch geradezu als satzhafte Mitteilung von (analog zu erschliessenden) Erkenntnissen, die anderweitig nicht zugänglich sind. Hier steht er dem instruktionstheoretischen Begriff der Offen-

---

[825] W.STEGMUELLER, Hauptströmungen der Gegenwartsphilosophie.Eine kritische Einführung, Bd.I, Stuttgart [6]1976,177.
[826] Vgl. ETL 74; 168.
[827] Siehe Dei Verbum Nr.2: "In dieser Offenbarung redet der unsichtbare Gott(...)aus überströmender Liebe die Menschen an wie Freunde(...)und verkehrt mit ihnen(...), um sie in seine Gemeinschaft einzuladen und aufzunehmen."

barung nahe, insofern diese als ein Vorgang autoritativer, übernatürlicher Unterweisung (DUSSEL: Lehrautorität des anderen!), als Mitteilung von sonst unverfügbaren Glaubenswahrheiten und Mysterien gefasst wird, die in ihrem kognitiven Gehalt jegliches Begreifen übersteigen und die allein deshalb zu glauben, d.h. fest für wahr zu halten sind, weil sie von transzendenter Herkunft und durch meta-physische Autorität verbürgt sind. Entsprechend definiert hier DUSSEL den Glauben als "'Für-wahr-Halten' dessen, was der andere uns offenbart"[828], d.h. als eine zustimmende Annahme von durch die blosse Autorität des anderen als wahr garantierten Sätzen über Sachverhalte, die der Erfahrung im Ich-Horizont selbst unzugänglich sind.[829] Damit steht er präzis auf dem Boden des Offenbarungs- und Glaubensverständnisses des I. Vatikanischen Konzils, das ebenfalls den Autoritätsgedanken als die zentrale dogmatische Kategorie der Offenbarungslehre festmachte.[830] Er stellt sich damit zugleich in die antiaufklärerische Tradition eines supranaturalistischen, positivistischen und absolutistischen Offenbarungsbegriffs: supranaturalistisch, weil Offenbarung wie ein eigenes Stockwerk über dem natürlichen Bereich und deshalb jenseits und über der Vernunft liegt und folglich nur in einem Akt der Selbstaufgabe der Vernunft geglaubt werden

---

[828] E.DUSSEL, Cultura, aaO. (S.77,Anm.186) 43,Anm.92.
[829] Damit soll aber nicht bestritten werden, dass DUSSEL auch einen personalen Begriff des Glaubens als eines ganzheitlichen Sichöffnens für die Personalität des sich selbst mitteilenden anderen kennt.
[830] Nach der dogmatischen Konstitution Dei Filius des I. Vatikanischen Konzils "sind wir verpflichtet, dem offenbarenden Gott im Glauben vollen Gehorsamsdienst des Verstandes und Willens zu leisten" (DS 3008/NR 31). Offenbarung wird verstanden als Mitteilung von übernatürlichen Wahrheiten, "die die Einsicht des menschlichen Geistes ganz und gar überragen"(DS 3005/NR 30),während Glaube gefasst wird als "eine übernatürliche Tugend, durch die wir auf Antrieb und Beistand der Gnade Gottes glauben, dass das von ihm Geoffenbarte wahr ist, nicht weil wir die innere Wahrheit der Dinge mit dem natürlichen Licht der Vernunft durchschauten, sondern auf die Autorität des offenbarenden Gottes selbst hin" (DS 3008/NR 31).

kann; positivistisch, weil das Offenbarte aufgrund der Autorität des Offenbarenden unantastbar ist und deshalb unbesehen angenommen werden muss; absolutistisch, weil Offenbarung Ausdruck des schlechthin anderen und Unbegreiflichen ist und deshalb in ihrer inneren Wahrheit nicht mehr begriffen, sondern nur noch in einer fraglosen Unterwerfung blind übernommen werden kann.

Dieses absolutistische Wahrheits-, Glaubens- und Gehorsamskonzept kann nun aber - um so mehr, als es ja nach DUSSEL ausdrücklich die zwischenmenschliche Relation bestimmen soll - in der politischen Beziehungswirklichkeit äusserst gefährliche Konsequenzen haben. Wenn das, was der andere - der Arme oder das Volk! - offenbart, allein schon deswegen wahr und richtig ist, weil es von ihm stammt und er als solcher ohne weiteres Wenn und Aber absolut glaubwürdig ist, und wenn der Sinn des Subjekts meta-physisch als Subjektion, als Unterwerfung unter den anderen gefasst wird[831], so kann sich darin eine politisch folgenschwere Metaphysik der Hörigkeit ausdrücken: vox populi vox Dei! Mit Recht mahnt hier PANNENBERG[832], von der neueren deutsch-nationalistischen Geschichte, in der die unbedingte Inanspruchnahme des Ich durch das Volk bzw. den Staat verheerende Konsequenzen hatte, zu lernen. Dieser kritische Punkt gibt auch dem Urteil CERUTTIS[833], DUSSELS Denken sei offen für einen gefährlichen Irrationalismus, sein begrenztes Recht, auch wenn CERUTTIS Verriss gelegentlich weit über das Ziel hinausschiesst.

Allerdings ist die Signalisierung dieser Gefahr einer Volksidolatrie nicht nur an die Adresse DUSSELS, sondern

---

[831] Bei DUSSEL und mehr noch bei LEVINAS droht denn auch die personale Subjekt-Subjekt- bzw. Ich-Du-Relation mitunter schon fast in eine Art umgekehrte Subjekt-Objekt-Beziehung, mit dem Ich als verfügtem Objekt und dem anderen als absolutem Subjekt, umzuschlagen.
[832] Vgl. Anthropologie, aaO. (S.106,Anm.252) 178.
[833] Vgl. aaO. (Anm.324) 271.

an die Theologie der Befreiung bzw. Theologie des Volkes allgemein gerichtet. DUSSEL selber ist sich dieser Gefahr durchaus bewusst, und er selber hat ja ausdrücklich in seinen Diskurs eine kritische Sicherung gegen eine Verabsolutierung des Volkes eingebaut (s.o.S.202f). Gegenüber der ambivalenten Seele des Volkes hat er dem intellektuellen Ich explizit eine kritische Funktion zugedacht. Insofern hat unser Hinweis auf die Risiken eines blinden Gehorsams gegenüber dem anderen nicht direkt DUSSEL selbst, sondern eher eine in einer verkürzten Dusselrezeption lauernde Gefahr im Visier, die dann droht, wenn das polare Spannungsverhältnis zwischen dem Glauben an das Volk und dem kritischen Beitrag des organischen Intellektuellen einseitig populistisch aufgelöst wird.


3. Das erkenntnistheoretische Problem

Schliesslich muss auch das erkenntnistheoretische Problem nochmals erörtert werden. DUSSEL hat - im Unterschied zu LEVINAS - richtig erkannt, dass eine **absolute** Distanz und Andersheit des anderen sinnvollerweise gar nicht ausgesagt werden kann, wie ja übrigens schon THOMAS VON AQUIN erkannt hat (s.o.S.266f). Um der **Sagbarkeit** des anderen willen darf dieser mir nicht unendlich fremd sein. Das aber heisst doch, dass das Ich in gewisser Weise immer schon kongenial mit dem anderen sein muss, mehr noch: dass die Andersheit des anderen - erkenntniskritisch gesehen - gar nicht anders gedacht werden kann als durch das Ich gesetzt, ist doch der andere wesentlich anders als das Ich, also anders in bezug auf das Ich und gerade so in seiner Andersheit noch bezogen auf das Ich.

Daran ändert auch eine Offenbarungskonzeption von Wahrheit nichts. Denn auch der Begriff von Offenbarung impliziert, dass sie vom Ich gehört werden kann. Darum kann die Frage, wie das Ich in seiner Wesensstruktur verfasst ist und wie es fähig ist, das Offenbarungswort zu vernehmen, nicht fehl am Platz sein. Das reine Angesprochenwerden des Ich durch den anderen setzt im Ich eine Ansprechbarkeit (als 'apriorisches' Vermögen des Ich!) voraus: eine Konstitutionsstruktur oder Daseinsverfassung ('Existential', 'potentia oboedientialis'), die als 'apriorische Anlage' das Sichöffnen für und das Hören auf den anderen überhaupt erst möglich macht (das, was BUBER das "eingeborene Du"[834] nennt). In diesem Sinn stellt das Ich notwendig immer schon den Horizont und die Bedingung der Möglichkeit von Offenbarung und von personaler Begegnung überhaupt dar, in diesem Sinn ist also eine dialogische Begegnung nie rein unmittelbar, sondern vermittelt durch das Apriori der Ich-Strukturen, und ebenfalls in diesem Sinn haben wir bereits oben (S.385f;390f) darauf hingewiesen, dass hier - auch vom meta-physischen Standpunkt eines DUSSEL aus geurteilt - der Wahrheitskern der Identitätsphilosophie gesehen werden müsse.

Im Grunde genommen stellt ja das radikale Exterioritätsdenken philosophisch gesehen eine besondere Form des empirischen Realismus dar. Dies hat schon SCHELLING in seiner "Darstellung des philosophischen Empirismus" (SW X, 225-286) dargetan, und auch ROSENZWEIG hat sein Offenbarungsdenken bekanntlich als "absoluten Empirismus" (KS 398) bezeichnet. So steht auch DUSSELS meta-physisches Denken unter der crux metaphysica, nämlich vor dem Problem, wie das andere in seinem radikalen Ausserhalb, in seinem ich-unabhängigen Ansich überhaupt bewusst werden kann.

Die Theologie, die ja ebenfalls vom ganz Anderen spricht, löst das Problem der Rezipierbarkeit der Offenbarung damit, dass sie eine gnadenhafte innere Erleuchtung des Rezipienten durch den Heiligen Geist annimmt. Da DUSSELS Begründung des anthropologischen Offenbarungsgeschehens

---

[834] Ich und Du, aaO. (Anm.759) 96 (dort hervorgehoben).

immer auch ein philosophischer Diskurs sein will, ist ihm dieser theologische Rekurs auf die innere Gnade des Heiligen Geistes verwehrt. Er versucht statt dessen, das Problem der Sagbarkeit des sich offenbarenden anderen mit Hilfe der Analogie zu lösen. Aber auch die Analogie bezieht ihre Begriffe, Gleichnisse und Bilder aus dem Sprach- und Denkhorizont, der dem Ich verfügbar ist, und setzt also das Apriori des Ich voraus. Vor allem aber setzt sie selbst bereits ein irgendwie geartetes Angekommensein (d.h. Bewusstsein!) der Offenbarung im Ich voraus, denn über ein schlechthin Unbekanntes und Jenseitiges könnte auch keine analoge Aussage gemacht werden. Diese Voraussetzung wird aber bei DUSSEL nicht mehr eigens reflektiert. Immerhin wird sie bei ihm wenigstens soweit thematisch, dass er davon spricht, das Ich gewinne die zutreffende Analogie aus einer Art existentieller Konnaturalität mit dem anderen, die aus der Praxis meiner Liebe zu ihm resultiere (s.o.S.174f). Im Begriff der Konnaturalität ist aber bereits eine Art Bewusstsein im Sinne einer vorgegenständlichen Vertrautheit impliziert.

Schliesslich wird das Ich auch in der pädagogischen Relation des Ich zum anderen in Anspruch genommen. DUSSEL überträgt ja dem Ich des Intellektuellen ausdrücklich die kritische Funktion, zwischen dem authentischen und dem entfremdeten Ausdruck des Volkes zu unterscheiden und dieses damit zu befruchten. Woher denn anders als aus sich selbst bezieht dieses Ich die Fähigkeit zur kritischen Unterscheidung? Vom anderen kann er sie ja nicht haben, da dieser nach DUSSEL von sich aus zu dieser Kritik nicht fähig ist.

Man kann es also drehen und wenden, wie man will: immer wieder sieht sich das Denken der Andersheit und der Offenbarung erkenntniskritisch auf eine transzendentale Fragestellung zurückgeworfen. Zu Unrecht hat DUSSEL im Sog der antiidealistischen Dialogik das transzendentale Denken pauschal verworfen. Dass gerade das so verfemte transzendentale Denken die Ursprünglichkeit der personalen Wirklichkeit zur Erscheinung gebracht hat, ist von ihm kaum zur Kenntnis genommen worden. Ein erkenntniskritisch reflektiertes Denken des anderen als anderen wird demgegenüber die authentischen Intuitionen einer personalen Dialogik mit der transzendentalen Methode zu vermitteln suchen.[835] Dabei kann sich zeigen, dass die zentralen Anliegen des personalen Transzendenzdenkens in einem transzendentaldialogischen Denken durchaus bewahrt werden können.

Dass das Ich gerade in seiner Freiheit (verstanden als unbedingtes Sichöffnenkönnen für einen Gehalt) wesenhaft durch den anderen bestimmt ist, genau diese Einsicht wird durch eine transzendentale Reflexion auf das Ich gewonnen. In ihren Grundstrukturen ist sie uns bereits bei FICHTE begegnet, als das Ich das Du als Grund seines eigenen Selbstseinkönnens entdeckte (s.o.S.283ff). Eine transzendentale Freiheitslehre erweist meine Freiheit als vermittelt durch die transzendentale Affirmation anderer Freiheit[836] (wobei unter 'anderer Freiheit' auch hier vorzugsweise der transzendental formalisierte Begriff des Armen bzw. des Volkes verstanden werden darf). Das Selbst zeigt sich als wesenhaft bestimmt durch die Freiheit des anderen. Nur in diesem Bestimmtwerden durch die Freiheit

---

[835] Vgl. E.SIMONS, Art. Personalismus, in: SM III (1969) 1127-1136; J.HEINRICHS, Sinn und Intersubjektivität. Zur Vermittlung von transzendentalphilosophischem und dialogischem Denken in einer "transzendentalen Dialogik", in: ThPh 45 (1970) 161-191, 179; M.THEUNISSEN, Der Andere, aaO. (Anm.592) 485.
[836] Vgl. H.KRINGS, Art. Freiheit, in: Handbuch philosophischer Grundbegriffe, aaO. (Anm.541) Bd.II (Studienausgabe) 493-510, 506; ders., Reale Freiheit. Praktische Freiheit. Transzendentale Freiheit, in: J.SIMON (Hrsg.), Freiheit. Theoretische und praktische Aspekte des Problems, Freiburg-München 1977, 85-113, 106; ders., Wissen und Freiheit, in: H.ROMBACH (Hrsg.), Die Frage nach dem Menschen. Aufriss einer philosophischen Anthropologie, Freiburg-München 1966, 23-44, 39; E.SIMONS, Philosophie der Offenbarung. Auseinandersetzung mit Karl Rahner, Stuttgart 1966, 115.

des anderen wird es in Wahrheit es selbst. Es kann sich als Freiheit nicht selbst erkennen, ohne sich von der anderen Freiheit her zu erkennen. Freiheit ist dieses personal-dialogische Geschehen von freiem Bestimmen und freiem Sichbestimmenlassen, von unbedingtem Anspruch und gehorsamer Entsprechung, von Ruf und Antwort. Kein geringerer als der vielgeschmähte HEGEL hat ähnlich wie FICHTE das Selbstbewusstsein oder den Geist in diesem interpersonalen Anerkennungsverhältnis begründet.[837]

Von einer transzendentalen Freiheitslehre aus eröffnet sich nun zugleich auch ein Denkweg zu Gott im Sinne einer absoluten oder vollkommenen Freiheit. Das unbedingte Sichöffnen meiner Freiheit für andere Freiheit ist strukturell auf ein nicht nur formal, sondern auch material Unbedingtes schlechthin bezogen. Das kommunikative Begegnungsgeschehen zwischen meiner Freiheit und der Freiheit des anderen verweist in seiner Struktur auf eine Freiheit, die den absoluten Sinn, auf den endliche Freiheit kraft ihrer formalen Unbedingtheit immer schon bezogen ist, allein zu rechtfertigen und zu begründen vermag.[838] Endliche Freiheiten intendieren aufgrund ihrer formalen Unbedingtheit mehr, als sie qua material bedingte Freiheiten selbst zu realisieren vermögen. Soll der Vollzug der Freiheit als unbedingte Bejahung anderer Freiheit im Anerkennungsverhältnis der Liebe trotzdem möglich und also ihr absoluter Sinnanspruch begründet sein, so setzt endliche Freiheit strukturell eine absolute und schlechthin unbedingte Freiheit voraus, die zur Bestimmung ihres Sichöffnens nicht eines durch ein anderes vermittelten

---

[837] Vgl. EphW § 436. - LEVINAS (vgl. WGD 166) anerkennt dieses Verdienst HEGELS sogar ausdrücklich.
[838] Vgl.E.SIMONS/H.KRINGS, Art.Gott,aaO.(Anm.541)635-641; H.KRINGS, Freiheit. Ein Versuch Gott zu denken, in: PhJ 77 (1970) 225-237; E.SIMONS, Philosophie der Offenbarung, aaO. (Anm.836) 94-133; T.PROEPPER, Der Jesus der Philosophen und der Jesus des Glaubens, Mainz 1976, 135-143; ders., Erlösungsglaube und Freiheitsgeschichte.Eine Skizze zur Soteriologie, München 1985, 88-129.

Gehaltes als materialer Bestimmung bedarf, sondern die im Sichöffnen diesen Gehalt schöpferisch aus sich selber setzt.

Gott erscheint hier als das schlechthin Sinnerfüllende des Kommunikationsgeschehens zwischen endlichen Freiheiten. Diese von einer transzendentalen Freiheitslehre entworfene Gotteslehre resultiert also aus einer Sinnreflexion, die für ihre Evidenz den praktischen Freiheitsvollzug im Sinne interpersonaler Liebe voraussetzt. In der dialogischen Begegnung endlicher Freiheiten eröffnet sich eine strukturelle Bezugsdimension, deren Sinn nur im Vorgriff auf Gott als erfüllbar gedacht werden kann. "Der Vollzug der Freiheit als Bejahung anderer Freiheit enthält einen unbedingten Anspruch; er besitzt als unbedingtes Sich-öffnen die Dimension des Unbedingten und greift, kraft seiner eigenen Form, auf unbedingte Freiheit vor. Transzendentale Freiheit realisiert sich darum in der Bejahung anderer Freiheit und im Vorgriff auf unbedingte Freiheit."[839]

Die hier entwickelte Idee einer absoluten Freiheit ist "überhaupt nicht der Begriff eines Objekts, sondern der Begriff eines notwendig zu denkenden Momentes in einem aktualen Bezug"[840]. Sie ist ein streng relationaler Begriff; ausserhalb dieses relationalen Aktes der transzendentalen Freiheit als Interpersonalrelation bleibt der Begriff Gottes 'leer', d.h. die Idee der absoluten Freiheit bedarf, um sinnvoll gedacht werden zu können, einer Praxis aus Freiheit. Die Wirklichkeit Gottes erschliesst sich hier nur in der dialogischen Begegnung endlicher Freiheiten als der diese Kommunikation absolut erfüllende Bestimmungsgrund.[841] Insofern ist die Wirklichkeit Gottes

---

[839] H.KRINGS, Freiheit, aaO. (Anm.838) 233.
[840] E.SIMONS/H.KRINGS, Art.Gott, aaO. (Anm.541) 637.
[841] Vgl. H.KRINGS, Freiheit als Chance. Kirche und Theologie unter dem Anspruch der Neuzeit. Hermann Krings antwortet Eberhard Simons, Düsseldorf 1972, 42.

keine logisch zwingende Denknotwendigkeit, denn sie eröffnet sich nur im Vollzug kommunikativer Freiheit. Die **Wirklichkeit** des als absoluter Sinngrund gedachten Gottes ist jeweils immer auch 'kategorial' vermittelt durch die logisch unableitbare wirkliche Sinnerfahrung im Anerkennungsverhältnis interpersonaler Freiheits- als Liebesrelationen.[842] Die Wirklichkeit Gottes bejahen setzt eine freie, logisch nicht erzwingbare Entscheidung über den Sinn von Freiheit und damit letztlich über den Sinn von Sein überhaupt voraus. Wird dieser absolute Sinn aufgrund praktisch-geschichtlicher Erfahrung bejaht, so wird darin implizit Gott als Grund dieses Sinnes bejaht.

Der so aus einer Reflexion auf die Praxis interkommunikativer Freiheit gewonnene Begriff Gottes erlaubt es, Freiheit und Gott von der dialogischen Beziehung zwischen Personen her (und nicht im Modell der gegenständlichen Subjekt-Objekt-Relation) und zugleich die tiefe Einheit von Nächsten- und Gottesliebe zu denken. Beides sind Kardinalanliegen DUSSELS.

Der aus der interpersonalen Freiheit erschlossene Gottesgedanke ermöglicht es zugleich, Gott als sich offenbarenden zu denken. Denn insofern Freiheit ein ursprüngliches und unbedingtes Sichöffnen für andere Freiheit ist und Gott als vollkommene (d.h. formal und material unbedingte) Freiheit gedacht wird, erscheint dieser als der von ihm selbst her frei Sicheröffnende und damit als der Sichoffenbarende. Ebenso wird die Beziehung Gottes zu seinem Volk als eine dialogische Kommunikation von Freiheiten, d.h. als Liebesverhältnis denkbar.[843]

H.PEUKERT[844] hat darauf hingewiesen, dass das Gottdenken

---

842 Vgl. T.PROEPPER, Der Jesus, aaO.(Anm.838)129f,Anm.106.
843 Vgl. H.KRINGS, Freiheit, aaO. (Anm.838) 234.
844 Kommunikative Freiheit und absolute befreiende Freiheit. Bemerkungen zu Karl Rahners These über die Einheit von Nächsten- und Gottesliebe, in: H.VORGRIMLER (Hrsg.),

im Horizont des Freiheitsgedankens schon in der frühen franziskanischen Theologie angelegt ist. Die Kontingenz der Wirklichkeit und das Ausgesetztsein des Menschen in endliche Freiheit wird dort so verstanden, "dass die endliche Freiheit sich nur in einem Akt der Freiheit selbst als freigesetzt und als unbedingt bejaht durch eine absolute Freiheit erfassen kann" (S.277). Und insofern die unbedingte Bejahung einer kontingenten Freiheit die Definition von Liebe ist, erscheint Gott als absolute Liebe.

Dass der von uns aus einer Reflexion auf die Freiheit entwickelte Gottesgedanke der Befreiungstheologie nicht einfach äusserlich überstülpt wird, kann sich indirekt darin zeigen, dass dieser franziskanischen Theologie der Freiheit die Praxis und die Erfahrung der franziskanischen Bewegung vorausgeht. Diese kann als der radikale Versuch verstanden werden, die endliche Freiheits- und Kontingenzerfahrung im Lichte der biblischen Tradition praktisch aufzuarbeiten. "Oekonomische, politische oder religiöse Systeme werden durchbrochen durch das tägliche experimentum existentiae, das eigene Ueberleben beim Betteln abhängig zu machen von der freien Zuwendung des anderen. Das Bezeugen der absoluten Liebe Gottes geschieht paradigmatisch und prophetisch für eine ganze Gesellschaft durch Verzicht auf Selbstbehauptung und durch Vertrauen auf die Zuwendung der andern" (ebd.). Genau diese Erfahrung der Angewiesenheit endlicher Freiheit auf andere Freiheit und diese Praxis der unbedingten Bejahung bedrohter Freiheit als erster Akt gehen auch in der Befreiungstheologie der theologischen Theorie als zweitem Akt voraus.

Damit sollte deutlich geworden sein, dass transzendentales Denken nicht schlechthin im Widerspruch zum meta-phy-

---

Wagnis Theologie. Erfahrungen mit der Theologie Karl Rahners, Freiburg 1979, 274-283.

sisch-dialogischen Denken DUSSELS steht, dass beide Denkansätze bei Licht besehen eher aufeinander zu konvergieren und dass transzendentale Reflexion helfen kann, metaphysisches Denken aus seinen erkenntnistheoretischen Aporien zu befreien.

Wir wollen nun DUSSEL vorübergehend verlassen und uns im folgenden KARL RAHNER zuwenden. Dass die soeben grob skizzierte transzendentale Freiheits- und Gotteslehre bereits in die Nähe eines Denkens von der Art RAHNERS geführt hat, lässt im voraus schon latente Konvergenzen zwischen DUSSEL und ihm vermuten.

DRITTER TEIL

Rahners transzendentaler Ansatz beim Ich

Das Ziel dieser Arbeit ist ein Beitrag zum Gespräch zwischen dem meta-physischen Befreiungsdenken DUSSELS und dem transzendentaltheologischen Denken RAHNERS. Bevor wir dieses Gespräch explizit führen können, müssen wir uns erst diese beiden Denkansätze hinreichend vergegenwärtigen, damit die direkte Auseinandersetzung sich nicht einfach bei Marginalien aufhält, sondern jene Tiefe gewinnt, die beiden Denkern angemessen ist. Nachdem wir das Haus des Dusselschen Denkens bereits besucht haben, begeben wir uns nun zu einem Gegenbesuch bei RAHNER, ehe wir im nächsten und letzten Teil diese beiden so verschiedenen Exponenten theologischen und philosophischen Denkens zum direkten Gespräch zusammenführen wollen.

Wenn wir im folgenden besonders den transzendentalen Ansatz RAHNERS[1] untersuchen, so soll damit nicht unterstellt werden, die transzendentale Methode sei der einzig mögliche Zugang zum Diskurs RAHNERS. Aber wir gehen von der Ueberzeugung aus, dass in der transzendentaltheologischen Denkart die differentia specifica RAHNERS innerhalb der Gattung theologischer Entwürfe auszumachen ist. Dabei ist sich RAHNER allerdings selber bewusst, dass sein Begriff transzendentalen Denkens nicht einfach mit demjenigen der Transzendentalphilosophie kommensurabel ist.[2] Der

---

[1] Einige Werke K.RAHNERS werden fortan wie folgt abgekürzt:
- Geist in Welt. Zur Metaphysik der endlichen Erkenntnis bei Thomas von Aquin, München $^3$1964: GiW.
- Hörer des Wortes. Zur Grundlegung einer Religionsphilosophie. Neu bearbeitet von J.B.METZ, München 1963: HdW.
- Schriften zur Theologie, 16 Bde., Einsiedeln-Zürich-Köln 1954ff: I-XVI.
- Grundkurs des Glaubens. Einführung in den Begriff des Christentums, Freiburg i.Br. 1976: GK.

[2] Vgl. K.RAHNER, Ueberlegungen zur Methode der Theologie, in: IX, 79-126, 97-100; ders., Zur Lage der Theologie. Probleme nach dem Konzil. Karl Rahner antwortet Eberhard Simons, Düsseldorf 1969, 29f; 35-38. Zur Methode RAHNERS vgl. auch A.CARR, The Theological Method of Karl Rahner, Missoula/Montana 1977; E.G.FARRUGIA, Aussage und Zusage. Zur Indirektheit der Methode Karl Rahners. Veranschau-

Ausdruck 'transzendental' bzw.'transzendentaltheologisch' wird daher im folgenden entsprechend dem eigenen Selbstverständnis RAHNERS eher extensiv verwendet im Sinne eines Denkens, das auf die Bedingungen der Möglichkeit des Verstehens von Glaubensinhalten im glaubenden Subjekt reflektiert.Damit rückt ohne Zweifel das Subjekt des Denkens und Glaubens ins Zentrum des transzendentalen Diskurses, und dies wiederum gibt der Konfrontation dieses Denkens mit demjenigen DUSSELS ihre besondere Spannung.

Denn dass RAHNERS transzendentale Anthropologie den Menschen ausgehend vom Erkenntnisvollzug bzw. von der ontologischen Frage nach dem Sein zu denken sucht, könnte zunächst vermuten lassen, sie werde in eminentem Sinn vom Verdikt der analektisch-meta-physischen Kritik getroffen. Anderseits beansprucht RAHNER, gerade durch eine ontologische Daseinsanalyse das Wesen des Menschen als durch Offenbarung konstituiert und so als 'Hörer des Wortes' zu denken. In welchem Verhältnis steht nun also seine Transzendentalontologie zu DUSSELS Meta-physik? Ist am Ende seine Ontologie selber analektisch bestimmt? Inwieweit sich RAHNERS Transzendentaltheologie tatsächlich in die von DUSSEL gebrandmarkte Ecke des Subjektontologismus manövrieren lässt, soll im folgenden untersucht werden. Wir werden dabei ein besonderes Augenmerk auf die (transzendentale) Methode des Rahnerschen Denkens sowie auf die Eigentümlichkeit seiner Anthropologie richten. Damit soll zugleich das Terrain für die grundsätzliche Auseinandersetzung zwischen den Denkansätzen DUSSELS und RAHNERS vorbereitet werden.

Methodisch gehen wir auch hier so vor, dass wir zunächst das Denken RAHNERS möglichst immanent darstellen und die

---

licht an seiner Christologie, Rom 1985; ferner das kritische, mitunter aber auch zu überrissenen und polemischen Interpretationen neigende Buch von F.GREINER, Die Menschlichkeit der Offenbarung. Die transzendentale Grundlegung der Theologie bei Karl Rahner, München 1978, bes. 13-136.

Kritik dem Referat nachordnen wollen, dass wir also Darstellung und Kritik auseinanderhalten. RAHNER selbst in seiner unverstellten Eigenheit soll das erste Wort haben. Erst danach wollen wir versuchen, ihn gleichsam an seinen eigenen Ansprüchen zu messen und kritisch zu beurteilen. Beides zusammen - Darstellung und immanente Kritik - bildet den Inhalt dieses dritten Teils. Die Konfrontation und das gegenseitige Massnehmen von RAHNER und DUSSEL wird dem vierten und letzten Teil vorbehalten bleiben.

## I. DIE METHODE TRANSZENDENTAL-THEOLOGISCHER REFLEXION

RAHNERS eigentliche Originalität und epochale Bedeutung liegt in der Uebernahme des transzendentalen Ansatzes ins theologische Denken. KANT nennt "alle Erkenntnis transzendental, die sich nicht so wohl mit Gegenständen, sondern mit unserer Erkenntnisart von Gegenständen, so fern diese a priori möglich sein soll, überhaupt beschäftigt" (KrV B 25). Die transzendentale Denkart bezieht sich also auf die subjektiven Bedingungen a priori möglicher Erkenntnis, ohne welche die Möglichkeit von Erkenntnis gar nicht gedacht werden könnte. "Eine transzendentale Fragestellung fragt in der Weise nach etwas, dass nach den notwendigen Bedingungen der Möglichkeit von Erkenntnis oder Tun im Subjekt selbst gefragt wird."[3] Transzendentale Reflexion impliziert als Frage nach den Bedingungen möglicher Erkenntnis von Gegenständen die Frage nach den apriorischen Strukturen des Subjekts der Erkenntnis, so dass dem erkennenden Subjekt im Zusammenhang von Objekt-

---

[3] K.RAHNER, Theologie und Anthropologie, in: VIII, 43-65, 44; vgl. ders., Ueberlegungen zur Methode, aaO.(Anm.2)98.

erkenntnis logische Priorität zukommt. Denn die Frage nach dem Gegenstand der Erkenntnis ist immer auch die Frage nach dem Subjekt derselben, weil dieses den transzendentalen Grund und Horizont möglicher Erkenntnis darstellt und darin die formalen Strukturen möglicher Gegenstände a priori schon mitsetzt.[4]

Eine in transzendentaler Reflexion ausgewiesene Erkenntnis beansprucht Wahrheit mit der Notwendigkeit des eigenen Selbstvollzugs des Subjekts; sie könnte nur um den Preis der Verweigerung der eigenen Subjekthaftigkeit geleugnet werden, und selbst diese Leugnung müsste a priori noch einmal voraussetzen, was sie leugnen wollte. So nennt RAHNER jene Frage- und Erkenntnisart transzendental, in der die apodiktische Notwendigkeit einer Aussage und deren Inhalt so erkannt wird, dass nachgewiesen wird, die Leugnung einer solchen Aussage hebe sich implizit auf.[5] In diesem Sinn ist die transzendentale Verfahrensweise in der Tat eine "retorsive"[6] Methode.

Die transzendentale Denkart richtet sich also auf die Möglichkeitsbedingungen und Implikationen des Selbstvollzugs des Subjekts. Dieses reflektiert über den Akt seines Daseinsvollzugs und thematisiert das, was in diesem Selbstvollzug notwendig immer schon als Implikat mitgegeben ist, damit dieser überhaupt erst als möglich gedacht werden kann. Die Aufmerksamkeit transzendentalen Denkens ist mithin nicht direkt auf einen gegenständlichen Inhalt

---

[4] Vgl. I.KANT, KrV A 111.
[5] Vgl. K.RAHNER, Art. Transzendenz, in: Kleines Theologisches Wörterbuch, Freiburg i.Br. [15]1985, 418-419.
[6] So im Anschluss an die Maréchalschule O.MUCK, Die transzendentale Methode in der scholastischen Philosophie der Gegenwart, Innsbruck 1964, 205. Vgl. auch H.VERWEYEN, Ontologische Voraussetzungen des Glaubensaktes. Zur transzendentalen Frage nach der Möglichkeit von Offenbarung, Düsseldorf 1969, 109-125; H.HOLZ, Transzendentalphilosophie und Metaphysik. Studie über Tendenzen in der heutigen philosophischen Grundlagenproblematik, Mainz 1966, § 16.

gerichtet, sondern auf die Struktur des Denkvollzugs, nicht unmittelbar auf das Gedachte, sondern auf das Denken. Die transzendentale Methode bringt als solche und von sich aus keine eigenen inhaltlichen Tatsachen hervor; sie ist vielmehr eine "bestimmte Weise des Fragens"[7], nämlich diejenige nach den Möglichkeitsbedingungen eines Erkenntnisobjekts im erkennenden Subjekt. Es geht transzendentalem Denken nicht um die quaestio facti - diese wird vielmehr als entschieden vorausgesetzt -, sondern um die quaestio iuris.[8] Auch KANT will ja in seiner theoretischen Vernunftkritik nicht beweisen, dass es tatsächlich synthetische Urteile a priori gebe, sondern untersuchen, unter welchen denknotwendigen Bedingungen solche überhaupt erst als möglich gedacht werden können. Ebenso geht es FICHTE nicht darum, die Faktizität des Ich und seiner Freiheit zu demonstrieren, sondern darum, alle jene Implikationen reduktiv freizulegen, die mit dem Selbstvollzug des Ich notwendig immer schon mitgegeben sind.

Das transzendentale Denken versteht sich nicht als Idealismus im eigentlichen Sinn und schon gar nicht als subjektiven Idealismus. Es will nicht die subjektive Wirklichkeit objektivieren, sondern die objektive Wirklichkeit subjektivieren, d.h. die Objektivität einer gegenständlichen Wirklichkeit auf die Erkenntnisstruktur des Subjekts beziehen.[9] Aehnlich wie KANT versucht RAHNER, den theologischen Erkenntnisgegenstand von der Erkenntnisweise her, d.h. im Rückgang auf das Subjekt zu erschliessen. Das Subjekt ist das apriorische Gesetz dafür, was und wie etwas sich ihm zu erkennen geben kann.[10] Es geht also um die Frage, wie ein Objekt a priori beschaf-

---

[7] K.-H. WEGER, Karl Rahner. Eine Einführung in sein theologisches Denken, Freiburg i.Br. 1978, 27 (dort gesperrt).
[8] Vgl. I.KANT, KrV A 84f; B 117.
[9] Vgl. K.RAHNER, Was ist eine dogmatische Aussage?, in: V, 54-81, 59.
[10] Vgl. GK 30.

fen sein muss, damit es überhaupt Erkenntnisobjekt sein kann. Welche Bedingungen müssen vom Subjekt her notwendig gegeben sein, damit ein Objekt überhaupt erst als Objekt ins erkennende Verstehen eingehen kann? Welches sind vonseiten des Subjekts die apriorischen Bedingungen des Erkennens eines Objekts, und zwar so, dass durch diese subjektiven Verstehensbedingungen die Objektivität des Objekts nicht aufgehoben, sondern gerade erst ermöglicht und als Objektivität der Erkenntnis konstituiert wird?

Transzendentale Reflexion macht als Erkennen des Erkennens das bewusst, was jedes Erkennen implizit immer schon kennt und sich notwendig voraussetzt als Möglichkeitsbedingung des eigenen Vollzugs. Sie ist nur die reflexe Einholung einer in actu exercito schon vollzogenen Kenntnis.[11] Im transzendentalen Verfahren geht es darum, das jeglicher Vernunfttätigkeit innewohnende Prius zu denken.[12] In der gegenständlichen Erkenntnis bleiben diese sie bedingenden Implikationen unthematisch und unreflex. Ihr Vollzug spielt sich "sozusagen hinter dem Rücken des Erkennenden" (GK 29) ab.

Es wird sich in den weiteren Ausführungen noch zeigen, dass für RAHNER die Transzendenzbewegung des menschlichen Geistes mit zu den transzendentalen Bedingungen des Erkenntnis- und Daseinsvollzugs des Menschen gehört, dass also die Transzendenz ein Moment an der transzendentalen Struktur ist. Damit ist für ihn in formaler Hinsicht auch schon der Horizont für die Möglichkeit einer transzendentalen Theologie eröffnet. Der unbegrenzte Horizont der Transzendenz menschlichen Geistes ist die transzendentale Bedingung möglichen theologischen Redens, wovonher so et-

---

[11] Vgl. K.RAHNER, Die Christologie innerhalb einer evolutiven Weltanschauung, in: V, 183-221, 216.
[12] Vgl. H.KRINGS, Erkennen und Denken. Zur Struktur und Geschichte des transzendentalen Verfahrens in der Philosophie, in: PhJ 86 (1979) 1-15, 5.

was wie Gott überhaupt erst verständlich werden kann.[13] Die Rahnersche Transzendentalanalytik des menschlichen Daseins fasst den Menschen als "Ort, in dem Gott sich so zeigt, dass er in seinem Offenbarungswort gehört zu werden vermag" (GiW 407).

Es geht der transzendentalen Theologie also wesentlich um die Bedingungen der Hör- bzw. Verstehbarkeit von so etwas wie Offenbarung. Und da die Verstehbarkeit selber schon zum Begriff der Offenbarung gehört, kann RAHNER gerade als Transzendentaltheologe sagen: "Gott kann nur das offenbaren, was der Mensch hören kann" (HdW 142). Transzendentaltheologisch ist darum ein transzendentales "Selbstverständnis des Menschen die Bedingung der Möglichkeit von Theologie selbst" (HdW 207). Damit ein theologischer Inhalt seinen Anspruch auf Heilsbedeutsamkeit einlösen kann, muss er vom Menschen verstehend angeeignet werden können. Die soteriologische Relevanz eines theologischen Gegenstandes lässt sich mithin nur erfragen, indem auch nach der Heilsempfänglichkeit des Menschen für diesen Gegenstand und also nach der Subjektivität des Empfängers gefragt wird.[14] Und genau darin besteht das Wesen der transzendentaltheologischen Methode, dass sie einen in Frage stehenden theologischen Gegenstand dadurch verständlich zu machen sucht, dass sie im Subjekt eine apriorische Verwiesenheit auf diesen Gegenstand nachweist.[15] Die transzendentale Methode des Redens von Gott begreift diesen als konstitutiv für das konkrete Wesen des Menschen bzw. als Erfüllung der innersten Wesenhaftigkeit desselben. Der Glaube an Gott zeigt sich als der radikalst mögliche Wesensvollzug menschlicher Existenz, weil der Mensch durch ihn überhaupt erst wahrhaft zu sich selbst kommt.

---

[13] Vgl.K.RAHNER,Theologie und Anthropologie,aaO.(Anm.3)51.
[14] Vgl.ders., Theologie und Anthropologie, aaO.(Anm.3)52.
[15] Vgl.ders., Ueberlegungen zur Methode, aaO. (Anm.2) 104.

Transzendentaltheologie ist mithin der "Versuch einer wissenschaftlich-begrifflichen Fassung des Menschseins als des Subjekts der Glaubensmöglichkeit" (HdW 48), als das wir unthematisch und unreflex immer schon existieren. Sie reflektiert auf die Bedingungen der Möglichkeit des Glaubens im Subjekt. Es geht ihr darum, die vonseiten des glaubenden Subjekts gegebenen Bedingungen der Verstehbarkeit und Assimilierbarkeit der fundamentalen Glaubensinhalte freizulegen.[16]

Die transzendentaltheologische Methode ist in gewissem Sinn vergleichbar mit der Methode der Korrelation. RAHNER spricht selbst von "Zusammenhängen der Entsprechung"[17]. Es geht um die In-Bezug-Setzung und Korrespondierung theologischer Inhalte mit der Struktur des glaubenden Subjekts. Indem gezeigt wird, dass der Mensch in der transzendentalen Verfasstheit seiner Subjektivität immer schon auf die konkrete, geschichtliche Wirklichkeit von Heil und Offenbarung hingeordnet ist, soll das geschichtlich Konkrete des Glaubens in seiner Unableitbarkeit dem Menschen von heute verständlich gemacht werden.[18]

Dieses das ganze transzendentale Unternehmen erst eigentlich motivierende Anliegen der "Möglichkeit des existentiellen Vollzugs des Glaubens heute"[19] ist für RAHNER ebenso zentral wie fundamental. Er hält die transzendentale Methode der Theologie geradezu für ein Zeichen der Zeit und für eine epochale Forderung der Situation von heute. Das Heute - die Glaubensnot, das faktische Nichtankommenkönnen des kirchlich überlieferten Wortes Gottes

---

[16] Vgl. K.RAHNER, Ueber die theoretische Ausbildung künftiger Priester heute, in: VI, 139-167, 157; ders., Ueber künftige Wege der Theologie, in: X, 41-69, 55f; ders., Art. Transzendentaltheologie, in: SM IV, 986-992, 987.
[17] K.RAHNER, Theologie und Anthropologie, aaO. (Anm.3) 60.
[18] Vgl. ders., Ueberlegungen zur Methode, aaO.(Anm.2)112.
[19] ders.,Ueber die theoretische Ausbildung, aaO. (Anm.16) 161; vgl.ders., Ueberlegungen zur Methode, aaO.(Anm.2)102.

beim Menschen von heute und das hermeneutische Anliegen, die christlichen Glaubensinhalte existentiell verständlich zu machen - bildet das tiefste Motiv für den transzendentalen Ansatz der Rahnerschen Theologie. Viele Publikationen RAHNERS tragen daher in ihrem Titel das signifikante Wort 'heute'.[20] Die transzendentale Methode soll verhindern, dass der Eindruck entsteht, als würde die Theologie neben dem und zusätzlich zum eigentlichen menschlichen Existenzvollzug Dinge über den Menschen indoktrinieren, die schlechthin jenseits seiner Erfahrungswirklichkeit liegen. Die theologischen Aussagen müssen vielmehr so formuliert werden, dass für den Menschen von heute deutlich werden kann, wie das mit ihnen Gemeinte mit seinem eigenen Selbstverständnis zusammenhängt, das sich in seiner Existenzerfahrung bezeugt.[21]

Um dieses Anliegen, die Glaubensinhalte in ihrer Bedeutsamkeit für den heutigen Menschen verständlich zu machen, realisieren zu können, muss also eine "Ontologie des transzendentalen Subjekts"[22] entwickelt werden. Die Theo-

---

[20] Vgl. E.G. FARRUGIA, aaO. (Anm.2) 127f; 242. - Aus RAHNERS 'Schriften zur Theologie' seien folgende Titel erwähnt: Probleme der Christologie von heute,in: I,169-222; Ueber die Möglichkeit des Glaubens heute, in: V, 11-32; Ueber die theoretische Ausbildung künftiger Priester heute, in: VI, 139-167; Frömmigkeit früher und heute, in: VII, 11-31; Gotteserfahrung heute, in: IX,161-176; Theologische Reflexionen zum Priesterbild heute und morgen, in: IX, 373-394; Häresien in der Kirche heute?, in: IX, 453-478; Zur Struktur des Kirchenvolkes heute,in: IX,558-568; Zum heutigen Verhältnis von Philosophie und Theologie, in: X, 70-88; Zum Verhältnis zwischen Theologie und heutigen Wissenschaften, in: X, 104-112; Einige Probleme des Oekumenismus heute, in: X,493-502; Glaubensbegründung heute, in: XII, 17-40; Was heisst heute an Jesus Christus glauben?, in: XIII, 172-187; Theologie heute, in: XV, 63-75; Christologie heute, in: XV,217-224; Rede des Ignatius von Loyola an einen Jesuiten von heute, in: XV, 373-408; Oekumenisches Miteinander heute, in: XVI, 115-127; Herz-Jesu-Verehrung heute, in: XVI, 305-320.
[21] Vgl. K.RAHNER, Die theologische Dimension der Frage nach dem Menschen, in: XII, 387-406, 402f; ders., Theologie und Anthropologie, aaO. (Anm.3) 60.
[22] ders., Theologie und Anthropologie, aaO. (Anm.3) 54.

logie als solche bedarf einer "transzendental-anthropologischen Wende" (ebd.), wobei diese "Kehre zu einer transzendental-anthropologischen Methode in der Theologie" (ebd.61) als eine Wende der ganzen Theologie zu verstehen ist. Es geht RAHNER um "eine Art transzendentalhermeneutische Transformation der Theologie insgesamt"[23]. Aehnlich wie in der Theologie der Befreiung besteht in seiner Transzendentaltheologie das Neue seines Denkens nicht sosehr darin, dass er andere Themen aufgreift und reflektiert, sondern dass der theologische Entwurf im ganzen neu aufgenommen, dass die überlieferten theologischen Themen neu gedacht werden, also gewissermassen ebenfalls in einer neuen Art, Theologie zu treiben.[24]

RAHNERS transzendental-anthropologisches Denken entwickelt sich methodisch in zwei Schritten. In einem ersten Schritt - von ihm "metaphysische Analytik" (HdW 54) genannt - werden die Strukturmomente des Erkenntnisvollzugs herausgearbeitet und dabei die Bedingungen der Möglichkeit der im erkennenden Bewusstsein erscheinenden Einheit erschlossen. Im zweiten Schritt - der "transzendentalen Deduktion" (HdW 95) - werden von diesen letzten subjektiven Möglichkeitsbedingungen von Erkenntnis aus die möglichen Objekte der Erkenntnis festgestellt. Aufgabe der transzendentalen Deduktion ist es also, aus den vorgängig eruierten apriorischen Strukturen menschlichen Erkennens die Erscheinungsweise der möglichen Erkenntnisgegenstände zu bestimmen. Wenn z.B. die metaphysische Analytik als Strukturmoment des menschlichen Daseinsvollzugs das notwendige Hören auf eine mögliche Offenbarung Gottes aufzeigt, so bestimmt die transzendentale Deduktion, wie Gott in seiner möglichen Offenbarung dem Menschen in Er-

---

[23] H.PEUKERT, Wissenschaftstheorie, aaO.(S.105,Anm.249)44.
[24] Vgl. K.RAHNER, Glaube in winterlicher Zeit. Gespräche mit Karl Rahner aus den letzten Lebensjahren, hrsg. von P.IMHOF u. H.BIALLOWONS, Düsseldorf 1986, 190; F.GREINER, aaO. (Anm.2) 87f.

scheinung treten muss, damit er von diesem auch wirklich verstanden und so subjektiv angeeignet werden kann.


## II. DER MENSCH ALS HOERER DES WORTES

In diesem Kapitel soll die transzendental-ontologische Analyse des menschlichen Daseins nachgezeichnet werden, wie sie der frühe RAHNER unter systematischem Gesichtspunkt entwickelt hat. Da dieses Programm bei ihm gleichsam fundamentaltheologische Absichten verfolgt, soll zunächst das grundsätzliche Verhältnis zwischen der philosophischen Ontologie einerseits und der Theologie anderseits formal geklärt werden.

### A. Zum Verhältnis von Philosophie und Theologie

Im allgemeinen lässt sich das Verhältnis verschiedener Wissenschaften nur dann zureichend bestimmen, wenn jede von ihnen nach Gegenstand und formalen Prinzipien durch eine beide übergreifende Grundwissenschaft konstituiert ist und als menschlicher Vollzug reflektiert wird. Diese Grundwissenschaft nennt RAHNER Metaphysik.[25] Die Frage

---

[25] Um eine semantische Konfusion zu vermeiden, muss hier wiederum - wie schon oben im Kap. über HEIDEGGER - nachdrücklich auf die Bedeutungsverschiedenheit des Dusselschen und des Rahnerschen Metaphysikbegriffs hingewiesen werden. Während dieser bei DUSSEL **Transontologie** bedeutet, versteht RAHNER darunter gerade die Ontologie als jene Grundwissenschaft, die allen Einzelwissenschaften die "Gegenstände in ihren apriorischen, je schon vorausgesetzten Strukturen und die aus ihnen folgenden formalen Prinzipien ihrer Erkenntnis" (HdW 17) zuweist und begründet. Metaphysik ist jene Wissenschaft, die nach dem einen Grund aller Wirklichkeit fragt: nach dem Sein des Seienden (vgl. HdW 49f), die es also mit der Einheit aller

nach dem Verhältnis von Theologie und Philosophie ist also die metaphysische Frage nach dem einen Grund, aus dem heraus beide sich je für sich konstituieren, und sie ist ineins damit auch die Frage nach dem Wesen des Menschen als des Seienden, das diese Wissenschaften treibt.

In dieser wissenschaftstheoretischen Begründung der Theologie in der Metaphysik liegt nun aber eine Schwierigkeit, die noch eigens zu erörtern ist. Die Metaphysik hat ja als Grundwissenschaft ihren Grund in sich selbst, wogegen die Theologie von ihrem Selbstverständnis her gerade keine Wissenschaft ist, deren Konstituierung durch den Menschen selbst vollzogen wird, sondern die letztlich in der unableitbaren Offenbarung Gottes selber gründet. Diese für die Möglichkeit der Theologie konstitutive Rezeption des frei und unerzwingbar sich erschliessenden Gottes scheint einer wissenschaftstheoretischen Begründung grundsätzlich unzugänglich zu sein, weil die Offenbarung Gottes aus der ontologischen Konstitutionsstruktur des Menschen prinzipiell nicht ableitbar ist. Wenn sich einerseits die Reichweite der Philosophie höchstens bis zu dem "vom Menschen her erreichbaren Wissen um das rechte Verhältnis des Menschen zu Gott" (HdW 20) erstreckt und wenn anderseits die Theologie ihre Möglichkeit letztlich einem freien Sicherschliessen Gottes verdankt, dann kann und darf sich die metaphysische Grundlegung der Theologie nur auf die existentialontologische Analyse des Menschen als des wesenhaft vor Gott Stehenden beziehen.

---

Wissenschaften und - insofern Wissenschaft immer ein menschliches Handeln ist - damit auch mit der Einheit des Wesens des Menschen überhaupt als jenes Seienden zu tun hat, das diese Wissenschaften treibt. "Denn eine Wissenschaft ist in ihrem Grund erst dann begriffen, wenn sie nicht einfach verstanden ist als Gefüge ('System') von Sätzen, die an sich gelten, sondern als eigentümliches Sein des Menschen als jenes Seienden, das diese Sätze denkt und denken muss" (HdW 19). Metaphysik im Sinne RAHNERS bedeutet also soviel wie Philosophie oder - im engeren Verständnis - Transzendentalontologie (Reflexion auf die ontologischen Strukturen des Wissenschaftssubjekts).

RAHNER möchte hier und im Grunde genommen in allen seinen theoretischen Bemühungen immer nur dieses Doppelte sicherstellen, nämlich dass einerseits wirklich Gott redet, wenn er sich offenbart, und dass anderseits der Mensch dieses von ihm aus nicht erreichbare Wort Gottes so hört, dass er es wirklich **vernehmen** kann.[26] Wenn es der transzendentalen Analytik des menschlichen Daseins tatsächlich gelingt zu zeigen, dass der Mensch kraft seiner Daseinsstruktur eine innere Offenheit zum Empfang der göttlichen Offenbarung besitzt, ohne diese in ihrem Inhalt und ihrer Faktizität schon in seiner Empfänglichkeit vorwegzunehmen, dann ist diese Philosophie gerade kein eigenmächtiger Eingriff in das, was dem Menschen nur via revelationis zugänglich werden kann. Eine solche natürliche Philosophie ist noch keine natürliche Theologie, weil sie gerade dort ihre Grenze und ihr Ende findet, wo sie von sich aus den Menschen in seiner Daseinsverfassung innerlich auf eine möglicherweise ergehende Offenbarung Gottes verweist, für deren Tatsächlichkeit sie nicht mehr zuständig ist.[27]

Soll also das Selbstverständnis sowohl der Philosophie als auch der Theologie zu seinem Recht kommen, so kann sich eine der Theologie selbst vorausliegende philosophische Begründung einer Offenbarungstheologie nur auf die transzendentale Analytik der Fähigkeit des Subjekts, eine möglicherweise ergehende Offenbarung Gottes zu vernehmen, erstrecken, keinesfalls aber auf die philosophisch nicht mehr ableitbare Tatsächlichkeit und Inhaltlichkeit der Offenbarung selber. Religions**philosophie** bestimmt mithin den Menschen als Geist, der wesenhaft vor Gott als dem "freien Unbekannten" (HdW 27f) steht, dessen Sinn nicht vom Sinn des menschlichen Daseins her bestimmbar ist, so dass ein eindeutiges Verhältnis zu ihm allein von Gott selbst gestiftet werden kann. Der Mensch hat sich also

---

[26] Vgl. HdW 216.   [27] Vgl. HdW 27f.

stets offenzuhalten für eine möglicherweise ergehende Offenbarung, die ihn überhaupt erst ganz zu sich selbst zu bringen vermag, da sein von Gott frei und unableitbar verfügtes Transzendenzverhältnis sein konkretes Wesen im Innersten mitkonstituiert.[28] Mehr darf Religionsphilosophie nicht leisten wollen, weil sonst Gottes Offenbarung nicht mehr frei und unableitbar bleiben würde, aber auch nicht weniger, weil die Offenbarung sonst unverständlich und nicht rezipierbar wäre.

Letzteres macht gerade den Vorwurf RAHNERS an die alte Fundamentaltheologie aus, die der natürlichen Gotteserkenntnis den Offenbarungsinhalt in derart äusserlicher Weise hinzufügte, dass die Aufnahmefähigkeit und die innere Hinordnung des Menschen auf diesen Inhalt schlechthin uneinsichtig bleiben musste. Ebenso konnte sie weder das der Tatsache der Offenbarung subjektiv vorauszusetzende Hörenmüssen noch die Bedeutung geschichtlicher Ereignisse für die Wesensbegründung des Menschen überzeugend darlegen. Eine Religionsphilosophie, die gerade diese Desiderate durch eine transzendentale Analyse des Menschseins einlösen könnte, ohne dabei Offenbarung als notwendige Wesenserfüllung desselben fordern zu müssen, würde sich damit als unerlässlicher Teil einer "idealen Fundamentaltheologie" (HdW 37) bewähren. Insofern solche Philosophie in eigener Instanz auf den Anspruch totaler Existenzbegründung verzichtet und doch als inneres Moment der wirklichen Offenbarungsrezeption bewahrt wird, insofern sie sich also an ihrem Ende von sich selbst her in die durch Offenbarung ermöglichte Theologie hinein aufhebt und so zur "praeparatio evangelii" (HdW 38) wird, erfüllt sie auch das, was nach RAHNER unter dem Titel einer "christlichen Philosophie" (ebd.) sinnvollerweise intendiert werden kann.

---

[28] Vgl. HdW 29f.

## B. Menschsein vor Gott

Nach diesen grundsätzlichen Vorabklärungen macht sich nun RAHNER an die Aufgabe, eine transzendentale Analytik des Menschseins als Empfänglichkeit für eine mögliche Offenbarung, also eine "Ontologie der potentia oboedientialis für die freie Offenbarung Gottes" (HdW 37) durchzuführen und das Menschsein transzendental einzuholen als die wesenhafte "Hörigkeit auf die Botschaft Gottes" (HdW 48). RAHNER beginnt dabei diese Analytik - entsprechend der Strenge transzendentaler Methodik - mit dem, was der Mensch in seiner eigenen Geistigkeit immer schon vollzieht: mit dem erkennenden Urteil.

### 1. Die Seinsfrage als Ausgangspunkt

In jedem Urteil des Menschen ist bereits ein Wissen um Sein im Modus der Fraglichkeit involviert.[29] Denn jedes Urteil beansprucht Wahrheit, und das bedeutet, dass der in der Urteilssynthesis bestimmte Gegenstand als vom Urteilsvollzug selber unterschieden, d.h. als objektiv verstanden wird. Nur weil der Mensch im Denken ein allgemeines Wissen bei sich hält, das sich auf ein von ihm unterschiedenes Objekt bezieht, und nur insofern er um diese Beziehung auch wirklich weiss, kann das Wissen selbst als wahr oder falsch erscheinen.

Dieses im Urteil als vom urteilenden Subjekt verschieden gesetzte Objekt ist nun aber allererst im Horizont des Seins überhaupt eröffnet. "Denn jede Aussage ist eine Aussage über ein bestimmtes Seiendes und vollzieht sich so auf dem Hintergrund eines vorgängigen, obzwar unausdrücklichen Wissens um Sein überhaupt" (HdW 52). Somit

---

[29] Vgl. HdW 52f.

erweist sich in jedem Urteilsakt das Seinsverstehen als eine notwendige Seinsbestimmtheit des menschlichen Daseins. Immer ist mit dem Erkenntnisakt ein unausdrückliches Wissen um Sein als Bedingung der Erkennbarkeit des einzelnen Seienden mitgewusst.

Damit stellt sich aber implizit immer auch schon die Frage, was denn dieses Sein sei, dessen Mitbewusstheit jeden wissenden und handelnden Umgang mit den einzelnen Gegenständen der Erkenntnis und der Tat begleitet. Mit dem existentialen Seinsverstehen ist also einschlussweise immer auch die Frage nach dem Sein mitgestellt. Weil der Mensch als das Seinsverstehen existiert, in diesem aber Sein immer nur als fragliches und fragbares zugleich gegeben ist, muss er in seinem Dasein ursprünglich nach diesem Sein fragen. Mit jedem Urteil ist also implizit auch die Frage nach dem Sein im ganzen gegeben.

Nach RAHNER wirft demnach eine vollständige Besinnung auf die geistigen Wesensvollzüge des Menschen die Seinsfrage notwendig auf, wobei dieselbe ein Verstehen von Sein schon voraussetzt, so dass dieses mit der Frage nach dem Sein schon gesetzte Wissen von Sein mit derselben Notwendigkeit zu gelten hat, mit welcher der Mensch sich selber vollzieht. Notwendig ist die Seinsfrage mithin deshalb, weil sie in jedem Akt menschlichen Erkennens und Handelns immer schon mitenthalten ist. Immer ist der Mensch an die Seinsfrage gebunden, weil er um Sein als fragliches je schon weiss.

Dieses Faktum des Fragens nach Sein ist ein "Letztes und Irreduktibles" (GiW 71). Um überhaupt er selbst zu sein, fragt der Mensch wesensnotwendig nach dem Sein im ganzen. "Denn jedes In-Frage-Stellen der Frage ist selbst wiederum eine Fragestellung und darin eine neue Darstellung der Frage selbst. So ist zunächst die Frage das einzige Müssen, die einzige Notwendigkeit, die einzige Fraglosigkeit, an die der fragende Mensch gebunden ist, der einzige Zirkel, in den sein Fragen eingefangen, die einzige Apriorität, von der es geführt ist" (ebd.). Diese Notwendigkeit gründet darin, dass dem Menschen das Sein nur im Modus der Fragbarkeit erschlossen ist, dass er selbst ist, indem er nach dem Sein **fragt** und so selbst als Seinsfrage existiert.

Die radikale Frage fragt nicht nach Beliebigem, sondern nach Wirklichkeit überhaupt: sie fragt nach dem Sein des Seienden. Eine beliebige Frage könnte nämlich die Notwendigkeit des Fragens nicht begründen. Die Frage nach dem Sein im ganzen ist aber die einzige Frage, die der Mensch notwendig fragen muss, wenn er überhaupt sein will, eben weil das Sein im ganzen ihm nur als Fragbarkeit zugeeignet ist. Im Sein der Frage, die der Mensch selbst ist, kündigt sich das erfragte Sein selber an und verbirgt sich darin zugleich.

Voraussetzungsloser Anfang allen Denkens ist also für RAHNER nur die Frage selbst mit all dem, was sie involviert. Die Seinsfrage richtet sich dabei in einer radikalen Verschärfung menschlichen Fragen gegen sich selbst als solche und damit gegen die in ihr selbst enthaltenen Implikationen und Voraussetzungen; "sie ist die bewusst gegen sich selbst gekehrte Frage, die **transzendentale Frage**" (GiW 72). Die Frage selbst und die Frage nach der Frage ist dasjenige, woran allein das Denken seine erste Bestimmung und seinen methodischen Fortgang kritisch zu klären hat.

Voraussetzungslos im Sinne der transzendentalen Forderung ist dieser Ausgang vom immanenten Denk- bzw. Fragevollzug insofern, als in der Frage selbst über die allfällige Geltung des Gefragten noch nichts vorentschieden ist. Die Frage nach dem Sein des Seienden stellt ja schlechthin alles, auch den Fragenden und seine Frage mit in die Frage (weshalb die Seinsfrage immer zugleich die transzendentale Frage nach dem Sein des Fragenden als jenes Sei-

427

enden ist, das diese Frage notwendig stellt), so dass es nichts ausser ihr gibt, woraus sie das Prinzip ihrer Antwort nehmen könnte.[30] Die Seinsfrage nimmt den Anfang ihres Fragens und damit auch ihre Antwort allein aus sich selbst. "Diese Not des Fragens ist der einzige in sich ruhende Ausgangspunkt der metaphysischen Frage" (GiW 73). Das inhaltliche Woher für die Antwort auf die ontologische Frage kann nur das sein, was durch den Akt des Fragenmüssens nach Sein selbst schon gegeben ist, nämlich ein ursprüngliches Seinsverstehen, welches das Sein als Fraglichkeit und Fragbarkeit zugleich enthüllt.[31]

Die transzendentale Analytik des menschlichen Daseins erschliesst das Wesen des Fragenden aus dem Fragen selbst, indem nach den Möglichkeitsbedingungen der Seinsfrage gefragt wird. Die Fundamentalontologie ist deshalb im Grunde genommen nichts anderes als das transzendentale Bewusstmachen des in der ursprünglichen Frage nach dem Sein implizit immer schon Mitgewussten. Beides - die Fundamentalontologie und die Transzendentalanthropologie - ist dadurch miteinander vermittelt, dass zu jedem menschlichen Erkenntnis- bzw. Urteilsvollzug als Bedingung seiner Möglichkeit das Verstehen von Sein überhaupt gehört.

Die Synthese des fundamentalontologischen Ansatzes, in dem das Sein von seiner Gelichtetheit im menschlichen Dasein her begriffen wird, mit der transzendentalen Methode ist die "eigentlich originäre Leistung"[32] des Rahnerschen Denkansatzes. RAHNER verbindet hier - in kritisch-schöpferischer Auseinandersetzung - den Heideggerschen Ausgangspunkt bei der Seinsfrage und das fundamentalontologische Anliegen überhaupt mit der schon von MARECHAL vorbereiteten transzendentalen Methodik der fundamentalonto-

---

30 Vgl. GiW 72f; HdW 53.     [31] Vgl. GiW 72-78; HdW 51.
32 P.EICHER, Die anthropologische Wende.Karl Rahners philosophischer Weg vom Wesen des Menschen zur personalen Existenz, Freiburg i.Ue. 1970, 99.

logischen Frage. Vom frühen HEIDEGGER beeinflusst ist RAHNERS Interpretation des menschlichen Daseins als Frage nach dem Sein im ganzen, insofern das zu befragende Seiende das Dasein selbst ist, dem es "in seinem Sein um dieses Sein selbst geht" (SZ 12). Von MARECHAL übernimmt er das Anliegen der transzendentalen Wiederholung der Thomasischen Erkenntnismetaphysik im Ausgang von der Subjektivität. Verknüpfbar werden beide Ansätze dadurch, dass das Dasein (als Gegenstand der Fundamentalontologie) zugleich das transzendentale Apriori aller gegenständlichen Erkenntnis ist.[33]

## 2. Erkennen als Bei-sich-sein des Seins

Der Mensch fragt wesensnotwendig nach dem Sein. Jede Frage setzt aber das Gefragte als ihr Wovonher als irgendwie schon bekannt voraus, denn nach einem schlechthin Unbekannten könnte gar nicht erst gefragt werden.[34] Gefragtes Sein ist also immer auch schon erkanntes Sein. Nach dem Sein im ganzen kann nicht gefragt werden, ohne dass damit die grundsätzlich Erkennbarkeit, ja Erkanntheit des Seins überhaupt bejaht wird. Folglich ist alles Seiende als fragbares ausgezeichnet durch prinzipielle Erkennbarkeit, d.h. jedes Seiende ist möglicher Erkenntnisgegenstand. "Die Erkennbarkeit ist eine transzendentale Bestimmung eines jeden Seienden" (HdW 57).

Soll diese Erkennbarkeit dem Seienden an ihm selbst, d.h. seinsmässig und nicht bloss zufällig zukommen, dann muss

---

[33] Darin liegt begründet, dass HEIDEGGERS 'Sein und Zeit' entgegen den eigenen Intentionen HEIDEGGERS als eine Art transzendentale Analytik des seinsverstehenden Daseins und in diesem Sinn als eine Art Fortsetzung der Subjektivitätsphilosophie gelesen werden konnte, womit bekanntlich HEIDEGGERS Entschluss zusammenhing, auf die angekündigte Fortsetzung dieses Werkes zu verzichten und eine grundlegende 'Kehre' des Denkens vorzunehmen.
[34] Vgl. GiW 81.

das Sein als solches die ursprüngliche Einheit der Differenz von Erkennen und Erkanntem sein. "Sein ist an sich Erkennen" (HdW 59). "Sein ist Erkanntseinkönnen" (GiW 81). "Sein und Erkennen ist dasselbe" (GiW 82). Erkennbarkeit und Erkanntheit bilden die eigentliche ontologische Bestimmung aller Wirklichkeit. Insofern in der Seinsfrage nach Sein überhaupt gefragt wird, zeigt sich das Wesen des Seins als Erkennen und Erkanntsein in ursprünglicher Einheit. "Das Sein selbst ist die ursprünglich einigende Einheit von Sein und Erkennen in ihrer Geeintheit im Erkanntsein" (GiW 82). RAHNER nennt diese Einheit auch Bei-sich-sein, In-sich-Reflektiertheit, Gelichtetheit, innere Erhelltheit oder auch Subjektivität des Seins.[35]

Ausgehend von der Seinsfrage bestimmt er also fundamentalontologisch den Sinn von Sein und Erkennen als Bei-sich-sein. "Das Sein ist der eine Grund, der Erkennen und Erkanntsein als seine eigene Auszeichnung aus sich entspringen lässt, und so die innere Möglichkeit einer vorgängigen wesenhaften innern Beziehung beider aufeinander begründet" (GiW 82). Nur so ist nach RAHNER die "transzendentale Intelligibilität des Seins" (ebd.) denkbar.

Aus dieser ursprünglichen Selbstgelichtetheit des Seins ergibt sich als religionsphilosophischer Ertrag die Ein-

---

[35] Vgl. GiW 81-84; HdW 55-62; K.RAHNER, Zur scholastischen Begrifflichkeit der ungeschaffenen Gnade, in: I, 347-375, 355. - Vom Standpunkt des neuzeitlich gebildeten Bewusstseins müsste sich hier die kritische Frage stellen, inwieweit RAHNER in diesem Nachweis der Einheit der Differenz von Wissen und Gewusstem im Bei-sich-sein oder Selbstbewusstsein wirklich den Problemstand neuzeitlichen Denkens erreicht (vgl. dazu kritisch T.PROEPPER, Erlösungsglaube, aaO. [S.405, Anm.838] 143f, Anm.185). Tatsächlich setzt er das Bei-sich-sein nicht als Formprinzip des Wissens, sondern leitet es vom Faktum des Wissens bzw. Fragens als das Wesen des Seins selbst ab. Dies wird sich im Rahmen der Rahnerschen Freiheitslehre fast zwangsläufig rächen müssen, weil die Freiheit so schwerlich mehr als formale Selbstursprünglichkeit fassbar wird.

sicht, dass prinzipiell nichts sein kann, das nicht Gegenstand einer möglichen kognitiven Offenbarung werden könnte.

Freilich darf nach RAHNER diese ursprüngliche Identität von Sein und Erkennen nicht monistisch aufgefasst werden. Zwar führte uns die Analyse der Fragbarkeit des Seins zum wesenhaften Bei-sich-sein des Seins im Erkennen. Die Fraglichkeit des Seins scheint aber diese Bestimmung wieder aufzuheben. "Der Fragenmüssende ist Sein, weil er im Fragen nach dem Sein schon beim Sein ist, und ist es doch nicht, weil er noch nicht so bei dem Sein im Ganzen ist, dass dieses Beim-Sein-Sein fragloser Besitz des Seins im Ganzen wäre" (GiW 85). Wenn nämlich gefragt wird, kann das Gefragte sinnvollerweise nicht schon vollkommen gewusst sein, denn nach einem schon völlig Gewussten müsste ja gar nicht erst gefragt werden. Wer nach dem Sein fragen muss, kann nicht in fragloser Identität mit dem Sein sein. Für den endlichen Geist ist also das Sein immer auch in einer unausweichlichen Differenz zur Erkanntheit, so dass es vom fragenden Dasein doch unterschieden werden muss.

Aus der Fragbarkeit des Seins folgte die ursprüngliche Identität von Sein und Erkennen, aus der Fraglichkeit des Seins folgt nun eine ebenso unabweisbare Differenz von Sein und Erkennen. RAHNER löst dieses Dilemma dadurch, dass er - nun ganz im Sinne scholastischen Denkens - Grade des Bei-sich-seins eines Seienden unterscheidet.[36] Die zuvor gewonnene materiale Einsicht wandelt sich damit in ein formales Schema dahin um, dass die Erkenntnismächtigkeit der Seinsmächtigkeit korrespondiert, dass mithin insoweit ein Seiendes bei sich ist, als ihm Sein zukommt, und dass umgekehrt der Grad der Erkenntnismächtigkeit den Grad der Seinsmächtigkeit eines Seienden indiziert.[37] Der

---

[36] Vgl. HdW 63-70.    [37] Vgl. GiW 85.

Grad der Seinshabe ist je nach Seiendem verschieden. Insofern ist also das Sein des Seienden eine innerlich variable Grösse: Sein ist **analog**.

Die verschiedenen Seienden sind mithin nur in einem analogen Sinn an ihnen selbst gelichtet. Absolute Identität von Sein und Erkennen ist nur beim reinen oder absoluten Sein gegeben, das deshalb auch jede Möglichkeit des Fragenmüssens von sich ausschliesst. Um der nach dem Sein im ganzen Fragende zu sein, fängt der fragende Mensch zwar schon beim Ziel an, weil er vom Sein im ganzen schon wissen muss, wenn er danach fragt, und bekennt doch gleichzeitig durch sein Fragenmüssen seine Endlichkeit und darin die Unmöglichkeit, sich selbst als **absolutes** Subjekt zu begreifen.

Religionsphilosophisch ergibt sich daraus die Einsicht, dass der endliche Mensch, welcher der absoluten Seinsperfektion ermangelt, sich offenzuhalten hat für Sein überhaupt, sofern er zu seiner eigenen Wesenserfüllung gelangen will.

### 3. Der Mensch als Wesen der Transzendenz auf Gott hin

Die Offenheit des Menschen für das absolute Sein, die sich soeben in der "Analogie der 'Seinshabe'" (HdW 70) abgezeichnet hat, ist nun als wesenhaft eigens zu explizieren und somit als subjektive Bedingung möglicher Rezeption von Offenbarung sicherzustellen. Ausgangspunkt des Aufweises der notwendigen Bezogenheit des Menschen auf Sein überhaupt ist bei RAHNER weiterhin die wissende In-sich-selber-Ständigkeit des Menschen, die sich in den unausweichlichen Vollzügen des urteilenden Erkennens und Handelns manifestiert und durch deren Analyse auch aufgeklärt werden kann.

Jedes Urteil urteilt über etwas, d.h. es bezieht sich immer auf die Objektivität eines Gegenstandes, die als vom

Urteilsvollzug selber unterschieden gesetzt wird. Damit setzt das urteilende Subjekt sein ihm entgegenstehendes Objekt als von ihm unterschieden. Der Urteilende erfasst sich so im Abstand zum Gegen-stand, d.h. urteilend erfasst er sich in seiner Subjektivität als in-sich-selberständig oder frei.[38] Darin also zeigt sich die Freiheit des Menschen, dass er "Subjekt einem Objekt gegenüber" (HdW 72) ist.

RAHNER begründet hier also die menschliche Freiheit in der erkennenden Subjektivität, die sich einem Objekt entgegensetzt und über dieses zu verfügen vermag.[39] "Das Wissen eines Was von einem hingenommenen Etwas ist immer nur möglich in einer Entgegensetzung des erkennenden Subjekts gegen das sich zeigende, hingenommene Etwas; und umgekehrt: das Beisichsein eines hinnehmenden Subjekts, dessen objectum proprium das andere ist, ist nur möglich durch ein Wissen eines Was von einem entgegengesetzten Etwas. Menschliche Erkenntnis ist eine von einem anderen ein allgemeines Was wissende Rückkunft in sich selbst" (GiW 396). Dieses Zu-sich-selbst-zurückkehren-Können des Geistes ist das Wesen der in-sich-selber-ständigen Freiheit.[40] Der "letzte Grund dieser wissenden In-sich-selber-Ständigkeit" (HdW 74) ist also nach RAHNER identisch mit der Bedingung der Möglichkeit gegenständlicher Erkenntnis. Mit der Klärung der Implikationen und der apriorischen Möglichkeitsbedingungen gegenständlicher Erkenntnis soll sich demnach zugleich auch der Grund menschlicher Freiheit erhellen.

Urteilen ist Begreifen von etwas als etwas, d.h. Begreifen eines Bestimmten als endlich. Als endlich wird ein Seiendes erfahren, wenn es als begrenzt erfahren wird. Um

---

[38] Vgl. K.RAHNER, Art. Freiheit III-VI, in: LThK IV, 331-336, 334.
[39] Vgl. HdW 73f.     [40] Vgl. GiW 298.

aber ein Endliches in seiner Begrenztheit erfassen zu können, muss der Akt des Erkennens immer schon über dieses Endliche hinausgreifen, weil sonst das Endliche als solches gar nicht in Erscheinung treten könnte.

Obwohl dieser Hinausgriff oder Vorgriff nur Moment an einem Erkenntnisakt ist, kann und muss er nach RAHNER dennoch "selbst als Erkenntnis für sich" (HdW 79f) aufgefasst werden. Soll er aber als solcher in den Blick gelangen können, so muss auf sein Woraufhin reflektiert werden. Nun kann aber das Woraufhin des Vorgriffs einer endlichen Erkenntnis nicht selbst noch einmal ein Endliches sein, weil sich dann ein regressus in infinitum einstellen würde. Es muss also ein Un-endliches sein. Die Bejahung der realen Begrenztheit eines Seienden hat mithin zu ihrer Bedingung den Vorgriff auf das Sein, der ein unendliches Sein mitbejaht, denn mitbejaht ist, was als möglicher Gegenstand in der Weite des Vorgriffs zu stehen kommen kann, wobei allein ein absolutes und unendliches Sein diese Weite restlos auszufüllen vermag.[41]

Bedingung der Möglichkeit der Erfahrung der inneren Endlichkeit und damit Negation des sinnlich gegebenen Gegenstandes ist also das ungegenständliche Sein. Innerer Grund dieser Endlichkeit als Negation kann das zwar ebenfalls ungegenständliche Nichts insofern nicht sein, als die Erkenntnis das Sein des Erkannten immer schon bejaht. "Das Nichts kann nicht das Woraufhin des Vorgriffs, das Anziehende und Bewegende, das in Gang Bringende jener Wirklichkeit sein, die der Mensch als sein wirkliches und nicht nichtiges Leben erfährt" (GK 44). Ueberdies vermag das unendliche Sein von sich aus die Möglichkeit der Endlichkeit hinreichend zu erklären, denn nur von einem Endlichen aus kann auf ein Unendliches vorgegriffen werden. Die Unendlichkeit konstituiert also von ihr selbst her

---

[41] Vgl. GiW 190f.

das Endliche. Die Erklärung der Endlichkeit bedarf gar nicht der Zusatzhypothese der "Transzendenz auf das Nichts" (HdW 81). Der Vorgriff auf das unbegrenzte Sein ist an sich schon die Negation des Endlichen, weil und insofern er als Bedingung der Möglichkeit von dessen Erkenntnis in seinem Uebersteig über das Endliche eo ipso dessen Endlichkeit schon offenbart.

Auch die blosse Idee der Welt bzw. von Gegenständlichkeit überhaupt als Inbegriff aller möglichen Gegenstandsbestimmungen genügt nach RAHNER nicht als Umschreibung des Woraufhin des Vorgriffs, weil die Totalität dieser Bestimmungen doch nur "eine endliche Möglichkeit mit einem innerlich endlichen esse" (GiW 193) darstellen würde, wohingegen die Struktur des "Vorgriffs an sich" (ebd.) derart ist, dass sein Sein "innerlich nicht zu einem Ende kommt" (ebd.). Tatsächlich aber käme er bei einem Inbegriff aller möglichen Gegenstandsbestimmungen zu einem Ende, weil die Totalität der möglichen Gegenstände als Totalität alles Endlichen nach RAHNER nur eine endliche Totalität wäre. Ginge nun der Vorgriff nur auf die innere Endlichkeit der so gesetzten Totalität möglicher raumzeitlicher Gegenstände, so könnte diese raumzeitliche Welt nicht als endliche gedacht werden.[42] Wird sie aber in ihrer Endlichkeit erkannt, so ist die Erkenntnis damit eo ipso auch schon darüber hinaus. Denn die Aussage, das Woraufhin des Vorgriffs sei innerlich endlich, widerspräche dem, was sie selber als ihre eigene Möglichkeitsbedingung voraussetzt, hat doch die Erkenntnis der Endlichkeit zu ihrer Voraussetzung den Vorgriff auf ein Un-endliches.

Somit kann nach RAHNER das Woraufhin des Vorgriffs nur das "an sich ungegrenzte Sein" (HdW 82) sein. Wenn also menschliche Erkenntnis gegenständliches Wissen von einem

---

[42] Vgl. HdW 82.

anderen in Absetzung vom erkennenden Subjekt ist, dann kann sie dieses andere objektiv nur wissen, insofern sie auf das "Sein schlechthin als ausserhalb von Welt mögliches und wirkliches" (GiW 397) vorgreift. Und insofern Urteilen und freies Handeln zum Dasein des Menschen notwendig gehören, ist dieser Vorgriff auf das unendliche Sein ein Existential des menschlichen Daseins. Der Mensch ist wesenhaft die absolute Offenheit für Sein überhaupt, er ist das "Wesen eines unendlichen Horizontes" (GK 42). "Die Transzendenz auf Sein überhaupt ist die Grundverfassung des Menschen" (HdW 71).

Weil Gott philosophisch nicht anders denn als unendliches Sein thematisch werden kann, weil er nicht als Moment am Ganzen der Wirklichkeit begriffen werden kann, sondern als deren transzendenter und schöpferischer Grund gedacht werden muss, wird demnach in jedem menschlichen Akt das Sein des unendlichen Gottes nach RAHNER immer schon und notwendig bejaht als die "Bedingung der Möglichkeit der gegenständlichen Erkenntnis" (GiW 397). "Der Vorgriff zielt auf - Gott" (HdW 83). Als das Woraufhin des Vorgriffs ist Gott in jedem Urteils- und Handlungsakt implizit je schon mitbejaht, und dies selbst im Akt der Verneinung, "so wie die Logik noch einmal am Werk ist in dem Akt, der ihre Gültigkeit leugnet"[43]. Und insofern der Vorgriff "wesentlich nur im Urteil" (GiW 397) geschieht und Freiheit "nur ein anderer Titel für die Möglichkeit des Vorgriffs auf das Sein im Ganzen" (GiW 299) ist, ist der menschliche Freiheitsvollzug a priori nur möglich im Bezug zum Absoluten. Die menschliche Subjektivität als In-sich-selber-Ständigkeit oder Freiheit ist ohne die Bejahung Gottes gar nicht denkbar.

Gott ist die Bedingung der Möglichkeit der menschlichen Subjektivität oder Freiheit. Er ist aber nie Gegenstand

---

[43] K.RAHNER, Die Forderung nach einer "Kurzformel" des christlichen Glaubens, in: VIII, 153-164, 159.

einer möglichen Vorstellung, weil er der ermöglichende Grund derselben ist. Als Bedingung der Möglichkeit anschaulicher Gegenstände kann das Woraufhin des Vorgriffs ja selbst nicht noch einmal anschaulich sein. Gott ist darum nie Immediatobjekt möglicher Erfahrung. Als Horizont und Grund jedweder Erfahrung wird er in ihr immer nur indirekt und ungegenständlich miterkannt. Das im Vorgriff angezielte absolute Sein Gottes zeigt sich als das "eigentümlich Ungegenständliche des im Nicht der Grenzerfahrung positiv Erfahrenen ... in seiner abweisenden Unverfügbarkeit" (HdW 83).

Hier ist formal und philosophisch der Horizont eröffnet für das, was RAHNER später das unbegreifliche Geheimnis nennen wird, auf das der Mensch a priori verwiesen ist. Mit der indirekten, ungegenständlichen Erkennbarkeit Gottes ist umgekehrt gegeben, dass Gott dem Menschen immer nur durch den gleichzeitigen Griff auf einen Gegenstand gegenwärtig werden kann, weil nur durch den Vorgriff, dessen Tätigkeit ja an den Akt gegenständlicher Erkenntnis gebunden ist, Gott miterkannt wird als dessen Woraufhin.

Es ist nach RAHNER wichtig zu beachten, dass die Möglichkeitsbedingung menschlicher Erkenntnis und Freiheit nicht bloss das gedankliche Konstrukt eines Gottes im Sinne einer regulativen Idee ist, sondern Gottes wirkliche Existenz beinhaltet. Denn die "Bejahung der realen Endlichkeit eines Seienden fordert als Bedingung ihrer Möglichkeit die Bejahung der Existenz eines esse absolutum" (HdW 84).

Somit ist nun nach RAHNER hinreichend aufgewiesen, dass der Mensch von sich her und gerade als in-sich-selberständige Freiheit wesenhaft unendliche Offenheit für Gott ist und einer möglichen Offenbarung Gottes einen apriorischen und unbegrenzten Horizont eröffnet. Das unausweichliche Stehen vor Gott ist die Grundverfassung des menschlichen Daseins.[44] Zugleich hat sich in der Eigentümlichkeit des Vorgriffs noch einmal die spezifische Stellung des Menschen zwischen der Endlichkeit und der Unendlichkeit gezeigt. Die menschliche Erkenntnis ist als vorgreifende auf das Unendliche ausgerichtet, und darum ist der Mensch das Wesen der Transzendenz oder Geist.[45] Er hat dieses Unendliche aber immer nur im Vorgriff, und darum ist er **endlicher** Geist. Er kann sich deshalb selber weder als das absolute Sein noch als das absolute Subjekt begreifen. Als Subjekt begreiflich ist er nur im vorgreifenden Sinn der "Seinsempfängnis, letztlich der Gnade" (GK 45).

Was die traditionellen Gottesbeweise in realontologischer Wendung ausdrücken, ist mit dem Aufweis der wesenhaften Bezogenheit des Menschen auf "Sein schlechthin in seiner ihm an ihm selber zukommenden Unendlichkeit" (HdW 83) auf der Ebene der transzendentalen Reflexion reformuliert, die Bejahung Gottes als Implikat der Bejahung der realen Endlichkeit eines Seienden erwiesen und in der wesenhaften unbegrenzten Offenheit für das unendliche Sein die seitens des Menschen erforderliche und zugleich einer Offenbarung Gottes angemessene Bedingung gefunden. Insofern die Offenheit für Gott unbegrenzt ist, ist Gott vom Menschen her keine Bedingung gesetzt, **was** er zu offenbaren hat, wenn er sich offenbaren will. Die bedingungslose Freiheit des sich offenbarenden Gottes wird also in bezug auf den allfälligen Offenbarungsinhalt durch die Daseinsstruktur des Menschen nicht determiniert. Besteht aber diese absolute Freiheit und Ungeschuldetheit der Offenbarung auch in bezug auf deren **Dass**? Diese Frage gilt es nun im folgenden zu klären.

---

[44] Vgl. HdW 117.
[45] Geist bedeutet bei RAHNER immer "absolute Offenheit auf das Sein überhaupt" (Naturwissenschaft und vernünftiger Glaube, in: XV, 24-62, 51), d.h. Bewegung unbegrenzter Transzendenz.

## C. Die freie Ungeschuldetheit der Offenbarung Gottes

Als nächsten Schritt unternimmt es RAHNER, die bedingungslose Ungeschuldetheit der Offenbarung Gottes hinsichtlich ihres Dass herzuleiten. Zunächst ist festzuhalten, dass die absolute Weite der Transzendenz menschlichen Geistes nur bejaht worden ist bzw. werden musste als Bedingung der Möglichkeit gegenständlicher Erkenntnis und der damit immer auch schon gegebenen freien Subjektivität des Menschen. "So hat diese Transzendenz dadurch, dass sie diese Seinsweise eines endlich Seienden, die dieses zu einem geistigen Wesen macht, ermöglicht, ihr Ziel gefunden, auch wenn ihre Weite nie durch das offenbare unendliche Sein selbst unmittelbar ausgefüllt wird" (HdW 102). Insofern besteht also von der Konstitutionsstruktur des Menschen her keine Forderung, dass sich Gott um des Sinnes der Seinsstruktur menschlichen Daseins willen zu offenbaren habe. "Geist ist kein Anspruch darauf, dass Gott spricht" (HdW 115). Die Erkenntnisstruktur erlangt ihren Sinn und ihre vollständige Funktionsfähigkeit auch ohne die Selbsterhellung Gottes.

Aus dem gleichen Grund erübrigt sich aber umgekehrt eine Offenbarung Gottes nicht etwa schon deshalb, weil durch den Vorgriff das Sein Gottes ja ohnehin immer schon auf natürlichem Weg erkannt oder doch zumindest grundsätzlich erkennbar wäre. Denn im endlichen Erkennen geschieht immer nur ein bloss **formaler** Vorgriff auf die dunkle Weite Gottes, kein materiales Erkennen Gottes in seiner unmittelbaren Gelichtetheit und Nähe. Das absolute Sein Gottes ist dem menschlichen Erkennen nur gegeben in der "absoluten leeren Ungegrenztheit unseres Vorgriffs" (GiW 400). Gott wird in diesem vorgreifenden Erkennen gerade nicht ein **Gegenstand** der Erkenntnis, er bleibt darin vielmehr ungegenständlich und unthematisch.

Von der Erkenntnisstruktur des Menschen her besteht also weder eine apriorische Forderung noch eine Erübrigung einer Offenbarung Gottes. Der Mensch bejaht nach RAHNER in der transzendentalen Verfasstheit seines Daseins notwendig immer schon die absolute **Freiheit** der göttlichen Offenbarung ihm gegenüber.

Begründet wird dies im Ausgang von der eigentümlichen Kontingenz- bzw. Faktizitätserfahrung des Menschen. Weil dessen Sein wesentlich konstituiert ist durch das **Fragenmüssen**, ist es charakterisiert durch Endlichkeit und Kontingenz. Weil er fragen **muss**, bejaht er seine Kontingenz notwendig. "Und indem er sie notwendig bejaht, bejaht er sein Dasein in und trotz seiner Kontingenz als unbedingt, als absolut" (HdW 108). Weil also die Bejahung seiner **kontingenten** Faktizität notwendig geschieht, enthüllt sich in der Kontingenz selber eine Absolutheit, nämlich die Unausweichlichkeit, mit der die kontingente Tatsächlichkeit von sich her ihre Bejahung fordert.

Der Mensch übernimmt und bejaht das Faktum seines Daseins unbedingt und mit der Notwendigkeit seines Selbstvollzuges. Er hat das "notwendige Verhältnis einer absoluten Setzung zu seinem endlichen, kontingenten Dasein" (HdW 109). Diese absolute Setzung kann ihren Grund nicht im kontingenten Dasein als solchem haben. Sie muss vielmehr als in einem freien und schöpferischen Willen gründend gedacht werden, denn nur ein Wille kann Zufälliges absolut bejahen. Und weil dem Menschen seine Kontingenz als Geworfenheit immer schon vorgegeben ist, ist also die absolute Bejahung menschlicher Kontingenz im willentlichen Verhalten des Menschen zu sich selbst notwendig der freie Nachvollzug einer freien Absolutsetzung des Nichtnotwendigen durch einen fremden Willen, der selber absolut sein muss. Dieser fremde Wille wird vom Menschen immer schon mit derselben Notwendigkeit als frei bejaht, mit der er die Gelichtetheit des Seins überhaupt je schon bejaht. Denn eine **Notwendigkeit** der Setzung eines Kontingenten, das also an sich gar nicht notwendig gesetzt werden **müsste**, könnte nur einem solchen Grund entspringen, der um diese faktische und ontologische Nichtnotwendigkeit seines Setzens nicht wüsste und also folglich an ihm selbst gar nicht gelichtet wäre.

Das absolute Sein Gottes wird also notwendig als freier Wille bejaht. Es ist dem endlichen Seienden gegenüber das freie Sein. Gott ist so das Woraufhin des menschlichen Geistes, dass er ihm als die freie Macht gegenübertritt. Die erkennende Begegnung mit Gott als freier Person ist ein "Gewährenlassen des Erkannten in seiner Unbekanntheit" (HdW 112). Wegen seiner Freiheit ist Gott dem Menschen nur durch die willentliche Tat seiner selbst eröffnet. "Es gibt ja der freien Setzung eines Nichtnotwendigen gegenüber kein ihr vorausliegendes Apriori, aus dem sie erkannt werden könnte. Sie kann nur von ihr selbst her gewusst werden" (HdW 112).

Der Mensch ist mithin bestimmt als "jenes Seiende, das kraft seiner Wesenskonstitution als endlicher Geist, der nach dem Sein fragt und fragen muss, vor dem freien Gott steht, dessen Freiheit bejaht in der Eigentümlichkeit seiner Seinsfrage und somit mit der göttlichen Freiheit rechnen muss, durch die Gott sein Persongesicht in einer Weise erschliessen kann zu einer Offenbarung seines Wesens, die von einem anderen Ort aus nicht a priori errechnet werden kann" (HdW 118). Damit ist nach RAHNER die Freiheit der Offenbarung Gottes sichergestellt sowohl in bezug auf das Was als auch hinsichtlich das Dass.

Die Setzung des Zufälligen durch Gott ist die freie Willenstat der Liebe Gottes. Die Seinshabe des Endlichen gründet in der freien Gewährung Gottes, der das Seiende absoluter Seinshabe ist. Weil Gott das Endliche frei liebt, nimmt dieses teil an der Gelichtetheit des Seins. Alles helle Begreifen gründet in der Liebe Gottes.[46]

---

[46] Vgl. HdW 124.

Da nun die absolute Bejahung der menschlichen Kontingenz ein notwendiges Implikat der Daseinsverfassung des Menschen als eines Fragenmüssenden darstellt und die menschliche Erkenntnisstruktur bestimmt ist durch diese Seinsstruktur, vollzieht der Mensch in jedem Erkenntnisakt notwendig immer schon die Liebe zu Gott. "Das durch Erkennen sich vollziehende Stehen des Menschen vor Gott, das das Wesen des Menschen als Geist ausmacht, hat als inneres Moment eben dieser Erkenntnis eine Liebe zu Gott in sich. Die Liebe zu Gott ... ist als inneres Moment der Erkenntnis ebensosehr ihre **Bedingung und ihr Grund**" (HdW 125). In jeder Erkenntnis vollzieht der Mensch implizit eine notwendige Liebe zu Gott im Sinne des Nachvollzugs der freien Absolutsetzung des Menschen durch Gott und dies als Implikat der unbedingten und notwendigen Selbstannahme menschlicher Kontingenz.

Diese apriorische Notwendigkeit der impliziten Selbstbejahung und damit der impliziten Liebe zu Gott führt aber nicht ebenso notwendig zur expliziten, konkreten und 'aposteriorischen' Selbstaffirmation und Liebe zu Gott. Die Notwendigkeit dieser Liebe bezieht sich nur auf die transzendentale und unreflexe Ebene. Darin, wie der Mensch sich ausdrücklich verhalten will, ist er frei. Obwohl er also Gott implizit immer schon und notwendig liebt, kann er ihm die ausdrückliche, konkrete Liebe verweigern, auch wenn er in dieser Verweigerung die notwendige Liebe als deren Ermöglichungsbedingung implizit noch einmal vollziehen muss. "Die Liebe zu Gott, die im Grunde des menschlichen Daseins notwendig geschieht, kann durch das freie Verhalten urteilend bejaht werden, oder das freie Verhalten des Menschen kann logisch dieser Grundliebe widersprechen, so wie ein einzelnes Urteil den ersten Seins- und Denkgesetzen entsprechen oder ihnen widersprechen kann" (HdW 129). In der konkreten Entscheidung bleibt der Mensch frei, sich ausdrücklich als Hörer der Offenbarung zu verstehen oder nicht, und insofern ist er jenes Seiende, das in freier Liebe vor dem Gott einer möglichen Offenbarung steht.

### D. Gegenständliche Vermittlung der Offenbarung

Als weiteren Schritt untersucht nun RAHNER die Frage der Eigentümlichkeit der Offenbarung aufgrund der ontologischen Differenz von Sein und Seiendem. Er geht dabei von der Feststellung[47] aus, dass der Mensch sinnlich hinnehmender Erkennender ist. Sinnlich erkennend ist er beim anderen, das als der "ersterfasste Gegenstand der menschlichen Erkenntnis überhaupt" (HdW 155) gegenständlich erfasst wird.

Da aber Erkennen Bei-sich-sein ist, muss das Beim-anderen-sein des sinnlich erkennenden Menschen ineins damit als Bei-sich-sein und also der Erkennende selber als Sein des Erkannten gefasst werden.[48] Der menschliche Geist ist nur durch anderes bei sich selbst. Er muss daher auf anderes ausgreifen, um zu sich selbst zu kommen.[49] Das menschliche Bei-sich-sein ist von ihm selbst her ein wissendes Bei-einem-anderen-sein.

Dieses andere kann selber nicht Sein sein und muss doch wirklich sein. Es ist die leere Möglichkeit der Seinshabe. "Das Sein des Menschen ist demnach Sein einer real von diesem verschiedenen, leeren, unbestimmten, subjekthaften Seinsmöglichkeit" (HdW 153). Diese unbestimmte Möglichkeit der Seinshabe heisst Materie ('materia prima'), das leere Diesda als Träger einer möglichen Washeit, der selber an sich und als solcher nicht bestimmbar

---

[47] RAHNER deduziert an dieser Stelle die Rezeptivität des Erkennens nicht, sondern setzt sie faktisch voraus. Er spricht ausdrücklich von einer "Feststellung" (HdW 147). Die transzendentale Methode, der es ja wesentlich um die quaestio iuris zu tun ist, wird also an dieser Stelle suspendiert.
[48] Vgl. GiW 92.   [49] Vgl. GiW 228; HdW 151.

ist, sondern nur in der Hinbeziehung einer allgemeinen Washeit auf ihn.[50]

Die Seinswirklichkeit des Menschen ist demnach zugleich die Seinswirklichkeit dieser von ihm verschiedenen leeren Seinsmöglichkeit der Materie und also - da sich alles Gegenständliche in der Materie hält - die Seinswirklichkeit seiner Erkenntnisgegenstände.[51]

Dass das Sein des Erkennenden zugleich das Sein des erkannten anderen ist, ist nur die Reformulierung des transzendentalen Grundsatzes, dass die "Bedingungen a priori einer möglichen Erfahrung überhaupt ... zugleich Bedingungen der Möglichkeit der Gegenstände der Erfahrung" (KANT, KrV A 111) sind. Die Erkenntnis eines Gegenstandes ist immer abhängig von der Struktur der Selbstgegebenheit des Subjektes in jeder Erkenntnis. Dieses ist das apriorische Gesetz dafür, was und wie sich etwas ihm zu erkennen geben kann.[52] "Die Seinsstruktur eines erkennenden Wesens ist das apriorische Gesetz seiner möglichen Gegenstände" (GiW 110). Ein reines Aposteriori, d.h. ein schlechthin und in jeder Hinsicht nur von aussen Kommendes und vom Subjekt Unabhängiges wäre für das Subjekt gar nicht erkennbar, gerade weil Erkennen wesentlich die "beisichseiende Aktualität des Subjektes selbst" (GiW 191) ist, die nie exklusiv vom Objekt allein geleistet werden kann. "Jede Fremderkenntnis durch den Menschen ist ein Modus seiner Selbsterkenntnis" (GiW 192).

Als materielles Sein ist menschlicher Geist immer schon seinshaft eingegangen in die Andersheit der Welt. Mit der wesenhaften Materialität endlichen Erkennens ist die Bedingung gegeben, dass der Mensch das Sein immer nur gegenständlich als das Sein eines Seienden zu fassen vermag. Darum gibt es "für den Menschen als endlichen und

---

[50] Vgl.GiW 159-163.   [51] Vgl.GiW 84;HdW 155.   [52] Vgl.GK 30.

hinnehmenden Geist eine Gelichtetheit des Seins überhaupt nur ... in der Hinwendung zu materiellen Seienden, einen Ausgang zu Gott nur in einem Eingang in die Welt" (HdW 174). Der Mensch weiss vom absoluten Sein Gottes, "insofern und nur insofern ein solches Wissen die vorgängige Bedingung, der Horizont für die gegenständliche begriffliche Erkenntnis der hingenommenen materiellen Dinge ist. Diese sind der erste Ausgangspunkt und darum auch das bleibende Fundament aller seiner Erkenntnisse" (HdW 179). Wir haben in der Erkenntnis kein direktes Wissen von Gott, sondern "nur ein Wissen von Gott in Funktion von Welt und ihrem eigenen Bestand" (HdW 182). Absolutes Sein kann im Vorgriff nur erfasst werden durch den Begriff eines sinnlich gegebenen, gegenständlichen Seienden, d.h. in der ontologischen Differenz und darum nur als Erscheinung. Erscheinung bedeutet die unauflösliche Beziehung von Sinnlichkeit und Geistigkeit, von Weltimmanenz und Geisttranszendenz. Das unendliche Sein ist nur in der Beziehung zur gegenständlichen Welt, wie diese umgekehrt nur in der Beziehung zum Sein offenbar. Wegen der Materialität der menschlichen Geistigkeit kann Gott dem Menschen nicht unmittelbar in seinem Selbstsein offenbar werden, sondern nur per modum repraesentationis, im Medium der Erscheinung. Die bleibende Verwiesenheit des menschlichen Geistes an Sinnlichkeit ist auch die bleibende Bedingung der Art und Weise möglicher Beziehung zu dem sich offenbarenden Gott.

E. Geschichtlichkeit der Offenbarung

Bei jedem Erkenntnisakt ist zu unterscheiden "zwischen einem Was an einem Etwas und diesem durch diese Washeit bestimmten Etwas selber" (HdW 157), d.h. zwischen einem Wesen und dessen Träger. Ohne diese substantielle Bestimmung durch die Washeit erscheint deren Träger als leere und unbestimmte Möglichkeit der Seinshabe, d.h. als Materie, als das leere Diesda und insofern als das "reale

Nichts" (GiW 160,Anm.3). Diese an sich selbst unbestimmte und gerade deshalb nichtige Materie kann von sich aus gleichgültiger Träger verschiedener möglicher Washeiten sein. "Aus der Allgemeinheit der Washeit aber zeigt sich die materia als der empfangende Grund, der durch seine gegen bestimmte Washeiten gleichgültige Leere die Möglichkeit bietet, die an sich vielfältig zusprechbare Washeit als je diese und je bestimmte ständig werden zu lassen" (HdW 158). Als an sich leerer Träger einer allgemeinen Washeit ist so die Materie der Grund der Diesheit eines Seienden, dessen Washeit an sich wiederholbar ist. In diesem Sinn ist die Materie das Individuationsprinzip, aber gerade nicht im Sinne des Grundes einer schlechthin einmaligen, unwiederholbaren Individualität, sondern im Sinne des Grundes der vielfachen Vereinzelung des Selbigen. In der Materie wird das Gewusste als Selbiges und als in vielen Vervielfältigtes zusammenzählbar. Das aber heisst: durch die Materie kommt einer Seinswirklichkeit Quantität zu, wodurch ein Seiendes ein einzelnes unter seinesgleichen wird. Als Individuationsprinzip konstituiert die Materie mithin das "Nebeneinander des Selbigen" (GiW 114) und als prinzipiierender Grund des Nebeneinanders die **Räumlichkeit**. Und da die Materie dem einzelnen Seienden immanent ist, ist diesem auch die Räumlichkeit innerlich.

Darüber hinaus leitet RAHNER aus der Materie die Zeitlichkeit ab. Insofern die Materie leere und also unendliche Bestimmbarkeit ist, zeigt sie sich "immer als weiter denn jene bestimmte Seiendheit, deren Träger sie in diesem oder jenem bestimmten Seienden gerade ist" (HdW 162). Dadurch befindet sich jeder faktisch-momentane Zustand eines materiell verfassten Seienden in der Möglichkeit eines weiteren, neuen Zustandes. Als an sich Unbestimmtes und Nichtiges ist die Materie nicht innerlich auf eine bestimmte Form hingeordnet. Sie hält daher das durch die faktische Form bestimmte Seiende "immer in der Möglichkeit des Nichtseins und der Veränderung" (GiW 111) und ist also der inneren Grund der Bewegung. Bewegung aber konstituiert Zeitlichkeit. Zeit ist die innere "Neigung" (GiW 125) der bestimmten Form zu der jedwede faktische Bestimmtheit transzendierenden unbegrenzten Weite der Materie. Jedes Seiende, das die bestimmungslose Nichtigkeit der Materie als ontologisches Prinzip an sich trägt, ist "innerlich hinfällig" (GiW 111) auf andere mögliche Bestimmungen, auf mehr als das, was es faktisch verwirklichend erfüllt. Das Seiende hat mithin die "Ganzheit der Verwirklichung seiner Möglichkeiten immer als Zukunft seiner inneren Bewegtheit vor sich" (HdW 162). Diese Ganzheit lässt sich aber nur im Nacheinander verwirklichen, womit die innere Zeitlichkeit des materiellen Seienden erwiesen ist.

Insofern also das Sein des erkennenden Geistes das Sein der Materie ist, ist die Seiendheit des Menschen grundsätzlich wiederholbar. Und da ein einzelnes materielles Seiendes nie für sich allein die je immer grössere Weite seiner Möglichkeiten ganz verwirklichen kann, die in seiner unendlich bestimmbaren Materialität beschlossen liegen, so erhellt von selbst, dass ein einzelner Mensch nie vollständig zur Darstellung bringen kann, was ihm aufgrund seiner Materialität als Möglichkeit zukommt.[53] Daher trägt der Mensch als einzelner Dieser an sich selbst den Verweis auf die Vielheit von seinesgleichen, "auf eine Menschheit, die nur als Ganzes zur realen Erscheinung bringen kann, was als Wesen in jedem einzelnen Menschen im Grunde seiner Möglichkeiten ... gegeben ist" (HdW 164). Das aber heisst, dass der Mensch wesentlich geschichtlich verfasst ist.[54]

---

[53] Vgl. HdW 164.
[54] Siehe HdW 164f: "Wenn wir aber sagen: Der Mensch ist wesentlich einer unter vielen seinesgleichen, mit denen er auf Grund seines inneren Wesens zusammen ist in Raum und Zeit, dann sagen wir nichts anderes als: Er ist geschichtlich im konkreten Sinne einer menschlichen Geschichte."

RAHNER deduziert also die Geschichtlichkeit aus der Raumzeitlichkeit der Quantitativität der Materie. Aus der Materialität des Menschen wird erschlossen, "dass eine geschichtliche Begründung des menschlichen Seins von vornherein schlechthin unvermeidbar ist" (HdW 36), und weiter, dass die freie Offenbarung Gottes "mindestens innerhalb des einzelnen menschlichen Daseins nur punktförmig auftreten" (HdW 196) kann.

Soll also Offenbarung beim Menschen ankommen können, so muss sie ihm in seiner Geschichtlichkeit begegnen. Zugleich bleibt aber bestehen, dass Gott beim Menschen nur vermittels sinnlicher Erscheinung zur Gegebenheit kommen kann. Gott ist aber Immaterialität, also nichtsinnlich. Als solcher kann er vom sinnlich-materiell verfassten Menschen nur im Modus der Verneinung bestimmt werden. Das Medium der Verneinung aber ist der Begriff und dessen Versinnlichung das Wort.

Durch das Wort[55] kann sich Gott adäquat dem Menschen offenbaren, d.h. ein die Möglichkeiten der Ontologie übersteigendes Wissen von seiner Eigenart in einer der sinnlichen Verfasstheit des Menschen entsprechenden Weise mitteilen. Denn das Wort, von RAHNER verstanden als "begriffliches Zeichen des Geistes" (HdW 190), ist einerseits auf geschichtliche Erscheinung bezogen, andererseits hat es die Möglichkeit, durch Verneinung jedes Seiende auch ausserhalb der Erscheinung von der Erscheinung her zu bestimmen. Es ist also sowohl der sinnlichen Struktur der menschlichen Geistigkeit als auch dem nichtsinnlichen Sein Gottes gemäss.

Da der Mensch als materiell verfasster Geist wesenhaft geschichtlich ist und Geschichte immer Geschichte von vielen Menschen, d.h. Geschichte der Menschheit ist, muss

---

[55] Vgl. HdW 185-202.

er ständig damit rechnen, dass sich Gott in der Geschichte bestimmter Menschen worthaft offenbart. Der Mensch ist mithin das Wesen, das "in seiner Geschichte Ausschau zu halten hat nach der möglichen Offenbarung" (HdW 29) Gottes. Er ist "von vornherein aus seinem ursprünglichen Wesen schon hingerichtet ... auf das geschichtliche Vorkommnis einer Offenbarung, wenn eine solche sich ereignen sollte" (HdW 30).

So kann nun also der Mensch insgesamt und abschliessend religionsphilosophisch bestimmt werden als "das Seiende von hinnehmender, je für Geschichte eröffneter Geistigkeit, das in und als Freiheit vor dem freien Gott einer möglichen Offenbarung steht, die, wenn sie kommt, in seiner Geschichte (und als deren höchste Aktualisierung) 'im Wort' sich ereignet" (HdW 200).

## F. Die Problematik im Denken des frühen RAHNER

In diesem Abschnitt wollen wir in der beschreibenden Darstellung kurz innehalten und den bisherigen Denkweg RAHNERS einer kritischen Prüfung unterziehen. Unsere Kritik beschränkt sich einerseits auf die immanente Stringenz des Rahnerschen Gottesbeweises und anderseits auf die objektivistische Grundtendenz in RAHNERS Metaphysik.

### 1. Immanente Stringenz des Gottesbeweises?

Nach RAHNER ist Gott ein notwendiges Implikat der vorgreifenden Struktur gegenständlicher Erkenntnis. Vom Standpunkt eines durch die Kritik KANTS geläuterten Denkens stellt sich hier aber unweigerlich die Frage, weshalb RAHNER den Vorgriff, der doch einzig und allein als formales Moment und als formale Funktion des Erkennens gegeben ist, "selbst als Erkenntnis für sich" (HdW 79f) auffasst, was ihm allererst das unendliche Sein als Woraufhin in den Blick kommen lässt.

Nach KANT kann dagegen kein Gegenstand der Erkenntnis sein, was bloss formale Bedingung derselben ist.[56] Was jeder Erkenntnis als deren notwendige formale Bedingung je schon vorausgeht, kann nicht zugleich Erkenntnisobjekt sein, weil "wir uns seiner Vorstellung jederzeit schon bedienen müssen, um irgend etwas von ihm zu urteilen" (KrV A 346; B 404), so dass "ich dasjenige, was ich voraussetzen muss, um überhaupt ein Objekt zu erkennen, nicht selbst als Objekt erkennen" (KrV A 402) kann. Nach KANT lässt sich aller Schein darauf zurückführen, "dass die subjektive Bedingung des Denkens für die Erkenntnis des Objekts gehalten wird" (KrV A 396).

Zwar greift nach KANT tatsächlich jede Gegenstandserkenntnis immer auf das Ganze der möglichen Gegenstandsbestimmungen bzw. Erscheinungen vor, da jede Erscheinung auf andere Erscheinungen verweist, deren notwendige Folge sie ist, so dass mit einer Erscheinung immer auch die ganze Reihe ihrer Bedingungen mitgegeben ist.[57] Aber dieses Ganze ist uns nie als Gegenstand möglicher Erkenntnis gegeben. Als mögliche Erkenntnisobjekte sind uns nur Erscheinungen in der Welt, niemals aber die Welt als solche und ganze gegeben.

Als die Idee des unbedingten Ganzen der vollständigen Reihe der Bedingungen zu einem gegebenen Bedingten ist die Welt schon deshalb kein möglicher Erkenntnisgegenstand, weil nur bedingte Erscheinungen Gegenstand möglicher Erfahrung sind, die Welt aber nicht bedingt sein kann, weil sie sonst nicht alle Bedingungen der Gegenständlichkeit in sich begreifen würde und also nicht deren vollständige Reihe wäre.[58] Endliche Erkenntnis ist zwar innerlich auf die Idee des Weltganzen als eines te-

---

[56] Vgl. KrV A 398.
[57] Vgl. KrV A 408-420; B 435-448.
[58] Vgl. KrV A 307f; B 364.

leologischen Grenz- oder Zielbegriffs hingeordnet, aber sie vermag dieses Ziel oder diese Grenze objektiv nie zu erreichen.

Die Welt kann daher nach KANT weder als endlich noch als unendlich prädiziert werden, weil eine solche Bestimmung sie je schon als Objekt voraussetzen müsste[59], und der Vorgriff gegenständlicher Erkenntnis geht streng genommen "also nicht ins Unendliche (gleichsam gegebene), sondern in unbestimmte Weite, um eine Grösse (der Erfahrung) zu geben, die allererst durch diesen Regressus wirklich wird" (KrV A 523; B 551). Die Welt ist also zwar eine notwendige, aber keine gegenständliche Bedingung der Vernunfttätigkeit. Sobald sie qua Totalität möglicher Gegenstände als ein gegebenes Objekt genommen wird, verstrickt sich die Vernunft unweigerlich in Antinomien.[60] Deswegen kann KANT sagen, die Welt sei niemals objektiv, sondern "jederzeit nur komparativ" (KrV A 483; B 511).

Wenn also RAHNER den formalen Vorgriff als Erkenntnis für sich betrachtet und die Welt als dessen Woraufhin nochmals gegenständlich auffasst, um von daher das Unendliche als Bedingung der Möglichkeit der Erkenntnis des "innerlich endlichen esse" (GiW 193) der Welt in den Blick zu bekommen, so fällt er damit im Grunde genommen hinter die theoretische Vernunftkritik KANTS zurück. Seine Analyse des gegenständlichen Erkenntnisvollzugs macht bestenfalls verständlich, dass in der Erkenntnis eines einzelnen Gegenstandes das Wesen von 'Gegenstand überhaupt', also die Totalität möglicher Gegenstände - eben die Welt - mitbewusst sein muss.[61]

---

[59] Vgl. KrV A 487; 505; B 515; 533.
[60] Vgl. KrV A 420-460; B 448-488.
[61] Vgl.auch E.SIMONS, Philosophie der Offenbarung, aaO. (S.404,Anm.836) 34; W.WEISCHEDEL, Der Gott der Philosophen.Grundlegung einer philosophischen Theologie im Zeitalter des Nihilismus, 2 Bde., Darmstadt 1971, Bd. II, 67; T.PROEPPER, Der Jesus, aaO.(S.405,Anm.838)141; ders., Erlösungsglaube, aaO.(S.405,Anm.838)138,Anm.106.

## 2. Die objektivistische Grundtendenz

Die objektivistische Grundtendenz des frühen RAHNER zeigt sich zunächst und am offensichtlichsten darin, dass er die gegenständliche Subjekt-Objekt-Beziehung als die ursprünglichste Relation des menschlichen Geistes und die sinnliche Gegenständlichkeit als das Ersterkannte auffasst. Das objectum proprium des bei sich seienden Subjekts ist das sinnlich gegebene andere.[62] Das absolute Sein Gottes wird dementsprechend bloss als Bedingung der Möglichkeit **gegenständlicher Erkenntnis** behauptet.

Ist nun aber der Mensch ursprünglich nur im gegenständlichen anderen bei sich, so können Phänomene wie Freiheit, Selbst, Interkommunikation konsequenterweise nurmehr von dieser Gegenständlichkeit her thematisiert werden. Wenn aus dem Ansatz heraus im Subjekt-Objekt-Schema gedacht wird, kann der andere Mensch philosophisch in seiner Eigenursprünglichkeit nicht mehr ernst genommen werden, sondern nur noch - wenn auch sublim - als Objekt wie andere Gegenstände in den Blick kommen.[63]

Weil die Subjekt-Objekt-Beziehung als die ursprüngliche Relation gesetzt wird, kann die dialogische Subjekt-Subjekt-Beziehung nur noch als ontologischer Spezialfall dieser gegenständlichen Relation erscheinen. Das Mitsein mit anderen Personen bedeutet bloss eine quantitative Erweiterung der Objektwelt um die Menschenwelt. Personenwelt und Objektwelt erscheinen so in ihrem ontologischen Ursprung gleichsam als 'dasselbe'. Der andere Mensch erscheint - darin dem vor-neuzeitlichen Denken ähnlich -

---

[62] Vgl. GiW 396.
[63] Vgl.E.SIMONS, Philosophie der Offenbarung, aaO.(S.404, Anm.836)129; L.B.PUNTEL, Philosophie der Offenbarung.Kritische Betrachtungen zum gleichnamigen Buch von Eberhard Simons, in: PhJ 76 (1968) 203-211, 205; A.GERKEN, Offenbarung und Transzendenzerfahrung. Kritische Thesen zu einer künftigen dialogischen Theologie, Düsseldorf 1969, 18; 30; 32.

als ein hervorragender Fall der Welt, die das Erstgegebene der Erkenntnis ist (auch dies ein Erbe der Vor-Neuzeit!).

Es ist daher kein Zufall, dass in RAHNERS frühem Werk der andere, d.h. der Mitmensch oder das Du gar nicht vorkommt, weil er als im allgemeinen Begriff der Gegenständlichkeit oder der Welt schon enthalten und darunter subsumiert begriffen wird. Selbst K.P.FISCHER[64], dessen sicherlich verdienstvolle Studie sich in manchem wie eine Rahnerapologetik liest, kommt hier zum vorsichtigen Urteil, dass RAHNERS Begrifflichkeit "nur mit Mühe dem tendentiell 'objektivistischen' Vorstellungskreis entkommen kann". Bezeichnenderweise sieht sich der spätere RAHNER in seinem Aufsatz "Ueber die Einheit von Nächsten- und Gottesliebe"[65] gezwungen, das dialogische Prinzip miteinzuführen, auch wenn er dies bloss als Ergänzung oder Erweiterung des gegenständlichen Prinzips tut.

Dass in diesem Begründungszusammenhang nicht auch Gott selber objektivistisch begriffen, sondern im Gegenteil als notwendig ungegenständlich und unbegreiflich gedacht wird, ist darauf zurückzuführen, dass Gott transzendental-reduktiv als apriorischer Grund möglicher Gegenstandserkenntnis schlechthin erschlossen wird. Was Grund der Erkenntnis ist, kann nicht Gegenstand derselben sein. Wenn wir aber in Rechnung stellen, dass diesem transzendentalen Gottesaufweis die theorieimmanente Stringenz abgeht, so müssen wir hier im Interesse der 'Sache' von einer glücklichen Inkonsequenz RAHNERS sprechen.

Der latente Objektivismus des frühen RAHNER zeigt sich zweitens in seiner Deduktion der Geschichtlichkeit, die aus der blossen Materialität bzw. der raumzeitlichen Ge-

---

[64] Der Mensch als Geheimnis. Die Anthropologie Karl Rahners, Freiburg i.Br. 1974, 199.
[65] in: VI, 277-298, bes. 287f.

genständlichkeit abgeleitet wird, ohne dass die Freiheit in diesem transzendentalen Deduktionsverfahren überhaupt vorkäme. Mit diesem Prinzip numerischer Vervielfachung lässt sich aber die menschliche Geschichte, die doch ursprünglich und wesentlich Freiheitsgeschichte ist, nicht fassen. Ein materielles Quantifizierungsprinzip kann allenfalls körperliche Mannigfaltigkeit und deren Aufeinanderwirken in Raum und Zeit erklären, nicht aber die Geschichtlichkeit der Freiheit.[66]

Was in einer Deduktion der Geschichtlichkeit analytisch freigelegt werden müsste, wäre der Zusammenhang freier Aufeinanderfolge von Freiheitsentscheidungen in ihrer Möglichkeit und Eigentümlichkeit. Denn die Geschichte ist wesenhaft definiert als Freiheitsgeschehen; sie kann daher ohne Rekurs auf die Idee der Freiheit nicht gedacht werden.[67]

Ein objektivistischer Hang manifestiert sich drittens in RAHNERS Konzeption der Wortoffenbarung, in der das Wort Gottes als begriffliches Zeichen "verbalistisch faktisiert"[68] und Offenbarung begriffen wird als eine "Summe von einzelnen, durch Gottes Autorität garantierten Sätzen über Sachverhalte, die der menschlichen Erfahrung im Welthorizont von diesem selbst her unzugänglich sind" (HdW 187,Anm.2).

Dieser verbalistisch-objektivistischen Interpretation des Offenbarungsverständnisses in HdW ist zwar insbesondere von T.MANNERMAA[69] entgegengetreten worden. Nach dessen

---

[66] Vgl. E.SIMONS, Philosophie der Offenbarung, aaO. (S. 404,Anm.836) 136f.
[67] Vgl. H.M.BAUMGARTNER, Freiheit als Prinzip der Geschichte, in: ders.(Hrsg.), Prinzip Freiheit.Eine Auseinandersetzung um Chancen und Grenzen transzendentalphilosophischen Denkens, Freiburg-München 1979,299-321,315-318.
[68] E.SIMONS, Philosophie der Offenbarung, aaO. (S.404, Anm.836) 172.
[69] Vgl. Eine falsche Interpretationstradition von Karl

Urteil ist der verbalistische Offenbarungsbegriff erst durch J.B.METZ' Neubearbeitung in HdW hineingelegt worden. Nun soll hier nicht einmal bestritten werden, dass RAHNER ausserhalb und neben HdW auch mit einem nicht-verbalistischen Offenbarungs- und einem realsymbolischen Wortbegriff operiert hat. Dass aber in HdW Offenbarung mindestens nicht nur als personale Selbstkommunikation, sondern auch als Mitteilung objekthafter Sachverhalte begriffen wird, ergibt sich nicht aus der isolierten Analyse bestimmter Abschnitte im Kapitel 'Die menschliche Geschichtlichkeit einer möglichen Offenbarung' (HdW 185-202), sondern aus dem Gesamtduktus von HdW. So hat ja z.B. das Kapitel 'Die Gelichtetheit von Sein' (HdW 47-62) im Rahmen des Ganzen der Rahnerschen Untersuchung gerade den Sinn und die Funktion zu begründen, dass prinzipiell nichts sein kann, das nicht Gegenstand einer möglichen kognitiven Offenbarung werden könnte. Und schliesslich räumt selbst MANNERMAA immerhin ein, beim frühen RAHNER sei das "kognitiv-begriffliche Moment" doch "stärker betont" (ebd.207) als das personal-dialogische.

Die Objektivismustendenz kommt schliesslich überdeutlich in der Freiheitslehre des frühen RAHNER zum Ausdruck. In dieser Frage mehr an THOMAS VON AQUIN als an KANT orientiert, versucht er das Vermögen der Freiheit aus dem gegenständlichen Urteilsakt reduktiv zu begründen und zu erklären. Dieser Ansatz fordert die Gegenständlichkeit als das konstitutive Gegenüber der Freiheit. Diese konstituiert sich nach RAHNER primär im Akt des Sichunterscheidens des Subjekts vom Objekt im Erkenntnisvollzug, und insofern ist der Grund möglicher Erkenntnis von Gegenständen zugleich die Bedingung der Möglichkeit menschlicher Freiheit.

---

Rahners "Hörer des Wortes"?, in: ZKTh 92 (1970) 204-209. Dem Urteil MANNERMAAS folgen auch A.GRUEN, Erlösung durch das Kreuz. Karl Rahners Beitrag zu einem heutigen Erlösungsverständnis, Münsterschwarzach 1975; E.G.FARRUGIA, aaO. (Anm.2) 268f.

Hier aber stellt sich die von KANT und FICHTE ausführlich erörterte Frage, ob der Begriff der Freiheit es denn überhaupt zulässt, dass sie formal begründet und erklärt werden kann, "denn alle Erklärung macht abhängig" (FICHTE, GA I/5, 350). Vielmehr muss Freiheit - zumindest im formalen Sinn des Sichverhaltens zum Dasein - als das Vermögen des Unbedingten und so als Wurzelvermögen des Menschen gedacht werden.[70]

Mit seiner objektivistischen Ausgangsstellung gerät RAHNER in schier unlösbare Aporien, die sich in Ausdrücken wie "notwendiger Wille" und "notwendige Liebe" manifestieren, denen ein freier Wille bzw. eine freie Liebe gewissermassen gegenübergestellt, die aber doch nur der sekundären Reflexion zugeordnet werden. Der Aufweis der Freiheit Gottes rekurriert auf die mit dem Vollzug des faktischen Daseins des Menschen unausweichlich sich einstellende Mitbejahung seiner Vollzugsimplikationen. Wegen des mit diesem Dasein notwendig übernommenen Wesens geschieht nach RAHNER auch die Bejahung des eigenen Daseins notwendig, welche Notwendigkeit mit Prädikaten wie "unbedingt" und "absolut" beschrieben wird. Ist schon die Begründung dieser Forderung problematisch, so erst recht die der notwendigen Bejahung. Denn weil der Grund der absoluten Bejahung nicht im kontingenten Dasein selbst liegen könne, setzt RAHNER ihn in die schöpferische Bejahung des Kontingenten durch Gott. Freiheit aber als in einer Gesetztheit gründend gedacht ist eine contradictio in adiecto. Im Grunde genommen doppelt hier RAHNER den Personbegriff: damit menschliche Freiheit nicht absoluter Grund ihrer selbst sei, konstruiert er als Grund des freien Ich ein notwendiges 'Ich an sich', das extra se von Gott gesetzt ist.[71]

---

[70] Vgl. H.KRINGS, Art.Freiheit, aaO. (S.404,Anm.836) 503; T.PROEPPER, Erlösungsglaube, aaO. (S.405, Anm.838) 142, Anm.169.
[71] Vgl.E.SIMONS, Philosophie der Offenbarung, aaO.(S.404, Anm.836) 50.

Es wird sich noch zeigen, dass der spätere RAHNER die Freiheit zwar nicht mehr ausschliesslich an der Gegenständlichkeit orientiert, dass er aber den gegenständlich gewonnenen Freiheitsbegriff auch nicht ein für allemal hinter sich lässt, sondern mehr oder weniger unvermittelt neben dem formal unbedingten und material dialogisch bestimmten Freiheitsbegriff weiter verwendet.

Bevor wir uns auf die weitere Untersuchung dieser Freiheits- und Objektivismusproblematik einlassen, wollen wir uns der Erweiterung des Rahnerschen Ansatzes zuwenden, die mit der Einführung des "übernatürlichen Existentials" gegeben ist und die die Entwicklung zum späteren RAHNER einleitet.

## III. DAS UEBERNATUERLICHE EXISTENTIAL UND DIE EXISTENTIALE BEGNADUNG DES MENSCHEN

Eine grundsätzliche Schwierigkeit, von der sich auch RAHNERS Frühwerk betroffen erfährt, bezieht sich auf die Frage, wie die absolute Ungeschuldetheit der Offenbarung und die apriorische Hingeordnetheit des Menschen auf diese Offenbarung zugleich gedacht werden können. Denn wäre die Offenheit für Offenbarung dem Menschsein wesentlich und also für den menschlichen Selbstvollzug konstitutiv, so schiene die göttliche Offenbarung sub specie hominis mit Notwendigkeit erfolgen zu müssen, und dies stände im Widerspruch zur freien Ungeschuldetheit. Wäre aber umgekehrt die Hingeordnetheit auf Offenbarung kein Wesensmoment der menschlichen Verfasstheit, weil sich Offenbarung ungeschuldet ereigne, so stände diese Offenbarung in einer nur unwesentlichen Beziehung zum Wesen des Menschen, so dass sich dieser zu ihr durchaus gleichgültig verhalten könnte, ohne dadurch seine eigene Wesensbestimmung zu verfehlen. Ausserdem wäre eine solche unwesentliche potentia oboedientialis für eine mögliche Offenbarung einer transzendentalen Reflexion prinzipiell unzugänglich, denn diese bezieht sich ja gerade auf die konstitutiven Wesensstrukturen des menschlichen Selbstvollzugs.

Es scheint also eine Aporie darin zu bestehen, dass einerseits der Mensch um der freien Ungeschuldetheit der Offenbarung willen nicht kraft seines Wesens - das der frühe RAHNER denn auch bloss als Potenz zur Welt oder als In-der-Welt-sein bestimmt, dessen Sinn bereits mit der formalen Horizonteröffnung für gegenständliche Erkenntnis, ohne materiale Offenbarung, verwirklicht und erfüllt ist -, andererseits aber um der allgemeinen Verbindlichkeit und der existentiellen Bedeutsamkeit willen doch kraft seines Wesens auf Offenbarung hingeordnet sein soll. Wie immer man sich zu diesem Problem stellen will[72], RAHNER

---

[72] Man könnte mit Recht geltend machen, dass der Mensch eben kraft seines Wesens auf die frei ergehende Offenbarung Gottes hingeordnet und also seine eigene Wesenserfüllung nur erreichen könne, wenn die Offenbarung in ungeschuldeter Freiheit geschehe, so wie der Mensch wesensmässig auf Empfang von Liebe angelegt sei, die er aber faktisch und konkret nur als ungeschuldetes und freies Geschenk empfangen könne, weil nur frei entgegengebrachte (und nicht erzwungene) Liebe ihn zu sich selbst zu bringen vermöge (vgl. dazu auch H. DE LUBAC, Surnaturel. Etudes historiques, Paris 1946, bes. 431-494; ders., Le mystère du surnaturel, in: RSR 36 [1949] 80-121; ders., Die Freiheit der Gnade, Bd.II: Das Paradox des Menschen, Einsiedeln 1971, bes. 295-315: Der Anruf der Liebe; J.HEINRICHS, Ideologie oder Freiheitslehre? Zur Rezipierbarkeit der thomanischen Gnadenlehre von einem transzendentaldialogischen Standpunkt, in: ThPh 49 [1974] 395-436, 415; B. VAN DER HEIJDEN, Karl Rahner. Darstellung und Kritik seiner Grundpositionen, Einsiedeln 1973, 37-39).
Dass eine natürliche Hinordnung des Menschen auf Gnade und Offenbarung die göttliche Freiheit nicht infrage zu stellen braucht, dafür führt H.VERWEYEN (vgl. Wie wird ein Existential übernatürlich? Zu einem Grundproblem der Anthropologie K.Rahners, in: TThZ 95 [1986] 115-131, 126) ein Argument aus dem zweiten Buch von ANSELMS 'Cur deus

hat es als solches akzeptiert und seine früheren Positionen entsprechend modifiziert.[73]

In seinem revidierten Denkansatz geht er zunächst streng theo-logisch vor: Der erste und letzte Grund und das Urprinzip aller göttlichen Handlung ist, dass Gott sich selbst mitteilen und seine Liebe in Freiheit verschwenden will. Jede weitere Handlung Gottes muss als eine Funktion dieses einen Willens zur Selbstmitteilung verstanden werden. So hat er den Menschen aus dem einzigen Grund geschaffen, dass er ein Gegenüber habe, dem er sich mitteilen und an das er seine Liebe verschwenden könne.[74] Die Selbstoffenbarung Gottes gehört zur "ursprünglichsten Konstitution von Welt und Geist"[75]. Die Schöpfung ist selber ein Moment der Dynamik der Selbstmitteilung Gottes, insofern diese die Schaffung des anderen als des Adressaten dieser Selbstmitteilung in sich als Moment im-

---

homo' an: Gott wird - so ANSELM - mit der menschlichen Natur vollenden, woraufhin er sie angelegt hat. Auf den Einwand hin, welchen Dank wir dann Gott für das noch schulden würden, was er um seiner eigenen Konsistenz willen und also mit Notwendigkeit tue, antwortet ANSELM: Wer sich freiwillig der Notwendigkeit, Gutes zu tun, unterwirft und sie nicht widerwillig erträgt, verdient um so grösseren Dank. Als Beispiel verweist ANSELM auf die mönchischen Gelübde: Einmal abgelegt, müssen sie mit Notwendigkeit eingehalten werden. Das heisst aber nicht, dass das spätere Tun des Mönches weniger frei wäre als wenn er ohne Gelübde leben würde. Auch mit dem Mönchsgelübde lebt der Mönch nicht aus Nötigung heiligmässig, sondern mit derselben Freiheit, mit der er das heiligmässige Leben gelobt hat.
[73] Diese Weiterentwicklung in RAHNERS Denkweg wird von P.WESS, aaO. (S.2,Anm.3) zu wenig zur Kenntnis genommen, so dass er den springenden Punkt im Rahnerschen Diskurs mitunter gründlich verfehlt und so gelegentlich zu verblüffenden Konklusionen gelangt, die RAHNER in keiner Weise mehr gerecht werden.
[74] Vgl. K.RAHNER, Ueber das Verhältnis von Natur und Gnade, in: I, 323-345, 336f; ders., Das Christentum und der "neue Mensch", in: V, 159-179, 172; ders., Immanente und transzendente Vollendung der Welt, in: VIII, 593-609, 600f; ders., Christologie im Rahmen des modernen Selbst- und Weltverständnisses, in: IX, 227-241, 236f.
[75] K.RAHNER, Die theologische Dimension der Frage nach dem Menschen, aaO. (Anm.21) 393.

pliziert. Sie wird vom späteren RAHNER "von vornherein dogmatisch verstanden ... als Moment an und Bedingung für die Möglichkeit der absoluten Selbstmitteilung Gottes"[76]

Damit nun diese sich frei verschwendende Liebe Gottes beim zu schaffenden Adressaten wirklich ankommen kann, muss der Mensch eine "Kongenialität für solche Liebe"[77] haben, die ihn zwar nicht eo ipso von Natur aus, aber doch wesenhaft auszeichnet, weil er ja wesenhaft für diese Liebesbeziehung geschaffen worden ist. RAHNER nennt diese Kongenialität "übernatürliches Existential"[78] und versteht darunter die ungeschuldete Empfänglichkeit des Menschen für die freie Selbstmitteilung Gottes. Die in der faktischen Daseinsverfassung angelegte Bezogenheit auf Gnade ist eine quasi-transzendentale Bestimmung, ein "realontologisches Existential des Menschen, das ihn real und innerlich qualifiziert"[79]. Dieses "Existential der inneren und unbedingten Hinordnung auf Gnade"[80] ist die "letzte, lebendigste und innerste Wirklichkeit und Kraft"[81] des menschlichen Daseins, das "Innerste und Eigentlichste, die Mitte und der Wurzelgrund"[82] dessen, was der Mensch überhaupt ist. Gott ist nicht nur das Ziel der Bewegung des menschlichen Geistes auf seine Vollendung hin, sondern durch das übernatürliche Existential auch das letzte und innerste, kon-naturale Prinzip dieser Transzendenzbewegung selber. In der faktischen Ordnung steht der Mensch immer schon unter der Dynamik der göttlichen Heilsgnade.

---

[76] K.RAHNER, Bemerkungen zur Gotteslehre in der katholischen Dogmatik, in: VIII, 165-186, 174.
[77] Ders., Ueber das Verhältnis, aaO. (Anm.74) 338.
[78] Erstmals in: Ueber das Verhältnis, aaO. (Anm.74) 340.
[79] Ders., Zum theologischen Begriff der Konkupiszenz, in: I, 377-414, 408; vgl. ders., Art. Existential, übernatürliches, in: LThK III,1301; ders., Ekklesiologische Grundlegung, in: HPTh I, 117-148, 141.
[80] Ders., Ueber das Verhältnis, aaO. (Anm.74) 330.
[81] Ders., Kirche, Kirchen und Religionen, in: VIII, 355-373, 360.
[82] Ders., Ueber das Verhältnis, aaO. (Anm.74) 338.

Der Ausdruck 'übernatürlich' bedeutet dabei, dass die Selbstmitteilung Gottes ein Akt freiester Liebe ist, und zwar auch gegenüber dem schon durch die Schöpfung gesetzten Dasein. Mit 'Existential' wird im Anschluss an HEIDEGGER ein ontologisches und damit konstitutives Strukturmoment menschlichen Daseins überhaupt bezeichnet.[83] Als übernatürlich muss nach RAHNER dieses Existential deshalb charakterisiert werden, weil Gott, wenn er eine **natürliche** Hinordnung des Menschen auf seine Liebesgemeinschaft geschaffen hätte, unter dieser Voraussetzung diese nicht mehr verweigern könnte, ohne gegen den Sinn einer solchen Schöpfung zu verstossen, so dass also die Erfüllung dieser Hinordnung, gerade von Gott her gesehen, geschuldet wäre. Demgegenüber will RAHNER Gnade als unbedingt frei denken, nicht nur im Sinne der Freiheit zur Schöpfung, sondern auch noch gegenüber dem schon existierenden Menschen. Gott ist "der für uns Notwendige, der uns nicht notwendig hat, für den wir selbst dann noch unnötig sind, wenn wir schon sind"[84].

Die menschliche Natur muss also im theologischen Verstand so gedacht werden, "dass sie ihre **absolute** Erfüllung als Gnade erwarten muss und, weil so, von sich aus mit der **sinnvollen** Möglichkeit des Ausbleibens einer absoluten Erfüllung rechnen muss"[85]. Menschlicher Geist wäre an sich auch ohne übernatürliche Begnadung schon sinnvoll, wenngleich der Mensch anders wäre, wenn er das übernatürliche Existential nicht faktisch besässe.[86] Dabei ist sich RAHNER bewusst, dass die faktische Natur des Menschen nie eine im theologischen Sinn reine Natur ist, sondern ständig überformt ist durch das übernatürliche Existential. Die theologisch verstandene Natur ist nur

---

[83] Vgl. K.RAHNER, Ueber das Verhältnis, aaO. (Anm.74)328; M.HEIDEGGER, SZ 12.
[84] K.RAHNER, Die Freiheit in der Kirche, in:II,95-114,100.
[85] Ders., Natur und Gnade, in: IV, 209-236, 235.
[86] Vgl. ders., Ueber das Verhältnis, aaO. (Anm.74) 329.

eine analytische Abstraktion der theologischen Theorie, d.h. ein "Restbegriff"[87].

Anfänglich verstand RAHNER unter dem Begriff des übernatürlichen Existentials noch die von der Gnade selber verschiedene, positive Ausgerichtetheit des Menschen auf das übernatürliche Ziel. Es fungierte als eine Art Zwischenbegriff und bezeichnete das "Band zwischen Natur und Gnade"[88]. Als solches sollte es die innere Konnaturalität mit der göttlichen Gnade gewährleisten und verhindern, dass Gottes Selbstmitteilung durch das subjektive Apriori des Menschen zu einem blossen Moment des Selbstverständnisses der Kreatur depotenziert werde.[89] Soll die gehörte Selbstmitteilung Gottes, die doch nur im Bewusstsein des glaubenden Subjekts gegeben ist und also wie jedes Bewusstsein den apriorischen Bedingungen möglicher Erkenntnis unterworfen ist, dennoch nicht nur ein menschliches Wort über Gott, sondern wirklich Gottes Wort selber sein, so setzt das Hören dieser Selbstmitteilung als Bedingung der Möglichkeit im Subjekt voraus, dass Gott selbst durch seine eigene Selbstmitteilung als inneres Prinzip den Akt des Hörens vermittels des übernatürlichen Existentials mitträgt.[90]

Wurde das übernatürliche Existential anfänglich noch bloss als ein Zwischen im Sinne eines Bindegliedes zwischen Natur und Gnade verstanden, so erweitert RAHNER im Laufe der Zeit dessen Bedeutung und identifiziert es schliesslich mit der Gnade selbst als innerlich angebotener, die sich durchzusetzen sucht.[91] Als ehedem bloss

---

[87] K.RAHNER Ueber das Verhältnis, aaO. (Anm.74) 340; vgl. ders., Sendung und Gnade. Beiträge zur Pastoraltheologie, Innsbruck 1959, 64f.
[88] Ders., Ueber das Verhältnis, aaO. (Anm.74) 336.
[89] Vgl. ders., Ueberlegung zur Dogmenentwicklung, in: IV, 11-50, 21f.
[90] Vgl. ders., Ueberlegungen zur Methode, aaO.(Anm.2)103; ders., Art. Wort Gottes II, in: LThK X, 1235-1238, 1236.
[91] Vgl. schon K.RAHNER, Würde und Freiheit des Menschen, in: II, 247-277, 252f.

formales Strukturmoment wird es also materialisiert zur gnadenhaften Finalität und Dynamik auf die Unmittelbarkeit Gottes hin. Die Dynamik der menschlichen Transzendenz ist jetzt von vornherein nicht bloss die ewig asymptotische Bewegung auf die Unendlichkeit Gottes hin, sondern die wirkliche Begegnung mit Gott, weil dieser sich von sich aus zur Nähe zu ihr bestimmt und so sich ihr wirklich gibt. Dass die menschliche Verwiesenheit auf das absolute Sein Gottes nicht einfach nur der formale Horizont für die Möglichkeit gegenständlicher Erkenntnis ist, sondern immer schon die Weise, in welcher der Mensch dem sich zur Nähe bestimmenden und so sich mitteilenden Gott begegnet, das geschieht durch die Gnade des übernatürlichen Existentials.[92] In seiner neuen Offenbarungskonzeption wird RAHNER das übernatürliche Existential vollends transzendentale Offenbarung nennen und diese ihrerseits mit dem apriorischen, gnadenhaften Glaubenslicht identifizieren.[93]

Durch die Identifizierung der Gnade mit dem übernatürlichen Existential wird es RAHNER möglich, die Gnade selbst existential als die Radikalisierung des Wesens des Menschen zu fassen und ein Verständnis von Gnade als etwas, das über einer in sich geschlossenen Natur des Menschen von aussen überstülpt würde, schon im Ansatz zu verhindern.[94] Gnade muss jetzt nicht mehr verstanden werden als eine bloss intermittierende Intervention Gottes in eine an sich gnadenlose Welt hinein, sondern sie wird denkbar als ein - zumindest im Modus des Angebotes - "dauernd gegebenes Existential der geistigen Kreatur"[95], das diese

---

[92] Vgl. K.RAHNER, Weltgeschichte und Heilsgeschichte, in: V, 115-135, 123; ders., Was ist eine dogmatische Aussage?, in: V, 54-81, 73; ders., Kirche, Kirchen und Religionen, aaO. (Anm.81) 359.
[93] Vgl.ders., Ueber die Einheit von Nächsten- und Gottesliebe, aaO. (Anm.65) 286; GK 153-155.
[94] Vgl.ders., Die theologische Dimension,aaO.(Anm.21)401f.
[95] K.RAHNER, Bemerkungen zum Problem des "anonymen Christen", in: X, 531-546, 539.

auf die Unmittelbarkeit Gottes hin finalisiert. Jeder Mensch ist kraft seiner faktischen Existenz a priori der bestimmenden Wirklichkeit der Gnade ausgesetzt. Das faktische Wesen des Menschen ist immer schon durch die Gnade überformt und bestimmt. Diese ist der unentrinnbare Raum menschlichen Daseins.[96] Sie ist faktisch eine transzendentale Bestimmung des Menschen[97], weil "von Gott in Selbstmitteilung auf sich selbst hin ermöglichter Vollzug der Transzendentalität des Menschen selbst"[98]. Sie ist die "innerste Dynamik der Welt und des Geistes des Menschen"[99]. Es gibt nach RAHNER in concreto "gar keinen Wesensvollzug des Menschen, der nicht in der Dimension jener Finalisierung des menschlichen Selbstvollzugs auf die Unmittelbarkeit Gottes hin stünde, die wir Gnade nennen, in der wiederum ein Moment eigentlicher - wenn auch transzendentaler - Offenbarung mitgegeben ist" (GK 66).

RAHNER bringt diesen auf den ersten Blick als ungewohnt empfundenen Sachverhalt gerne mit dem traditionellen Diktum von der Einwohnung des Heiligen Geistes in der Immanenz in Zusammenhang, insofern der Heilige Geist trinitätstheologisch als die Selbstmitteilung Gottes zur absoluten Nähe und als das begnadende Prinzip menschlicher Glaubenserkenntnis verstanden wird.[100]

---

[96] Vgl. K.RAHNER, Natur und Gnade, aaO. (Anm.85) 227-229; ders., Theologie und Anthropologie, aaO. (Anm.3) 45; ders., Das Christentum und die nichtchristlichen Religionen, in: V, 136-158, ders., Kirche, Kirchen und Religionen, aaO. (Anm.81) 359; GK 66.
[97] Vgl. ders., Zum heutigen Verhältnis, aaO. (Anm.20) 71; ders., Art. Transzendentaltheologie, aaO. (Anm.16) 989.
[98] Ders., Theologie und Anthropologie, aaO. (Anm.3) 54.
[99] Ders., Im Gespräch, 2 Bde., hrsg. von P.IMHOF und H.BIALLOWONS, München 1982/83, Bd.I, 154.
[100] Vgl.z.B. K.RAHNER, Die Forderung nach einer "Kurzformel", aaO. (Anm.43) 162; ders., Ueberlegungen zur Methode, aaO. (Anm.2) 106; ders., Reflexionen zur Problematik einer Kurzformel des Glaubens, in: IX, 242-256, ders., Zum heutigen Verhältnis, aaO. (Anm.20) 71; ders., Glaubensbegründung heute, aaO. (Anm.20) 24; ders., Erfahrung des Geistes und existentielle Entscheidung, in: XII, 41-53, 45f; ders., Ueber die Verborgenheit Gottes, in: XII,

IV. DIE EXISTENTIALE BESTIMMTHEIT DES MENSCHEN

DURCH DIE GOETTLICHE OFFENBARUNG

Was in diesem und in den folgenden Kapiteln ausgeführt wird, ist im Grunde genommen nicht mehr Neues, sondern nur noch die fundamentaltheologische Entfaltung dessen, was im Begriff des übernatürlichen Gnadenexistentials material und implizit schon enthalten ist.

## A. Das modifizierte Verhältnis von Theologie und Philosophie

In seinem Frühwerk hat RAHNER noch streng zwischen Philosophie und Theologie unterschieden.[101] Er hat dabei versucht, die Verwiesenheit des Menschen auf eine möglicherweise ergehende Offenbarung ausschliesslich "mit dem natürlichen Licht der Vernunft" und "mit rein philosophischen Mitteln" (HdW 211) zu erweisen. Entsprechend hatte sein Gedankengang unter der Voraussetzung des Vollzugs des Daseins sowie der Bereitschaft zur Reflexion zumindest den **Anspruch** zwingender Stringenz. Die Einführung des übernatürlichen Existentials hat nun aber eine "eigentümliche Verschränkung von Philosophie und Theologie" (GK 35) zur Folge.

Fortan steht das Dasein des Menschen faktisch immer schon unter der theologischen Voraussetzung der Begnadung. Der Mensch ist das "Wesen, das immer und überall unter dem gnadenhaften Anspruch der Selbstmitteilung Gottes steht"

---

285-305, 301; ders., Kirchliche und ausserkirchliche Religiosität, in: XII, 582-598, 595; ders., Transzendenzerfahrung aus katholisch-dogmatischer Sicht, in: XIII, 207-225, 216-219; ders., Erfahrung des Heiligen Geistes, in: XIII, 226-251, 227; 236f; ders., Glaubensakt und Glaubensinhalt, in: XV, 152-162, 156; GK 141.
[101] Vgl. HdW 15-44.

(GK 161). Das faktische je schon "In-der-Gnade-Sein"[102] bildet den umfassendsten Horizont der konkreten menschlichen Existenz.

Wenn sich nun Philosophie als die Wissenschaft der radikalen Erhellung des Selbstvollzugs des menschlichen Daseins und seiner Implikationen versteht, so ist unter den Bedingungen eines übernatürlichen Existentials eine absolut theologiefreie Philosophie a priori gar nicht mehr möglich[103], weil sie, indem sie auf das Dasein des Menschen reflektiert, die existentiale Begnadetheit der menschlichen Konstitutionsstruktur immer schon - wenn auch unreflex - voraussetzen muss. Als methodisch reflektierte Selbsterhellung des menschlichen Daseins ist Philosophie faktisch immer schon mehr als philosophia pura, und zwar deshalb, weil das Dasein und seine apriorische Verfasstheit in concreto immer schon überformt ist durch die göttliche Gnade. Die faktische Vernunft ist theologisch nie reine Vernunft, da sie a priori schon unter der transzendentalen Bestimmung der existentialen Gnade steht.[104] Das Licht der Vernunft leuchtet immer schon in der Lichtung der Gnade. Philosophie steht von vornherein unter einem theologischen Apriori, nämlich der transzendentalen Bestimmung auf die Unmittelbarkeit Gottes hin. Gott selbst ist in der Gegebenheitsweise der existentialen Gnade der Wahrheitshorizont menschlicher Erkenntnis und Freiheit.[105]

Damit ist diese ursprüngliche "Einheit von Philosophie und Theologie" (GK 22) selbst auf der begrifflich-analy-

---

[102] So der treffende Ausdruck von P.EICHER, Offenbarung, aaO. (S.332,Anm.624) 397, unter Assoziation an HEIDEGGERS Existenzial des In-der-Welt-seins.
[103] Vgl.K.RAHNER, Zum heutigen Verhältnis,aaO.(Anm.20)72; GK 36.
[104] Vgl. ders., Ueber das Verhältnis, aaO. (Anm.74) 341; ders., Natur und Gnade, aaO. (Anm.85) 230-233.
[105] Vgl.ders., Philosophie und Theologie, in: VI, 91-103, 99f; ders., Kirche,Kirchen und Religionen,aaO.(Anm.81)361.

tischen Ebene nur noch schwer zu differenzieren, da sie in der existential-ontologischen bzw. transzendentalen Struktur des menschlichen Daseins selbst verankert ist.

War also das Frühwerk RAHNERS noch der Versuch einer philosophischen Vermittlung der Theologie, so versteht sich das spätere Werk eher als gnadentheologische Vermittlung der Philosophie und von Wirklichkeit überhaupt.[106] Der Verzicht auf den Anspruch eines streng philosophischen Diskurses und ineins damit auf eine metaphysisch-transzendentale Einheitswissenschaft, deren Ideal noch sein früheres Denken bestimmt hat, wird RAHNER zudem erleichtert durch den von ihm zunehmend betonten heutigen faktisch unüberholbaren Pluralismus in den philosophischen Diskursen und in den Wissenschaften überhaupt.

## B. Der Mensch als das Ereignis der transzendentalen Selbstoffenbarung Gottes

Der innerste Kern der Theologie RAHNERS überhaupt, worin alle übrigen theologischen Themen ihren Sinn und ihre letzte Intelligibilität finden, ist die formalursächliche Selbstmitteilung Gottes.[107] Diese ist streng seinshaft verstanden in dem Sinne, dass Gott in seiner eigensten Wirklichkeit sich zur innersten Mitte des Menschen selber bestimmt, indem er sich ihm personal gibt. "Selbstmitteilung Gottes besagt also, dass das Mitgeteilte wirklich Gott in seinem eigenen Sein und so gerade die Mitteilung zum Erfassen und Haben Gottes in unmittelbarer Anschauung und Liebe ist" (GK 124).

Diese Selbstbekundung Gottes an die Kreatur ist als formale Ursächlichkeit zu denken, im Unterschied zu einer

---

[106] Vgl.P.EICHER, Offenbarung, aaO.(S.332,Anm.624)356-360.
[107] So das völlig zutreffende Interpretationsprinzip von B.VAN DER HEIJDEN, aaO. (Anm.72) 4.

effizienten Kausalität. Mit formaler Ursächlichkeit ist gemeint, dass Gott selbst konstitutives Prinzip an einem anderen wird, ohne sich an dieses andere zu verlieren, von ihm abhängig zu werden und aufzuhören, er selbst zu sein. Gott wirkt am anderen so, dass dieses Wirken nicht noch einmal auf sein Sein zurückwirkt, dass er also in seiner Beziehung zum anderen diesem gegenüber dennoch völlig transzendent bleibt.[108] Er macht sich dergestalt zum Konstitutivum der Vollendung des Geschöpfs, dass er sich selbst seinshaft mitteilt und nicht etwas von ihm selbst Verschiedenes in der Kreatur bewirkt und sich dabei doch "in absoluter Unberührtheit und Freiheit" (GK 127) behält.

Der Mensch ist damit im letzten und eigentlichsten er selbst durch das, was er nicht selber ist.[109] Für RAHNER besteht keine grundsätzliche Schwierigkeit in der Annahme, dass die existentiale Gnade auch dann ungeschuldet bleibt, wenn sie jedem Menschen und also universal, mindestens im Modus des Angebotes, gegeben ist und ihm nichts weiter als "sein eigenes, immer - wenn auch unreflex - vollzogenes Selbstverständnis" (GK 133) aussagt. Denn dieses ontologische Konstitutivum, das allen Menschen als Existential ihres konkreten Daseins vorgegeben ist, "hört nicht auf, übernatürlich zu sein, wenn es jedem, der dieses Wesen von unbegrenzter Transzendentalität hat, gegeben wird als die wesensübersteigende Erfüllung" (GK 133). Die Frage der Gnadenhaftigkeit und freien Ungeschuldetheit einer Wirklichkeit hängt nicht von der Quantität derer ab, die ihrer teilhaftig werden. Insofern erlaubt selbst das theologische Interesse an der Freiheit und Ungeschuldetheit göttlicher Gnade und Offenbarung die existential-ontologische Definition des Menschen als des Ereignisses übernatürlicher Selbstmitteilung Gottes.

---

[108] Vgl. K.RAHNER, Zur scholastischen Begrifflichkeit der ungeschaffenen Gnade, aaO. (Anm.35) 358f.
[109] Vgl. GK 130.

In der formalen Ursächlichkeit ist zugleich impliziert, dass die Selbstmitteilung Gottes ihre Annahme durch den Menschen allererst ermöglicht. Dies ergibt sich einerseits aus der transzendental begnadeten Finalität des faktischen Daseins auf die Unmittelbarkeit Gottes hin aufgrund des übernatürlichen Existentials, aber auch schon aus dem Verhältnis zwischen der menschlichen Transzendenzbewegung als Erkenntnis und Freiheit und dem diese Bewegung allererst ermöglichenden Woraufhin dieser Transzendenz. Denn jeder kategoriale Gehalt kann - wie schon der frühe RAHNER zu zeigen suchte - als solcher nur erfasst werden im Vorgriff auf den unendlichen Horizont allen Erfassens, und dieser heisst nach RAHNER letztlich Gott. Soll also die Selbstmitteilung Gottes angenommen und kategorial bejaht und erfasst werden können, so muss Gott selbst noch einmal als die Bedingung der Möglichkeit dieser Annahme gedacht werden, weil er nach RAHNER die Ermöglichungsbedingung jedweden kategorialen Erfassens ist. Dieser Satz entspricht auch der theologischen Forderung, wonach der Glaube an Gott noch einmal getragen ist durch die göttliche Gnade. Denn um Gott als ihn selbst annehmen zu können, ohne ihn in dieser Annahme in unsere Endlichkeit hinein zu depotenzieren, muss diese Annahme von Gott selbst getragen sein.

Indem nun jeder Mensch durch das übernatürliche Existential der Gnade in seiner transzendentalen Geistigkeit vorbewusst zu Gott erhoben ist und diese entitative Vergöttlichung eine transzendentale Vergöttlichung des Horizontes menschlichen Selbstvollzuges involviert, ist durch dieses übernatürliche Existential, das allen Menschen ontologisch eignet, je schon eine transzendentale, unreflexe Offenbartheit Gottes gegeben.[110]

---

[110] Vgl. K.RAHNER, Bemerkungen zum Begriff der Offenbarung, aaO. (S.66,Anm.155) 17.

Mit dem Begriff der transzendentalen Offenbarung bezeichnet RAHNER die "Selbstoffenbarung Gottes in der Tiefe der geistigen Person"[111] als eine "von der Gnade herkommende, an sich selbst unreflexe, apriorische Bestimmtheit" (GK 175), als "Bewusstheit, nicht Gewusstheit"[112]. Sie ist als "apriorische Modalität des Bewusstseins" (GK 156) eine existentiale, wenn auch übernatürliche "Grundbefindlichkeit des Menschen"[113].

Diese "Grundoffenbarung durch die Gnade in der Tiefe des menschlichen Wesens"[114] ist "ursprünglich eine transzendentale und nicht eine kategoriale Grösse in der Existenz des Menschen"[115]. RAHNER kann daher auch sagen, die transzendentale Offenbarung sei ein "Datum der transzendentalen Erfahrung des Menschen" (GK 153). Unter einer transzendentalen Erfahrung versteht er das subjekthafte, ursprüngliche, ungegenständliche, unreflexe und doch in jedem geistigen Erkenntnisakt notwendig mitgegebene Mitbewusstsein des erkennenden Subjekts und seine Entschränktheit auf den unendlichen Horizont aller Wirklichkeit. "Die transzendentale Erfahrung ist die Erfahrung der **Transzendenz**, in welcher Erfahrung die Struktur des Subjekts und damit auch die letzte Struktur aller denkbaren Gegenstände der Erkenntnis in einem und in Identität gegeben ist" (GK 31f).[116] Sie ist die apriorische Erfahrung der ursprünglichen, aufgrund des übernatürlichen Existentials je schon begnadeten Gelichtetheit des Subjekts, die in der Transzendenz über alles Endliche hinaus jeweils auf das unbegreifliche Unendliche hinzielt.

---

[111] K.RAHNER, Art. Offenbarung, in: Kleines Theologisches Wörterbuch, aaO. (Anm.5) 304-309, 306
[112] Ders., Art. Offenbarung, aaO. (Anm.111) 306.
[113] Ders., Weltgeschichte und Heilsgeschichte, in: V,115-135,124; ders.,Philosophie und Theologie, aaO.(Anm.105)99.
[114] Ders., Theologie im Neuen Testament, in: V, 33-53, 52.
[115] Ders., Grundkurs des Glaubens, aaO.(S.393,Anm.821)55.
[116] Vgl. auch ders., Ueber den Begriff des Geheimnisses in der katholischen Theologie, in: IV, 51-99, 70.

Diesen Charakter einer transzendentalen Erfahrung, d.h. eines gleichsam anonymen und unthematischen, weil ungegenständlichen Wissens hat auch die transzendentale Offenbarung, insofern sie nicht die Erfahrung eines Objekts ist, das neben anderen Gegenständen erfahren wird, sondern eben eine "Grundbefindlichkeit, die jeder gegenständlichen Erfahrung vorausliegt und sie durchwaltet" (GK 45). Als transzendentale Erfahrung ist die transzendentale Offenbarung jene Bewusstseinsform, die "ursprünglich-unersetzlich in jedem Menschen gegeben ist und den Ausgangspunkt und die Voraussetzung bildet für alle Reflexion"[117]. Sie ist das, "was allen Sätzen des Glaubens als die Bedingung ihrer Möglichkeit zugrunde liegt und sie allererst zu wirklichen Worten Gottes machen kann", "der übernatürliche Erfahrungshorizont apriorischer Art, das Licht des Glaubens als solches".[118] Sie ist mithin immer schon und unvermeidlich ein Moment des transzendentalen Selbstbewusstseins[119] und darin identisch mit der "transzendentalen Gnadenerfahrung" (GK 238) oder dem übernatürlichen Existential[120]. Dieses ist gewissermassen das transzendentale Moment der göttlichen Selbstoffenbarung und ihres Gehörtwerdens im expliziten Wort.[121]

Die transzendentale Offenbarung erfasst als übernatürliches Existential den Menschen "vom ursprünglichsten Grund, von der Mitte des geistigen Wesens her und richtet

---

[117] K.RAHNER, Selbsterfahrung und Gotteserfahrung, in: X, 133-144, 134.
[118] Ders., Bemerkungen zum Begriff der Offenbarung, aaO. (S.66,Anm.155) 18.
[119] Vgl. ders., Kirche, Kirchen und Religionen, aaO. (Anm. 81) 361.
[120] Vgl. ders., Ueber die theoretische Ausbildung, aaO. (Anm.16) 161; ders., Die Forderung nach einer "Kurzformel", aaO. (Anm.43) 160; ders., Atheismus und implizites Christentum, in: VIII, 187-212, 210; ders., Kirche, Kirchen und Religionen, aaO. (Anm.81) 360; ders., Glaubensakt und Glaubensinhalt, aaO. (Anm. 100) 157.
[121] Vgl. ders., Chancen des Glaubens. Fragmente einer modernen Spiritualität, Freiburg i.Br. 1971, 99.

dieses Wesen auf Gottes Unmittelbarkeit hin aus" und verleiht ihm "eine gnadenhafte, übernatürliche Dynamik und Finalität auf Gott selbst hin".[122] Diese unreflexe, transzendentale Erfahrung der gnadenhaften Bewegtheit und Verwiesenheit des Menschen auf die unmittelbare Nähe Gottes muss als göttliche Bewirkung des apriorischen Horizontes unserer Erkenntnis und Freiheit selber schon "als eine eigentümliche, ursprüngliche, ja sogar alle übrige Offenbarung tragende Weise von Offenbarung angesprochen werden" (GK 154), und zwar deshalb, weil eine höhere Form der Offenbarung als die Selbstmitteilung Gottes in der Gnade gar nicht gedacht werden kann.[123] In der existentialen Gnade ist ja schon seinshaft und real mitgeteilt und angeboten, was schliesslich auch allen Inhalt der **satzhaften** Offenbarung ausmacht: nämlich Gott selbst, dessen Selbstmitteilung als Erfüllung der menschlichen Selbsttranszendenz auf den absoluten Gott per definitionem das Heil des Menschen ist.[124] Die gnadenhafte Erhöhung der Transzendentalität des Menschen als deren Finalisierung auf die Unmittelbarkeit Gottes hin im übernatürlichen Existential realisiert tatsächlich "in apriorischer Bewusstheit schon den Begriff der Offenbarung"[125], auch wenn diese Bewusstheit noch nicht reflex erfasst ist.

Transzendentale Offenbarung ist also nichts anderes als die existentiale Gnade der Radikalisierung der unbegrenzten Transzendentalität menschlicher Erkenntnis und Freiheit auf die Unmittelbarkeit Gottes hin.[126] Ineins mit dem übernatürlichen Existential ist mithin auch die

---

[122] K.RAHNER, Kirche, Kirchen und Religionen, aaO. (Anm.81) 359.
[123] Vgl. ders., Theologie im Neuen Testament, aaO. (Anm.114) 52.
[124] Vgl. ders., Weltgeschichte und Heilsgeschichte, aaO. (Anm. 113) 123; GK 148.
[125] Ders., Bemerkungen zum Problem des "anonymen Christen", aaO. (Anm.95) 541.
[126] Vgl. ders., Kirchliche und ausserkirchliche Religiosität, aaO. (Anm.100) 589.

transzendentale Offenbarung existential-ontologisch, d.h. als "Inhalt und Mitte der menschlichen Existenz"[127] selber zu fassen. Der Mensch ist in der innersten Mitte des Rahnerschen Daseinsverständnisses das "Ereignis einer freien, ungeschuldeten und vergebenden, absoluten Selbstmitteilung Gottes" (GK 122). Was mit Gott gemeint ist, lässt sich "nur durch das Vorkommenlassen jener Grundbefindlichkeit des menschlichen Daseins verstehen, in der sich der Mensch selber hat und sich selbst radikal entzogen ist" (GK 64). Denn menschliche Selbsterfahrung ist immer auch schon Gnadenerfahrung, weil die radikale Dynamik der Transzendenz in der Mitte menschlicher Existenz immer schon getragen ist von der Selbstmitteilung Gottes als Ziel und Kraft dieser Bewegung auf ihn hin.[128] "Wir haben nicht erst dort mit Gott etwas zu tun, wo wir Gott gewissermassen begrifflich thematisieren, sondern die ursprüngliche, wenn auch namenlose, unthematische Erfahrung Gottes wird überall dort gemacht, wo und insofern Subjektivität, Transzendentalität vollzogen wird. Und dementsprechend ist eben die übernatürliche Transzendentalität des Menschen schon überall dort zu sich selbst vermittelt - wenn auch unobjektiviert und unthematisch -, wo der Mensch sich selbst als freies Subjekt in Transzendentalität in Erkenntnis und Freiheit übernimmt" (GK 155f).

### C. Kategoriale Offenbarungsgeschichte

Es besteht immer und notwendig eine "ontologische Differenz und Einheit zwischen Kategorialem und Transzendentalem"[129]. Jede Seinsmiterkenntnis und damit auch jede Gotteserkenntnis geschieht immer nur vermittels kategorialer

---

[127] K.RAHNER, Die theologische Dimension,aaO.(Anm.21)389f.
[128] Vgl. ders., Gotteserfahrung heute, aaO. (Anm.20) 162; ders., Selbsterfahrung, aaO. (Anm.117) 136f; ders., Erfahrung des Heiligen Geistes, aaO. (Anm.100) 237.
[129] Ders., Bemerkungen zum Begriff der Offenbarung, aaO. (S.66,Anm.155) 20.

Erkenntnis, denn nur durch einen kategorialen Vollzug ereignet sich der Vorgriff auf das Unendliche. Jede transzendentale Erfahrung vollzieht sich am Material der Kategorialität.[130] Es gibt für uns keine Transzendentalität ohne Kategorialität, wie auch umgekehrt keine Kategorialität ohne Transzendentalität.[131] Die Transzendentalität entlässt aus sich selbst die Kategorialität als das ihr eigene andere, um vermittels ihrer zu sich selbst zu kommen.

Dies führt unmittelbar zu RAHNERS Symbollehre: Um zu sich selbst zu kommen bzw. um bei sich selbst zu sein, muss sich Seiendes ausdrücken oder 'kategorialisieren'. Das Kategoriale ist das Symbol dessen, was in der ursprünglichen, transzendentalen Erfahrung unthematisch gegeben ist, und zwar in dem Sinne, dass es das innere und doch vom Symbolisierten verschiedene, von diesem selbst gesetzte Symbol ist, in dem das Symbolisierte sich selbst ausdrückt und so sich allererst reflex vor sich selbst bringt.[132] Insofern ist Seiendes wesenhaft symbolisch, weil es ihm wesentlich ist, sich auszudrücken. RAHNER definiert das Symbol als "jene raumzeitliche, geschichtliche Erscheinung und Greifbarkeit..., in der sich ein Wesen, in Erscheinung tretend, anzeigt und, sich anzeigend, gegenwärtigsetzt, indem es diese von sich real verschiedene Erscheinung bildet"[133]. Das Symbol ist an einem Seienden dasjenige Moment, wodurch dieses sich zu sich selbst vermittelt und so reflex zu sich selbst kommt. Seiendes ist nur bei sich, indem es das andere als seine

---

[130] Vgl. K.RAHNER, Kirchliche und ausserkirchliche Religiosität, aaO. (Anm.100) 596.
[131] Vgl. ders., Bemerkungen zum Problem des "anonymen Christen", aaO. (Anm.95) 539.
[132] Vgl.ders., Zur Theologie des Symbols, in: IV,275-311, 292. - Zur Symboltheorie RAHNERS vgl.bes.N.SCHWERDTFEGER, Gnade und Welt. Zum Grundgefüge von Karl Rahners Theorie der "anonymen Christen", Freiburg i.Br. 1982, 219-277.
[133] K.RAHNER, Kirche und Sakramente, QD 10, Freiburg i.Br. 1960, 34.

eigene Wirklichkeit aus sich herausstellt, d.h. Seiendes ist nur symbolisch bzw. im kategorialen Selbstausdruck es selbst.

Die transzendentale Selbstmitteilung Gottes in der personalen Tiefe der menschlichen Existenz hat also von sich aus eine innere Dynamik auf ihre geschichtliche Objektivation hin. Sie hat eine "Geschichte ihres Zu-sich-selber-Kommens"[134]. Das eine Offenbarungsereignis ist demnach zweifach charakterisiert: einerseits durch die Konstitution der übernatürlich erhobenen Transzendenz des Menschen als sein bleibendes, wenngleich gnadenhaftes, aber universal wirksames Existential, also durch die transzendentale Erfahrung der unmittelbaren Nähe Gottes, und anderseits durch die geschichtlich-kategoriale Vermitteltheit, d.h. die gegenständlich greifbare Objektivation dieser übernatürlichen transzendentalen Erfahrung als deren Selbstauslegung in der Geschichte der Menschheit.[135]

Was traditionellerweise die Offenbarungs- und Glaubensgeschichte genannt wird, ist die Geschichte der reflexen Annahme und der thematischen Objektivation der transzendental immer schon angebotenen Selbstmitteilung Gottes in der innersten Mitte der menschlichen Person.[136] Die Heils- und Offenbarungsgeschichte ist nichts anderes als das geschichtlich greifbare, kategoriale Ereignis der transzendentalen Offenbarung in der Tiefe der personalen Existenz und ihrer ausdrücklichen Annahme durch die Freiheit des Menschen. Die ursprüngliche, transzendentale Offenbarung ist insofern immer schon geschichtlich bestimmt, als sie konkret immer nur in Vermittlung und Ein-

---

[134] K.RAHNER, Glaube und Sakrament, in: XVI, 387-397, 397.
[135] Vgl. ders., Bemerkungen zum Begriff der Offenbarung, aaO. (S.66,Anm.155) 15.
[136] Vgl. ders., Ueber die Heilsbedeutung der nichtchristlichen Religionen, in: XIII, 341-349, 345.

heit mit einer geschichtlich-kategorialen Erfahrung als deren ungegenständlicher Grund und Horizont gegeben ist.[137]

Die kategoriale Offenbarung ist also die selbst gnadenhaft ermöglichte, gegenständlich-reflexe und geschichtliche Uebersetzung der gnadenhaften, ungegenständlichen und unreflexen transzendentalen Selbstoffenbarung Gottes in der Tiefe des menschlichen Daseins.[138] Sie bringt das zum ausdrücklichen Bewusstsein, was ursprünglicher schon zur faktischen Existenz des Menschen als göttliches Angebot bzw. als unreflex angenommenes Gnadengeschenk gehört.[139] Die satzhafte Offenbarung ist nicht etwas, das als gänzlich Fremdes von aussen an den Menschen herantritt, sondern nur die Ausdrücklichkeit dessen, was dieser aus Gnade immer schon ist und vollzieht und zumindest unthematisch in seiner Transzendentalität erfährt.[140] Sie ist nichts anderes als die Objektivation dieser geistigen Transzendentalität, die begriffliche Aussage dessen, was in der Tiefe des faktischen Daseins unreflex immer schon erfahren wird.[141] Das kirchlich überlieferte Wort Gottes ruft den Menschen nur vor die Wahrheit seines eigenen Wesens.[142] Die kategoriale Offenbarungsgeschichte ist nach RAHNER deshalb immer zugleich eine "Geschichte der thematischen Selbstreflexion des Menschen auf sich"[143].

Die greifbare Geschichte ist immer und in ihrem Eigentlichsten die Geschichte der Reflexivierung der transzendentalen Offenbarung, insofern diese als übernatürliches

---

[137] Vgl. K.RAHNER, Glaubensakt und Glaubensinhalt, aaO. (Anm.100) 157.
[138] Vgl. ders., Art. Offenbarung, aaO. (Anm.111) 306f.
[139] Vgl. ders., Das Christentum und die nichtchristlichen Religionen, in: V, 136-158, 156.
[140] Vgl. ebd. 155; ders., Die anonymen Christen, in: VI, 545-554, 549.
[141] Vgl. ders., Atheismus und implizites Christentum, aaO. (Anm.120) 200.
[142] Vgl. GK 35.
[143] Ders., Theologie der Freiheit, in: VI, 215-237, 215.

Existential den Menschen in seinem Innersten und Wesentlichsten je schon ontologisch bestimmt.[144] Die materialen Inhalte der kategorialen Offenbarung bilden die verbalisierten Objektivationen dieser existentialen Offenbarung.[145] Und die Geschichte dieser Offenbarung ist nichts anderes als die geschichtlich fortschreitende Objektivation der transzendentalen Gnadenerfahrung. Sie ist jene Geschichte, welche die existentiale Selbstmitteilung Gottes in der Grunderfahrung menschlichen Daseins immer deutlicher in Erscheinung treten lässt.[146] Die konkrete Geschichte ist mithin in einem das reflexe Zu-sich-Kommen des Menschen und das Zu-sich-Kommen der transzendentalen Offenbarung Gottes.

Die Offenbarungs- oder Heilsgeschichte ist so mit der Freiheitsgeschichte des Menschen überhaupt koexistent (wenngleich nicht identisch, da die faktische Geschichte immer auch eine solche des Widerspruchs zu Gott ist), denn in jedem geschichtlich-kategorialen Vollzug ist der Mensch je schon existential bestimmt durch die gnadenhafte Selbstmitteilung Gottes, sei dies nun im Modus der Annahme oder der Ablehnung.[147] Diese Koexistenz gründet letztlich darin, dass die geschichtliche Transzendenzbewegung des Menschen allererst durch den - als übernatürliches Existential sich offenbarenden und so dem Menschen sich zur absoluten Nähe bestimmenden - göttlichen Grund als das Woraufhin endlichen Geistes ermöglicht und somit von demselben ständig getragen wird. Wo immer sich greif-

---

[144] Vgl. K.RAHNER, Die theologische Dimension, aaO. (Anm. 21) 401.
[145] Vgl. ders., Glaubensakt und Glaubensinhalt, aaO. (Anm.100) 158.
[146] Vgl. ders., Die Forderung nach einer "Kurzformel", aaO. (Anm.43) 160; ders., Reflexionen zur Problematik einer Kurzformel, aaO. (Anm.100) 251; ders., Zum Verhältnis zwischen Theologie und heutigen Wissenschaften, aaO. (Anm.20) 108; ders., Glaube zwischen Rationalität und Emotionalität, in: XII, 85-107, 95.
[147] Vgl. ders., Weltgeschichte und Heilsgeschichte, aaO. (Anm.113) 115-119.

bare Geschichte ereignet, geschieht auch Gott als ihr ermöglichender Horizont, und zwar im Modus faktischer Nähe und offenbarer Erschlossenheit und nicht bloss als ewig unerreichbarer Fluchtpunkt menschlicher Transzendenz.

Es besteht also eine ständige "Interferenz zwischen profaner und allgemeiner Heils- und Offenbarungsgeschichte"[148]. Offenbarungsgeschichte, welche die Geschichte der Annahme der transzendentalen Begnadetheit des Menschen und darum per definitionem Heilsgeschichte ist, ereignet sich nicht über oder jenseits der profanen Geschichte, sondern in ihr (sosehr sie - wie gesagt - nicht einfach identisch ist mir ihr, da in ihr faktisch auch Ablehnung der Gnade geschieht). Die Geschichte der Menschheit ist ja immer zugleich die Geschichte des begnadeten Wesens des Menschen. Die Menschheit bewegt sich in ihrer Geschichte immer schon innerhalb des absoluten Heilswillens Gottes. Heilsgeschichte ist darum "immer die schon gegebene Synthese des geschichtlichen Handelns Gottes und gleichzeitig des Menschen" (GK 147). Sie erscheint in dem, was der Mensch als sein Eigenstes erfährt. Sie ist als Geschichte der kategorialen Annahme der transzendentalen Selbstmitteilung Gottes der geheime Grund aller profanen Geschichte, so dass diese immer schon getragen und mitbestimmt ist durch Gnade und Heil.

Die konkrete Weltgeschichte ist im letzten der Prozess der Auseinandersetzung mit dieser Gnade als Geschichte des Ja oder des Nein zu ihr.[149] Der eine Mensch, der als einer und ganzer in seinem geschichtlichen Dasein vor der Heilsentscheidung steht, hat konkret und faktisch nur eine Geschichte, in der es keine von der Geschichte der kategorialen Gnadenaneignung unberührten oder ausgegrenz-

---

[148] K.RAHNER, Weltgeschichte und Heilsgeschichte, aaO. (Anm.113) 125.
[149] Vgl. ders., Weltgeschichte und Heilsgeschichte, aaO. (Anm.113) 127.

ten Regionen gibt.[150] Heils- oder Offenbarungsgeschichte ist kein regionales Vorkommnis in der Geschichte des Menschen, sondern diese selbst in ihrem radikalsten Aspekt.[151] Die überall als Angebot an die menschliche Freiheit wirkende Selbstmitteilung Gottes bildet die innerste Entelechie der einen Geschichte des Menschen und der Menschheit. Die Gnade ist die letzte Finalität und Dynamik der Welt und ihrer Geschichte.[152] Diese ist darum "wirklich die Geschichte Gottes selbst, weil er seine eigenste unberührbare Wirklichkeit zum Grund, zur innersten Dynamik, zum eigentlichen Inhalt und zum Ziel dieser Geschichte gemacht hat"[153], und zwar nicht bloss als asymptotischer Zielpunkt, auf den hin diese ganze Bewegung ausgerichtet ist, sondern so, dass er sich selbst in seiner eigensten, seinshaften Wirklichkeit dem Menschen gnadenhaft schenkt.

RAHNER fasst die Selbstmitteilung Gottes als letzte Finalität der Welt- und Freiheitsgeschichte derart radikal, dass er sie als den Sinn und das Ziel der Evolution von Materie und Geist überhaupt, als entelechetisches Woraufhin aller evolutiven Selbsttranszendenz von Schöpfung insgesamt versteht.[154] Die Entwicklung der Materie hat einen evolutiven Drang zur Selbsttranszendenz auf Geist

---

[150] Vgl. K.RAHNER, Weltgeschichte und Heilsgeschichte, aaO. (Anm.113) 118; ders., Das Christentum und der "neue Mensch", aaO. (Anm.74) 173.
[151] Vgl. ders., Grundentwurf einer theologischen Anthropologie, in: HPTh II/1, 20-38, 29.
[152] Vgl.ders., Ueberlegungen zur Methode, aaO.(Anm.2)108; ders., Bemerkungen zum Problem des "anonymen Christen", aaO. (Anm.95) 540f; ders., Heilsauftrag der Kirche und Humanisierung der Welt, in: X, 547-567, 566; ders., Der eine Jesus Christus und die Universalität des Heils, in: XII, 251-282, 269-271; ders., Ueber die Heilsbedeutung der nichtchristlichen Religionen, aaO. (Anm.136) 345; ders., Vorfragen zu einem ökumenischen Amtsverständnis, QD 65, Freiburg i.Br. 1974, 66.
[153] Ders., Ueber die Eigenart des christlichen Gottesbegriffs, in: XV, 185-194, 191.
[154] Vgl. ders., Die Christologie innerhalb einer evolutiven Weltanschauung, aaO. (Anm.11).

und Freiheit hin, und die Freiheitsgeschichte ist noch einmal auf die Unmittelbarkeit Gottes selbst hin ausgerichtet, um in sie einzumünden.[155] RAHNER kann dabei an seine eigene schöpfungstheologische Vorgabe anknüpfen. Wir haben ja bereits gesehen (s.o.S.459), dass nach ihm der letzte Grund und Sinn der faktischen Schöpfung darin besteht, dass Gott sich selbst an ein anderes mitteilen will, dass er sich also selbst von vornherein dieser Schöpfung und damit der Evolution als ihr Ziel einstiftet.

Vollzieht sich also das Dasein des Menschen in Freiheit immer schon als zumindest implizite Antwort auf die transzendental angebotene Selbstmitteilung Gottes in der Tiefe der menschlichen Existenz, so folgt daraus, dass die allgemeine Heils- und Offenbarungsgeschichte mit der allgemeinen Weltgeschichte koexistiert, und zwar so, dass sie sich vermittels der kategorialen Weltgeschichte ereignet.

Dabei kann die transzendentale Offenbarung in der innersten Mitte der geistigen Person grundsätzlich durch jedwede geschichtlich-kategoriale Wirklichkeit zu sich selbst vermittelt werden.[156] Denn der Vorgriff auf die unendliche Weite Gottes (die sich im übernatürlichen Existential zu unmittelbarer Nähe bestimmt hat) vollzieht sich ja nach RAHNER in jedem endlich-kategorialen Akt des Menschen. Darum müssen sich implizit überall und explizit in allen Religionen Momente geglückter, von Gottes Gnade ermöglichter kategorialer Selbstreflexion jener universalen transzendentalen Offenbarung finden lassen.[157]

Darum kann es grundsätzlich in allen Religionen Teilaspekte einer solchen kategorialen Offenbarungsgeschichte

---

[155] Vgl. K.RAHNER, Utopie und Realität, in: XVI, 42-56,47.
[156] Vgl. ders., Anonymer und expliziter Glaube, in: XII, 76-84, 80.
[157] Vgl. ders., Art. Offenbarung, aaO. (Anm.111) 307.

geben, "in denen ein Stück dieser Selbstreflexion und reflexen Selbstgegebenheit der allgemeinen Offenbarung und ihrer Geschichte rein gegeben ist" (GK 160). Die Religionsgeschichte insgesamt gehört daher zur einen Geschichte des reflexen Zu-sich-selber-Kommens der transzendentalen Offenbarung, und diese eine Geschichte der Objektivation der existentialen Offenbarung ist charakterisiert durch eine eigentliche innere, irreversible Entwicklungslogik, welche die Geschichte der verschiedenen Religionen konstituiert und die im Christentum ihre Vollendung und inklusive Absolutheit findet.[158]

Zwar kann sich nach RAHNER die transzendentale Offenbarung implizit durch jedwede geschichtlich-kategoriale Wirklichkeit und explizit durch jedwede Religion zu sich selbst vermitteln. Weil aber die menschliche Situation immer ambivalent, weil durch Schuldhaftigkeit bedroht ist, glückt solche Objektivation jeweils nur stückweise, da sie immer auch mit Irrtum vermischt ist. Amtliche Offenbarung bzw. Offenbarungsgeschichte ist demgegenüber dadurch charakterisiert, dass in ihr die kategoriale Selbstauslegung der transzendentalen Offenbarung rein und unvermischt mit Irrtum bleibt. Sie bringt die geheime Dynamik der allgemeinen Heils- und Offenbarungsgeschichte zu ihrem adäquaten Selbstverständnis und zu ihrem eindeutigen Begriff. Die biblischen Offenbarungsquellen bilden für RAHNER die authentischen Interpretationen der durch die transzendentale Gnade immer und überall, wenn auch unreflex sich ereignenden Selbstoffenbarung Gottes.[159]

---

[158] Vgl. K.RAHNER, Das Christentum und die nichtchristlichen Religionen, aaO. (Anm.139) 139-154; ders., Bemerkungen zum Problem des "anonymen Christen", aaO. (Anm.95) 541; ders., Philosophie und Theologie, aaO.(Anm.105)98f. - Unverkennbar macht RAHNER hier - wie auch schon bei der Frage der kategorialen Objektivation der ursprünglichen Offenbarung - auf schöpferische Weise gedankliche Anleihen bei HEGEL, insbesondere bei dessen Geschichts- und Religionsphilosophie.
[159] Vgl. ders., Zum Verhältnis von Theologie und Volksreligion, in: XVI, 185-195, 190.

Die amtliche Offenbarungsgeschichte gibt mithin dem geschichtlich existierenden Menschen die Interpretationsregeln für die richtige und eindeutige (nicht mehr ambivalente) Auslegung der Wirklichkeit überhaupt an die Hand.

RAHNER unterscheidet also insgesamt drei graduell verschiedene Stufen der Objektivation transzendentaler Offenbarung. Auf der allgemeinsten Ebene wird die profane Geschichte als solche als nur implizite und darum noch in höchstem Mass ambivalente Kategorialisierung verstanden. In der allgemeinen Religionsgeschichte geschieht bereits eine explizite, aber immer noch ambivalente (weil mit Irrtum vermischte) kategoriale Vermittlung der Offenbarung. In der amtlichen Offenbarungsgeschichte findet schliesslich die explizite und eindeutige Kategorialisierung der transzendentalen Selbstmitteilung Gottes im Grund des personalen Daseins statt.[160]

Die radikalste, reinste, schlechthin unüberholbare, endgültig und irreversibel zu sich selbst gekommene Objektivation jener allen Menschen angebotenen transzendentalen Offenbarung ist im geschichtlichen Ereignis Jesus Christus gegeben. "Erst im vollen und unüberholbaren Ereignis der geschichtlichen Selbstobjektivation der göttlichen Selbstmitteilung an die Welt in Jesus Christus ist ein Ereignis gegeben, das als eschatologisches einer geschichtlichen Depravation, einer verderbenden Auslegung in der weiteren Geschichte der kategorialen Offenbarung und des Unwesens der Religion grundsätzlich und schlechthin entzogen ist" (GK 161).

Dabei ist RAHNER viel daran gelegen, das kategoriale Ereignis der Menschwerdung Gottes als irreversiblen Höhepunkt der Offenbarungsgeschichte nicht nur zu behaupten, sondern auch intellektuell zu denken. Auch zu diesem

---

[160] Vgl. K.RAHNER, Weltgeschichte und Heilsgeschichte, aaO. (Anm.113) 126-129.

Zweck kann er wiederum zurückgreifen auf den theologischen Sinn der faktischen Schöpfung: Gott hat seine Kreatur aus dem alleinigen Grund geschaffen, um seine Liebe in Freiheit an ein anderes ausser ihm verschwenden zu können. Der Mensch ist darum schöpfungstheologisch definiert als "das, was entsteht, wenn die Selbstaussage Gottes, sein Wort, in das Leere des gott-losen Nichts liebend hinausgesagt wird"[161], wenn Gott also sich selbst ins Nichtgöttliche entäussern will. Der Mensch ist immer schon "Grammatik einer möglichen Selbstaussage Gottes" (GK 221), die Form möglicher Ek-sistenz Gottes[162]. Erst recht ist vom sinnlich verfassten Menschen her zu sagen, dass eine eindeutige, nicht-ambivalente Selbstoffenbarung Gottes erst dort gegeben ist, wo sich die göttliche Wirklichkeit in die menschliche Objektivation begeben hat, wo Gott also sinnlich anschaubare Kategorialität annimmt und folglich Mensch wird.

Als geschichtlich greifbare, sinnliche Erscheinung Gottes ist darum Jesus Christus die Endgültigkeit der geschichtlich-kategorialen Selbstmitteilung Gottes. In ihm kommen die unendliche Dynamik der menschlichen Selbsttranszendenz in Gott hinein und die göttliche Selbstmitteilung an den Menschen zur Deckung und damit zum unüberholbaren Ziel. Hier gelangen Gottesbezug der Welt und Weltbezug Gottes zur vollkommenen Entsprechung und zur irreversiblen Vereinigung. Der absolute Höhepunkt der universalen Offenbarungsgeschichte ist in der hypostatischen Union Jesu Christi erreicht, "weil hier das Ausgesagte und Mitgeteilte, Gott selbst, der Aussagemodus, d.h. die menschliche Wirklichkeit Christi in seinem Leben und seiner Endgültigkeit und der Empfänger Jesus als der Begnadete und Gott Schauende absolut einer geworden sind" (GK 177).

---

[161] K.RAHNER, Zur Theologie der Menschwerdung, in: IV, 137-155, 150.
[162] Vgl. ders., Zur Theologie der Menschwerdung, aaO. (Anm.161) 152.

Daher wird nun Christus rückwirkend das absolute Kriterium aller vorangegangenen Offenbarung überhaupt.[163]

### D. Zur Differenz der beiden Offenbarungskonzeptionen

Der neu eingeführte Begriff des übernatürlichen Existentials hat bei RAHNER eine fundamentale Modifikation der Offenbarungskonzeption zur Folge gehabt. Das frühere Modell kannte den Begriff der transzendentalen Offenbarung noch nicht. Alle Offenbarung wurde allein als kategoriale Wortoffenbarung gefasst. Zugleich wurde die existentiale potentia oboedientialis noch in der natürlichen Konstitutionsstruktur des Menschen begründet. Die Offenbarung wurde als Ereignis gedacht, das "nur punktförmig auftreten" (HdW 196) kann, so dass der Mensch bestimmt war als das Seiende, "das in seiner Geschichte Ausschau zu halten hat nach der möglichen Offenbarung" (HdW 29).

Im späteren Offenbarungskonzept möchte RAHNER die punktförmige Vorstellung der Offenbarung ausdrücklich überwinden.[164] Die kategoriale Geschichte ist nicht mehr der Ort, wo die unendliche Offenheit menschlicher Transzendenz ihre entscheidende Bestimmung erfährt, sondern nurmehr das Medium, womit die - ursprünglicher schon transzendental-existential ergangene - Offenbarung zu sich selbst vermittelt wird. Der Mensch muss also nicht mehr in die Geschichte hinaushorchen, um allererst die Antwort auf seine unendliche Frage, die er selbst ist, zu finden, sondern vielmehr radikal genug auf sich selbst reflektieren und in sich selbst, in der innersten Mitte seines transzendental begnadeten Daseins die übernatürliche Bestimmung zum Heil erkennen, die bereits transzendentale Offenbarung genannt werden kann. Eigentlich geschichtlich

---

[163] Zur Christologie RAHNERS s.u. ausführlicher Kap.VIII.
[164] Vgl. K.RAHNER, Im Gespräch I, aaO. (Anm.100) 153.

verfasst ist erst deren kategoriale Objektivation, die denn auch das ausmacht, was Offenbarungsgeschichte genannt zu werden pflegt. Offenbarungsgeschichte wird jetzt also nurmehr verstanden als die "Geschichte des reflexen Zusichselberkommens der transzendentalen Offenbarung"[165].

Die satzhafte christliche Verkündigung ist mithin "nicht eigentlich das Andozieren eines Fremden von aussen, sondern die Erweckung eines noch unverstandenen, aber wirklich vorhandenen Inneren"[166]. "Wir selber sind nicht einfach und schlechterdings ausserhalb der Erfahrung der apostolischen Zeugen."[167] Alle worthafte Ueberlieferung des Christentums ist letztlich nur "Vermittlung dessen, was im Inneren des Menschen als Leben schon da ist"[168]. Die zentralen Aussagen des Christentums sind darum im letzten "Hinweise auf eine ursprünglichere Grunderfahrung des Menschen von seiner Subjektivität und Personalität" (GK 37). Die ursprüngliche, ungegenständliche Gnadenerfahrung ist in transzendentaler Wirklichkeit schon das, was die geschichtliche Botschaft des Christentums in kategorialer Objektivation sagt.[169] Verkündigung ist daher immer appellativer "Anruf der innersten Existenzmitte des Menschen"[170]. In ihr wird nur in expliziter Begrifflichkeit zu sich selbst gebracht, was der Mensch im Grunde seines Daseins immer schon erfährt und weiss.[171] Das von aussen zugesprochene Wort ist nur die Verbalisierung des schweigenden Wortes in der eigenen transzendentalen Existenz.[172] "Die Erfahrung von innen und die Botschaft von

---

[165] K.RAHNER, Anonymer und expliziter Glaube, aaO. (Anm. 156) 84.
[166] Ders., Sendung und Gnade, aaO. (Anm.87) 118.
[167] Ders., Grundlinien einer systematischen Christologie, in: Ders./W.THUESING, Christologie - systematisch und exegetisch, QD 55, Freiburg i.Br. 1972, 15-78, 41.
[168] Ders., Sendung und Gnade, aaO. (Anm.87) 118.
[169] Vgl. ders., Im Heute glauben, Einsiedeln 1965, 49.
[170] Ders., Wagnis des Christen. Geistliche Texte, Freiburg i.Br. 1974, 55.
[171] Vgl. GK 229.
[172] Vgl. ders., Gotteserfahrung heute, aaO. (Anm.20) 162.

aussen gehen aufeinander zu."[173] Die transzendentale Erfahrung in der Tiefe der personalen Existenz und die geschichtliche Botschaft des Evangeliums verhalten sich so, dass sie sich "gegenseitig begegnen, gegenseitig bestätigen"[174].

Dies ist das fundamentale hermeneutische Prinzip, das dem gesamten theologischen Denken RAHNERS zugrunde liegt.

## V. DER MENSCH ALS DAS WESEN DES GEHEIMNISSES

Der grundlegendste Begriff Gottes, der das gesamte Gottdenken RAHNERS vom Anfang bis zum Ende durchzieht, ist das Geheimnis. Das "Urmysterium der Unbegreiflichkeit Gottes"[175] ist "nicht eine Eigenschaft Gottes neben anderen, sondern die Eigenschaft seiner Eigenschaften"[176]. Das bleibende Geheimnis ist für RAHNER "geradezu das Zentrum und der Inbegriff"[177] aller Gotteslehre und zugleich das "ursprünglichste Datum unserer transzendentalen Erfahrung"[178].

Der Sache nach (wenngleich noch nicht thematisch entfaltet) ist die fundamentale Geheimnishaftigkeit Gottes schon im frühen Ansatz des Rahnerschen Denkens gegeben. Bereits in seinem Frühwerk versuchte RAHNER zu zeigen,

---

[173] K.RAHNER, Zur Theologie der Weihnachtsfeier, in: III, 35-46, 39.
[174] Ders., Im Gespräch I, aaO. (Anm.100) 157.
[175] Ders.,Ueber die Verborgenheit Gottes,aaO.(Anm.100)294.
[176] Ders., Die menschliche Sinnfrage vor dem absoluten Geheimnis Gottes, in: XIII, 111-128, 116.
[177] H.VORGRIMLER, Karl Rahner verstehen. Eine Einführung in sein Leben und Denken, Freiburg i.Br. 1985, 160.
[178] K.RAHNER, Theologie der Freiheit, aaO. (Anm.143) 229f.

dass jede endliche Erkenntnis und Freiheit als Bedingung ihrer Möglichkeit vorgreift auf ein Unendliches als ihr Woraufhin, das notwendig ungegenständlich und unbegreiflich bleiben muss. Das alles umfassende und selber nicht umfassbare Absolute ist der Grund und die Voraussetzung der Erkennbarkeit von Einzelgegenständen. Alles Begreifen geschieht im Vorgreifen auf das Unbegreifliche. Das Unsagbare ist der Grund des Sagbaren.[179]

Gott ist der allerrealste Urgrund der Wirklichkeit überhaupt, der nur anwest, indem er gerade nicht Objekt unserer Erkenntnis, sondern deren notwendig ungegenständliches Woraufhin ist. Er ist wesenhaft namenlos (weil ungegenständlich), unabgrenzbar (weil unendlich) und unverfügbar (weil letztes Woraufhin des Vorgriffs jeder verfügenden Handlung des Geistes).[180] Als notwendig ungegenständliches Woraufhin des endlichen Geistes entzieht er sich nicht nur ontisch, sondern auch logisch der Möglichkeit der Verfügung durch das endliche Subjekt. Was Bedingung der Möglichkeit begreifenden Erkennens ist, kann nicht noch einmal in derselben Weise begriffen werden, für die es selbst Bedingung ist.[181] Der Grund des Begreifens kann nicht dessen Gegenstand sein, denn der Grund kommt nicht innerhalb der Reihe des Begründeten vor. "Der letzte Massstab kann nicht noch einmal gemessen werden" (GK 72). Gott ist das "unmessbare Mass"[182]. Die unendliche Weite, die alles einfängt, lässt sich nicht selber nochmals einfangen. Was sich begrifflich einholen lässt, ist nur das "Begreifen der Unbegreiflichkeit"[183] Gottes.

---

[179] Vgl. HdW 71-88; ders., Wissenschaft als "Konfession"?, in: III, 455-472, 458f.
[180] Vgl. ders., Ueber den Begriff des Geheimnisses, aaO. (Anm.116) 70; GK 70-72.
[181] Vgl. ders., Gotteserfahrung heute, aaO. (Anm.20) 167.
[182] Ders., Im Heute glauben, aaO. (Anm.169) 44.
[183] Ders., Der Mensch - die unbeantwortbare Frage, in: E.STAMMLER (Hrsg.), Wer ist das eigentlich - der Mensch?, München 1973, 116-126, 121.

Gott ist also kein verrechenbares Objekt menschlicher Erkenntnis. Vielmehr ist das verfügende Wissen selbst verfügt durch seinen unverfügbaren Grund. Das begreifende Erkennen gründet im Unbegreiflichen selber und setzt dieses logisch als seinen Horizont und als seine Möglichkeitsbedingung voraus. Das Unbegreifliche ist das ontologische Prius des Begreiflichen.[184] Das absolute Geheimnis ist der "unbeherrschbar herrschende Horizont alles Begreifens, der anderes begreifen lässt, indem er selbst als der Unbegreifliche daseiend sich verschweigt" (GK 215f).[185]

Vor Gott erweist sich mithin das Besitzmodell der Erkenntnis als a priori unangemessen. Gott ist dem Menschen nicht in dem Sinne der Unbegreifliche, dass er der Noch-nicht-Durchschaute wäre. Vielmehr wird er dem menschlichen Begreifen offenbar als die Endgültigkeit des unverfügbaren Geheimnisses, "ohne die Möglichkeit des Ausweichens in das Durchschaubare und so dem Subjekt und dessen eigenem apriorischen Wesen Verfügbare und Untertänige"[186]. Er ist das bleibende Geheimnis, das "unverfügt und unverwaltet über uns verfügt und waltet"[187]. Er begegnet "nicht im Begreifen, sondern im Ergriffenwerden"[188]. Um des göttlichen Geheimnisses inne zu werden, muss sich der Mensch gehorsam von ihm "umfangen lassen, ohne es noch einmal beherrschen zu wollen"[189]. Die höchste und seligste Erkenntnis des Menschen besteht darin, dass er "nicht auf das von ihm beherrschbare Erkannte, sondern auf das absolute Geheimnis als solches verwiesen

---

[184] Vgl.K.RAHNER, Ueberlegungen zur Methode, aaO. (Anm.2) 116f.
[185] Vgl.auch ders., Theologie der Freiheit, aaO.(Anm.143) 229f.
[186] Ders., Zur Theologie der Hoffnung,in:VIII,561-579,568.
[187] Ders., Ekklesiologische Grundlegung, aaO.(Anm.79)122.
[188] Ders., Sendung und Gnade, aaO. (Anm.87) 549.
[189] Ders., Gott ist Mensch geworden. Meditationen, Freiburg i.Br. 1975, 83; vgl. ders., Dogmatische Randbemerkungen zur "Kirchenfrömmigkeit", in: V, 379-410, 405.

ist"[190], dass er "über alles schon Eroberte und Beherrschte hinaus"[191] an das Unverfügbare überantwortet ist. Der äusserste Akt menschlichen Erkennens ist mithin die "Kapitulation der Erkenntnis"[192] vor dem Unbegreiflichen: "die höchste Erkenntnis Gottes ist die tenebra ignorantiae" (GiW 401).

RAHNER kritisiert demgegenüber an der traditionellen Schultheologie, sie verstehe das Wesen des Geheimnisses noch im Horizont der "erobernden Durchschauung des Erkannten, der Identifizierung des Erkannten mit dem Erkennenden in dessen eigene Helle und Selbstverständlichkeit hinein"[193]; und sie tradiere die Unbegreiflichkeit Gottes als eine neben vielen anderen Eigenschaften Gottes, als Rand- und Einzelthema neben anderen und gesamthaft unter einem eher negativen Vorzeichen als leider mit der endlichen Natur des Menschen gegebene Defizienzform und nicht als das absolute Grunddatum unseres Verhältnisses zu ihm schlechthin und als fundamentale Voraussetzung theologischen Redens überhaupt.[194] Selbst an der überlieferten theologia negativa bemängelt RAHNER, dass sie das Geheimnis nur entweder als vorläufig und in der Seligkeit endgültig überwunden oder als das die Endlichkeit der kreatürlichen Seligkeit Bezeichnende fasse.[195]

Demgegenüber ist aufgrund des Rahnerschen Ansatzes das Geheimnis nicht der noch unbewältigte Rest des Erkennbaren, sondern die "Unbegreiflichkeit als Weise eines Verstehens überhaupt"[196]. Es ist nicht das noch nicht Durchschaute, nicht einfach blosse Negativität oder leere Ab-

---

[190] K.RAHNER, Im Gespräch II, aaO. (Anm.100) 59.
[191] Ders., Ueber den Begriff des Geheimnisses, aaO. (Anm. 116) 79.
[192] Ders., Utopie und Realität, aaO. (Anm.155) 48.
[193] Ders., Art. Geheimnis, in: HThG I, 447-452, 448f.
[194] Vgl.ders.,Die menschliche Sinnfrage,aaO.(Anm.176)114f.
[195] Vgl. ders., Art. Geheimnis, aaO. (Anm.193) 448.
[196] Ders., Die menschliche Sinnfrage, aaO. (Anm.176) 113; vgl.ders.,Ueber die Verborgenheit Gottes,aaO.(Anm.100)297.

wesenheit, sondern jene originäre und äusserste Positivität, die allem Durchschauen als Horizont und Ermöglichungsbedingung zugrundeliegt. Es ist nicht der Grenzbegriff zur Erkenntnis im Sinne einer faktischen, aber an sich bedauerlichen Grenze des endlichen Wissens, sondern das eigentliche **Wesen** aller Erkenntnis im Sinne des sie allererst ermöglichenden Grundes.[197] Es kann nicht ursprünglich als blosse Negativität oder als Grenzbegriff vom Begriffenen und Durchschauten her verstanden werden; es muss vielmehr als der alles tragende Grund des Geistes selbst gefasst werden.

Das Geheimnis ist so selbst das "ursprüngliche Ereignis des Geistes"[198], insofern es der apriorische Horizont ist, innerhalb dessen sich das geistige Dasein des Menschen vollzieht. Es ist das schlechthin Unüberholbare und allein Selbstverständliche, weil es nicht von einem anderen her verständlich gemacht werden kann, sondern selbst alles andere überhaupt erst zum Verstehen bringt. Es ist das erste Datum jeder geistigen Tätigkeit überhaupt, die "bleibende und innerste Mitte und Bedingung der Möglichkeit aller Rationalität"[199], die selbst nicht noch einmal in die verfügende Rationalität des begreifenden Ich hinein auflösbar ist. Als Woraufhin der geistigen Transzendenz lässt es nicht über sich verfügen, sondern ist selber die unverfügbare Verfügung über uns, wenn wir beginnen, erkennend über etwas zu verfügen und dieses urteilend den Gesetzen unserer apriorischen Vernunft zu unterwerfen. Es ist uns nie direkt gegeben, sondern immer nur mitgegeben in gegenständlicher Erkenntnis als deren unthematischer Horizont. Dem direkten Zugriff der verfügen-

---

[197] Vgl. K.RAHNER, Ueber den Begriff des Geheimnisses, aaO. (Anm.116) 57f; ders., Zur Theologie der Menschwerdung, aaO. (Anm.161) 138; ders., Dogmatische Randbemerkungen, aaO. (Anm.189) 389; ders., Ueberlegungen zur Methode, aaO. (Anm.2) 116.
[198] Ders.,Ueber die Verborgenheit Gottes,aaO.(Anm.100)298.
[199] Ders., Glaube zwischen Rationalität und Emotionalität, aaO. (Anm.146) 94.

den Erkenntnis gibt es sich nur im Modus des Sichentfernens.[200] "Es gibt sich nur, insofern es uns stumm auf ein anderes, auf ein Endliches als Gegenstand des direkten Anblickes hinweist."[201]

Ist also das Geheimnis der eigentliche Grund und Horizont des menschlichen Geistes, so macht die Verwiesenheit auf das Geheimnis das wahre Wesen des Geistes aus. Der Mensch ist das "Wesen des Geheimnisses"[202], nicht weil er die unendliche Fülle desselben in sich selbst wäre, sondern weil er innerlich die zu sich selbst gekommene Verwiesenheit auf das absolute Geheimnis ist[203], weil er in das Geheimnis Gottes hinein ek-sistiert[204]. Die Vernunft selber muss im letzten begriffen werden als das Vermögen des unbegreiflichen Geheimnisses und als das Innewerden des Unaussagbaren, indem sie jeden Einzelgegenstand, wenn sie ihn ergreift und begreift, immer schon überschritten hat in das Unbegreifliche hinaus.[205] Sie ist das "Vermögen des Kommens vor die Unbegreiflichkeit selbst"[206]. Dieses ursprüngliche Ausgesetztsein in die Unbegreiflichkeit ist gerade die Bedingung ihres eigenen kategorialen Vollzugs.

Menschlicher Wesensvollzug ist darum letztlich immer nur in Wesensüberschreitung möglich. Der Mensch ist "dasjenige Seiende, das sich selbst nur hat, findet und vollendet, wenn es sich selbst transzendiert auf dasjenige hin, ohne das dieses Seiende in der Endlichkeit ersticken würde und das selbst unendlich mehr als der Mensch ist"[207]. Die unausweichliche Verwiesenheit auf das absolute Ge-

---

[200] Vgl. K.RAHNER, Ueber den Begriff des Geheimnisses, aaO. (Anm.116) 72.
[201] Ders., Theologie der Freiheit, aaO. (Anm.143) 218.
[202] Ders., Art. Geheimnis, aaO. (Anm.193) 449.
[203] Vgl. GK 215.
[204] Vgl. ders., Das neue Bild der Kirche, in: VIII, 329-354, 351.
[205] Vgl. ders., Die menschliche Sinnfrage, aaO. (Anm.176) 120f; ders., Ueber den Begriff des Geheimnisses, aaO. (Anm.116) 57-59.
[206] Ders., Die menschliche Sinnfrage, aaO. (Anm.176) 122.

heimnis bestimmt alle transzendentalen (und dadurch auch kategorialen) Bezüge des Menschen. Sie ist sein dauerhaftes Existential, durch das er das Wesen der Transzendenz auf das ihm sich zuschickende Geheimnis hin ist.[208]

Gerade im ursprünglichen Selbstvollzug und in der radikalen Reflexion darauf erfährt sich das Ich also "nicht als das herrschende, absolute Subjekt, sondern als der sich selbst von dem Geheimnis her Zugeschickte"[209] und "unentrinnbar als gegründet im Abgrund des unaufhebbaren Geheimnisses"[210]. Der Mensch ist in seinem tiefsten Grund gar nicht aus sich selbst begreifbar, sondern aus dem, "was er angeht und was ihn angeht" (GK 215). Sein Kommen zu sich selbst setzt die Erfahrung seiner eigenen Unbegreiflichkeit in der transzendentalen Verwiesenheit auf das ihn begründende unbegreifliche Geheimnis Gottes voraus. Das Ich ist sich nicht sein eigener Grund, sondern hat diesen für es selber unerreichbar und unverfügbar in Gott.

Das Christentum ist so gerade die Unmöglichkeit einer durchschaubaren Grundformel des Daseins, weil es den Menschen wesenhaft in die Unbegreiflichkeit einweist.[211] Die

---

[207] K.RAHNER, Heilsauftrag der Kirche, aaO. (Anm.152) 560.
[208] Vgl. ders., Würde und Freiheit, aaO. (Anm.91) 259; ders., Zur Theologie der Weihnachtsfeier, aaO. (Anm.173) 44; ders., Ueber den Begriff des Geheimnisses, aaO. (Anm. 116) 68; ders., Zur Theologie der Menschwerdung, aaO. (Anm.161) 141; ders., Die Christologie innerhalb einer evolutiven Weltanschauung, aaO. (Anm.11) 195; ders., Intellektuelle Redlichkeit und christlicher Glaube, in: VII, 54-76, 73; ders., Theologie und Anthropologie, aaO. (Anm.3) 43; ders., Christlicher Humanismus, in: VIII, 239-259, 249; ders., Immanente und transzendente Vollendung, aaO. (Anm.74) 598f; ders., Theologische Ueberlegungen zu Säkularisation und Atheismus, in: IX, 177-196, 182; ders., Art. Mensch (theologisch), in: SM III, 407-417, 411; ders., Grundentwurf einer theologischen Anthropologie, aaO. (Anm.151) 27; GK 47; 61; 216.
[209] Ders.,Ueber die Verborgenheit Gottes,aaO.(Anm.100)297.
[210] Ders., Ueber die Möglichkeit des Glaubens heute, aaO. (Anm.20) 15.
[211] Vgl.ders., Intellektuelle Redlichkeit,aaO.(Anm.208)67.

höchste Möglichkeit des Geistes ist nicht die durchschauende Bemächtigung eines Gegenstandes, sondern die Offenheit für das Geheimnis schlechthin, der gegenüber das gegenständliche Erkennen nur als ein abgeleiteter Modus erscheint, insofern Einzelgegenstände allererst dadurch verfügbar und durchschaubar werden, dass sie in den Horizont des Unbegreiflichen einrücken.[212]

Diesem Unbegreiflichen kann sich der Mensch letztlich "nur in liebender Hingabe nahen, aber nicht mit einer Erkenntnis, die das Erkannte vor den höheren Richterstuhl des Erkennens zieht"[213]. Liebe ist ja die "Annahme des Nichtdurchschauten"[214] und in diesem Sinn nur ein anderes Wort für das Sichloslassen und Sichweggeben in die Unbegreiflichkeit hinein[215]. Das Begreifen der Unbegreiflichkeit des göttlichen Geheimnisses ist darum selbst "noch einmal die bedingungslose Kapitulation der seligen Liebe vor der Unbegreiflichkeit Gottes..., in welcher Kapitulation die Besitz ergreifende Erkenntnis sich selber in der ewigen Orthopraxie der Liebe in Freiheit aufhebt"[216]. Nur indem der Mensch sich liebend weggibt an das unbegreifliche Geheimnis Gottes, das "nicht selber erkennend und so beherrschbar untertan gemacht"[217] werden kann, und von diesem her sich geben lässt, kommt er wahrhaft zu sich selbst.

Der Mensch ist also in der konkreten Daseinsordnung nur er selber durch das, was er selber nicht ist. Er ist, indem er sich weggibt und übereignet an das Unverfügbare. Er ist das Wesen, das sich in Gott hinein verliert. Die-

---

[212] Vgl. K.RAHNER, Ueberlegungen zur Methode, aaO.(Anm.2) 116f.
[213] Ders., Jesus Christus - Sinn des Lebens, in: XV, 206-216, 208; ders., Weihe des Laien zur Seelsorge, in: III, 313-328, 318.
[214] Ders., Die menschliche Sinnfrage, aaO. (Anm.176) 124.
[215] Vgl. ders., Der Mensch, aaO. (Anm.183) 123f.
[216] Ders., Theologie heute, aaO. (Anm.20) 67.
[217] Ders., Die menschliche Sinnfrage, aaO. (Anm.176) 125.

ser Exodus aus sich selbst in das unbegreifliche Geheimnis hinein ist der radikalst mögliche Selbstvollzug menschlicher Existenz. Die höchste Aktualität menschlichen Geistes und damit das ursprüngliche Grundmodell aller Erkenntnis überhaupt ist also nicht der Besitz des sich selbst behauptenden Ich, sondern die radikale Selbstweggabe an das schlechthin unverfügbare Geheimnis.[218] "Subjektivität ist immer schon vom ersten Ansatz her die hörende, die nicht verfügende, die durch das Geheimnis überwältigte, durch das Geheimnis eröffnete Transzendenz" (GK 67).

Das aber heisst m.a.W.: Der höchste Akt menschlicher Subjektivität ist der Glaube.[219] Unter dem Glauben versteht RAHNER das radikale Wagnis der Liebe als eines vertrauenden Sichloslassens in das unbegreifliche Geheimnis Gottes hinein.[220]

Diese Grundstruktur der menschlichen Verfasstheit wird durch RAHNERS Einführung des übernatürlichen Existentials nicht etwa zurückgenommen, sondern im Gegenteil noch radikalisiert. Durch dieses Existential ist nämlich gegeben, dass das unbegreifliche Geheimnis Gottes nicht nur als das sich immer entziehende, radikal fernbleibende

---

[218] Vgl. K.RAHNER, Ueber den Begriff des Geheimnisses, aaO. (Anm.116) 58; ders., Zur Theologie der Menschwerdung, aaO. (Anm.161) 142-144; ders., Die anonymen Christen, aaO. (Anm.140) 548; ders., Bemerkungen zur Gotteslehre, aaO. (Anm.76) 172; ders., Christlicher Humanismus, aaO. (Anm.208) 245-247; ders., Zur Theologie der Hoffnung, aaO. (Anm.186) 567f; ders., Ueber künftige Wege der Theologie, aaO. (Anm.16) 55; ders., Glaubensbegründung in einer agnostischen Welt, in: XV, 133-138, 138; ders., Art. Geheimnis, in: SM II, 189-196, 192; GK 53; 130.
[219] Vgl.ders., Ueberlegungen zur Methode, aaO.(Anm.2)115.
[220] Vgl. ders., Wagnis des Christen, aaO. (Anm.170) 30; ders., Dogmatische Randbemerkungen, aaO. (Anm.189) 388f; ders., Art.Glauben, in: Kleines Theologisches Wörterbuch, aaO. (Anm.5) 149-155, 152; ders., Von der Not und dem Segen des Gebetes,Freiburg i.Br.$^{10}$1980,22;ders./K.-H.WEGER, Was sollen wir noch glauben?, Freiburg i.Br. 1979, 193.

Woraufhin der geistigen Bewegung, als der immer nur asymptotisch anzuzielende Fluchtpunkt der Transzendenz des menschlichen Geistes anwest, sondern dass es sich selbst dem Menschen in absoluter Unmittelbarkeit und Nähe gibt. Es ist nicht nur in abweisender Ferne der unerreichbare Horizont unserer Transzendenzerfahrungen und Endlichkeitserlebnisse, sondern die personale und unmittelbare Wirklichkeit unseres Daseins selber.[221] Die Gnade des übernatürlichen Existentials lässt das Geheimnis nicht bloss als unberührbaren Horizont, sondern in absoluter Nähe anwesend sein. Sie konstituiert geradezu die Wahrheit als die Nähe des Geheimnisses, das sich dem Menschen in radikaler Selbstmitteilung als die innerste Mitte seines Daseins gibt.[222] Der Mensch erfährt in seinem innersten Daseinsvollzug, dass das unendliche Geheimnis ihn zwar immer wieder in die Grenzen seiner Endlichkeit hineinweist, ihn aber zugleich in seiner letzten und radikalen Liebe nahekommen lässt.

Die Gnade dieses uns radikal nahegekommenen Geheimnisses macht das eigentliche Wesen des Christentums aus.[223] RAHNER nennt jeweils dieses Geheimnis, das sich so zur unmittelbaren Nähe bestimmt hat, das heilige Geheimnis. Dieses hört freilich trotz seiner Unmittelbarkeit und Nähe nicht auf, absolutes Geheimnis zu sein; vielmehr teilt es sich dem Menschen mit als das bleibende Geheimnis, das

---

[221] Vgl. K.RAHNER, Ueber den Begriff des Geheimnisses, aaO. (Anm.116) 98; ders., Das Christentum und der "neue Mensch",aaO.(Anm.74)171f; ders., Theologie der Freiheit, aaO.(Anm.143)227; ders., Zum Verhältnis zwischen Theologie und heutigen Wissenschaften, aaO.(Anm.20)108; GK 125f.
[222] Vgl. ders., Ueber den Begriff des Geheimnisses, aaO. (Anm.116) 77; ders., Ueber die Möglichkeit des Glaubens heute, aaO. (Anm.20) 21-23; ders., Theologie im Neuen Testament, aaO.(Anm.114)50; ders., Ideologie und Christentum, in: VI, 59-76, 69f; ders., Die anonymen Christen, aaO. (Anm.140) 548; ders., Einheit - Liebe - Geheimnis, in: VII, 491-508, 504; ders., Die Forderung nach einer "Kurzformel", aaO. (Anm.43) 160; GK 291.
[223] Vgl.K.RAHNER, Die anonymen Christen, aaO.(Anm.140)550.

gerade als das Innerste des Menschen das schlechthin Unverfügbare ist.[224]

Indem RAHNER das Geheimnis mit dem Horizont möglicher Erkenntnis von Gegenständen in Verbindung bringt, kann es für ihn "nur ein einziges absolutes Mysterium im strengsten Sinne des Wortes geben, Gott selbst"[225] Radikaler und zugleich theologischer formuliert, besteht dieses eine Geheimnis darin, dass der unbegreifliche und unverfügbare Gott sich dem endlichen Menschen in Unmittelbarkeit und Nähe schenkt und so als er selbst die innerste Wirklichkeit seines Daseins wird.[226]

Im Schnittpunkt des unbegreiflichen Geheimnisses und der begriffenen Gegenständlichkeit ist nun die eigentümliche Stellung des Menschen anzusiedeln. Insofern dieser nicht reine, sondern materiell verfasste Geistigkeit ist, gibt es durchaus Aspekte an ihm, die nicht ausserhalb gegenständlichen Wissens liegen. Darin hat ja naturwissenschaftliche Anthropologie (Biologie, Biochemie, Medizinwissenschaft usw.) allererst ihre Möglichkeit. Die sinnlich-materielle Seite des Menschen ist grundsätzlich geheimnislos und in dieser Hinsicht auch prinzipiell durchschaubar und erkenntnismässig verfügbar.

Aber diese wissend verfügbare Materialität ist nicht schon das Ganze, ja nicht einmal das Eigentliche und Wesentliche des Menschen. Durch seine transzendentale Geistigkeit ist dieser immer schon über die blosse Gegenständlichkeit hinaus auf den Horizont des Geheimnisses verwiesen, und in dieser Beziehung hat er das Geheimnis immer schon an ihm selbst.

---

[224] Vgl. GK 125f; ders., Die Forderung nach einer "Kurzformel", aaO. (Anm.43) 159.
[225] Ders., Ueberlegungen zur Methode, aaO. (Anm.2) 118.
[226] Vgl. ders., Art. Geheimnis, in: SM II, 189-196, 193.

Das Geheimnis des Menschen ist bei RAHNER also in dessen Verhältnis zu Gott begründet.[227] Das Geheimnis Gottes ist die Gnade unseres Daseins. Der letzte Grund des Geheimnisses des Menschen ist daher das übernatürliche Existential, weil durch dieses das Mysterium Gottes in Unmittelbarkeit und Nähe die innerste Wirklichkeit des Menschen ist.[228] Der existential begnadete Mensch ist das "Subjekt der absoluten Nähe des Geheimnisses"[229]. Das Umfangensein vom Geheimnis ist der Grundvollzug seines Daseins.[230] Er ist selber Geheimnis, weil das göttliche Geheimnis der Grund seines Daseins ist. Er ist das Wesen des Geheimnisses, weil er in seinem tiefsten Wesen die zu sich selbst gekommene Verwiesenheit auf das absolute Geheimnis ist.[231] Er ist er selber nur in dieser wesenhaften Selbsttranszendenz in das unbegreifliche Geheimnis hinein.

Durch diese transzendentale Verwiesenheit auf das unbegreifliche Unendliche ist er selber "definiert durch das Undefinierbare, das er nicht ist, ohne das er aber auch nicht einmal das ist und vor sich selber bringt, was er ist"[232]. Er ist undefinierbar und darum im letzten unverrechenbar und unverfügbar, weil die "Ek-stase in das ihm entzogene Geheimnis"[233] zu seiner Wesensdefinition gehört.

Der Mensch ist aber nicht nur ein Geheimnis, weil er die radikale Verwiesenheit auf das absolute Geheimnis Gottes

---

[227] Vgl. K.RAHNER, Ueber den Begriff des Geheimnisses, aaO. (Anm.116) 85f.
[228] Vgl. ders., Intellektuelle Redlichkeit, aaO.(Anm.208) 68; K.P.FISCHER, Der Mensch als Geheimnis, aaO. (Anm.64) 235-257.
[229] Ders., Ueber den Begriff des Geheimnisses, aaO. (Anm. 116) 83.
[230] Ders., Einheit - Liebe - Geheimnis, aaO.(Anm.222)504.
[231] Vgl. ders., Ueber den Begriff des Geheimnisses, aaO. (Anm.116) 68; 74; GK 215; ders., Art. Geheimnis, in: HThG I, 447-452, 449.
[232] Ders., Zur Theologie der Weihnachtsfeier, aaO. (Anm. 173)42; vgl. ders., Zur Theologie der Menschwerdung, aaO. (Anm.161) 140; ders., Naturwissenschaft und vernünftiger Glaube, aaO. (Anm.45) 51.
[233] Ders., Grundentwurf einer theologischen Anthropologie, aaO. (Anm.151) 28.

ist, sondern auch, weil er in seinem ganzen Daseinsgrund die Grammatik und der Modus des ausgesagten Geheimnisses Gottes ist. Wenn Gott sich selbst seinshaft an das andere mitteilen will, entsteht der Mensch, der eben deshalb von seiner ursprünglichsten, schöpfungstheologischen Sinnbestimmung her reine Offenheit für Gott ist (weil er der von Gott geschaffene Adressat und die von Gott sich selbst vorausgesetzte Bedingung der Empfänglichkeit der göttlichen Selbstmitteilung ist).[234] Der Mensch ist darum "in Ewigkeit das ausgesagte Geheimnis Gottes, das in Ewigkeit am Geheimnis seines Grundes teilhat"[235]. Die Idee der hypostatischen Union oder der Menschwerdung Gottes ist dabei nur die absolute und unüberbietbare Realisation des Geheimnisses des Menschen überhaupt, insofern in ihr die Selbstmitteilung Gottes in endgültiger Weise zum Ziel gekommen und angenommen ist.[236]

Die transzendentale Gegründetheit des menschlichen Daseins im unbegreiflichen Geheimnis hat auch ihre Konsequenzen für die Struktur der angemessenen theologischen Rede. Es gibt auch in der Theologie keine direkte Rede von Gott, weil dieser kein Immediatobjekt unserer Erkenntnis ist. Man kann sich seiner umgekehrt aber auch nicht "durch einen wilden Radikalismus in negativer Theologie"[237] bemächtigen, weil er sich auch negativ nicht festmachen lässt, sondern dadurch höchstens in leere Ferne entschwindet.

Dass aber in diesem "Verzicht auf eine durch Position oder Negation erobernde Gotteserkenntnis Gott nicht verschwindet, sondern gerade sich uns zuschickt" (ebd.), das

---

[234] Vgl. K.RAHNER, Zur Theologie der Menschwerdung, aaO. (Anm.161) 149-154; ders., Zur Theologie der Weihnachtsfeier, aaO. (Anm.173) 44.
[235] Ders., Zur Theologie der Menschwerdung, aaO.(Anm.161) 150; GK 223.
[236] Zur Christologie RAHNERS s.u. Kap. VIII.
[237] Ders., Bemerkungen zur Gotteslehre, aaO. (Anm.76) 166.

ist die Eigenart der christlichen Gotteslehre. Jede recht verstandene Theologie muss ihre eigenen Aussagen am Ende immer hineinfallen lassen in die schweigende Unbegreiflichkeit Gottes. Sie ist immer der methodisch reflektierte Prozess einer reductio in mysterium, in der sie sich selbst entgleiten lässt in das unsagbare Geheimnis hinein.[238]

Der Begriff ist in der Theologie "immer nur das Mittel der Erfahrung der Verwiesenheit über sich und alles Nennbare hinaus"[239]. Er ist nicht ein Ergreifen Gottes, durch das der Mensch sich des Geheimnisses bemächtigt und über es verfügt, sondern ein Sich-ergreifen-lassen vom Unbegreiflichen. Die theologischen Aussagen weisen darum immer ein in das Unsagbare.[240] Die theologische Rede ist gleichsam das "letzte Wort vor dem Verstummen"[241] angesichts des unbegreiflichen Geheimnisses Gottes, das sich zur innersten Mitte der menschlichen Existenz bestimmt hat. Theologische Sätze entgehen den "Gefahren des begrifflichen Götzendienstes"[242] nur in einem "Vorgang radikaler Selbstüberbietung"[243].

RAHNER spricht in diesem Zusammenhang von der konstitutiven "Selbsttranszendenz der Sätze"[244]. Man hat in der theologischen Rede nicht schon die Sache, wenn man ihren Begriff hat. Das begriffliche Wort ist dabei nicht nur die funktionale Repräsentanz (Stellvertretung) der Sache,

---

[238] Vgl. K.RAHNER, Was ist eine dogmatische Aussage?, aaO.(Anm.92)72; ders., Bemerkungen zur Gotteslehre, aaO. (Anm.76)178; ders.,Ueberlegungen zur Methode, aaO.(Anm.2) 113-126; ders., Glaubende Annahme der Wahrheit Gottes,in: XII, 215-223, 220; ders., "Erfahrungen eines Theologen". Möglichkeiten und Grenzen der Theologie, in: HerKorr 38 (1984) 224-230, 225.
[239] Ders., Was ist eine dogmatische Aussage?, aaO. (Anm. 92) 73.
[240] Vgl.ders., Intellektuelle Redlichkeit,aaO.(Anm.208)71.
[241] Ders., Theologie heute, aaO. (Anm.20) 75.
[242] Ders., Bemerkungen zur Gotteslehre, aaO. (Anm.76) 175.
[243] Ders., Ueberlegungen zur Methode, aaO. (Anm.2) 125.
[244] Ders., Die theologische Dimension, aaO. (Anm.21) 399.

sondern es ist überdies auch mystagogisch in dem Sinne, dass es an die gnadenhafte transzendentale Erfahrung des absoluten Geheimnisses in der personalen Tiefe der menschlichen Existenz appelliert.[245]

Unter Mystagogie versteht RAHNER - kurz gesagt - eine Einweisung in das Mysterium. Als Mystagogie in die transzendentale Erfahrung Gottes bildet die Theologie "eine Art Maieutik"[246], insofern sie auf die Erweckung des Grundaktes des Glaubens im Hörer selbst hinzielt, und zwar so, dass dieser im expliziten theologischen Begriff die in der Tiefe seiner eigenen personalen Existenz schlummernde unreflexe transzendentale Erfahrung des Geheimnisses objektiviert findet. Auch bei RAHNER ist Theologie also eine Art Pädagogik, die das im anderen verborgen anwesende, ureigene transzendentale Offenbarungswort zu evozieren und auf den Begriff zu bringen sucht.[247]

Die Theologie hat im Grunde genommen keine andere Aufgabe, als in allen begrifflich differenzierenden Objektivationen die ursprüngliche, transzendental-existentiale Gnadenerfahrung in der Freiheit des Menschen anzurufen. Jedem theologischen Satz liegt nach RAHNER eine "ursprüngliche menschliche Erfahrung"[248] zugrunde. Theologische Aussagen sind nur verständlich und vollziehbar, wenn sie Verweise auf diese apriorische Erfahrung unserer Verwiesenheit auf das unsagbare Geheimnis sind, wenn sie al-

---

[245] Vgl.K.RAHNER, Was ist eine dogmatische Aussage?, aaO. (Anm.92) 74.
[246] Ders., Im Heute glauben, aaO.(Anm.169)35; vgl. ders., Einübung priesterlicher Existenz, Freiburg i.Br. 1970,18; ders., Sendung und Gnade, aaO. (Anm.87) 122; GK 240; J.B. METZ, Unterbrechungen. Theologisch-politische Perspektiven und Profile, Gütersloh 1981,52; K.NEUMANN,Der Praxisbezug der Theologie bei Karl Rahner, Freiburg 1980, 189f.
[247] Vgl. K.RAHNER, Sendung und Gnade, aaO. (Anm.87) 118; ders., Natur und Gnade, aaO. (Anm.85) 233; ders., Ueber die Möglichkeit des Glaubens heute,aaO.(Anm.20)16; ders., Art. Glaubenszugang, in: SM II, 414-420, 415; GK 229.
[248] Ders., Im Gespräch I, aaO. (Anm.100) 143.

so verstanden werden können als Mystagogie in die tiefsten Grunderfahrungen des Menschen.[249] Die theologische Begrifflichkeit trägt ihre Sache nicht von aussen an den Menschen heran, sie ist vielmehr die "Aussage dessen..., was schon ursprünglicher in der Tiefe des Daseins erfahren und erlebt wird" (GK 28).

Mit der mystagogischen Rückführung aller theologischen Aussagen auf die transzendentale Gnadenerfahrung ist zugleich gegeben, dass die transzendentale Erfahrung bei RAHNER die ganze Last der Verifikationsproblematik theologischer Sätze zu tragen hat, dass also theologische Aussagen letztlich nur im Appell an die "eigene persönliche Gnadenerfahrung"[250] bewährt werden können.

Insofern der Gegenstand der Theologie - das Geheimnis Gottes selbst - per definitionem keinen festlegbaren Ort im gegenständlichen Koordinatensystem der menschlichen Erkenntnis und Freiheit hat und haben kann, können aller-

---

[249] Vgl. K.RAHNER, Frömmigkeit früher und heute, aaO. (Anm.20) 22; ders., Intellektuelle Redlichkeit, aaO.(Anm. 208) 71; ders.,Einheit - Liebe - Geheimnis, aaO.(Anm.222) 504; ders., Ueberlegungen zur Methode, aaO. (Anm.2) 123f; ders., Ueber künftige Wege, aaO. (Anm.16) 49-51; ders., Zum Verhältnis zwischen Theologie und heutigen Wissenschaften, aaO. (Anm.20) 107-111; ders., Glaube zwischen Rationalität und Emotionalität, aaO.(Anm.146)100; ders., Kirchliche und ausserkirchliche Religiosität, aaO. (Anm. 100) 594; ders., Kirche und Atheismus, in: XV, 139-151, 143; ders., Die Kunst im Horizont von Theologie und Frömmigkeit, in: XVI, 364-372, 367f; GK 63; ders., Chancen des Glaubens, aaO. (Anm.121) 72; ders., Glaube in winterlicher Zeit, aaO. (Anm.24) 73; ders., Im Gespräch II,aaO. (Anm.100) 69; 257.
[250] Ders., Im Gespräch II, aaO. (Anm.100) 69; vgl. ders., Grundlinien einer systematischen Christologie, aaO. (Anm. 167) 21; E.MITTERSTIELER, Christlicher Glaube als Bestätigung des Menschen. Zur "fides quaerens intellectum" in der Theologie Karl Rahners, Frankfurt a.M. 1975, 22; 75; P.EICHER, Offenbarung, aaO.(S.332,Anm.624)403f; E.G.FARRUGIA, aaO. (Anm.2) 197. - Zur wissenschaftstheoretischen Kritik der Rahnerschen Position vgl. E.RUPP, Zur Kritik der transzendentalen und analytischen Wissenschaftstheorie, Wiesbaden-Frankfurt a.M. 1973, bes. 67f; 77.

dings die theologischen Aussagen a priori nicht im gleichen Sinn Wissenschaftlichkeit aufweisen wie die Wissenschaften über Einzelgegenstände.[251] Und doch müssen trotz aller eigentümlichen Relativität der theologischen Sätze diese notwendig **gesagt** werden, damit wirklich geschwiegen werden kann, denn nur im Sagen vollzieht sich der Vorgriff auf das Unsagbare.[252]

RAHNER bezeichnet diese charakteristische Schwebe zwischen Sagen und Schweigen als den symbolischen oder analogen Status des begrifflichen Redens überhaupt.[253] Die Analogie ist ein theologisches Grundaxiom und die fundamentale Grundstruktur menschlicher Erkenntnis schlechthin. Noch wenige Wochen vor seinem Tod hat RAHNER eindringlich und gleichsam testamentarisch den analogen Status theologischer Aussagen in Erinnerung gerufen. Dieser werde in der konkreten Praxis der Theologie immer wieder vergessen, und zwar so sehr, dass RAHNER das "Erschrecken über dieses Vergessen"[254] ausdrückt.

Mit der Analogie ist jener Wesenszug der theologischen Rede gemeint, in dem diese nicht nur über das Geheimnis spricht, sondern auch - und ursprünglicher - eine Anweisung ist, um vor dieses Geheimnis selbst zu kommen.[255] Alle theologischen Aussagen sind in dem Sinne analog, dass eine Aussage über die gemeinte Wirklichkeit zwar notwendig ist, aber gleichzeitig auch zurückgenommen werden muss, weil die blosse Zusage dieses Begriffs auf das Gemeinte hin ohne die gleichzeitige Rücknahme dieses Gemeinte verkennen würde.[256] Endliche Erkenntnis kann über

---

[251] Vgl. K.RAHNER, Zum Verhältnis zwischen Theologie und heutigen Wissenschaften, aaO. (Anm.20) 107.
[252] Vgl. ders., Ueberlegungen zur Methode, aaO.(Anm.2)124.
[253] Vgl. GK 81; ders.,"Erfahrungen eines Theologen", aaO. (Anm.238) 226.
[254] Ders., "Erfahrungen eines Theologen",aaO.(Anm.238)225.
[255] Vgl. ders., Was ist eine dogmatische Aussage?, aaO. (Anm.92) 74.
[256] Vgl.ders.,"Erfahrungen eines Theologen",aaO.(Anm.238) 225.

Gott nichts in positiver Direktheit sagen, ohne dabei eine radikale Unangemessenheit dieser positiven Aussage mit der gemeinten Wirklichkeit zu konstatieren. "Denn von Schöpfer und Geschöpf kann keine Aehnlichkeit ausgesagt werden, ohne dass sie eine grössere Unähnlichkeit zwischen beiden einschlösse" (DS 806/NR 280).

Die Aussage ist nie real identisch mit dem Gemeinten, sondern nur die symbolische Kategorialisierung dessen, was dieser Objektivation als eigentliche Wirklichkeit zugrundeliegt. Theologische Aussagen sind eben darum nie das ontologische Ergreifen und Erobern des theologalen Gegenstandes, sondern - recht verstanden - nur eine reductio in mysterium.

## VI. DER MENSCH ALS DAS WESEN DER FREIHEIT

Die späteren Werke RAHNERS zeugen von einer eigentümlichen Ambivalenz der Freiheitslehre. Einerseits wird Freiheit weiterhin in einem an der gegenständlichen Erkenntnis orientierten Begründungszusammenhang thematisiert, anderseits fasst RAHNER sie daneben und ziemlich unvermittelt zur ersten Konzeption in ihrer formellen Unbedingtheit als selbstursprünglichen Grund und irreduzibles Prinzip schlechthin.

So bleibt einerseits der "tragende Grund aller Freiheit"[257] identisch mit dem Grund möglicher Erkenntnis sinnlicher Gegenstände.[258] Insofern dieser das unendliche

---

[257] K.RAHNER, Das "Gebot" der Liebe unter den anderen Geboten, in: V, 494-517, 503.
[258] Vgl.ders., Theologie der Freiheit, aaO.(Anm.143)229f;

Sein Gottes ist, wird die so erschlossene und begründete Freiheit in einer Kurzformel definiert als "Selbstvollzug der Person am endlichen Material vor dem unendlichen Gott"[259]. Freiheit realisiert sich hier immer an einem gegenständlichen Material, Subjektivität immer in Naturalität.[260] Entsprechend redet RAHNER von der "Kreatürlichkeit menschlicher Freiheit" (ebd.), weil sie ermöglicht und getragen ist vom absoluten Horizont als ihrem Woraufhin und weil sie immer vermittelt ist durch die kreatürliche Gegenständlichkeit.

Einerseits weist also RAHNER die Unausweichlichkeit der Gegründetheit menschlicher Freiheit im absoluten Sein am gegenständlichen Erkenntnisvollzug auf, anderseits versichert er aber im gleichen Aufsatz, die Freiheit geschehe "nie als bloss gegenständlicher Vollzug" (ebd.224), ja sie sei als Selbstursprünglichkeit gar nicht begründbar, als originäres Selbstverhältnis sei sie "nicht noch einmal auf etwas anderes gestellt und deshalb auch nicht von einem anderen her ableitbar bzw. auf ein solches hin begründbar" (ebd.223).

Hier wird Freiheit verstanden als Ueberantwortetheit des Subjekts an es selbst. Sie geht in ihrem Grundvollzug auf das Subjekt als solches und ganzes. In seiner Freiheit vollzieht dieses letztlich "nicht etwas, sondern sich selbst" (GK 101). Freiheit bezieht sich auf das Eine und Ganze des Daseins. Sie ist das Vermögen einer aller Gegenständlichkeit vorausgehenden Subjekthaftigkeit.[261] Sie ist kein empirisches Einzeldatum am Menschen, sondern das "letzte Wesen des Menschen"[262] und transzendentales

---

ders., Gotteserfahrung heute, aaO. (Anm.20) 167.
[259] K.RAHNER, Würde und Freiheit, aaO. (Anm.91) 260.
[260] Vgl. ders., Theologie der Freiheit, aaO.(Anm.143)231.
[261] Vgl. ders., Theologie der Freiheit, aaO.(Anm.143)219; 231; GK 102; ders., Schuld - Verantwortung - Strafe in der Sicht der katholischen Theologie, in: VI, 238-261,245.
[262] Ders., Dialog und Toleranz als Grundlage einer humanen Gesellschaft, in: XVI, 26-41, 37.

Apriori[263]. Sie ist schlechthin unüberspringbar und unobjektivierbar (und eben deshalb auch radikal geheimnishaft), weil sie die Voraussetzung aller Objektivation ist. Sie ist originärer Ursprung.

Es geschieht schlechthin nichts über das freie Selbstverhältnis des Subjekts hinweg.[264] Die Freiheit ist der schlechthin unabwälzbare Selbstvollzug des einen Subjekts selbst. Der Mensch ist durch seine Freiheit immer der Einmalige und Unvergleichliche, der in kein System adäquat eingeordnet und keiner Idee adäquat subsumiert werden kann. Er ist so "in einem ursprünglichen Sinn der Unantastbare" (ebd.), aber auch der Einsame und sich selber Zugelastete. Freiheit ist das Vermögen der absoluten Selbstverfügung in radikale und irreversible Endgültigkeit hinein, weil und insofern sie Akt des personalen Zentrums und der innersten Wesensmitte des Menschen ist und so gleichsam von der Wurzel her sämtliche Vollzüge des Subjekts in sich konzentriert.[265]

Weil jede Freiheitsentscheidung, sei sie auch noch so peripher zu den zentralen Vollzügen des Selbst, auf das den Menschen konstituierende Verhältnis zum Absoluten ausgreift und zurückwirkt, enthält sie diesen eigentümlichen Endgültigkeitscharakter, denn in jedem freien Handeln wird implizit über jene Beziehung verfügt, die der Freiheitstat selber einen absoluten Sinn zu geben vermag: die Beziehung zum Absoluten selber.

---

[263] Vgl. K.RAHNER, Theologie der Freiheit, aaO. (Anm.143) 222.
[264] Vgl. ebd. 223.
[265] Vgl. ebd. 224f; ders., Zum theologischen Begriff der Konkupiszenz, aaO. (Anm.79) 392f; 399; ders., Experiment Mensch, in: VIII, 260-285, 269; ders., Glaube zwischen Rationalität und Emotionalität, aaO. (Anm.146) 91; ders., Die Freiheit des Kranken in theologischer Sicht, in: XII, 439-454, 441; ders., Von der Not und dem Segen des Gebetes, aaO. (Anm.220) 85f; ders., Gnade als Freiheit. Kleine theologische Beiträge, Freiburg i.Br. 1968, 56; GK 312.

Da die Freiheit dem innersten Personkern entspringt und die Personalität der Person letztlich ausmacht, ist sie endgültig in dem Sinne, dass die einmal gesetzte Entscheidung im Dasein nicht einfach mit dem zeitlichen Entscheidungsmoment vergeht, sondern als Wirklichkeit der Person bleibt und alle weitere Entscheidung mitbestimmt. Freiheit ist daher nach RAHNER gerade nicht das Vermögen des Immer-wieder-anders-Könnens, nicht die Möglichkeit der endlosen Revision, sondern das Vermögen des einmalig Endgültigen, der einmaligen Verfügung über sich selbst in Endgültigkeit hinein. Sie ist "nicht der Motor der ewigen Wiederkehr desselben" (d.h. nicht das Vermögen, immer wieder das beliebig andere und Gegenteilige zu tun), sondern das "Ereignis der Ewigkeit in der Zeit vor Gott".[266]

Jedem frei getätigten Akt kommt Einmaligkeit und Endgültigkeit zu, weil er implizit vor dem absoluten Gott geschieht.[267] Wo immer der Mensch in Freiheit sich selbst vollzieht, entscheidet er über sich selbst als einer und ganzer.[268] In dem Masse, wie er es in seinem Daseinsvollzug unausweichlich mit Gott als seinem Grund und Horizont zu tun hat, hat es die Freiheit immer schon mit Gott zu tun. Freiheit ist "immer und in jedem Akt Freiheit auf das Geheimnis Gottes selbst hin"[269]. Dies wird noch radikalisiert durch die Tatsache, dass die konkrete Transzendenz des Menschen umfasst und getragen ist von der existentialen Selbstmitteilung Gottes als gnadenhafter Dynamik des Daseins auf die unmittelbare Nähe Gottes hin, so dass eine **theologische** Freiheitslehre immer "Proklamation der Gnade Gottes"[270] ist.

---

[266] K.RAHNER, Gnade als Freiheit, aaO. (Anm.265) 85; vgl. ders., Theologie der Freiheit, aaO. (Anm.143) 220.
[267] Vgl. P.EICHER, Die anthropologische Wende, aaO. (Anm.32) 350; 407.
[268] Vgl. K.RAHNER, Weltgeschichte und Heilsgeschichte, aaO. (Anm.113) 119.
[269] Ders., Theologie der Freiheit, aaO. (Anm.143) 235.
[270] Ders., Gnade als Freiheit, aaO. (Anm.265) 57.

Dies ermöglicht es RAHNER, den menschlichen Freiheitsvollzug mit dem Glaubensvollzug zusammenzudenken. Glaube ist im tiefsten und letzten nichts anderes als die in Freiheit angenommene Radikalität und Dynamik des Selbstvollzugs, insofern der Mensch in solcher Selbstannahme immer auch schon - wenn auch möglicherweise unreflex und jedenfalls nie adäquat objektivierbar - die gnadenhafte radikale Finalisiertheit seiner Transzendenz auf die Unmittelbarkeit Gottes hin bejaht.[271] Wer die absolute Annahme seines Daseins vollzieht, hat damit auch schon die Wirklichkeit der existentialen Gnade als Heilsangebot Gottes angenommen als die letzte Entelechie dieses Daseins, weil die Gnade mit dem apriorischen Horizont aller geistigen Vollzüge faktisch je schon mitgegeben ist. Glaube ist "Mut zu sich selbst in der einen Ganzheit der menschlichen Wirklichkeit"[272]. Er ist ein Existential.[273]

RAHNERS Begriff der Freiheit als Vermögen über sich selbst verfügender Endgültigkeit des Subjekts vor dem Gott transzendentaler Selbstmitteilung verdankt sich offensichtlich dem von HEIDEGGER thematisierten Existential des "Seins zum Tode" (SZ 235-267) und der darin beschlossenen "Freiheit zum Tode" (SZ 266) als der vorwegnehmenden Möglichkeit des "eigensten, unbezüglichen und unüberholbaren Seinkönnens" (SZ 251) der Ganzheit des Daseins, insofern es sich um die Freiheit jenes Seienden handelt, das sich im Sein zum Tode immer schon zu seinem Ende verhält und deshalb jede Tat der Freiheit als end-gültige erfährt. RAHNER selbst bringt das Wesen der Freiheit als Vermögen der Endgültigkeit ausdrücklich in Zusammenhang mit dem Existential des Todes. Durch den Tod ist die ge-

---

[271] Vgl. K.RAHNER, Anonymer und expliziter Glaube, aaO. (Anm.156) 83; ders., Glaube zwischen Rationalität und Emotionalität, aaO. (Anm.146) 99; ders., Die theologische Dimension, aaO. (Anm.21) 399; ders., Glaube als Mut, in: XIII, 252-268, 263.
[272] Ders., Glaube als Mut, aaO. (Anm.271) 256.
[273] Vgl. ders., Rechtfertigung und Weltgestaltung in katholischer Sicht, in: XIII, 307-323, 311.

tane Endgültigkeit des frei gezeitigten Daseins des Menschen. Was der Mensch frei aus sich macht, das wird durch den Tod end-gültig.[274]

RAHNER verweist aber auch auf das genuin christliche Selbstverständnis, wonach der Mensch in Freiheit über sein endgültiges Heil oder Unheil entscheiden kann. Freiheit ist gerade im theologischen Verständnis so das Vermögen der Selbstverfügung des Subjekts über sich als eines und ganzes in Endgültigkeit hinein, dass sie die Freiheit des Ja oder Nein zu Gott als dem Woraufhin der Transzendenz und der Freiheit ist, weil nur von daher überhaupt das Subjekt als solches und ganzes betroffen werden kann. Freiheit ist das Vermögen der endgültigen Entscheidung über Heil und Unheil.[275] "Der Mensch verfügt vor Gott und auf ihn hin oder von ihm weg über die Totalität seines Wesens und Daseins, und zwar so, dass diese zeitliche Verfügung die ewige Endgültigkeit seiner Existenz in absolutem Heil oder Unheil bildet: der Mensch ist durch seine Freiheit für sein ewiges Heil oder Unheil verantwortlich."[276]

RAHNER fasst das Wesen dieser Selbstverfügung derart radikal, dass er die christliche Erlösung im tiefsten Grund immer auch als Selbsterlösung sieht. Erlösung als endgül-

---

[274] Vgl. GK 111; 267; 420; ders., Zur Theologie des Todes, QD 2, Freiburg i.Br. 1958, bes. 28-30; 40; 57f; 76-78; 86-88; ders., Passion und Aszese, in: III, 73-104, 88-90; ders., Das Leben der Toten, in: IV, 429-437, 430; ders., Ueber das christliche Sterben, in: VII, 273-280, 274f; ders., Zu einer Theologie des Todes, in: X,181-199, 198; ders., Das christliche Sterben, in: XIII, 269-304, 271; ders., Von der Not und dem Segen des Gebetes, aaO. (Anm.220) 86. - Zur Todesanalyse bei HEIDEGGER und RAHNER vgl. G.NEUHAUS, Transzendentale Erfahrung als Geschichtsverlust? Der Vorwurf der Subjektlosigkeit an Rahners Begriff geschichtlicher Existenz und eine weiterführende Perspektive transzendentaler Theologie, Düsseldorf 1982, 137-151.
[275] Vgl. K.RAHNER, Theologie der Freiheit, aaO.(Anm.143) 224; ders., Gnade als Freiheit, aaO. (Anm.265) 58; GK 107.
[276] Ders., Schuld-Verantwortung-Strafe, aaO.(Anm.261)241.

tiges Heil des Menschen und der Welt ereignet sich nicht an der Freiheit des Menschen vorbei. Damit ist nicht gemeint, dass die Erlösung ohne Gott geschieht, zumal ja Gott selbst die Bedingung der Möglichkeit und die innerste, begnadende Mitte jedes menschlichen Selbstvollzugs ist, so dass die freie Verfügung des Menschen über sich selbst auf das endgültige Heil hin noch einmal getragen ist durch die erlösende Gnade selber. Selbsterlösung meint nur, dass der Mensch sein Heil nicht einfach passiv und gleichgültig entgegennimmt, sondern sich in Freiheit affirmativ oder im Modus der Ablehnung dazu verhält und gerade durch diese Entscheidung über sich selbst endgültig entscheidet und verfügt.[277] "Die Ewigkeit, die Gott als seine schenkt, wird erst die wirklich je meine, indem sie durch die Freiheit angenommen und zur vom Menschen getanen Ewigkeit wird."[278]

Umgekehrt bedeutet Fremderlösung nur, dass Gott dem Menschen durch die Gnade die Möglichkeit anbietet, "in der radikalsten Selbstübergabe seiner Existenz durch Glaube, Hoffnung und Liebe seine eigene heilshafte Endgültigkeit zu konstituieren"[279]. Fremderlösung ist die "gnadenhafte Geschenktheit unserer Selbsterlösung" (ebd.).

Freiheit ist also diejenige des Ja oder Nein zu Gott und darin die Freiheit zum endgültigen Heil oder Unheil des Menschen. Sie ist als Freiheit des Ja oder Nein zu Gott zugleich die Freiheit des Ja oder Nein zur innersten Wesenskonstitution des Menschen selbst, weil Gott ja als die Bedingung der Möglichkeit sämtlicher Vollzüge des Selbst verstanden wird. Das Ja und das Nein sind dabei keineswegs symmetrische Alternativen. Vielmehr ist das

---

[277] Vgl.K.RAHNER, Der eine Jesus Christus und die Universalität des Heils,aaO.(Anm.152)260f; ders., Das christliche Verständnis der Erlösung,in:XV,236-250,236-238; GK 50.
[278] Ders., Gnade als Freiheit, aaO. (Anm.265) 59.
[279] Ders., Versöhnung und Stellvertretung, in: XV, 251-264, 261.

Nein der "reale, absolute Widerspruch"[280], weil es im Akt der Negation Gottes diesen noch einmal und notwendig als Bedingung der Möglichkeit eines solchen Verneinens bejaht. Die Möglichkeit, den Grund des eigenen Tuns zu negieren in einem Akt, der das Negierte notwendig noch einmal bejaht, ist das "schauervolle Geheimnis der Freiheit" (ebd.218). Die Möglichkeit dieses absoluten Widerspruchs ist real, und das Christentum nennt sie Sünde. Das Böse ist die Absurdität des Wollens des ontologisch Unmöglichen.[281]

Bis jetzt könnte der Eindruck entstehen, die Rahnersche Freiheit sei trotz aller Verwiesenheit auf den lebendigen Gott am Ende doch eine sehr einsame, monadische Wirklichkeit. In der Tat liess RAHNER in seinen ontologischen Analysen die ursprünglich dialogische Struktur der Freiheit unberücksichtigt. Und erst allmählich tritt der kommunikative Freiheitsbegriff im späteren Schrifttum gleichsam additiv hinzu, so dass die interpersonale Beziehungswirklichkeit vermehrt in den Vordergrund rückt (wobei die frühere ontologische Analytik aber im wesentlichen vorausgesetzt bleibt).[282] Der Mitmensch wird immerhin nicht mehr nur als ein Sonderfall der der Freiheit eines erkennenden Ich verfügbaren Gegenständlichkeit gesehen, sondern selber als personale Freiheit, die zum Subjekt in einem ursprünglicheren Verhältnis steht als die dingliche Objektwelt.[283] Freiheit wird jetzt vermehrt begriffen als die "Freiheit eines Subjekts, das mit anderen Subjekten in einer interpersonalen Kommunikation steht. Deswegen ist sie notwendigerweise Freiheit gegenüber einem anderen Subjekt von Transzendenz, die nicht zunächst Bedingung der Möglichkeit sachhafter Erkenntnis,

---

[280] K.RAHNER, Theologie der Freiheit, aaO. (Anm.143) 219.
[281] Vgl. ders., Experiment Mensch, aaO. (Anm.265) 275.
[282] Vgl. P.EICHER, Die anthropologische Wende, aaO. (Anm. 32) 340; G.NEUHAUS, Transzendentale Erfahrung, aaO. (Anm. 274) 94f; 165; 179f; 184f; 337.
[283] Vgl.K.RAHNER,Heilsauftrag der Kirche,aaO.(Anm.152)557.

sondern die Bedingung der Möglichkeit des Bei-sich-Seins eines Subjektes bei sich selbst und genauso ursprünglich beim anderen Subjekt ist" (GK 74)[284]. Freiheit ist "Kommunikation mit dem Du"[285], und deswegen ist der Mensch in seiner Freiheit "interkommunikative Existenz"[286]. Freiheit kommt so in den Blick als das "dialogische Vermögen der Liebe"[287], insofern diese jener Grundakt des Menschen ist, in den hinein er "sein ganzes Wesen und Leben restlos hineinversammeln kann"[288].


## VII. LIEBE ALS GRUNDAKT DER FREIHEIT UND

## ALS PRIMAERVERMITTLUNG GOTTES

Der konkrete Selbstvollzug des Subjekts hat bezüglich seiner Vermittlungen eine differenzierte Struktur, in der nicht alle Gegenstände gleich-gültig nebeneinander stehen. Die originäre und adäquate Vermittlungsstruktur des Ich zu sich selbst ist das Kommunikationsverhältnis mit einem Du. Selbstwerdung geschieht ursprünglich in der Begegnung mit anderen Personen. "Man erfährt sich, indem man den anderen und nicht das andere erfährt."[289] Das adäquate Gegenüber der menschlichen Freiheit ist nicht

---

[284] Vgl. auch K.RAHNER, Theologische Bemerkungen zum Begriff "Zeugnis", in: X, 164-180, 167.
[285] Ders., Ueber die Einheit von Nächsten- und Gottesliebe, aaO. (Anm.65) 288.
[286] Ders., Der eine Mittler und die Vielfalt der Vermittlungen, in: VIII, 218-235, 226; GK 313.
[287] Ders., Theologie der Freiheit, aaO.(Anm.143)225; vgl. auch ders., Das "Gebot" der Liebe, aaO. (Anm.257) 511.
[288] Ders., Von der Not und dem Segen des Gebetes, aaO. (Anm.220) 90.
[289] Ders., Selbsterfahrung und Gotteserfahrung,aaO. (Anm. 117) 139.

ein gegenständlich, sondern "ein **personal** anderes"²⁹⁰. Der Mensch kommt nur wirklich zu sich, wenn er sich liebend dem anderen öffnet. Das personale Du ist die Vermittlung zum Bei-sich-sein des Ich.²⁹¹

Allerdings ist der andere in dieser das Ich zu sich selbst vermittelnden Funktion keine "blosse Negativität oder Andersheit für das 'Ich', das bloss sich selbst finden will, wenn auch am anderen"²⁹². Liebe meint das "Du als solches" (ebd.), sie bezieht sich auf das Du, "um bei ihm zu bleiben" (ebd.292) und nicht, um von vornherein auf dem Umweg über es nur auf sich selbst zurückzufallen. Wenn sie nicht unmittelbar den anderen selbst in seiner Einmaligkeit und Unvernutzbarkeit um seiner selbst willen, sondern nur seine verwertbare Bedeutung für mich meinen würde und wenn die antwortende Liebe des anderen nicht ständig als das uneinklagbare Wunder und Geschenk entgegengenommen würde, sondern insgeheim nur das wäre, was man eigentlich erreichen will, dann wäre sie nur der egoistische Schein von Liebe. "Wahre Liebe geht von sich weg, um nicht mehr zu sich zurückzukehren."²⁹³ Sie ist wirklich die "nicht mehr uns und das andere in unsere Verfügung zurückgebende Uebergabe"²⁹⁴. Der andere wird in der Liebe nicht zum blossen Medium meiner Selbstvermittlung funktionalisiert, sondern als Subjekt mit einer offenen, unverfügbaren Freiheitsgeschichte unbedingt bejaht. Und nur im Masse seiner unverfügten Freiheit und Personalität kann er das Ich in dialogischer Kommunikation zu sich selbst bestimmen.

---

290 K.RAHNER, Erfahrung des Geistes, aaO. (Anm.100) 46.
291 Vgl. ders., Das "Gebot" der Liebe, aaO. (Anm.257) 496f; ders., Ueber die Einheit von Nächsten- und Gottesliebe, aaO. (Anm.65) 288.
292 Ders., Ueber die Einheit von Nächsten- und Gottesliebe, aaO. (Anm.65) 288.
293 Ders., Die unverbrauchbare Transzendenz Gottes und unsere Sorge um die Zukunft, in: XIV, 405-421, 408.
294 Ders., Der Mensch, aaO. (Anm.183) 124.

In der liebenden Begegnung mit dem Du ist im Grunde genommen schon die ganze Wirklichkeit eröffnet, weil das Du das erkennende Ich allererst zu sich selbst erweckt und so alle Wirklichkeitserfahrung überhaupt und als ganze eröffnet und trägt. Ohne Du kein Selbstbewusstsein des Ich und ohne Selbstbewusstsein keine Wirklichkeitserkenntnis des Ich.[295]

Die personale Liebe ist insofern der Grund und das ursprüngliche Wesen aller Wirklichkeit.[296] Die Begegnung mit dem Du in Freiheit und Liebe ist nicht einfach irgendein Vollzug neben anderen, gleichrangigen Bezügen, sondern der eigentliche und umfassende Grundakt, weil die ursprüngliche Umwelt des Menschen seine personale Mitwelt ist, durch die er allererst zu sich selbst erwacht. Die Sachwelt ist demgegenüber nur sekundäres Moment.[297] Zum Wesen des Menschen gehört fundamental die Hinordnung "auf ein Du in Liebe und gegenseitigem Dienst"[298]. Die Liebe ist der ursprünglichste und radikalste Selbstvollzug menschlicher Freiheit.[299] Sie ist der "umfassende, allem anderen Sinn, Richtung und Mass gebende Grundakt des Menschen"[300]. Das "Grundvermögen der Liebe"[301] ist die letzte, personbildende Struktur des Daseins.

Als Grundakt ist die Liebe aber zugleich immer schon gnadenhaft überformt durch die existentiale Gnade. Nächstenliebe ist darum je schon zielgerichtete Bewegung auf Gott

---

[295] Vgl. K.RAHNER, Selbsterfahrung und Gotteserfahrung, aaO. (Anm.117) 140.
[296] Vgl. ders., Einheit - Liebe - Geheimnis, aaO. (Anm.222) 498-501.
[297] Vgl. ders., Warum und wie können wir die Heiligen verehren?, in: VII, 283-303, 296f.
[298] Ders., Würde und Freiheit, aaO. (Anm.91) 269.
[299] Vgl. ders., Das "Gebot" der Liebe, aaO.(Anm.257)505; ders., Ueber die Einheit von Nächsten- und Gottesliebe. aaO. (Anm.65) 290.
[300] Ders., Ueber die Einheit von Nächsten- und Gottesliebe, aaO. (Anm.65) 288.
[301] Ders., Theologie der Freiheit, aaO. (Anm.143) 227.

selbst hin. Wenn der Mensch in radikalem Selbstvollzug sich liebend an den anderen wegwagt, ergreift er implizit das, "was mit Gott als Horizont, Garant und Radikalität solcher Liebe gemeint ist"[302]. Aber wohlverstanden: er ergreift ihn immer nur indirekt als Horizont dieses Ergreifens. Gott ist dem endlichen Menschen nie als Immediatobjekt in der Art eines Einzelgegenstandes neben anderen gegeben, sondern immer nur als der transzendentale Grund und Horizont kategorialer Vollzüge.

Der kategoriale Vollzug ist also notwendig, um darin und daran Gott allererst als dessen Grund und Horizont miterfahren zu können, denn ohne kategorialen Akt eröffnet sich uns auch kein Horizont desselben. Und insofern das freie und liebende Kommunikationsverhältnis der kategoriale Grundakt des Menschen ist, ist die Nächstenliebe jener originäre kategoriale Selbstvollzug, in dem Gott am ursprünglichsten und adäquatesten miterfahren wird.[303]

Gibt es in concreto keine Gotteserfahrung ohne Selbsterfahrung und gibt es weiter keine Selbsterfahrung ohne liebende Begegnung mit dem Nächsten, so kann es im letzten auch keine Gotteserfahrung ohne Begegnung mit dem Nächsten geben.[304] Wirkliche Gotteserfahrung (und Gotteserkenntnis) ist letztlich "nur dort gegeben, wo und wenn ein Mensch jenen totalen Selbstvollzug und jene radikale Selbsttranszendenz vollzieht, die eben nur in der Liebe zum Nächsten realisiert wird"[305]. Wo immer ein Mensch "unbelohnt und gleichsam ohne Rückkehr zu seinem egoistischen Ich sich auf das andere Du übersteigt"[306], bejaht

---

[302] K.RAHNER, Reflexionen zur Problematik einer Kurzformel, aaO. (Anm.100) 252.
[303] Vgl. ders., Ueber die Einheit von Nächsten- und Gottesliebe, aaO. (Anm.65) 292-295.
[304] Vgl. ders., Selbsterfahrung und Gotteserfahrung, aaO. (Anm.117) 139.
[305] Ders., Theologische Begründung der kirchlichen Entwicklungsarbeit, in: XIV, 273-283, 276.
[306] Ders., Heilsauftrag der Kirche, aaO. (Anm.152) 559.

er in solcher Selbsttranszendenz frei die diese Bewegung gnadenhaft tragende Wirklichkeit Gottes, ob er es reflex weiss oder nicht.

Darin ist letztlich das begründet, was RAHNER die "Grundthese von der gegenseitigen strengen Identität von Gottes- und Nächstenliebe"[307] nennt. Die ursprüngliche Beziehung zu Gott ist Nächstenliebe. Denn wenn der Mensch nur im Vollzug der Liebe er selbst wird und er diese Selbstverfügung in einer kategorialen Tat vollziehen muss, dann ist der Akt der Nächstenliebe jener ursprüngliche kategoriale Akt, in dem der Mensch die ganze kategorial gegebene Wirklichkeit erreicht und darin die transzendentale und gnadenhafte unmittelbare Erfahrung Gottes macht.[308] Die Beziehung der Liebe zum Mitmenschen ist ein "unerlässliches Wesensmoment, die unersetzliche Vermittlung für die Beziehung zu Gott"[309].

Liebe zum Nächsten und Liebe zu Gott bilden eine ursprüngliche Einheit, aber nicht so, dass die Nächstenliebe in die Gottesliebe hinein aufgelöst wird und darin als das im Grunde nur Propädeutische und Unwesentliche verschwindet, und auch nicht so, dass zwei verschiedene Vollzüge des menschlichen Daseins nachträglich miteinander verbunden werden, die aber an sich ebensogut für sich allein und unabhängig voneinander bestehen könnten, sondern so, dass das eine ohne das andere gar nicht ist, sondern beide im letzten Verstande identisch sind. Die Nächstenliebe ist nicht bloss Vorbedingung, Instrument oder Wirkung der Liebe zu Gott, sondern selber schon der

---

[307] K.RAHNER, Ueber die Einheit von Nächsten- und Gottesliebe, aaO. (Anm.65) 286.
[308] Vgl. ders., Theologie der Freiheit, aaO. (Anm.143) 228f; ders., Warum und wie können wir die Heiligen verehren?, aaO. (Anm.297) 300; ders., Politische Dimensionen des Christentums. Ausgewählte Texte zu Fragen der Zeit, hrsg. von H.VORGRIMLER, München 1986, 149.
[309] Ders., Marxistische Utopie und christliche Zukunft des Menschen, in: VI, 77-88, 85.

eigentliche Akt derselben, da sie immer schon ermöglicht und getragen ist von der existentialen Selbstmitteilung Gottes in der Tiefe der personalen Existenz und sie so den Menschen wirklich mit Gott eint.

Liebe zum Nächsten und Liebe zu Gott sind dergestalt eins, dass nur dadurch verständlich wird, was Gott eigentlich ist, dass wir die Nächstenliebe zu ihrem radikalen Wesensvollzug bringen.[310] Diese ist der primäre Akt der Liebe zu Gott und deren kategoriale Vollzugsform.[311] Der andere ist darum das eigentliche Sakrament Gottes.[312] Es gibt keine Gottesverehrung, die nicht "in Anbetung und Liebe vermittelt wäre durch ihren Dienst an den Menschen"[313], "keine Liebe zu Gott..., die nicht ihre ganze Radikalität der Liebe zum Menschen mitgeteilt hätte"[314].

Wo immer die Liebe zum Nächsten ihre sittliche Absolutheit erreicht, ist sie auch schon wirklich von der Gnade Gottes überformt und umgriffen, so dass sie im gleichen Akt auch Liebe auf Gott hin ist. Die Liebe ist in diesem Sinn die totale Integration aller Existentialien des menschlichen Daseins[315], weil sie die Annahme der transzendentalen Grundbewegung der Freiheit als solcher und damit auch ihres tragenden Grundes ist.[316]

Im liebenden Vollzug der Zwischenmenschlichkeit realisiert also der Mensch immer schon sein transzendentales Verhältnis zu Gott. Insofern seine Freiheit faktisch immer und überall bestimmt ist durch die existentiale Gnade

---

[310] Vgl. K.RAHNER, Ueber die Einheit von Nächsten- und Gottesliebe, aaO. (Anm.65) 278-283.
[311] Vgl. ebd. 295; ders., Rechtfertigung und Weltgestaltung, aaO. (Anm.273) 319.
[312] Vgl. ders., Theologische Begründung der kirchlichen Entwicklungsarbeit, aaO. (Anm.305) 280.
[313] Ders., Zur Theologie der Revolution, in:X,568-586,583.
[314] Ders., Heilsauftrag der Kirche, aaO. (Anm.152) 561.
[315] Vgl. ders., Theologie der Freiheit, aaO.(Anm.143)226.
[316] Vgl. ders., Das "Gebot" der Liebe, aaO. (Anm.257) 503.

und insofern er im konkreten Vollzug seiner Freiheit positiv oder negativ Stellung nimmt zur Totalität dieser begnadeten Existenz, ist jeder sittlich gute Akt des Menschen faktisch schon ein Gnaden- oder Heilsakt.[317]

Durch das Gnadenexistential wird jeder radikal sittliche Akt zu einer Bewegung auf die Unmittelbarkeit Gottes selbst hin. Wo immer also ein positiver sittlicher Akt vorliegt, ist auch Heilsereignis gegeben. Sittlicher Akt und Heilsakt lassen sich nur analytisch im Begriff, aber nicht real unterscheiden.[318]

Die praktische Weltgestaltung des Menschen in Liebe ist immer und überall durch die transzendentale Gnade mitbestimmt, die ihrerseits von sich aus "immer und überall eine inkarnatorische Struktur"[319] hat. Das Apriori des faktischen Gnadenexistentials ist die geheime Entelechie des individuellen und kollektiven Lebens.[320] Es ist der "letzte Sinn und Motor der Welt- und Menschheitsgeschichte"[321]. Das Weltverhältnis des Menschen in sittlicher Praxis ist nur der kategoriale Vollzug und die geschichtliche Konkretheit der absoluten Transzendentalität der Gnade als der Unmittelbarkeit zu Gott. Die innerweltliche Praxis ist gleichsam die "Vermittlung zur Unmittelbarkeit Gottes"[322]. Dies ist kein begrifflicher Widerspruch, sondern nur die Konsequenz dessen, dass Gott kein Immediatobjekt menschlicher Erkenntnis, sondern ungegenständlicher Horizont der kategorialen Vollzüge ist.

---

[317] Vgl. K.RAHNER, Natur und Gnade, aaO. (Anm.85) 227. - Zu RAHNERS Theorie des anonymen Christentums, die hier ihre Grundlage hat, vgl. v.a. die gründliche Studie von N.SCHWERDTFEGER, aaO. (Anm.132).
[318] Vgl. ders., Ueber die Einheit von Nächsten- und Gottesliebe, aaO. (Anm.65) 286.
[319] Ders., Rechtfertigung und Weltgestaltung, aaO. (Anm. 273) 319.
[320] Vgl.ebd.312; ders., Natur und Gnade, aaO.(Anm.85)228.
[321] Ders., Marxistische Utopie, aaO. (Anm.309) 84.
[322] Ders., Rechtfertigung und Weltgestaltung, aaO. (Anm. 273) 317.

Diese Vermittlung zur transzendentalen Unmittelbarkeit Gottes durch konkrete, kategoriale Praxis der Freiheit hat nach RAHNER ausdrücklich auch eine gesellschaftliche Dimension und muss insofern als politische Theologie thematisch werden.[323] RAHNER fordert mit Nachdruck auch eine Hermeneutik der sozialen Bedeutung von Gnade.[324]

Das tendenziell Richtige an der Emphase der humanistischen Praxis und Weltverantwortung liegt darin, dass wir Gott nie in der Weise eines greifbaren Einzelgegenstandes vor uns haben, sondern immer nur als das ungegenständliche Woraufhin unserer Transzendenzbewegung, so dass die Begegnung mit Gott immer vermittelt ist durch die kategoriale Begegnung mit der personalen und weltlichen Wirklichkeit.[325] Weltaufgabe und Heilsaufgabe fallen zwar "nicht einfach in eins, bedingen sich aber gegenseitig"[326]. Die innerweltliche Zukunftsgestaltung hat immer auch eine theologische Bedeutung und ist nicht nur das, was der Glaubende neben seiner religiösen Berufung auch noch vollzieht. Das Christentum fügt dem Horizontalismus nicht als ein Neues und Zusätzliches die vertikale Dimension hinzu, sondern es enthüllt im Verhältnis des Menschen zu Gott nur die letzte Radikalität und Würde des Verhältnisses des Menschen zu seinem Mitmenschen.[327]

---

[323] Vgl. K.RAHNER, Rechtfertigung und Weltverantwortung, aaO. (Anm.273) 320; ders., Die gesellschaftskritische Funktion der Kirche, in: IX, 569-590, 573-582; ders., Profangeschichte und Heilsgeschichte, in: XV, 11-23, 21f; ders., Wagnis des Christen, aaO. (Anm.170) 38f; ders., Politische Dimensionen des Christentums, aaO. (Anm.308) 56-58; ders., Strukturwandel der Kirche als Aufgabe und Chance, Freiburg i.Br. 1972, 131f; ders., Im Gespräch II, aaO. (Anm.100) 46; ders./K.-H.WEGER, Was sollen wir noch glauben?, aaO. (Anm.220) 204f.
[324] Vgl. ders., Natur und Gnade, aaO. (Anm.85) 236.
[325] Vgl. GK 73.
[326] Ders., Rechtfertigung und Weltgestaltung, aaO. (Anm.273) 321f.
[327] Vgl. ders., Grundentwurf einer theologischen Anthropologie, aaO. (Anm.151) 33; ders., Heilsauftrag der Kirche, aaO. (Anm.152) 560.

Das Verhältnis von innerweltlicher Praxis und Eschatologie ist letztlich dasselbe wie das Verhältnis der Einheit und Differenz von Nächstenliebe und Liebe zu Gott. Wie die konkrete Nächstenliebe die innerweltliche Vermittlung der Liebe zu Gott ist, so wird die religiöse Zukunftshoffnung kategorial vermittelt durch die Hoffnungspraxis innerweltlicher Zukunftsgestaltung. RAHNER fasst die Unbegreiflichkeit des Geheimnisses Gottes und die auf die Unmittelbarkeit zu Gott hin finalisierte Dynamik der faktischen Existenz des Menschen zugleich als die letzte Unverfügbarkeit der absoluten Zukunft Gottes und als letztes Woraufhin aller geschichtlichen Bewegtheit des Menschen, als "unendliche Entelechie der Geschichte"[328].

Aber gerade deswegen bedarf das Ja zur transzendentalen Unverfügbarkeit der absoluten Zukunft Gottes der kategorialen Vermittlung durch das Ja zur innerweltlichen Zukunft, das sich in der Praxis von Liebe und Weltverantwortung ausdrückt.[329] Die geschichtliche Praxis ist die "kategoriale und notwendige Vermittlung zur Unmittelbarkeit auf die absolute Zukunft hin"[330]. Sie bleibt dabei aber immer nur Vermittlung und nicht die absolute Zukunft selber, so wie in der Nächstenliebe der andere nur Sakrament Gottes und nicht Gott selbst ist.

---

[328] K.RAHNER, Die gesellschaftskritische Funktion der Kirche, aaO. (Anm. 323) 579; vgl. auch ders., Marxistische Utopie, aaO. (Anm.309); ders., Zur Theologie der Hoffnung, aaO. (Anm.186); ders., Immanente und transzendente Vollendung der Welt, aaO. (Anm.74).
[329] Vgl. ders., Die gesellschaftskritische Funktion der Kirche, aaO. (Anm.323) 580.
[330] Ders., Rechtfertigung und Weltgestaltung, aaO. (Anm. 273) 321.

# VIII. DIE CHRISTOLOGISCHE DENKFIGUR

Wir wollen in diesem Kapitel den transzendental-anthropologischen Denkansatz RAHNERS am zentralen Inhalt aller christlichen Theologie - an der Christologie - rekonstruieren und dabei in Erfahrung bringen, was für eine christologische Konzeption im Rahmen eines transzendentalanthropologischen Denkens entsteht. Damit soll zugleich die Voraussetzung geschaffen werden, um im vierten Teil RAHNERS christologische Denkform mit derjenigen DUSSELS zu konfrontieren.

## A. Zur Idee einer transzendentalen Christologie

Unter einer transzendentalen Christologie versteht RAHNER die Reflexion auf die "apriorischen Möglichkeiten im Menschen für das Ankommenkönnen der Christusbotschaft" (GK 207). Es geht um die Frage, wie es überhaupt möglich ist, dass der Mensch das geschichtlich in Jesus Christus ergangene Wort Gottes hören und verstehen kann und warum er auf dieses Wort hören muss.

Näherhin geht es um die hermeneutische Frage, "was eigentlich gemeint sei, wenn das Christentum von einer **Menschwerdung** Gottes spricht" (GK 211). Nur wenn die innere Vereinbarkeit von Gott und Mensch in Jesus Christus als Möglichkeit des Menschen überhaupt erfasst wird, wenn also im Gottmenschen Jesus Christus in Erscheinung tritt, was als innerste Möglichkeit in jedem Menschen angelegt ist, wenn m.a.W. der Mensch als "potentia oboedientialis für die hypostatische Union" (GK 216) begriffen wird, bleibt das christologische Dogma von Chalkedon vor der Gefahr eines mythologischen Missverständnisses oder eines reinen Offenbarungspositivismus bewahrt und wird es damit für den Menschen von heute "verständlicher und existentiell assimilierbar"[331].

Weiter muss sich in einer transzendental-anthropologischen Reflexion aufzeigen lassen, dass der Mensch in der Tiefe seiner Existenz immer schon nach einer geschichtlich greifbaren absoluten Heilszusage Gottes und also nach einem absoluten kategorialen Heilsvermittler in der Geschichte sucht, weil sich nur so die universale Heilsbedeutsamkeit des geschichtlichen Ereignisses Jesus Christus als letzte Erfüllung menschlichen Daseins begreifen lässt. Was also aufgegeben ist, ist einerseits eine "apriorische Lehre vom Gottmenschentum" (GK 179) und anderseits eine "transzendentale Christologie über die Idee eines absoluten Heilbringers" (GK 203).

Dies bedeutet freilich keine apriorische Deduktion oder Konstruktion von kontingenten, geschichtlichen Heilstatsachen, wie F.GABORIAU[332], H.U. VON BALTHASAR[333], A.GERKEN[334] und andere gelegentlich unterstellen. RAHNER wird nicht müde zu betonen, dass seine transzendentalchristologischen Ausführungen - immer verstanden als Reflexionen auf die notwendigen Bedingungen des Verstehenkönnens des kirchlich überlieferten eschatologischen Wortes Gottes im glaubenden Subjekt - "faktisch und zeitlich" (GK 203) die geschichtliche Begegnung mit Jesus Christus schon voraussetzen. Wie bei jeder transzendentalen Reflexion, so geht es auch bei der transzendentalen Christologie nicht um die quaestio facti, sondern um die quaestio iuris, nicht um die Frage der Wirklichkeit, sondern um die Frage der Möglichkeit bzw. der apriorischen Bedingungen einer solchen Möglichkeit. Es geht RAHNER in seinen transzendentalchristologischen Ueberlegungen nicht um eine Deduktion

---

[331] K.RAHNER, Art. Jesus Christus II, in: SM II, 920-957, 930; vgl. auch ders., Grundlinien einer systematischen Christologie, aaO. (Anm.167) 20; ders., Ich glaube an Jesus Christus, Einsiedeln 1968, 29; GK 200; 207; 226.
[332] Vgl. Interview sur la mort avec K.Rahner, Paris 1967, 66; ders., Le tournant théologique aujourd'hui selon Karl Rahner.La théologie d'un philosophe,Paris 1968,36;74;91ff.
[333] Vgl. Cordula oder der Ernstfall, Einsiedeln 1966, 70.
[334] Vgl. aaO. (Anm.63) 52-62.

des Dass der Menschwerdung Gottes in Jesus Christus, sondern um die Frage, wie es überhaupt möglich ist, dass der Mensch die faktisch schon bezeugte Menschwerdung Gottes als für sich nachvollziehbar und bedeutsam verstehen kann.

Das aber heisst, dass das Faktum des Christusereignisses schon gegeben sein muss und dass sich erst von dieser Voraussetzung her sinnvollerweise die Frage stellen kann, was als die a priori notwendigen Bedingungen der Erkenntnis eines solchen Faktums im Subjekt gedacht werden muss. Die transzendentale Fragestellung vollzieht sich selbst schon "innerhalb einer theologischen Erfahrung und Aussage"[335]. Es geht um eine Reflexion auf die "Bedingungen der Möglichkeit einer Wirklichkeit, die einem schon begegnet ist" (GK 179)[336]. Nur weil RAHNER immer schon "von der Wirklichkeit Christi her denkt, kann er auch mit solcher Stimmigkeit vom Menschen her auf Christus hin den-

---

[335] K.LEHMANN, Karl Rahner, in: H.VORGRIMLER/R.VANDER GUCHT (Hrsg.), Bilanz der Theologie im 20. Jahrhundert. Bahnbrechende Theologen, Freiburg i.Br. 1970, 143-181, 163.
[336] Vgl. auch K.RAHNER, Grundlinien einer systematischen Christologie, aaO. (Anm.167) 24f; ders., Ich glaube an Jesus Christus, aaO. (Anm.331) 31ff; 37; ders., Art. Jesus Christus II, aaO. (Anm.331) 923; 930; ders., Ueberlegungen zur Methode, aaO. (Anm.2) 111-113; ders., Christologie innerhalb einer evolutiven Weltanschauung, aaO. (Anm.11) 216; ders., Glaube in winterlicher Zeit, aaO. (Anm.24) 76; GK 227; P.EICHER, Offenbarung, aaO. (S.332, Anm.624) 412-417; E.MITTERSTIELER, aaO. (Anm.250) 137f; A.GRUEN, aaO. (Anm.69) 40f; K.P.FISCHER, Der Mensch als Geheimnis, aaO. (Anm.64) 294f; N.SCHWERDTFEGER, aaO. (Anm.132) 51-56; W.J.HOYE, Die Verfinsterung des absoluten Geheimnisses. Eine Kritik der Gotteslehre Karl Rahners, Düsseldorf 1979, 40; H.VORGRIMLER, Der Begriff der Selbsttranszendenz in der Theologie Karl Rahners, in: ders. (Hrsg.), Wagnis Theologie, aaO. (S.407f,Anm.844) 250; D.WIEDERKEHR, Konfrontationen und Integrationen der Christologie, in: ThBer II: Zur neueren christologischen Diskussion, Zürich 1973, 11-119, 76-78. - Siehe auch B. VAN DER HEIJDEN, aaO. (Anm.72) 75: "Die Kirchlichkeit des Denkens Rahners ist wesentlich. Der kirchliche Glaube gibt ihm Probleme, Antworten und Denkansätze auf. Er bildet auch den kritischen Faktor..."

ken"[337]. Ausgehend vom Faktum der kirchlich bezeugten Menschwerdung Gottes wird beispielsweise gefragt, wie es denn überhaupt möglich ist, dass eine menschliche Natur die göttliche aufnehmen kann.[338]

Das transzendentale Verfahren RAHNERS will also keinesfalls die Faktizität der theologischen Sache deduzieren, sondern die "zu dem befragten Sachverhalt korrelativen Bedingungen innerhalb der menschlichen Subjektivität"[339] freilegen. Sosehr die Sache des christlichen Glaubens als das unableitbare Wunder der Geschichte begegnet, so hat sie doch von sich selbst her den Anspruch, beim glaubenden Subjekt anzukommen, von ihm gehört und verstanden zu werden. Also muss es möglich und legitim sein, nach den Bedingungen des Ankommenkönnens auch und gerade eines solchen unableitbaren Wunders im Subjekt zu fragen. Welche Bedingungen müssen a priori im Subjekt erfüllt sein, damit dieses überhaupt unableitbar Geschichtliches rezipieren kann?

Das hat nichts zu tun mit einer spekulativen Erschleichung des geschichtlichen Ereignisses Jesus Christus.[340] Dass der Mensch ein geschichtliches Wesen ist, dass ihm also die absolute Wahrheit über sein Wesen unableitbar geschichtlich begegnen muss und dass er demzufolge in die Geschichte hinaushorchen und hinausschauen muss, um von dorther die Kategorialität und Irreversibilität des absoluten Wunders des Heils zu erwarten, ist ja selbst schon eine transzendentale Aussage.[341]

Wenn daher A.GERKEN RAHNER vorwerfen zu müssen meint, er

---

[337] D.WIEDERKEHR, Kontexte der Christologie, in: ThBer VII: Zugänge zu Jesus, Zürich 1978, 11-62, 55.
[338] Vgl. K.RAHNER, Zur Theologie der Menschwerdung, aaO. (Anm.161).
[339] K.LEHMANN, Karl Rahner, aaO. (Anm.335) 160.
[340] Vgl. GK 207.
[341] Vgl. K.RAHNER, Zur Lage der Theologie, aaO.(Anm.2)37.

wolle die "Inkarnation vom Menschen her"[342] begründen, so verkennt er erstens, dass es nur um die anthropologische Begründung der Möglichkeit und nicht der Wirklichkeit einer Menschwerdung Gottes geht und dass zweitens auf seiten des Menschen eine solche potentia oboedientialis für die Inkarnation (d.h für die hypostatische Union) in der theologischen Rede von der Menschwerdung Gottes sinnigerweise immer schon vorausgesetzt ist.

Das eigentliche Motiv der Transzendentalchristologie ist also kein spekulatives, sondern ein hermeneutisches. RAHNER möchte nichts anderes als von der ihn bewegenden Hoffnung Rechenschaft geben (1 Petr 3,15). Sein transzendental-anthropologischer Ansatz bildet nicht das sachliche Begründungs- bzw. Deduktionsprinzip, sondern bloss den "hermeneutischen Katalysator"[343] der Faktizität theologischer Inhalte. Es geht ihm im tiefsten darum, "Traditionen auf eine nichttraditionalistische Art zu retten"[344]. Er möchte dem Menschen von heute verständlich machen, was z.B. mit dem Dogma von Jesus Christus, 'der in zwei Naturen unvermischt, unverwandelt, ungetrennt und ungesondert besteht', eigentlich gemeint ist und wie es überhaupt möglich ist, dass das mit diesem Dogma Gemeinte von nicht zu überbietender Heilsbedeutung für den Menschen als solchen ist.


B. Die transzendentale Idee eines absoluten Heilbringers

Um dieses hermeneutische Versprechen einlösen zu können, muss RAHNER aufzuzeigen versuchen, dass das mit den christologischen Aussagen Gemeinte von sich her in einem heilsrelevanten Bezug zum Menschen steht, und dies wie-

---

[342] A.GERKEN, aaO. (Anm.63) 75.
[343] D.WIEDERKEHR, Kontexte der Christologie, aaO. (Anm. 337), 50.
[344] J.B.METZ, Karl Rahner zu vermissen. Zur Erinnerung an den grossen Theologen, in: GuL 59 (1985) 83-87, 84.

derum ist gegeben, wenn gezeigt werden kann, dass der Mensch von seiner eigenen Wesensbestimmung her auf das in der Christologie Ausgesagte hingeordnet ist.

Dabei kann RAHNER auch hier an die eigentlich theologische Sinnbestimmung der faktischen Schöpfung anknüpfen: Der Sinn derselben liegt von vornherein darin, dass Gott sich ein Gegenüber schaffen wollte, an das er sich selbst in verschwenderischer Liebe mitteilen könne. In diesem Sinn deutet RAHNER die gesamte Evolution der Schöpfung: Die Bewegung der Materie ist von vornherein getragen von dem inneren Drang zur Selbsttranszendenz in den Geist, und dieser Geist ist selbst noch einmal zuinnerst auf die Selbstmitteilung Gottes hin finalisiert. Erst in der Selbstmitteilung Gottes kommt also die Schöpfung insgesamt zu ihrem Ziel, das ihr von Anfang an als ihre eigentliche und letzte Sinnbestimmung vorgegeben ist. Das Ziel aller Schöpfung und damit aller Natur- und Geistesgeschichte ist von vornherein die Selbsttranszendenz in Gott hinein, also jenes Ereignis, in dem Gott sich selbst der Kreatur in absoluter Weise mitteilt.[345] Die absolute Selbstmitteilung Gottes ist der eigentliche Ziel- und Höhepunkt der Evolution, in dem die Schöpfung erst endgültig zu sich selbst, zur Verwirklichung ihrer absoluten Sinnbestimmung kommt.

Diese innere Dynamik auf die Unmittelbarkeit und Nähe Gottes hin ist dem Geschöpf faktisch immer schon und von Anfang an - mindestens im Modus des Angebotes - eingestiftet durch das übernatürliche Existential, das von RAHNER bekanntlich als das transzendentale Moment der Selbstmitteilung Gottes aufgefasst wird. Im Modus der transzendentalen Gnade ist also der Mensch immer schon bei Gott als dem letzten Sinn und Ziel seiner Existenz.

---

[345] Vgl. K.RAHNER, Die Christologie innerhalb einer evolutiven Weltanschauung, aaO.(Anm.11)187-202; GK 188-198; ders., Art. Jesus Christus II, aaO.(Anm.331)942f.

Diese transzendentale Begnadetheit hat aber selbst noch einmal - wie schon dargetan wurde - eine innere Dynamik auf ihre kategoriale Objektivation hin. Sie will geschichtlich in Erscheinung treten, weil sie nur so eindeutig und unüberholbar zu sich selbst kommt und irreversibel werden kann.[346] Eine transzendentale Wirklichkeit, die sich nicht zur adäquaten Erscheinung zu bringen vermag, bleibt immer ambivalent, vorläufig und überholbar. Der Mensch sucht daher in der Geschichte immer schon diejenige kategoriale Selbstzusage Gottes, die für die Menschheit als solche ihre Ambivalenz aufgibt.[347] Die ganze Geschichte der Schöpfung, die Natur-, Kosmos- und Geistesgeschichte kann verstanden werden als der Prozess eines evolutiv fortschreitenden Zu-sich-selber-Kommens der ihr gnadenhaft als ihre eigentliche Sinnbestimmung immer schon angebotenen transzendentalen Selbstmitteilung Gottes.

Das aber heisst, dass die Schöpfungsgeschichte immer schon auf jenes kategoriale Heilsereignis ausgerichtet ist, in dem sie in ihr endgültiges Ziel kommt, und sie kommt in dieses Ziel, wenn die Selbstmitteilung Gottes an die Kreatur geschichtlich unüberholbar in Erscheinung tritt und so irreversibel wird. Damit dieses Heilsereignis in der Geschichte das endgültig erreichte Ziel derselben sein kann, muss es also Gottes eigene Wirklichkeit selbst sein, und doch muss es als das endgültige Zu-sichselbst-Kommen der Kreatur auf der kreatürlichen Seite stehen.[348]

Wo nun aber die Kreatur dergestalt endgültig zu sich selbst kommt, dass ihre Selbsttranszendenz in Gott hinein durch die absolute Selbstmitteilung Gottes in geschicht-

---

[346] Vgl.K.RAHNER, Art.Jesus Christus II, aaO.(Anm.331)944.
[347] Vgl. ders., Grundlinien einer systematischen Christologie, aaO. (Anm.167) 23.
[348] Vgl.ebd.67f; ders., Art.Jesus Christus, aaO.(Anm.331) 946f; GK 201f.

lich-kategorialer Greifbarkeit zu ihrem Ziel gelangt, da ist genau das realisiert, was das Dogma von Chalkedon die hypostatische Union nennt.[349] Die Menschwerdung Gottes ist nicht einfach eine mythologische Vorstellung oder ein offenbarungspositivistisches Dekret, sondern von vornherein das Ziel der Schöpfung, woraufhin der Mensch immer schon finalisiert ist. Wenn dessen Wesen von Gott als seine eigene Wirklichkeit angenommen wird, dann kommt die menschliche Natur dort an, "wohin sie kraft ihres Wesens immer unterwegs ist" (GK 216). "Die Menschwerdung Gottes ist von daher gesehen der einmalig höchste Fall des Wesensvollzugs der menschlichen Wirklichkeit, der darin besteht, dass der Mensch ist, indem er sich weggibt in das absolute Geheimnis hinein, das wir Gott nennen" (ebd.). In der hypostatischen Union des Gottmenschen kommt die menschliche Freiheitsgeschichte "zu ihrem eigenen und unüberholbaren Sinn"[350], auf den hin sie sich in ihrer übernatürlich finalisierten Dynamik heimlich immer schon zubewegt.

Die hypostatische Union ist also nicht etwas, das sich schlechthin ausserhalb unserer eigenen Erfahrung und Möglichkeit ereignet, sondern ein "inneres Moment der Ganzheit der Begnadigung der geistigen Kreatur überhaupt" (GK 201). Der Gottmensch ist nicht mit wesentlich anderer Gottesnähe und Gottunmittelbarkeit begnadet als mit derjenigen, die jedem Menschen faktisch zugedacht ist.[351] Er ist im Grunde genommen nur das, "was allen Menschen als Ziel und Vollendung zugeschrieben wird" (GK 200), die Endgültigkeit dessen, woraufhin der Mensch aufgrund der schöpfungstheologischen Sinnbestimmung überhaupt geschaffen worden ist und was er demzufolge im Grunde seines Daseins insgeheim immer schon sucht. In ihm ist in einer unwiderruflichen Weise geschichtlich greifbar geworden

---

[349] Vgl. GK 201.
[350] Ders., Ich glaube an Jesus Christus, aaO.(Anm.331)36.
[351] Vgl. GK 217.

und zu sich selbst gekommen, wonach sich der Mensch in seiner Geschichte je schon ausstreckt.

Gegenüber dem bisher Gesagten muss nun aber noch etwas Entscheidendes präzisiert werden: Damit die absolute Selbstmitteilung Gottes als Ziel der Geschichte wirklich irreversibel bei der geschöpflichen Wirklichkeit ankommen kann, muss sie von der Kreatur auch wirklich und irreversibel angenommen sein.[352] Endgültig und irreversibel kann aber eine freie Tat des Menschen - also auch die freie Tat der Annahme der absoluten Selbstmitteilung Gottes - nur werden durch den Tod, da erst durch den Tod die "getane Endgültigkeit des frei gezeitigten Daseins des Menschen" (GK 267)[353] geschieht.

Die Auferstehung aus dem Tod bedeutet schliesslich die göttliche Ratifikation und Bestätigung der irreversiblen Annahme der absoluten Selbstmitteilung Gottes durch den Menschen. Sie meint die endgültige Angenommenheit und Gerettetheit der konkreten menschlichen Existenz.[354] Dabei wird auch hier noch einmal eine "transzendentale Auferstehungshoffnung"[355] als Verstehenshorizont für das mit Auferstehung Gemeinte vorausgesetzt.

Jenes eschatologische Heilsereignis als Ziel- und Höhepunkt aller Geschichte, in dem die Selbsttranszendenz der Kreatur in Gott hinein so in geschichtlich-kategorialer Greifbarkeit zu ihrem Ziel kommt, dass Gott sich ihr in absoluter Weise mitteilt und diese absolute Selbstmittei-

---

[352] Vgl. K.RAHNER, Grundlinien einer systematischen Christologie, aaO. (Anm.167) 23f.
[353] Vgl. auch ders., Grundlinien einer systematischen Christologie, aaO. (Anm.167) 37; 49; 62; A.GRUEN, aaO. (Anm.69) 33; 65.
[354] Vgl. K.RAHNER, Grundlinien einer systematischen Christologie, aaO. (Anm.167) 36-39; 49; GK 268; ders./K.-H. Weger, Was sollen wir noch glauben?, aaO. (Anm.220) 198.
[355] K.RAHNER, Grundlinien einer systematischen Christologie, aaO. (Anm.167) 39; vgl.ebd.42; GK 269.

lung Gottes durch die Kreatur im Tod endgültig angenommen und so geschichtlich irreversibel wird, nennt RAHNER den absoluten Heilbringer. Dieser ist das Ereignis der unüberbietbaren und irreversiblen kategorialen Greifbarkeit der Selbstmitteilung Gottes in der Geschichte, woraufhin die Schöpfung aufgrund ihrer transzendentalen Begnadetheit immer schon ausgerichtet ist. Im Ereignis des absoluten Heilbringers, nach dem sich die auf die Unmittelbarkeit Gottes hin finalisierte Schöpfung immer schon ausstreckt, erlangt die Selbstmitteilung Gottes und ihre Annahme durch den Menschen eine unwiderrufliche Irreversibilität in der Geschichte.[356]

Christlicher Glaube behauptet nun Jesus von Nazareth als diesen absoluten Heilbringer.[357] Diese Identifikation Jesu mit dem absoluten Heilbringer liegt nicht mehr im Möglichkeitsbereich einer transzendentalen Christologie, sondern kann nur noch mit der geschichtlichen Erfahrung Jesu selbst und mit seinem Anspruch begründet werden, der darin bestand, "dass mit ihm eine neue, unüberholbare, endgültige, von sich aus siegreich sich durchsetzende, von ihm nicht ablösbare Nähe Gottes gegeben ist"[358].

Was eine transzendentale Christologie leisten kann, ist eine hermeneutische Verstehensbemühung für einen solchen Anspruch Jesu. Wenn Gott von Anfang an den Menschen aus dem einen und einzigen Grund geschaffen hat, ein Gegenüber zu haben, an das er sich selbst in verschwenderi-

---

[356] Vgl. K.RAHNER, Grundlinien einer systematischen Christologie, aaO. (Anm.167) 63; GK 195f.
[357] Vgl. GK 300; ders., Gott ist Mensch geworden, aaO. (Anm.189) 29f; ders., Kirchliche Christologie zwischen Exegese und Dogmatik, in: IX, 197-226, 213; ders., Ueber die Heilsbedeutung der nichtchristlichen Religionen, aaO. (Anm.136) 346; ders., Profangeschichte und Heilsgeschichte, aaO.(Anm.323)19; ders., Im Gespräch II,aaO.(Anm.100)75.
[358] Ders., Grundlinien einer systematischen Christologie, aaO.(Anm.167)45; vgl. auch ders., Christologie im Rahmen des modernen Selbst- und Weltverständnisses, aaO.(Anm.74) 239.

scher Liebe mitteilen könne, wenn sich diese Selbstmitteilung Gottes als endgültige nur siegreich durchsetzt, insofern sie vom Menschen angenommen wird, wenn eine solche Annahme nur durch den Tod endgültig geschieht, wenn diese durch den Tod endgültig vollzogene Annahme ihrerseits von Gott angenommen wird (in der Auferstehung), dann bekommen wir ein Verständnis dafür, dass diese eschatologische Selbstmitteilung Gottes geschichtlich real in Leben, Tod und Auferstehung Jesu verwirklicht ist.[359]


C. Die christologische Dimension der Nächstenliebe

RAHNER hat versucht, die transzendentale Verwiesenheit des Menschen auf den Gottmenschen auch am Vollzug radikaler Nächstenliebe aufzuzeigen. Jede radikale Liebe bejaht den anderen in einem unbedingten Sinn und hat den Charakter eines absoluten Wagnisses der eigenen Existenz an ihn. Nun kann aber der andere den Unbedingtheitssinn meiner Liebe zu ihm, der in einem solchen Akt der interkommunikativen Freiheit strukturell immer schon intendiert ist, aus sich allein gar nicht begründen und rechtfertigen. Seine Endlichkeit, Unzuverlässigkeit, Fragwürdigkeit und auch Sündhaftigkeit vermag keinen tragenden Grund für solche intendierte Absolutheit abzugeben. Er kann von sich aus nicht gewährleisten, dass das bedingungslose und totale Sichausliefern meiner Existenz an ihn in der Liebe nicht ein verantwortungsloses Abstürzen in den Abgrund letzter Absurdität sein könnte.[360] "Wo darum wirklich geliebt wird, geschieht es, bewusst oder unbewusst, in der Hoffnung, dass trotz aller Fragwürdigkeit und Gebrechlichkeit, derentwegen der andere die Absolutheit der Liebe zu ihm gar nicht legitimieren kann, solch ein Wagnis

---

[359] Vgl. K.RAHNER, Grundlinien einer systematischen Christologie, aaO. (Anm.167) 49.
[360] Vgl.ders.,Ich glaube an Jesus Christus,aaO.(Anm.331) 42f.

sinnvoll ist und nicht notwendig doch letztlich enttäuscht werden muss."361

Radikale Nächstenliebe greift daher immer schon "über das einzelne, konkrete Du hinaus, das, für sich allein verstanden, immer Verheissung bleibt, nicht aber absolute Erfüllung gewähren kann"362. Sie greift immer schon vor auf die unbedingte Verlässlichkeit eines Menschen, der "mit der Absolutheit der Liebe zu Gott geliebt werden kann" (GK 289) und der darum erst solche Liebe zu einem konkreten Du absolut zu rechtfertigen vermag.

Dieser implizit mitbejahte Mensch kann angesichts der Endlichkeit nicht jeder Nächstbeste sein, er muss vielmehr "in einer ganz einmaligen Einheit mit Gott stehen, denn sonst wäre er ebenso, wie der zu liebende Mensch, einer weiteren Legitimation von einem anderen Menschen her bedürftig"363. Nur von Gott her ist die Liebe zum anderen "zu ihrer letzten Radikalität ermächtigt"364. Der in jeder radikalen Liebe zum anderen mitbejahte Mensch ist also m.a.W. der Gottmensch, d.h. jener Mensch, der selber in einer absoluten Einheit mit Gott steht und in dem daher eine absolute Einheit von Nächsten- und Gottesliebe gegeben ist.

Die totale Liebe zu einem Du bezieht ihre letzte Ermächtigung und ihren begründeten Sinn aus dem Vorgriff auf den Gottmenschen, der allein der "tragende Grund des absoluten Ja zu Sinn"365 von Freiheit und Liebe zu sein vermag. Nur in der Berufung auf die absolute Einheit mit

---

361 K.RAHNER, Auf der Suche nach Zugängen zum Verständnis des gott-menschlichen Geheimnisses Jesu, in:X,209-214,211.
362 Ders., Art. Geheimnis (SM II), aaO. (Anm.218) 193.
363 Ders., Ich glaube an Jesus Christus, aaO.(Anm.331)44; vgl. auch ebd. 22f; 31.
364 Ders., Ueber die Einheit von Nächsten- und Gottesliebe, aaO. (Anm.65) 292.
365 Ders., Ich glaube an Jesus Christus, aaO.(Anm.331)43; vgl. auch ebd. 18f; 23-25; 47; 60; GK 302; 438; ders., Christlicher Humanismus, aaO. (Anm.208) 256.

Gott, d.h. nur im Vorgriff auf die Idee des Gottmenschen lässt sich der Anspruch eines Menschen auf unbedingte Zuwendung begründen und rechtfertigen. Jede radikale Liebe bejaht daher nach RAHNER mindestens implizit immer schon Jesus Christus als menschgewordenen Sohn Gottes.[366]


## IX. KIRCHE ALS HEILSSAKRAMENT DER WELT

Nach RAHNER ist die Kirchlichkeit des Glaubens ein transzendentales Moment am glaubenden Subjekt selbst. Denn wenn das menschliche Dasein als Freiheit immer interpersonales Mitdasein und der Mensch von vornherein das gesellschaftliche Wesen ist, wenn diese Intersubjektivität zum transzendentalen Wesen des Menschen gehört und wenn das christliche Heil nicht etwas am, sondern die eigentliche und letzte Sinnbestimmung des Ganzen des Menschen meint, dann ist die Sozialität konstitutiv für den christlichen Glaubensvollzug. Als kommunikative Freiheitsgeschichte hat die Heilsgeschichte einen inneren Drang nach geschichtlich-gesellschaftlicher Objektivation.[367]

---

[366] Damit befindet sich RAHNER in unmittelbarer Nähe zur oben (S.404ff) gerafft festgehaltenen transzendentalen Strukturanalyse der Freiheit, wo sich gezeigt hat, dass endliche Freiheit den Unbedingtheitsanspruch anderer endlicher Freiheit, der strukturell im Freiheitsvollzug immer schon intendiert ist, aus sich allein nicht zu erfüllen und damit den absoluten Sinn des dialogischen Freiheitsgeschehens nicht zu begründen vermag. Allerdings ging unsere Freiheitsanalyse - als transzendentale Analyse - von der Freiheit des Ich aus, deren struktureller Unbedingtheitsanspruch durch die endliche Freiheit des anderen material nicht vollkommen erfüllt werden kann, während RAHNER hier vom anderen her argumentiert, dessen Endlichkeit die Absolutheit meiner Liebe zu ihm nicht zu rechtfertigen vermag.

Dabei ist die Ekklesiologie für RAHNER kein grundsätzlich neuer Traktat neben der Christologie, sondern im Grunde genommen nur ein Moment an derselben, insofern die Kirche lediglich die geschichtlich-**gesellschaftliche** Erscheinung der in Jesus Christus irreversibel zu sich selbst gekommenen Gnade und Selbstmitteilung Gottes ist. Die Kirche ist die bleibende gesellschaftliche Subsistenz des historisch weiterdauernden Christusereignisses, der greifbare Fortbestand der in Jesus Christus absolut zu sich selbst gekommenen Selbstmitteilung Gottes in der Geschichte. Die in Jesus Christus in unüberbietbarer Weise offenbar gewordene Präsenz Gottes in der Welt, die alle fortdauernde Geschichte unwiderruflich und irreversibel unter das Signum des Heils stellt, tritt nunmehr geschichtlich greifbar in der Kirche in Erscheinung.

Die Kirche ist daher definiert als die bleibende gesellschaftlich und geschichtlich konkrete kategoriale Greifbarkeit der in Jesus Christus irreversibel in Erscheinung getretenen absoluten Selbstmitteilung Gottes zum Heil der Welt.[368] Als kategoriales Zeichen dieser endgültigen und unwiderruflichen Präsenz der von sich her siegreichen Gnade und Selbstmitteilung Gottes in der Welt ist sie sacramentum mundi, das "Grundsakrament des Heiles der Welt"[369], und zwar in Analogie (nicht in Univozität!) zu

---

[367] Vgl. GK 313f.
[368] Vgl. GK 313; 320; 334; 337; ders., Kirche der Sünder, in: VI, 301-320, 314; ders., Kirche und Parusie Christi, in: VI, 348-367, 359; ders., Was ist ein Sakrament?, in: X, 377-391, 385; ders., Zur Frage des Amtsverständnisses, in: XVI, 271-277, 273; ders., Ekklesiologische Grundlegung, aaO. (Anm.79) 121; ders., Grundsätzliches zur Einheit von Schöpfungs- und Erlösungswirklichkeit, in: HPTh II/2, 208-228, 212; ders., Ueber die Schriftinspiration, QD 1, Freiburg i.Br. 1958, 47; ders., Vorfragen zu einem ökumenischen Amtsverständnis, aaO. (Anm.152) 66.
[369] Ders., Das neue Bild der Kirche, aaO. (Anm.204) 339; vgl. auch ders., Kirche und Sakramente, aaO.(Anm.133)18; 36f; ders.,Ueber die Schriftinspiration, aaO.(Anm.368)49; GK 367; ders., Kirche der Sünder,aaO.(Anm.368)305; ders., Kirche und Parusie Christi, aaO. (Anm.368) 350; ders., Kirche, Kirchen und Religionen, aaO.(Anm.81)363f; ders.,

Jesus Christus als dem Ursakrament des Heils[370].

Mit sacramentum mundi wird ein Doppeltes ausgesagt: einerseits ist die Kirche Zeichen des Heils, und andererseits steht sie in einer bestimmten Wesensbeziehung zur Welt. Sakrament bezeichnet bei RAHNER ein Realsymbol der Heilsgnade[371], wobei er unter einem Realsymbol jene geschichtlich greifbare Erscheinung versteht, in der sich eine transzendentale Wirklichkeit anzeigt und gegenwärtig setzt. Es ist also einerseits ein inneres Moment an dieser transzendentalen Wirklichkeit selbst und andererseits doch von ihr real verschieden.[372]

Als sakramentales Zeichen (signum, sacramentum tantum) ist die Kirche also nicht einfach identisch mit dem von ihr Bezeichneten (res sacramenti: die Wirklichkeit der Heilsgnade Gottes selbst), sondern nur dessen Zeichen.[373] "In allem ist die Kirche das Zeichen, dessen Vollzug von sich weg, über sich hinaus, auf Gott selbst verweist."[374] Und insofern Gott zugleich das letzte Ziel und die absolute Zukunft von Schöpfung und Geschichte überhaupt ist, kann RAHNER sagen, die Kirche lebe "immer von der Proklamation ihrer eigenen Vorläufigkeit und ihrer geschichtlich fortschreitenden Aufhebung in dem kommenden Reich Gottes, dem sie entgegenpilgert, um es zu erreichen"[375].

---

Buch Gottes - Buch der Menschen, in: XVI, 278-291, 282; ders., Fragen der Sakramententheologie, in: XVI, 398-405, 401; ders., Ekklesiologische Grundlegung, aaO. (Anm.79) 121f; 133; 139f; ders., Grundsätzliches zur Einheit von Schöpfungs- und Erlösungswirklichkeit, aaO. (Anm.368) 212.
[370] Vgl. K.RAHNER, Ekklesiologische Grundlegung, aaO. (Anm.79) 133.
[371] Vgl. ders., Der eine Jesus Christus und die Universalität des Heils, aaO. (Anm.152) 268.
[372] Vgl. ders., Zur Theologie des Symbols, aaO.(Anm.132); ders., Kirche und Sakramente, aaO. (Anm.133) 34f.
[373] Vgl.ders., Ekklesiologische Grundlegung, aaO.(Anm.79) 133; ders., Das neue Bild der Kirche, aaO. (Anm.204) 339; ders., Was ist ein Sakrament?, aaO. (Anm.368) 384f.
[374] Ders., Ekklesiologische Grundlegung, aaO.(Anm.79)134.
[375] Ders., Kirche und Parusie Christi, aaO.(Anm.368)351.

Diese Pilgerschaft auf die ausständige Zukunft des Reiches Gottes hin, die zugleich eine "Pilgerschaft in die unendliche Unbegreiflichkeit Gottes"[376] ist, teilt die Kirche mit der Welt überhaupt.

Hier kommt nun der zweite Aspekt der Kirche als sacramentum mundi in den Blick. Die Kirche existiert nicht bloss als Zeichen des Heils für sich selbst, sondern als das sakramentale In-Erscheinung-Treten dessen, wozu die Menschheit insgesamt durch Gottes universalen Heilswillen prädestiniert ist. Sie ist jener Teil der Menschheit, der diese universale und in Jesus Christus irreversibel zur Erscheinung gekommene Bestimmung der Welt schon ausdrücklich ergriffen hat.[377] Sie ist nicht die exklusive Schar derer, die im Unterschied zu den von der Kirche nicht erfassten anderen durch die Gnade zum Heil berufen sind, sondern die gesellschaftlich verfasste Ausdrücklichkeit dessen, was die Bestimmung der Welt überhaupt ist.[378]

Sie hat daher in der Welt in bezug auf das eschatologische Heil eine "realsymbolische Wirksamkeit", indem sie die Welt "unüberwindlich ... auf das vollendete Reich Gottes hin treibt".[379] Sie existiert in der Welt als geschichtlich wirksames Ferment des In-Erscheinung-Tretens des aller Welt unwiderruflich zugesagten Heils.[380] Sie ist ihrer eigenen Wesensbestimmung nach der "geschichtlich und soziologisch greifbare Vortrupp"[381] der zum Heil

---

[376] K.RAHNER, Chancen des Glaubens, aaO. (Anm.121) 242.
[377] Vgl.ders., Ekklesiologische Grundlegung, aaO.(Anm.79) 119; ders., Dogmatische Randbemerkungen zur "Kirchenfrömmigkeit", aaO.(Anm.189)409; ders., Das neue Bild der Kirche, aaO.(Anm.204)343; ders., Was ist ein Sakrament?,aaO. (Anm.368) 385f; ders., Ueber die Zukunft der Gemeinden, in: XVI, 160-177, 164.
[378] Vgl. ders., Das Christentum und die nichtchristlichen Religionen, aaO. (Anm.139) 156-158.
[379] Ders., Was ist ein Sakrament?, aaO. (Anm.368) 386.
[380] Vgl. ders., Dogmatische Randbemerkungen zur "Kirchenfrömmigkeit", aaO. (Anm.189) 406; ders., Das neue Bild der Kirche, aaO. (Anm.204) 348f.
[381] Ders., Dogmatische Randbemerkungen zur "Kirchenfröm-

begnadeten Menschheit insgesamt (wobei RAHNER nicht verkennt, dass die historische Gestalt der Kirche "immer in ihrer greifbaren Realität hinter ihrem Wesen"³⁸² zurückbleibt).

## X. ZUSAMMENFASSUNG UND KRITISCHE WUERDIGUNG

Nachdem wir schon in der textimmanenten Darstellung des transzendentaltheologischen Denkansatzes RAHNERS teilweise kritisch Stellung bezogen haben und bevor wir dieses Denken abschliessend beurteilen und mit dem analektischen Ansatz DUSSELS konfrontieren wollen, seien auch hier zuerst die entscheidenden Elemente der Rahnerschen Diskursstruktur thesenförmig zusammengefasst:

1. Die transzendentaltheologische Denkart RAHNERS ist der Versuch, den theologischen Erkenntnisgegenstand von der Erkenntnisweise des Subjekts her zu erschliessen. Sie will nicht eine subjektive Zuständlichkeit objektivieren, sondern den objektiven Inhalt einer theologischen Aussage subjektivieren, d.h. auf die Erkenntnisstruktur des Subjekts beziehen. Das eigentliche Motiv einer solchen transzendentalen Wendung der Theologie ist ein hermeneutisches Anliegen. Eine theologische Aussage soll dem heutigen Menschen, der durch Glaubensnot und faktisches Nichtankommenkönnen des biblisch bezeugten und kirchlich überlieferten Gotteswortes bedroht ist, in ihrer existen-

---

migkeit", aaO. (Anm.189) 397; ders., Das Christentum und die nichtchristlichen Religionen,aaO.(Anm.139)156; ders., Das neue Bild der Kirche, aaO. (Anm.204) 341; ders., Im Gespräch II, aaO. (Anm.100) 18.
³⁸² K.RAHNER/K.-H.WEGER, Was sollen wir noch glauben?, aaO. (Anm.220) 203.

tiellen Bedeutsamkeit dadurch verständlich gemacht werden, dass gezeigt wird, dass er von seiner eigenen Existenzverfassung her auf das mit einer solchen Aussage Gemeinte innerlich hingeordnet ist. Transzendentaltheologie ist daher eine klassische Erfüllungstheologie.383

2. Die transzendentaltheologische Methode ist vergleichbar mit der Methode der Korrelation. Sie setzt Entsprechungszusammenhänge zwischen den Glaubensinhalten und dem transzendentalen Selbstverständnis des Menschen voraus.

3. Die transzendental-anthropologische Kehre im theologischen Denken ist eine Wende des theologischen Entwurfs im ganzen. Das Andere und Neue der Transzendentaltheologie besteht nicht in der Reflektierung neuer Themen und Inhalte, sondern in einer neuen Art, die traditionellen theologischen Themen zu denken.

4. RAHNERS frühe Religionsphilosophie versteht sich als eine streng philosophische Ontologie der potentia oboedientialis für Offenbarung im Sinne einer Transzendentalanalyse des Menschen als des in Erkenntnis und Freiheit wesenhaft vor Gott stehenden Subjekts, das mit der Fähigkeit des Hörenkönnens auf eine möglicherweise ergehende Offenbarung Gottes ausgezeichnet ist. Dabei soll ein Doppeltes sichergestellt werden: nämlich dass einerseits wirklich Gott redet, wenn er sich offenbart, und dass anderseits der Mensch dieses unableitbar freie Wort Gottes so hört, dass er es wirklich **vernehmen** kann.

5. Ausgangspunkt der religionsphilosophischen Argumentation ist der gegenständliche Erkenntnis- und Urteilsakt.

---

383 Vgl. D.WIEDERKEHR, Entwurf einer systematischen Christologie, in: MySal III/1, 477-645, 546f; ders., Glaube an Erlösung, aaO. (S.57,Anm.132) 84f; ders., Kontexte der Christologie, aaO. (Anm.337) 51f.

6. Die sinnliche Gegenständlichkeit ist das obiectum proprium der menschlichen Subjektivität. Aus der gegenständlichen Subjekt-Objekt-Beziehung erklärt sich nach (dem frühen) RAHNER auch das Sein der Freiheit.

7. Aus dem Wissen um einen Gegenstand folgt notwendig ein Wissen um Sein überhaupt. Dieses (unendliche) Sein wird aufgewiesen als unthematischer Horizont und apriorische Bedingung der Möglichkeit jedweder endlichen Gegenstandserkenntnis.

8. Das unendliche Sein als Grund aller gegenständlichen Erkenntnis ist der philosophische Name für Gott. Als Grund der Erkenntnis ist er kein möglicher Gegenstand (Immediatobjekt) der Erkenntnis.

9. Der Mensch ist im religionsphilosophischen Frühwerk RAHNERS definiert als das Seiende von sinnlich und geschichtlich verfasster Geistigkeit, das vor dem freien Gott einer möglichen Offenbarung steht, die sich unableitbar und worthaft in der Geschichte ereignet.

10. Um die absolute Ungeschuldetheit der Offenbarung einerseits und die apriorische Hingeordnetheit des Menschen auf diese Offenbarung anderseits zugleich denken zu können, führt RAHNER das übernatürliche Existential ein. Darunter versteht er anfänglich eine von Gott frei verfügte Anlage des faktischen Menschen für die göttliche Gnade (im Sinne eines formalen Bindegliedes zwischen Natur und Gnade). Später identifiziert er es mit der Gnade selber als solcher und mit dem transzendentalen Moment der Offenbarung. Gnade bzw. Offenbarung wird jetzt nicht mehr verstanden als eine punktuelle Intervention Gottes in eine an sich gnadenlose Welt hinein, sondern als dauernd gegebenes Existential des Menschen, als die innerste Dynamik der Welt und des Geistes auf Gott hin. Weil der Mensch im konkreten Selbstvollzug kraft des übernatürlichen Existentials immer schon von der Dynamik

der Gnade (mindestens im Modus des Angebotes) bestimmt ist, gibt es in concreto keine natura pura und folglich auch keine philosophia pura mehr.

11. Die Einführung des übernatürlichen Existentials markiert den Uebergang von der früheren zur späteren Phase des Rahnerschen Denkens.

12. Das theologische Urprinzip RAHNERS ist der freie Wille Gottes zur Selbstmitteilung an ein anderes: Aus diesem unableitbaren Urdatum ergeben sich die übrigen Daten der Theologie (Schöpfung, Erlösung, Vollendung) mit den entsprechenden Traktaten (Schöpfungslehre, Christologie, Soteriologie, Ekklesiologie, Eschatologie, Trinitätslehre).

13. Da der Mensch in seinem konkreten Selbstvollzug aufgrund des übernatürlichen Existentials immer schon von der göttlichen Gnade überformt ist und weil diese existentiale Gnade nichts anderes als das transzendentale Moment der Offenbarung ist, sagt die Offenbarung im Verständnis des späteren RAHNER dem faktischen Menschen im Grunde nichts weiter als sein eigenes, unreflex vollzogenes letztes Selbstverständnis aus.

14. Der Begriff der transzendentalen Offenbarung bezeichnet die Selbstoffenbarung Gottes in der Tiefe der personalen Existenz, die der ungegenständlichen transzendentalen Erfahrung des Menschen als Befindlichkeit der Gnade begegnet. Diese transzendentale Erfahrung Gottes ist das, was allen Sätzen des Glaubens als deren Möglichkeitsbedingung zugrundeliegt. In ihr ist unthematisch im Sinne einer apriorischen Befindlichkeit und einer ursprünglichen existentiellen Vertrautheit schon gegenwärtig, was auch allen Inhalt der satzhaften Offenbarung ausmacht.

15. Die in ungegenständlicher und unreflexer Erfahrung gegebene transzendentale Offenbarung hat von sich aus einen inneren Drang zur geschichtlich greifbaren Objekti-

vation. Die Geschichte dieses Objektivationsprozesses heisst bei RAHNER kategoriale Offenbarungsgeschichte. Diese bringt das reflex zu sich selbst, was ursprünglicher schon zur transzendentalen Existenz des Menschen gehört. Die satzhafte oder kategoriale Offenbarung ist nur die Ausdrücklichkeit dessen, was dem Menschen in gnadenhafter transzendentaler Erfahrung ungegenständlich immer schon vertraut ist.

16. Die Offenbarungs- oder Heilsgeschichte ist mit der Freiheitsgeschichte des Menschen koexistent. Die Menschheit bewegt sich in ihrer Geschichte immer schon innerhalb des absoluten Heilswillens Gottes. Die Heilsgeschichte (verstanden als Geschichte der Objektivation und der Annahme der transzendentalen Gnaden- bzw. Offenbarungserfahrung) ist der geheime Grund und das Ziel der Weltgeschichte.

17. Eine implizite Vermittlung der transzendentalen Gnaden- und Offenbarungserfahrung kann grundsätzlich durch jedwede geschichtlich-kategoriale Wirklichkeit geschehen. Als **explizite** Vermittlung der transzendentalen Offenbarung verstehen sich die Religionen der Menschheit. Endgültig geglückt ist diese explizite Vermittlung in der amtlichen Ueberlieferung des Christentums. Das kirchlich tradierte Wort Gottes ist die unüberholbare Interpretation der transzendentalen Gnadenerfahrung. In ihm ist daher die ursprünglich ungegenständliche, existentiale Offenbarung irreversibel zu sich selbst gekommen.

18. Die zentralen Begriffe und Dogmen des Christentums sind im letzten nur Hinweise auf eine ursprüngliche Erfahrung in der Tiefe der geistigen Person. In der Verkündigung wird nur auf den Begriff gebracht, was der Mensch im Grunde seines Daseins unreflex und faktisch immer schon erfährt.

19. Das absolute Geheimnis ist der grundlegendste Begriff

Gottes. Gott ist kein Immediatobjekt unserer Erkenntnis, sondern deren ungegenständlicher Grund und Horizont. Er ist schlechthin unverfügbar und unbegreiflich, aber nicht im Sinne eines noch nicht Begriffenen oder einer blossen Negativität, sondern als originäre und unüberbietbare Positivität, die allem Begreifen als Ermöglichungsbedingung vorausgeht.

20. Das Wesen des Menschen ist die Verwiesenheit auf das unverfügbare Geheimnis Gottes. Der Mensch ist selber das Wesen des Geheimnisses, der Selbsttranszendenz in Gott hinein. Er ist nicht das sich aus sich selbst begreifen könnende absolute Subjekt. Der höchste Akt des menschlichen Geistes ist nicht die erkennende Beherrschung eines Gegenstandes, sondern das liebende Sichöffnen für das unverfügbare Geheimnis, der Exodus aus sich selbst in die Unbegreiflichkeit Gottes hinein. Subjektivität ist ursprünglich hörend (glaubend) und nicht verfügend.

21. Wahrheit ist die Nähe des unverfügbaren Geheimnisses.

22. Theologie ist der methodisch reflektierte Prozess einer reductio in mysterium. Der theologische Begriff weist immer ein in das Unsagbare, das sich zur innersten Mitte der menschlichen Existenz bestimmt hat. Theologie ist Mystagogie in die transzendentale Erfahrung Gottes, indem sie die ursprüngliche Gnadenerfahrung in der Tiefe der menschlichen Person anruft.

23. Damit ist zugleich gegeben, dass die transzendentale Erfahrung bei RAHNER die ganze Last der Verifikationsproblematik theologischer Sätze zu tragen hat, dass also theologische Aussagen letztlich nur im Appell an die persönliche Gnaden- und Grunderfahrung bewährt werden können.

24. Die Schwebe zwischen theologischem Sagen und Schweigen macht den analogen Status der Rede von Gott aus. Die Aussage des Unsagbaren ist nur als Analogie möglich.

25. Das Spätwerk RAHNERS zeugt von einer eigentümlichen Ambivalenz der Freiheitslehre. Einerseits wird Freiheit weiterhin in einem gegenständlich-objektivistischen Begründungszusammenhang thematisiert, anderseits fasst RAHNER sie daneben als formale Unbedingtheit. Einerseits erscheint als ihr obiectum proprium die gegenständlich verfügbare Welt, anderseits wird sie bestimmt als ursprünglich dialogische Interkommunikation zwischen Personen.

26. Der kommunikative Freiheitsbegriff fasst das Wesen der Freiheit als Liebe. Liebe ist der umfassendste und totale Akt, in dem der Mensch zu sich selbst kommt. Trotzdem funktionalisiert sie den anderen nicht zu einem blossen Medium meiner eigenen Selbstvermittlung, sondern sie bejaht ihn als solchen, als personales Subjekt und als unverfügbare Freiheit. Wahre Liebe geht von sich weg, um nicht mehr zu sich selbst zurückzukehren. Dass in solcher Selbstweggabe das liebende Ich sich selbst überhaupt erst gewinnt und zu sich selbst kommt, geschieht nicht per intentionem, sondern per effectum.

27. Als radikaler Grund und Selbstvollzug der menschlichen Freiheit ist die Liebe immer zugleich auch schon überformt durch die existentiale Gnade (als Grund und Horizont aller kategorialen Vollzüge des Menschen). In jedem Akt der Nächstenliebe wird also immer auch schon Gott selbst mitbejaht und mitgeliebt. Darin liegt die letzte Einheit und Identität von Nächsten- und Gottesliebe. Die Nächstenliebe ist der primäre Akt, die kategoriale Grundform der Liebe zu Gott. Der andere ist daher quasi-sakramentales Realsymbol Gottes.

28. Unsere Begegnung mit Gott ist immer vermittelt durch die kategoriale Begegnung mit der personalen und weltlichen Wirklichkeit. Innerweltliche Freiheits- und Hoffnungspraxis ist immer auch zugleich Vermittlung zur Unmittelbarkeit Gottes. Das Ja zur innerweltlichen Zukunft ist die kategoriale Vermittlung des Ja zur absoluten Zu-

kunft, die Gott selber ist. Umgekehrt ist Gott immer schon der tragende Grund und die letzte Radikalität der Praxis der Freiheit.

29. Transzendentale Christologie ist die Reflexion auf die Bedingungen des Ankommenkönnens der Christusbotschaft im Menschen. Sie versteht den Menschen von vornherein als potentia oboedientialis für die hypostatische Union und das Ereignis Jesus Christus als letzte Erfüllung des Menschseins.

30. Transzendentale Christologie versteht sich nicht als apriorische Deduktion oder Konstruktion unableitbarer geschichtlicher Heilstatsachen, sondern als die hermeneutische Uebersetzung der gegebenen Glaubenswirklichkeit in ein adäquates Verständnis heute. Sie fragt nach den a priori notwendigen Verstehensbedingungen eines gegebenen Heilsfaktums im Menschen. Sie bewegt sich damit immer schon innerhalb einer konkreten Glaubenserfahrung.

31. Eine transzendentale Christologie bringt das in einer satzhaften Christologie Gemeinte dem Menschen von heute so zum Verständnis einer inneren Heilsbedeutung, dass sie zeigt, dass der Mensch von seiner eigenen Wesensbestimmung her faktisch immer schon auf die Sache der Christologie hingeordnet ist.

32. Wenn Gott den Menschen aus dem einzigen Grund geschaffen hat, um ein Gegenüber zu haben, an das er sich selbst in verschwenderischer Liebe mitteilen kann, dann kommt die Geschichte des Menschen und der Menschheit erst in der Selbstmitteilung Gottes zu ihrem Ziel. In der absoluten Selbstmitteilung Gottes in Jesus Christus (in der Menschwerdung Gottes bzw. in der hypostatischen Union Jesu Christi) tritt geschichtlich unüberholbar und irreversibel in Erscheinung, was der Sinn und das Ziel des Menschen überhaupt ist.

33. Damit die absolute Selbstmitteilung Gottes beim Menschen wirklich endgültig und irreversibel ankommen kann, muss sie von diesem endgültig und irreversibel angenommen werden. Endgültig angenommen werden kann sie aber nur im Tod.

34. Die Auferstehung ist die göttliche Bestätigung der irreversiblen Annahme der Selbstmitteilung Gottes durch den Menschen im Tod und damit Ausdruck der endgültigen Gerettetheit der menschlichen Existenz.

35. In jeder Liebe, die sich radikal an einen anderen wegwagt und diesen in einem unbedingten Sinn bejaht, wird implizit auch Jesus Christus bejaht. Denn in der vorbehaltlosen und absoluten Liebe zu einem anderen geschieht immer schon der Vorgriff auf jenen Menschen, der die Absolutheit und Radikalität solcher Liebe überhaupt erst zu rechtfertigen vermag, was einen Menschen voraussetzt, der in radikaler und irreversibler Einheit mit Gott steht, und ein solcher Mensch heisst Gottmensch. Nur von Gott her ist die Liebe zum anderen zu ihrer letzten Radikalität ermächtigt und in ihrem strukturell immer schon intendierten absoluten Sinnanspruch begründet.

36. Weil Geschichtlichkeit und Sozialität transzendental-existentiale Momente des Menschen sind, ist die Kirchlichkeit des Glaubens transzendentales Moment des glaubenden Subjekts.

37. Die Kirche ist die geschichtlich-gesellschaftliche Erscheinung der in Jesus Christus irreversibel zu sich selbst gekommenen Gnade und Selbstmitteilung Gottes. Sie ist in Analogie zu Jesus Christus (als dem Ursakrament des Heils der Welt) das Heilssakrament der Welt. Als Sakrament oder Realsymbol des Heils ist sie nicht selbst das Heil. Sie lebt daher immer von der Proklamation ihrer eigenen Vorläufigkeit und ihrer fortschreitenden Aufhe-

bung im kommenden Reich Gottes, dem sie geschichtlich entgegenpilgert.

38. Diese Pilgerschaft auf die ausständige Zukunft Gottes hin teilt die Kirche mit der Welt insgesamt. Sie existiert nicht bloss als Zeichen des Heils für sich selbst, sondern als das ausdrückliche In-Erscheinung-Treten dessen, wozu die Menschheit als ganze prädestiniert ist. Sie ist der Vortrupp der Menschheit, der die universale und in Jesus Christus irreversibel gewordene Bestimmung der Welt zum Heil schon ergriffen hat und sich und die Welt geschichtlich wirksam auf diese universale Heilsbestimmung hin ausrichtet.


Im Anschluss an diese thesenartige Zusammenfassung und bevor wir das Denken RAHNERS mit demjenigen DUSSELS konfrontieren, wollen wir diesen Rahnerteil abschliessend beurteilen. Dabei können wir die bereits im darstellenden Teil eingeflochtenen kritischen Auseinandersetzungen(s.o. S.430; 443; 449ff; 503f; 521ff), die hauptsächlich die Stringenz des Gottesbeweises, die objektivistische Tendenz vorab des frühen RAHNER und die Idee einer transzendentalen Christologie betreffen, hier voraussetzen, ohne sie nochmals im einzelnen wiederholen zu müssen.

Was bei RAHNER spontan in die Augen sticht, ist die Radikalität und die Konsequenz der anthropologischen Wende seiner Theologie. Es gibt keinen Traktat, bei dem er nicht daraufhin reflektiert hätte, wie ein theologischer Inhalt vom Menschen her überhaupt vollziehbar sei. Er gehört zu jenen theologischen Pionierdenkern, welche die Herausforderung der Glaubensnot und des faktischen Nichtankommenkönnens des biblisch bezeugten und kirchlich überlieferten Wortes Gottes beim Menschen von heute radikal in Ansatz gestellt und konsequent zum Ausgangspunkt der Theologie gemacht haben.

Er nimmt den Menschen, das Subjekt des Glaubens mit all seinen existentiellen Schwierigkeiten und Nöten ernst, so ernst, dass er sich von seinen Kritikern vorwerfen lassen muss, er reduziere die Theologie auf eine Funktion der Anthropologie, Jesus Christus auf ein Moment der Selbstvermittlung des Subjekts zu sich selbst, während doch in Wahrheit die Subjektivität in Funktion zum normativen Wort der Schrift gedacht werden müsse. Die kirchlich überlieferte und ausgelegte Schrift komme bei ihm nur als explikative Selbstvermittlung der transzendentalen Selbsterfahrung in den Blick und werde so gleichsam zu deren Epiphänomen depotenziert.[384]

Diese Kritik signalisiert sicherlich eine Gefahr des transzendentaltheologischen Ansatzes überhaupt, die darin besteht, dass der kategoriale Inhalt der Christusbotschaft nur noch dazu dient, das Selbstverständnis des menschlichen Subjekts im letzten zu bestätigen und nicht infrage zu stellen. Trotzdem trifft es nicht zu, dass bei RAHNER das Offenbarungsereignis einem anthropologischen Apriori untergeordnet wird. Im Grunde genommen betrachtet er in seiner universalen theologischen Gesamtkonzeption gerade umgekehrt den Menschen und seine Geschichte als Funktion eines offenbarungstheologischen Apriori. Wir haben in unserer Rahnerdarstellung immer wieder darauf hingewiesen, dass das theologische Urprinzip RAHNERS der Heilswille Gottes ist, sich selbst in verschwenderischer Liebe an ein anderes ausser ihm mitzuteilen. **Darum und nur darum** hat Gott den Menschen (als Adressaten solcher Selbstmitteilung) erschaffen, darum und nur darum ist der Mensch immer schon gnadenhaft auf die Unmittelbarkeit Gottes hin finalisiert, darum und nur darum ist die absolute Selbstmitteilung Gottes in Jesus Christus der einma-

---

[384] So oder ähnlich H.U. VON BALTHASAR, Cordula, aaO. (Anm.333) 70; B. VAN DER HEIJDEN, aaO. (Anm.72) 347-350; A.GERKEN, aaO. (Anm.63) 23; 51; 73f; F.GABORIAU, Interview sur la mort, aaO. (Anm.332) 23f; P.EICHER, Offenbarung, aaO. (S.332,Anm.624) 403f; 410f.

lig höchste und radikalste Wesensvollzug der menschlichen Existenz überhaupt, die Erfüllung dessen, was die Menschheit für sich insgeheim immer schon sucht und erhofft. Am Anfang des Rahnerschen Denkens steht der Wille Gottes, sich zu offenbaren, und alles andere ergibt sich als Implikat und Funktion dieses einen theologischen Urdatums.

Was also im Verständnis der transzendentalen Theologie RAHNERS durch die amtliche Offenbarungsüberlieferung des Christentums primär bestätigt und nicht infrage gestellt wird, sind nicht die partikulären Erwartungen und Wünsche des Menschen als solche, sondern im letzten nichts anderes als die ursprüngliche Schöpfungsabsicht Gottes mit dem Menschen. Man bekommt manchmal den Eindruck, dass sich die Rahnerkritik in diesem Punkt der in Wahrheit theologischen Voraussetzungen der Anthropologie RAHNERS nicht immer zur Genüge bewusst ist.

Der Vorwurf des Subjektivismus ist auch von mehr wissenschaftstheoretischer Seite an RAHNER gerichtet worden. Man hat ihm eine subjektivistische Reduktion der Theologie angekreidet, weil er alle Theologie mystagogisch auf religiöse Erfahrung zurückführe. Dieser kritische Einwand ist zweifellos ernst zu nehmen. Wenn J.B.METZ den dominierenden (existentialen, transzendentalen und personalistischen) Strömungen der gegenwärtigen Theologie zwar zubilligt, sie hätten die durch die Religionskritik der Aufklärung geschaffene Problemsituation durchaus wahrgenommen und sich ihr gestellt, darauf aber mit Theorien eines privatisierten und entweltlichten Christentums reagiert, den Glauben so geschichtlich und vor dem Forum der kritischen Vernunft immunisiert und ihn gerade so unkritisch und unkontrolliert den modernen gesellschaftlich-politischen Ideologien ausgeliefert[385], so befindet sich ohne Zweifel auch RAHNER im Visier dieser Kritik,

---

[385] Vgl. J.B.METZ, Zur Theologie der Welt, aaO. (S.57, Anm.133) 99-102; ders., Glaube in Geschichte und Gesellschaft, aaO. (S.57,Anm.133) 145.

auch wenn er in seinen späteren Jahren die privative Tendenz seines theologischen Ansatzes je länger je mehr durch eine politische Hermeneutik zu ergänzen suchte.

Immerhin kann der Argumentationspfeil der wissenschaftstheoretischen Kritik auch umgedreht werden, insofern RAHNER die weithin aus der wissenschaftlichen Theologie ins Reich der wissenschaftsexemten Beliebigkeit und subjektiven Unverbindlichkeit verbannte Erfahrung in die öffentliche Kommunikabilität der theologischen Wissenschaft zurückzuholen suchte. In diesem Sinn hat er immer darauf hingearbeitet, das von einer sterilen Wissenschaftsorthodoxie betriebene Schisma zwischen begrifflicher Lehre und gelebter Mystik, zwischen theologischem System und religiöser Erfahrung zu überwinden.[386]

Was bei RAHNER im ganzen imponiert, ist, dass er Gott nicht an den Grenzen, sondern in der Mitte menschlichen Daseins zur Sprache zu bringen sucht. Diese Mitte bilden für ihn das Erkennen und die Freiheit. RAHNER ist im Laufe der Zeit immer mehr bemüht, die Freiheit als selbstursprüngliches Prinzip und als Kommunikationsbegriff zu fassen, ohne dabei allerdings gegenüber dem an der gegenständlichen Erkenntnis gewonnenen objektivistischen Freiheitsbegriff eine eigentliche Kehre oder gar einen Bruch zu vollziehen.[387]

Es wurde bereits darauf hingewiesen (s.o.S.503f), dass der dialogische Freiheitsbegriff zum objektivistischen des frühen RAHNER mehr in einem Verhältnis des unvermittelten Nebeneinanders als der endgültigen Ueberwindung steht. Unwillkürlich ergibt sich der Eindruck, dass RAHNER jeweils gerade denjenigen Freiheitsbegriff heranzieht, der sich für seine unmittelbaren Demonstrationsab-

---

[386] Vgl. J.B. METZ, Unterbrechungen, aaO. (Anm.246) 46f.
[387] Vgl. P. EICHER, Die anthropologische Wende, aaO. (Anm.32) 93.

sichten besser zu eignen verspricht. Gerade als Rahnerschüler wird man es bedauern, dass er die Freiheit als formelle Unbedingtheit und als Kommunikationsbegriff nicht entschlossen zum transzendentalen Begründungs- und Strukturprinzip erhoben und den objektivistischen Freiheitsbegriff endgültig hinter sich gelassen hat. Die Fruchtbarkeit eines solchen Prinzips hat sich schon bei RAHNER selbst in verschiedenen Untersuchungen gezeigt, so z.B. in seiner These von der Einheit von Nächsten- und Gottesliebe oder in seiner Freilegung der christologischen Dimension jeder radikalen Liebe.

Der eigentliche Grund, weshalb er den objektivistischen Freiheitsbegriff daneben immer noch beibehalten zu müssen glaubt, scheint zu sein, dass er die Wirklichkeit Gottes einerseits und seine absolute Geheimnishaftigkeit anderseits nur als Möglichkeitsbedingung, als ungegenständliches Woraufhin endlicher Gegenstandserkenntnis begründen zu können meint. Nun hat sich uns aber zum einen die innere Stringenz dieser Rahnerschen Begründung der Wirklichkeit Gottes im Lichte der theoretischen Vernunftkritik KANTS als durchaus brüchig gezeigt, zum anderen haben wir bereits gesehen (s.o.S.405ff), dass sich gerade im Rahmen des Gedankens einer formal unbedingten und kommunikativen Freiheit eine auch kritischem Denken standhaltende Gotteslehre entwickeln lässt, die Gott als absolute Liebe und als unbegreifliches Geheimnis zu denken erlaubt.

Auf einen interessanten Punkt, der gerade im Hinblick auf die Konfrontation RAHNERS mit der Befreiungstheologie im allgemeinen und mit DUSSEL im besonderen höchst bedeutsam erscheint, hat G.NEUHAUS[388] hingewiesen. Dass RAHNER den Kommunikationsbegriff der Freiheit erst nachträglich und

---

[388] Vgl. Transzendentale Erfahrung, aaO.(Anm.274)178-180; 337; ders., Die Einheit von Nächsten- und Gottesliebe. Rahners These vor der Herausforderung durch Feuerbach, in: Forum Katholische Theologie 1 (1985) 176-196, 185-196.

gleichsam additiv zum objektivistischen Begriff einführt, hindere ihn daran, dass in seinem Denken die Inanspruchnahme meiner Freiheit durch die Freiheit des anderen systembildend werden könne. "Dass der Mensch für Rahner schon längst, bevor ihm Andere begegnen, auf der Stufe eines urteilend gewonnenen Weltverhältnisses als ein in seiner Freiheit sich Gott verdankendes Subjekt gilt, führt dazu, dass der Andere als wirklich radikale Herausforderung an meine Freiheit gerade nicht in den Blick gerät."[389] Der andere, der ungerecht Leidende zumal, komme in der Mitte des Rahnerschen Denkens nicht als die ursprüngliche Herausforderung meiner Freiheit vor. Die Verantwortung der Freiheit eines Subjekts beziehe sich primär auf dieses selbst.[390] Entsprechend bestimme er z.B. den Glauben als Mut zu sich selbst, als radikales Ja zur eigenen Freiheitsexistenz, oder - um ein anderes Beispiel zu nennen - seine Theologie des Todes, die diesen als Herausforderung der eigenen Freiheit erweisen wolle, setze immer nur bei der Erfahrung des eigenen Todes, nicht desjenigen des anderen an.[391] Damit nehme RAHNER eine in der intersubjektiven Struktur der Freiheit angelegte Argumentationsmöglichkeit nicht wahr.

Letzteres trifft allerdings in dieser Pauschalität nicht ganz zu. Denn mindestens in der Theologie der Erbsünde[392] und in der Christologie[393] stellt RAHNER das intersubjektive Beziehungsgefüge der menschlichen Freiheit und darin das Betroffenwerden meiner Freiheit von anderer Freiheit in Ansatz. In der Theologie der Erbschuld streicht er die bleibende Mitbestimmtheit meiner Freiheit durch die Freiheits- und Schuldgeschichte der anderen Menschen und da-

---

[389] G.NEUHAUS, Die Einheit von Nächsten- und Gottesliebe, aaO. (Anm.388) 194.
[390] Vgl. ders., Transzendentale Erfahrung, aaO. (Anm.274) 134; 136f; 336.
[391] Vgl. ebd. 165.
[392] Vgl. GK 113-117.
[393] Vgl. K.RAHNER, Grundlinien einer systematischen Christologie, aaO. (Anm.167) 23f; 49; 62.

mit die Mitwelt als Situation und Raum des eigenen Freiheitsvollzugs heraus. In der Christologie nimmt er den Gedanken der Mitbestimmtheit der einen Freiheit durch andere Freiheit auf, um darzutun, wie das Individuum Jesus von Nazareth eine bestimmende Bedeutung für die Freiheitsgeschichte der anderen Menschen haben kann. Dass aber diese Bestimmtheit und Herausgefordertheit meiner Freiheit durch den anderen im Ganzen des Rahnerschen Denkens nicht system- und strukturbildend geworden ist, darauf hat NEUHAUS mit Recht hingewiesen.

Damit ist noch einmal und insgesamt deutlich geworden, dass die Intersubjektivität, die personale Relation zwischen Freiheiten, im transzendentalen Diskurs RAHNERS als Strukturprinzip zu wenig bestimmend ist. Hätte er die Gesamtkonzeption seines Denkens radikal und entschlossen auf die transzendental ursprünglichste Relation - nämlich auf die Subjekt-Subjekt-Beziehung - gegründet, so wären ihm einerseits manche Unstimmigkeiten erspart geblieben, anderseits hätten sich ihm Argumentationsmöglichkeiten eröffnet, die er faktisch nicht wahrgenommen hat oder gar nicht wahrnehmen konnte. Jedenfalls dürfte klargeworden sein, dass gerade seine zentralsten Anliegen im Paradigma einer transzendentaldialogischen Freiheitslehre überzeugender und konsistenter argumentierbar wären.

# VIERTER TEIL

## Dussel und Rahner im Vergleich

DUSSELS Denken setzt meta-physisch beim anderen, RAHNERS Denken transzendental beim Ich an. Damit scheint zwischen DUSSEL und RAHNER grösstmögliche Differenz zu sein. Anderseits: Nach DUSSEL ist der höchste Wesensvollzug des menschlichen Geistes der Glaube als Betroffenwerden vom unbegreiflichen und unverfügbaren Geheimnis. Nach RAHNER ebenso. Damit scheint zwischen DUSSEL und RAHNER grösstmögliche Identität zu sein. Identität oder Differenz - welche Beziehung besteht nun wirklich zwischen DUSSEL und RAHNER?

Zunächst springt durchaus eine deutliche Diskrepanz, ja diametral entgegengesetzte Ausgangslage der beiden Denker ins Auge, und wenn wir RAHNERS Denken vom Standpunkt der trans-egologischen Exteriorität aus betrachten und daran messen wollen, so scheinen wir bei ihm fast so etwas wie die Probe aufs Exempel machen zu können, wie er mit seiner Denkform völlig ungeschützt ins offene Messer der Dusselschen Subjektkritik hineinläuft.

Bekanntlich wirft DUSSEL dem europäischen Subjektdenken vor, es setze das Ich als Grund und Horizont des Ganzen, es beraube innerhalb dieser Totalität des alles umfassenden Ich jegliches Anderssein seiner autonomen Eigenwirklichkeit und anerkenne es nur noch als Moment der Selbstvermittlung oder als Akzidens dieses allein substantiellen Ich. Nach DUSSEL erscheint hier das andere nur noch als apriorisches Eigentum des Selbst, als Objekt der schrankenlosen Freiheit des sich selbst setzenden und behauptenden Subjekts. Das Ich erfährt sich als archimedischen Punkt, auf den alles andere gegründet wird, als das selbstzentrierte Herrschaftssubjekt, das alles, was Nicht-Ich ist, zentripetal auf sich hinbezieht und im anderen nur sich selbst wiederzufinden trachtet. Das andere wird dem totalen Ich-System eingegliedert, auf diese Weise neutralisiert und egalisiert, d.h. dem Ich gleichgemacht und ihm unterworfen. Von einem Ich-Ansatz her erscheint das Ich als die allein mass-gebende Wirklichkeit.

Was Nicht-Ich ist, ist Objekt des Ich. Wahrheit erscheint nur noch als monologische und eindimensionale Identität mit dem Ich. Die Eroberung und Unterwerfung des anderen als Objekt des Ich ist die konkrete Vermittlung, in der das Ich sich selbst verwirklicht und zu sich selbst kommt. 'Ego conquiro, ergo sum'! Die verdinglichende Eroberung und Entfremdung des anderen ist das Bei-sich-sein des Herrschaftssubjekts im Anderssein. Die Subjekt-Objekt-Beziehung resultiert aus einer 'Ontologie des Krieges', der Sub-jektion des anderen unter das Ich.

Insofern RAHNER den gegenständlichen Erkenntnis- bzw. Urteilsvollzug - also die Subjekt-Objekt-Beziehung - seit seinem Frühwerk als die eigentliche Urhandlung des menschlichen Geistes setzt, sieht er sich in der direkten Schusslinie dieser massiven Subjektkritik DUSSELS. In seiner transzendentalen Denkart erkennt er den Gegenstand immer schon im apriorischen Horizont des denkenden Subjekts. Der Gegenstand wird entsprechend dieser Denkweise immer nur auf dem Umweg über die rückbezügliche Reflexion auf das Erkenntnissubjekt und die apriorische Struktur seines Erkennens ansichtig. Die Objektivität des anderen wird von der Subjektivität des Subjekts her begriffen. Dieses erscheint als das apriorische Gesetz dafür, was und wie etwas sich ihm zu erkennen geben kann. Das transzendental-kritische Denken kann in der gegenständlichen Wirklichkeit in der Tat kein schlechthin ich-unabhängiges Ansich, keine absolut subjekttranszendente Realität erkennen. Das Ich muss in seinem gegenständlichen Bewusstsein gedacht werden als Horizont seiner selbst und des anderen, des Ich und des Nicht-Ich.

Aus dem gegenständlichen Erkenntnisvollzug werden von RAHNER - in seinem Frühwerk ausschliesslich, in seinem späteren Werk relativiert durch einen ergänzenden Intersubjektivitätsansatz - die übrigen Handlungen, Implikationen und Momente des Bewusstseins (Freiheit, Gottesbezug, Geschichtlichkeit) erst freigelegt und erklärt. Die gegenständliche Erkenntnis und also die Subjekt-Objekt-Beziehung bildet gewissermassen das fundamentum inconcussum, den archimedischen Punkt der Rahnerschen Metaphysik. Und hier setzt er sich - von der Position einer ich-unabhängigen Exteriorität des anderen aus geurteilt - dem gnadenlosen Trommelfeuer der Dusselschen Kritik des erobernden Herrschaftssubjekts geradezu aus.

Man glaubt, DUSSELS beissende Kritik sich wiederholen zu hören, wenn wir uns RAHNERS Erkenntnismetaphysik nochmals vergegenwärtigen. Da erscheint die Freiheit als Subjektivität gegenüber einem Objekt, die Erkennbarkeit als transzendentale Bestimmung des Seienden überhaupt, die Identität von Sein und Erkennen als ontologisches Grundprinzip, das sinnlich gegebene andere als 'der ersterfasste Gegenstand' des Erkenntnissubjekts, die gegenständliche Beziehung des erkennenden Ich zum anderen als Bei-sich-sein des Subjekts und die Erkenntnis des anderen als reditio subjecti in seipsum, das Sein des Subjekts mithin als Sein des erkannten Objekts, das andere als leere, vom Subjekt her formbare materia prima und als gegenständliche Vermittlung des Subjekts zu sich selbst, das Ich als apriorisches Gesetz und Möglichkeitsbedingung des anderen, Fremderkenntnis als Modus der Selbsterkenntnis usw.

Wenn wir bedenken, dass sich auch der spätere RAHNER trotz der (freilich mehr additiven) Berücksichtigung der intersubjektiven Dialogbeziehung nie ganz von dieser objektivistischen Denkfigur gelöst hat, so scheint DUSSEL hier mit seiner meta-logischen und trans-egologischen Kritik am Herrschafts- und Eroberungstrieb des Ich bei RAHNER voll ins Schwarze zu treffen. Wir haben bereits im RAHNER darstellenden Teil den immer wieder durchbrechenden, latenten objektivistischen Grundzug kritisiert. Schon dort haben wir bemängelt, dass er die gegenständliche Subjekt-Objekt-Beziehung gleichsam als Urhandlung des menschlichen Geistes setzt, so dass er die eigentlichen

Urphänomene wie Freiheit, Selbst, Interkommunikation nurmehr von diesem gegenständlichen Akt her thematisieren kann. Die Subjekt-Subjekt-Beziehung erscheint nur noch als Sonderfall der Subjekt-Objekt-Beziehung. Bezeichnenderweise wird das personale Du in RAHNERS philosophischem Frühwerk nirgends thematisch. Alle Weltwirklichkeit wird unter den Objektbereich subsumiert. Hier kann deshalb DUSSELS Forderung nach einer transsubjektiven und transobjektiven (im Sinne einer nicht-gegenständlichen) Alternative des Denkens voll durchschlagen. Denn DUSSELS Metaphysik wird im tiefsten von dem einen Anliegen bewegt, die irreduzible Eigenwirklichkeit und unverfügbare Personalität des anderen Menschen zu bewahren, ja die Priorität des Nächsten vor den Ansprüchen des Ich zu behaupten. Der andere hat eine nicht zu vereinnahmende Autonomie schlechthin ausserhalb des Herrschaftsanspruchs des sich selbst setzenden Ich, er ist transzendent gegenüber den gegenständlichen Bestimmungen des apriorischen Subjekts, er ist das unbegreifliche Jenseits der alles umklammern wollenden Identität des Ich = Ich. Der dialektische Totalisierungs- und Egalisierungstrieb wird analektisch durchbrochen.

Wenn RAHNER in seinem Frühwerk vom anderen spricht, so meint er immer die sinnliche Materialität, die gegenständliche Welt, die ihre Objektivität nur in ihrer konstitutiven Beziehung zum erkennenden Subjekt hat. Niemals erscheint das andere als **der** andere, als transzendentes Geheimnis des Unverfügbaren oder als personales Antlitz im Sinne DUSSELS, das sich in seiner Wesenhaftigkeit dem objektivierenden Zugriff des totalisierenden Subjekts entzieht. Das andere ist im philosophischen Werk des frühen RAHNER immer **etwas** und nicht **jemand**, die Rohmaterie der apriorischen Erkenntnisformen des Subjekts und nicht eine den strukturellen Formungsansprüchen des Ich entzogene freie Person, die vom Ich her weder begriffen noch besessen werden kann, sondern die diesem nur in einem vertrauensvollen, nicht verfügen wollenden Sichöffnen und

Empfangen des Ich offenbarend begegnen kann.

Wäre der Objektivismusvorwurf das letzte Wort über RAHNER, so hätte dieser wahrlich einen schweren Stand, nicht nur in der Auseinandersetzung mit DUSSEL, sondern auch mit einem transzendentaldialogischen Denken. Nun war aber bereits der frühe RAHNER gläubiger Mensch genug, um sich die glückliche Inkonsequenz zu leisten, trotz von KANT inspirierter Denkart dessen Einsichten in der theoretischen Vernunftkritik nicht vollständig zu rezipieren, um so von dem direkt ins theologische Verderben fahrenden Zug abzuspringen und den Gottesbezug des Ich aus der objektivistischen Beziehung herauszunehmen. Gott erscheint ihm nicht als verfügbares Objekt wie die sonstige Wirklichkeit des anderen ausserhalb des Ich, sondern als unendliches Woraufhin des Vorgriffs aller gegenständlichen Erkenntnis. Als Möglichkeitsbedingung gegenständlicher Erkenntnis kann er selber nicht noch einmal gegenständlich, sondern muss er als unbegreifliches Geheimnis gedacht werden. Die höchste Erkenntnis Gottes ist daher die 'tenebra ignorantiae', die nur via revelationis und vonseiten Gottes in absoluter Freiheit und Ungeschuldetheit aufgehellt werden kann. Weil das Ich dieses unendliche Woraufhin Gottes nur im Vorgriff 'hat', muss es sich selber als endlich und kann es sich nicht als das absolute Sein oder absolute Subjekt begreifen.

Hier klingt doch schon beim frühen RAHNER an prominenter Stelle - beim Gottdenken - das meta-logische Anliegen DUSSELS an. Es wird von RAHNER später noch zweifach verstärkt: einerseits durch die Aufnahme der transzendentaldialogischen Einsicht in die Ursprünglichkeit und Unableitbarkeit der interpersonalen Subjekt-Subjekt-Relation und andererseits durch die Einführung des übernatürlichen Existentials, in dem man in wohlwollender Interpretation ebenfalls ein trans-egologisches Moment erkennen kann.

Zur Interpersonalrelation: In seinen späteren Arbeiten

hat RAHNER neben der an der Subjekt-Objekt-Beziehung orientierten Freiheitslehre immer mehr auch die dialogische Grundstruktur der Freiheit mitberücksichtigt, so dass der Mitmensch vermehrt als eigenwirkliche Person und nicht mehr nur als Fall der Objektwelt in den Blick kommt. Zwar betont RAHNER nach wie vor, das personale Du sei die Vermittlung zum Bei-sich-sein des Ich, im Ausgang zum Du komme das Ich erst zu sich selbst. Aber er legt nun doch grössten Nachdruck darauf, dass hier wirklich das Du als solches und nicht als blosses Medium angezielt werde. Dass in solcher wirklicher Selbstweggabe das liebende Ich sich selbst überhaupt erst gewinne und zu sich selbst komme, geschehe nicht per intentionem, sondern nur per effectum. Nur in dem Masse, wie seine Freiheit und Personalität bejaht und nicht instrumentalisiert werde, könne der andere das Ich in freier, dialogischer Kommunikation zu sich selbst bestimmen. RAHNER hat von daher fruchtbare Reflexionen über die liebende Kommunikation von Freiheiten als ursprüngliche Vermittlungen des Verhältnisses zu Gott vorgelegt.

Zur Einführung des übernatürlichen Existentials: So umstritten dieses Existential aus philosophischen oder theologischen Gründen sein mag, so wird hier doch mit der göttlichen Gnade etwas zur Mitte und zur innersten Bestimmung des Subjekts erhoben, das nicht aus der Natur desselben ableitbar ist, das ihm vielmehr ungeschuldet und frei, obgleich als faktisch universales und existentiales Angebot, von aussen, d.h. durch Gottes schöpferisches Heilshandeln selber zukommt. Man hat darin allerdings vielfach gerade umgekehrt eine weitere Radikalisierung der Subjektivität bei RAHNER erkennen wollen. Es kommt hier freilich alles auf den Blickwinkel an: Je nachdem, ob mehr das **Gnadenhafte** dieses Existentials, das aus der reinen Natur des Subjekts unableitbar ist, und also die freie Ungeschuldetheit und reine, absolute Geschenktheit von aussen betont wird, oder ob man den Akzent mehr auf die faktische Begabtheit der Subjektnatur mit dem Gnaden**existential** legt, schmückt man RAHNER entweder mit der Rose des Exterioritätsmomentes (weil das freie Kommen der Selbstmitteilung Gottes nicht aus der **reinen** Natur des Ich abgeleitet werden kann) oder mit dem Kaktus des Subjektivismus (weil die Offenbarung nur noch als blosse Objektivierung der **faktischen** Zuständlichkeit des Subjekts erscheint).

Hier bleibt ein grosser Spielraum, RAHNER je nach Standpunkt benigne oder maligne zu interpretieren. Wer von vornherein von der faktischen Subjektivität ausgeht, wird ihm in der Tat Subjektivismus oder gar Immanentismus vorwerfen. Wer dagegen die prinzipiellen und nuancierten Differenzierungen RAHNERS sowie den Entstehungskontext des Theorems des übernatürlichen Existentials[1] wirklich in Rechnung stellt, wird ihm zugestehen, dass er weder in seinem theologischen Denken noch in seinem lebensgeschichtlichen Charakter auf einen platten Subjektivismus hintendierte. Von seinem persönlichen und biographischen Naturell her wollte er alles andere als einer subjektiven Beliebigkeit das Wort reden, wie nicht zuletzt seine nicht überall auf freundliches Echo gestossenen Aeusserungen zum Verhältnis des theologischen Privatsubjekts zur Kirche deutlich machen.[2]

---

[1] RAHNER hat das übernatürliche Existential in kritischer Distanz zur sogenannten 'nouvelle théologie', die eine natürliche Hingeordnetheit des menschlichen Ich auf die Gnade Gottes lehrte, eingeführt, um die radikale Freiheit und Ungeschuldetheit der Gnade, also ihre Unableitbarkeit aus der subjektiven Ich-Natur sicherzustellen.

[2] Siehe z.B. K.RAHNER, Der Glaube des Christen und die Lehre der Kirche, in: X, 262-285, 282: "Ich weiss im Grunde genommen nicht, warum viele von ihrer eigenen subjektiven Meinung so überzeugt sind, dass sie meinen, die Lehre der Kirche oder eine Lehre der Kirche dezidiert ablehnen zu müssen. Ich weiss nicht, warum sie so wenig Misstrauen haben gegen die Beliebigkeit ihres subjektiven Individualismus. ... Würde nicht bei einer solchen absoluten Selbstidentifikation mit einer augenblicklichen Subjektivität jeder intellektuelle Wachstumsreiz ertötet, wenn eine solche Selbstsicherheit das allgemeine Gesetz des eigenen Denkens würde?"

Das mindeste, das wir mithin über RAHNER im Lichte der meta-physischen Position DUSSELS urteilen können, ist die Einsicht in eine eigentümliche Ambivalenz des Rahnerschen Denkens. Nun ist aber DUSSEL selber auch kein unverrückbares, absolutes Mass. Wir sind in der Analyse seines Denkens vielmehr öfters zur Erkenntnis gelangt, dass dieses selber an entscheidenden Stellen eines transzendental-kritischen Korrektivs bedarf. Es ist also nicht nur mit einer Infragestellung und Bereicherung des Rahnerschen Denkens durch DUSSEL, sondern auch umgekehrt mit einer Befruchtung des Dusselschen Denkens durch RAHNER zu rechnen. Der Identität und Differenz sowie der gegenseitigen Befruchtung der beiden Denker soll nun im folgenden Vergleich etwas ausführlicher nachgegangen werden, und zwar entlang der Linien der folgenden zehn Vergleichspunkte:

1. Die hermeneutische Situation
2. Spiritualität und Theologie
3. Der Denkansatz
4. Das Geheimnis
5. Offenbarung und Glaube
6. Glaube und Liebe
7. Jesus Christus
8. Erlösung und Befreiung
9. Die Kirche
10. Die Rolle des Intellektuellen

## 1. Die hermeneutische Situation

Der Unterschied der hermeneutischen Situation in der lateinamerikanischen Befreiungstheologie einerseits und in der europäischen Theologie anderseits, wie wir ihn zu Beginn dieser Arbeit etwas pauschal skizziert haben (s.o.S. 30ff), widerspiegelt sich ziemlich genau in den Denkentwürfen DUSSELS und RAHNERS. DUSSELS Denken ist zentral von der Realität des Armen und Unterdrückten herausgefordert. Diese bildet den Ausgangs- und Bezugspunkt seines ganzen Diskurses. Er denkt sub lumine oppressionis. Der Arme ist seine hermeneutische Grundkategorie. Von dessen Wirklichkeit her wird der Totalitätsanspruch des Ich kritisiert und die Wirklichkeit im ganzen neu interpretiert.

Die fundamentale Herausforderung der Transzendentaltheologie RAHNERS bildet demgegenüber der moderne Atheismus, das faktische Nichtglaubenkönnen des Menschen von heute. RAHNER versteht das moderne Ich nicht in erster Linie als Herrschaftssubjekt, wie DUSSEL es tut, sondern als einen unter existentieller Glaubensnot leidenden Menschen, nicht als einen, der sich in seinem totalitären Narzissmus für den anderen im Glauben nicht öffnen will, sondern als einen, der sich angesichts der vor ihm sich auftürmenden Glaubenshindernisse keine Glaubensmöglichkeit mehr sehen kann, obwohl er es doch zutiefst möchte. RAHNERS anthropologisch gewendete Theologie ist der grossangelegte Versuch, den kirchlich überlieferten Glauben dem bürgerlich-aufgeklärten Menschen in der Welt von heute verständlich und existentiell nachvollziehbar zu machen.

Die primäre Herausforderung RAHNERS ist der Unglaube, diejenige DUSSELS die Unmenschlichkeit. Eine wichtige Differenz zwischen diesen beiden Denkformen erklärt sich aus dieser unterschiedlichen hermeneutischen Perspektive.

## 2. Spiritualität und Theologie

Bei der allgemeinen Einführung in die Befreiungstheologie haben wir die spirituelle Wurzel derselben herausgearbeitet (s.o.S.33ff). Vor ihrem begrifflichen Diskurs ist die Theologie der Befreiung eine spezifische Weise der spirituellen Gotteserfahrung, die aus der solidarischen Begegnung mit dem Armen und im Engagement für seine Befreiung gewonnen wird. Theologie ist gegenüber dieser mystisch-politischen Spiritualität grundsätzlich nur zweiter Akt.

Die aus der Befreiungspraxis genährte spirituelle Erfahrung bildet allererst die Matrize einer neuen theologischen Intelligierung des Glaubens.

Zwar lässt sich bei RAHNER gewiss nicht behaupten, seine Theologie habe ihre Wurzeln spezifisch in einer aus dem konkreten Engagement für die Befreiung der Armen gewonnenen Spiritualität. Darin aber, dass sein theologisches Denken spirituell verankert ist und gegenüber dieser konkret gelebten und erfahrenen Spiritualität nur zweiter Akt ist, besteht zwischen seiner Transzendentaltheologie und einer Befreiungstheologie nicht Differenz, sondern formale Uebereinstimmung.

K.P.FISCHER hat überzeugend herausgearbeitet, dass die Urintuitionen des Rahnerschen Denkens ihren Wurzelgrund in der ignatianisch-mystischen Spiritualität haben und letztlich nichts anderes als die wissenschaftliche Uebersetzung dieser spirituellen Erfahrung seien.[3] RAHNER sagt selber im Rückblick auf sein theologisches Schaffen, dass dieses "von der Erfahrung der ignatianischen Exerzitien ausging und faktisch im Lichte des Gedankens solcher Wirksamkeit des Geistes geprägt wurde" (XII, 11). Seine Theologie habe sich daher immer als "Theologie aus Erfahrung des Geistes" (XII, 8) verstanden. Die spirituelle Erfahrung sei der eigentliche Motor seiner ganzen theologischen Begriffsarbeit gewesen.[4] Auch die transzen-

---

[3] Vgl. K.P.FISCHER, Der Mensch als Geheimnis, aaO. (Anm. 64)17-80; ders., Gotteserfahrung. Mystagogie in der Theologie Karl Rahners und in der Theologie der Befreiung, Mainz 1968, 9; 41; vgl.ferner K.LEHMANN, Karl Rahner,aaO. (S.522,Anm.335) 156f; 168; H.VORGRIMLER, Karl Rahner verstehen, aaO. (S.486,Anm.177) 32; K.NEUMANN, aaO. (S.500, Anm.246) 137-200; 313-316; A.GRUEN, aaO.(S.455,Anm.69)6f; 111f; 201; A.DULLES, The Ignatian experience as reflected in the spiritual theology of Karl Rahner, in: Philippine studies 13 (1965) 471-494; N.SCHWERDTFEGER, aaO. (S.474, Anm.132) 297-341; E.G.FARRUGIA, aaO. (S.411f,Anm.2) 233; J.B.METZ, Unterbrechungen, aaO. (S.500,Anm.246) 47.
[4] Vgl. K.RAHNER, Herausforderung des Christen. Meditationen - Reflexionen, Freiburg i.Br. 1975, 125; ders., Im

dentale Erfahrung setze voraus und zehre davon, dass sie "vorher im praktischen Vollzug des Religiösen konkretchristlich gelebt"[5] worden sei. Die spirituelle Erfahrung Gottes gehe "logisch ... der theologischen Reflexion und Verbalisation voraus"[6]. Die begriffliche Kategorialisierung dieser ursprünglichen Erfahrung ist daher auch nach RAHNER immer "ein **sekundärer** Akt"[7].

In diesem Sinn kann etwa RAHNERS Gnadenuniversalismus, das übernatürliche Existential und die Konzeption einer transzendentalen Offenbarung als theologische Uebersetzung der ignatianischen Mystik der Allgegenwart Gottes in der Welt verstanden werden. RAHNER betont selber, seine Gnadentheologie - und damit auch seine Theorie der transzendentalen Erfahrung - sei der Versuch einer "theologischen Aufarbeitung der Gnadenerfahrung, wie sie im Lebenskreis ignatianischer Spiritualität besonders bewusst wird"[8]. Der theoretische Begriff der transzendentalen Erfahrung steht also in engstem Zusammenhang mit einer mystisch-spirituellen Erfahrung.[9] Dies wird noch einmal dadurch bestätigt, dass für RAHNER die transzendentale Erfahrung identisch ist mit der Erfahrung des Geistes.[10]

---

Gespräch II, aaO. (S.464,Anm.100) 51f; 272.
[5] K.RAHNER, Im Gespräch I, aaO. (S.464,Anm.100) 254.
[6] Ders., Im Gespräch II, aaO. (S.464,Anm.100) 257.
[7] Ders., Warum und wie können wir die Heiligen verehren?, aaO. (S.513,Anm.297) 299.
[8] Ders., Mystische Erfahrung und mystische Theologie, in: XII, 428-438, 436,Anm.8; vgl. auch ders., Das Dynamische in der Kirche, QD 5, Freiburg i.Br. 1958, bes. 74-148: Die Logik der existentiellen Erkenntnis bei Ignatius von Loyola.
[9] Vgl. ders., Horizonte der Religiosität. Kleine Aufsätze, hrsg. von G.SPORSCHILL, Wien 1984, 21; 24; 26; 37; ders., Glaube in winterlicher Zeit, aaO.(S.420,Anm.24)77; 141; ders., Chancen des Glaubens, aaO.(S.471,Anm.121)143; ders.,Im Heute glauben,aaO.(S.485,Anm.169)40; ders.,Politische Dimensionen des Christentums,aaO.(S.515,Anm.308) 57; ders.,Im Gespräch I,aaO.(S.464,Anm.100)278; II,33;43f.
[10] Vgl. ders., Erfahrung des Geistes und existentielle Entscheidung,aaO.(S.464,Anm.100); ders., Die enthusiastische und die gnadenhafte Erfahrung, in: XII,54-75; ders., Jesus Christus in den nichtchristlichen Religionen, in:

Dieses Korrespondenzverhältnis von spiritueller und transzendentaler Erfahrung ist zwar von P.EICHER[11] in Abrede gestellt worden, weil transzendentale Erfahrung etwas anderes meine als den Subjektivismus persönlicher Erfahrung, nämlich eine transzendentale, d.h. allgemeingültige und notwendige Struktur des Menschseins überhaupt, eine apriorische Bedingung der Möglichkeit von konkreter Erfahrung schlechthin. EICHER ist darin zuzustimmen, dass RAHNERS Begriff der transzendentalen Erfahrung nicht einfach (gleichsam exklusiv) auf die Partikularität einer persönlichen Erfahrung RAHNERS reduziert werden darf, sondern eine (aber durchaus spirituelle!) allgemeine Grundstruktur von Transzendenzerfahrung überhaupt bezeichnet. Aber an die Adresse EICHERS ist nun doch zugleich mit Nachdruck zu signalisieren, dass dem theoretischen Begriff der transzendentalen Erfahrung im Sinne RAHNERS eine konkrete, prinzipiell in jedem Menschen angelegte spirituelle Erfahrungswirklichkeit entspricht. Um das Verhältnis von spiritueller und transzendentaler Erfahrung in Heideggerscher Terminologie zu klären, so könnte man die spirituelle Erfahrung der existentiellen, die transzendentale Erfahrung der existentialen Ebene zuordnen. Eine existentiale Kategorie ist die theoretische Durchsichtigkeit der ontologischen Struktur eines existentiellen Vollzugs.[12]

Damit können wir zusammenfassen: Zwar gewinnt RAHNER seine spirituellen Erfahrungen nicht aus dem konkreten Engagement für die Befreiung der Armen, aber seine Theologie weiss sich formal darin identisch mit der Befreiungstheologie, dass sie aus einem spirituellen Wurzelgrund

---

XII,370-383, 375; ders., Die theologische Dimension, aaO. (S.419,Anm.21) 403; ders., Erfahrung des Geistes. Meditation auf Pfingsten, Freiburg i.Br. 1977; GK 238; ders.,Im Gespräch I, aaO. (S.464,Anm.100) 277.
[11] Vgl. Wovon spricht die transzendentale Theologie? Zur gegenwärtigen Auseinandersetzung um das Denken von Karl Rahner, in: ThQ 156 (1976) 284-295, 289-292.
[12] Vgl. SZ 12.

entsteht und im Verhältnis zur spirituellen Erfahrung grundsätzlich zweiter Akt ist.

### 3. Der Denkansatz

Die grösste Differenz zwischen DUSSEL und RAHNER besteht neben der unterschiedlichen hermeneutischen Perspektive im Denkansatz. Zwar trifft sich DUSSEL mit RAHNER darin, dass seine Gotteslehre anthropologisch vermittelt ist, aber diese anthropologische Vermittlung setzt bei DUSSEL beim anderen, bei RAHNER beim Ich an. Während DUSSEL rigoros von der Exteriorität des anderen ausgeht und seinen gesamten Diskurs in Funktion zu dieser Exteriorität organisiert, sucht RAHNER von einer Reflexion auf das Subjekt aus einen Verstehenszugang zu den übrigen Denkinhalten zu gewinnen. DUSSEL will schon im Ansatz die Ansprüche des Ich ausschalten, um die absolute Transzendenz und Unverfügbarkeit des anderen wahren zu können. Innerhalb eines Subjektdenkens ist für ihn keine wirkliche Andersheit mehr möglich, weil der andere dann nur noch als Moment der Selbstvermittlung des Ich denkbar sei.

Gegenüber DUSSEL, der radikal beim (nicht dinglich zu verstehenden!) Gegen-stand extra me ansetzt, um diesen in seiner autonomen Ich-Unabhängigkeit zur Sprache zu bringen, konzentriert sich RAHNER von vornherein auf die Bedingungen der Möglichkeit der Erkenntnis eines solchen Gegen-standes im Subjekt. Er versucht diesen von der Erkenntnisweise des Subjekts her zu erschliessen. Dieses ist die apriorische Bedingung dafür, dass ein Gegenstand überhaupt **Erkenntnis**gegenstand werden kann. Darum sollen diejenigen Bedingungen im Subjekt freigelegt werden, die a priori erfüllt sein müssen, damit ein Gegenstand überhaupt als Gegenstand ins erkennende Verstehen eingehen kann.

Im Mittelpunkt des Rahnerschen Denkens steht also die Frage nach den Voraussetzungen der Verstehbarkeit eines

Gegen-standes, während das Denken DUSSELS vom Anliegen des ich-unabhängigen Ansich und des unverfügbaren Selbststandes dieses Gegen-standes bestimmt ist. Wie schon bei der hermeneutischen Situation zeigt sich hier die unterschiedliche Ausgangslage der beiden Denkentwürfe: DUSSELS Ausgangspunkt ist der andere, der arme und unterdrückte Mitmensch, dessen Aspirationen für ihn das oberste Prinzip des Denkens darstellen und dessen Schrei nach universaler Gerechtigkeit und Befreiung er alles andere unterordnet. RAHNERS Ausgangspunkt ist die prekäre Glaubenssituation des modernen Ich, dem er mystagogisch helfen möchte, die verschütteten Wege des Glaubenkönnens behutsam freizuschaufeln.

## 4. Das Geheimnis

Es ist DUSSEL wesentlich darum zu tun, den anderen in seiner uneinholbaren Transzendenz als unbegreiflich, unverfügbar, unbedingt, frei und schlechthin neu zu denken. Er definiert ihn als bleibendes Geheimnis, das sich dem beherrschenden Zugriff des begreifenden Denkens entzieht. Demgegenüber kritisiert er, in einem subjektontologischen Ansatz werde die Transzendenz des anderen immer schon umgriffen und beherrscht von der alles egalisierenden Identität des Ich = Ich. Der andere werde zu einem Moment der Selbstvermittlung des Ich instrumentalisiert, dadurch der Herrschaftssphäre des Ich und der Subjektion seiner Begriffe unterworfen und so seines unobjektivierbaren Geheimnisses beraubt. Das beim Subjekt ansetzende Denken kenne daher streng genommen weder eine das Ich real überschreitende Transzendenz noch ein vom Ich her radikal unverfügbares Geheimnis. Das Subjektdenken sei prinzipiell geheimnislos, herrschaftlich und totalitär. Das ego cogito sei ein ego conquiro, eine Unterwerfung jedweden Nicht-Ichs unter das Ich, eine Reduktion von allem was nicht Ich ist, auf die Stufe eines verfügbaren Objekts für das Subjekt.

Nun haben wir bereits gesehen, dass insbesondere die Erkenntnismetaphysik des frühen RAHNER mit ihrem objektivistischen Grundzug vom subjektkritischen Verdikt DUSSELS durchaus getroffen wird. Anderseits haben wir aber auch bereits bei FICHTE beobachtet (s.o.S.282ff), dass eine herrschaftlich-totalitäre Position des Ich nicht die unvermeidliche Folge eines transzendentalen Subjektansatzes zu sein braucht. Auch bei RAHNER verhält sich die Sache durchaus nicht eindeutig. Es wurde bereits darauf hingewiesen, dass er schon in seiner objektivistischen Erkenntnismetaphysik zu einer Wirklichkeit von Transzendenz und Geheimnis vorgestossen ist, dessen transzendentallogische Stringenz uns zwar als prekär erschien, dessen Radikalität aber im übrigen derjenigen DUSSELS kaum nachsteht.

Der wesentliche Unterschied zwischen DUSSEL und RAHNER besteht der Sache nach eigentlich nur darin, dass DUSSEL das Geheimnis zunächst anthropologisch (als den Armen und Unterdrückten), RAHNER dagegen theologisch (als das ungegenständliche Sein Gottes) fasst. Nach RAHNER ist Gott als apriorischer Grund möglicher Gegenstandserkenntnis niemals als Gegenstand möglicher Erkenntnis denkbar. Damit hat auch er ihn dem possessiven Zugriff der begreifenden Erkenntnis des Ich von vornherein entzogen. Gott ist dem Begriff schlechthin unbegreiflich und unverfügbar.

In seinen späteren Werken argumentiert RAHNER diese absolute Unbeherrschbarkeit des Geheimnisses Gottes nicht mehr nur in einem gegenständlichen, an der Subjekt-Objekt-Beziehung orientierten, sondern auch in einem interpersonalen, an der kommunikativen Subjekt-Subjekt-Beziehung orientierten Begründungszusammenhang. Das zentrale Anliegen ist so oder so deutlich: die Transzendenz Gottes zu denken als das unbegreifliche, unsagbare, ungegenständliche, unbeherrschbare, unverfügbare und namenlose

Geheimnis, vor dem sich das Besitzmodell der Erkenntnis a priori als unangemessen erweist.

Dieses Geheimnis wird gedacht als das nur von ihm selbst her Verständliche (und insofern Selbst-verständliche), das nicht von einem anderen (und also auch nicht vom Ich) her verständlich gemacht werden kann. Auf seiten des Ich entspricht ihm allein die Kapitulation der Erkenntnis und das liebende Sichöffnen für die Unbegreiflichkeit. In dieser transzendentalen Verwiesenheit auf das absolute Geheimnis ist der Mensch selber definiert als das Wesen des Geheimnisses, als das Innewerden des Unsagbaren und Unverfügbaren, als das Ausgesetztsein in die Unbegreiflichkeit Gottes.

Obwohl also RAHNER transzendental beim Ich ansetzt, gelangt er - wenigstens auf der Ebene des Gottesbezugs des Ich - gerade nicht zum Gedanken einer omnirealen, sich selbst verabsolutierenden Ich-Totalität, sondern zu einer wirklichen Enttotalisierung des Ich. (Eine analoge Entdeckung haben wir schon oben beim Vergleich zwischen FICHTE und DUSSEL gemacht!) Das Subjekt zeigt sich im Verlauf der transzendentalen Selbstbesinnung gerade nicht als in sich geschlossene Totalität, sondern als das Wesen der Selbsttranszendenz, das in seiner innersten Mitte immer schon vom absoluten Geheimnis betroffen und von diesem aus sich selbst herausgeführt wird. "Subjektivität ist immer schon vom ersten Ansatz her die hörende, die nicht verfügende, durch das Geheimnis überwältigte, durch das Geheimnis eröffnete Transzendenz" (GK 67).

Damit kommt RAHNER im Vergleich zu DUSSEL trotz eines diametral entgegengesetzten Denkansatzes zu erstaunlich analogen Aussagen über das Geheimnis der Transzendenz. DUSSEL geht von vornherein von der Transzendenz des anderen aus und verteidigt diese gegen alle herrschaftlich-begrifflichen Ansprüche des Ich. RAHNER geht vom Ich aus, legt in einer transzendentalen Re-flexion dessen apriorische Verfasstheit frei und entdeckt dabei die transzendentale Begrenztheit der Ich-Sphäre und dessen apriorische Betroffenheit vom ich-transzendenten Geheimnis Gottes. Eine analoge Entdeckung wird also von DUSSEL und RAHNER von zwei völlig verschiedenen Zugängen her gemacht.

Von der Denkweise her wiederholen sich hier die beiden Hauptparadigmen, die wir oben (S.389ff) in der Bilanz unserer Exkursion in die Geschichte des Transzendenzdenkens ausgemacht haben. Wir haben dabei zwischen einem 'reduktiven' und einem 'dissoziativen' Paradigma unterschieden. Im reduktiven Paradigma wird das Geheimnis gedacht als die schlechthinnige Ursprünglichkeit und Transzendenz des Grundes, der alles Endliche und Begreifliche erst ermöglicht und trägt. Erkenntnismässig wird die Transzendenz dieses Grundes im Ausgang von der Reflexion auf die Immanenz reduktiv erschlossen. Im dissoziativen Paradigma wird die Transzendenz des ganz Anderen nicht als Grund, sondern als Gegenüber oder gar als Abgrund oder Bruch zum Endlichen und Begreiflichen gefasst, so dass dazwischen ein Sprung besteht, demzufolge die Transzendenz nicht von der Immanenz, sondern nur von ihr selbst her gedacht werden kann. Zur Tradition des reduktiven Paradigmas haben wir u.a. die platonische Richtung sowie THOMAS, KANT, FICHTE und SCHELLING gezählt, zu ihr gehört auch RAHNER. Der Tradition des dissoziativen Paradigmas haben wir KIERKEGAARD, ROSENZWEIG, BARTH und LEVINAS zugeordnet, ihr ist auch DUSSEL zuzurechnen.

### 5. Offenbarung und Glaube

Dass sich für die angemessene Bestimmung des Verhältnisses der theologischen zur anthropologischen Offenbarung im Sinne DUSSELS RAHNERS Modell der Einheit und Differenz von Transzendentalität und Kategorialität als fruchtbar erweisen kann, darauf ist oben (S.222ff) bereits aufmerksam gemacht worden. Wie aber steht es mit den inneren Beziehungen zwischen der anthropologischen Offenbarungstheorie DUSSELS (die dieser als Befreiungsphilosoph primär verwendet) und der Offenbarungstheorie RAHNERS? Zeigen sich auch in der Frage der ausdrücklichen (analogen) Erkenntnis des Offenbarten, des Ankommenkönnens des Offenbarten beim Ich Strukturanalogien?

Für DUSSEL gibt es vom Ich her keinen Verstehenszugang zum Geheimnis des anderen. Der andere ist nur von ihm selbst her verständlich, insofern er sich selbst mir zu verstehen gibt, d.h. indem er sich offenbart. Was er dabei bekundet, ist sein wesenhaftes personales Geheimnis, seine bleibende Unbegreiflichkeit und Fremdheit. Auch als sich offenbart habender wird er nicht zu einem objekthaften Besitz des erkennenden Ich depotenziert. Dieser Offenbarung des anderen entspricht auf seiten des Ich keine Spontaneität des reinen Verstandes, sondern die reine Rezeptivität des Hörens auf sein Wort, d.h. der Glaube. Das in solchem Hören Geglaubte ist dabei allein aufgrund der absoluten Glaubwürdigkeit und unbedingten Autorität des offenbarenden anderen evident. Im hörenden und glaubenden Sichöffnen für den anderen wird das Ich enttotalisiert und exzentrisch gegenüber sich selbst. Glaube ist daher meta-physisch der höchste Wesensvollzug des menschlichen Geistes. Da das, was der andere offenbart, das schlechthin Andere und Fremde in bezug auf das Ich ist, ist es diesem nur indirekt, uneigentlich oder analog verstehbar. Ein solches minimales, wenngleich unvollkommenes Verstehen muss - das hat auch DUSSEL selbst erkannt - allein schon deshalb gefordert werden, weil sonst das schlechthin andere als anderes ja gar nicht bewusst werden und damit für das Ich gar keine Bedeutung haben könnte. Mit dem analogen Verstehen des anderen ist aber doch gemeint, dass bei aller Aehnlichkeit eine je grössere Unähnlichkeit besteht.

Bei RAHNER müssen wir differenzieren. Nach dem frühen RAHNER gelangt zwar das Ich von sich aus zur Gewissheit der Existenz Gottes, nicht aber zu einem Wissen über das

Wesen des göttlichen Geheimnisses. In seinem religionsphilosophischen Frühwerk unterscheidet er streng zwischen dem vom Ich her erreichbaren formalen Wissen um die Wirklichkeit (das Dass) des unbegreiflichen Geheimnisses Gottes und dem allein von der Freiheit Gottes her gewährbaren materialen Offenbarungsgehalt.

Beim späten RAHNER wird diese Unterscheidung insofern hinfällig, als er gar kein reines Ich mehr kennt, sondern dieses von vornherein als durch die göttliche Gnade überformt betrachtet. Schon nach dem frühen und erst recht nach dem späten RAHNER gibt sich also das (göttliche) Geheimnis nur von ihm selbst her zu erkennen, indem es sich frei offenbart. Auch nach RAHNER offenbart es sich als endgültiges, unbegreifliches Geheimnis, das personal begegnet und sich bleibend dem possessiven Zugriff des Begriffs entzieht. Auch nach ihm ist schliesslich der Glaube - das unbegrenzte Sichöffnen für und das radikale Sichüberantworten an das absolute Geheimnis - der höchste Akt des Wesensvollzugs des Ich.

Anders als bei DUSSEL wird das ausdrückliche Wort der Offenbarung aber bei RAHNER nicht bloss durch einen Rekurs auf die Autorität des Offenbarenden, sondern durch eine reductio in mysterium, d.h. durch eine mystagogische Einweisung in eine transzendentale Erfahrung verifiziert. Dies ist aber bei ihm gerade nicht jene Art von Selbsterfahrung, die das reine Ich in seinem Totalitätsanspruch mit sich selbst macht. Wir haben oben (S.402) bereits darauf hingewiesen, dass die traditionelle Theologie das erkenntnistheoretische Problem der Rezipierbarkeit einer schlechthin transzendenten, ich-jenseitigen Offenbarung durch die Annahme einer inneren, gnadenhaften Erleuchtung des Rezipienten durch den Heiligen Geist gelöst hat.

RAHNER greift diesen Lösungsvorschlag auf, indem er das übernatürliche Gnadenexistential einführt, das jedem Menschen mindestens im Modus des Angebotes als faktisch transzendentales Strukturmoment gegeben ist. Mit Hilfe dieses übernatürlichen Existentials gelingt es ihm, das absolute Geheimnis so zu denken, dass seine Offenbarung im Ich wirklich ankommen kann, ohne dass sie in ihrer absoluten Transzendenz durch die apriorischen Strukturen desselben depotenziert würde.

Dem begnadeten Ich ist diese Selbstoffenbarung Gottes ursprünglich und unmittelbar in der Weise einer ungegenständlichen, transzendentalen Erfahrung (die bei RAHNER identisch ist mit der Erfahrung des Geistes) gegeben. Diese ursprüngliche Gnaden- oder Geisterfahrung ist immer gemeint, wenn RAHNER sagt, durch sie werde das ausdrückliche Offenbarungswort im letzten verifiziert.

Zwischen dieser Erfahrung (als der ursprünglichen Gegebenheitsweise der Offenbarung) und dem kategorialen Wort, in dem das Offenbarte zu begrifflicher Verständlichkeit und Ausdrücklichkeit gebracht wird, besteht auch nach RAHNER ein Verhältnis der Analogie. Damit meint er, dass der dem Ich verfügbare Begriff des absoluten Geheimnisses, das dem Ich ursprünglich in transzendentaler Erfahrung begegnet, immer wieder zurückgenommen werden muss, um sich in die je grössere Unähnlichkeit und Unbegreiflichkeit selbst hinein aufzuheben. Jedes Begreifen bedarf daher einer reductio in mysterium. Worüber das Ich begrifflich verfügt, ist im Vergleich zur transzendenten Wirklichkeit des Mysteriums immer nur etwas Indirektes, Uneigentliches und Unangemessenes. 'Deus semper maior' ist bei RAHNER geradezu zur Methode seines Gottdenkens geworden.

Ohne Zweifel hat RAHNER ein wacheres Problembewusstsein für die erkenntnistheoretischen Implikationen der Offenbarung als DUSSEL. Wir haben bei DUSSEL bereits kritisch angemerkt (s.o.S.403), dass seine Analogie im Grunde genommen schon das Angekommensein der Offenbarung beim Ich und damit ein wie auch immer geartetes Bewusstsein von ihr im Ich voraussetzt, zumal er selber ausdrücklich von einer aus der Praxis der Liebe resultierenden Konnaturalität des Ich mit dem anderen spricht, wobei diese Konnaturalität eine vorgegenständliche Vertrautheit mit dem 'Gegenstand' bezeichnet, die der Sache nach der transzendentalen Erfahrung bei RAHNER sehr nahekommt. (Bekanntlich hat RAHNER das übernatürliche Existential genau aus dem Grund eingeführt, um eine solche Konnaturalität erklären zu können!) Denn über ein schlechthin Unbekanntes und in jeder Hinsicht Ich-jenseitiges könnte - wie schon THOMAS VON AQUIN gelehrt hat (s.o.S.266f) - überhaupt gar keine - auch keine analoge - Aussage gemacht werden. Wie ein solches Ankommen eines schlechthin anderen im Ich aber wirklich möglich ist, ohne dass seine Transzendenz durch diese Ankunft in der Immanenz des Ich depotenziert wird, dies wird bei DUSSEL nicht durchgedacht. Er setzt diese Möglichkeit vielmehr unreflektiert voraus, während sie von RAHNER einer ausdrücklichen Analyse unterzogen wird.

Dass sich hier dieser Sachverhalt ergeben hat, ist kein Zufall. Die Stärke eines beim Subjekt ansetzenden transzendentalen Denkens liegt nun einmal auf dem erkenntniskritischen Parkett. RAHNERS transzendentalen Analytik des glaubenden Subjekts geht es von vornherein darum zu zeigen, dass das Ich in seiner apriorischen Verfasstheit mit einer inneren Empfänglichkeit für das Annehmenkönnen der göttlichen Offenbarung begabt ist, ohne dabei dieselbe in ihrem Gehalt und in ihrer Faktizität schon zu präjudizieren, sondern so, dass das, was das Ich vernehmen kann, wirklich das Wort des transzendenten Gottes ist.

Weil es RAHNER von vornherein um eine Freilegung der Möglichkeitsbedingungen des Hörens und Verstehens von Offenbarung geht und weil diese transzendentale Frage das eigentliche Zentrum seines Denkens überhaupt ausmacht, ist zu erwarten, dass hier die erkenntnistheoretischen Aspekte von Offenbarung systematischer zur Geltung kommen als in einem Denken, das sein Interesse fast exklusiv in die schlechthinnige Exteriorität und Andersheit des anderen und seiner Offenbarung gelegt hat. Die Frage nach den subjektiven Bedingungen des Verstehens von Offenbarung, die bei RAHNER im Mittelpunkt des Denkens steht, ist bei DUSSEL (und mehr noch bei LEVINAS) eher sekundär im Vergleich zum alles dominierenden Anliegen des 'extra me' und 'sine me' der Offenbarung.

Dass aber zwischen beiden Anliegen ein Entsprechungsverhältnis besteht, und zwar notwendig, dürfte nunmehr deutlich geworden sein: Auch eine schlechthin von aussen kommende Offenbarung richtet sich an das Ich und will demzufolge bei ihm ankommen. Dass sie aber bei ihm ankommen **kann**, setzt voraus, dass das Ich der Annahme dieser Offenbarung fähig ist. Ueber die Möglichkeitsbedingungen einer solchen Annahme im Ich reflektiert eben das transzendentale Denken.

Dieses innere Entsprechungsverhältnis zwischen dem von aussen kommenden Wort und den Bedingungen seines Ankommenkönnens im Subjekt bewahrt uns auch vor einem naheliegenden Missverständnis, das darin besteht, dass DUSSEL im Unterschied zum Intrinsezismus RAHNERS als Extrinsezist klassifiziert wird. Wenn unter Extrinsezismus verstanden wird, dass die von aussen kommende Offenbarung bloss einen äusserlich verfügten Ueberbau über ein in sich dazu indifferentes Ich darstellt, so dass das Ich diesen verfügten Ueberbau ablehnen kann, ohne dadurch innerlich die Erfahrung des Zielverlustes zu haben und ohne dadurch sein eigenes Wesen zu verfehlen[13], dann ist DUSSEL sowenig Extrinsezist wie RAHNER; denn auch DUSSEL geht davon aus, dass der Mensch seine Wesensbestimmung verfehlt,

---

[13] Vgl. K.RAHNER, Ueber das Verhältnis von Natur und Gnade, aaO. (S.459,Anm.74) 324-329; ders., Die grundlegenden Imperative für den Selbstvollzug der Kirche in der gegenwärtigen Situation, in: HPTh II/1, 256-276, 269f.

wenn er sich dem Wort des anderen verschliesst. Und wenn unter Intrinsezismus verstanden wird, dass das Ich von seiner eigentlichen Grundbestimmung her Hörer des Wortes ist, so dass es anders wäre und sich anders erfahren würde, wenn es sich von der Offenbarung nicht treffen lassen würde[14], dann ist DUSSEL ebensosehr Intrinsezist wie RAHNER, denn auch DUSSEL geht davon aus, dass das Ich in seiner meta-physischen Bestimmung das Wesen des Angerufenwerdens, also Hörer des Wortes ist. Das Hören auf das Wort des anderen ist für ihn der höchste Wesensvollzug menschlicher Existenz überhaupt.

Von daher relativiert sich auch ein weiterer, auf den ersten Blick prinzipiell scheinender Gegensatz: Nach DUSSEL bedeutet die letzte, meta-physische Wahrheit den Exodus aus dem Ich, nach RAHNER aber gerade das Zu-sich-Kommen des Ich. Zu sich kommt das Ich durch das Wort der Offenbarung aber nur deshalb, weil diese die Wesensmitte des Ich radikal bestimmt (durch das übernatürliche Existential) und ex-zentriert. RAHNER gelangt hier zur paradoxen, aber logischen Aussage, das Ich komme zu sich, indem es sich öffnet und weggibt an das Geheimnis, indem es sich von sich selbst entfernt und liebend an den anderen wegwagt, indem es also genau jenen Exodus aus sich selbst vollzieht, der nach DUSSEL die Wahrheit der Ich-Existenz ist. Wenn DUSSEL sagt, das Sichöffnen für den anderen sei der meta-physisch höchste Wesensvollzug des Ich, so dass dieses seine wahre Bestimmung erst dadurch erreiche, dann sagt er bei Licht besehen nichts anderes als RAHNER, nämlich dass das Ich in solchem Sichöffnen sich selbst, sein eigenes Wesen erst wahrhaft verwirklicht, d.h. zu sich kommt. Dass in solchem Zu-sich-Kommen das Ich gerade nicht als in sich geschlossene Totalität, sondern als

---

14 Vgl. K.RAHNER, Ueber das Verhältnis von Natur und Gnade, aaO. (S.459,Anm.74) 324-329; ders., Grundsätzliches zur Einheit von Schöpfungs- und Erlösungswirklichkeit, aaO. (S.533,Anm.368) 219,Anm.9.

selbst-lose Liebe konstituiert wird, darin besteht zwischen DUSSEL und RAHNER Uebereinstimmung.

## 6. Glaube und Liebe

Für DUSSEL gehören Glaube und Liebe zusammen. In beiden Vollzügen geschieht ein Sichöffnen für und ein Sichausliefern an den anderen, eine unbedingte Bejahung seiner unverfügbaren Personalität und ein Sichbestimmenlassen durch seine Freiheit. Glaube und Liebe sind auf seiten des Ich die Entsprechung zum Ereignis der Offenbarung. Nur durch das praktische Sichöffnen und Sich-zur-Verfügung-Stellen für den anderen kann das Ich den anderen mit seinem Offenbarungswort real zu sich kommen lassen und ihm so wirklich begegnen. Die konkrete Liebe zum anderen ist die Bedingung des wirklichen Ankommenkönnens seines Wortes beim Ich und damit die Voraussetzung einer wenigstens analogen Erkenntnis des anderen durch das Ich. Und da der andere (d.h. der Arme und Unterdrückte) die Spur Gottes selbst ist, schliesst die Hinwendung meiner Liebe zu ihm die Dimension der Gottesbeziehung erst auf. Gott begegnet mir nicht neben, sondern in der Liebe zum Nächsten. Nächstenliebe ist der praktische Vollzug der Gottesliebe und des Gottglaubens.

RAHNER sieht das Verhältnis von Glaube und Liebe ähnlich wie DUSSEL. Glaube ist für ihn das radikale Wagnis der Liebe als eines vertrauenden Sichauslieferns an das unbegreifliche Geheimnis, und dies ist wiederum die Bedingung dafür, dass das ständige Angebot dieses Geheimnisses real vor mich treten kann. Die radikale Einheit von Nächsten- und Gottesliebe gehört gar zu den zentralsten Aussagen des Rahnerschen Denkens. Die Nächstenliebe ist für ihn jener Grundakt, in dem Gott am angemessensten begegnet. Sie ist die ursprüngliche Vermittlung der Beziehung zu Gott. Darum kann RAHNER die sittliche Praxis der Liebe geradezu identifizieren mit der anonymen Gestalt des Glaubens selbst.

Gewiss fasst RAHNER das Ereignis der Liebe nicht so dramatisch und so herausfordernd gebieterisch wie DUSSEL. Der andere, der schlechthin unbedingt und apodiktisch geliebt werden soll, ist ja bei DUSSEL immer der ausgebeutete Arme, der ungerecht Unterdrückte, der gewaltsam Beherrschte. Dieser verpflichtet mich kategorisch und verheisst mir dabei keine Gegenleistung. Liebe bedeutet hier radikal nur Selbstweggabe, Selbsthingabe und Selbstaufgabe ohne jede Rückkehr zu sich selbst, ja im Grenzfall sogar Selbstdisposition für den anderen bis zum Tod. So konkret bestimmt erscheint der Adressat meiner Liebe bei RAHNER nicht, so dramatisch und auch so asymmetrisch wird die Liebesbeziehung des Ich zum anderen nicht konzipiert. Bei DUSSEL gleicht die vom anderen initialisierte Bewegung der Liebe einer stürmischen Brandung, die mit voller Wucht gegen eine Felswand prallt, um sie auszuhöhlen, bei RAHNER gleicht sie eher einem sanft wellenden Meer.

Zwar meint auch bei RAHNER die Liebe den anderen als solchen, sie bezieht sich auf ihn, um bei ihm zu bleiben und nicht um von vornherein auf dem Umweg über ihn zu sich selbst zurückzukehren, doch verheisst diese Liebe immerhin per effectum (wenngleich nicht per intentionem) das Zu-sich-Kommen des Ich. Der andere wird gewiss nicht als blosses Moment der Selbstvermittlung des Ich gesetzt, sondern in seiner unverfügbaren Personalität bedingungslos und absolut bejaht, aber diese liebende Affirmation der Personalität des anderen wirkt doch erfüllend auf das Ich zurück. Ohne Zweifel arbeitet sich RAHNER im Laufe seiner Denkentwicklung wenigstens fallweise zur Ursprünglichkeit der interpersonalen Subjekt-Subjekt-Beziehung und zur Abkünftigkeit der gegenständlichen Subjekt-Objekt-Beziehung empor, aber es wurde bereits festgehalten, dass die Intersubjektivität im Gesamt seines Diskurses kein durchgehendes Strukturprinzip darstellt, dass die Inanspruchnahme meiner Freiheit durch die Freiheit des anderen nicht systembildend geworden ist. Deswegen und weil er neben der Subjekt-Subjekt-Beziehung immer wieder auch von der gegenständlichen Subjekt-Objekt-Beziehung her argumentiert, fasst DUSSEL die Ursprünglichkeit der Liebe konsequenter, kohärenter und radikaler, insofern er die personale Begegnung von-Angesicht-zu-Angesicht metaphysisch als prima veritas setzt und seinen gesamten Diskurs von dieser Urbeziehung her strukturiert.

## 7. Jesus Christus

Die Menschwerdung Gottes ist für DUSSEL der Einbruch der Andersheit Gottes aus der Exteriorität in die Totalität der Welt. Der Ort der Offenbarung dieser absoluten Andersheit innerhalb des Systems der Welt kann nur das Systemexzentrische sein. Darum war Christus selber systemexzentrisch, und es entsprach der Logik seiner Sendung, dass er sich mit den Armen und Deklassierten identifizierte. Als Systemexzentriker musste er von den massgebenden Autoritäten des Systems notwendig als tödliche Gefahr empfunden und darum beseitigt werden. Zwischen der Totalität der Welt und der Selbstoffenbarung Gottes in Jesus Christus besteht mithin reiner Gegensatz. Als eschatologischer Befreier ist Jesus Christus die äusserste Krise der innerweltlichen Totalitäten.

Demgegenüber versteht sich die Rahnersche Christologie als geradezu exemplarische Erfüllungstheologie: Wenn Gott die Welt aus dem einzigen Grund erschaffen hat, um ein Gegenüber zu haben, an das er sich in verschwenderischer Liebe mitteilen könne, dann kommt die Geschichte der Welt in der absoluten Selbstmitteilung Gottes in Jesus Christus zu ihrer eigentlichsten Vollendung. In der Menschwerdung Gottes tritt daher geschichtlich in Erscheinung, was immer schon das geheime Ziel und die innerste Dynamik der Welt überhaupt ist.

Der Gegensatz in der Denkform zwischen der Christologie der Krise bei DUSSEL und der Erfüllungschristologie RAHNERS könnte kaum grösser sein, und er entspricht genau dem dramatischen, konfliktiven Grundzug bei DUSSEL einerseits und dem harmonischen, integrativen Klima bei RAHNER anderseits. DUSSELS Christologie trägt in formaler Hinsicht ausgesprochen protestantische Züge, wie sie etwa an der Theologie BARTHS verifiziert werden können. Diese Affinität zu einer protestantischen Denkform zeigt sich hier deutlich in DUSSELS Qualifizierung der Welt als Totalität der Sünde und in der Christusoffenbarung sub contrario. RAHNERS optimistischeres Denken über die Welt in ihrem Gottesbezug zeugt demgegenüber von einer typisch katholischen Denkform.

Wie nun aber protestantisches und katholisches Denken überhaupt eher verschiedene Blickwinkel als einen schlechthinnigen Widerspruch in der Sache darstellen, so verhält es sich auch hier. Der Sache nach befinden sich DUSSEL und RAHNER gar nicht so weit auseinander, wie es von der Denkform her erscheinen möchte. Der springende Punkt ist offensichtlich der geradezu äquivoke Weltbegriff. DUSSEL versteht darunter den Inbegriff einer in sich selbst kreisenden Totalität, einen lückenlos gepanzerten Immanentismus und ein sich selbst verabsolutiert habendes geschlossenes System, kurz: das "System der Sünde"[15]. Dass das Ereignis Jesus Christus einen solchen Begriff der Welt nicht bestätigt und erfüllt, ist selbstverständlich auch RAHNERS Urteil. Demgegenüber bezeichnet der Rahnersche Weltbegriff gerade nicht eine totalitäre Selbstverschliessung, sondern eine sich selbst auf das absolute Geheimnis hin aufbrechende Selbsttranszendenz. Nicht eine incurvatio mundi in se, sondern die Welt in ihrer unbegrenzten Offenheit auf die unendliche Transzendenz Gottes hin ist gemeint, wenn RAHNER von der endgül-

---

15 E.DUSSEL, Etica comunitaria, aaO. (S.15,Anm.19) 60.

tigen Bestätigung und Erfüllung der Welt in Jesus Christus spricht. Dass die Christusoffenbarung einen **solchen** Begriff der Welt nicht einfach und schlechthin zersprengt, ist selbstredend auch DUSSELS Urteil. Wenn dieser den Immanentismus geradezu als das Wesen der Welt zu fassen scheint, so sieht RAHNER im Immanentismus geradezu den absoluten Selbstwiderspruch zum Wesen der Welt, das ja darin besteht, sich selbst auf die Unmittelbarkeit Gottes hin zu überschreiten. Dass umgekehrt der Erfüllungsgedanke auch DUSSEL nicht völlig fremd ist, zeigt sich übrigens darin, dass auch er in der endgültigen Offenbarung Gottes im kommenden Reich Gottes die "volle Realisierung des Menschen"[16] jenseits der innerweltlichen Geschichte erkennt.

Somit besteht hier zwischen DUSSEL und RAHNER der Sache nach kein absoluter, unüberwindlicher Gegensatz, aufgrund ihrer unterschiedlichen Denkform kann aber jeweils der eine für den anderen ein heilsames Korrektiv bilden. Wo nämlich eine Ueberbetonung des negativen Krisenmoments des Offenbarungsgeschehens dualistisch auseinanderzureissen droht, was um der Einheit von Schöpfungs- und Erlösungsordnung und damit letztlich um der unbedingten Verlässlichkeit Gottes und der Konsistenz seines weltbezogenen, schöpferischen Handelns selbst zusammengehört, kann RAHNER mit der Akzentuierung der positiven Kontinuität korrektiv gegensteuern; und wo eine Ueberbetonung der erfüllenden Kontinuität die Christusoffenbarung zur blossen Bestätigung des ohnehin schon Gegebenen zu reduzieren droht, kann DUSSEL mit der Akzentuierung der Diskontinuität und des Novums, der Infragestellung und der Verwandlung des Gegebenen ein kritisches Gegengewicht setzen. Beide christologischen Denkformen stehen somit in einem gegenseitig fruchtbaren Verhältnis der polaren Spannung.

---

[16] E.DUSSEL, Etica comunitaria, aaO. (S.15,Anm.19) 22; vgl. auch ebd. 24.

## 8. Erlösung und Befreiung

Wie sehr die Dusselsche und die Rahnersche Christologie eher in einem Verhältnis der gegenseitigen, spannungsvollen Balance als in einem Widerspruch stehen, kommt noch deutlicher in der beiderseitigen Zuordnung von christlicher Erlösung und innerweltlichem Befreiungshandeln zum Ausdruck. Dieses Verhältnis wird ja von der christologischen Denkfigur her vorbestimmt.

Schon in der allgemeinen Einführung in die befreiungstheologische Denkart wurde festgestellt (s.o.S.68f), dass die Theologie der Befreiung die innere Einheit und Differenz von Erlösung und Befreiung vorzugsweise im Rahnerschen Theoriemodell argumentiert. Von herausragender Bedeutung ist hier vor allem RAHNERS Aufsatz 'Weltgeschichte und Heilsgeschichte' (V, 115-135), in dem er die Koexistenz von Heils- und Weltgeschichte denkerisch begründet. Demnach ereignet sich Heilsgeschichte nicht über oder neben, sondern in und vermittels der greifbaren innerweltlichen Freiheitsgeschichte, und zwar so, dass sie deren tragender Grund und innerste entelechetische Dynamik ist. Sie verhält sich zur menschlichen Freiheitsgeschichte wie die Transzendentalität zur Kategorialität, wie die res sacramenti zum signum oder wie das Symbolisierte zum Symbol.

Auch nach DUSSEL besteht ein quasi-sakramentales Verhältnis von Differenz und Einheit zwischen der Heils- und den menschlichen Befreiungsgeschichten. Innerweltliche Befreiung ist ein signum redemptionis, Realsymbol, 'signifikative Vermittlung' oder Antizipation der gnadenhaften, eschatologischen Befreiung im kommenden Reich Gottes.

## 9. Kirche

Kirche ist nach DUSSEL eine exterritoriale Grösse inmitten der Welt mit der meta-physischen Bestimmung zur subversiv aufbrechenden Enttotalisierung der weltlichen Systeme im Hinblick auf das kommende Reich Gottes. Sie ist also das Sakrament der eschatologischen Enttotalisierung und Befreiung: sacramentum salutis. Sie ist zwar in der Welt, aber als disfunktionaler Teil derselben. Sie hat in bezug auf die innerweltlichen Totalitäten eine kritisch-prophetische Bestimmung. Sie ist gleichsam die Lokomotive der Weltgeschichte, indem sie diese nach vorn auf die eschatologische Andersheit Gottes hin aufbricht und auf die absolute Zukunft hin treibt.

RAHNERS Bestimmung der Kirche ist mit derjenigen DUSSELS durchaus konvergent. Er definiert sie als die gesellschaftlich und geschichtlich konkrete Greifbarkeit des Heils. Als Heilssakrament der Welt geht sie dieser auf ihrer Pilgerschaft in die unendliche Unbegreiflichkeit und Zukunft Gottes voraus. In diesem Sinn ist sie der geschichtliche Vortrupp der Menschheit und der Motor der Geschichte. Sie hat in der Welt in bezug auf das Heil eine realsymbolische Wirksamkeit, indem sie alle innerweltlichen Verabsolutierungen kritisch auf die Eschatologie des Reiches Gottes hin überwindet. Sie existiert in der Welt als geschichtlich wirksames Ferment des In-Erscheinung-Tretens des absoluten Heils als der letzten Bestimmung der Welt.

## 10. Die Rolle des Intellektuellen

Nach DUSSEL beginnt jedweder Diskurs des organischen Intellektuellen mit dem Hören auf den anderen (den Armen oder das Volk). In diesem Hören empfängt er allererst den zu denkenden Inhalt. Seine Aufgabe ist es, die ureigene Authentizität des anderen freizulegen, sie von ihm selbst her zum Sprechen zu bringen und sie dann in kategoriale Begrifflichkeit zu übersetzen. Was er dabei begrifflich zu objektivieren sucht, ist wirklich nichts anderes als die eigene Stimme des anderen. Auf diese Weise vermag dieser erst mit reflexer Klarheit zu entdecken, was er selber eigentlich immer schon ist. Wichtig ist, dass der organische Intellektuelle mit seinem Beitrag den anderen nicht mit etwas indoktriniert, das nicht die eigene Wirklichkeit des anderen selber ist. Er darf nichts anderes auf den Begriff bringen als das authentische, wenn auch verborgene und durch die ihm auferlegte Entfremdung entstellte Bewusstsein des anderen selbst. Der andere soll im Beitrag des Intellektuellen seine eigene Wirklichkeit wiedererkennen und nicht mit den subjektiven und partikulären Bewusstseinsinhalten des Intellektuellen gefüttert werden.

Im Grunde genommen weist RAHNER dem Theologen eine ähnliche Funktion wie DUSSEL dem organischen Intellektuellen zu. Die theologische Begrifflichkeit ist für ihn im letzten nichts anderes als die Objektivation der transzendental-existentialen Gnadenerfahrung in der Tiefe der geistigen Person des 'Schülers' (d.h. des Hörers bzw. des Lesers) selber. Der lehrende Theologe darf seine Sache nicht indoktrinierend an den anderen herantragen, sondern muss sie als den Begriff dessen darstellen, was der andere ursprünglich als seine ureigenste, wenn auch unthematische und vorbegriffliche gnadenhafte Wirklichkeit erfährt.

Mit dieser Rückführung der begrifflichen Theologie auf die personalsten Grunderfahrungen des 'Schülers' ist genau das gemeint, was RAHNER die mystagogische Funktion des Theologen nennt. RAHNER bringt diese Aufgabe ausdrücklich mit 'einer Art Maieutik' (s.o.S.500) in Verbindung. Zwar hat DUSSEL - im Anschluss an LEVINAS - die wahre Rolle des Intellektuellen noch einmal von der Maieutik unterschieden, weil diese darin bestehe, den anderen durch raffiniertes Fragen auf den Stand der partikulären Subjektivität des fragenden Ich zu bringen. Es wurde aber bereits in der referierenden Darstellung auf den einseitigen Maieutikbegriff DUSSELS hingewiesen (s.o.S. 202,Anm.322). Gewiss bezeichnet die transzendentale Erfahrung bei RAHNER nicht nur eine Erfahrung des anderen, sondern auch eine solche des Ich (eben weil es sich um eine **transzendentale**, d.h. allgemeingültige Erfahrung handelt). Nichtsdestotrotz ist aber wirklich eine eigene, authentische Erfahrung des anderen und nicht bloss irgendeine gewaltsame Indoktrination gemeint: In der theologischen Begrifflichkeit soll der andere in Wahrheit sich selber und nicht bloss die subjektive Partikularität des theologischen Lehrers wiedererkennen.


Welche Beziehung besteht zwischen DUSSEL und RAHNER? So haben wir zu Beginn dieses Schlussteils gefragt. Im Laufe dieser direkten Gegenüberstellung sind wir sowohl auf Divergenzen als auch auf Konvergenzen gestossen. Die Differenzen zeigen sich rein äusserlich schon im dramatischen und konfliktiven Grundton der Dusselschen Sprache einerseits und im eher bedächtigen, ruhigen Gang des Rahnerschen Denkweges anderseits. Für DUSSEL ist die Subjekt-Objekt- bzw. die Subjekt-Subjekt-Beziehung ein gewaltiges politisches, erotisches, pädagogisches oder religiöses Drama, das sich um Herrschaft und Befreiung, um Eifersucht und Dienst, um Narzissmus und Selbstlosigkeit, um Machttrieb und Liebe, um Ausbeutung und Gerechtigkeit, um Entfremdung und Authentizität, um Besitz und Selbstenteignung abspielt. RAHNER kennt zwar auch die Diagnose des possessiven und erobernden Charakters der gegenständlichen Beziehung, aber das schlägt bei ihm alles nicht so dramatisch durch. Und während DUSSELS Denken von vornherein von der sozialen Dimension **herkommt**, muss RAHNER seinen Ansatz gleichsam nachträglich und immer irgendwie angestrengt auch einer politischen Hermeneutik **zuführen**. Weiter fällt auf, dass die Dusselschen Schlüsselworte wie Exteriorität oder Andersheit in RAHNERS Vokabular kaum vorkommen.

Hinter solchen Beobachtungen verbirgt sich die eigentliche Wurzel der Differenz, die einerseits in der unterschiedlichen hermeneutischen Perspektive und anderseits - und damit zusammenhängend - im diametral entgegengesetzten Denkansatz besteht. Die hermeneutische Situation DUSSELS ist die Realität des armen und unterdrückten Mitmenschen, diejenige RAHNERS die Realität des nicht-glauben-könnenden modernen Menschen. Von daher ist gegeben, dass die fundamentalen Interessen und Motive des Dusselschen und des Rahnerschen Diskurses verschieden sind. DUSSEL geht es primär darum, den anderen in seiner unbeherrschbaren Personalität und ich-unabhängigen Exteriorität zu denken, RAHNER dagegen ist es vor allem anderen darum zu tun, dem von existentieller Glaubensnot bedrohten Menschen von heute deutlich zu machen, wie ihm die Inhalte des christlichen Glaubens nachvollziehbar und verständlich werden können.

Aus dieser unterschiedlichen hermeneutischen Ausgangslage resultiert auch der unterschiedliche, ja entgegengesetzte Denkansatz. DUSSEL denkt meta-physisch vom anderen aus und fasst von daher das Ich als begrenzt und kategorisch in Anspruch genommen durch den anderen. RAHNER denkt transzendental vom Ich aus und entdeckt dabei die apriorische Begrenztheit und Verwiesenheit des Ich auf das unbegreifliche und unverfügbare Geheimnis Gottes.

Diese genau entgegengesetzte Denkrichtung führt zwar zu manchen erstaunlichen materialen Konvergenzen - während z.B. das Geheimnis des anderen den Ausgangspunkt des Dusselschen Denkens bildet, erscheint das Geheimnis Gottes bei RAHNER als Resultat des Denkens -, aber sie führt natürlich auch zu erheblichen Gewichtsverlagerungen. Der Ausgangspunkt stellt ja immer auch schon eine Art Strukturprinzip des Denkens dar. Es erstaunt daher nicht, dass der andere im Denken DUSSELS einen ungleich höheren und dominanteren Stellenwert hat als bei RAHNER, während bei

RAHNER das Ich eine ungleich zentralere Position einnimmt als bei DUSSEL.

Beide Ansätze haben ihre Stärken und Schwächen, mehr noch: die Schwächen des einen erscheinen als die Stärken des anderen Ansatzes und umgekehrt. Die Stärke DUSSELS liegt darin, dass er die Exteriorität und Andersheit des anderen in einer Radikalität auszusagen vermag, wie dies RAHNER nicht möglich ist. Seine Schwäche liegt aber darin, dass er grösste Mühe bekundet zu erklären, wie eine solche radikale Andersheit überhaupt noch sinnvoll gedacht, d.h. als Andersheit bewusst werden kann, ohne doch eine übergreifende Einheit mit dem Ich vorauszusetzen. (Aus diesem Grund haben wir ja oben [S.403ff] vorgeschlagen, DUSSELS Anliegen erkenntniskritisch mit einem transzendentaldialogischen Denken zu verbinden.)

Demgegenüber liegt gerade auf diesem erkenntnistheoretischen Gebiet tendenziell die Stärke des transzendentalen Ich- oder Subjektansatzes RAHNERS, während im Vergleich mit DUSSEL seine Schwäche darin liegt, die Andersheit und Priorität des anderen nicht mit derselben Radikalität wie DUSSEL zur Geltung bringen zu können.

In diesem Sinn lässt sich keiner der beiden Denker ohne Verlust in den jeweils anderen aufheben. Beide stehen vielmehr in einem Verhältnis der polaren Spannung und der wechselseitig kritischen Korrelation.

## QUELLEN- UND LITERATURVERZEICHNIS

### A. Zitierte Werke E.DUSSELS

El humanismo semita, Buenos Aires 1969.

Von der Säkularisierung zum Säkularismus der Wissenschaft (Renaissance bis Aufklärung), in: Conc 3 (1969) 536-547.

Sentido teológico de lo acontecido desde 1962 en América latina, in: Nuevo Mundo (Caracas) 2 (1971) 187-204.

Caminos de liberación latonoamericana, Bd. I: Interpretación histórico de nuestro continente latinoamericano.Seis conferencias, Buenos Aires 1972.

Die Bischofsernennungen im ersten Jahrhundert des Patronats in Lateinamerika (1504-1620), in: Conc 8 (1972) 538-542.

América latina: Dependencia y liberación. Antología de ensayos antropológicos y teológicos desde la proposición de un pensar latinoamericano, Buenos Aires 1973.

Método para una filosofía de la liberación. Superación analéctica de la dialéctica hegeliana, Salamanca 1974.

Herrschaft - Befreiung. Ein veränderter theologischer Diskurs, in: Conc 10 (1974) 396-407.

Die Basis in der Theologie der Befreiung. Lateinamerikanische Sicht, in: Conc 11 (1975) 256-262.

Palabras preliminares, in: E.DUSSEL/D.E.GUILLOT, Liberación latinoamericana y Emmanuel Levinas, Buenos Aires 1975, 7-9.

Para una fundamentación filosófica de la liberación latinoamericana, in: E.DUSSEL/D.E.GUILLOT, Liberación latinoamericana y Emmanuel Levinas, Buenos Aires 1975, 11-45.

Reflexiones sobre la metodología para una historia de la iglesia en América latina, in: Para una historia de la iglesia en América latina. I Encuentro Latinoamericano de CEHILA en Quito (1973), Barcelona 1975, 23-40.

La divinización del imperio o de "la filosofía de la religión" de Hegel, in: Nuevo Mundo (Caracas) 9-10 (1975) 81-101.

El humanismo helénico, Buenos Aires 1976.

Filosofía ética latinoamericana, Bd. I: Presupuestos de una filosofía de la liberación, México 1977.

Filosofía ética latinoamericana, Bd. II: Accesos hacia una filosofía de la liberación, México 1977.

Filosofía ética latinoamericana, Bd. III: De la erótica a la pedagógica, México 1977.

Filosofía de la liberación, México 1977 (3.,veränd.Aufl.: Buenos Aires 1985).

Religión, México 1977.

Unterscheidung der Charismen, in: Conc 13 (1977) 571-580.

Supuestos histórico-filosóficos de la teología desde América latina, in: R.GIBELLINI (Hrsg.), La nueva frontera de la teología en América latina, Salamanca 1977, 174-198.

Ethics and the Theology of liberation, New York 1978 (=engl.Uebers. von Caminos de liberación, Bd. II: Teología de la liberación y ética, Buenos Aires 1974).

Desintegración de la cristiandad colonial y liberación. Perspectiva latinoamericana, Salamanca 1978.

Unterscheidung - Frage der Orthodoxie oder der Orthopraxis?, in: Conc 14 (1978) 591-598.

Filosofía ética latinoamericana, Bd. IV: La política latinoamericana, Bogotá 1979.

De Medellín a Puebla. Una década de sangre y esperanza (1968-1979), México 1979.

Die moderne Christenheit vor dem "anderen". Vom "rüden Indio" bis zum "guten Wilden", in: Conc 15 (1979) 649-656.

The Kingdom of God and the Poor, in: IRM 68(1979)115-130.

Filosofía ética latinoamericana, Bd. V: Arqueológica latinoamericana. Una filosofía de la religión antifetichista, Bogotá 1980.

Der politische und kirchliche Kontext der Befreiungstheologie in Lateinamerika, in: S.TORRES u.a. (Hrsg.), Dem Evangelium auf der Spur. Theologie in der Dritten Welt, Frankfurt a.M. 1980, 85-101.

Christliche Kunst des Unterdrückten in Lateinamerika. Eine Hypothese zur Kennzeichnung einer Aesthetik der Befreiung, in: Conc 16 (1980) 106-113.

Puebla: Beziehungen zwischen christlicher Ethik und Wirtschaft, in: Conc 16 (1980) 740-748.

Hipótesis para una historia de la teología en América latina (1492-1980), in: P.RICHARD (Hrsg.), Historia de la teología en América latina. VIII Encuentro Latinoamericano de CEHILA (Lima 1980), San José o.J., 401-452.

Die Ausbreitung der Christenheit und ihre heutige Krise, in: Conc 17 (1981) 307-316.

Lässt sich "eine" Ethik angesichts der geschichtlichen "Vielheit" der Moralen legitimieren?, in: Conc 17 (1981) 807-813.

La iglesia latinoamericana de Medellín a Puebla (1968-1979), in: Panorama de la teología latinoamericana, Bd.V: Puebla, hrsg. v. Equipo Seladoc, Salamanca 1981, 13-61.

La iglesia latinoamericana en la actual coyuntura (1972-1980), in: S.TORRES (Hrsg.), Teología de la liberación y comunidades de base. IV Congreso Internacional Ecuménico de Teología (Sao Paulo 1980), Salamanca 1982, 93-122.

Die Geschichte der Kirche in Lateinamerika. Eine Interpretation, in: ThZ 38 (1982) 367-398.

Ein Bericht über die Lage in Lateinamerika, in: Conc 18 (1982) 49-53.

Das Brot der Feier: Gemeinschaftszeichen der Gerechtigkeit, in: Conc 18 (1982) 120-129.

Introducción a la filosofía de la liberación, Bogotá $^2$1983.

Historia de la iglesia en América latina. Coloniaje y liberación (1492-1983). Apéndices misioneros, Madrid-México 1983.

Praxis latinoamericana y filosofía de la liberación, Bogotá 1983.

Introducción general a la historia de la iglesia en América latina (=Historia General de la Iglesia en América Latina I/1), Salamanca 1983.

Das Volk von El Salvador: ein kollektiver Ijob, in: Conc 19 (1983) 716-722.

Hipótesis para una historia de la filosofía en América latina (1492-1982), in: Ponencias al II Congreso de Filosofía Latinoamericana, Bogotá 1983, 405-436.

Filosofía de la producción, Bogotá 1984.

Theologien der "Peripherie" und des "Zentrums": Begegnung oder Konfrontation?, in: Conc 20 (1984) 77-85.

Befreiungsethik. Grundlegende Hypothesen, in: Conc 20 (1984) 133-141.

"Populus Dei" in populo pauperum. Vom Zweiten Vatikanum zu Medellín und Puebla, in: Conc 20 (1984) 469-476.

Die kirchlichen Basisgemeinden in Brasilien, in: E.KLIN-

GER/R.ZERFASS (Hrsg.), Die Basisgemeinden - ein Schritt auf dem Weg zur Kirche des Konzils, Würzburg 1984, 11-31 (zus. mit J.MEIER).

Cultura latinoamericana y filosofía de la liberación. Cultura popular revolucionaria más allá del populismo y del dogmatismo, in: Cristianismo y Sociedad (México) 80 (1984) 9-45.

Criterios generales y periodificación de una historia de la iglesia en América latina, in: Cristianismo y Sociedad (México) 82 (1984) 7-24.

Herrschaft und Befreiung. Ansatz, Stationen und Themen einer lateinamerikanischen Theologie der Befreiung, Freiburg i.Ue. 1985.

La producción teórica de Marx. Un comentario a los Grundrisse, México 1985.

La "cuestión popular", in: Cristianismo y Sociedad (México) 84 (1985) 81-90.

El concepto de fetichismo en el pensamiento de Marx. Elementos para una teoría general marxista de la religión, in: Cristianismo y Sociedad (México) 85 (1985) 7-59.

Etica comunitaria, Madrid 1986.

Volksreligiosität in Lateinamerika. Grundlegende Hypothesen, in: NZM 42 (1986) 1-12.

Volksreligiosität als Unterdrückung und als Befreiung. Hypothesen zu ihrer Geschichte und Gegenwart in Lateinamerika, in: Conc 22 (1986) 292-300.

Die Gezeiten des Evangeliums. Wenn die evangelisierten Armen zu Evangelisatoren werden, in: Conc 22 (1986) 382-388.

## B. Zitierte Werke K.RAHNERS

Schriften zur Theologie, 16 Bde., Einsiedeln-Zürich-Köln 1954ff.

Ueber die Schriftinspiration, QD 1, Freiburg i.Br. 1958.

Zur Theologie des Todes, QD 2, Freiburg i.Br. 1958.

Das Dynamische in der Kirche, QD 5, Freiburg i.Br. 1958.

Sendung und Gnade. Beiträge zur Pastoraltheologie, Innsbruck 1959.

Art. Existential, übernatürliches, in: LThK III, 1301.

Art. Freiheit III-IV, in: LThK IV, 331-336.

Art. Wort Gottes, in: LThK X, 1235-1238.

Kirche und Sakramente, QD 10, Freiburg i.Br. 1960.

Art. Geheimnis (theologisch), in: HThG I, München 1962, 447-452.

Hörer des Wortes. Zur Grundlegung einer Religionsphilosophie. Neu bearbeitet von J.B.METZ, München 1963.

Geist in Welt. Zur Metaphysik der endlichen Erkenntnis bei Thomas von Aquin, München ³1964.

Ekklesiologische Grundlegung, in: HPTh I, 117-148.

Bemerkungen zum Begriff der Offenbarung, in: K.RAHNER/ J.RATZINGER, Offenbarung und Ueberlieferung, QD 25, Freiburg i.Br. 1965, 11-24.

Im Heute glauben, Einsiedeln 1965.

Grundentwurf einer theologischen Anthropologie, in: HPTh II/1, 20-38.

Die grundlegenden Imperative für den Selbstvollzug der Kirche in der gegenwärtigen Situation, in: HPTh II/1, 256-276.

Grundsätzliches zur Einheit von Schöpfungs- und Erlösungswirklichkeit, in: HPTh II/2, 208-228.

Gnade als Freiheit. Kleine theologische Beiträge, Freiburg i.Br. 1968.

Ich glaube an Jesus Christus, Einsiedeln 1968.

Art. Geheimnis, in: SM II, 189-196.

Art. Glaubenszugang, in: SM II, 414-420.

Art. Jesus Christus II, in: SM II, 920-957.

Art. Mensch (theologisch), in: SM III, 407-417.

Art. Theologische Erkenntnis- und Methodenlehre, in: SM IV, 885-892.

Art. Transzendentaltheologie, in: SM IV, 986-992.

Zur Lage der Theologie. Probleme nach dem Konzil. Karl Rahner antwortet Eberhard Simons, Düsseldorf 1969.

Einübung priesterlicher Existenz, Freiburg i.Br. 1970.

Chancen des Glaubens. Fragmente einer modernen Spiritualität, Freiburg i.Br. 1971.

Strukturwandel der Kirche als Aufgabe und Chance, Freiburg i.Br. 1972.

Grundlinien einer systematischen Christologie, in: K.RAHNER/W.THUESING, Christologie - systematisch und exegetisch, QD 55, Freiburg i.Br. 1972, 15-78.

Der Mensch - die unbeantwortbare Frage, in: E.STAMMLER (Hrsg.), Wer ist das eigentlich - der Mensch?, München 1973, 116-126.

Vorfragen zu einem ökumenischen Amtsverständnis, QD 65, Freiburg i.Br. 1974.

Wagnis des Christen. Geistliche Texte, Freiburg i.Br. 1974.

Herausforderung des Christen. Meditationen - Reflexionen, Freiburg i.Br. 1975.

Gott ist Mensch geworden. Meditationen, Freiburg i.Br. 1975.

Grundkurs des Glaubens. Einführung in den Begriff des Christentums, Freiburg i.Br. 1976.

Erfahrung des Geistes. Meditation auf Pfingsten, Freiburg i.Br. 1977.

(Hrsg.), Befreiende Theologie. Der Beitrag Lateinamerikas zur Theologie der Gegenwart, Stuttgart 1977.

/K.-H.WEGER, Was sollen wir noch glauben?, Freiburg i.Br. 1979.

(Hrsg.), Volksreligion - Religion des Volkes, Stuttgart 1979.

Von der Not und dem Segen des Gebetes, Freiburg i.Br. $^{10}$1980.

Im Gespräch, Bd. I: 1964-1977, Bd. II: 1978-1982, hrsg. v. P.IMHOF und H.BIALLOWONS, München 1982/83.

Horizonte der Religiosität. Kleine Aufsätze, hrsg. v. G. SPORSCHILL, Wien 1984.

"Erfahrungen eines Theologen". Möglichkeiten und Grenzen der Theologie, in: HerKorr 38 (1984) 224-230.

Art. Glauben, in: K.RAHNER/H.VORGRIMLER, Kleines Theologisches Wörterbuch, Freiburg i.Br. $^{15}$1985, 149-155.

Art. Offenbarung, in: K.RAHNER/H.VORGRIMLER, Kleines Theologisches Wörterbuch, Freiburg i.Br. $^{15}$1985, 304-309.

Art. Transzendenz, in: K.RAHNER/H.VORGRIMLER, Kleines Theologisches Wörterbuch, Freiburg i.Br. $^{15}$1985, 418-419.

Politische Dimensionen des Christentums. Ausgewählte Texte zu Fragen der Zeit, hrsg. v. H.VORGRIMLER, München 1986.

Glaube in winterlicher Zeit. Gespräche mit Karl Rahner aus den letzten Lebensjahren, hrsg. v. P.IMHOF und H.BIALLOWONS, Düsseldorf 1986.

## C. Uebrige zitierte Quellen und Literatur

T.W.ADORNO, Drei Studien zu Hegel, Frankfurt a.M. $^4$1970.

- Negative Dialektik (stw 113), Frankfurt a.M. 1975.

H.ALBERT, Traktat über kritische Vernunft, Tübingen $^3$1975.

J.ALFARO, Gott schützt und befreit die Armen, in: Conc 22 (1986) 343-348.

R. DE ALMEIDA, Pädagogik als Theologie.Paulo Freires Konzept der Konzientisation als Ansatz für eine Glaubensreflexion lateinamerikanischer Christen, in: F.CASTILLO (Hrsg.), Theologie aus der Praxis des Volkes. Neuere Studien zum lateinamerikanischen Christentum und zur Theologie der Befreiung, München-Mainz 1978, 61-124.

- Art. Armut. Aus der Sicht der Theologie der Befreiung, in: Neues Handbuch theologischer Grundbegriffe, hrsg. v. P.EICHER, Bd. I, München 1984, 37-61.

A.ALONSO, Iglesia y praxis de liberación. Pedagogía del recuerdo y la esperanza, Salamanca 1974.

L.ALTHUSSER, Widerspruch und Ueberdeterminierung. Anmerkungen für eine Untersuchung, in: Ders., Für Marx, Frankfurt a.M. 1968, 52-99.

- Ueber die materialistische Dialektik. Von der Ungleichheit der Ursprünge, in: Ders., Für Marx, Frankfurt a.M. 1968, 100-167.

A. VON CANTERBURY, Proslogion (FlorPatr 29), Bonn 1931.

ARISTOTELES, Metaphysica, in: Opera, hrsg. v. O.GIGON, Bd. II, Berlin 1960, 980-1093.

- Ethica Nicomachea, in: Opera, hrsg. von O.GIGON, Bd. II, Berlin 1960, 1139-1140.

- Politica, in: Opera, hrsg. v. O.GIGON, Bd. II, Berlin 1960, 1252-1342.

- Oeconomica, in: Opera, hrsg. v. O.GIGON, Bd. II, Berlin 1960, 1343-1353.

G.ARROYO, Pensamiento latinoamericano sobre subdesarrollo y dependencia externa, in: Fe cristiana y cambio social en América latina. Encuentro de El Escorial 1972, hrsg.

v. Instituto Fe y Secularidad, Salamanca 1973, 305-321.

H.ASSMANN, Opresión - Liberación. Desafío a los cristianos, Montevideo 1971.

- Kritik der "Theologie der Befreiung", in: IDZ 7 (1974) 144-153.

- Teología desde la praxis de la liberación. Ensayo teológico desde la América dependiente, Salamanca ²1976.

AUGUSTINUS, Confessionum libri XIII, in:CChr.SL 27 (1981).

- De doctrina christiana, in: CChr.SL 32 (1962) 1-167.

- De vera religione, in: CChr.SL 32 (1962) 168-260.

- De praedestinatione sanctorum liber, in: PL 44 (1865) 959-992.

- De diversis quaestionibus octoginta tribus, in: CChr.SL 44 (1975) 9-249.

- De spiritu et littera, in: CSEL 60 (1913) 153-229.

H.U.VON BALTHASAR, Die Gottesfrage des heutigen Menschen, Wien-München 1956.

- Cordula oder der Ernstfall, Einsiedeln 1966.

- Karl Barth. Darstellung und Deutung seiner Theologie, Einsiedeln ⁴1976.

K.BARTH, Der Römerbrief. Zweiter Abdruck der neuen Bearbeitung, München 1923.

- Das Wort Gottes und die Theologie. Gesammelte Vorträge, München 1924.

- Die Kirchliche Dogmatik, Bd.I/1: München 1932; Bd.I/2-IV/4: Zollikon-Zürich 1938ff.

- Die Souveränität des Wortes Gottes und die Entscheidung des Glaubens, Zollikon 1939.

- Dogmatik im Grundriss, Zollikon-Zürich 1947.

- Einführung in die evangelische Theologie, Zürich 1962.

- Dank und Reverenz, in: EvTh 23 (1963) 337-342.

- Die protestantische Theologie im 19.Jahrhundert,2 Bde., Hamburg 1975.

- Die christliche Dogmatik im Entwurf, Gesamtausgabe, Abt. II, Bd. 14, hrsg. v. G.SAUTER, Zürich 1982.

W.W.BARTLEY, Flucht ins Engagement. Versuch einer Theorie

des offenen Geistes, München 1964.

H.M.BAUMGARTNER, Freiheit als Prinzip der Geschichte, in: Ders. (Hrsg.), Prinzip Freiheit. Eine Auseinandersetzung um Chancen und Grenzen transzendentalphilosophischen Denkens, Freiburg-München 1979, 299-321.

D.BERDESINSKI, Die Praxis - Kriterium für die Wahrheit des Glaubens? Untersuchungen zu einem Aspekt politischer Theologie, München 1973.

R.BERLINGER, Augustins dialogische Metaphysik, Frankfurt a.M. 1962.

H.BETTSCHEIDER (Hrsg.), Theologie und Befreiung, St. Augustin bei Bonn 1974.

J.BEUTLER / O. SEMMELROTH (Hrsg.), Theologische Akademie XII, Frankfurt a.M. 1975.

A.BLATEZKY, Sprache des Glaubens in Lateinamerika. Eine Studie zu Selbstverständnis und Methode der "Theologie der Befreiung", Frankfurt a.M. 1978.

E.BLOCH, Atheismus im Christentum. Zur Religion des Exodus und des Reichs (stw 144), Frankfurt a.M. 1973.

J.BLOCH/H.GORDON (Hrsg.), Martin Buber. Bilanz seines Denkens, Freiburg i.Br. 1983.

A.BOECKH, Dependencia und kapitalistisches Weltsystem, oder: Die Grenzen globaler Entwicklungstheorien, in: Dritte Welt-Forschung. Entwicklungstheorie und Entwicklungspolitik (=PVS 26 [1985] Sonderheft 16), hrsg. v. F.NUSCHELER, Opladen 1985, 56-74.

C.BOFF, Für eine Ethik des kritisch-sozialen Gehorsams, in: Conc 16 (1980) 645-649.

- Gegen die Knechtschaft des rationalen Wissens. Ein neues Verhältnis zwischen der Wissenschaft der Theologen und der Weisheit des Volkes, in: H.GOLDSTEIN (Hrsg.), Befreiungstheologie als Herausforderung. Anstösse - Anfragen - Anklagen der lateinamerikanischen Theologie der Befreiung an Kirche und Gesellschaft hierzulande, Düsseldorf 1981, 108-138.

- Die Physiognomie der Basisgemeinden, in: Conc 17 (1981) 317-324.

- Die kirchliche Soziallehre und die Theologie der Befreiung: Zwei entgegengesetzte Formen sozialer Praxis?, in: Conc 17 (1981) 775-780.

- La sociedad y el reinado. Diálogo entre un militante, un párroco y un teólogo, in: L.BOFF/C.BOFF, Libertad y liberación, Salamanca 1982, 99-169.

- Theologie und Praxis. Die erkenntnistheoretischen Grundlagen der Theologie der Befreiung, München-Mainz 1983.

- Der ekklesiologische Status der kirchlichen Basisgemeinde, in: ZMR 68 (1984) 116-129.

- Theologie der Befreiung. Eine Einführung in ihre Grundlagen, in: ZMR 69 (1985) 161-178.

- Die Befreiung der Armen. Reflexionen zum Grundanliegen der lateinamerikanischen Befreiungstheologie, Freiburg i.Ue. 1986.

- Mit den Füssen am Boden. Theologie aus dem Leben des Volkes, Düsseldorf 1986.

L.BOFF, Rettung in Jesus Christus und Befreiungsprozess, in: Conc 10 (1974) 419-426.

- Theologie der Befreiung - die hermeneutischen Voraussetzungen, in: K.RAHNER u.a. (Hrsg.), Befreiende Theologie. Der Beitrag Lateinamerikas zur Theologie der Gegenwart, Stuttgart 1977, 46-61.

- Liberación de Jesucristo por el camino de la opresión. Ensayo de construcción teológica desde América latina, in: R.GIBELLINI (Hrsg.), La nueva frontera de la teología en América latina, Salamanca 1977, 104-132.

- Erfahrung von Gnade. Entwurf einer Gnadenlehre, Düsseldorf 1978.

- Teología del cautiverio y de la liberación, Madrid 1978.

- Die Anliegen der Befreiungstheologie, in: ThBer VIII: Wege theologischen Denkens, Zürich 1979, 71-103.

- Die Neuentdeckung der Kirche. Basisgemeinden in Lateinamerika, Mainz 1980.

- Puebla aus der Sicht des unterdrückten Lateinamerika, in: ZMR 64 (1980) 161-191.

- Jesucristo y la liberación del hombre, Madrid 1981.

- Kleine Sakramentenlehre, Düsseldorf $^5$1982.

- Aus dem Tal der Tränen ins Gelobte Land. Der Weg der Kirche mit den Unterdrückten, Düsseldorf 1982.

- Theologie hört aufs Volk. Ein Reisetagebuch, Düsseldorf 1982.

- La salvación en las liberaciones. El sentido teológico de las liberaciones socio-históricas, in:L.BOFF/C.BOFF, Libertad y liberación, Salamanca 1982.

- Basic Ecclesial Communities and the Theology of Liberation, in: Voices form the Third World V, Nr. 1, Colombo 1982, 3-12.

- La fe en la periferia del mundo. El caminar de la Iglesia con los oprimidos, Santander ²1984.

- Was bedeuten theologisch "Volk Gottes" und "Volkskirche"?, in: Conc 20 (1984) 512-521.

- Der Theologe - nicht nur Lehrer, sondern Kämpfer. Der Beitrag der Befreiungstheologie für die Weltkirche, in: Orien. 48 (1984) 134-135.

- Von der Spiritualität der Befreiung zur Praxis der Befreiung, in: E.BONNIN (Hrsg.), Spiritualität und Befreiung in Lateinamerika, Würzburg 1984, 58-72.

- Eine kreative Rezeption des II. Vatikanums aus der Sicht der Armen: Die Theologie der Befreiung, in: E.KLINGER/K.WITTSTADT (Hrsg.), Glaube im Prozess. Christsein nach dem II. Vatikanum. Für Karl Rahner, Freiburg i.Br. 1984, 628-654.

- Lutero entre la reforma y la liberación, in: RLT 1 (1984) 85-101.

- Kirche: Charisma und Macht. Studien zu einer streitbaren Ekklesiologie, Düsseldorf 1985.

- Vorweggenommene Fragmente des endzeitlichen Heils. Leonardo Boff im Gespräch mit Horst Goldstein, in: P.EICHER (Hrsg.), Theologie der Befreiung im Gespräch, München 1985, 81-106.

- Jesus Christus, der Befreier, Freiburg i.Br. 1986.

- /C.BOFF, Wie treibt man Theologie der Befreiung?, Düsseldorf 1986.

- /V.ELIZONDO, Theologie aus der Sicht der Armen, in: Conc 22 (1986) 325-327.

E.BONNIN, Wirklichkeit und Sinn einer Theologie der Spiritualität aus der Sicht Lateinamerikas, in: Ders. (Hrsg.), Spiritualität und Befreiung in Lateinamerika, Würzburg 1984, 11-45.

H.BORRAT, Theologie der Befreiung - eine befreiende Theologie? Unbequeme Anfragen zwischen "Medellín" und der Zukunft, in: P.HUENERMANN/G.-D.FISCHER (Hrsg.), Gott im Aufbruch. Die Provokation der lateinamerikanischen Theologie, Freiburg i.Br. 1974, 181-203.

- Die Pastoral der brasilianischen Kirche, in: PMV, Bulletin 90 (Juli) 1982, 1-28.

M.BUBER, Ich und Du, in: Werke, Bd. I: Schriften zur Philosophie, München-Heidelberg 1962, 77-170.

R.BULTMANN, Geschichte und Eschatologie, Tübingen ²1964.

R.CARAMURU, Katholische Aktion im Untergrund. Vom Apostolat zum politischen Kampf (Brasilien), in: H.LUENING (Hrsg.), Mit Maschinengewehr und Kreuz oder Wie kann das Christentum überleben?, Reinbeck bei Hamburg 1971, 108-114.

J.CARDIJN, Laien im Apostolat, Kevelaer 1964.

F.H.CARDOSO/E.FALETTO, Dependencia y desarrollo en América latina, México 1969.

F.H.CARDOSO, Abhängigkeit und Entwicklung in Lateinamerika, in: D.SENGHAAS (Hrsg.), Peripherer Kapitalismus. Analysen über Abhängigkeit und Unterentwicklung, Frankfurt a.M. ²1977, 201-220.

A.CARR, The Theological Method of Karl Rahner, Missoula/Montana 1977.

B.CASPER, Das dialogische Denken. Eine Untersuchung der religionsphilosophischen Bedeutung Franz Rosenzweigs, Ferdinand Ebners und Martin Bubers, Freiburg i.Br. 1966.

- Franz Rosenzweigs Kritik an Bubers "Ich und Du", in: J.BLOCH/H.GORDON (Hrsg.), Martin Buber. Bilanz seines Denkens, Freiburg i.Br. 1983, 159-175.

- Denken im Angesicht des Anderen. Zur Einführung in das Denken von Emmanuel Levinas, in: H.H.HENRIX (Hrsg.), Verantwortung für den Anderen - und die Frage nach Gott. Zum Werk von Emmanuel Levinas, Aachen 1984, 17-36.

- Illéité. Zu einem Schlüssel"begriff" im Werk von Emmanuel Levinas, in: PhJ 91 (1984) 273-288.

F.CASTILLO, Befreiende Praxis und theologische Reflexion, in: Ders. (Hrsg.), Theologie aus der Praxis des Volkes. Neuere Studien zum lateinamerikanischen Christentum und zur Theologie der Befreiung, München-Mainz 1978, 13-60.

- Bürgerliche Religion oder Religion des Volkes?, in: Conc 15 (1979) 302-308.

- Theologie der Befreiung: Option für die Armen, in: Ders.u.a., Herausforderung: Die Dritte Welt und die Christen Europas, Regensburg 1980, 29-46.

CELAM, Evangelisierung in Lateinamerika (=Adveniat-Dokumente Nr.15), Essen 1975.

H.CERUTTI GULDBERG, Filosofía de la liberación latinoamericana, México 1983.

M.-D.CHENU, Das Werk des hl.Thomas von Aquin, Heidelberg-Graz 1960.

V.CODINA, Teología del clamor popular, in: RLT 1 (1984) 309-328.

J.COMBLIN, Movimientos e ideologías en América latina, in: Fe cristiana y cambio social en América latina. Encuentro de El Escorial 1972, hrsg. v. Instituto Fe y Secularidad, Salamanca 1973, 101-127.

- Théologie de la pratique révolutionnaire, Paris 1974.

- Kurze Geschichte der Theologie der Befreiung, in: H.-J. PRIEN (Hrsg.), Lateinamerika: Gesellschaft - Kirche - Theologie, Bd. II: Der Streit um die Theologie der Befreiung, Göttingen 1981, 13-38.

J.H.CONE, A Black Theology of Liberation, Philadelphia-New York 1970.

Y.CONGAR, Für eine dienende und arme Kirche, Mainz 1965.

E.CORETH, Analogia entis I, in: LThK I, 468-470.

Cristianos en una sociedad democrática. IV congreso de teología, Madrid 1984.

J.S.CROATTO, Liberación y libertad. Pautas hermenéuticas, Lima $^2$1980.

- Befreiung und Freiheit. Biblische Hermeneutik für die "Theologie der Befreiung", in: H.-J.PRIEN (Hrsg.), Lateinamerika: Gesellschaft - Kirche - Theologie, Bd. II: Der Streit um die Theologie der Befreiung, Göttingen 1981, 39-59.

A.CUSSIANOVICH, Nos ha liberado, Salamanca $^2$1976.

- Desde los pobres de la tierra. Perspectivas de vida religiosa, Salamanca 1977.

A.DEISSLER, Die Grundbotschaft des Alten Testaments. Ein theologischer Durchblick, Freiburg i.Br. $^4$1974.

J.DERRIDA, Gewalt und Metaphysik. Essay über das Denken Emmanuel Levinas', in: Ders., Die Schrift und die Differenz, Frankfurt a.M. 1976, 121-235.

R.DESCARTES, Von der Methode. Aufgrund der Ausgabe von A. Buchenau neu übers. und mit Anmerkungen und Register hrsg. v. L.GAEBE, PhB 26 a, Hamburg 1971.

- Regulae ad directionem ingenii, PhB 262c, Hamburg 1973.

- Meditationen über die Grundlagen der Philosophie. Aufgrund der Ausgaben von A.Buchenau neu hrsg. v. L.GAEBE, PhB 271, Hamburg 1976.

U.DIERSE/W.LOHFF, Art. Offenbarung, in: HWP VI, 1105-1121.

W.DILTHEY, Gesammelte Schriften, Bd. VII: Der Aufbau der geschichtlichen Welt in den Geisteswissenschaften, Leipzig-Berlin 1927.

DIONYSIUS AREOPAGITA, De divinis nominibus, in: PG 3 (1889) 586-996.

- De caelesti hierarchia, in: SC 58 (1970).

Dokumente von Medellín. Sämtliche Beschlüsse der II. Generalversammlung des lateinamerikanischen Episkopates (24.8. - 6.9.1968): Die Kirche in der gegenwärtigen Umwandlung Lateinamerikas im Lichte des Konzils (=Adveniat-Dokumente/Projekte 1-3), Essen 1970.

A.DULLES, The Ignatian experience as reflected in the spiritual theology of Karl Rahner, in: Philippine studies 13 (1965) 471-494.

G.EBELING, Dogmatik des christlichen Glaubens, 3 Bde., Tübingen 1979.

H.ECHEGARAY, La práctica de Jesús, Lima 1980.

P.EICHER, Die anthropologische Wende. Karl Rahners philosophischer Weg vom Wesen des Menschen zur personalen Existenz, Freiburg i.Ue. 1970.

- Wovon spricht die transzendentale Theologie? Zur gegenwärtigen Auseinandersetzung um das Denken von Karl Rahner, in: ThQ 156 (1976) 284-295.

- Offenbarung. Prinzip neuzeitlicher Theologie, München 1977.

- Bürgerliche Religion. Eine theologische Kritik, München 1983.

- "Ihr habt mich nicht aufgenommen". Zum kirchlichen Kampf um die Theologie der Befreiung, in: P.EICHER (Hrsg.), Theologie der Befreiung im Gespräch, München 1985, 107-125.

W.EIGEL, Entwicklung und Menschenrechte. Entwicklungszusammenarbeit im Horizont der Menschenrechte, Freiburg i.Ue. 1984.

I.ELLACURIA, Tesis sobre posibilidad, necesidad y sentido de una teología latinoamericana, in: A.VARGAS-MACHUCA (Hrsg.), Teología y mundo contemporáneo. Homenaje a Karl Rahner, Madrid 1975, 325-350.

- Hacia una fundamentación filosófica del método teológico latinoamericano, in: Encuentro latinoamericano de teología: Liberación y cautiverio. Debates en torno al método de la teología en América latina, México 1976, 609-635.

- Die Funktion der Wirtschaftstheorien in der theologisch-theoretischen Diskussion über die Beziehung zwischen Christentum und Sozialismus, in: Conc 13 (1977) 339-343.

- Conversión de la Iglesia al Reino de Dios. Para anunciarlo y realizarlo en la historia, Santander 1984.

- Historicidad de la salvación cristiana, in: RLT 1 (1984) 5-45.

Encuentro latinoamericano de teología: Liberación y cautiverio. Debates en torno al método de la teología en América latina, México 1976.

J.ESPEJA, Liberación y espiritualidad en América latina, in: CTom 61 (1984) Nr. 363, 87-122.

T.T.EVERS/P.VON WOGAU, "dependencia": lateinamerikanische Beiträge zur Theorie der Unterentwicklung, in: Das Argument 15 (1973) 404-452.

M.FAESSLER, L'intrigue du Tout-Autre. Dieu dans la pensée d'Emmanuel Lévinas, in: ETR 55 (1980) 501-536.

E.G.FARRUGIA, Aussage und Zusage. Zur Indirektheit der Methode Karl Rahners. Veranschaulicht an seiner Christologie, Rom 1985.

Fe cristiana y cambio social en América latina. Encuentro de El Escorial 1972, hrsg. v. Instituto Fe y Secularidad, Salamanca 1973.

L.FEUERBACH, Grundsätze der Philosophie der Zukunft, in: Werke in sechs Bänden, hrsg.v. E.THIES, Bd. III, Frankfurt a.M. 1975, 247-321.

J.G.FICHTE, Ueber die Würde des Menschen, in: J.G.Fichte-Gesamtausgabe der Bayerischen Akademie der Wissenschaften (GA), hrsg. v. R.LAUTH u. H.GLIWITZKY, Bd. I/2, Stuttgart-Bad Cannstatt 1965, 79-89.

- Ueber den Begriff der Wissenschaftslehre oder der sogenannten Philosophie, in: GA I/2 (1965) 91-172.

- Grundlage der gesammten Wissenschaftslehre, in: GA I/2 (1965) 173-451.

- Grundlage des Naturrechts nach Principien der Wissenschaftslehre, in: GA I/3 (1966) 291-460.

- Zweite Einleitung in die Wissenschaftslehre, in: GA I/4 (1970) 209-269.

- Das System der Sittenlehre nach Principien der Wissenschaftslehre, in: GA I/5 (1977) 1-317.

- Ueber den Grund unsers Glaubens an eine göttliche Welt-

Regierung, in: GA I/5 (1977) 318-357.

- Die Bestimmung des Menschen, in: GA I/6 (1981) 145-311.

- Die Wissenschaftslehre. II.Vortrag im Jahre 1804, in: GA II/8 (1985).

- Die Staatslehre, oder über das Verhältnis des Urstaates zum Vernunftreiche, in: Fichtes Werke (SW), hrsg. v. I.H.FICHTE, Bd. IV, Berlin 1971, 367-600.

- Bericht über den Begriff der Wissenschaftslehre und die bisherigen Schicksale derselben, in: SW (1971) 361-407.

- Die Anweisung zum seligen Leben, oder auch die Religionslehre, in: SW V (1971) 397-580.

G.-D.FISCHER, Abhängigkeit und Protest. Der gesellschaftliche Kontext der neueren lateinamerikanischen Theologie, in:P.HUENERMANN/G.-D.FISCHER (Hrsg.), Gott im Aufbruch. Die Provokation der lateinamerikanischen Theologie, Freiburg i.Br. 1974, 25-38.

K.P.FISCHER, Der Mensch als Geheimnis. Die Anthropologie Karl Rahners, Freiburg i.Br. 1974.

- Gotteserfahrung. Mystagogie in der Theologie Karl Rahners und in der Theologie der Befreiung, Mainz 1986.

R.FORNET-BETANCOURT, Annäherung an Lateinamerika. Die Theologie der Befreiung und die gesellschaftliche Entwicklung Lateinamerikas, Frankfurt a.M. 1984.

- Der Marxismusvorwurf gegen die lateinamerikanische Theologie der Befreiung, in: StZ 110 (1985) 231-240.

- "Hören auf das Volk" - Theologische Methode oder ideologisches Programm?, in: StZ 111 (1986) 169-184.

P.FREIRE, Pädagogik der Unterdrückten. Bildung als Praxis der Freiheit, Reinbeck bei Hamburg 1973.

- Erziehung als Praxis der Freiheit. Beispiele zur Pädagogik der Unterdrückten, Reinbeck bei Hamburg 1977.

E.FREUND, Die Existenzphilosophie Franz Rosenzweigs. Ein Beitrag zur Analyse seines Werkes "Der Stern der Erlösung", Hamburg $^2$1959.

H.FRIES/G.KRETSCHMAR (Hrsg.), Klassiker der Theologie, 2 Bde., München 1981/83.

K.FUESSEL, Art. Theologie der Befreiung, in: Neues Handbuch theologischer Grundbegriffe, hrsg.v. P.EICHER, Bd. IV, München 1985, 200-211.

F.GABORIAU, Interview sur la mort avec K.Rahner, Paris 1967.

- Le tournant théologique aujourd'hui selon Karl Rahner. La théologie d'un philosophe, Paris 1968.

H.-G.GADAMER, Wahrheit und Methode. Grundzüge einer philosophischen Hermeneutik, Tübingen $^4$1975.

S.GALILEA, La fe como principio crítico de promoción de la religiosidad popular, in: Fe cristiana y cambio social en América latina. Encuentro de El Escorial 1972, hrsg.v. Instituto Fe y Seculariad, Salamanca 1973, 151-158.

- Das religiöse Erwachen und die Befreiungsbewegungen in Lateinamerika, in: Conc 9 (1973) 667-671.

- Espiritualidad de la liberación, Santiago de Chile 1974.

- Kontemplation und Engagement. Das prophetisch-mystische Element in der politisch-gesellschaftlichen Aktion, in: P.HUENERMANN/G.-D.FISCHER (Hrsg.), Gott im Aufbruch. Die Provokation der lateinamerikanischen Theologie, Freiburg i.Br. 1974, 168-180.

- Die Befreiung als Begegnung zwischen Politik und Kontemplation, in: Conc 10 (1974) 388-395.

- Teología de la liberación. Ensayo de síntesis, Bogotá 1976.

- Die Diskussion über die Volksreligiosität in der lateinamerikanischen Befreiungstheologie, in: Conc 16 (1980) 418-422.

- Christ werden zur Befreiung. Persönliche Bekehrung und soziale Veränderung, Salzburg 1983.

A.GANOCZY, Der schöpferische Mensch und die Schöpfung Gottes, Mainz 1976.

- Schöpfungslehre, Düsseldorf 1983.

R.GARCIA-MATEO, Die Methode der Theologie der Befreiung. Zur Ueberwindung des Erfahrungsdefizits in der Theologie, in: StZ 111 (1986) 386-396.

C.GEFFRE, Der Schock einer prophetischen Theologie, in: Conc 10 (1974) 381-387.

A.GERKEN, Offenbarung und Transzendenzerfahrung. Kritische Thesen zu einer künftigen dialogischen Theologie, Düsseldorf 1969.

B.GERTZ, Glaubenswelt als Analogie. Die theologische Analogie-Lehre Erich Przywaras und ihr Ort in der Auseinandersetzung um die analogia fidei, Düsseldorf 1969.

R.GIBELLINI (Hrsg.), La nueva frontera de la teología en América latina, Salamanca 1977.

G.GIRARDI, Philosophische Voraussetzungen einer Theologie der Befreiung, in: H.BETTSCHEIDER (Hrsg.), Theologie und Befreiung, St. Augustin bei Bonn 1974, 12-38.

K.GLOY/E.RUDOLPH (Hrsg.), Einheit als Grundfrage der Philosophie, Darmstadt 1985.

H.GOLDSTEIN (Hrsg.), Befreiungstheologie als Herausforderung. Anstösse - Anfragen - Anklagen der lateinamerikanischen Theologie der Befreiung an Kirche und Gesellschaft hierzulande, Düsseldorf 1981.

J.I.GONZALEZ FAUS, Los pobres como lugar teológico, in: RLT 1 (1984) 275-308.

- Aprendamos de la historia, in: Christus Nr. 577 (1984) 39-52.

M.GOEPFERT, Auf den Spuren der Befreiung. Impulse der lateinamerikanischen Theologie, in: C.MODEHN, Christen entdecken die Freiheit. Notwendige Anstösse aus Lateinamerika, Stuttgart 1976, 95-116.

- Theologie im Aufstand? Ueberlegungen für ein Gespräch mit der Theologie der Befreiung, in: K.RAHNER u.a. (Hrsg.), Befreiende Theologie. Der Beitrag Lateinamerikas zur Theologie der Gegenwart, Stuttgart 1977,144-158.

GREGOR VON NAZIANZ, Orationes 27-31, in: SC 250 (1978).

GREGOR VON NYSSA, De vita Moysis, in: SC 1$^{ter}$ ($^3$1968).

F.GREINER, Die Menschlichkeit der Offenbarung. Die transzendentale Grundlegung der Theologie bei Karl Rahner, München 1978.

E.GRISEBACH, Gegenwart. Eine kritische Ethik, Halle 1928.

A.GRUEN, Erlösung durch das Kreuz. Karl Rahners Beitrag zu einem heutigen Erlösungsverständnis, Münsterschwarzach 1975.

D.E.GUILLOT, Emmanuel Levinas. Evolución de su pensamiento, in: E.DUSSEL/D.E.GUILLOT, Liberación latinoamericana y Emmanuel Levinas, Buenos Aires 1975, 47-122.

G.GUTIERREZ, Für eine Theologie der Befreiung, in: H.LUENING (Hrsg.), Mit Maschinengewehr und Kreuz oder Wie kann das Christentum überleben?, Reinbeck bei Hamburg 1971, 11-15.

- Evangelio y praxis de liberación, in: Fe cristiana y cambio social en América latina. Encuentro de El Escorial 1972, hrsg. v. Instituto Fe y Secularidad, Salamanca 1973, 231-245.

- Befreiungspraxis, Theologie und Verkündigung, in: Conc 10 (1974) 408-419.

- Theologie der Befreiung, München-Mainz ²1976.

- Die Armen in der Kirche, in: Conc 13 (1977) 246-249.

- Praxis de liberación y fe cristiana, in: R.GIBELLINI (Hrsg.), La nueva frontera de la teología en América latina, Salamanca 1977, 13-40.

- Die Grenzen der modernen Theologie. Ein Text von Bonhoeffer, in: Conc 15 (1979) 291-297.

- An der eigenen Quelle trinken, in: Conc 18 (1982) 640-648.

- El Dios de la vida, in: Christus Nr. 556 (1982) 28-57.

- La irrupción de los pobres en América latina y las comunidades cristianas de base, in: Pastoral Popular (Santiago de Chile) 39 (1983) Nr.1-2, 6-14.

- Die historische Macht der Armen, München-Mainz 1984.

- Wie man über Gott reden kann. Ein Versuch aus dem Blickwinkel der Theologie der Befreiung, in: Conc 20 (1984) 26-30.

- Theologische Arbeit und kirchliche Erfahrung, in: Conc 20 (1984) 490-493.

- Por el camino de la pobreza, in: Servir (Jalapa/México) 20 (1984) Nr. 106, 245-297.

- Concepción de la historia, in: Servir (Jalapa/México) 20 (1984) Nr. 107, 473-495.

- Verdad y teología, in: Servir (Jalapa/México) 20 (1984) Nr. 107, 495-511.

- Teología, democracia y liberación en América latina, in: Cristianos en una sociedad democrática. IV congreso de teología, Madrid 1984, 140-151.

- Presencia liberadora de la fe cristiana en América latina, in: Cristianos en una sociedad democrática. IV congreso de teología, Madrid 1984, 152-159.

- Die Armen evangelisieren. Gustavo Gutiérrez im Gespräch mit Josef Sayer, in: P.EICHER (Hrsg.), Theologie der Befreiung im Gespräch, München 1985, 25-50.

- Aus der eigenen Quelle trinken. Spiritualität der Befreiung, München-Mainz 1986.

- Theologie und Sozialwissenschaften. Eine Ortsbestimmung, in: P.ROTTLAENDER (Hrsg.), Theologie der Befreiung und Marxismus, Münster i.W. 1986, 45-75.

- Das Zweite Vatikanische Konzil und die Kirche Lateinamerikas, hrsg. v. Adveniat, Essen 1986.

H.HAAG, Art. Offenbarung, im AT, in: BL² 1242-1248.

A.HALDER, Ontologie - Ethik - Dialogik. Zum Problem der Mitmenschlichkeit im Ausgang von Emmanuel Levinas, in: PhJ 91 (1984) 107-118.

G.HARTMANN, Christliche Basisgruppen und ihre befreiende Praxis. Erfahrungen im Nordosten Brasiliens, München-Mainz 1980.

W.-D.HAUSCHILD, Gregor von Nazianz, in:H.FRIES/G.KRETSCHMAR (Hrsg.), Klassiker der Theologie, Bd. I, München 1981, 76-90.

G.W.F.HEGEL, Phänomenologie des Geistes, in: Werke (ed. Suhrkamp), Bd. III, Frankfurt a.M. 1986.

- Wissenschaft der Logik, 2 Bde., in: Werke, Bde. V-VI, Frankfurt a.M. 1986.

- Grundlinien der Philosophie des Rechts oder Naturrecht und Staatswissenschaft im Grundrisse. Mit Hegels eigenhändigen Notizen und den mündlichen Zusätzen, in: Werke, Bd. VII, Frankfurt a.M. 1986.

- Enzyklopädie der philosophischen Wissenschaften im Grundrisse (1830), 3 Bde., in: Werke, Bde. VIII-X, Frankfurt a.M. 1986.

- Vorlesungen über die Aesthetik, 3 Bde., in: Werke, Bde. XIII-XV, Frankfurt a.M. 1986.

- Vorlesungen über die Philosophie der Weltgeschichte, Bd.I: Die Vernunft in der Geschichte, hrsg. v. J.HOFFMEISTER, PhB 171 a, Hamburg ⁵1970.

- Vorlesungen über die Philosophie der Religion, 2 Bde. (mit je 2 Halbbänden), hrsg. v. G.LASSON, PhB 59-63, Hamburg 1974.

M.HEIDEGGER, Platons Lehre von der Wahrheit. Mit einem Brief über den "Humanismus", Bern 1947.

- Holzwege, Frankfurt a.M. ²1952.

- Vorträge und Aufsätze, Pfullingen 1954.

- Aus der Erfahrung des Denkens, Pfullingen 1954.

- Der Satz vom Grund, Pfullingen 1957.

- Unterwegs zur Sprache, Pfullingen 1959.

- Was heisst Denken?, Tübingen ²1961.

- Nietzsche, 2 Bde., Pfullingen 1961.

- Die Technik und die Kehre, Pfullingen ²1962.

- Kant und das Problem der Metaphysik, Frankfurt a.M. ³1965.

- Einführung in die Metaphysik, Tübingen ³1966.

- Zur Seinsfrage, Frankfurt a.M. ³1967.

- Der europäische Nihilismus, Pfullingen 1967.

- Vom Wesen des Grundes, Frankfurt a.M. ⁶1973.

- Was ist Metaphysik?, Frankfurt a.M. ¹¹1975.

- Sein und Zeit, Tübingen ¹³1976.

- Vom Wesen der Wahrheit, Frankfurt a.M. ⁶1976.

- Identität und Differenz, Pfullingen ⁷1982.

B. VAN DER HEIJDEN, Karl Rahner. Darstellung und Kritik seiner Grundpositionen, Einsiedeln 1973.

K.HEIM, Glaube und Denken. Philosophische Grundlegung einer christlichen Lebensanschauung, Hamburg ⁵1957.

J.HEINRICHS, Sinn und Intersubjektivität. Zur Vermittlung von transzendentalphilosophischem und dialogischem Denken in einer "transzendentalen Dialogik", in: ThPh 45 (1970) 161-191.

- Ideologie oder Freiheitslehre? Zur Rezipierbarkeit der thomanischen Gnadenlehre von einem transzendentaldialogischen Standpunkt, in: ThPh 49 (1974) 395-436.

D.HENRICH, Fichtes ursprüngliche Einsicht, Frankfurt a.M. 1967.

H.H.HENRIX (Hrsg.), Verantwortung für den Anderen - und die Frage nach Gott. Zum Werk von Emmanuel Levinas, Aachen 1984.

J.HERNANDEZ PICO, Método teológico latinoamericano y normatividad del Jesús histórico para la praxis política mediana por el análisis de la realidad, in: Encuentro latinoamericano de teología: Liberación y cautiverio. Debates en torno al método de la teología en América latina, México 1976, 595-607.

- Das Gebet im lateinamerikanischen Befreiungsprozess, in: E.BONNIN (Hrsg.), Spiritualität und Befreiung in Lateinamerika, Würzburg 1984, 129-151.

J.J.HERRERA ACEVES, La historia, lugar teológico dentro de la experiencia eclesial, in: Encuentro latinoamericano de teología: Liberación y cautiverio. Debates en torno al método de la teología en América latina, México 1976, 341-352.

E.HIRSCH, Fichtes Religionsphilosophie im Rahmen der philosophischen Gesamtentwicklung Fichtes, Göttingen 1914.

J.HOCHSTAFFL, Negative Theologie. Ein Versuch zur Vermittlung des patristischen Begriffs, München 1976.

M.HOFMANN, Identifikation mit dem Anderen. Theologische Themen und ihr hermeneutischer Ort bei lateinamerikanischen Theologen der Befreiung, Stockholm-Göttingen 1978.

H.HOLZ, Transzendentalphilosophie und Metaphysik. Studie über Tendenzen in der heutigen philosophischen Grundlagenproblematik, Mainz 1966.

W.J.HOYE, Die Verfinsterung des absoluten Geheimnisses. Eine Kritik der Gotteslehre Karl Rahners, Düsseldorf 1979.

P.HUENERMANN/G.-D.FISCHER (Hrsg.), Gott im Aufbruch. Die Provokation der lateinamerikanischen Theologie, Freiburg i.Br. 1974.

Instruktion der Kongregation für die Glaubenslehre über einige Aspekte der "Theologie der Befreiung", hrsg. v. Sekretariat der Deutschen Bischofskonferenz, Bonn ²1984.

Instruktion der Kongregation für die Glaubenslehre über die christliche Freiheit und die Befreiung, hrsg. v. Sekretariat der Deutschen Bischofskonferenz, Bonn ²1986.

IRENAEUS VON LYON, Libros quinque adversus haereses, 2 Bde., Ridgewood 1965.

W.JANKE, Fichte. Sein und Reflexion. Grundlagen der kritischen Vernunft, Berlin 1970.

- Historische Dialektik. Destruktion dialektischer Grundformen von Kant bis Marx, Berlin - New York 1977.

- Die Grundsätze der absoluten Einheit im Urteil der Sprache (Fichte, Hegel, Hölderlin), in: K.GLOY/E.RUDOLPH (Hrsg.), Einheit als Grundfrage der Philosophie, Darmstadt 1985, 217-237.

E.JUENGEL, Gott als Geheimnis der Welt. Zur Begründung der Theologie des Gekreuzigten im Streit zwischen Theismus und Atheismus, Tübingen 1977.

- Barth-Studien, Zürich 1982.

I.KANT, Kritik der reinen Vernunft, in: Werke in sechs Bänden, hrsg. v. W.WEISCHEDEL, Bd. II, Darmstadt 1983.

- Grundlegung zur Metaphysik der Sitten, in: Werke in sechs Bänden, Bd. IV, Darmstadt 1975, 7-102.

- Kritik der praktischen Vernunft, in: Werke in sechs Bänden, Bd. IV, Darmstadt 1975, 103-302.

- Die Religion innerhalb der Grenzen der blossen Vernunft, in: Werke in sechs Bänden, Bd. IV, Darmstadt 1975, 645-879.

W.KASPER, Das Absolute in der Geschichte. Philosophie und Theologie der Geschichte in der Spätphilosophie Schellings, Mainz 1965.

- Die Schöpfungslehre in der gegenwärtigen Diskussion, in: G.BITTER/G.MILLER (Hrsg.), Konturen heutiger Theologie. Werkstattberichte, München 1976, 92-107.

W.KERN, Zur theologischen Auslegung des Schöpfungsglaubens, in: MySal II, 464-544.

S.KIERKEGAARD, Die Wiederholung, in: Gesammelte Werke (GW), 35 Abt., übers. v. E.HIRSCH u.a., 5.u.6.Abt., Düsseldorf 1955, 1-97.

- Philosophische Brocken, in: GW, 10.Abt. (1960).

- Der Begriff Angst, in: GW, 11.u.12.Abt. (1965) 1-169.

- Abschliessende unwissenschaftliche Nachschrift zu den philosophischen Brocken, in:GW, 16.Abt., Teil I (1957); Teil II (1958).

- Die Krankheit zum Tode, in: GW, 24.u.25.Abt. (1957).

- Einübung im Christentum, in: GW, 26.Abt. ($^2$1955).

- Der Augenblick, in: GW, 34.Abt. (1959).

- Das Buch über Adler, in: GW, 36.Abt. (1962).

- Die Tagebücher, 5 Bde., ausgew., neugeordnet u. übers. v. H.GERDES, Düsseldorf 1962ff.

KLEMENS VON ALEXANDRIEN, Stromata, Buch V, in: SC 278 (1981).

E.KLINGER, Theologie im Horizont der Politik. Die Herausforderung Europas durch die lateinamerikanische Theologie, in: F.CASTILLO u.a., Herausforderung: Die Dritte Welt und die Christen Europas, Regensburg 1980, 47-63.

- /K.WITTSTADT (Hrsg.), Glaube im Prozess. Christsein nach dem II. Vatikanum. Für Karl Rahner, Freiburg i.Br. 1984.

- /R.ZERFASS (Hrsg.), Die Basisgemeinden - ein Schritt auf dem Weg zur Kirche des Konzils, Würzburg 1984.

W.KLUXEN, Art. Analogie, in: HWP I, 214-227.

W.N.KREWANI, Endlichkeit und Verantwortung, in:E.LEVINAS, Die Spur des Anderen. Untersuchungen zur Phänomenologie und Sozialphilosophie, Freiburg-München 1983, 9-51.

H.KRINGS, Wissen und Freiheit, in: H.ROMBACH (Hrsg.), Die Frage nach dem Menschen. Aufriss einer philosophischen Anthropologie, Freiburg-München 1966, 23-44.

- Freiheit. Ein Versuch Gott zu denken, in: PhJ 77 (1970) 225-237.

- Freiheit als Chance. Kirche und Theologie unter dem Anspruch der Neuzeit. Hermann Krings antwortet Eberhard Simons, Düsseldorf 1972.

- Art. Freiheit, in: HPhG (Studienausgabe) II, 493-510.

- /E.SIMONS, Art. Gott, in: HPhG (Studienausgabe) III, 614-641.

- Reale Freiheit. Praktische Freiheit. Transzendentale Freiheit, in: J.SIMON (Hrsg.), Freiheit. Theoretische und praktische Aspekte des Problems, Freiburg-München 1977, 85-113.

- Erkennen und Denken. Zur Struktur und Geschichte des transzendentalen Verfahrens in der Philosophie, in: PhJ 86 (1979) 1-15.

R.KRONER, Von Kant bis Hegel, 2 Bde., Tübingen $^3$1977.

H.KUENG, Paradigmenwechsel in der Theologie.Versuch einer Grundlagenerklärung, in: Ders./D.TRACY (Hrsg.), Theologie - wohin? Auf dem Weg zu einem neuen Paradigma, Zürich-Gütersloh 1984, 37-75.

B.LAKEBRINK, Hegels dialektische Ontologie und die thomistische Analektik, Köln 1955.

K.LEHMANN, Karl Rahner, in: H.VORGRIMLER/R.VANDER GUCHT (Hrsg.), Bilanz der Theologie im 20. Jahrhundert. Bahnbrechende Theologen, Freiburg i.Br. 1970, 143-181.

- Methodologisch-hermeneutische Probleme der "Theologie der Befreiung", in: K.LEHMANN u.a., Theologie der Befreiung, Einsiedeln 1977, 9-44.

E.LEVINAS, De l'existence à l'existant, Paris 1947.

- En découvrant l'existence avec Husserl et Heidegger, Paris $^2$1967.

- Totalité et Infini. Essai sur l'exteriorité, Le Haye $^4$1971.

- Autrement qu'être ou au-delà de l'essence, Le Haye 1974.

- Difficile Liberté. Essais sur le Judaïsme, Paris $^2$1976.

- Quatre lectures talmudiques, Paris ²1976.

- Dialog, in: Christlicher Glaube in moderner Gesellschaft, hrsg. v. F.BOECKLE u.a., Bd. I, Freiburg i.Br. 1981, 60-85.

- Gott und die Philosophie, in: B.CASPER (Hrsg.), Gott nennen. Phänomenologische Zugänge, Freiburg i.Br. 1981, 81-123.

- Die Spur des Anderen. Untersuchungen zur Phänomenologie und Sozialphilosophie, Freiburg-München 1983.

- Martin Buber, Gabriel Marcel und die Philosophie, in: J.BLOCH/H.GORDON (Hrsg.), Martin Buber. Bilanz seines Denkens, Freiburg i.Br. 1983, 319-337.

- Die Zeit und der Andere, Hamburg 1984.

- Ueber die Idee des Unendlichen in uns, in: H.H.HENRIX (Hrsg.), Verantwortung für den Anderen - und die Frage nach Gott. Zum Werk von Emmanuel Levinas, Aachen 1984, 37-41.

- Wenn Gott ins Denken einfällt. Diskurse über die Betroffenheit von Transzendenz, Freiburg-München 1985.

H.LIPPS, Die Verbindlichkeit der Sprache, in: Werke IV, Frankfurt a.M. ³1977.

N.LOHFINK, "Option für die Armen". Das Leitwort der Befreiungstheologie im Lichte der Bibel, in: StZ 110 (1985) 449-464.

K.LOEWITH, Heidegger. Denker in dürftiger Zeit, Frankfurt a.M. 1953.

- M.Heidegger und F.Rosenzweig. Ein Nachtrag zu 'Sein und Zeit', in: K.LOEWITH, Gesammelte Abhandlungen. Zur Kritik der geschichtlichen Existenz, Stuttgart ²1969, 68-92.

H. DE LUBAC, Surnaturel. Etudes historiques, Paris 1946.

- Le mystère du surnaturel, in: RSR 36 (1949) 80-121.

- Die Freiheit der Gnade, Bd.II: Das Paradox des Menschen, Einsiedeln 1971.

H.LUENING (Hrsg.), Mit Maschinengewehr und Kreuz oder Wie kann das Christentum überleben?, Reinbeck bei Hamburg 1971.

G.MALANTSCHUK, Die Begriffe Immanenz und Transzendenz bei Soren Kierkegaard, in: M.THEUNISSEN/W.GREVE (Hrsg.),Materialien zur Philosophie Soren Kierkegaards, Frankfurt a.M. 1979, 463-495.

T.MANNERMAA, Eine falsche Interpretationstradition von Karl Rahners "Hörer des Wortes"?, in: ZKTh 92 (1970) 204-209.

G.M.MANSER, Das Wesen des Thomismus, Freiburg i.Ue. $^3$1949.

M.MANZANERA, Die Theologie der Befreiung in Lateinamerika und ihre Hermeneutik, in: J.BEUTLER / O.SEMMELROTH (Hrsg.), Theologische Akademie XII, Frankfurt a.M.1975, 52-78.

J.MARINS, Kirchliche Basisgemeinden in Lateinamerika, in: Conc 11 (1975) 232-237.

J.MARITAIN, Christlicher Humanismus. Politische und geistige Fragen einer neuen Christenheit, Heidelberg 1950.

F.-W.MARQUARDT, Theologie und Sozialismus. Das Beispiel Karl Barths, München $^3$1985.

G.MARQUINEZ ARGOTE, Enrique Dussel: filósofo de la liberación latinoamericana, in: E.DUSSEL, Introducción a la filosofía de la liberación, Bogotá $^2$1983.

R.MAYER, Franz Rosenzweig. Eine Philosophie der dialogischen Erfahrung, München 1973.

C.MESTERS, Die Botschaft des leidenden Volkes,Neukirchen-Vluyn 1982.

- Das Wort Gottes in der Geschichte der Menschheit, Neukirchen-Vluyn 1984.

J.B.METZ, Zur Theologie der Welt, Mainz 1968.

- "Politische Theologie" in der Diskussion, in: H.PEUKERT (Hrsg.), Diskussion zur "politischen Theologie", Mainz-München 1969, 267-301.

- Art. Politische Theologie, in: SM III, 1232-1240.

- Kirchliche Autorität im Anspruch der Freiheitsgeschichte, in: J.B.METZ / J.MOLTMANN / W.OELMUELLER, Kirche im Prozess der Aufklärung. Aspekte einer neuen "politischen Theologie", München-Mainz 1970, 53-90.

- Glaube in Geschichte und Gesellschaft. Studien zu einer praktischen Fundamentaltheologie, Mainz 1977.

- Jenseits bürgerlicher Religion. Reden über die Zukunft des Christentums, München-Mainz 1980.

- Unterbrechungen. Theologisch-politische Perspektiven und Profile, Gütersloh 1981, 43-57.

- Un nuevo modo de hacer teología: tres breves tesis, in: Vida y reflexión. Aportes de la teología de la liberación al pensamiento teológico actual, Lima 1983, 45-56.

- Karl Rahner zu vermissen. Zur Erinnerung an den grossen Theologen, in: GuL 59 (1985) 83-87.

- Thesen zum theologischen Ort der Befreiungstheologie, in: J.B.METZ (Hrsg.), Die Theologie der Befreiung: Hoffnung oder Gefahr für die Kirche?, Düsseldorf 1986, 147-157.

J.MIGUEZ BONINO, Die Volksfrömmigkeit in Lateinamerika, in: Conc 10 (1974) 455-460.

- Theologie im Kontext der Befreiung, Göttingen 1977.

- Praxis histórica e identitad cristiana, in: R.GIBELLINI (Hrsg.), La nueva frontera de la teología en América latina, Salamanca 1977, 240-260.

E.MITTERSTIELER, Christlicher Glaube als Bestätigung des Menschen. Zur "fides quaerens intellectum" in der Theologie Karl Rahners, Frankfurt a.M. 1975.

C.MODEHN (Hrsg.), Christen entdecken die Freiheit. Notwendige Anstösse aus Lateinamerika, Stuttgart 1976.

J.MOELLER (Hrsg.),Der Streit um den Gott der Philosophen. Anregungen und Antworten, Düsseldorf 1985.

J.MOLTMANN, Existenzgeschichte und Weltgeschichte. Auf dem Wege zu einer politischen Hermeneutik des Evangeliums, in: Ders., Perspektiven der Theologie, München-Mainz 1968, 128-146.

- Theologie der Hoffnung. Untersuchungen zur Begründung und zu den Konsequenzen einer christlichen Eschatologie, München $^9$1973.

O.MUCK, Die transzendentale Methode in der scholastischen Philosophie der Gegenwart, Innsbruck 1964.

G.MUGICA, El método teológico: una cuestión de espiritualidad, in: Vida y reflexión. Aportes de la teología de la liberación al pensamiento teológico actual, Lima 1983, 21-43.

R.MUNOZ, La iglesia en el pueblo. Hacia una eclesiología latinoamericana, Lima 1983.

- Génesis y niveles de la teología de la liberación, in: Mensaje (Santiago,de Chile) Nr.326 (1984) 15-18.

- El Dios de Jesucristo en nuestra historia, in: Mensaje (Santiago de Chile) Nr.327 (1984) 93-98.

G.NEUHAUS, Transzendentale Erfahrung als Geschichtsverlust? Der Vorwurf der Subjektlosigkeit an Rahners Begriff geschichtlicher Existenz und eine weiterführende Perspektive transzendentaler Theologie, Düsseldorf 1982.

- Die Einheit von Nächsten- und Gottesliebe. Rahners These vor der Herausforderung durch Feuerbach, in: Forum Katholische Theologie 1 (1985) 176-196.

K.NEUMANN, Der Praxisbezug der Theologie bei Karl Rahner, Freiburg i.Br. 1980.

NICOLAUS CUSANUS, Vom verborgenen Gott, in: Schriften des Nikolaus von Cues, Bd. III, Leipzig 1942.

O.NOGGLER, Das erste Entwicklungsjahrzehnt. Vom II.Vatikanischen Konzil bis Medellín, in: H.-J.PRIEN (Hrsg.), Lateinamerika: Gesellschaft - Kirche - Theologie, Bd. I: Aufbruch und Auseinandersetzung, Göttingen 1981, 19-70.

- Länderspezifische Fallstudien: Chile, in: H.-J.PRIEN (Hrsg.), Lateinamerika: Gesellschaft - Kirche - Theologie, Bd.I: Aufbruch und Auseinandersetzung, Göttingen 1981, 220-272.

K.NUERNBERGER, Dependenztheorien in der Entwicklungsdebatte als Thema der theologischen Ethik, in: ZEE 29 (1985) 438-465.

G.O'DALY, Art. Dionysius Areopagita, in: TRE VIII, 772-780.

R.OLIVEROS, Liberación y teología. Génesis y crecimiento de una reflexión (1966-1976), Lima $^2$1980.

- Algunos rasgos de la espiritualidad de las CEBs, in: Servir (México) 19 (1983) Nr. 104, 501-533.

M.M.OLIVETTI, Philosophische Fragen an das Werk von Emmanuel Levinas, in: H.H.HENRIX (Hrsg.), Verantwortung für den Anderen - und die Frage nach Gott, Aachen 1984, 42-70.

ORIGENES, Contra Celsum, Buch VII, in: SC 150 (1969) 14-179.

- Fragmente aus Catenen, in: Werke, hrsg. v. E.PREUSCHEN, Bd.IV, Leipzig 1903, 481-563.

H.OTT, Denken und Sein. Der Weg Martin Heideggers und der Weg der Theologie, Zollikon 1959.

W.PANNENBERG, Grundfragen systematischer Theologie, Bd.I, Göttingen $^2$1971.

- Wissenschaftstheorie und Theologie, Frankfurt a.M. 1973.

- Wie wahr ist das Reden von Gott? Die wissenschaftstheoretische Problematik theologischer Aussagen, in: Ders. u.a., Grundlagen der Theologie - ein Diskurs, Stuttgart 1974, 29-41.

- Heiligung und politische Ethik. Ein kritischer Blick auf einige Grundlagen der Befreiungstheologien im Protestantismus, in: F.CASTILLO u.a., Herausforderung: Die Dritte Welt und die Christen Europas, Regensburg 1980, 79-107.

- Anthropologie in theologischer Perspektive, Göttingen 1983.

- Sinnerfahrung, Religion und Gottesfrage, in: ThPh 59 (1984) 178-190.

Panorama de la teología latinoamericana, hrsg. v. Equipo Seladoc, Bd.V: Puebla, Salamanca 1981.

H.PEUKERT(Hrsg.), Diskussion zur "politischen Theologie", Mainz-München 1969.

- Wissenschaftstheorie - Handlungstheorie - Fundamentale Theologie. Analysen zu Ansatz und Status theologischer Theoriebildung, Düsseldorf 1976.

- Kommunikative Freiheit und absolute befreiende Freiheit. Bemerkungen zu Karl Rahners These über die Einheit von Nächsten- und Gottesliebe, in: H.VORGRIMLER (Hrsg.), Wagnis Theologie. Erfahrung mit der Theologie Karl Rahners, Freiburg i.Br. 1979, 274-283.

PHILO VON ALEXANDRIEN, De posteritate Caini, in: Werke, Bd. IV, Berlin 1962, 1-53.

- Quod deus sit immutabilis, in: Werke, Bd. IV, Berlin 1962, 72-110.

- De somniis, 2 Bücher, in: Werke VI, Berlin 1962, I: 163-224; II: 225-277.

E.PIRONIO, Der neue Mensch. Theologische Besinnung auf das Wesen der Befreiung, in: P.HUENERMANN/G.-D.FISCHER (Hrsg.), Gott im Aufbruch. Die Provokation der lateinamerikanischen Theologie, Freiburg i.Br. 1974, 41-69.

PLATON, Politeia, in: Oeuvres complètes, Bde. VI-VII/1-2, Paris 1956/59.

- Timaios, in: Oeuvres complètes, Bd. X, Paris 1956.

PLOTIN, Enneades, Paris 1846.

O.POEGGELER, Der Denkweg Martin Heideggers, Pfullingen 1963.

K.R.POPPER, Logik der Forschung, Tübingen $^6$1976.

H.-J.PRIEN, Die Geschichte des Christentums in Lateinamerika, Göttingen 1978.

- Katholische Kirche und Entwicklungspolitik in Lateinamerika. Von der I. bis zur III. Allgemeinen Konferenz des Lateinamerikanischen Episkopats: Rio de Janeiro 1955 bis Puebla 1979, in: NZM 36 (1980) 173-185.

- Länderspezifische Fallstudien: Brasilien, in: H.-J. PRIEN (Hrsg.), Lateinamerika: Gesellschaft - Kirche - Theologie, Bd. I: Aufbruch und Auseinandersetzung, Göttingen 1981, 149-219.

- (Hrsg.), Lateinamerika: Gesellschaft - Kirche - Theologie, 2 Bde., Göttingen 1981.

T.PROEPPER, Der Jesus der Philosophen und der Jesus des Glaubens, Mainz 1976.

- Erlösungsglaube und Freiheitsgeschichte. Eine Skizze zur Soteriologie, München 1985.

L.B.PUNTEL, Philosophie der Offenbarung. Kritische Betrachtungen zum gleichnamigen Buch von Eberhard Simons, in: PhJ 76 (1968) 203-211.

E.PRZYWARA, Humanitas. Der Mensch gestern und morgen, Nürnberg 1952.

- Was ist Gott? Summula, Nürnberg $^2$1953.

- Art. Analogia entis II-IV, in: LThK I, 470-473.

- Schriften, Bd.II: Religionsphilosophische Schriften, Einsiedeln 1962.

- Schriften,Bd.III: Analogia entis. Metaphysik. Ur-Struktur und All-Rhythmus, Einsiedeln 1962.

F.QUIJANO, El método trascendental en teología, in: Encuentro latinoamericano de teología: Liberación y cautiverio. Debates en torno al método de la teología en América latina, México 1976, 375-408.

A.QUIROZ MAGAÑA, Eclesiología en la teología de la liberación, Salamanca 1983.

J.REITER, Der "Humanismus des anderen Menschen": eine Einführung in das Denken von Emmanuel Levinas, in: ThPh 59 (1984) 356-378.

P.RIBEIRO DE OLIVEIRA, Was bedeutet analytisch betrachtet "Volk"?, in: Conc 20 (1984) 505-512.

P.RICHARD, Mort des Chrétientés et naissance de l'Eglise. Analyse historique et interprétation théologique de l'Eglise en Amérique Latine, Paris 1978.

- (Hrsg.), Historia de la teología en América latina. VIII Encuentro Latinoamericano de CEHILA (Lima 1980), San José o.J.

- Spiritualität für Zeiten der Revolution. Eine Theologie der Spiritualität nach dem heiligen Paulus, in: E.BONNIN (Hrsg.), Spiritualität und Befreiung in Lateinamerika, Würzburg 1984, 98-115.

P.RICOEUR, Philosophische und theologische Hermeneutik, in: Ders./E.JUENGEL, Metapher. Zur Hermeneutik religiöser Sprache (Sonderheft EvTh), München 1974, 24-45.

D.RITSCHL, Zur Logik der Theologie. Kurze Darstellung der Zusammenhänge theologischer Grundgedanken, München 1984.

K.J.RIVINIUS, Unterdrückung und Befreiung am Beispiel der Kirchengeschichte Lateinamerikas, in: K.RAHNER u.a. (Hrsg.), Befreiende Theologie. Der Beitrag Lateinamerikas zur Theologie der Gegenwart, Stuttgart 1977, 9-24.

F.ROSENZWEIG, Hegel und der Staat, 2 Bde., München-Berlin 1920.

- Kleinere Schriften, Berlin 1937.

- Der Stern der Erlösung, in: Gesammelte Schriften, Bd. II, Den Haag $^4$1976.

W.W.ROSTOW, Stadien wirtschaftlichen Wachstums. Eine Alternative zur marxistischen Entwicklungstheorie, Göttingen 1960.

P.ROTTLAENDER (Hrsg.), Theologie der Befreiung und Marxismus, Münster i.W. 1986.

E.RUPP, Zur Kritik der transzendentalen und analytischen Wissenschaftstheorie, Wiesbaden-Frankfurt a.M. 1973.

A.SAND, Die biblischen Aussagen über die Offenbarung, in: M.SEYBOLD u.a., Die Offenbarung. Von der Schrift bis zum Ausgang der Scholastik, in: HDG I/1a (1971) 1-26.

G.SAUTER, Grundzüge einer Wissenschaftstheorie der Theologie, in: Ders. (Hrsg.), Wissenschaftstheoretische Kritik der Theologie. Die Theologie und die neuere wissenschaftstheoretische Diskussion. Materialien - Analysen - Entwürfe, München 1973, 211-332.

J.C.SCANNONE, Theologie der Befreiung in Lateinamerika, in: Orien. 37 (1973) 2-5.

- Die Dialektik von Herr und Knecht. Ontologische Reflexionen zur Praxis der Befreiung, in: P.HUENERMANN/G.-D. FISCHER (Hrsg.), Gott im Aufbruch. Die Provokation der lateinamerikanischen Theologie, Freiburg i.Br. 1974, 119-167.

- Ist die Theologie der Befreiung evangeliumsgemäss oder ideologisch?, in: Conc 10 (1974) 228-232.

- Trascendencia, praxis liberadora y lenguaje. Hacia una

filosofía de la religión postmoderna y latinoamericanamente situada, in: Panorama de la teología latinoamericana, hrsg. v. Equipo Seladoc, Bd. II, Salamanca 1975.

- Teología de la liberación y praxis popular. Aportes críticos para una teología de la liberación, Salamanca 1976.

- Das Theorie-Praxis-Verhältnis in der Theologie der Befreiung, in: K.RAHNER u.a. (Hrsg.), Befreiende Theologie. Der Beitrag Lateinamerikas zur Theologie der Gegenwart, Stuttgart 1977, 77-96.

- Volksreligion, Volksweisheit und Volkstheologie in Lateinamerika, in: K.RAHNER u.a. (Hrsg.), Volksreligion - Religion des Volkes, Stuttgart 1979, 26-39.

- Theologie und Volksweisheit in Lateinamerika, in: Orien. 44 (1980) 152-157.

- Ein neuer Ansatz in der Philosophie Lateinamerikas, in: PhJ 89 (1982) 99-115.

- La teología de la liberación. Caracterización, corrientes, etapas, in: Medellín 9 (1983) Nr. 34, 259-288.

- Volksreligiosität, Volksweisheit und Philosophie in Lateinamerika, in: ThQ 164 (1984) 203-214.

- El método de la teología de la liberación, in: Theologica Xaveriana (Bogotá) 34 (1984) Nr. 73, 369-399.

- Weisheit des Volkes und spekulatives Denken, in: ThPh 60 (1985) 161-187.

- Sozialanalyse und Theologie der Befreiung, in: ZMR 69 (1985) 259-280.

L.SCHEFFCZYK, Einführung in die Schöpfungslehre, Darmstadt 1975.

F.W.J. VON SCHELLING, Vom Ich als Princip der Philosophie oder über das Unbedingte im menschlichen Wissen, in: Friedrich Wilhelm Joseph von Schellings sämmtliche Werke (SW), hrsg. v. K.F.A.SCHELLING, I.Abt., Bd.I, Stuttgart-Augsburg 1856, 149-244.

- System des transcendentalen Idealismus, in: SW, I.Abt., Bd.III (1858) 327-634.

- Stuttgarter Privatvorlesungen (Aus dem handschriftlichen Nachlass), in: SW, I.Abt., Bd.VII (1860) 417-484.

- Ueber die Natur der Philosophie als Wissenschaft, in: SW, I.Abt., Bd.IX (1861) 209-246.

- Zur Geschichte der neueren Philosophie (Aus dem handschriftlichen Nachlass), in: SW, I.Abt.,Bd.X (1861) 1-200.

- Darstellung des philosophischen Empirismus (Aus dem handschriftlichen Nachlass), in: SW, I.Abt., Bd.X (1861) 225-286.

- Einleitung in die Philosophie der Mythologie, in: SW, II.Abt., Bd.I (1856).

- Philosophie der Mythologie, in: SW, II.Abt., Bd.II (1857).

- Philosophie der Offenbarung, 2 Bde., in: SW, II.Abt., Bde.III-IV (1858).

- Aus Schellings Leben. In Briefen, 3 Bde., hrsg. v. G.L. PLITT, Leipzig 1870.

E.SCHILLEBEECKX, Offenbarung und Theologie, Mainz 1965.

- Gott - Die Zukunft des Menschen, Mainz 1969.

- Glaubensinterpretation. Beiträge zu einer hermeneutischen und kritischen Theologie, Mainz 1971.

- Christus und die Christen. Die Geschichte einer neuen Lebenspraxis, Freiburg i.Br. 1977.

- Befreiungstheologien zwischen Medellín und Puebla, in: Orien. 43 (1979) 6-10; 17-21.

- Erfahrung aus Glauben. Edward Schillebeeckx - Lesebuch, hrsg. v. R.SCHREITER, Freiburg i.Br. 1984.

A.SCHINDLER, Art. Augustin, in: TRE IV (1979) 646-698.

E.SCHLINK, Oekumenische Dogmatik. Grundzüge, Göttingen 1983.

D.SCHMIDIG, Gott und Welt in Fichtes 'Anweisung zum seligen Leben', Wald ZH 1966.

- Das Absolute im transzendental-philosophischen Denken Fichtes, in: J.MOELLER (Hrsg.), Der Streit um den Gott der Philosophen. Anregungen und Antworten, Düsseldorf 1985, 81-99.

- Handeln aus dem Bewusstsein der Einheit. Sittlichkeit in Fichtes Spätphilosophie, in: K.GLOY / E.RUDOLPH (Hrsg.), Einheit als Grundfrage der Philosophie, Darmstadt 1985, 201-216.

H.SCHOEPFER, Lateinamerikanische Befreiungstheologie, Stuttgart 1979.

W.SCHULZ, Ueber den philosophiegeschichtlichen Ort Martin Heideggers, in: PhR 1 (1953/54) 65-93; 211-232.

- Der Gott der neuzeitlichen Metaphysik, Pfullingen ⁵1974.

- Die Vollendung des Deutschen Idealismus in der Spätphilosophie Schellings, Pfullingen 1975.

A.SCHURR, Eine Einführung in die Philosophie. Existentielle und wissenschaftstheoretische Relevanz erkenntnis-kritischen Philosophierens, Stuttgart-Bad Cannstatt 1977.

N.SCHWERDTFEGER, Gnade und Welt. Zum Grundgefüge von Karl Rahners Theorie der "anonymen Christen", Freiburg i.Br. 1982.

J.L.SEGUNDO, Die Option zwischen Kapitalismus und Sozialismus als theologische Crux, in: Conc 10 (1974) 434-443.

- Liberación de la teología, Buenos Aires 1975.

- Condicionamientos actuales de la reflexión teológica en Latinoamérica, in: Encuentro latinoamericana de teología: Liberación y cautiverio. Debates en torno al método de la teología en América latina, México 1976, 91-101.

- El hombre de hoy ante Jesús de Nazaret, Bd.II/1: Historia y actualidad. Sinópticos y Pablo; Bd.II/2: Historia y actualidad. Las cristologías en la espiritualidad, Madrid 1982.

- Les deux théologies de la libération en Amérique latine, in: Etudes (Paris) 361 (1984) 149-161.

- Teología de la liberación. Respuesta al Cardenal Ratzinger, Madrid 1985.

D.SENGHAAS (Hrsg.), Imperialismus und strukturelle Gewalt. Analysen über abhängige Reproduktion, Frankfurt a.M. 1972.

- Elemente einer Theorie des peripheren Kapitalismus, in: D.SENGHAAS (Hrsg.), Peripherer Kapitalismus. Analysen über Abhängigkeit und Unterentwicklung, Frankfurt a.M. ²1977, 7-36.

- Weltwirtschaftsordnung und Entwicklungspolitik. Plädoyer für Dissoziation, Frankfurt a.M. ²1978.

- Abkoppelung als entwicklungspolitische Devise, in: Conc 16 (1980) 707-711.

M.SEYBOLD, Die Offenbarungsthematik in der Spätpatristik und Frühscholastik, in: Ders. u.a., Die Offenbarung. Von der Schrift bis zum Ausgang der Scholastik (= HDG I/1a), Freiburg i.Br. 1971, 88-115.

R.SHAULL, Befreiung durch Veränderung. Herausforderungen

an Kirche, Theologie und Gesellschaft, München-Mainz 1970.

M.SIEVERNICH, "Theologie der Befreiung" im interkulturellen Gespräch. Ein historischer und systematischer Blick auf das Grundanliegen, in: ThPh 61 (1986) 336-358.

S.SILVA, Glaube und Politik: Herausforderung Lateinamerikas. Von der christlich inspirierten Partei zur Theologie der Befreiung, Bern-Frankfurt a.M. 1973.

S.SILVA GOTAY, El pensamiento cristiano revolucionario en América latina y el Caribe. Implicaciones de la teología de la liberación para la sociología de la religión, Salamanca ²1983.

- Las condiciones históricas y teóricas que hicieron posible la incorporación del materialismo histórico en el pensamiento cristiano en América latina, in: Cristianismo y Sociedad (México) Nr. 84 (1985) 25-48.

J.SIMON (Hrsg.), Freiheit. Theoretische und praktische Aspekte des Problems, Freiburg-München 1977.

E.SIMONS, Philosophie der Offenbarung. Auseinandersetzung mit Karl Rahner, Stuttgart 1966.

- Art. Personalismus, in: SM III, 1127-1136.

- /H.KRINGS, Art. Gott, in: HPhG (Studienausgabe) III, 614-641.

J.SOBRINO, Cristología desde América latina. Esbozo a partir del seguimiento del Jesús histórico, México 1976.

- Jesús en América latina. Su significado para la fe y la cristología, Santander 1982.

- La esperanza de los pobres en América latina, in: Páginas (Lima) 8 (1983) Nr.53, 1-10.

- Resurrección de la verdadera Iglesia. Los pobres, lugar teológico de la eclesiología, Santander ²1984.

- Erfahrung Gottes in der Kirche der Armen, in: E.BONNIN (Hrsg.), Spiritualität und Befreiung in Lateinamerika, Würzburg 1984, 152-176.

- Que Cristo se desubre en América latina: Hacia una nueva espiritualidad, in: Diakonía (Managua) Nr. 29 (1984) 47-63.

- Espiritualidad y liberación, in: Diakonía (Managua) 30 (1984) 133-157.

- Espiritualidad y teología, in: RLT 1 (1984) 195-224.

- Die "Lehrautorität" des Volkes Gottes in Lateinamerika,

in: Conc 21 (1985) 269-274.

- Dios de vida, urgencia de solidaridad, in: Diakonía Nr. 35 (1985) 232-252.

- El Vaticano II visto desde América latina, in: Diakonía Nr. 36 (1985) 314-326.

- La iglesia de los pobres, concreción latinoamericana del Vaticano II, in: RLT 2 (1985) 115-146.

G.SOEHNGEN, Sein und Gegenstand. Das scholastische Axiom Ens et verum convertuntur als Fundament metaphysischer und theologischer Spekulation, Münster i.W. 1930.

D.SOELLE, Politische Theologie, erw. Neuaufl., Stuttgart 1982.

W.STEGMUELLER, Hauptströmungen der Gegenwartsphilosophie, Eine kritische Einführung, Bd. I, Stuttgart $^6$1976.

S.STRASSER, Jenseits von Sein und Zeit. Eine Einführung in Emmanuel Levinas' Philosophie, Den Haag 1978.

W.STROLZ, Ein jüdischer Denker der Offenbarung, in: Orien. 43 (1979) 247-250.

P.SUDAR, El rostro del pobre. "Inversión del ser" y revelación del "más allá del ser" en la filosofía de Emmanuel Levinas. Su resonancia en la filosofía y teología de la liberación en Latinoamérica (Diss.masch.), Münster i.W. 1978.

O.SUNKEL, Transnationale kapitalistische Integration und nationale Desintegration: Der Fall Lateinamerika, in: D.SENGHAAS (Hrsg.), Imperialismus und strukturelle Gewalt. Analysen über abhängige Reproduktion, Frankfurt a.M. 1972, 258-315.

M.THEUNISSEN, Der Andere. Studien zur Sozialontologie der Gegenwart, Berlin 1965.

- /W.GREVE (Hrsg.), Materialien zur Philosophie Soren KIERKEGAARDS, Frankfurt a.M. 1979.

THOMAS VON AQUIN, Summa theologica. Vollständige, ungekürzte deutsch-lateinische Ausgabe, Salzburg-Heidelberg 1933ff.

- Contra Gentiles, Luxembourg $^2$1881.

- Quaestiones disputatae de veritate (ed.Marietti), Turin $^4$1922.

- Quaestiones disputatae de potentia Dei (ed.Marietti), Turin $^4$1922.

- Expositio super librum Boethii de trinitate, hrsg. v.

B.DECKER, Leiden 1959.

- De ente et essentia, hrsg. v. L.BAUR, Münster 1933.

- Compendium theologiae, hrsg. v. R.TANNHOF, Heidelberg 1963.

S.TORRES (Hrsg.), Teología de la liberación y comunidades cristianas de base. IV Congreso Internacional Ecuménico de Teología (Sao Paulo 1980), Salamanca 1982.

J.TRACK, Art. Analogie, in: TRE II, 625-650.

D.TRACY, Hermeneutische Ueberlegungen im neuen Paradigma, in: H.KUENG/D.TRACY (Hrsg.), Theologie - wohin? Auf dem Weg zu einem neuen Paradigma, Zürich-Gütersloh 1984, 76-102.

P.TRIGO, Teología de la liberación y cultura, in: RLT 2 (1985) 83-93.

Una iglesia que nace del pueblo, hrsg. v. SEDOC, Salamanca 1979.

L.G. DEL VALLE, Hacia una prospectiva teológica a partir de acontecimientos, in: R.GIBELLINI (Hrsg.), La nueva frontera de la teología en América latina, Salamanca 1977, 82-103.

A.VARGAS-MACHUCA (Hrsg.), Teología y mundo contemporáneo. Homenaje a Karl Rahner, Madrid 1975.

H.VERWEYEN, Ontologische Voraussetzungen des Glaubensaktes. Zur transzendentalen Frage nach der Möglichkeit von Offenbarung, Düsseldorf 1969.

- Wie wird ein Existential übernatürlich? Zu einem Grundproblem der Anthropologie K.Rahners, in: TThZ 95 (1986) 115-131.

Vida y reflexión. Aportes de la teología de la liberación al pensamiento teológico actual, Lima 1983.

R.VIDALES, Leistungen und Aufgaben der lateinamerikanischen Theologie, in: Conc 10 (1974) 444-449.

- Evangelización y liberación popular, in: Encuentro latinoamericano de teología: Liberación y cautiverio. Debates en torno al método de la teología en América latina, México 1976, 209-233.

- Acotaciones a la problemática sobre el método en la teología de la liberación, in: Encuentro latinoamericano de teología: Liberación y cautiverio. Debates en torno al método de la teología en América latina, México 1976, 255-260.

- Cuestiones en torno al método en la teología de la liberación, in: R.GIBELLINI (Hrsg.), La nueva frontera de la teología en América latina, Salamanca 1977, 41-62.

- Desde la tradición de los pobres, México 1978.

- La teología de la liberación: una opción histórica, in: Cristianismo y Sociedad (México) Nr. 84 (1985) 69-80.

H.VOLK, Art. Schöpfung, systematisch, in: HThG II, 508-517.

H.VORGRIMLER, Der Begriff der Selbsttranszendenz in der Theologie Karl Rahners, in: Ders. (Hrsg.), Wagnis Theologie. Erfahrungen mit der Theologie Karl Rahners, Freiburg i.Br. 1979, 242-258.

- Karl Rahner verstehen. Eine Einführung in sein Leben und Denken, Freiburg i.Br. 1985.

K.-H.WEGER, Karl Rahner. Eine Einführung in sein theologisches Denken, Freiburg i.Br. 1978.

W.WEISCHEDEL, Der Gott der Philosophen. Grundlegung einer philosophischen Theologie im Zeitalter des Nihilismus, 2 Bde., Darmstadt 1971.

L.WENZLER, Zeit als Nähe des Abwesenden. Diachronie der Ethik und Diachronie der Sinnlichkeit nach Emmanuel Levinas, in: E.LEVINAS, Die Zeit und der Andere, Hamburg 1984, 67-92.

P.WESS, Wie von Gott sprechen? Eine Auseinandersetzung mit Karl Rahner, Graz 1970.

C.WESTERMANN, Schöpfung, Stuttgart-Köln $^3$1979.

D.WIEDERKEHR, Entwurf einer systematischen Christologie, in: MySal III/1: Das Christusereignis, Einsiedeln 1970, 477-645.

- Konfrontationen und Integrationen der Christologie, in: ThBer II: Zur neueren christologischen Diskussion, Zürich 1973, 11-119.

- Perspektiven der Eschatologie, Zürich 1974.

- Glaube an Erlösung. Konzepte der Soteriologie vom Neuen Testament bis heute, Freiburg i.Br. 1976.

- Kontexte der Christologie, in: ThBer VII: Zugänge zu Jesus, Zürich 1978, 11-62.

- Theologisches Denken im Spannungsfeld von Ursprung, Ueberlieferung und Gegenwart. Versuch einer Ortsbestimmung systematischer Theologie, in: ThBer VIII: Wege theologischen Denkens, Zürich 1979, 13-33.

- Die ganze Erlösung. Dimensionen des Heils, in: ThQ 162 (1982) 329-341.

F.WIPLINGER, Wahrheit und Geschicklichkeit. Eine Untersuchung über die Frage nach dem Wesen der Wahrheit im Denken Martin Heideggers, Freiburg-München 1961.

XENOPHANES, Fragmente, in: Die Fragmente der Vorsokratiker. Griechisch u.deutsch v. H.DIELS, hrsg. v. W.KRANZ, Bd.I, Dublin-Zürich 1972, 126-139.

L.ZAMBRANO, Entstehung und theologisches Verständnis der "Kirche des Volkes" (Iglesia Popular) in Lateinamerika, Frankfurt a.M.-Bern 1982.

- "Kirchliche Basisgemeinde" als "Kirche des Volkes". Sprachregelungen der lateinamerikanischen Theologie, in: ZMR 68 (1984) 227-230.

H.ZWIEFELHOFER, Zum Begriff der Dependenz, in: K.RAHNER u.a. (Hrsg.), Befreiende Theologie. Der Beitrag Lateinamerikas zur Theologie der Gegenwart, Stuttgart 1977, 34-45.

- Gelebter Glaube in Lateinamerika. Wurzeln und Entwicklungen der Theologie der Befreiung, in: HerKorr 36 (1982) 389-393.